ELEMENTS
KOMBINATION · FLAVOUR · KONSISTENZ
OF DESSERTS

FRANCISCO J. MIGOYA
THE CULINARY INSTITUTE OF AMERICA

Matthaes Verlag GmbH

INHALT

EINFÜHRUNG

Bei der Entwicklung eines neuen Desserts ist nichts so hilfreich wie Erfahrung. Aber wo und wie sammelt man die entsprechenden Erfahrungen? Muss man einfach viele Jahre in einer professionellen Küche, Patisserie oder Backstube arbeiten und plötzlich fliegen einem die Ideen einfach zu? Oder erlangt man die Erfahrungen schon, indem man an einem entsprechenden Institut ausgebildet wird? Nein, um die wunderbaren Speisen produzieren zu können, die Ihnen vorschweben, reichen weder die Ausbildung noch Arbeitserfahrungen alleine. Meiner Meinung nach lässt sich gar nicht so genau sagen, was für die erfolgreiche Kreation von Desserts gebraucht wird. Allerdings gibt es einige Ausgangspunkte, die sozusagen die Grundpfeiler der Kreativität und Produktion bilden.

Einer dieser Grundpfeiler ist die beständige Aufnahme von Informationen. Ich habe ein andauerndes Interesse daran, was andere Köche und Patissiers gerade machen. Ich koste die Rezepturen von anderen und ich lese so viele Bücher, Magazine und Blogs wie möglich. Außerdem probiere ich regelmäßig neue Rezepte aus. Ich interpretiere Speisen nach meinem Geschmack, der Textur und meinen visuellen Vorlieben. Und manchmal komme ich im Laufe dieses Prozesses auf eine originelle Idee oder einen kreativen Gedanken.

Nicht alles, was man zubereitet, kann neu bzw. niemals zuvor dagewesen sein. Alle Dinge gehen auf etwas anderes zurück – und das bringt mich zum kreativen Prozess der Produktion von Desserts, der im Grunde genommen sehr einfach ist. Alle unsere Ideen gehen aus den Informationen hervor, die wir in unserem Gehirn gespeichert haben. Unser Gehirn legt sozusagen eine Karte unserer Erfahrungen an und arbeitet ständig daran, diese Karte zu aktualisieren, neue Orte darauf zu finden und neue Straßen zu bauen, die zu diesen Orten führen, während die Informationen gespeichert werden. Je umfangreicher diese Karte ist, umso größer die Ausbeute, die sich daraus ziehen lässt. Daher brauchen die meisten von uns Normalsterblichen einige Jahre, bevor wir in der Lage sind, eine Speisekarte zu entwickeln, die wir ganz unser Eigen nennen können.

Ich glaube, die Speisen-Landkarte in meinem Gehirn hat eine ordentliche Größe und hilft mir daher, neue Ideen zu entwickeln und beim Brainstorming in der Küche zu guten Ergebnissen zu kommen.

Allerdings heißt eine gut ausgebaute Karte noch lange nicht, dass jede Idee erfolgreich umgesetzt werden kann. Aber wenn man eine Idee ausprobiert und das Resultat einfach nur schlecht ist, dann bekommt auch diese Erfahrung einen Platz auf der persönlichen Speisen-Landkarte. Die Wahrscheinlichkeit, dass man mehr schlechte als gute Ideen hat, ist sehr groß. Eine gute Idee zu haben ist so, als würde man auf einen Schatz auf der Landkarte stoßen. Für mich gibt es kaum etwas Erhebenderes, als ein Dessert zu entwickeln, in dem alles perfekt vereint ist: Geschmack, Textur und Ästhetik.

Was löst den Prozess der Ideenfindung aus? Vielleicht ist es eine bestimmte Zutat, die einen neugierig macht oder eine Zubereitungsmethode, die man bei einem anderen Koch erstmals beobachtet hat und nun selbst ausprobieren möchte. Oder vielleicht ist es einfach eine neue Herangehensweise an etwas, das man schon viele Male zuvor getan hat. Ich persönlich mache mir meistens zunächst eine bildliche Vorstellung dessen, was ich gerne sehen würde. Anfänglich basieren meine Ideen also auf einer ästhetischen Herangehensweise. Das liegt mir insofern, als dass ich weiß, dass ich in der Lage bin, diese bildliche Vorstellung in etwas Köstliches zu verwandeln – ich muss dafür einfach auf meinen mentalen Datenspeicher zurückgreifen. Ich habe aber auch schon Desserts kreiert, die auf besonders schönem Geschirr, einer mir bisher unbekannten Zutat, einer neuen Methode oder Technik basierten.

Es gibt nicht nur eine einzige Quelle für Ideen und es ist wichtig, sich dessen bewusst zu sein. Um den Zustand zu erreichen, in dem die Ideen einem einfach so zufliegen, muss man sich mit so vielen Lebensmitteln (herzhaft und süß) auseinandersetzen, wie möglich. Wer seine Ausbildung gerade erst begonnen oder seinen ersten Posten als Patissier übernommen hat, der kann ruhig einfach die Desserts anderer Patissiers nachahmen. Das ist kein Verbrechen. Allerdings sollte es nicht zur Gewohnheit werden, denn sonst wird man niemals seinen eigenen Stil entwickeln. Dieser Stil sollte etwas wirklich individuelles sein – etwas, das einen von anderen Patissiers unterscheidet. Es ist übrigens einfacher, seinen eigenen Stil zu entwickeln, als eine neue Speise zu kreieren. Wem es gelingt, eine neue Technik oder eine Speise zu entwickeln, die niemand jemals zuvor gesehen hat, dem steht Großes bevor. Die meisten Ideen, die als besonders innovativ oder revolutionär angesehen werden, gehen darauf zurück, dass ein Koch bzw. Patissier eine andere Herangehensweise gewählt oder etwas mit anderen Augen gesehen hat, als es alle vor ihm getan haben. Laut Vilfredo Pareto, einem italienischen Ökonomen und Soziologen aus dem späten 19. Jahrhundert, ist eine Idee nicht mehr und nicht weniger als die neue Kombination alter Elemente, die miteinander in Beziehung stehen. Es ist unsere Fähigkeit, alte Elemente neu kombinieren zu können und unsere Gabe, die Verbindungen zwischen diesen Elementen zu erkennen, die uns die Kreation einer „neuen" Idee ermöglichen. Denken wir z. B. einmal an die inzwischen berühmt (berüchtigten) Schäume. Jahrelang wurden Sahnesiphons ausschließlich für Schlagsahne verwendet, doch dann kam es zu einer Revolution. Ferran Adrià realisierte, dass man diese Siphonflaschen eigentlich für alle Flüssigkeiten verwenden kann, die in der Lage sind, Luft aufzunehmen und innerhalb der Flasche stabil zu bleiben, sodass man also auch aromatisierte Sahne oder ein Obstpüree mit einer kleinen Menge Gelatine damit aufschäumen konnte. Menschen wie er (und Thomas Keller und Michel Bras) waren in der Lage, Dinge zu sehen, die anderen nicht auffielen – sie hatten wirklich originelle Ideen. Es ist die Entdeckung eines neuen Blickwinkels, einer neuen Methode oder Technik, die einen erfolgreichen Koch bzw. Patissier zu etwas ganz Besonderem macht.

Dass man eine Menge Fehler macht, ist Teil des Prozesses. Dabei ist es wichtig, nicht gleich aufzugeben. Ich habe die Erfahrung gemacht, dass es sich lohnt, einer Idee vier Chancen zu geben. Das heißt, dass ich die ursprüngliche Idee bis zu vier Mal modifiziere, wenn das Resultat noch zu wünschen übrig lässt – aber nicht öfter. Denn es zeigt sich, wenn Speisen zu häufig überarbeitet oder zu stark durchdacht wurden. Sie wirken dann unbeholfen oder gekünstelt, sodass es für die Kunden (und manchmal sogar die Mitarbeiter) schwer wird, sie zu verstehen. So sollte man also nicht sofort aufgeben, gleichzeitig aber auch wissen, wann es an der Zeit ist, eine Idee aufzugeben beziehungsweise neu zu überdenken. Natürlich liegt es immer an einem selbst und daran, wie sehr man an die ursprüngliche Idee glaubt, ob man einem Dessert nun vier oder zehn Chancen gibt.

Mir ist sehr wichtig, dass Sie den wichtigsten Aspekt der Qualität eines Desserts verstehen, bevor Sie sich an die Arbeit machen. Es handelt sich dabei nicht um Geschmack, Textur oder Aussehen. Die wichtigste Eigenschaft einer Speise ist ihre Bekömmlichkeit. Das bedeutet, dass was auch immer Sie zubereiten, Ihren Kunden gut tun sollte. Ein sauberes und hygienisches Arbeitsumfeld muss die Grundlage Ihrer Speisen sein. Wenn für Hygiene und Bekömmlichkeit gesorgt ist, dann können Sie sich Gedanken über Geschmack, Textur und Aussehen machen. Meinen Mitarbeitern sage ich immer Folgendes:

„Die Menschen kommen in unser Restaurant, bestellen unsere Speisen, nehmen das, was wir zubereitet haben, in ihren Körper auf und geben uns dafür einen Teil ihres hart verdienten Einkommens. Es wird nicht viel persönlicher, als das, und wir sollten uns für dieses Privileg geehrt fühlen. Denkt einmal darüber nach, wie viele Menschen in der Lage sind das zu tun, was wir tun. Das Vertrauen, das unsere Kunden in uns haben, ist enorm – und dafür sind wir ihnen Respekt schuldig."

1 DIE GRUNDELEMENTE

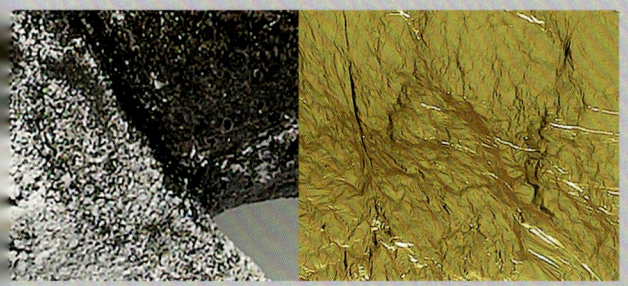

Das Wort „Dessert" kommt aus dem Französischen: „desservir" bedeutet „abräumen". Der Bedeutung nach handelt es sich also um eine Speise, die den Gästen angeboten wird, nachdem alles andere vom Tisch geräumt wurde. Nachdem vom Entree bis zum letzten Gang, das Besteck, Servietten und Gläser abgeräumt und die Tischdecke von Krümeln befreit wurde – erst dann wird das Dessert serviert.

Es gibt viele unterschiedliche Dessert-Typen, die auf unterschiedliche Art und Weise in verschiedensten Umgebungen serviert werden können. Für jeden Anlass gibt es den geeigneten Dessert-Typ oder Stil – ein Produkt, dessen Eigenschaften perfekt an die gegebenen Umstände angepasst sind.

Desserts sind heute deutlich vielseitiger, als jemals zuvor. Tatsächlich handelt es sich inzwischen um ein komplexes Thema mit zahlreichen Variationsmöglichkeiten. Desserts werden in der Regel immer noch als letzter Gang serviert, sie jedoch einfach als etwas Süßes zu bezeichnen, das nach dem Entree gereicht wird, wäre zu kurz gegriffen. Nicht alle süßen Speisen sind Desserts und manche Desserts sind nicht nur süß. Ein guter Patissier muss wissen, welche Experimente er seinen Gästen zumuten kann und was im jeweiligen Kontext am meisten Sinn macht. Handelt es sich um ein Edel-Restaurant, soll das Dessert Teil eines kleinen oder eines ausgiebigen Menüs sein? Wird es Pre-Desserts geben? Steht den Kunden zu speziellen Anlässen auch eine Auswahl an Kuchen und Torten zur Verfügung? Werden Petits Fours gewünscht und wenn ja, wie viele werden benötigt und welche Sorten wären passend?

Eine Frage, die von Patissiers und Auszubildenden gleichermaßen häufig gestellt wird ist: Wie kommt man auf geeignete Geschmackskombinationen? Um es kurz zu machen: Wer einige Jahre Lebensmittel zubereitet und möglichst viele Speisen gekostet hat – nicht nur am eigenen Arbeitsplatz, sondern wo immer möglich – der bekommt ein Gefühl dafür und wird wissen, was (persönlich) gefällt und was nicht. So liegt man meistens richtig. Es heißt aber noch lange nicht, dass nur, weil einem persönlich eine bestimmte Geschmackskombination zusagt, auch alle anderen davon begeistert sein werden. Dies ist einer der Gründe, warum einige Patissiers besonders erfolgreich sind und andere nicht: Wenn Ihre Geschmackskombinationen gut zusammenpassen, dann werden die Menschen Ihre Desserts essen wollen. Passen sie nicht so gut zusammen, dann werden Sie weniger begeisterte Anhänger finden. Unsere Aufgabe ist es, jeden Tag Desserts zuzubereiten, die unseren Gästen schmecken und sie erfreuen.

Zur Orientierung stelle ich Ihnen auf den Seiten 73 – 83 eine umfangreiche Tabelle von Aromen und möglichen Geschmackskombinationen zur Verfügung, die verdeutlichen soll, welche Geschmacksrichtungen sich besonders gut ergänzen. Diese Tabelle ist wie folgt aufgebaut:

- **Name der Zutat. (Die Zutaten sind in verschiedene Gruppen aufgeteilt – Obst, Kräuter, Gewürze, Kaffee und Schokolade etc. – darunter auch einige nicht unbedingt traditionelle Zutaten)**
- **Intensität des Geschmacks: unmittelbar, im Hintergrund oder mild.**
- **Geschmackskompatibilität, also Vorschläge, welche anderen Zutaten/Produkte dazu passen.**

Auf den nun folgenden Seiten finden Sie Informationen zu den in der Patisserie am häufigsten verwendeten Grundtechniken und Komponenten, die Ihnen den Start in den kreativen Prozess erleichtern sollen. Sie können diese Angaben dazu verwenden, all das zu visualisieren, was sie produzieren könnten. Dann müssen Sie nur noch die einzelnen Komponenten richtig zusammenstellen. Um Ihre eigenen Desserts zu kreieren, müssen Sie also eigentlich nur folgende Methoden beherrschen und gut über die damit verbundenen theoretischen Aspekte informiert sein:

- **Grundlagen der Zubereitung verschiedener Teige und Massen**
- **Einzelne Komponenten von Desserts**
- **Grundkenntnisse zu Geschmack und Textur**
- **Grundlagen der Zusammenstellung von Desserts**
- **Grundlagen der Zusammenstellung von Menüs und der Namensgebung für Speisen**

Dies sind die Schwerpunktthemen dieses Kapitels und gleichzeitig die Grundpfeiler Ihres technischen Wissens. Praktische Erfahrung sammeln müssen Sie jedoch selbst.

GRUNDLAGEN DER ZUBEREITUNG VERSCHIEDENER TEIGE UND MASSEN

In der Patisserie ist es besonders wichtig, die Grundlagen zu beherrschen. Sobald man mit ihnen vertraut ist, kann man sie ausbauen und sich raffinierteren, komplexeren Methoden zuwenden. Ganz genauso, wie in anderen Arbeitsbereichen auch. Pablo Picasso machte es im Laufe seiner Karriere zum Beispiel nicht anders: Er beherrschte die Technik des Zeichnens und der Malerei meisterhaft. Er wusste, wie er die verschiedenen Materialien zu nutzen hatte, konnte seine Leinwände sogar eigenhändig herstellen. Während er mit verschiedenen Theorien, Techniken und Ideen experimentierte, veränderte sich sein Stil. Und irgendwann erreichte er dann den Punkt, an dem er eine eigene Bewegung begründete. Was ich damit sagen will: Er hat nicht gleich mit dem Kubismus angefangen. Er erarbeitete sich zunächst eine solide technische Grundlage. Und genau so sollte man auch an die Patisserie herangehen.

In diesem Abschnitt sind die Grundinformationen zu den am häufigsten in der Patisserie verwendeten Methoden zusammengefasst. Diese Methoden müssen beherrscht werden, um die in diesem Buch vorgestellten Speisen zubereiten zu können. In den entsprechenden Rezepten wird dann auf die jeweils benötigte Methode hingewiesen.

VERRÜHREN

Für die Zubereitung einfacher Rührteige, für die zwei oder mehr Zutaten einfach nur so lange verrührt werden, bis sie gleichmäßig vermengt sind, wird die angewandte Methode im Folgenden genauer erläutert. Das Fett dafür muss flüssig sein. In diesem Buch kommt diese für bestimmte Kuchen mit biskuitbodenartiger Konsistenz wie der Dunkle Schokoladenkuchen auf S. 303 oder der Devil's Food Cake auf S. 256 zum Einsatz. ▶▶

1 Die flüssigen Zutaten zusammen in die Schüssel der Standküchenmaschine geben und mit dem Rührelement bei mittlerer Geschwindigkeit zu einer homogenen Masse verarbeiten. Bei einigen Rezepten muss statt des Rührelements der Schneebesen verwendet werden – das hängt von der Konsistenz des fertigen Produkts ab: Soll der Kuchen locker sein, wie ein leichter Biskuitboden, oder eine dichtere Konsistenz haben, wie ein Pain de Gênes.

2 Die trockenen Zutaten vermischen und zusammen in eine Schüssel sieben.

3 Die gesiebten trockenen Zutaten zu den flüssigen Zutaten geben und langsam unterrühren.

4 Die Maschine nur so lange laufen lassen, bis die Zutaten gerade eben so vermischt sind. Wenn nötig zwischendurch die Zutaten mit dem Teigschaber von den Schüsselwänden lösen. Die Masse darf nicht zu stark verrührt werden, denn sonst kommt es zu einer starken Glutenentwicklung im Mehl und die Konsistenz des Endproduktes wird sehr dicht.

5 Wird im Rezept nach weiteren Zutaten, wie gehackten Trockenfrüchten oder Nüssen verlangt, werden diese ganz zum Schluss unter die Masse gemischt.

SCHAUMIG SCHLAGEN

Die Massen für die meisten mittelfesten Rührkuchen und Plätzchenteige werden zubereitet, indem zunächst das weiche Fett (meistens Butter) mit dem Zucker verrührt wird – per Hand, mithilfe des Handrührgeräts oder der Standküchenmaschine – bis aus diesen beiden Zutaten eine helle, luftige Masse entstanden ist. Die so in die Mischung eingearbeitete Luft wird später zusätzlich dafür sorgen, dass das Produkt aufgeht und eine lockere Struktur bekommt. Die Masse basiert in der Regel auf Zucker, Fett, Eiern und Mehl. Es sollte Kristallzucker verwendet werden, da dank der Kristalle mehr Luft in die Masse eingearbeitet werden kann. Feiner Kristallzucker ist besser geeignet als gröberer Zucker, da sich die kleineren Kristalle schneller im Fett auflösen. Das Fett sollte möglichst Raumtemperatur haben (21 °C – 22 °C), da es Luft besser aufnehmen kann, wenn es nicht zu kühl ist. Bei dieser Methode sollte kein Öl verwendet werden, da es nicht die gleiche Kapazität zur Aufnahme von Luft hat. Pflanzliche Fette wie Margarine oder tierische Fette wie Schweine- oder Entenschmalz können verwendet werden, führen aber zu unterschiedlichen Resultaten. Auch die Eier sollten in einem heißen Wasserbad auf 26 °C – 29 °C aufgewärmt werden. In der Regel werden sie schrittweise unter die schaumig geschlagene Butter-Zuckermasse gemischt. Warme Eier verbinden sich besser mit der Butter. Kühle Eier könnten die Butter zu stark abkühlen, sodass sie sich zusammenzieht und sich die beiden Phasen der Emulsion trennen. Sind die Eier zu stark erwärmt, wird die Butter zu weich und die im ersten Schritt in die Masse eingearbeitete Luft entweicht wieder, sodass das Endprodukt kaum aufgeht. Die Eier können mit Milch, Wasser oder Fruchtsäften gestreckt, aber niemals vollständig ersetzt werden. Das verwendete Mehl sollte einen eher niedrigen Eiweißgehalt haben, am besten sind also niedrigere Mehltypen geeignet, zum Beispiel Weizenmehl Type 405. Weitere trockene Zutaten für Geschmack und Textur können zusammen mit dem Mehl untergemischt werden, zum Beispiel gemahlene Nüsse, gehackte Trockenfrüchte oder Kakaopulver.

1   Die Butter muss weich sein. Dafür kann man sie etwa 2 Stunden bevor man mit der Zubereitung beginnt bereits aus dem Kühlschrank nehmen oder sie in kurzen Intervallen in der Mikrowelle aufwärmen, bis sie die gewünschte Temperatur und Konsistenz hat.

2   Die Eier in eine Schüssel schlagen und in einem heißen Wasserbad aufwärmen, bis sie eine Temperatur von 26 °C – 29 °C haben. Bis zur Verwendung beiseite stellen und warm halten.

3   Die weiche Butter zusammen mit dem Zucker in die Schüssel der Standküchenmaschine geben und mit dem Rührelement bei mittlerer Geschwindigkeit vermischen, bis eine glatte Masse entstanden ist. Die Masse für die Zubereitung eines Rührkuchens etwa 5 – 10 Minuten aufschlagen, damit der Zucker sich vollständig in der Butter auflöst und möglichst viel Luft eingearbeitet wird. Für die Zubereitung von Plätzchenteigen o. ä. müssen die beiden Zutaten nur soweit vermischt werden, dass sie eine glatte Masse ergeben – bei hoher Geschwindigkeit dauert das höchstens 2 Minuten. Die Küchenmaschine zwischendurch immer wieder anhalten und die Masse mit einem Teigschaber von den Innenwänden der Schüssel lösen, damit wirklich alle Zutaten gleichmäßig vermischt werden.

4   Die Eier nun in 4 – 6 Etappen unter die schaumige Masse mischen. Die Maschine nach jeder Zugabe mindestens 1 Minute laufen lassen, damit die Zutaten vor der nächsten Zugabe vollständig vermischt werden. Je kleiner die Menge, die bei jeder Etappe hinzugefügt wird, desto schneller entsteht eine glatte Masse und desto weniger Zeit vergeht zwischen den einzelnen Zugaben.

5   Zwischen den einzelnen Zugaben die Masse immer wieder mit dem Teigschaber von den Innenwänden der Schüsseln lösen.

6   Die Küchenmaschine anhalten und die gesamte Menge Mehl auf einmal in die Schüssel geben. Dann bei niedriger Geschwindigkeit unterrühren, bis sich die Zutaten gerade eben zu einer Masse verbunden haben.

7   Zwischendurch die Masse immer wieder mit dem Teigschaber von den Innenwänden der Schüssel lösen, damit wirklich alle Zutaten gleichmäßig unter die Masse gemischt werden. Weitere Zutaten wie Trockenfrüchte können nun untergemischt werden.

8   Die Masse keinesfalls zu stark verrühren, sonst kommt es zur Glutenentwicklung, die sich negativ auf das Endprodukt auswirken würde. Bei Rührkuchen würde sie zu einer zu kompakten Konsistenz führen, Plätzchen würden beim Backen zu stark auseinanderlaufen und zäh werden.

BLÄTTERTEIG TOURIEREN

Beim Tourieren handelt es sich um die Methode, mit der bei der Zubereitung von Ziehteigen wie einfachem Blätterteig oder Hefeblätterteig (Croissants und Plunderstückchen) Fett unter den Grundteig gezogen wird. Teig und Butter werden in gleichmäßigen, durchgängigen Lagen übereinander geschichtet, indem sie mehrmals zusammen per Hand ausgerollt und übereinander gefaltet werden. Ziel des Tourierens ist es, eine Vielzahl gleichmäßiger Lagen Teig und Butter übereinander zu schichten, damit die Butter später zum Aufgehen des Teiges beitragen kann, um ihm die typische lockere, zarte und blättrige Konsistenz zu verleihen.

Mit Erklärungen zur Zubereitung von Blätterteig und dem Prozess des Tourierens könnte man ganze Kapitel füllen. In diesem Abschnitt werden nur die Grundschritte beschrieben, da nur in einem Rezept dieses Buches Blätterteig benötigt wird (siehe S. 216). Die hier beschriebene Methode ist für die Zubereitung von einfachem Blätterteig geeignet, nicht für die Zubereitung von Hefeblätterteig bzw. Plunderteig.

EINFACHEN BLÄTTERTEIG TOURIEREN:

1   Den Grundteig zubereiten und im Kühlschrank ruhen lassen. Dieser Teig besteht aus Weizenmehl, Salz, Zucker, (weicher) Butter und kaltem Wasser. Die Zutaten sollten nur so lange vermischt werden, bis sie gerade eben eine homogene Masse ergeben. Dann wird der Teig zu einer Kugel geformt, gut in Frischhaltefolie eingewickelt und 30 Minuten ruhen gelassen. Nachdem der Teig ausreichend geruht hat, wird er zu einem Rechteck geformt, erneut in Frischhaltefolie eingewickelt und dann wieder in den Kühlschrank gelegt, bis er gut durchgekühlt ist. Das Rechteck sollte etwas mehr als doppelt so groß als der Fettziegel sein.

2   Den Fettziegel vorbereiten. Dazu sollte die Butter Raumtemperatur haben, damit sie gut zu einem Rechteck geformt werden kann. Hierfür gibt es mehrere Möglichkeiten: Am einfachsten und wirtschaftlichsten ist es, die Butter in die Mitte eines Stückes Backpapier zu legen, sie darin in der gewünschten Größe einzuschlagen und dann zu formen. Wer häufig Blätterteig zubereitet, kann sich Rahmen in der entsprechenden Größe herstellen lassen, in denen die Butter geformt werden kann. Der geformte Fettziegel muss gekühlt werden, bis die Butter wieder fest ist. Mancher Koch ist der Meinung, dass der Fettziegel sofort nach dem Formen verwendet werden kann. Allerdings ist die Butter direkt nach dem Formen noch zu weich. Daher ist es besser, den Fettziegel zunächst zu kühlen, bis er fest ist. Danach kann er entsprechend bearbeitet werden, bis er die richtige Konsistenz für die Weiterverwendung hat.

3   Im Verhältnis zum Teig, sollte der Fettziegel wie folgt aussehen:

Den Fettziegel auf die rechte Hälfte des zum Rechteck ausgerollten Teigs legen, sodass er auf drei Seiten etwa 2,5 cm vom Rand des Teigs entfernt ist.

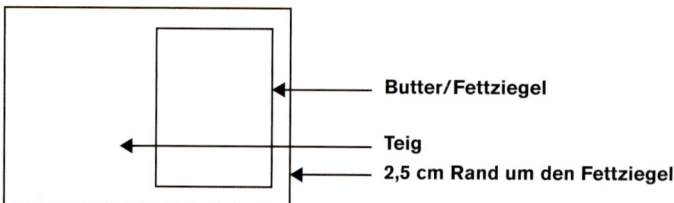

Butter/Fettziegel

Teig

2,5 cm Rand um den Fettziegel

4   Butter bzw. Fettziegel und Teig müssen die gleiche Konsistenz haben. In der Regel hat der Teig die richtige Konsistenz, wenn er aus dem Kühlschrank kommt – er sollte formbar sein, aber nicht weich. Auch der Fettziegel sollte formbar sein. Um das zu erreichen, gibt es zwei Möglichkeiten: Er kann entweder einige Stunden vor dem Tourieren aus dem Kühlschrank genommen werden, damit er auf 20 °C aufwärmt, oder er kann in kurzen Intervallen in der Mikrowelle erhitzt werden. Alternativ kann auch leicht mit einem Holzteigroller darauf geklopft werden, bis er die richtige Konsistenz hat. Er sollte sich so ähnlich anfühlen wie der Muskel unter dem gebeugten Daumen.

5   Den Fettziegel so auf die rechte Hälfte des gekühlten Teigrechtecks legen, dass am oberen, rechten und unteren Rand des Fettziegels noch 2,5 cm Platz bis zum Rand des Teigs sind.

6   Die linke Seite des Teigs über die rechte Seite legen, als würde man ein Buch schließen. Mit dem Handballen den oberen, rechten und unteren Rand um den Fettziegel herum herunterdrücken, um ihn zu versiegeln. Dabei darauf achten, nicht auf den Fettziegel zu drücken – er soll nur im Teig eingeschlossen werden. Den heruntergedrückten, dünnen Teigrand unter das Rechteck falten.

7   Den Teig so platzieren, dass die kurze Seite des Saums parallel zum Rand der Arbeitsfläche liegt und 1,25 cm dünn ausrollen (per Hand oder mit der Ausrollmaschine). Das Rechteck sollte nun mindestens doppelt so lang sein, wie zu Beginn. Die Breite sollte sich nicht ändern und die Form eines Rechtecks muss beibehalten werden. Den Teig gegebenenfalls also vorsichtig per Hand wieder in Form bringen. Dabei dürfen weder Teig noch Fettziegel beschädigt werden. Das Teigrechteck um 90 Grad drehen, sodass die lange Seite parallel zum Rand der Arbeitsfläche liegt. Überschüssiges Mehl abfegen.

8   Den Teig nun wieder falten wie ein Buch, d. h. die linke Seite auf die rechte Seite legen. Diese Methode ist noch simpler, als das traditionelle „einfache Tourieren".Darauf achten, dass der Saum rundherum gerade abschließt. (Optimal wäre es, wenn der Teig nun ein Quadrat ergeben würde, ein Rechteck ist aber auch in Ordnung. Gegebenenfalls muss der Teig zurechtgerückt werden, damit gleichmäßige Lagen aus Teig und Butter entstehen. Bei einer schiefen, rautenähnlichen oder ovalen Form können sich keine gleichmäßigen Lagen bilden.)

9   Den Teig 15 Minuten im Kühlschrank oder bei kühler Raumtemperatur ruhen lassen. Wichtig ist, dass der Teig die richtige Konsistenz behält (wie in Schritt 4 beschrieben, sollte er sich so anfühlen wie der Daumenmuskel bei angewinkeltem Daumen). Abhängig von den Gegebenheiten kann das bedeuten, dass der Teig nur 5 der 15 Minuten in den Kühlschrank muss, oder eben die gesamte Zeit. Auf jeden Fall muss er mindestens 15 Minuten ruhen, damit er sich beim Backen später nicht verzieht. Es muss darauf geachtet werden, dass der Fettziegel während dieser Zeit weder zu warm (wenn der Teig bei Raumtemperatur ruht), noch zu kalt (wenn er im Kühlschrank ruht) wird. Diese Fehler lassen sich nicht wieder gutmachen. Denn lässt man den Teig mit zu hartem Fettziegel bei Raumtemperatur liegen, bis der Fettziegel wieder weich genug ist, wird der Teig zu weich. Um einen perfekten Blätterteig zuzubereiten, müssen sich Teig und Fettziegel beim Ausrollen in gleichem Maß ausdehnen.

10   Nach der Ruhezeit kann er erneut ausgerollt werden. Dafür sollte der Rücken (die Falte) dabei zunächst auf der rechten Seite liegen, der Saum links. Den Teig nun horizontal ein klein wenig in die Länge ziehen und dann um 90 Grad nach links drehen, sodass der Rücken von einem weg zeigt. 1,25 cm dünn ausrollen. Überschüssiges Mehl abfegen. Die obere Hälfte nach unten falten, sodass die Ränder mit denen der unteren Hälfte abschließen. Den Teig erneut 15 Minuten ruhen lassen und dann tourieren wie oben beschrieben. Den gesamten Vorgang noch dreimal wiederholen, sodass der Teig insgesamt fünfmal gefaltet wurde.

11   Den Teig gut in Frischhaltefolie einwickeln und 30 Minuten einfrieren. Danach sollte er fest sein, nicht steinhart. So wird verhindert, dass der Teig einreißt, wenn er sehr dünn ausgerollt werden soll.

12   Den Teig auf die gewünschte Dicke ausrollen und überschüssiges Mehl abfegen. Erneut gut in Frischhaltefolie wickeln und zurück in den Gefrierschrank legen. Er muss dort mindestens 45 Minuten ruhen gelassen und kann bis zu 2 Monate eingefroren werden. Am besten lässt sich der Teig verarbeiten, wenn er halbgefroren ist, denn so ist er gerade noch formbar, aber nicht besonders empfindlich.

13   Den Teig in die gewünschte Form schneiden. Am besten funktioniert das mit einem Teigrädchen.

14   Nach Belieben eine dünne Schicht Eistreich auftragen und backen – idealerweise aus dem halbgefrorenen Zustand.

BRANDMASSE

Brandmasse hat ihren Namen der Tatsache zu verdanken, dass die Grundmischung aus Mehl, manchmal Zucker, Flüssigkeit und Fett zunächst erhitzt („abgebrannt") wird, bevor die Eier untergemischt werden und die Masse gebacken wird. Ein weiterer geläufiger Name für diese Zubereitung ist Brandteig. Die Unterscheidung zwischen Teig und Masse fällt hier nicht leicht, denn eigentlich ist die Mischung zu weich bzw. zähflüssig, um als Teig zu gelten, für eine Masse ist sie wiederum fast zu zäh. Ich habe mich entschieden, in diesem Buch die Bezeichnung Brandmasse zu verwenden, da die Zubereitung meiner Ansicht nach mehr Eigenschaften einer Masse hat, als eines Teiges.

BRANDMASSE WIRD WIE FOLGT ZUBEREITET:

1   Den Ofen auf 220 °C vorheizen.

2   Ein Backblech mit einer Silikonmatte auslegen.

3   Ein Eiswasserbad vorbereiten. Es sollte groß genug für die Schüssel sein, in der die Masse vermischt wird.

4   Soll die Brandmasse mit Craquelin (siehe S. 327) auf der Oberfläche gebacken werden, müssen die Stückchen in der korrekten Größe bereitstehen.

5   Einen Spritzbeutel mit der gewünschten Tülle vorbereiten. Welche Tülle verwendet wird, hängt davon ab, welches Gebäck zubereitet werden soll (Eclairs, Religieuses, Windbeutel, etc.)

6   Das Wasser zusammen mit Zucker, Salz und Butter in einen Topf geben und bei starker Hitze aufkochen. Vom Herd nehmen und das Mehl sofort zügig unterrühren. Den Topf zurück auf den Herd geben und die Masse bei mäßig schwacher Hitze unter ständigem Rühren „abbrennen". Von diesem Zubereitungsschritt hat die Masse ihren Namen. Die im Mehl enthaltene Stärke wird dabei verkleistert, Zucker und Salz lösen sich in der Masse auf und überschüssige Feuchtigkeit verdampft.

7   Den Topf vom Herd nehmen und die Masse in eine Schüssel füllen. Die Schüssel in das vorbereitete Eiswasserbad stellen und die Masse unter Rühren mit dem Holzlöffel abkühlen. Diese Vorgehensweise führt zu besseren Ergebnissen, als wenn man die Masse zum Abkühlen in der Standküchenmaschine rühren würde. Das Rührelement bricht die Masse in einzelne Stückchen auf, sodass eine klumpige statt einer gleichmäßigen Brandmasse entsteht.

8   Die Eier in 4–6 Etappen hinzufügen. Rührt man die Masse hierfür in der Standküchenmaschine, sollte die Masse nach jeder Zugabe mit dem Teigschaber von den Innenwänden der Schüssel gelöst werden, damit möglichst keine Klumpen entstehen. Unter Umständen werden nicht alle im Rezept angegebenen Eier benötigt. Die Konsistenz der Masse muss daher geprüft werden. Wurden die Anweisungen genauestens befolgt, sollte die Eimenge genau richtig sein. Ist beim Abbrennen nicht ausreichend Feuchtigkeit verdampft, werden weniger Eier für die Masse benötigt. Ist zu viel Feuchtigkeit verdampft, müssen mehr Eier hinzugefügt werden. Um derartige Probleme zu umgehen, sollte man sich also genauestens an die Zubereitungsmethode halten. Die fertige Brandmasse sollte eine glatte Konsistenz haben und schön glänzen.

9 Die Brandmasse in die Spritztüte füllen und in gewünschter Form auf das vorbereitete Blech spritzen.

10 Sofort nach dem Aufspritzen eine feine Schicht Wasser auf die Oberfläche der Masse sprühen und, wenn es das Rezept verlangt, die Craquelin-Stücke daraufsetzen.

11 Im vorgeheizten Ofen 40–45 Minuten bei leicht geöffneter Ofentür und geöffneten Lüftungsklappen backen. Um zu überprüfen, ob das entsprechende Gebäck gar ist, reißt man ein Stück auf. Im Inneren sollte es möglichst hohl und hell sein, außen aber schön goldbraun.

12 Vor dem Füllen auf Raumtemperatur abkühlen lassen. Ungefüllt können Windbeutel, Eclairs und Co. gut in Frischhaltefolie verpackt eingefroren werden. Vor der Fertigstellung müssen sie dann lediglich ein paar Minuten im heißen Ofen aufgebacken werden, damit überschüssige Feuchtigkeit verdampft und das Gebäck wieder schön kross wird.

13 Das gefüllte Brandmassen-Gebäck nach Belieben mit Fondant, Ganache, Puderzucker etc. dekorieren.

HINWEIS Im Rezept auf Seite 327 wird Milchpulver anstelle von Vollmilch verwendet, da nur der Milchgeschmack gewünscht ist, nicht aber das Milchfett. Milch sorgt wegen des natürlich darin vorkommenden Milchzuckers dafür, dass das Gebäck eine weniger krosse Konsistenz bekommt (Zucker sorgt in Gebäck für weiche, elastische Textur und Bräunung.)

EINFACHER MÜRBETEIG

Die hier beschriebene Methode kommt in den Rezepten in diesem Buch nicht oft zum Einsatz, da sie vor allem für die Zubereitung von Frühstücksgebäcken wie Scones sowie für Keks-, Pie- oder Quiche-teig verwendet wird. Da es sich aber um eine der Grundzubereitungsmethoden der Patisserie handelt, ist es wichtig, sie zu beherrschen. Ursprünglich wurde das kalte Fett für die Zubereitung von einfachem Mürbeteig rasch zwischen den Handflächen in das Mehl gerieben. Heute besteht auch die Möglich-keit, diese Arbeit dem Rührelement der Standküchenmaschine zu überlassen. Die Butter bzw. das kalte Fett wird in das Mehl gerieben, damit der gebackene Teig später eine schön mürbe Konsistenz bekommt. Die genauen Eigenschaften dieser mürben Konsistenz hängen davon ab, wie stark die Butter mit dem Mehl verbunden wird. Je kleiner die Butterstückchen im Mehl, umso feiner ist später die Konsistenz des Teigs. Größere Butterstückchen im Teig verleihen dem Gebäck später eine blättrig-mürbe Konsistenz. Zu groß dürfen die Butterstückchen aber auch nicht sein, denn dann läuft die Butter einfach aus dem Teig, wenn sie beim Backen schmilzt.

EINFACHER MÜRBETEIG WIRD WIE FOLGT ZUBEREITET:

1 Das kalte Fett in etwa 1,25–2,5 cm große Würfel schneiden.

2 Das gewürfelte kalte Fett auf das Mehl geben.

3 Das Fett in das Mehl einarbeiten, indem man beides zusammen zwischen den Handflächen reibt. Alternativ beides in der Standküchenmaschine mit dem Rührelement vermischen. ▶▶

4 Soll der Mürbeteig eine eher blättrige Konsistenz bekommen, das Fett nur soweit einarbeiten, dass noch größere Stückchen im Mehl zu erkennen sind.

5 Die kalte Flüssigkeit hinzufügen und vorsichtig untermischen. Dabei wird das Fett weiter in das Mehl eingearbeitet, die Stückchen werden also kleiner. Die Zutaten nur so lange vermischen, bis sie sich gerade eben so zu einem Teig verbinden. Dieser Teig wird ziemlich unregelmäßig aussehen. Die Butterstückchen darin sollten noch etwa erbsengroß sein.

6 Den Teig gut in Frischhaltefolie wickeln und im Kühlschrank ruhen lassen, bis er gut gekühlt ist. Bei einigen Zubereitungen wird das Fett später noch stärker in den Teig eingearbeitet, indem er noch mehrmals ausgerollt und gefaltet wird. Vor dem Backen sollte der Teig immer gekühlt werden.

HEFETEIG – DIREKTE METHODE

Hefeteig enthält in der Regel mindestens eine der folgenden Zutaten: Butter, Milch und/oder Eier. Je höher der Anteil an Fett und Eiern, desto schwerer bzw. reichhaltiger der Hefeteig. Eine der bekanntesten Hefeteigsorten ist Briocheteig, andere Beispiele sind die Teige für die Kuchenspezialitäten Panettone, Pandoro oder Gugelhupf. Briocheteig gehört zu den vier Grundteigen, in denen Hefe (wild und/oder industriell produziert) das Triebmittel ist. Bei den anderen Grundteigen handelt es sich um leichten Hefeteig (Baguettes), Sauerteig und Plunderteig. Alle anderen Hefeteigarten gehen auf diese vier Grundteige zurück. Briocheteig ist sehr vielseitig und kann für die Zubereitung von Frühstücksgebäck und Sandwich-Brot verwendet, als Ziehteig oder sogar zu herzhaftem Teig weiterverarbeitet werden. Allerdings ist Briocheteig ziemlich anspruchsvoll und man muss ihm besonders viel Aufmerksamkeit widmen, damit er richtig gut wird.

Wie Sie in der folgenden Zubereitungsmethode und im Rezept auf S. 156 sehen werden, handelt es sich bei Briocheteig im Grunde genommen um eine Emulsion.

DIREKTE METHODE ZUR ZUBEREITUNG VON MITTELSCHWEREN BIS SCHWEREN HEFETEIGEN:

1 Alle Zutaten sorgfältig abwiegen und bereitstellen.

2 Milch, Eier und Butter müssen Raumtemperatur (21 °C – 22 °C) haben.

3 Die Milch in die Schüssel der Standküchenmaschine gießen. Frische Hefe hinein bröckeln und umrühren, damit sie sich in der Milch auflöst. Wird Trockenhefe verwendet, muss diese unter das Mehl gemischt werden, bevor es zu Milch und Eiern gegeben wird.

4 85 % der Eier zur Milch geben. Den Rest der Eier beiseitestellen – sie werden erst zum Ende des Knetprozesses hinzugefügt, weil das darin enthaltene Fett die Bildung von Glutenbindungen stört bzw. verlangsamt.

5 Mehl, Salz und Zucker (und gegebenenfalls die Trockenhefe) vermischen und zur Eier-Milchmischung geben.

6 Die Zutaten mit dem Knethaken langsam zu einer homogenen Masse vermischen.

7   Die Butter in 3 – 4 Etappen hinzufügen, während die Maschine bei mäßiger Geschwindigkeit weiterläuft. Immer erst dann wieder Butter hinzufügen, wenn die vorherige Portion vollständig unter den Teig gemischt wurde.

8   Nachdem die gesamte Butter hinzugefügt wurde, den Teig weiterkneten, bis die Glutenentwicklung abgeschlossen ist. Das bedeutet, dass der Teig so elastisch sein muss, dass er stark gedehnt werden kann, ohne zu reißen. Zum Testen ein Stück des Teiges in beide Hände nehmen und mit den Fingern in alle Richtungen ausdehnen. Dabei sollte er sich so dünn ausdehnen lassen, dass man hindurchschauen kann. Dies ist der sogenannte „Fenstertest". Selbstverständlich funktioniert das nur begrenzt – wird der Teig zu rasch auseinandergezogen oder zu weit, reißt er auch dann, wenn das Gluten sehr gut entwickelt ist. Sobald der Teig die richtige Konsistenz hat, können die restlichen Eier hinzugefügt und der Teig bei hoher Geschwindigkeit weiter geknetet werden, bis wieder eine homogene Masse entstanden ist.

9   Damit die Butter nicht schmilzt (und sich die Emulsion nicht trennt), darf der Teig beim Kneten nicht wärmer werden als 27 °C. Nur aus einem gut emulgierten Briocheteig lässt sich ein Endprodukt mit besonders weicher, leichter Krume zubereiten. (Schlecht emulgierter Teig kann zu einer klebrigzähen Krume führen).

10   Den Teig auf die bemehlte Arbeitsfläche geben, mit Frischhaltefolie abdecken und 30 – 45 Minuten gehen lassen.

11   Den aufgegangenen Teig abschlagen – also kräftig durchkneten – und dann auf ein mit einer leicht gefetteten oder mit Mehl bestäubten Silikonmatte belegtes Blech geben und mit den Händen flachdrücken. Anstelle der Silikonmatte kann auch Backpapier verwendet werden. Allerdings weicht Backpapier leicht durch und bleibt dann manchmal am Teig kleben. (Für große Mengen Teig werden eventuell mehrere tiefe Bleche benötigt.) Den Teig mitsamt dem Blech gut in Frischhaltefolie wickeln. Dabei muss die Folie auf dem Teig aufliegen, damit sich keine Haut auf dem Teig bildet. Das Ganze in den Kühlschrank stellen, bis der Teig fest ist.

12   Sobald der Teig kühl und fest ist, kann er nach Belieben weiterverarbeitet und geformt werden. Er kann aber auch bis zu 48 Stunden im Kühlschrank aufbewahrt werden und lässt sich ordentlich in Frischhaltefolie gewickelt auch gut einfrieren.

SCHAUMMASSEN

BISKUITMASSEN

Grundlage dieser Masse ist ein Schaum aus Eiern oder Eiweiß (Eischnee), der dem fertigen Produkt eine lockere Konsistenz verleiht. Es gibt drei verschiedene Zubereitungsarten: Die kalte Zubereitung (einfacher) Schaummassen, die warme Zubereitung, bei der die Eier nicht getrennt werden – die sogenannte Einkesselmethode – und die warme Zubereitung, für die die Eier getrennt werden – die Zweikesselmethode. Jede dieser Methoden ist für bestimmte Zubereitungen besonders gut geeignet.

Aber was ist überhaupt ein Schaum? Bei einem Schaum handelt es sich um die Dispersion eines Gases oder von Luft in einer Flüssigkeit. Beim Aufschlagen der Eier werden die darin enthaltenen Proteine manipuliert, sodass sie sich an der Grenze zwischen Luft und Flüssigkeit entfalten und die Bläschen stabilisieren. Die Hauptaufgabe eines solchen Eischaums bzw. Eischnees ist es, einer Masse Volumen, Textur und gleichmäßige Struktur zu verleihen. Eiweiß produziert dabei deutlich mehr Volumen als Eigelb, trotzdem werden für einige Schaummassen beide Komponenten benötigt. Eiweiß kann bis auf das Achtfache seines Ausgangsvolumens aufgeschlagen werden, Eigelbe nur bis zum Vierfachen. Das liegt daran, dass Eigelb große Mengen Fett enthält und Fett die Aufnahme von Luft bzw. die Bildung von Luftbläschen in der Masse einschränkt. Wenn Eigelbe zu ihrem vollen Volumen aufgeschlagen werden, hat der Schaum eine so dicke Konsistenz, dass er in einem dicken Band in die Schüssel zurückläuft, wenn man ihn ein wenig mit dem Löffel oder dem Schneebesen aufhebt, und die aufgeschlagene Masse das Volumen dieses Bands zunächst hält. Dank der vielen Luft, die beim Aufschlagen unter die Eigelbe gemischt wurde, hat die Schaummasse außerdem eine sehr helle Farbe.

Es ist sehr wichtig, dass die Zutaten solange aufgeschlagen werden, bis sie das richtige Volumen haben – vor allem im Fall von Eischnee. Wird das Eiweiß ungenügend aufgeschlagen, bekommt die damit zubereitete Masse eine grobkörnige Konsistenz und zu wenig Volumen. Übermäßig aufgeschlagenes Eiweiß hingegen gerinnt, da die darin enthaltenen Proteine zu stark koagulieren. Die so entstehende grobe Konsistenz des Eischnees führt dazu, dass er nicht gleichmäßig unter die anderen Zutaten der Masse gehoben werden kann. Ziel eines Eischnees bzw. Eischaums ist es, einer Masse möglichst viel Volumen zu verleihen.

Um den perfekten Eischnee zu produzieren, sollte das Eiweiß beim Aufschlagen Raumtemperatur haben. Da kaltes Eiweiß durch die beim Aufschlagen entstehende Reibungswärme sowieso schnell aufwärmt, ist es nicht unbedingt notwendig, Eiweiß vor dem Aufschlagen auf Raumtemperatur zu bringen, indem man es früher aus dem Kühlschrank nimmt oder über einem Wasserbad aufwärmt. Auf jeden Fall sollte man eine saubere Edelstahlschüssel ausreichender Größe (damit sie das volle Volumen des Eischnees halten kann) und einen sauberen Schneebesen verwenden. Plastikschüsseln sind nicht zu empfehlen, da in ihrer porösen Oberfläche winzige Fettpartikel oder andere Verunreinigungen zurückbleiben können – „Feinde" des Eischnees. Außerdem darf das Eiweiß keinerlei Reste von Eigelb oder anderen Fremdpartikeln (Eierschale, Fett usw.) enthalten. Traditionell heißt es, dass sich älteres Eiweiß besser aufschlagen lässt, da es dünner oder wässriger erscheint. Bis zu einem gewissen Grad stimmt das auch, allerdings ist älteres Eiweiß auch basischer und das wirkt sich auf die Stabilität des Schaums aus. Mit anderen Worten: Der Schaum kann sein volles Volumen nicht so lange halten. Der Säuregehalt von frischem Eiweiß sorgt für einen stabileren Eischnee. Es können auch zusätzliche Zutaten verwendet werden, um die Entstehung des Eischnees zu unterstützen. Eine Säure wie Weinstein stabilisiert Schäume zum Beispiel. Auch die Zugabe von Trockeneiweiß stabilisiert Eischnee, da es für zusätzliche Proteine sorgt, in denen Luft gehalten werden kann, sodass die aufgeschlagene Masse insgesamt mehr Luft aufnehmen kann. Auch Zucker stabilisiert den Eischnee – vorausgesetzt, er wird zum richtigen Zeitpunkt hinzugefügt. Zucker sollte zum Eiweiß gegeben werden, wenn es etwa die Hälfte des Maximalvolumens erreicht hat. Wird der Zucker gleich zu Beginn hinzugefügt, dauert es länger, bis das Eiweiß sein Maximalvolumen erreicht und das führt wiederum dazu, dass der Eischnee dichter erscheint, denn durch das längere Aufschlagen sind die in die Masse eingearbeiteten Luftbläschen kleiner – das Maximalvolumen verändert sich aber nicht. Wird der Zucker hingegen erst hinzugefügt, wenn das Eiweiß das Maximalvolumen schon fast erreicht hat, kann es vorkommen, dass sich die Kristalle nicht vollständig auflösen. So kommt es vor, dass aus dem Eischnee Flüssigkeit austritt, da die Zuckerkristalle Feuchtigkeit aus dem Eiweiß ziehen (Zucker ist *hygroskopisch*, d. h. er kann feuchten Zutaten Wasser entziehen – genauso wie Salz). Das Austreten größerer Wassertropfen aus dem Eischnee wird auch durch übermäßiges Aufschlagen verursacht, da die zu stark koagulierten Proteine das Wasser buchstäblich aus dem Eischnee pressen.

EINFACHE BISKUITSCHAUMMASSEN (OHNE EIGELB) NACH DER KALTEN ZUBEREITUNGSMETHODE:

1   Das Eiweiß aufschlagen, bis sich das Volumen vervierfacht hat, dann allmählich den Zucker hineinrieseln lassen.

2   Weiter aufschlagen, bis das Eiweiß das Achtfache des Ausgangsvolumens erreicht hat.

3   Wenn das Eiweiß das Maximalvolumen erreicht hat, können die gesiebten, trockenen Zutaten vorsichtig unter die Masse gehoben werden.

HINWEIS Diese Methode wird z. B. bei der Zubereitung von Angel Food Cake und französischen Macarons verwendet.

WARME ZUBEREITUNG VON BISKUITMASSEN MIT DER EINKESSELMETHODE:

1   Die Eier in eine Schüssel schlagen und den Zucker untermischen. Die Masse über einem siedenden Wasserbad mit dem Schneebesen aufschlagen, bis sie eine Temperatur von 50 °C erreicht hat. Gegebenenfalls weiter aufschlagen, bis sich ihr Volumen vervierfacht hat.

2   Vorsichtig die gesiebten, trockenen Zutaten unter den Eierschaum heben.

3   Eine kleine Menge der Masse in eine separate Schüssel geben. Die geschmolzene und leicht abgekühlte Butter (oder das Öl) darunter mischen und das Ganze dann wieder unter die restliche Masse heben.

HINWEIS Diese Methode wird für die Zubereitung von Wiener-Biskuitmassen verwendet.

WARME ZUBEREITUNG VON BISKUITMASSEN NACH DER ZWEIKESSELMETHODE:

1   Die Eier trennen.

2   Das Eiweiß in die Schüssel der Standküchenmaschine geben und mit dem Schneebesen-Element bei hoher Geschwindigkeit zu einem halbfesten Eischnee aufschlagen. Den Zucker langsam hinzurieseln lassen und weiter aufschlagen, bis ein fester Eischnee entstanden ist.

3   Das Eigelb in einer separaten Schüssel zusammen mit Zucker aufschlagen, bis sich das Volumen vervierfacht hat und der Schaum in einem dicken Band vom Schneebesen läuft, wenn man etwas aus der Schüssel aufnimmt. Die trockenen Zutaten vorsichtig unter das aufgeschlagene Eigelb heben.

4   Den Eischnee vorsichtig unter diese Mischung heben.

5   Abschließend die geschmolzene, leicht abgekühlte Butter (oder das Öl) unter diese Masse heben.

HINWEIS Mit dieser Methode werden z. B. Joconde-Massen für die feinen Mandel-Biskuitböden der klassische Opéra-Torte zubereitet.

Nach all diesen komplizierten Methoden wenden wir uns nun einer wirklich simplen zu, die von Ferran Adrià erdacht wurde. Für diese Zubereitungsart werden alle Zutaten zusammen in eine Schüssel gegeben, mit dem Schneebesen vermischt und dann durch ein feines Sieb gestrichen. Die so entstandene Masse wird in einen Sahnesiphon gefüllt, auf den eine CO_2-Kapsel geschraubt wird. Lässt man die Masse dann aus dem Siphon, wird sie durch das Gas innerhalb weniger Sekunden aufgeschäumt. So kommt sie einige Stunden in den Kühlschrank und wird daraufhin in Kunststoffbecher umgefüllt, in denen sie für etwa 45 Sekunden in der Mikrowelle erhitzt wird. So entsteht ein sehr lockerer, luftiger Biskuit – ganz anders, als ein Wiener-Boden.

Der Nachteil dieser Methode ist, dass nur kleine Portionen auf einmal „gebacken" werden können. Außerdem lassen sich keine der mit den vorangegangenen Methoden zubereiteten Torten- oder Kuchenböden dadurch ersetzen. Abhängig vom jeweiligen Rezept schmeckt ein gewöhnlicher Biskuitboden viel besser.

HINWEIS Die korrekte Methode, um Eischnee unter eine Masse oder überhaupt unter andere Zutaten zu heben, ist folgende:

Der Eischnee wird mit dem Kunststoff-Teigschaber aufgenommen und dann entlang der Schüsselwand unter die Masse gedrückt. In einer fließenden Bewegung (U-förmig) hebt man den Teigschaber dann in der Mitte der Masse wieder nach oben und hebt dabei einen Teil der unteren Schicht der Masse an die Oberfläche. Gleichzeitig dreht man die Schüssel mit der freien Hand in die entgegengesetzte Richtung, damit der Eischnee ohne viel zusätzliche Bewegung möglichst optimal unter die anderen Zutaten gemischt werden kann.

BAISERMASSEN (MERINGENMASSEN)

Baisermassen basieren auf dem gleichen Prinzip wie die anderen Eischaummassen auch, jedenfalls in Bezug auf Verwendung und Zweck des Eischnees. Der mit den folgenden Methoden aufgeschlagene Eischnee kann für sich alleine verwendet oder mit anderen Zutaten kombiniert werden, z. B. um Massen oder verzehrfertige Zubereitungen wie Crème Chiboust zuzubereiten.

Es gibt drei Kategorien von Baisermassen: die französische, die schweizerische und die italienische. Diese können auch nach der Zubereitungsart, nämlich kalt (französische) und warm (schweizerische und italienische), definiert werden. In der Regel beträgt das Verhältnis von Eiweiß zu Zucker in Baisermassen 1:2, dieser Wert ist aber nicht in Stein gemeißelt und hängt immer auch vom jeweiligen Verwendungszeck ab. Der Zucker dient als Stabilisator des Eischnees, d. h. je höher der Zuckeranteil, umso stabiler der Schaum.

Normalerweise wird das Eiweiß für Baisermassen bis zum Achtfachen seines Ausgangsvolumens aufgeschlagen. Hebt man den Schneebesen dann aus dem Eischnee, wird dieser mit nach oben gezogen und bildet eine stabile Spitze. Je nachdem, wofür der Eischnee verwendet werden soll, kann er zu drei verschiedenen Stadien aufgeschlagen werden: Locker (sodass der Eischnee seine Form nicht halten kann), mittelfest (sodass der Eischnee eine Spitze bildet, wenn man den Schneebesen daraus hervorzieht, diese Spitze sich aber schnell nach unten biegt und in sich zusammenfällt) und steif, (sodass der Eischnee eine Spitze bildet, die ihre Form stabil hält, wenn der Schneebesen herausgezogen wird). Wird der Eischnee nach diesem letzten Stadium noch weiter aufgeschlagen, dann wird er überschlagen und die zunächst glänzende, glatte Masse flockt aus und nässt („perlt").

Französische Baisermasse – kalte Zubereitungsmethode

Diese Methode wird auch bei der kalten Zubereitungsmethode für einfache Schaummassen und bei der Zweikesselmethode angewandt. Es handelt sich um die einfachste Form der Zubereitung von Baisers.

ZUBEREITUNG VON BAISERMASSE NACH DER FRANZÖSISCHEN METHODE:

1 Das Eiweiß in die Schüssel der Standküchenmaschine geben. Soll eine Säure wie Zitronensaft oder Weinstein verwendet werden, um die Stabilität des Eischnees zu unterstützen, sollte sie zu diesem Zeitpunkt hinzugefügt werden.

2 Das Eiweiß bei hoher Geschwindigkeit mit dem Schneebesen aufschlagen. Sobald es die Hälfte des Maximalvolumens erreicht hat (also das Vierfache des Ausgangsvolumens), den Zucker bei laufender Maschine langsam an der Seite in die Schüssel rieseln lassen. Möglichst feinen Kristallzucker verwenden, da sich kleinere Kristalle besser und schneller im Eiweiß auflösen.

3 Die Masse weiter aufschlagen, bis sie das gewünschte Volumen erreicht hat. Das gewünschte Volumen entspricht dabei nicht unbedingt immer dem Achtfachen des Ausgangsvolumens, sondern kann auch weniger betragen. Wird französische Baisermasse zum Maximalvolumen aufgeschlagen – also sehr steif – wird es schwer, diesen Eischnee gleichmäßig und effizient unter eine andere Masse zu heben. Denn ist er zu steif, kann er nicht mehr mit einer Masse mit einer vergleichsweise dichten oder noch dichteren Konsistenz vermischt werden. Soll die Baisermasse jedoch für sich alleine verwendet werden, also für die Zubereitung von locker-knusprigen Baisers, dann ist ein steifer Eischnee gar kein Problem. Soll Eischnee also noch unter eine andere Komponente gehoben werden, schlägt man ihn nicht ganz steif, sondern nur bis leicht unter sein Maximalvolumen.

HINWEIS Diese Methode kann z. B. für die Zubereitung von französischen Macarons und Soufflés angewendet werden. Rohe Eier sollten nur dann verwendet werden, wenn das Eiweiß vorher pasteurisiert wird. Und auch dann ist der Eischnee nicht permanent, es sei denn, die Proteine des Eiweißes werden durch Hitze koaguliert (z. B. wenn die Baisermasse im Ofen gebacken bzw. getrocknet wird).

Schweizerische Baisermasse – warme Zubereitungsmethode

Für diese Methode wird ein heißes Wasserbad benötigt.

ZUBEREITUNG VON BAISERMASSE NACH DER SCHWEIZERISCHEN METHODE:

1 Eiweiß und Zucker zusammen in die Schüssel der Standküchenmaschine geben. Die Schüssel über das heiße Wasserbad halten und die Eiweiß-Zuckermischung mit dem Schneebesen aufschlagen, bis sie eine Temperatur von 57 – 60 °C hat. Diese Temperatur sollte nicht überschritten werden, da die Proteine aus dem Eiweiß sonst koagulieren, sodass die Baisermasse eine klumpige Konsistenz bekommt. Durch das Aufwärmen der Masse beim Aufschlagen löst sich der Zucker besser auf und das Eiweiß kann später bedenkenlos verzehrt werden. ▶▶

2 Die Schüssel mit dem warmen Eischnee in die Standküchenmaschine einrasten und mit dem Schnee-besen-Element aufschlagen, bis das gewünschte Volumen erreicht ist. Die fertige Baisermasse kann unter die Masse für eine andere Zubereitung gehoben oder in die gewünschte Form gespritzt und im Ofen getrocknet werden, um locker-knusprige Baisers zu erhalten.

Italienische Baisermasse – Zubereitungsmethode mit heißem Zuckersirup

Diese Zubereitungsmethode ist aufwendiger, als die beiden vorangegangenen Methoden. Der Zucker wird mit etwas Wasser vermischt und gekocht, bis der Sirup den Zuckerkochgrad starker Flug (siehe S. 47) erreicht hat. Inzwischen wird das Eiweiß in der Schüssel der Standküchenmaschine zu seinem vollen Volumen aufgeschlagen und der heiße Sirup dann bei laufender Maschine untergemischt. Die Herausforderung besteht darin, die beiden Teilstufen der Zubereitung zu koordinieren.

ZUBEREITUNG VON BAISERMASSE NACH DER ITALIENISCHEN METHODE:

1 Den Zucker in einem kleinen Topf mit ausreichend Wasser vermischen, sodass er die Konsistenz von feuchtem Sand hat. (In der Regel rechnet man mit 1 Teil Wasser auf 4 Teile Zucker.) Den Topf bei starker Hitze auf den Herd stellen. Inzwischen ein Eiswasserbad vorbereiten. Den Zuckersirup köcheln lassen, bis er eine Temperatur von 115 °C – 121 °C hat.

2 Das Eiweiß in der Schüssel der Standküchenmaschine bei mittlerer Geschwindigkeit mit dem Schneebesen-Element aufschlagen. Der Zuckersirup sollte die benötigte Temperatur erreicht haben, bevor das Eiweiß sein Maximalvolumen erreicht hat. Ist er noch nicht soweit, muss die Geschwindigkeit der Standküchenmaschine reduziert werden.

3 Sobald der Zuckersirup die gewünschte Temperatur hat, das Eiweiß aber noch nicht zu seinem vollen Volumen aufgeschlagen wurde, den Topf mit dem Sirup vom Herd nehmen und im Eiswasserbad schocken. Dies ist die einzige Möglichkeit, den Kochprozess des Zuckersirups zu unterbrechen. Hat das Eiweiß aber bereits das Maximalvolumen, wenn der Zuckersirup die benötigte Temperatur erreicht, kann er direkt hinzugefügt werden. Das muss vorsichtig geschehen, die Standküchenmaschine also auf mäßige Geschwindigkeit reduzieren und den Zuckersirup in einem dünnen Strahl an einer Seite der Schüssel zum Eischnee laufen lassen. Gießt man den heißen Sirup direkt auf das sich schnell drehende Schneebesen-Element, spritzt er in alle Richtungen.

4 Die Baisermasse weiter aufschlagen, bis sie abgekühlt ist. Dann kann sie unter die Masse für eine andere Zubereitung gehoben oder in die gewünschte Form gespritzt und im Ofen getrocknet werden, um locker-knusprige Baisers zu erhalten.

HINWEIS Diese Methode wird z. B. bei der Zubereitung italienischer Buttercreme (die weiche Butter muss hier in kleinen Stückchen unter die lauwarme Baisermasse gemischt werden, damit eine glatte Masse entsteht), von Crème Chiboust und französischen Macarons verwendet.

CUSTARDS – EIERCREMESPEISEN

Desserts wie Crème brûlée, Crème anglaise (Englische Creme), Crème caramel, Flans, aber auch die herzhaften Speisen wie Quiches, die auf mit Eiern angedickten Milchprodukten basieren, ebenso wie mithilfe von Eiern und Stärke angedickte Speisen wie Crème pâtissière (Konditorcreme) und Schokoladenpudding, werden auf Englisch als Custard definiert. Diese Speisen sind in der Regel süß, sehr saftig und zart – Eigenschaften, die sie der Entstehung eines feinen Protein-Netzwerks in der Masse zu verdanken haben. Custards werden, je nachdem wie die Masse zum Stocken gebracht wurde, in drei Kategorien eingeteilt: gekocht (z. B. Crème pâtissière), im Ofen gestockt (z. B. Crème brûlée) und gerührt (Crème anglaise).

Wird die Mischung aus einer entsprechenden Flüssigkeit, Eiern und Maisstärke mittels direkter Hitze angedickt, spricht man von einer gekochten Creme. Durch die Hitze wird die Koagulation der Proteine aus der Stärke ausgelöst und es kommt zur Gelation der Stärke, die wiederum dazu führt, dass die Flüssigkeit – in der Regel Milch – andickt. Theoretisch muss die Mischung kochen, damit sie ausreichend stockt, bei der folgenden Zubereitungsmethode ist dies aber nicht nötig. Es gibt also eine Möglichkeit, eine dickflüssige, glatte Eiercremespeise zuzubereiten, ohne die Zutaten starker Hitze aussetzen zu müssen.

Die Zubereitung nach der hier vorgestellten Methode kann unheimlich umständlich sein, wenn man die einzelnen Zubereitungsschritte nicht genau befolgt. Diese Zubereitungsmethode ist nicht einfacher, als die traditionelle Methode. Sie ist anders und bringt auch die eine oder andere Herausforderung mit sich. Dafür bekommt die damit zubereitete Cremespeise eine bessere Qualität und wird sich auf der Zunge besonders angenehm und samtig-weich anfühlen.

Allerdings hat diese Methode auch ihre Nachteile. So ist im Eigelb z. B. ein Enzym enthalten, die Amylase, das die Maisstärke in der Creme zu Zucker-Molekülen abbaut (Retrogradation). Dieses Enzym lässt sich nur neutralisieren, indem man das Eigelb kocht. Bei der traditionellen Zubereitungsmethode wird die Mischung daher gekocht.

Da die Auswirkungen der Retrogradation erst etwa 48 Stunden nach Zubereitung der Eiercreme auftreten, ist die folgende Methode trotzdem gut geeignet. Es sollten sowieso keine größeren Mengen solcher Eiercremes zubereitet werden, als gerade benötigt. Ein weiterer Nachteil dieser Methode ist, dass die Masse nur gerade eben soweit erhitzt wird, dass alle Proteine gegart sind – und nicht weiter. Das bedeutet, dass die Zugabe einer weiteren Flüssigkeit wie z. B. Rum dazu führen könnte, dass die angedickte Creme wieder zu locker bzw. flüssig wird.

Gerührte Eiercremespeisen ähneln gekochten Zubereitungen insofern, als dass sie mit direkter Hitze gegart werden. Der Unterschied besteht darin, dass sie nicht aufgekocht werden müssen (80°C – 85°C sind ausreichend), um die gewünschte Konsistenz zu bekommen. Außerdem werden sie nur mithilfe von Eiern angedickt. Das wohl bekannteste Beispiel für eine solche Zubereitung ist die Crème anglaise.

ZUBEREITUNGSMETHODE FÜR GEKOCHTE EIERCREMESPEISEN:

1   Die Eigelbe in eine Schüssel geben und in einem heißen Wasserbad auf 21 °C aufwärmen. Beiseite stellen. Dieser Schritt ist wichtig, damit die Eigelbe schneller koagulieren – frisch aus dem Kühlschrank würde das deutlich länger dauern (siehe Schritt 5).

2   Etwas mehr als die Hälfte der Milch in einen hohen Topf füllen (die Milch muss darin aufgekocht werden können, ohne dass etwas überläuft). Die gesamte Menge Zucker hinzufügen, gegebenenfalls zusammen mit den Zutaten zum Aromatisieren (Vanille, Kaffee, etc.). ▶▶

Etwas mehr als die Hälfte der Milch mit dem Zucker und gegebenenfalls den zum Aromatisieren bestimmten Zutaten in einen großen Topf füllen und aufkochen.

Die kochende Milch unter Rühren mit dem Schneebesen auf einmal in die Eier-Maisstärke-Milchmischung geben und 1 Minute kräftig weiterrühren.

Die fertige Crème pâtissière hat eine dickflüssige, samtig-weiche, gleichmäßige Konsistenz und eine glänzende Oberfläche.

3   In einer kleinen Schüssel den zweiten Teil der Milch und die Maisstärke mit dem Schneebesen vermischen. Das aufgewärmte Eigelb unterrühren.

4   Die Eier-Mischung durch ein feines Sieb in eine große Schüssel streichen. Die Schüssel sollte groß
genug sein, um auch noch die Milch aus dem Topf fassen zu können, aber auch nicht zu groß, damit
die heiße Milch nicht gleich abkühlt, nachdem sie aus dem Topf hinzugegossen wurde.

5   Milch und Zucker im Topf aufkochen, 10 Sekunden kochen lassen und dann unter kräftigem Rühren
auf einmal (es ist sehr wichtig, dass dies wirklich in einem Schwung geschieht und die Milch nicht
langsam hinzugegossen wird) in die Schüssel mit der Eier-Maisstärke-Milchmischung geben. Am
besten macht man das zu zweit: Eine Person rührt, die andere gießt die Milch mit einem Schwung
hinzu. Es ist unbedingt notwendig, dass das Hinzufügen der kochenden Milch nicht zögerlich geschieht, denn nur so steigt die Temperatur der Zutaten in der Schüssel soweit an, dass die Proteine
aus dem Eigelb koagulieren und die Maisstärke geliert, sodass die Mischung andickt. Etwa 1 Minute
ohne Unterlass weiterrühren. Dieser Schritt ist ebenfalls sehr wichtig, denn die Methode funktioniert
nicht, wenn man auch nur eine Sekunde stoppt, um die Hand zu wechseln, weil der Arm müde wird.

6   Die Oberfläche der Creme mit Frischhaltefolie abdecken und die Schüssel dann zum Abkühlen in ein
Eiswasserbad stellen.

HINWEIS Mit dieser Methode werden z. B. Crème pâtissière und verschiedene Pudding-Speisen
zubereitet.

Eiercremespeisen – im Ofen gestockt

Es gibt zwei Herangehensweisen an diese Zubereitungsmethode. Die erste Möglichkeit ist für die Fälle gedacht, in denen die Grundmasse gleich gebacken werden soll, die zweite Möglichkeit ist besonders dann gut geeignet, wenn noch einige Zeit verstreichen wird, bevor die Grundmasse gebacken wird.

ZUBEREITUNGSMETHODE 1:

1 Den Ofen auf 135 °C (Ober-/Unterhitze) vorheizen.

2 Die hitzebeständigen Förmchen, in denen die Eiercremespeise gebacken werden soll, in ein tiefes Backblech stellen. Das Blech sollte höher sein, als die Förmchen, denn wenn später Wasser in das Blech gefüllt wird, sollte es die Förmchen bis an den oberen Rand umgeben (nur so wird die Eiercremespeise gut darin garen).

3 In einem mittleren Topf die gesamte Milch (bzw. die Mischung aus Milch und Sahne) mit der Hälfte des Zuckers vermischen und gegebenenfalls die zum Aromatisieren gedachten Zutaten (Vanille, Zimt etc.) hinzufügen.

4 In einer Schüssel die Eigelbe mit der anderen Hälfte des Zuckers verquirlen. Die Schüssel muss groß genug sein, um alle Komponenten des Rezeptes fassen zu können.

5 Die Milch (bzw. die Milch-Sahnemischung) aufkochen. Vom Herd nehmen und die heiße Flüssigkeit langsam unter Rühren mit dem Schneebesen unter die Eigelb-Zuckermasse mischen, damit sich keine Klumpen bilden. Dieser Prozess wird auch als das Temperieren des Eigelbs bezeichnet, da die Temperatur des Eigelbs dabei langsam ansteigt, ohne dass die darin enthaltenen Proteine koagulieren, was zu einer klumpigen Masse führen würde.

6 Die Mischung durch ein feines Sieb streichen und dann in die bereitgestellten Förmchen füllen. Besonders sauber und effektiv gelingt das mit einem Dosiertrichter. Die Förmchen fast bis zum Rand füllen.

7 Das Blech mit den gefüllten Förmchen in den Ofen schieben (mittlere Einschubleiste). Vorsichtig heißes Wasser in das Blech gießen, sodass es bis kurz unter den Rand der Förmchen reicht. Aufpassen, dass kein Wasser in die Grundmasse spritzt. Das Wasser sollte bis kurz unter den Rand der Förmchen reichen, damit die Grundmasse nicht der direkten Hitze des Ofens ausgesetzt ist und überhitzt.

8 Die Masse backen, bis sie nur noch schwerfällig wackelt, wenn man vorsichtig gegen den Rand der Förmchen stößt. In diesem Zustand sind die Proteine aus den Eiern schon ausreichend koaguliert, um die Masse stark anzudicken, gleichzeitig aber noch elastisch. Schwappt die Masse in den Förmchen noch hin und her, muss sie noch weiter gebacken werden. Ist die Masse schon soweit angedickt, dass sie nicht mehr im Förmchen wackelt und die Oberfläche nicht mehr gleichmäßig glatt ist, dann war sie zu lange im Ofen und kann nicht mehr gerettet werden. ▶▶

9 Sobald die Masse ausreichend gebacken ist, das Blech mit den Förmchen vorsichtig aus dem Ofen nehmen, ohne dass Wasser auf die gestockte Masse spritzt. Die Förmchen aus dem heißen Wasser nehmen. Auf einem sauberen Blech auf Raumtemperatur abkühlen lassen und dann gut mit Frischhaltefolie abgedeckt bis zu 2 Tage im Kühlschrank aufbewahren.

HINWEIS Beim Backen decken einige Köche das Wasserbad mit Alufolie ab, um den Garprozess zu beschleunigen. Einerseits stockt die Masse so zwar wirklich schneller, andererseits sammelt sich durch Kondensation Feuchtigkeit auf der Oberfläche der Cremes, und das kann besonders bei der Zubereitung von Speisen wie Crème brûlée zu Nachteilen führen, da es äußerst kompliziert ist, Zucker auf einer feuchten Oberfläche zu karamellisieren. Wenn man es eilig hat, ist diese Methode wiederum praktisch.

ZUBEREITUNGSMETHODE 2:

1 Ein Eiswasserbad vorbereiten. Die Milch (bzw. die Mischung aus Milch und Sahne) zusammen mit den zum Aromatisieren vorgesehenen Zutaten erhitzen und ziehen lassen. Den Zucker hinzufügen, solange die Milch noch heiß ist, damit er sich vollständig darin auflöst. Die aromatisierte Milch durch ein feinmaschiges Sieb in eine saubere Schüssel gießen und dann zum Abkühlen in das Eiswasserbad stellen.

2 Das Eigelb mit dem Schneebesen unterrühren, sobald die Milch vollständig abgekühlt ist. Diese Mischung durch ein feines Sieb in einen sauberen Behälter umfüllen und diesen luftdicht verschließen. So kann die Masse bis zu 5 Tage im Kühlschrank aufbewahrt werden.

3 Zum Backen der Eiercremespeisen die Schritte 6 bis 9 der Zubereitungsmethode 1 befolgen (ohne die Grundmasse durch ein feines Sieb zu streichen, denn das ist ja bereits geschehen).

HINWEIS Die mit dieser Methode zubereitete Grundmasse muss länger gebacken werden, hat aber den Vorteil, dass größere Mengen vorbereitet und dann ganz nach Bedarf fertig gegart werden können. Es ist hingegen nicht empfehlenswert, die Masse mit der ersten Methode zuzubereiten und sie dann für die spätere Fertigstellung abzukühlen, da bei dieser Methode der Prozess der Koagulation im Eigelb schon ausgelöst wurde und keine optimale Konsistenz mehr erzielt werden kann. Generell gilt, dass die Eier bei der Zubereitung nur einmal erhitzt bzw. gekocht werden sollten. Typische Beispiele gebackener Eiercremespeisen sind Crème brûlée, Crème caramel und Flan.

Für andere Zubereitungen mit im Ofen gestockten Eiermassen wie z. B. Pumpkin-Pie, Käsekuchen oder Quiches muss die Grundzutat lediglich gut mit den Eiern (oder dem Eigelb) vermischt und dann gebacken werden. Dabei ist die Verwendung eines Wasserbads nicht nötig und würde außerdem verhindern, dass die Kruste ordentlich gebacken wird.

Eiercremespeisen – gerührt

Bei dieser Methode müssen die vermischten Zutaten unter Rühren erhitzt werden, da sie mit direkter Hitze zubereitet werden. Diese Art der Eiercremespeisen werden im Topf auf dem Herd fertiggestellt. Traditionell wird mit einem Holzlöffel gerührt, mit dem Schneebesen lässt sich aber effizienter und gleichmäßiger Arbeiten, da beim Umrühren mehr Fläche auf einmal abgedeckt und die Hitze so besser verteilt wird.

ZUBEREITUNGSMETHODE FÜR GERÜHRTE EIERCREMESPEISEN WIE CRÈME ANGLAISE:

1 Ein Eiswasserbad vorbereiten. In einem mittleren Topf die gesamte Milch (bzw. die Mischung aus Milch und Sahne) mit der Hälfte des Zuckers und den zum Aromatisieren vorgesehenen Zutaten (z.B. Vanille, Zimt etc.) vermischen.

2 Die Eigelbe mit der anderen Hälfte des Zuckers in einer Schüssel vermischen. Die Schüssel sollte groß genug sein, um alle Komponenten des Rezeptes fassen zu können.

3 Die Milch (bzw. Milch und Sahne) aufkochen. Vom Herd nehmen und die heiße Flüssigkeit langsam unter Rühren mit dem Schneebesen in die Eigelb-Zuckermischung gießen.

4 Die Mischung zurück in den Topf füllen und bei mäßig-schwacher Hitze unter ständigem Rühren mit dem Schneebesen erhitzen.

5 Weiterrühren und erhitzen, bis die Mischung eine Temperatur von 85°C hat. Diese Temperatur lange genug beibehalten, bis die Mischung soweit angedickt ist, dass sie den Rücken des Kochlöffels bedeckt. Das dauert etwa 3–5 Minuten. Zieht man einen Finger durch die Masse auf dem Löffelrücken und sie läuft sofort wieder zusammen ohne eine Spur zu hinterlassen, ist die Sauce noch nicht soweit. Ob die Creme fertig ist, lässt sich also visuell beurteilen – ist die Flüssigkeit deutlich angedickt – und indem man ihre Temperatur überprüft – sind 85°C erreicht?

6 Die Creme durch ein feinmaschiges Sieb streichen, sobald sie die richtige Konsistenz/Temperatur hat und zum Abkühlen in das Eiswasserbad stellen.

7 Die abgekühlte Eiercremespeise kann in einem luftdicht verschlossenen Behälter im Kühlschrank bis zu 4 Tage aufbewahrt werden.

HINWEIS Diese Methode wird vor allem für die Zubereitung von Eiscreme-Grundmassen und Crème anglaise verwendet. Auch die sogenannten Curds auf Basis von Zitrusfruchtsäften können zu dieser Kategorie gezählt werden, mit dem Unterschied, dass die Zutaten über einem heißen Wasserbad erhitzt werden, nicht direkt im Topf auf der Herdplatte.

DESSERTS MIT SCHAUMMASSEN

Die hier vorgestellte Methode wird für die Zubereitung von Speisen benötigt, die mit einer bis drei verschiedenen Schaummassen aufgelockert werden. Dabei kann es sich um Eischnee, aufgeschlagene Eigelbe oder Eier und geschlagene Sahne handeln. Zu diesen Desserts zählen z. B. Mousses, Cremespeisen wie Bayrische Creme, Semifreddi, Parfaits, Soufflés, Eisbomben, Crèmes Chiboust und Diplomat, Sabayons (bzw. Zabaglione), Schäume (bzw. Espumas) und Crème Chantilly. Aufgabe der Schaummassen ist es, der jeweiligen Zubereitung eine leichte, luftige und trotzdem samtig-weiche Konsistenz zu verleihen. Einige dieser Speisen werden einfach gekühlt serviert, andere gefroren.

BEI DER ZUBEREITUNG VON MIT SCHAUMMASSEN GELOCKERTEN DESSERTS IST ZU BEACHTEN:

1   Die geschmacksgebende Grundmasse muss immer zuerst zubereitet werden, also vor der Schaummasse (*Pâté à bombe*). Am besten sollte die Grundmasse lauwarm oder noch leicht warm sein, denn wenn Gelatine untergemischt werden soll und die Grundmasse zu kühl ist, wird die Gelatine sofort gelieren. Ist die Grundmasse zu warm, schmilzt geschlagene Sahne sofort, wenn sie untergehoben wird.

2   Schlagsahne kann nur dann richtig aufgeschlagen werden, wenn sie gut gekühlt ist (1 °C – 4 °C). Ist sie wärmer, dann ist das darin enthaltene Fett zu weich und kann die beim Aufschlagen entstehenden Luftbläschen nicht stabilisieren. Die Sahne sollte auch nicht zu stark aufgeschlagen werden, da sich beim Unterheben sonst die gleichen Probleme ergeben, wie bei sehr steifem Eischnee: Sie lässt sich nur noch schwer gleichmäßig unter andere Zutaten heben. Die Sahne sollte also nur soweit aufgeschlagen werden, dass sie eine lockere Masse ergibt, die noch keine steifen Spitzen bildet, wenn man den Schneebesen daraus hervorzieht. Geschlagene Sahne muss gekühlt werden, damit die Luftbläschen darin erhalten bleiben. Lässt man sie einfach bei Raumtemperatur stehen, fällt sie in sich zusammen.

3   Die Konsistenz der Schaummasse hat einen großen Einfluss auf das Endprodukt. Wird Eischnee zu steif geschlagen, lässt er sich nicht mehr gleichmäßig unter die aromatisierte Grundmasse heben und das Dessert bekommt nicht die optimale, samtig-weiche Konsistenz.

SCHAUMMASSEN RICHTIG UNTERHEBEN:

1   Die Schaummasse sollte unter die übrigen Zutaten gehoben werden, sobald sie das gewünschte Volumen erreicht hat. Sie mag zwar einige Minuten stabil erscheinen, doch je länger sie stehen bleibt, umso mehr wird sie zusammenfallen – manchmal auch nur unmerklich. Das erreichte maximale Volumen sollte aber möglichst ausgenutzt werden.

2   Die Hälfte der Schaummasse auf die aromatisierte Grundmasse geben. Einen Teigschaber oder eine Teigkarte aus Kunststoff entlang der Innenseite in die Mitte der Schüssel ziehen und dann mit einer Bewegung aus dem Handgelenk von unten nach oben bringen. Diese Bewegung sollte dem Buchstaben „J" ähneln. Gleichzeitig mit der freien Hand die Schüssel ein Viertel um die eigene Achse drehen. Wiederholen, bis die Schaummasse gleichmäßig unter die Grundmasse gemischt ist. Durch die „J"-Bewegung mit dem Teigschaber und das gleichzeitige Drehen der Schüssel wird möglichst viel Schaum auf einmal unter die Grundmasse gemischt, ohne dass er zu viel Volumen verliert. Diese Methode ist effektiver, als wenn man die Schüssel nicht drehen würde. Man braucht eine gute Koordination, um die beiden Bewegungen gleichzeitig und richtig durchzuführen und die bekommt man mit der Übung.

3   Den Rest der Schaummasse auf die gleiche Art und Weise unterheben. Die Schaummasse wird in zwei Etappen unter die Grundmasse gehoben, damit möglichst wenig Volumen verlorengeht. Würde die gesamte Schaummasse auf einmal untergehoben, würde sehr viel Luft aus der Masse gedrückt werden, bis alle Zutaten gleichmäßig miteinander vermischt wären. Durch das Unterheben in zwei Etappen wird die Grundmasse durch die erste Zugabe aufgelockert, sodass sich die zweite Hälfte der Schaummasse leichter unterheben lässt.

4   Einige Rezepte enthalten zwei oder drei Schaummassen, in vielen Küchen und Backstuben steht aber selten mehr als eine Standküchenmaschine zur Verfügung. Optimal wäre, die benötigten Schaummassen gleichzeitig zuzubereiten, um sie kombinieren zu können, sobald sie alle das benötigte Volumen erreicht haben. Wenn nur eine Standküchenmaschine zur Verfügung steht (oder keine), sollte zunächst die stabilste Schaummasse zubereitet werden (in der Regel die geschlagene Sahne). Damit sie ihr Volumen nicht verliert, wird die geschlagene Sahne, sobald sie das gewünschte Volumen erreicht hat, sofort in den Kühlschrank gestellt. Als Nächstes wird die auf Eigelb basierende Schaummasse zubereitet und zum Schluss der Eischnee. Beim Unterheben gilt, dass die leichteren Massen unter die schwereren gemischt werden (also Eischnee unter Eigelb-Schaummasse und dann die geschlagene Sahne unter diese Mischung oder die geschlagene Sahne unter die Eigelb-Schaummasse).

5   Abschließend muss die fertige Masse nur noch in den/die entsprechenden Behälter gefüllt und gekühlt bzw. eingefroren werden.

HINWEIS   Enthält das Rezept Schokolade, muss diese zunächst geschmolzen werden und dann auf Raumtemperatur abkühlen. Viel kühler sollte sie nicht sein, denn soll geschlagene Sahne unter die Schokolade gemischt werden, und die Schokolade ist beim Unterheben zu kühl, dann wird sie fest, sobald sie in Kontakt mit der kalten Schlagsahne kommt. Die fertige Masse hat dann keine gleichmäßige Konsistenz, sondern enthält lauter Schokoladen-Klümpchen.

Mousses

In der Regel basiert eine Mousse auf einer sogenannten *Pâté à bombe*, d. h. einer Grundmasse, die zu 60 % aus Eigelb und zu 40 % Zucker besteht. Diese Zutaten werden zusammen in eine Schüssel gegeben und dann über einem heißen Wasserbad unter ständigem Rühren mit dem Schneebesen auf 60 °C erhitzt (das sogenannte *Abschlagen*). Sobald die Masse die entsprechende Temperatur hat, wird die Schüssel aus dem Wasserbad genommen und die Masse weiter aufgeschlagen, bis sie in dicken Bändern vom Schneebesen läuft. Alternativ kann der Zucker separat gekocht werden, bis der Sirup eine Temperatur von 115 °C hat, während die Eigelbe in der Standküchenmaschine hell und schaumig geschlagen werden. Sobald die Masse beim Aufschlagen dicke Bänder bildet, lässt man den heißen Zuckersirup vorsichtig bei laufender Maschine entlang der Seite der Schüssel in den Eischnee laufen. Dann wird die Masse weiter aufgeschlagen, bis sie auf Raumtemperatur abgekühlt ist. Eingeweichte Gelatine wird unter die Masse gemischt solange diese noch warm ist, damit sich die Gelatine vollständig darin auflösen kann. Auch Fruchtpürees, Nusspasten, Karamell und geschmolzene Schokolade können unter die Pâté à bombe gemischt werden, solange diese Zutaten Raumtemperatur haben. Geschlagene Sahne wird ganz zum Schluss unter die Masse gemischt. Die Mousse muss sofort nach der Zubereitung gekühlt werden, damit sie erstarrt, bevor sie bei Raumtemperatur zu viel Volumen verliert.

Für die Zubereitung von Mousses gibt es nicht nur eine Methode, da sich die verschiedenen Rezepte schon darin unterscheiden, ob eine Pâté à bombe oder eine andere Schaummasse als Grundlage dient. Bei einigen Rezepten muss außer der geschlagenen Sahne auch noch Baisermasse (warme Zubereitung) untergehoben werden. Generell setzt sich eine Mousse aus folgenden Komponenten zusammen: Pâté à bombe + geschmacksgebende Masse + geschlagene Sahne.

Bayrische Creme

Eine solche Creme basiert normalerweise auf einer einfachen Eiercreme (Custard), unter die italienische Baisermasse und/oder geschlagene Sahne gehoben wird. In einigen Fällen kann die Eiercreme durch ein Fruchtpüree ersetzt werden oder das Fruchtpüree wird bei der Zubereitung der Eiercreme gleich mit verarbeitet. Die Eiercreme-Grundmasse kann nach Belieben aromatisiert werden. Gelatine wird hinzugefügt solange die Grundmasse noch warm ist, damit sie sich vollständig darin auflösen kann. Sobald die Grundmasse lauwarm ist, kann die italienische Baisermasse untergehoben werden, gefolgt von der Schlagsahne.

Semifreddo

Das Wort *Semifreddo* kommt aus dem Italienischen. Wörtlich übersetzt bedeutet es „halb-kalt", da es sich um eine gefrorene Masse handelt, müsste das italienische Wort strenggenommen *Semicongelato* oder *Mezzocongelato* heißen, also „halb-gefroren", denn das fertige Dessert ist derart leicht und luftig, dass es nur teilweise gefroren zu sein scheint. Ein Semifreddo enthält eine gesüßte und aromatisierte Eigelb-Schaummasse (Pâté à bombe), die unter die Baisermasse gehoben wird (in der Regel französische Baisermasse, für deren Zubereitung pasteurisiertes Eiweiß benutzt werden muss, da die Masse nicht erhitzt wird), gefolgt von geschlagener Sahne. Für die Zubereitung dieses Desserts werden demnach drei verschiedene Schaummassen verwendet und dieser Tatsache hat es seine leichte, luftige Konsistenz zu verdanken.

Parfaits

Parfait ist Französisch und bedeutet „perfekt". Was den Geschmack betrifft, ist dies natürlich eine Sache persönlicher Vorlieben. Definiert werden kann ein Parfait als Dessert (manchmal gefroren) auf der Basis einer aromatisierten Pâté à bombe, geschlagener Sahne und in einigen Fällen italienischer Baisermasse. Traditionell wird die Masse mithilfe eines Spritzbeutels in Dessertgläser gefüllt und dann eingefroren, sie kann aber auch in Formen gespritzt, eingefroren und zum Servieren aus den Formen gelöst werden.

Soufflés

Bei einem Soufflé handelt es sich nach der traditionellen Definition strenggenommen um ein warmes Dessert, zubereitet à la minute, für das französische Baisermasse unter eine aromatisierte Grundmasse (Crème anglaise, Fruchtpüree oder eine Kombination) gehoben, in spezielle Keramikförmchen portioniert und dann ungestört gebacken wird, bis die Masse deutlich über den Rand der Förmchen gestiegen ist. Manche Köche verwenden eine Art Brandteig oder Crème pâtissière als Grundmasse, schummeln also ein klein wenig, denn eigentlich sollten Soufflés keine Stärke (Mehl oder Maisstärke) enthalten, die beim Backen die Entwicklung der Struktur unterstützt. Soufflés sollten innerhalb weniger Minuten serviert werden, sobald sie aus dem Ofen kommen, denn sie verlieren schnell ihr Volumen. Heutzutage wird die Bezeichnung Soufflé für eine Reihe von Desserts verwendet, von denen einige nicht einmal heiß bzw. warm serviert werden, tatsächlich handelt es sich bei manchen Soufflés inzwischen sogar um gefrorene Zubereitungen. Welche Art von Schaummasse für die Zubereitung von gefrorenen Soufflés verwendet wird, ist unterschiedlich und hängt vom jeweiligen Patissier/Koch ab. Das Einzige, was diese Desserts mit den traditionellen warmen Soufflés gemeinsam haben ist, dass sie ähnlich aussehen und in der Regel Eischnee bzw. Baisermasse enthalten.

Eisbomben

Der Name dieses Desserts leitet sich von seiner Form ab. Eisbomben haben eine halbkugelähnliche Form, die angeblich an die einer Bombe erinnert. Die Zubereitung ähnelt der von Parfaits, Eisbomben enthalten aber mehr geschlagene Sahne, sind also leichter.

Chiboust

Bei einer Chiboust handelt es sich im Grunde genommen um aromatisierte Crème pâtissière, unter die etwas Gelatine gemischt wird, solange die Mischung noch warm ist, gefolgt von italienischer Baisermasse.

Diese Masse wird in eine Form gefüllt und gekühlt, bis sie erstarrt ist. Abschließend wird die Oberfläche unter einem Salamander oder Ofengrill gebräunt und warm serviert.

Crème Diplomat

Für die Zubereitung einer Crème Diplomat wird geschlagene Sahne unter eine Crème pâtissière gehoben. Das typische Mengenverhältnis hierbei ist 1 Teil Crème pâtissière auf 4 Teile geschlagene Sahne. Diese Creme wird häufig als Füllung von Schichttorten oder Eclairs und für Desserts wie Gâteau Saint-Honoré verwendet.

Sabayon oder Zabaglione

Dieses Dessert, auch bekannt als Weinschaumcreme oder -sauce, basiert auf nur einer Schaummasse aus Eigelben. Bei der Schaummasse handelt es sich aber um das Dessert an sich, das meistens warm und zusammen mit saisonalem Obst serviert wird. Für die Zubereitung werden die Eigelbe mit Zucker und Marsala, Portwein, Prosecco oder Champagner in einer Schüssel vermischt und per Hand über einem heißen Wasserbad aufgeschlagen, bis sich ihr Volumen verdreifacht hat. Sabayon sollte warm serviert werden, denn sie verliert beim Abkühlen an Volumen und früher oder später trennen sich die Zutaten wieder.

Crème Chantilly

Bei Crème Chantilly handelt es sich um geschlagene Sahne, in der Regel leicht gesüßt. Vor dem Aufschlagen kann sie mit Zutaten wie Tee oder Gewürzen (häufig wird Vanille verwendet) aromatisiert werden. Auch Zutaten wie Schokolade können bei der Zubereitung von Crème Chantilly verarbeitet werden. Dafür wird die Schlagsahne kurz aufgekocht und heiß über weiße, Milch- oder Zartbitterschokolade gegossen. Das Ganze wird umgerührt, bis sich die Schokolade in der Sahne aufgelöst hat, und dann gekühlt. Die kalte Schokoladen-Schlagsahne kann dann aufgeschlagen werden. Diese Creme ist einer Mousse sehr ähnlich, da sie keine Eier enthält, aber viel leichter.

Espuma (Schaum)

Sogenannte Espumas, „einfache" Schäume, sind die neuesten Mitglieder des Clubs von mit Schaummassen gelockerten Desserts. Für die Zubereitung wird die entsprechende Flüssigkeit einfach in einen Siphon gefüllt, der Deckel fest verschlossen und der Kanister dann mit einer oder zwei Ladungen CO_2 aufgeladen. Das CO_2 füllt die Flüssigkeit mit vielen, winzigen Luftbläschen an, sobald sie aus dem Siphon gelassen wird. Durch diese Dispersion des CO_2 in der Flüssigkeit entsteht die luftig-lockere Konsistenz. Die Flüssigkeit entwickelt also in Sekundenschnelle die gleiche Konsistenz, als würde man sie per Hand oder in der Standküchenmaschine aufschlagen. Dieses Prinzip funktioniert auch mit Zutaten, die nicht auf die traditionelle Art und Weise aufgeschlagen werden können. Die einzige Voraussetzung dafür ist, dass diese Flüssigkeiten mit einer Zutat kombiniert werden müssen, die in der Lage ist, die Luftbläschen „einzufangen" und zu stabilisieren. Das in Schlagsahne enthaltene Fett sorgt z. B. dafür, dass die Luftbläschen, die sich beim Aufschlagen in der flüssigen Sahne gebildet haben, nicht sofort entweichen. Unter andere Zutaten wie Fruchtsäfte oder weitere Flüssigkeiten, die keine Milchprodukte enthalten, muss zur Stabilisierung des Schaums hingegen Gelatine gemischt werden.

GELIERMITTEL

Vor nicht allzu langer Zeit kannte man in Küchen und Backstuben nur Gelatine und Pektin als Geliermittel – manchmal noch Agar-Agar. Mit der Entwicklung der modernen Kochkunst und der Popularität der neuen Methoden und Techniken, bei denen alternative Geliermittel zum Einsatz kamen, die man in kleineren professionellen Küchen sonst kaum vorfinden konnte, wurde eine ganze Reihe neuer Produkte für die meisten Köche und Patissiers leichter erhältlich. Dank dieser Popularität ist heute eine Vielzahl verschiedenster Geliermittel in verschiedenen Größen auf dem Markt (früher wurden diese Mittel vor allem von industriellen Produzenten eingesetzt und waren daher nur in sehr großen Mengen erhältlich).

Diese Zutaten sind unter dem Fachbegriff *Hydrokolloide* bekannt. Ein Hydrokolloid ist eine Substanz, die geliert, wenn sie mit einer Feuchtigkeit in Kontakt kommt. Die entstehende gelartige Masse kann andickend, stabilisierend und emulgierend wirken und außerdem einen stabilen Schaum bilden. Die meisten Hydrokolloide sind biologischen Ursprungs. Alle werden sie gereinigt (raffiniert) und in einigen Fällen auch weiterverarbeitet, ihre Rohstoffe sind aber alle marinen, pflanzlichen, tierischen oder mikrobiellen Ursprungs.

Im Folgenden eine Liste der am häufigsten verwendeten und anerkannten Hydrokolloide, jeweils mit einer kurzen Beschreibung, wie sie als Geliermittel verwendet werden können. Es gibt noch viel Wissenswertes über die einzelnen Zutaten, aus praktischen Gründen wird hier aber nur erklärt, wie sie genutzt werden können, um ein Gel zu bilden.

Agar-Agar

Damit Agar-Agar vollständig hydriert, muss es in der entsprechenden Flüssigkeit erhitzt werden. Dafür wird es in der Regel unter die kalte Flüssigkeit gemischt, unter ständigem Rühren aufgekocht und dann noch 10 Sekunden köcheln gelassen. Daraufhin kann die Flüssigkeit in die gewünschte Form gegossen werden, in der sie gelieren wird. Inzwischen sind verschiedene Agar-Agar-Varianten auf dem Markt und bei einigen ist es nicht mehr nötig, dass die Flüssigkeit sprudelnd kocht, damit das Agar-Agar vollständig hydriert. Bei anderen ist das Agar-Agar mit anderen Hydrokolloiden kombiniert, damit ein elastischeres Gel entsteht (siehe Rezept für das Crème-Chantilly-Band auf S. 144). Agar-Agar-Gele haben keine besonders gleichmäßige oder glatte Konsistenz, sondern sind eher bröckelig. Agar-Agar-Gel ist thermoreversibel, d.h. dass es mittels Wärme geschmolzen werden kann. Agar-Agar sollte zusammen mit Flüssigkeiten verwendet werden, die einen intensiven Eigengeschmack haben, der den Meeresgeschmack des Agar-Agars übertönt. Die auf S. 145 vorgestellte Mischung verschiedener Hydrokolloide bringt deren jeweils besten Eigenschaften optimal zur Geltung.

Zum Gelieren verwendete Menge: Je nach Verwendungszweck unterschiedlich, 0,4 % – 1 %

Carrageen

Es gibt drei Carrageen-Varianten: Kappa, Iota und Lambda. Diese Typen müssen alle unter eine kalte Flüssigkeit gerührt und darin auf mindestens 60 °C erhitzt werden, um vollständig zu hydrieren und ein Gel zu bilden. Der Kappa-Typ muss dafür in der Flüssigkeit vollständig zum Kochen gebracht werden. Carrageen-Gel ist thermoreversibel. Der Kappa-Typ bildet ein stabiles, festes Gel mit bröckeliger Konsistenz, das mittels des Iota-Typen gebildete Gel ist elastischer. Beide Typen gelieren die entsprechende Flüssigkeit schnell.

Zum Gelieren verwendete Menge: 0,75 % – 1 %

Gelatine

Gelatine ist in Form von Pulver oder Blättern erhältlich und bildet ein sehr elastisches Gel. Beide Formen müssen in kaltem Wasser eingeweicht werden. In Rezepten, in denen Gelatinepulver zur Anwendung kommt, wird in der Regel die genaue Wassermenge angegeben, die benötigt wird. Diese Wassermenge ist dann Teil des fertigen Produktes. Gelatineblätter werden in sehr kaltes Wasser (meistens Eiswasser) gelegt, bis sie weich sind. Das dauert nur einige Minuten. Danach werden sie per Hand ausgedrückt, um überschüssiges Wasser zu entfernen. Beide Gelatineformen benötigen eine warme Flüssigkeit, um sich darin auflösen zu können. Diese Flüssigkeit sollte eine Temperatur von über 60 °C haben, darf aber auch nicht viel wärmer sein, da übermäßige Hitze die Gelierkraft von Gelatine zerstört. Temperaturen von über 85 °C sind nicht zu empfehlen. Blattgelatine wird nach ihrer Gelierkraft in drei Kategorien geteilt: Bronze (geringe Gelierkraft), Silber (mäßige Gelierkraft) und Gold (starke Gelierkraft). Für alle Rezepte in diesem Buch wird Gelatine der Kategorie Silber verwendet – ausgenommen das Rezept für die Marshmallows auf S. 492. Das Gewicht von Blattgelatine kann variieren und liegt je nach Hersteller zwischen 2,5 und 3,5 Gramm pro Blatt. Aufgrund dieser Abweichungen wird die benötigte Menge an Gelatine in diesem Buch nach Gewicht angegeben, nicht nach Anzahl der Blätter.

Zum Gelieren verwendete Menge: Je nach Verwendungszweck stark unterschiedlich, da Gelatine verwendet werden kann, um sehr weiche aber auch sehr feste Gelmassen zuzubereiten.

Methocel

Methylcellulose (MC), Hydroxymethylcellulose (HPMC), Hydroxypropylcellulose (HPC) und Carboxy-methylcellulose (CMC) sind alles Derivate der Cellulose.

MC und HPMC werden am häufigsten verwendet, HPC und CMC eher selten – daher werden diese beiden Formen hier nicht näher besprochen. Methocel wird zur Gelbildung und zur Herstellung von Blättern („Papier", siehe Rezept auf S. 149) verwendet. Außerdem kann es zum Lockern von Zubereitungen verwendet werden, da es bewirkt, dass Flüssigkeiten leichter Luft aufnehmen können. Die entstehenden Gele können unterschiedliche Texturen bekommen (von brüchig bis weich) und sind thermoreversibel.

Es gibt fünf verschiedene Kategorien von Methocel, innerhalb derer unterschiedliche Stufen der Viskosität möglich sind (insgesamt 19). Die fünf Kategorien sind:

- **A (aus MC): Bildet ein festes Gel. In diesem Buch wird Typ A7C verwendet, um „Papier" zuzubereiten (siehe S. 149).**
- **E (aus HPMC): Bildet ein halbfestes Gel. Praktisch für die Zubereitung dünner Gelschichten.**
- **F (aus HPMC): Bildet ein halbfestes Gel. Typ F50 wird z. B. für die Zubereitung von Schäumen verwendet (siehe Rezept für Möhren-Schaum auf S. 367).**
- **K (aus HPMC): Bildet weiche Gele.**
- **SGA (aus MC, die Abkürzung steht für „Super-Gel"): Bildet sehr feste Gele.**

Diese Hydrokolloide lassen sich am besten hydrieren, indem man die entsprechende Flüssigkeit in den Behälter eines Standmixers gibt, den Mixer auf hoher Stufe laufen lässt und das Pulver dabei langsam hinzurieseln lässt. Die Flüssigkeit muss dafür kalt sein, da diese Hydrokolloide in warmer Umgebung gelieren. Je nach Kategorie, kommt es bei Temperaturen zwischen 38 °C (SGA) und 80 °C (K) zur Gelbildung. In warmem Zustand sind die Hydrokolloide noch thermoreversibel, sobald sie aber einmal auf die Geliertemperatur abgekühlt sind, behalten sie ihre Gelform.

Gellan

Gellan ist in zwei Varianten erhältlich – mit hohem oder mit geringem Acylanteil. Gellan mit hohem Acylanteil ist weich und elastisch, das mit geringem Acylanteil ist brüchig und hart. Daher werden sie manchmal kombiniert (25 % Gellan mit hohem plus 75 % Gellan mit geringem Acylanteil), sodass sie als Hybrid verwendet werden können.

Gellan ist das bevorzugte Hydrokolloid, da die damit gelierten Flüssigkeiten ihren Eigenge-schmack gut behalten und sehr klar sein können – fast wie Wasser (siehe das Süße-Limetten-Gelee auf S. 161). Zum Hydrieren wird das Gellan-Pulver mit einer kalten Flüssigkeit vermischt und dann unter ständigem Rühren mit dem Schneebesen stark erhitzt, bis die Flüssigkeit klar ist und sich das Pulver vollständig aufgelöst hat. Die Mischung muss nicht unbedingt aufgekocht werden. Gellan mit hohem Acylanteil geliert bei 65 °C, Gellan mit niedrigem Acylanteil bei 40 °C. Das entstandene Gel ist thermoreversibel, wenn es längere Zeit erhitzt wird.

Zum Gelieren verwendete Menge: 0,5 % – 1 %

Guarkernmehl

Guarkernmehl kann als Geliermittel und auch als Emulgator und Verdickungsmittel verwendet werden. Seine Verdickungskraft ist achtmal höher als die von Maisstärke und sechzehnmal höher als die von Weizenmehl. Daher wird es auch bei der Zubereitung von glutenfreien Teigen verwendet, um deren Elastizität zu verbessern. Es ist außerdem gut dafür geeignet, die Bildung größerer Eiskristalle in Eiscreme zu verhindern. In den meisten Fällen kann es als Ersatz für Xanthan verwendet werden, da es ähnliche Eigenschaften hat.

Zum Gelieren verwendete Menge: 0,2 % – 0,5 %

Gummiarabikum

Gummiarabikum eignet sich nur in großen Mengen als Geliermittel und wird meistens als Emulgator verwendet, in einigen Fällen auch als Bindemittel. Hydriert wird es in kaltem oder heißem Wasser im Mixer. Die verwendeten Mengen variieren stark. Häufig wird es in Kombination mit Xanthan zum Emulgieren verwendet.

Zum Gelieren verwendete Menge: 1 % – 40 %

Johannisbrotkernmehl

Johannisbrotkernmehl wird als Stabilisator und Verdickungsmittel verwendet, häufig in Kombination mit anderen Hydrokolloiden wie Carrageen. In Verbindung mit Xanthan kann es als Geliermittel verwendet werden. Hydriert wird es in kaltem oder heißem Wasser im Mixer.

Zum Gelieren verwendete Menge: 0,5 % – 1 %

Pektin

Pektin ist eine wunderbar vielseitige Zutat. In der Regel wird es aus Äpfeln gewonnen und ist nicht thermoreversibel. Es gibt mehrere Pektin-Arten.

HOCHMETHYLIERTE (HOCHVERESTERTE) PEKTINE gelieren erst bei sehr hohen Temperaturen (85 °C) und nur in Verbindung mit einer Säure. Diese Pektine werden bei der Zubereitung von Konfitüre und Confiserie-Produkten wie Pâte de fruit verwendet. Das Pektin wird unter die gekochten Früchte gemischt, sobald diese eine bestimmte Temperatur oder einen bestimmten Brix-Grad haben (abhängig von der jeweiligen Fruchtsorte), und wird daher in der Regel gegen Ende des Garprozesses hinzugefügt. Dafür muss das Pektin zunächst unter eine kleine Menge Zucker gemischt werden, damit sich keine Klumpen bilden, wenn es in die kochende Flüssigkeit gegeben wird. In Verbindung mit dem Zucker kann sich das Pektin gleichmäßig verteilen und auflösen. Nachdem das Pektin untergemischt wurde, wird eine Säure hinzugefügt, damit die Masse gelieren kann. Als Säure ist z. B. einfacher Zitronensaft oder Zitronensäure geeignet.

NIEDRIGMETHYLIERTE (NIEDERVERESTERTE) PEKTINE UND NIEDRIGMETHYLIERTE AMIDOPEKTINE

können zum Gelieren einer ganzen Reihe verschiedener Flüssigkeiten verwendet werden, die mit hochverestertem Pektin nicht geliert werden können – darunter Milchprodukte und andere fetthaltige Flüssigkeiten. Zum Gelieren wird keine Säure benötigt, sondern Kalzium in Form einer einfachen Kalzium-Wasser-Lösung. Pektin und Kalzium werden im Verhältnis von 1:1 verwendet. Um das Pektin zu hydrieren, wird zunächst die Kalzium-Lösung unter die zu gelierende Flüssigkeit gemischt (außer wenn es sich um ein Milchprodukt handelt) und aufgekocht. Dann wird das Pektin unter Rühren hinzugefügt und das Ganze unter ständigem Rühren noch 1 Minute gekocht. Niedrigmethyliertes Pektin geliert bei Temperaturen von 30 °C – 60 °C und ist thermoreversibel.

Natriumalginat (Alginsäure)

Das aus Braunalgen gewonnene Natriumalginat bzw. Algin ist die wichtigste Zutat für die umgekehrte Sphärifikation (siehe Rezept auf S. 135). Damit es geliert, braucht Natriumalginat Kalzium. Zum Hydrieren wird Natriumalginat mit kaltem Wasser vermischt und dann aufgekocht. Solange Kalzium präsent ist, bringt Natriumalginat kalte und heiße Flüssigkeiten zum Gelieren. Für die in diesem Buch beschriebene umgekehrte Sphärifikation wird Kalziumlactat verwendet, aber auch andere Arten Kalzium können für einfachere Zubereitungen eingesetzt werden, z.B. indem man ein Milchprodukt vorsichtig direkt in eine Natriumalginat-Lösung gießt. Das Milchprodukt oder die mit Kalziumlactat kombinierte Flüssigkeit bildet dann eine Gelschicht mit sehr feiner Membran (ähnlich der eines Eigelbs) auf der Oberfläche der Lösung. Je länger man das Gel in der Lösung belässt, desto dicker wird diese Membran. Das Gel ist thermoreversibel.

Zum Gelieren verwendete Menge: 0,5 % – 1 %

Xanthan

Xanthan wird mithilfe von Bakterien gewonnen und sehr häufig als Emulgator genutzt. Wird es mit dem Mixer untergemischt, emulgiert es kalte oder heiße Flüssigkeiten und in einem Verhältnis von 0,2 % – 1 % kann es zur Zubereitung bestimmter Emulsionen verwendet werden. Außerdem wird es als Verdickungsmittel verwendet. Wenn es in eher geringen Mengen verwendet wird, dickt Xanthan die meisten Flüssigkeiten deutlich an, indem es ihre Oberflächenspannung verstärkt, ohne die Textur großartig zu beeinflussen. In größeren Mengen sorgt es für eine eher abstoßende, schleimige Textur, die weder appetitlich aussieht noch schmeckt.

Zum Gelieren verwendete Menge: 0,2 % – 1 %

SCHOKOLADE TEMPERIEREN

Das Temperieren (Vorkristallisieren) von Schokolade ist eine Wissenschaft an sich, überhaupt ist das Thema Schokolade weitreichend und komplex. Die Informationen in diesem Abschnitt beschränken sich auf die Erklärung der Prozedur des Temperierens von weißer, Milch- und Zartbitterschokolade mit der sogenannten Impfmethode. Da immer das gleiche Ergebnis gewünscht ist, müssen die anderen Methoden des Temperierens (Tablieren, maschinell, direkte Methode im Eiswasserbad, in der Mikrowelle oder die Verwendung von Kakaobutter) für unsere Zwecke hier nicht erläutert werden. Es sei nur so viel gesagt, dass die drei wichtigsten Faktoren bei jeder dieser Methoden die gleichen sind: Zeit, Temperatur und Umrühren. Zeit, denn je schneller die geschmolzene Schokolade wieder erstarrt, umso glänzender ist später ihre Oberfläche und umso deutlicher knackt sie beim Brechen. Dauert es zu lange, bis geschmolzene Schokolade wieder fest wird, ist die Wahrscheinlichkeit hoch, dass sie eine eher weiche Konsistenz und eine trübe Oberfläche bekommt, auf der sich Fettreif entwickeln kann. Temperatur ist wichtig, weil die geschmolzene Schokolade auf eine bestimmte Temperatur erhitzt, daraufhin etwas abgekühlt und dann wieder erhitzt werden muss, damit sich die richtigen Kristalle darin bilden. Werden die benötigten Temperaturen nicht eingehalten, ist die Schokolade am Ende des Prozesses nicht richtig temperiert. Das Umrühren ist essenziell, weil es die Bildung der richtigen Kristalle in der Kakaobutter unterstützt. Kakaobutter kann sechs verschiedene Kristallformen bilden:

- **Form I (γ):** Schmilzt bei Temperaturen von 16°C – 18°C. Sehr instabil. (Nur in Schokoladenüberzug von Produkten wie Eiscreme vorhanden).
- **Form II (α):** Schmilzt bei Temperaturen von 22°C – 24°C.
- **Form III (β'2):** Schmilzt bei Temperaturen von 24°C – 26°C.
- **Form IV (β'1):** Schmilzt bei Temperaturen von 26°C – 28°C.
- **Form V (β2):** Schmilzt bei Temperaturen von 32°C – 34°C.
- **Form VI (β1):** Schmilzt bei Temperaturen von 34°C – 36°C.

Die Kristallformen V und VI sind am stabilsten. Für Schokoladenprodukte wie Pralinen, Dekor etc. wird vor allem Form V benötigt, denn dann verleiht die Kakaobutter der Schokolade eine feste Konsistenz, sodass sie sauber und mit einem deutlichen Knacken bricht und eine gleichmäßig glänzende Oberfläche bekommt, auf der kein Fettreif entsteht. Geübte Chocolatiers sorgen daher dafür, dass die Kakaobutter in geschmolzener Schokolade so schnell wie möglich die Kristallform V bildet. Das geht nur über das Temperieren der Schokolade. Wenn keine speziellen Temperiermaschinen zur Verfügung stehen, ist die sogenannte Impfmethode die sauberste und genaueste Methode des Temperierens.

SCHOKOLADE TEMPERIEREN MIT DER IMPFMETHODE:

1   Die Schokolade kann in kurzen Intervallen in einer Schüssel in der Mikrowelle geschmolzen werden. Wie lange das dauert, hängt von der zur Verfügung stehenden Mikrowelle ab. Professionelle Geräte sind sehr effektiv, sodass Schokolade darin schnell anbrennt, wenn man nicht aufpasst. Die Schokolade zwischendurch immer wieder mit einem Kunststoffteigschaber umrühren, damit sie gleichmäßig schmilzt. Es ist allerdings vorzuziehen, die Schokolade in einer Schüssel über einem Wasserbad zu schmelzen. (Dabei sollte die Schüssel nicht mit dem Wasser in Kontakt kommen und das Wasser sieden, nicht sprudelnd kochen). Auf diese Weise lässt sich der Prozess besser kontrollieren. Schokolade schmilzt besser, wenn sie in Pellets oder in kleinen Stücken, die von einem Block gehackt

wurden, vorliegt. Ein spezielles Schmelzgerät ist natürlich auch eine gute Möglichkeit: Die Schokolade wird einfach hineingefüllt und über Nacht darin erwärmt, sodass am nächsten Tag eine große Menge geschmolzener Schokolade mit der richtigen Temperatur zur Verfügung steht. Schokolade längere Zeit in geschmolzenem Zustand zu halten, bevor sie temperiert wird, heißt allerdings noch lange nicht, dass das Endprodukt besser wird. Zwar preisen einige Schokoladenhersteller diese Methode zum Temperieren ihrer Schokolade an, aber geschmolzene Schokolade ist nun mal geschmolzene Schokolade – egal, wie lange sie geschmolzen ist. Schokoladenschmelzgeräte sind übrigens recht teuer.

2   Die geschmolzene Schokolade auf 45 °C – 50 °C erhitzen. Die Schüssel vom Wasserbad (das Wasser aber weiter warm halten) oder aus der Mikrowelle nehmen. Feste Schokoladenstückchen in die geschmolzene Schokolade geben. Sie werden wie eine Art Eis wirken und die geschmolzene Schokolade abkühlen. Dafür am besten mit einer Menge beginnen, die etwa einem Viertel der geschmolzenen Schokolade entspricht. Gleichmäßig und fortwährend umrühren, dabei häufig die Temperatur überprüfen. Dafür sind Infrarot-Thermometer am besten geeignet, denn mit ihnen lässt sich sauberer arbeiten, als mit Einstichthermometern, die jedes Mal, nachdem sie in die Schokolade getaucht wurden, abgewischt werden müssen.

3   Die Schokolade weiter umrühren, bis sie die benötigte Temperatur hat. Diese ist je nach Schokoladen-Typ unterschiedlich: Zartbitterschokolade muss auf 30 °C – 32 °C abgekühlt werden, Milchschokolade auf 29 °C – 30 °C und weiße (oder farbige) Schokolade auf 28 °C – 29 °C. Um zu prüfen, ob die Schokolade richtig temperiert ist, taucht man die Spitze einer Winkelpalette oder ein Stück Backpapier hinein und wartet ab, ob die Schokolade rasch, gleichmäßig und mit glänzender Oberfläche erstarrt. So ein Test hat allerdings auch seine Nachteile, denn während man darauf wartet, dass die Schokolade auf der Palette/dem Backpapier fest wird, kühlt die Schokolade in der Schüssel schnell ab. Wenn man noch nicht viel Erfahrung beim Temperieren hat, ist dieser Test trotzdem noch nötig. Solange man sich genau an die hier beschriebenen Schritte hält, wird das Temperieren kein Problem sein.

4   Die temperierte Schokolade gleich weiterverarbeiten. Hier einige kleine Tricks, mit denen man dafür sorgen kann, dass sie die richtige Temperatur behält:

- In einer separaten Schüssel geschmolzene, warme Schokolade (etwa 45 °C) bereithalten und ein wenig davon unter die temperierte Schokolade rühren, falls diese zu kalt wird.

- Die temperierte Schokolade in kurzen Intervallen in der Mikrowelle wieder auf die gewünschte Temperatur erhitzen.

- Die Schüssel mit der temperierten Schokolade über ein siedendes Wasserbad stellen und unter ständigem Rühren auf die gewünschte Temperatur erhitzen. (Beim Arbeiten mit Schokolade sollte man daher immer einen Topf mit heißem Wasser bei mäßiger Hitze auf dem Herd bereitstehen haben.)

HINWEISE   Übersteigt die Temperatur der geschmolzenen Schokolade die Temperaturspanne, in der sie temperiert wäre, muss der Prozess von Neuem begonnen werden.

Die Temperatur des Arbeitsraumes sollte zwischen 18 °C und 21 °C liegen.

Die ideale Aufbewahrungstemperatur für Confiserie-Produkte aus Schokolade und Schokolade im Allgemeinen liegt zwischen 12 °C und 20 °C. So kann kein Fettreif entstehen, der erst bei Umgebungstemperaturen von über 24 °C auftritt.

SCHOKOLADE SELBST HERSTELLEN

Ist es wirklich nötig, Schokolade selbst herzustellen? Die klare Antwort lautet: Nein. Also warum sollte man sich überhaupt die Mühe machen? Weil selbstgemachte Schokolade bestimmte Zubereitungen einfach zu etwas ganz Besonderem macht. Lassen Sie sich das mal auf der Zunge zergehen: Ihre eigene Schokolade! Natürlich gibt es einige Gründe, die dagegen sprechen, Schokolade selbst zu produzieren. Es sind die gleichen Gründe, aus denen die meisten Menschen ihr Mehl nicht selbst mahlen und ihren Ketchup nicht selbst einkochen. In der Lage zu sein, den Gästen Schokoriegel, Schokoladendekors etc. anbieten zu können, die mit selbst hergestellter Schokolade zubereitet wurden, ist etwas Einzigartiges. Und möglicherweise sehr aufwendig. Allerdings kann man für vollkommen handgemachte Produkte auch mehr Geld verlangen, denn sie werden qualitativ deutlich hochwertiger sein, als Produkte aus industriell hergestellter Schokolade. Die zur Herstellung von Schokolade benötigte Ausstattung (ein Mahlgerät zum Zerstoßen der Kakaobohnen, ein Entsafter für die Kakaomasse, Mélangeur und Conchiergerät) kann teuer werden, die Investition ist aber lohnenswert.

Über den Herstellungsprozess von Schokolade könnte man ein ganzes – und sehr dickes – Buch schreiben (davon gibt es auch schon einige). Im Folgenden gibt es lediglich eine kurze, generelle Einführung. Sie müssen sich selbst entscheiden, welche Kakaobohnensorte Sie verwenden und/oder ob Sie verschiedene Sorten mischen möchten. Das Endergebnis liegt ganz in Ihrer Hand.

ANLEITUNG ZUR HERSTELLUNG VON SCHOKOLADE

Im folgenden Abschnitt finden Sie eine Schritt-für-Schritt-Anleitung zur Produktion von Schokolade im eigenen Betrieb. Denken Sie daran, dass die einzelnen Stufen leicht von den bei der Großproduktion üblichen Prozessen abweichen (denn größere Maschinen wirken sich anders auf den Herstellungsprozess und das Endprodukt aus). Das Grundprinzip bleibt jedoch das Gleiche.

Auswahl der richtigen Kakaobohnen

Bei der Produktion auf kleinem Maßstab lässt sich eine fast unendliche Anzahl unterschiedlicher Schokoladen-Varianten herstellen, je nachdem welche Sorte Kakaobohnen (bzw. Mischung verschiedener Kakaobohnensorten) man verwendet und wie man sie verarbeitet. Wirkliches Verständnis davon gewinnt man nur über das Experimentieren mit verschiedenen Röst- und Verarbeitungsmethoden, aber schon das Befolgen von ein paar Richtlinien garantiert ein anständiges Endprodukt.

Die drei wichtigsten Kakaobohnensorten sind: Criollo (sie gelten als die Kakaobohnen bester Qualitätsstufe), Trinitario (mittlere Qualitätsstufe) und Forastero (ebenfalls mittlere Qualitätsstufe). Die jeweilige Ursprungsregion wirkt sich deutlich auf die Eigenschaften der Sorten aus. Einige Criollo-Bohnen ergeben wunderbare Schokolade, andere wiederum sehr schlechte. Umgekehrt gilt, dass mit Forastero-Bohnen, die den Ruf haben, dass sich nur eher geschmacksneutrale, eindimensionale Schokolade daraus herstellen lasse, ganz wunderbare Schokolade produziert werden kann. Das hängt von der Qualität des Kakaobaumes bzw. der Kakaofrüchte und davon ab, wie die Kakaobohnen bei und nach der Ernte sowie während des Verschiffens an ihren Zielort behandelt werden. Schimmel ist eines der Probleme, die bei fermentierten Kakaobohnen am häufigsten auftreten.

Bei Kakao ist es also ähnlich wie bei Wein: Aus der gleichen Traubensorte, angebaut in unterschiedlichen Regionen, entstehen ganz unterschiedliche Weine. Auch die Eigenschaften von Kakaobohnen und der daraus produzierten Schokolade hängen vom Terroir ab – dem Boden, auf dem die Bäume wachsen und den gegebenen klimatischen Bedingungen.

Hier einige generelle Angaben zu den Eigenschaften von Kakaobohnen aus verschiedenen Weltregionen:

- **Kakaobohnen aus Südamerika sind für ihre fruchtigen, blumigen Eigenschaften bekannt.**
- **Kakaobohnen aus Afrika sind für ihre einfachen, direkten Schokoladenaromen bekannt.**
- **Kakaobohnen aus Madagaskar sind intensiv fruchtig, haben stark saure Noten und einen einzigartigen Geschmack.**

Bevor man damit beginnt, sich über die Formel (also die Zusammensetzung) der eigenen Schokolade Gedanken zu machen, muss man einige Grundinformationen zu Kakaobohnen kennen. Der Fettgehalt (Kakaobutteranteil) von Kakaobohnen liegt bei 53 % – 59 %, in den folgenden Formeln wird für eine bessere Übersichtlichkeit von einem Kakaobutter-Anteil von 55 % ausgegangen. Beim Rest (45 %) handelt es sich um feste Kakaobestandteile. Es kann vorkommen, dass die Kakaobohnen in einem Sack alle einen unterschiedlichen Fettgehalt haben, dieser wird aber niemals unter 53 % bzw. über 59 % liegen.

Fertige Schokoladen mit einem Kakaobutteranteil von über 38 % gelten als Schokoladenkuvertüre. Dafür wird bei der Produktion zusätzliche Kakaobutter hinzugefügt, da die Schokolade sonst einen derart hohen Anteil an Kakaofeststoffen hätte, dass sie für die meisten Verwendungszwecke viel zu bitter wäre.

Reinigen

Vor der Verarbeitung muss man sich vergewissern, dass sich keinerlei Fremdstoffe unter den Kakaobohnen befinden. Es ist nicht ungewöhnlich, in einem Sack Kakaobohnen kleine Steinchen, Zweige oder sogar Metallstückchen zu finden. Diese Objekte können nicht nur den Geschmack der fertigen Schokolade negativ beeinflussen, sondern auch das Mahlgerät und das Conchiergerät beschädigen.

KAKAOBOHNEN WERDEN WIE FOLGT GEREINIGT:

1 Die Kakaobohnen in einen Durchschlagbehälter oder ein Küchensieb füllen. Mit einem Staubsauger kleinere Fasern und Staub (von unten durch das Sieb) absaugen. Alternativ können die Kakaobohnen auch in einem großen mittelfeinen Rundsieb geschüttelt werden, um den Staub zu entfernen.

2 Die Bohnen auf einem Blech ausbreiten und kontrollieren, dass sich keine Fremdstoffe wie z. B. Steinchen darunter befinden. Jegliche fremde Objekte entfernen. Dafür müssen die Kakaobohnen einzeln durchgesehen werden. Das ist zwar sehr mühsam, aber auch notwendig.

3 Um Metallstückchen aufzustöbern und zu entfernen, bewegt man einen kleinen, starken Magneten langsam über die ausgebreiteten Kakaobohnen, damit er das Metall gegebenenfalls anzieht.

Rösten

Durch das Rösten der Kakaobohnen wird die mit der Fermentation begonnene Entwicklung der Aromen abgeschlossen, die wir mit Kakao und Schokolade verbinden.

Es gibt zwei Möglichkeiten zum Rösten von Kakaobohnen für die Produktion von Schokolade in kleinen Mengen, für die ein herkömmlicher Backofen ausreicht. (Optimal wäre natürlich ein Konvektomat, in diesem Fall muss die Temperatur jedoch entsprechend angepasst werden.) Diese beiden Möglichkeiten sind:

- **Rösten der ganzen Kakaobohnen. Diese Methode wird am häufigsten verwendet.**
- **Rösten des Kakaobruchs.**

Dauer und benötigte Temperatur hängen von verschiedenen Faktoren ab, z. B. Kakaobohnensorte und gewünschtes Ergebnis. Es gibt es zwar keine bindenden Regeln, generell gilt aber, dass aus Forastero-Bohnen im Allgemeinen Schokolade mit weniger komplexen, dafür unmittelbareren Kakaoaromen produziert werden kann. Um diese Eigenschaften zu unterstreichen, können die Bohnen dunkler geröstet werden. Kakaobohnen der Sorten Trinitario und Criollo haben in der Regel komplexere, feinere Aromen, mit leicht fruchtigen Noten, die am besten durch eine leichte Röstung betont werden.

RÖSTDAUER

Die Kakaobohnen 10 Minuten im 160 °C heißen Ofen rösten, dann die Temperatur auf 135 °C reduzieren und die Bohnen weitere 10 Minuten rösten, dabei alle 5 Minuten durchmischen, um sie zu wenden. Den Ofen abstellen und die Bohnen weitere 10 Minuten darin lassen. Dadurch, dass die Kakaobohnen in den ersten paar Minuten bei höheren Temperaturen geröstet werden, kann sich die dünne Schale bzw. Hülse besser lösen, da ein Teil der restlichen in der Bohne enthaltenen Feuchtigkeit evaporiert. So lässt sich die Hülse beim Sichten später besser entfernen. Die restliche Zeit im Ofen sorgt vor allem für eine gleichmäßige Röstung.

BEMERKUNGEN ZUM AUFPLATZEN VON KAKAOBOHNEN BEIM RÖSTEN Das Aufplatzen einiger Kakaobohnen beim Rösten (aufgrund evaporierender Feuchtigkeit und der damit einhergehenden Ausdehnung der Luft) ist ein Hinweis darauf, dass die Röstung fast vollendet ist – außer im Fall der empfindlichen, feineren Kakaobohnen der Sorte Criollo. Hier deutet das Aufplatzen der Schale darauf hin, dass die Bohnen bereits zu stark geröstet wurden. Bei Criollo-Bohnen ist die optimale Röstung daher nicht nach dem Aufplatzen der Schale zu beurteilen. Die benötigte Röstdauer und Temperatur müssen genau festgelegt werden – und das geht nur, indem man so lange experimentiert und probiert, bis man das gewünschte Ergebnis hat.

Sichten

Der Vorgang, bei dem die Hülsen von den Kakaobohnen gelöst und entfernt werden, wird als Sichten bezeichnet. Dafür werden die Kakaobohnen nach dem Rösten zunächst auf Raumtemperatur abgekühlt und dann mit einem Mahlgerät zerkleinert (geeignet ist eine Körnermühle, die für das Mahlen von Kakaobohnen modifiziert wurde). Die Kakaobohnen werden dabei in Stücke mit ähnlicher Größe gebrochen und die Hülsen gleichzeitig gelöst. Da die einzelnen Stücke des so entstehenden Kakaobruchs eine ähnliche Größe haben, wird das Sichten deutlich erleichtert und auch effizienter, da weniger Bruch weggeblasen wird.

Für das Sichten sollte die Umgebung der Arbeitsfläche mit Plastiktüten oder Ähnlichem abgedeckt werden, da die kleinen Hülsenreste durch die Luft fliegen und einen ziemlichen Dreck verursachen können.

Der Prozess an sich ist einfach: Man nimmt mit einer Hand etwas Kakaobruch auf und lässt ihn aus angemessener Höhe zurück in die Schüssel rieseln, während man in der anderen Hand einen guten Fön hält und mit niedriger oder mittlerer Stufe gegen den herunterrieselnden Kakaobruch bläst. Dadurch lösen sich die Hülsenreste und fliegen weg, während der Kakaobruch zurück in die Schüssel fällt. Wie groß genau der Abstand zwischen Fön und herunterrieselndem Kakaobruch sein muss, um effektiv zu arbeiten, ist ein Erfahrungswert. Den Vorgang wiederholen, bis die Hülsenreste möglichst gründlich entfernt wurden. Den gesichteten Kakaobruch auf einem Blech ausbreiten und für einige Minuten in den auf 163 °C vorgeheizten Ofen schieben. Schimmelsporen oder Bakterien die noch von den Hülsen stammen, werden dabei vernichtet. Außerdem lässt sich warmer Kakaobruch besser durch den Entsafter drehen.

Mahlen

Den warmen Kakaobruch durch einen Entsafter drehen. Dafür muss ein Gerät mit zwei gegeneinander laufenden Walzen verwendet werden, bei dem die von der Kakaomasse getrennten Reste in einem separaten Behälter aufgefangen werden. Diese Reste müssen dann so lange erneut durch den Entsafter gedreht werden, bis kaum noch flüssige Kakaomasse austritt.

Einige der Vorteile des Mahlens sind, dass dabei jegliche Hülsenreste entfernt werden und eine relativ homogene Kakaomasse entsteht, die weniger stark raffiniert werden muss, als wenn sie mit dem Robot Coup hergestellt worden wäre.

Raffinieren

Für das Raffinieren wird ein sogenannter Mélangeur verwendet, dessen Walzen und Schüsseln warm sein müssen, wenn man die Kakaomasse hineinfüllt. Während des Raffinierens sollte man einen Fön über der Öffnung des Mélangeurs befestigen und damit warme Luft auf die Kakaomasse blasen, damit sie ihre Temperatur hält. Den Zucker allmählich hinzufügen – etwa über den Zeitraum einer Stunde verteilt. Durch die etappenweise Zugabe wird verhindert, dass Motor oder Walzen des Mélangeurs blockiert werden.

Die Kakaomasse für weitere 36 – 48 Stunden raffinieren. In der Regel wird schon nach 24 Stunden eine sehr feine, gleichmäßige Schokoladenmasse entstanden sein, längeres Raffinieren wird der Schokolade aber keinesfalls schaden – im Gegenteil, es sorgt für ein besseres Endprodukt.

Conchieren

Das Wort *Conche* kommt von dem spanischen Begriff für Muschel – „concha". Während des Conchierens werden Geschmack und Konsistenz der Schokolade verfeinert, indem die Kakaomasse sehr fein gewalzt und dabei aufgewärmt wird. Das kann entweder in einem traditionellen Conchiergerät oder zwischen Walzen geschehen. Während dieser Verarbeitungsphase entwickeln sich der charakteristische Geschmack und Geruch, das Aroma sowie das typische Mundgefühl der Schokolade.

Bei der Großproduktion von Schokolade findet das Conchieren in speziellen Maschinen statt, bei der Herstellung von kleinen Mengen wird die Schokoladenmasse schon während des Raffinierens im Mélangeur conchiert, d. h. Raffination und Conchieren finden gleichzeitig in der gleichen Maschine

Die Kakaobohnen in einer Lage gleichmäßig auf einem Blech ausbreiten und Fremdobjekte sorgfältig aussortieren.

Die Bohnen nach dem Rösten im Mahlgerät grob zerkleinern, damit sich die Hülsen besser vom Kakaobruch lösen lassen.

Beim Sichten mithilfe eines Föns die Hülsen vom Kakaobruch trennen.

Den Kakaobruch mit dem Entsafter in mehreren Gängen zu einer gleichmäßigen Kakaomasse verarbeiten.

Damit die fertige Schokolade die perfekte Konsistenz bekommt, muss die Kakaomasse noch im Mélangeur raffiniert und dann conchiert werden.

Die fertige Schokolade hat ein exzellentes Aroma, eine perfekte Konsistenz und eine schön glänzende Oberfläche.

statt. In diesem Fall wird ein Fön über der Öffnung des Mélangeurs angebracht, dessen warme Luft die Masse nicht nur aufwärmt, sondern auch viele der unerwünschten aromatischen Verbindungen wegbläst, die der Schokolade stechende, gerbstoffartige und saure Eigenschaften verleihen könnten. Dafür lässt man den Fön in Intervallen von 2 Stunden laufen, gefolgt jeweils von 30 Minuten Pause, in denen der Fön abgeschaltet wird, damit er nicht zu heiß läuft. Damit er nicht unbeaufsichtigt läuft, sollte der Fön auch über Nacht abgeschaltet werden.

Ein weiterer Vorteil der warmen Luft ist, dass restliche Feuchtigkeit aus der Schokoladenmasse evaporiert.

Das Conchieren verbessert die Fließfähigkeit der Schokoladenmasse und sorgt dafür, dass alle Zucker- und Kakaopartikel gleichmäßig von einer Fettschicht (Kakaobutter) umgeben werden. Außerdem werden die Ecken und Kanten der winzigen Partikel rundgeschliffen, sodass die Schokolade später mit einem angenehm samtigen Gefühl auf der Zunge zergeht. Die bei der industriellen Produktion von Schokolade verwendeten Maschinen führen all diese Schritte automatisch aus.

LEZITHIN UND KAKAOBUTTER HINZUFÜGEN

Ob noch Lezithin oder Kakaobutter unter die Schokoladenmasse gemischt werden müssen, hängt davon ab, wie hoch der Kakaoanteil des fertigen Produktes sein soll. Die Zugabe ist nicht immer notwendig. Zusätzliche Kakaobutter oder Lezithin dürfen nicht zu früh unter die Schokoladenmasse gemischt werden, sondern erst gegen Ende des Conchierens, da beide Substanzen die Evaporation überschüssiger Feuchtigkeit aus der Schokoladenmasse verlangsamen.

Kakaobutter verbessert die Fließfähigkeit der Schokoladenmasse, die spätere Abgabe von Aromen und unterstützt das deutliche Knacken von gut temperierter Schokolade. In sehr großen Mengen kann Kakaobutter das besondere Aroma des Kakaos zwar strecken, bzw. abschwächen, dieses Problem tritt aber nur selten auf. Für die Zugabe sollte die Kakaobutter geschmolzen sein und am besten eine Temperatur von 45 °C haben.

Lezithin ist vor allem als Emulgator aus Sojabohnen bekannt und wird ebenfalls zum Verbessern der Fließfähigkeit von Schokolade eingesetzt. Dieses Phospholipid wirkt wie eine Art Vermittler zwischen den Kakao- und Zuckerpartikeln, die unter normalen Umständen nicht einfach aneinander vorbeigleiten würden. Das Lezithin legt sich um die einzelnen Partikel und so kommen sie viel leichter aneinander vorbei. Lezithin (in Form von Pulver) kann zu einem Mengenverhältnis von 0,45 % unter die Schokoladenmasse gemischt werden. In der Regel sind 0,35 % aber vollkommen ausreichend, um eine gute Fließfähigkeit zu erzielen. Bei mehr als 0,5 % Lezithin würde die Masse andicken, d. h. die eigentlichen Vorteile des Lezithins würden aufgehoben.

FORMEL FÜR DIE HERSTELLUNG VON ZARTBITTERSCHOKOLADE

Die sogenannte Kakaomasse wird durch das Mahlen des Kakaobruchs gewonnen. Gewicht und Kakaoanteil dieser Masse sind ausschlaggebend dafür, welche Mengen an Kakaobutter und Zucker unter die Kakaomasse gemischt werden müssen, damit die Schokolade den gewünschten Kakao- und Fettanteil erhält.

Die folgende Formel wurde in Zusammenarbeit mit Michael Nothnagel, Professor der Mathematik am Culinary Institute of America in New York, entwickelt.

VARIABLEN

K % = Sollwert Kakaoanteil (als Dezimalzahl)
F % = Sollwert Fettanteil (als Dezimalzahl)
KM = Gewicht der Kakaomasse
KB = Gewicht der Kakaobutter
Z = Gewicht des Zuckers

HINWEIS Die Variablen K %, F % und KM für die jeweiligen Rezepte sind bekannt (oder werden festgelegt).

Um den Prozess besser visualisieren zu können und die einzelnen Schritte genauer zu verstehen, hier die Formel in Diagrammen veranschaulicht:

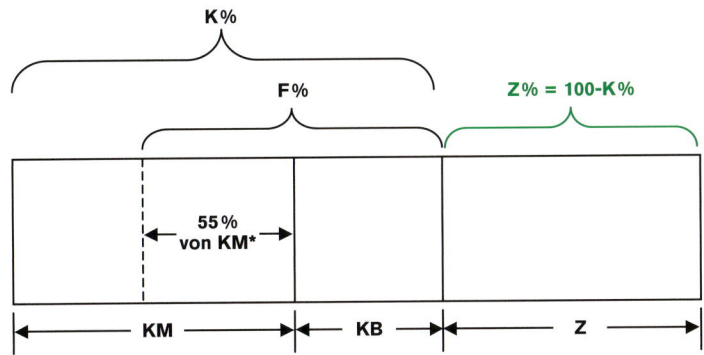

KM* ist der in Schritt 1 festgelegte, konstante Fettanteil. Der Fettanteil der gesamten Kakaomasse liegt bei 55 %, unabhängig vom Gesamtgewicht der Kakaomasse.

SCHRITT 1: GESAMTGEWICHT DER ZU PRODUZIERENDEN SCHOKOLADE FESTLEGEN.

Den Wert des Fettanteils von dem des Kakaoanteils abziehen, um den Prozentanteil der Kakaotrockenmasse (im Diagramm rot abgebildet) festzulegen. Das Gewicht der Feststoffe durch ihren Prozentanteil dividieren, um das Gesamtgewicht (GG) festzulegen:

Gesamtgewicht = Gewicht der Kakaotrockenmasse : Prozentanteil der Kakaotrockenmasse

GG = 0,045 x KM : N %

SCHRITT 2: MENGE DES HINZUZUFÜGENDEN ZUCKERS BERECHNEN.

Den Kakaoanteil (in Prozent) von 100 abziehen, um den Wert des benötigten Zuckers (Z %) zu erhalten (im Diagramm grün abgebildet). Den Zuckeranteil mit dem in Schritt 1 festgelegten Gesamtgewicht multiplizieren:

Zuckermenge: Gesamtgewicht x Zuckeranteil (in Prozent)

Z = GG x Z %

SCHRITT 3: MENGE DER HINZUZUFÜGENDEN KAKAOBUTTER FESTLEGEN.

Das Gewicht der Kakaofeststoffe zur Zuckermenge addieren und diese Summe vom im Schritt 1 festgelegten Gesamtgewicht abziehen:

Kakaobuttermenge = Gesamtmenge – (Gewicht Kakaomasse + Gewicht Zucker)

KB = GG – (KM + Z)

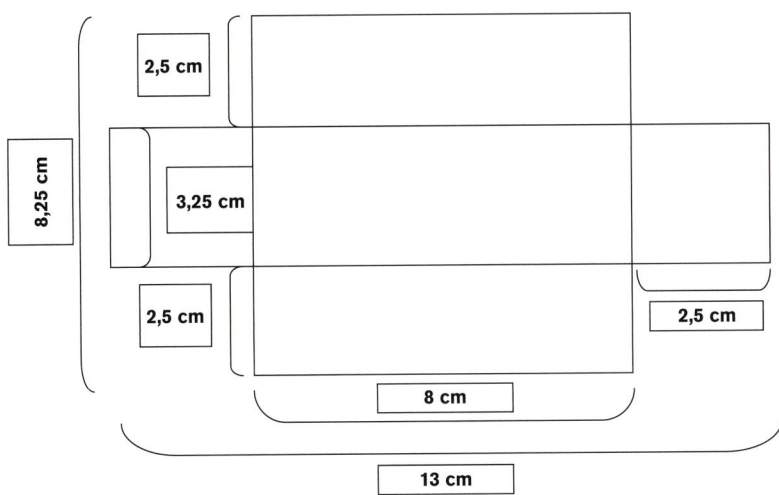

REZEPTE FÜR ZARTBITTERSCHOKOLADE

60 % DOMINIKANISCHE REPUBLIK

ERGIBT: 2 KG

ZUTATEN	MENGE	ANTEIL IN %
Kakaomasse	974 g	48,7 %
Raffinade-Zucker	797 g	39, 84 %
Kakaobutter, erhitzt auf 45 °C	221 g	11,07 %
Lezithin (Pulver)	8 g	0,4 %

66 % MADAGASKAR

ERGIBT: 2 KG

ZUTATEN	MENGE	ANTEIL IN %
Kakaomasse	1240 g	61,99 %
Raffinade-Zucker	677 g	33,86 %
Kakaobutter, erhitzt auf 45 °C	75 g	3,75 %
Lezithin (Pulver)	8 g	0,4 %

63 % VENEZUELA

ERGIBT: 2 KG

ZUTATEN	MENGE	ANTEIL IN %
Kakaomasse	1110 g	55,33 %
Raffinade-Zucker	737 g	36,85 %
Kakaobutter, erhitzt auf 45 °C	148 g	7,41 %
Lezithin (Pulver)	8 g	0,4 %

70 % PAPUA-NEUGUINEA

ERGIBT: 2 KG

ZUTATEN	MENGE	ANTEIL IN %
Kakaomasse	1400 g	70,08 %
Raffinade-Zucker	591 g	29,53 %
Lezithin (Pulver)	8 g	0,39 %

HINWEIS Dank des hohen Anteils an Kakaomasse wird für diese Rezeptur keine zusätzliche Kakaobutter benötigt. Die Kakaomasse reicht aus, um den Kakaogesamtanteil von 70 % zu erreichen.

REZEPTE FÜR MILCHSCHOKOLADE

40 % MILCHSCHOKOLADE

ERGIBT: 2,01 KG

ZUTATEN	MENGE	ANTEIL IN %
Raffinade-Zucker	900 g	44,78 %
Vollmilchpulver	260 g	12,9 %
Kakaomasse	300 g	14,93 %
Kakaobutter, erhitzt auf 45 °C	500 g	24,88 %
Vanille (Pulver)	20 g	1 %
Salz	20 g	1 %
Lezithin (Pulver)	10 g	0,5 %

1   Den Zucker in einer sauberen Kaffeemühle sehr fein mahlen, bis er eine pulverartige Konsistenz hat. Das Gleiche mit dem Vollmilchpulver wiederholen.

2   Die Kakaomasse auf 45 °C aufwärmen und zusammen mit der warmen Kakaobutter in den Mélangeur füllen.

3   Bei laufendem Mélangeur allmählich das gemahlene Vollmilchpulver und den Zucker zugeben (abwechselnd, jeweils etwa 20 % pro Zugabe).

4   Die Masse 24 Stunden raffinieren. Vanille, Salz und Lezithin erst 2 Stunden vor Ende des Raffinierens hinzufügen.

HINWEIS   Verwenden Sie auf jeden Fall Vollmilchpulver und keine fettfreie Variante.

Milchschokolade mit einem Kakaoanteil von 40 % ist die Art von Milchschokolade, die am häufigsten angeboten wird.

45 % MILCHSCHOKOLADE

ERGIBT: 2 KG

ZUTATEN	MENGE	ANTEIL IN %
Raffinade-Zucker	905 g	45,2 %
Vollmilchpulver	260 g	12,99 %
Kakaomasse	330 g	16,48 %
Kakaobutter, erhitzt auf 45 °C	505 g	25,22 %
Vanille (Pulver)	1 g	0,05 %
Salz	0,5 g	0,02 %
Lezithin (Pulver)	0,8 g	0,04 %

Zubereitung siehe 40 % Milchschokolade.

55 % MILCHSCHOKOLADE

ERGIBT: 2,02 KG

ZUTATEN	MENGE	ANTEIL IN %
Kakaomasse	520 g	25,74 %
Vollmilchpulver	380 g	18,81 %
Kakaobutter, erhitzt auf 45 °C	540 g	26,73 %
Raffinade-Zucker	550 g	27,23
Lezithin (Pulver)	10 g	0,5 %
Salz	20 g	0,99 %

Zubereitung siehe 40 % Milchschokolade, ohne Zugabe von Vanille.

HINWEIS   Diese Milchschokolade, die schon fast als Zartbitterschokolade zählen könnte, aber trotzdem noch die für Milchschokolade typischen Noten hat, ist mein absoluter Favorit.

WEISSE SCHOKOLADE UND VARIATIONEN

ERGIBT: 2,01 KG

ZUTATEN	MENGE	ANTEIL IN %
Raffinade-Zucker	780 g	38,81
Vollmilchpulver	400 g	19,9
Lezithin (Pulver)	10 g	0,5
Kakaobutter, erhitzt auf 45 °C	820 g	40,8

1 Den Zucker in einer sauberen Kaffeemühle sehr fein mahlen, bis er eine pulverartige Konsistenz hat. Das Gleiche mit dem Vollmilchpulver wiederholen.

2 Die Kakaobutter in den Mélangeur füllen, gefolgt von 20 % des gemahlenen Zuckers. Den Mélangeur anstellen. 20 % des Vollmilchpulvers hinzufügen. Abwechselnd Zucker und Vollmilchpulver in Mengen von je 20 % zugeben, bis beides vollständig zugefügt wurde.

3 Diese Masse 12 – 18 Stunden raffinieren. Das Lezithin 2 Stunden vor Ende des Prozesses zugeben.

HINWEISE Verwenden Sie unbedingt Vollmilchpulver und keine fettfreie Variante.

Die Zubereitung von weißer Schokolade ist unkomplizierter als die anderer Sorten, da keine Kakaomasse dafür benötigt wird. Weiße Schokolade besteht lediglich aus Kakaobutter, Zucker, Milchpulver und Lezithin. Strenggenommen handelt es sich also gar nicht um Schokolade, da sie keine Kakaomasse enthält. Eine treffendere Bezeichnung wäre Kuvertüre.

Auf der Basis des Rezepts für weiße Schokolade können auch aromatisierte Schokoladen wie Matcha- oder Earl-Grey-Schokolade (siehe S. 511) produziert werden. Ausgehend vom Gesamtgewicht der Schokolade sollte die Menge der geschmacksgebenden Zutaten 2 % – 4 % betragen; die Masse sollte während der Zubereitung gekostet werden, sodass gegebenenfalls noch mehr hinzugefügt werden kann. Aromen in Pulverform sollten vor der Zugabe in einer Kaffeemühle so fein wie möglich gemahlen und dann zu Beginn der Raffination unter die anderen Zutaten gemischt werden. Weitere Variationsmöglichkeiten bieten sich durch das Ersetzen des Milchpulvers durch Zutaten wie Kokosraspeln (frisch oder geröstet), gefriergetrocknetes Gemüse- oder Fruchtpulver. (Ersetzt wird das Milchpulver durch die gleiche Menge der entsprechenden Zutaten: etwa 20 %.) Alternativ kann das Vollmilchpulver auch durch Ziegenmilchpulver, Joghurtpulver, Quarkpulver, Schlagsahnepulver oder Saure-Sahne-Pulver ersetzt werden.

SCHOKOLADENDEKORS HERSTELLEN

Schokoladendekors sollten eine schön glänzende Oberfläche haben und es sollte ein deutliches Knacken zu hören sein wenn man sie zerbricht. Die Dekorationen sollten dünn sein, aber nicht so dünn, dass man hindurchsehen kann. Feine Dekors sind Ausdruck von Finesse und Handwerkskunst – Beweise dafür, dass wer immer sie zubereitet hat, sich gut mit Schokolade auskennt und damit umgehen kann. Das muss gelernt werden und braucht eine Menge Übung.

Diese dicken, klobigen Schokoladendekors, die man manchmal auf Desserts oder Torten findet, sind entweder von jemanden zubereitet worden, der den Umgang mit Schokolade nicht richtig beherrscht, oder kommen aus industrieller Massenproduktion. In letzterem Fall sind die Dekors extra etwas dicker, damit sie den Transport überstehen. Außerdem können Maschinen die feinen handwerklich hergestellten Dekors nicht replizieren.

Schokoladendekors haben vor allem die Aufgabe, Desserts zu schmücken. Trotzdem sollte sie auf dem jeweiligen Dessert auch Sinn machen und vom Geschmacksprofil zum Dessert passen. Man sollte niemals vergessen, dass es sich nur um Dekor-Elemente handelt, die höchstens eine Neben-rolle auf dem Dessert spielen dürfen. Häufig wird es mit Schokoladendekors übertrieben, da sie einfache Möglichkeit bieten, Desserts gut aussehen zu lassen. Leider wird dabei selten auf das Ge-schmacksprofil geachtet. Die einzelnen Elemente eines Desserts müssen aufeinander abgestimmt sein. Es bringt gar nichts, wenn die Dekors auf dem Dessert optisch zwar gut wirken, ihre Aromen aber nicht damit harmonieren.

ZUBEREITUNGSMETHODE SCHOKOLADENDEKORS:

1 Die Arbeitsfläche vorbereiten. Für die Zubereitung von Schokoladendekors mit schön glänzender Oberfläche benötigt man ein flexibles und glänzendes Material als Unterlage, denn temperierte Schokolade reflektiert die Oberfläche, auf der sie erstarrt. Acetatfolie ist dafür hervorragend geeignet. Sie muss lediglich auf einer glatten Arbeitsfläche ausgebreitet und befestigt werden. Die Arbeits-fläche muss nicht unbedingt aus Marmor sein, denn Marmor speichert die Temperatur länger als andere Materialien – ein Brettchen aus Plexiglas oder Holz kann von Vorteil sein. Wenn der Arbeits-raum kalt ist, wird temperierte Schokolade auf Marmor sehr schnell fest. Um die Acetatfolie auf der entsprechenden Arbeitsfläche zu befestigen, sprüht man die Arbeitsfläche leicht mit Wasser ein, breitet die Folie darauf aus und streicht sie mit Küchenpapier glatt, um keine Fettflecken darauf zu hinterlassen und Luftbläschen darunter zu eliminieren. Anstelle des Wassers kann auch Fettspray verwendet werden, das kompliziert später aber das Reinigen von Folie und Arbeitsfläche. Soll eine größere Menge Schokoladendekors oder mehrere unterschiedliche Formen zubereitet werden, sollte ausreichend Platz auf der Arbeitsfläche vorhanden und genügend Acetatfolie vorbereitet sein.

2 Benötigt werden außerdem eine Winkelpalette, ein Lineal (je nachdem, was geschnitten werden soll) und ein Messer oder eine Ausstechform. ▶▶

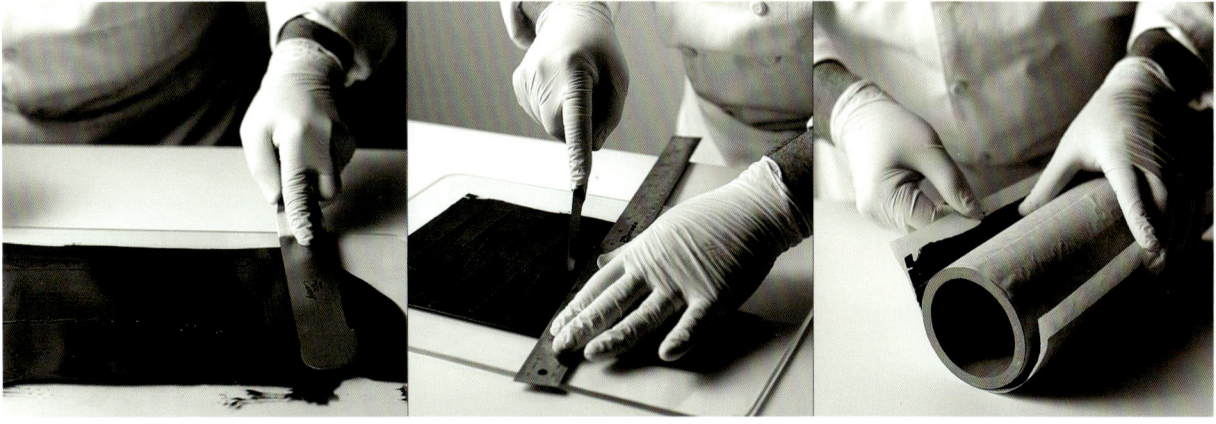

Die Schokolade mit der Palette im 45-Grad-Winkel in einer dünnen, gleichmäßigen Schicht auf der Acetatfolie ausbreiten.

Wenn die Schokolade fast erstarrt ist, mit einer Ausstechform oder dem Rücken eines kleinen Messers (gegebenenfalls mithilfe eines Lineals) die gewünschten Formen hineinschneiden.

Für gebogene Dekors die geschnittene Schoko-lade auf der Folie gleich in die entsprechende Form biegen, bevor sie vollständig erstarrt.

3 Die temperierte Schokolade auf die Oberfläche der Acetatfolie gießen. Möglichst verteilt über die gesamte Oberfläche und nicht nur in einer großen „Pfütze" in der Mitte der Folie, denn dann wird es schwer, sie später gleichmäßig zu verstreichen. Wie viel Schokolade benötigt wird hängt davon ab, wie groß die Acetatfolie ist. Die Schokolade sollte in einer dünnen Schicht gleichmäßig über die gesamte Fläche der Acetatfolie verteilt werden können. Mit Erfahrung entwickelt man ein Gefühl dafür. Bereitet man mehrere Folien vor, könnte man die Schokolade für besonders konsistente Ergebnisse abwiegen, das ist aber eine Zeitverschwendung und man sollte möglichst zügig arbeiten, da die Schokolade temperiert ist und schnell erstarrt.

4 Die Schokolade mit der Winkelpalette gleichmäßig auf der Acetatfolie verteilen. Die Palette dabei im 45-Grad-Winkel halten und die Schokolade möglichst in einer Bewegung von einer Seite der Folie hin zur anderen streichen. So erhält man eine gleichmäßige Schokoladenschicht ohne Hubbel. Es ist gar kein Problem, wenn dabei etwas Schokolade über die Ränder der Acetatfolie läuft.

5 Warten, bis die Schokolade fast erstarrt ist. Versucht man sie vorher zu schneiden, verklebt sie einfach nur alles. Gerade Formen mit dem Messerrücken und mithilfe eines Lineals zunächst markieren, dann schneiden. Mit der Ausstechform kann sie gleich ganz durchgeschnitten werden.

6 Zu diesem Zeitpunkt sollte die Schokolade noch formbar sein. Sollen die Dekors also eine gebogene Form bekommen, muss die Schokolade jetzt gebogen werden – bevor die Schokolade vollständig erstarrt.

7 Die Schokolade vollständig fest werden lassen. Die einzelnen Dekors sollten erst kurz vor der Verwendung von der Folie gelöst werden – so werden sie ein wenig stabilisiert und behalten ihren Glanz.

HINWEIS Es gibt viele Variationsmöglichkeiten für diese Zubereitungsmethode, z. B. die Verwendung von Transferfolie, Texturfolie, zwei oder drei verschiedenen Sorten Schokolade, das Auftragen einer Schokoladensorte mit dem Pinsel, um darauf dann Schokolade einer anderen Farbe zu verstreichen, die Verwendung von Blattgold, etc. Das Grundprinzip bleibt dabei immer das Gleiche.

GANACHE

Bei Ganache handelt es sich in erster Linie um eine Emulsion, gleichzeitig aber auch um eine Suspension. Hier werden eine Flüssigkeit (Wasser) und ein Fett (Schokolade) zu einer Masse mit cremig-samtiger Konsistenz kombiniert. Diese besondere Konsistenz macht den Reiz einer Ganache aus. Je mehr Flüssigkeit darin enthalten ist, umso cremiger und weicher ist die Masse. Je höher der Schokoladenanteil, umso dichter und fester ist die Ganache. Es ist nicht besonders kompliziert, cremige Ganache zuzubereiten, solange man sich Schritt-für-Schritt an die Zubereitungsmethode hält.

METHODE FÜR DIE ZUBEREITUNG EINFACHER GANACHE:

1 Die Schokolade muss in kleinen Stückchen vorliegen (etwa 1,5 cm) und gegebenenfalls klein gehackt werden. Das ist recht mühsam und glücklicherweise bieten die meisten Hersteller ihre Schokoladen auch als Pellets an – so kann man sich das Kleinhacken sparen. Die gehackte Schokolade bzw. die Pellets in eine Schüssel füllen und beiseite stellen.

2 Die Flüssigkeit aufkochen. Bei der Flüssigkeit kann es sich um beinahe alles handeln – von Sahne über Fruchtsäfte zu Bier. Manchmal wird Maissirup, Glukose oder Sorbit hinzugefügt. Sorbit ist ein Zuckeralkohol, der den Wasseranteil in Ganache verringert, sodass sie länger haltbar ist.

3 Ein Drittel der kochenden Flüssigkeit auf die Schokolade gießen und mit einem Kunststoff-Teigschaber gut umrühren. Ein Großteil der Schokolade wird sich dabei auflösen.

4 Die Flüssigkeit erneut aufkochen und dann das nächste Drittel auf die Schokolade gießen. Umrühren, bis die Zutaten vollständig vermischt sind.

5 Die restliche Flüssigkeit erneut aufkochen und ebenfalls in die Schüssel gießen. Umrühren, bis sich die Schokolade vollständig aufgelöst hat. Einige Patissiers fügen die kochende Flüssigkeit auf einmal zu. Das führt zwar auch zu guten Ergebnissen, bei der Zugabe in drei Stufen entsteht aber eine bessere Emulsion. Durch das Umrühren und die allmähliche Zugabe der Flüssigkeit ergibt sich eine cremigere Konsistenz.

6 In einigen Rezepten wird der Ganache noch Butter hinzugefügt. Ist das der Fall, sollte die weiche Butter in kleinen Stückchen unter die Masse gemischt werden, wenn diese eine Temperatur von etwa 30 °C hat. Am besten funktioniert das, wenn man die Butterstückchen mit dem Teigschaber vorsichtig gegen die Seiten der Schüssel reibt. Würde man die Butter einfach unterrühren, könnten sich Luft-bläschen oder Kristalle in der Ganache bilden und sich negativ auf die Konsistenz auswirken.

7 Die Ganache in die entsprechenden Pralinen-Hohlkörper oder für die Zubereitung von Schnittpralinen in Rahmen füllen (siehe Schritt 8). Es sollte möglichst immer nur so viel Ganache zubereitet werden, wie gerade benötigt wird. Überschüssige Ganache müsste für die spätere Weiterverarbeitung wieder aufgewärmt werden, um die richtige Konsistenz zu bekommen. Dabei wäre es dann nicht leicht, ein Trennen der Emulsion zu verhindern. Wenn sich die Ganache einmal getrennt hat, muss die Emulsion wieder hergestellt werden, und das ist zeitaufwändig. Tatsächlich dauert die Zubereitung einer neuen Ganache genauso lang, wie das Bearbeiten von Ganache-Resten, damit sie wieder die richtige Kon-sistenz bekommen. Und eine getrennte Emulsion zu retten dauert noch viel länger.

8 Ganache für Schnittpralinen direkt nach der Zubereitung in den entsprechenden Rahmen gießen. Die Ganache sollte zu diesem Zeitpunkt noch recht flüssig sein, sodass sie sich von selbst im Rahmen verteilt. Ganache-Rahmen sind in der Regel aus Metall hergestellt, ähnlich wie die Rahmen für die Herstellung von Karamellbonbons. Solche Rahmen sind stabil und schwer genug, um dem Druck von heißem, flüssigem Karamell standzuhalten. Sie sind in vielen verschiedenen Größen, Formen (Quad-rate/Rechtecke) und Höhen erhältlich. Die in diesem Buch verwendeten Rahmen messen 30 cm x 45 cm und sind 1,25 cm tief, sodass sie etwa 2 kg Ganache fassen. Die Gesamtmenge der Schnitt-pralinen hängt davon ab, wie die erstarrte Ganache geschnitten wird. Die Ganache-Rahmen sollten auf eine Platte, ein Tablett oder Ähnliches gestellt werden, sodass sie bewegt werden können (also nicht auf eine statische Arbeitsfläche – es sei denn, der entsprechende Platz wird etwa 12 Stunden nicht benötigt). Perfekt wäre eine Marmor- oder Granitplatte, die in ein Blech passt. Die Platte wird mit einer Silikonmatte abgedeckt und der Ganache-Rahmen darauf gestellt. Die fertige Ganache sofort in den Rahmen gießen, mit einer Winkelpalette verteilen und die Oberfläche mit einer langen Plexiglas- oder Metallstange ausgleichen. Dann lässt man die Ganache bei Raumtemperatur stehen, damit sie erstarrt. Die Ganache sollte keinesfalls in den Kühlschrank gegeben werden.

HINWEISE Es gibt mehrere unterschiedliche Methoden für die Zubereitung von Ganache und welche Sie verwenden, hängt von dem Verwendungszweck und der gewünschten Konsistenz ab. Die oben beschriebene Methode ist z. B. vor allem für die Zubereitung einer eher flüssigen Ganache geeignet, die in Pralinenhohlkörper gefüllt werden soll. Ist das Verhältnis von festen zu flüssigen Bestandteilen höher, wird die Ganache etwas dickflüssiger und kann in Rahmen gegossen werden, sodass sie nach dem Erstarren mit einem Pralinenschneider portioniert werden kann und die einzelnen Stücke dann mit Schokolade überzogen werden können. Alternativ gibt es auch Rezepte, in denen die Schokolade für die Zubereitung von Ganache für Schnittpralinen zunächst temperiert werden muss, bevor sie mit den anderen Zutaten vermischt wird. In diesem Fall wird die Sahne auf 38 °C erhitzt und anschließend vorsichtig unter die temperierte Schokolade gerührt. Wie gesagt, die Wahl der Zubereitungsmethode hängt von dem gewünschten Endergebnis ab. In allen Fällen gilt, dass die Ganache gründlich emulgiert sein muss, damit sie eine gleichmäßige, samtig-cremige Konsistenz bekommt. Eine körnige, sandige Textur ist ein Zeichen dafür, dass keine richtige Emulsion entstanden ist.

DIE HALTBARKEIT VON GANACHE WIRD VON DEN FOLGENDEN FAKTOREN BEEINFLUSST:

1   Wasseraktivität (aw-Wert) bzw. Wasseranteil. Je geringer der Wasseranteil der Ganache, desto länger ist sie haltbar. Der Wasseranteil ist die Summe des in den einzelnen Zutaten enthaltenen Wassers. Die Wasseraktivität kann mit einem speziellen Messgerät bestimmt werden, das die Ergebnisse auf einer Skala von 0 bis 1 angibt (1 ist der höchste Wert). Im Idealfall liegt die Wasseraktivität unter 0,85. Zum Vergleich: Schokoladenmousse hat einen aw-Wert von etwa 0,9 und der aw-Wert von harten Karamellbonbons liegt bei 0,4.

2   Zucker verlängert die Haltbarkeit von Ganache. In der Regel wird für Ganache ein Gesamtzuckergehalt von 30 % empfohlen.

3   Auch das Fett aus der Kakaobutter verlängert die Haltbarkeit von Ganache. Empfohlen wird ein Minimum von 21 %. Der Gehalt von Milchfett sollte zwischen 0 % und 15 % liegen.

4   Der pH-Wert der Ganache sollte unter 5 liegen. Auch hierfür gibt es spezielle Messgeräte.

PRALINEN

Es gibt verschiedene Formen selbstgemachter Pralinen: Nach Belieben gefüllte und überzogene vorgefertigte Pralinen-Hohlkörper, Schnittpralinen auf Grundlage von Ganache oder in spezielle Formen gegossene Pralinen. Letztere werden mithilfe spezieller, stabiler Polycarbonat-Formen hergestellt. Bei Polycarbonat handelt es sich um Kunststoff mit glänzender Oberfläche, der nicht leicht verformt. Für die Zubereitung von Pralinen ist das sehr wichtig, da richtig temperierte Schokolade die Oberfläche des Materials reflektiert, auf dem sie erstarrt. Je glatter und glänzender die Oberfläche, umso besser. Schnittpralinen oder gefüllte Pralinenhohlkörper, die per Hand mit temperierter Schokolade überzogen werden, bekommen nur dann eine derart glänzende Oberfläche, wenn man sofort nachdem sie in die temperierte Schokolade getunkt wurden, ein Stück Acetatfolie oder einen anderen glatten, lebensmittelechten Kunststoff darauflegt und erst wieder entfernt, nachdem die Schokolade erstarrt ist.

Es gibt eine Vielzahl von Möglichkeiten zur Dekoration von in Formen gegossenen Pralinen. Sie unterscheiden sich von den Methoden zur Dekoration von Schnittpralinen und Trüffeln. Schnittpralinen und Trüffeln sind vor allem dann für die Produktion in größeren Mengen geeignet, wenn eine professionelle Überzugsmaschine vorhanden ist (allerdings eine sehr teure Anschaffung).

METHODE ZUR ZUBEREITUNG VON IN SPEZIELLE FORMEN GEGOSSENEN PRALINEN:

1   Wird eine Pralinenform das erste Mal verwendet, muss sie zunächst mit warmem Wasser und einem milden Reinigungsmittel mithilfe eines weichen Spültuchs ausgewaschen werden. Auf keinen Fall einen Schwamm mit rauer Oberfläche verwenden.

2   Die Pralinenform gut mit klarem Wasser ausspülen und dann rasch mit einem sauberen, fusselfreien Küchentuch abtrocknen, damit sich keine Wasserflecken darauf bilden. Die einzelnen Vertiefungen besonders sorgfältig trocknen.

3   Die Vertiefungen mit einem trockenen, fusselfreien Küchentuch oder Wattebausch polieren. Ein quietschendes Geräusch ist ein gutes Zeichen.

4   Schokolade temperieren und die Vertiefungen der Pralinenform damit füllen. Dies dient noch nicht zur Herstellung von Pralinen – neue Pralinenformen müssen vor der ersten Verwendung immer einmal mit Schokolade ausgekleidet werden, damit sich eine feine Schicht Kakaobutter auf die Oberfläche legt, sodass die später darin zubereiteten Pralinen eine besonders glänzende Oberfläche bekommen. Warten, bis die Schokolade erstarrt ist, die Form dann umdrehen und leicht auf die Arbeitsfläche klopfen, damit sich die Schokolade aus den Vertiefungen löst. Die Vertiefungen erneut polieren.

5   Für das Auskleiden der Pralinenformen folgendes *Mise en place* vorbereiten:

- Ein Pralinengitter, auf das die ausgekleideten Pralinenformen später zum Abtropfen gestellt werden. Um die abtropfende Schokolade aufzufangen, sollte das Pralinengitter auf einer Silikonmatte oder einer Lage Backpapier platziert werden.

- Zwei Spachtel aus rostfreiem Edelstahl. Sie sollten breiter sein, als die Pralinenformen.

- Eine große Kelle, mit der die temperierte Schokolade in die Formen gefüllt werden kann. Im Idealfall fasst die Kelle ausreichend Schokolade, um alle Vertiefungen in der Form damit füllen zu können.

- Ausreichend Bleche oder Tabletts auf denen die ausgekleideten Pralinenformen und später auch die gefüllten und versiegelten Pralinen Platz finden, damit sie beiseitegestellt werden können.

- Eine Wärmequelle, um die Schokolade temperiert zu halten, z.B. ein siedendes Wasserbad, eine Mikrowelle oder eine Schüssel mit warmer, geschmolzener Schokolade.

- Ein Infrarot-Thermometer (oder ein anderes Thermometer).

- Küchenpapier zum Reinigen.

- Feuchte Küchentücher zum Reinigen.

- Einen Fön oder Bunsenbrenner, mit dem Schokoladenreste auf der Arbeitsfläche später erhitzt werden können, damit sie sich besser entfernen lassen. Am besten wäre es natürlich, wenn Sie es schaffen würden, die Arbeitsfläche während des Auskleidens der Formen sauber zu halten, aber Sie glauben gar nicht, wie schnell man beim Arbeiten mit Schokolade eine Riesenschweinerei verursacht. ▶▶

6 Sollen die Pralinen nicht dekoriert werden, überspringen Sie diesen Schritt und beginnen mit Schritt 7. Auf dem Bild unten werden die Vertiefungen dünn mit einer feinen Schicht farbiger Kakaobutter ausgekleidet. Dafür muss die Kakaobutter einfach geschmolzen und mit Airbrush-Technik in die Vertiefungen gesprüht werden. In diesem Fall muss sie nicht temperiert werden, da sie durch den Kontakt mit der kalten Luft beim Austreten aus der Airbrush-Pistole abkühlt, bevor sie die Pralinenform erreicht. Soll die Kakaobutter aber mit dem Pinsel aufgetragen, in die Vertiefungen getröpfelt oder gespritzt werden, oder soll eine zweite Schicht andersfarbiger Kakaobutter aufgetragen werden, muss sie temperiert werden. Im Prinzip wird Kakaobutter genauso temperiert wie Schokolade, da sie aber nicht ganz so empfindlich ist, ist der Prozess weniger kompliziert: Unter die geschmolzene Kakaobutter werden ein paar nicht geschmolzene Stückchen Kakaobutter gerührt, bis sich die Masse kühl anfühlt. Temperierte Kakaobutter erstarrt schnell. Wenn die Pralinenform, die ausgekleidet werden

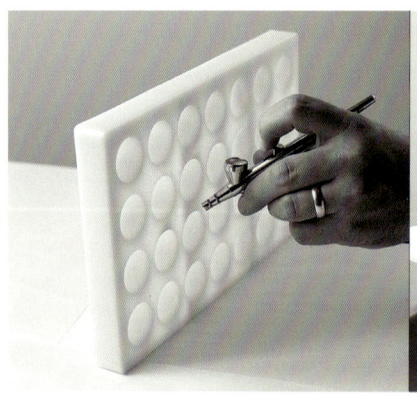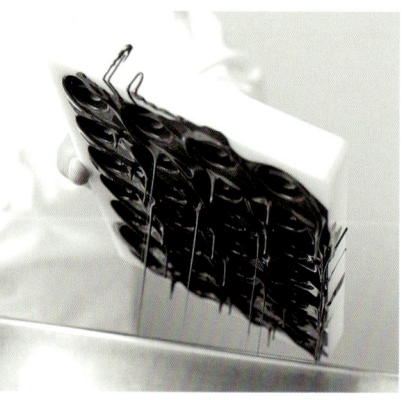

Die Pralinenformen nach Belieben garnieren. Hier wird eine dünne Schicht farbiger Kakaobutter in die Vertiefungen gespritzt.

Die Vertiefungen großzügig mit temperierter Schokolade füllen. Mit dem Griff des Spachtels gegen den Rand der Form klopfen, damit Luftbläschen an die Oberfläche steigen.

Die gefüllte Pralinenform über der Schüssel mit temperierter Schokolade wenden.

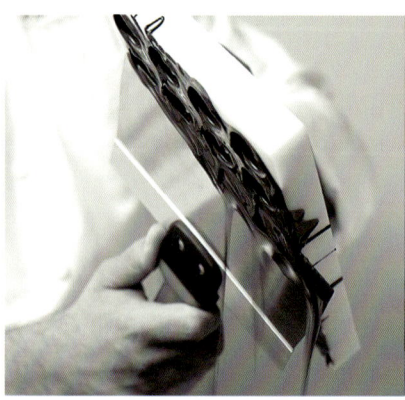

Überschüssige Schokolade mit dem Spachtel von der Oberfläche entfernen, bevor sie vollständig erstarrt.

Wenn die Schokolade vollständig erstarrt ist, können die Formen bis knapp unter den Rand nach Belieben befüllt werden. Dann werden sie mit der unten beschriebenen Methode versiegelt.

Die fertigen Pralinen lassen sich leicht aus den Formen lösen. Die äußere Schokoladenschicht sollte an allen Stellen gleichmäßig dick sein und schön glänzen.

soll, ein detailliertes Muster mit vielen kleinen Rillen hat, empfiehlt es sich vor dem Auskleiden eine dünne Schicht temperierter Schokolade oder Kakaobutter in die Vertiefungen zu streichen, damit alle schwer zu erreichenden Ecken bedeckt werden – so entstehen keine Luftbläschen auf der Pralinenoberfläche.

7   Die entsprechend vorbereiteten Pralinenformen können ausgekleidet werden. Mit der Kelle ausreichend temperierte Schokolade aufnehmen und die Vertiefungen vollständig damit füllen. Dabei die Pralinenform in der einen Hand halten und die Kelle in der anderen. Die Kelle in der Schüssel mit der temperierten Schokolade abstellen. Mit dem Griff des Spachtels leicht gegen die gefüllte Pralinenform klopfen (damit möglichst viele Luftbläschen an die Oberfläche steigen) und die Form dann über der Schüssel auf den Kopf drehen, sodass die ablaufende Schokolade darin gesammelt wird. Einige Chocolatiers und Patissiers wenden diese Methode nicht an, da sie der Meinung sind, dass die temperierte Schokolade dadurch zu stark abgekühlt wird. Stattdessen lassen sie die Schokolade in eine separate Schüssel laufen und verwenden sie später zu anderen Zwecken. Die temperierte Schokolade wird tatsächlich etwas abgekühlt, aber nicht dramatisch. Daher muss die Temperatur der Schokolade häufig überprüft und gegebenenfalls wieder angehoben werden (siehe Schritt 5 für geeignete Wärmequellen). Die Pralinenform wieder umdrehen und erneut dagegen klopfen. Kleinere Luftbläschen können durch die dünnere Schokoladenschicht besser an die Oberfläche steigen als bei vollständig gefüllten Vertiefungen. Nun wird die Pralinenform noch sanft auf die ebene Arbeitsfläche geklopft, damit die an die Oberfläche gestiegenen Luftbläschen aufplatzen.

8   Die Pralinenform erneut wenden und mit dem Griff des Spachtels dagegen klopfen. Dadurch läuft die Schokolade, die sich am Boden der Vertiefungen gesammelt hat, wieder etwas an den Seiten herunter, sodass die Vertiefungen mit einer gleichmäßigen Schokoladenschicht bedeckt sind – ein Zeichen hochwertiger Pralinen. (Bei unsachgemäßer Ausführung sammelt sich die Schokolade am Boden der einzelnen Vertiefungen, sodass die Schokoladenschicht an der Oberseite der fertigen Pralinen dick ist, an den Seiten hingegen sehr dünn.) Überschüssige Schokolade tropft mit der Zeit aus den Vertiefungen. Daher fährt man einmal mit dem Spachtel über die Oberfläche der Form, um Schokolade zu lösen, die sich dort gesammelt hat. Der Spachtel wird am Rand der Schüssel mit der temperierten Schokolade gereinigt.

9   Die ausgekleidete Pralinenform kopfüber auf das Pralinengitter stellen und einige Zeit warten, bis die Schokolade erstarrt ist. Den Spachtel mithilfe des zweiten Spachtels von Schokoladenresten befreien. Beim Arbeiten mit Schokolade sollte man sehr darauf achten, Arbeitsfläche und Werkzeug sauber zu halten. Den Vorgang gegebenenfalls mit weiteren Pralinenformen wiederholen. Die Temperatur der temperierten Schokolade dabei immer wieder überprüfen und sie gegebenenfalls aufwärmen. Nachdem 2 – 3 weitere Formen ausgekleidet wurden, wird die Schokolade in der zuerst ausgekleideten Form schon fester sein. Überschüssige Schokolade, die inzwischen noch aus den Vertiefungen gelaufen ist, muss nun mit dem Spachtel von der Oberfläche entfernt werden. Dafür darf die Schokolade noch nicht vollständig erstarrt sein, denn sonst würde sie an den Seiten der ausgekleideten Vertiefungen einreißen.

10   Sobald alle Formen ausgekleidet sind und die Schokolade darin erstarrt ist, können sie nach Belieben bis knapp unter den Rand gefüllt werden. Die Unterseite der Pralinen sollte die gleiche Dicke haben, wie der Rest der festen Schokoladen-Umhüllung.

11   Die Schokolade zum Versiegeln der gefüllten Pralinen temperieren. Das Mise en place dafür entspricht dem für das Auskleiden der Formen (siehe Schritt 5). Außerdem werden ein Fön oder eine andere sanfte Wärmequelle und ausreichend Acetatfolie bzw. Texturfolie für alle Pralinenformen benötigt. Die Folien sollten die gleiche Größe wie die Oberfläche der Pralinenformen haben. ▶▶

12 Vor dem Versiegeln der Pralinen die Oberfläche der Formen leicht anwärmen (mit dem Fön auf kühler Stufe), damit die Schokolade am Rand der Vertiefungen etwas aufweicht und sich gut mit der zum Versiegeln aufgetragenen Schokolade verbindet. Auf keinen Fall die warme oder heiße Stufe des Föns verwenden – sonst schmilzt die Schokolade. Ohne diesen Schritt bekommen die Pralinen keinen perfekt glatten Boden.

13 Die temperierte Schokolade auf die Pralinenform geben, sobald diese aufgewärmt ist. Dabei darauf achten, dass alle gefüllten Vertiefungen abgedeckt sind. Die Kelle beiseitelegen und überschüssige Schokolade mit dem Spachtel entfernen. Den Spachtel dafür so auf die Pralinenform setzen, dass er bündig mit den Seiten der Form abschließt, sodass die Schokolade in einem Zug entfernt werden kann. Gleich danach (bevor die Schokolade erstarrt) eine Acetatfolie auf die Schokolade legen und mit einem sauberen Spachtel darüber streichen, damit die Folie perfekt auf den versiegelten Pralinen- böden in der Form aufliegt.

14 Warten, bis die Schokolade vollständig erstarrt ist. Die Pralinenformen dann 5 Minuten in den Kühl- schrank stellen, damit sich die Pralinen sauber aus den Vertiefungen lösen lassen. Länger sollten sie nicht im Kühlschrank bleiben, da sich sonst Kondensationsflüssigkeit auf der Oberfläche der Schoko- lade sammelt, sodass sie spröde wird und die Pralinen beim Lösen aus den Formen brechen.

15 Die Pralinenformen dann vorsichtig über der sauberen Arbeitsfläche wenden (möglichst nah an der Arbeitsfläche, damit die Pralinen nicht von zu weit oben aus der Form fallen und beschädigt werden). Wenn alles richtig läuft, lösen sich die Pralinen ohne Probleme aus den Vertiefungen und gleiten auf die Arbeitsfläche. Gegebenenfalls kann man etwas nachhelfen, indem man mit dem Griff des Spachtels leicht gegen die Form klopft.

16 Beim Wegpacken der Pralinen sollte man puderfreie Latex- oder Baumwollhandschuhe tragen, damit keine Fingerabdrücke oder Fettflecken auf der schön glänzenden Oberfläche zurückbleiben.

17 Die Pralinen an einem kühlen, trockenen Ort lichtgeschützt aufbewahren, am besten in einem gut verschlossenen Behälter. Wie lange die Pralinen haltbar sind, hängt von der jeweiligen Füllung ab.

SCHNITTPRALINEN

Bei Schnittpralinen handelt es sich bei der Füllung gleichzeitig um die Grundmasse. Dabei kann es sich um eine Lage Ganache, Karamell, Marzipan, Pâte de fruit oder Marshmallow-Masse handeln, die dann mit temperierter Schokolade überzogen wird. Vor dem Überziehen können auch mehrere Lagen der oben genannten Komponenten übereinander geschichtet werden. Die Masse für die einzelnen Lagen wird direkt nach der Zubereitung in einen speziellen Rahmen gegossen und dann ruhen ge- lassen, bis sie erstarrt ist (siehe Schritt 8 der Zubereitung von Ganache, S. 51).

ÜBERZIEHEN VON SCHNITTPRALINEN:

1 Mithilfe eines Farbrollers temperierte Schokolade auf die bereits vorbereitete Füllung (Ganache, Karamell, usw.) auftragen. Wenn die Schokolade erstarrt ist, die Füllung wenden und auch von der anderen Seite temperierte Schokolade auftragen, wie oben beschrieben.

Das zu überziehende Stück auf die Pralinen-tunkgabel setzen und in die temperierte Schokolade tauchen. Die Unterseite der Tunk-gabel dann am Schüsselrand entlangziehen, um überschüssige Schokolade zu entfernen.

Die überzogene Praline mithilfe einer zweiten Pralinentunkgabel auf die entsprechend vor-bereitete Arbeitsfläche setzen. Dabei darauf achten, dass sich kein Fuß bilden kann.

Sollen die Schnittpralinen mit Struktur- oder Transferfolie dekoriert werden, müssen die Zuschnitte auf die Pralinen gelegt werden, bevor die Schokolade vollständig erstarrt ist.

2   Die so vorbereitete Füllung am besten mit einem Pralinenschneidegerät in die gewünschten Formen schneiden. Solche Geräte sind teuer, das Ergebnis ist aber deutlich gleichmäßiger, als würden die Pralinen per Hand geschnitten. Alternativ können die Pralinen auch mit einer (runden) Ausstechform geschnitten werden. Die Ausstechform in heißes Wasser tunken und dann vor dem Schneiden sorg-fältig trocken tupfen.

3   Folgendes Mise en place vorbereiten:

■   Pralinentunkgabel(n).

■   Acetatfolie oder Silikonmatte, ausgebreitet auf einer glatten Oberfläche. Mit Strukturfolie kann man den Schnittpralinen eine etwas interessantere Oberfläche verleihen. Damit die Folie nicht verrutscht, die Arbeitsfläche zunächst leicht mit Wasser befeuchten. Alternativ kann auch Sprühfett verwendet werden, das macht beim Putzen später aber mehr Arbeit und könnte außerdem dazu führen, dass die Folie zu fest an der Arbeitsfläche haftet. Die Acetat- oder Strukturfolie auf die befeuchtete Arbeits-fläche legen und mit Küchenpapier glatt streichen.

■   Zutaten zur Dekoration der Schnittpralinen, Gabeln oder andere Werkzeuge, mit der sich eine Ober-flächenstruktur schaffen lässt, Transfer- oder Strukturfolien-Zuschnitte.

■   Wärmequelle, um die Schokolade temperiert zu halten (Mikrowelle, siedendes Wasserbad, Schüssel mit sehr warmer geschmolzener Schokolade).

■   Temperierte Schokolade.

4   Eine zu überziehende Schnittpraline auf die Pralinentunkgabel legen und vollständig in die tempe-rierte Schokolade tauchen.

5   Die Tunkgabel mit der überzogenen Schnittpraline aus der Schokolade heben, kurz abtropfen lassen, die Tunkgabel dann auf dem Schüsselrand absetzen und nach hinten wegziehen, sodass überschüs-sige Schokolade vom Boden der Praline entfernt wird. Am Boden sollte die Praline möglichst scharfe Kanten haben, d. h. es sollte sich kein Fuß bilden. Die sogenannten Füße entstehen, wenn noch zu viel Schokolade an der überzogenen Praline haftet, die dann nach unten auseinanderläuft. ▶▶

6 Die überzogene Schnittpraline nun mithilfe einer zweiten Tunkgabel auf der vorbereiteten Arbeitsfläche absetzen. Soll sie dekoriert werden, muss das geschehen, bevor die Schokolade erstarrt. Deko-Zutaten wie eine Prise Salz, Zimt oder ein paar Stückchen Kakaobruch, müssen auf die noch recht feuchte Schokolade gestreut werden, damit sie gut daran haften. Auch Oberflächenstruktur sollte erzeugt werden, bevor die Schokolade erstarrt, allerdings sollte sie dabei nicht mehr zu feucht sein, denn sonst bleibt die entsprechende Struktur nicht bestehen, da die Schokolade wieder zusammenläuft. Oberflächenstruktur kann z.B. mit einer Pralinentunkgabel oder Winkelpalette geschaffen werden, oder indem man ein entsprechend zugeschnittenes Stück Strukturfolie auf die Schnittpraline legt. Struktur- bzw. Transferfolien (für farbige Deko) sollten erst dann wieder entfernt werden, wenn die Schokolade vollständig erstarrt ist.

HINWEISE Pralinen sollten in trockener Umgebung aufbewahrt werden, am besten bei Temperaturen zwischen 12°C und 20°C. Dies ist auch der optimale Temperaturbereich für die Verkostung. Pralinen und andere Confiserie-Produkte aus Schokolade genießt man am besten in kleinen Stücken und steckt sie nicht in einem Stück in den Mund.

Schokolade sollte niemals sauer, beißend bitter oder unangenehm adstringierend schmecken. Verwenden Sie nur Zutaten bester Qualität. Auch die äußere Schokoladenschicht von Pralinen sollte beim Brechen (wenn man hineinbeißt) leicht knacken – ansonsten ist das ein Zeichen dafür, dass die Schokolade nicht richtig temperiert wurde.

Die Schokoladenschicht, die den Überzug bzw. die Hülle von Pralinen und Schnittpralinen bildet, sollte dünn sein, aber nicht hauchdünn. Pralinen, die in Formen gegossen, dann gefüllt und versiegelt wurden, sollten eine glänzende Oberfläche haben. Die Oberfläche von Schnittpralinen wird einen etwas matteren Glanz haben (da die Schokolade in der Regel nicht in Kontakt mit einer glänzenden Oberfläche erstarrt, wie das in den Polycarbonat-Pralinenformen der Fall ist). Schnittpralinen bekommen nur dann eine glänzende Oberfläche, wenn sie mit einem Stück Acetatfolie bedeckt werden, bevor die Schokolade erstarrt.

ZUCKER KOCHEN

Gekochter Zucker kommt in einer Reihe verschiedener Produkte zum Einsatz. Er ist sehr vielseitig, aber auch temperamentvoll. Daher sollte man genau wissen, was man tut, bevor man mit der Arbeit beginnt.

Es gibt zwei Methoden zum Kochen von Zucker – die feuchte und die trockene Methode – die beide für eigentlich jede Zubereitung verwendet werden können, für die gekochter Zucker benötigt wird:

DIE FEUCHTE METHODE ZUM ZUCKER KOCHEN:

1 Der Topf muss sehr sauber sein. Jegliche Fett- oder Schmutzreste führen dazu, dass sich unerwünschte Kristalle im Zucker bilden. Kupfertöpfe sind zum Kochen von Zucker besonders gut geeignet, aber sehr schwer sauber zu halten. Wenn Sie einen Kupfertopf besitzen und die Zeit aufwenden können, diesen instand zu halten – umso besser. Die Kochzeit wird allerdings nur gering verkürzt. Edelstahltöpfe sind auch gut zum Kochen von Zucker geeignet.

2 Der Topf muss die entsprechende Größe haben. Soll z.B. Sahnekaramell gekocht werden, wird der geschmolzene Zucker Blasen werfen und im Topf nach oben steigen, sobald die heiße Sahne hinzugefügt wird. Ist der Topf nicht hoch genug, kocht die Mischung über.

3 Den Zucker in den Topf geben und ausreichend Wasser hinzufügen, um alle Kristalle zu befeuchten. Das typische Verhältnis liegt bei 4 Teile Wasser auf 1 Teil Zucker, es kann aber auch deutlich weniger Wasser verwendet werden, um den Zucker zu nässen. Wird weniger Wasser verwendet, kocht der Zucker schneller. Je höher der Wasseranteil, umso länger dauert es, bis der Zucker die gewünschte Temperatur erreicht, da es einige Zeit dauert, bis das zusätzliche Wasser evaporiert ist. Wasser ist das Medium, das den Zucker aufwärmt und zum Kochen bringt, sobald es evaporiert ist, kocht der Zucker aber auch von alleine weiter. Für die feuchte Methode müssen Zucker und Wasser gut kombiniert werden, d.h. alle Zuckerkristalle gut benetzt sein. Einzelne trockene Kristalle führen dazu, dass der kochende Zucker auskristallisiert.

4 Es dürfen keine Zuckerkristalle an den Wänden des Topfes kleben. Diese Kristalle können ebenfalls bewirken, dass der Rest des Zuckers auskristallisiert. Die Innenseiten des Topfes mit einem sauberen, in klares Wasser getauchten Pinsel reinigen. Dieser Pinsel darf nicht für andere Zwecke verwendet werden. Pinsel, die z. B. zum Einfetten von Formen verwendet wurden, würden Fettreste auf den Topf übertragen, die wiederum dazu führen, dass der Zucker auskristallisiert.

5 Die beste Hitzequelle zum Kochen von Zucker ist eine Induktionsplatte, da sie den Topfboden gleichmäßig erhitzt. Flammen (Gasherd) sind nicht besonders gut zum Kochen von Zucker geeignet, da sie Topf und Zucker eventuell unregelmäßig erhitzen. Wer allerdings einen Kupfertopf verwenden möchte, kann dies nur über einer Flamme tun. Zucker sollte immer bei der höchstmöglichen Temperaturstufe gekocht werden – das hilft, das Auskristallisieren zu verhindern.

6 Den Zucker kochen lassen, bis er die gewünschte Temperatur erreicht hat. Die Temperatur immer mithilfe eines Thermometers überprüfen.

HINWEIS Diese Methode kommt bei der Zubereitung vieler Speisen bzw. Massen zum Einsatz, z. B. italienischer Baisermasse, Nougat, Karamell usw. Sie kann in Kombination mit anderen Formen von Zucker variiert werden, also durch die Zugabe von ein klein wenig Glukose oder Maissirup. Das Prinzip bleibt das gleiche, die Eigenschaften des Endproduktes verändern sich ein wenig.

Zuckerkochgrade

ZUCKERKOCHGRAD	TEMPERATUR	ZUCKERKOCHGRAD	TEMPERATUR
Perle/schwacher Faden	106 °C	Mäßiger Bruch	141 °C
Faden	108 °C	Starker Bruch	155 °C
Flug	110 °C	Karamell	160 °C
Starker Flug	115 °C	Hellbrauner Karamell	170 °C
Kleiner Ballen	117 °C	Mittelbrauner Karamell	180 °C
Starker Ballen	120 °C	Dunkelbrauner Karamell	190 °C
Schwacher Bruch	125 °C	Black Jack	205 °C

(im Grunde genommen handelt es sich bei dieser letzten Stufe um verbrannten Zucker)

DIE TROCKENE METHODE ZUM ZUCKER KOCHEN IST WIE FOLGT:

1 Den Zucker in einen Edelstahl- oder Kupfertopf füllen.

2 Bei hoher Stufe auf dem Herd erhitzen, dabei häufig mit einem Holzkochlöffel umrühren. Der Zucker wird sich ohne große Zwischenstufen von der kristallinen Form zum Karamell verwandeln. Da die Hitze sehr intensiv ist, muss schnell umgerührt werden.

3 Wenn der Zucker an einigen Stellen schon dunkel wird, bevor er an anderen Stellen karamellisiert, muss die Hitze reduziert werden, damit der Zucker doch noch gleichmäßig karamellisieren kann.

4 Weiter rühren, bis der Zucker sich vollständig aufgelöst hat und karamellisiert ist.

HINWEIS Diese Methode wird vor allem bei der Zubereitung von Pralinen und Karamellsaucen angewandt.

GEFRORENE DESSERTS

In diesem Abschnitt stehen fünf Methoden im Mittelpunkt. Es werden zwei Methoden zur Zubereitung von Eiscreme vorgestellt (die eifreie und die moderne Methode), eine für Granités (Granitas) und zwei für Sorbets und Sherbets (eine klassische und eine moderne). Die klassische Methode zur Zubereitung von Eiscreme entspricht der Methode für gerührte Eiercremespeisen (siehe S. 27) und die Methoden für ohne Eismaschinen gefrorene Desserts entsprechen den Methoden für Desserts mit Schaummassen.

ZUBEREITUNGSMETHODEN EISCREME

Die sogenannte moderne Methode zur Herstellung von Eiscreme ist für die Eiscreme-Sorten vorgesehen, deren Grundmasse nicht mit der Methode für gerührte Eiercremespeisen hergestellt wird. Diese Methode ist für Eiscremes, die unter anderem Zutaten wie Stabilisatoren, Milchpulver und Glukose und/oder Invertzucker enthalten. Diese Eiscremes halten ihre Qualität während des Services deutlich besser. Sie sind weniger empfindlich gegenüber Temperaturschocks (Schmelzen und erneutes Gefrieren) als gerührte Eiercreme-Grundmassen, da die Stabilisatoren ihre Struktur und Textur unterstützen. Bei allen diesen Stabilisatoren handelt es sich um Hydrokolloide (siehe S. 32) aus natürlichen Quellen, z. B. gewonnen aus Pflanzen, Algen und manchmal Tieren (Gelatine), die alle nur minimal aufbereitet wurden. Das Geheimnis ist, nicht zu viel davon zu verwenden. In den hier vorgestellten Rezepten werden Stabilisatoren in einem Verhältnis von 0,3 % – 0,4 % des Gesamtgewichts verwendet.

EIFREIE METHODE:

1 Alle Zutaten zusammen in einen ausreichend großen Topf geben.

2 Den Topf bei starker Hitze auf dem Herd unter ständigem Rühren mit dem Schneebesen erhitzen, bis die Mischung eine Temperatur von 85 °C hat. Die Temperatur auf mäßig-schwach reduzieren.

3 Die Masse weitere 2 Minuten umrühren, damit sich alle Zutaten gleichmäßig verbinden. Es ist nicht nötig, die Masse aufzukochen. Wichtig ist bloß, dass sich alle festen Bestandteile (vor allem der Zucker) auflösen. Da die Mischung keine Eier enthält, wird zum Binden überschüssiger Flüssigkeit häufig Milchpulver hinzugefügt, damit sich keine großen Eiskristalle bilden.

4 Die Masse durch ein feines Sieb streichen, um ungewünschte Feststoffe wie z. B. zum Aromatisieren verwendete Zutaten (Vanilleschoten o. ä.) zu entfernen.

5 Die Masse gleich nach dem Filtern in einem Eiswasserbad abkühlen und dann mindestens 4 Stunden reifen lassen, bevor sie zum Einfrieren in die Eismaschine gefüllt wird.

6 Die gereifte Masse gut umrühren, bevor sie in die Eismaschine gefüllt wird.

7 In der Eismaschine auf -4 °C gefrieren.

8 Die gefrorene Eiscreme bei -10 °C im Gefrierschrank aufbewahren.

MODERNE METHODE:

1 Alle Zutaten genau abwiegen. 10 % des Zuckers mit dem Stabilisator vermischen. Stabilisatoren sollten niemals alleine in die Flüssigkeit gegeben werden, damit sie nicht verklumpen. Diese Klumpen ließen sich nicht mehr auflösen und die stabilisierende/emulgierende Wirkung würde reduziert bzw. ginge komplett verloren.

2 Die Milch in einen Topf geben und stark erhitzen.

3 Wenn die Milch eine Temperatur von 25 °C hat, das Milchpulver und gegebenenfalls die zum Aromatisieren verwendete Zutat (Vanille, Gewürze etc.) hineingeben. Ab jetzt muss die Mischung ständig mit dem Schneebesen umgerührt werden, damit sich keine der Zutaten am Boden des Topfes absetzen kann.

4 Wenn die Mischung eine Temperatur von 35 °C erreicht hat, kann der gesamte Zucker hineingerieselt bzw. hineingegossen werden. Umrühren, bis er sich komplett aufgelöst hat. Das gilt für jede Art von Zucker, egal ob Kristallzucker oder flüssige Zuckerarten wie Glukose oder Invertzucker verwendet werden. In einigen Rezepten wird auch Eigelb verwendet, wenn das der Fall ist, sollten die Eigelbe ebenfalls bei dieser Temperatur untergerührt werden.

5 Wenn in dem entsprechenden Rezept nach Sahne verlangt wird, wird sie hinzugefügt, sobald die Mischung eine Temperatur von 45 °C hat.

6 Bevor die Mischung eine Temperatur von 50 °C erreicht, die Stabilisator-Zuckermischung langsam unter ständigem Rühren hinzurieseln lassen.

7 Die Mischung ebenfalls unter ständigem Rühren auf 85 °C erhitzen, vom Herd nehmen und zum Pasteurisieren und Homogenisieren weitere 2 Minuten umrühren.

8 Nun können gegebenenfalls Zutaten wie Schokolade, Nusspasten, Fruchtpürees oder Spirituosen untergerührt werden. ▶▶

9   Die Mischung durch ein feines Sieb streichen und mithilfe eines Eiswasserbads so schnell wie möglich auf 4 °C abkühlen.

10   Die Eisgrundmasse mindestens 4, am besten 12 Stunden reifen lassen, bevor sie in der Eismaschine gefroren wird.

11   Die gereifte Masse gut umrühren, bevor sie in die Eismaschine gefüllt wird.

12   In der Eismaschine auf -4 °C gefrieren.

13   Die gefrorene Eiscreme bei -10 °C im Gefrierschrank aufbewahren.

GRANITÉ

Die folgende Methode wird für die Zubereitung von Eismassen verwendet, die eine locker-körnige Konsistenz bekommen, indem die Masse in Abständen umgerührt bzw. die Oberfläche der bereits gefrorenen Teile der Masse beim Einfrieren wiederholt abgekratzt wird. Je nach Region werden diese Eis-Spezialitäten Granité oder Granita genannt. Die beschriebene Methode kann aber auch für die Zubereitung von fest gefrorenen Eismassen (z.B. Eis am Stiel) verwendet werden.

METHODE FÜR DIE ZUBEREITUNG VON GRANITÉ:

1   Die Hauptzutat in eine Edelstahlschüssel füllen. In der Regel handelt es sich dabei um einen Frucht- oder Gemüsesaft, eine aromatisierte Flüssigkeit (dabei kann es sich auch um ein Milchprodukt handeln) oder um Wein.

2   Die Hauptzutat muss 20 °C warm sein und daher gegebenenfalls auf diese Temperatur aufgewärmt werden. Nur so lässt sich der Zuckergrad mit dem Refraktometer verlässlich messen. Kühlere bzw. wärmere Flüssigkeiten geben keine genauen Werte.

3   Etwas Läuterzucker mit einem Brix-Wert von 65 Grad und einer Temperatur von 20 °C untermischen. Im Allgemeinen kann man von einem Verhältnis von 1 Teil Läuterzucker zu 4 Teilen Hauptzutat ausgehen. Der Brix-Grad gibt die Zuckerdichte des Läuterzuckers an. Läuterzucker mit 65 °Brix ist ein Sirup, der zu 65 % aus Zucker und 35 % Wasser besteht. Alternativ kann auch Läuterzucker mit einem Brix-Wert von 50 Grad verwendet werden, das könnte sich allerdings negativ auf den Geschmack auswirken, da mehr Läuterzucker hinzugefügt werden müsste, sodass die Masse stärker gestreckt würde.

4   Die Mischung gut umrühren. Den Brix-Wert mit dem Refraktometer überprüfen. Er sollte zwischen 16 °Brix und 19 °Brix liegen. Persönlich bevorzuge ich einen Brix-Wert von 17 Grad – das ist süß, aber nicht zu süß. Kosten Sie immer, um sicherzugehen, dass Ihnen die Masse auch schmeckt. Sie sollten nicht nur dem Refraktometer vertrauen, sondern auch Ihren Geschmacksknospen. Ich würde Ihnen auch empfehlen, eine Prise Salz unterzumischen, um den Geschmack der Grundmasse abzurunden.

5   Die Granité-Grundmasse in eine Edelstahlschüssel oder einen tiefen Gastrobehälter füllen. Die Größe hängt von der gewünschten Menge ab.

6 Das Behältnis mit der Grundmasse bei -18°C in den Gefrierschrank stellen.

7 Nach 45–60 Minuten das Behältnis aus dem Gefrierschrank nehmen und die Eiskristalle abkratzen, die sich entlang der Innenseiten gebildet haben. Zurück in den Gefrierschrank stellen.

8 Diesen Vorgang alle 30 Minuten wiederholen, dabei immer eine kreisförmige Bewegung durchführen, damit eine möglichst gleichmäßige Kristallbildung stattfindet.

9 Wenn die Flüssigkeit vollständig geschmolzen ist, kann die Granité in einen entsprechend großen Gastrobehälter umgefüllt und bis zum Service gut abgedeckt bei -18°C im Gefrierschrank aufbewahrt werden. Damit die Eiskristalle nicht schmelzen, muss dieser Gefrierschrank kälter sein als der, in dem Sorbets und Eiscremes aufbewahrt werden. Diese Art von gefrorenem Dessert ist anfälliger für Temperaturschock als andere, da keine der darin enthaltenen Zutaten das Schmelzen des Eises verlangsamt.

HINWEIS Wassereis (mit einer „härteren" Konsistenz) stellt man ganz einfach her, indem man die obige Methode einfach nur bis Schritt 4 befolgt.

KLASSISCHE METHODE ZUR ZUBEREITUNG VON SORBETS
(und Sherbets)

Dies ist die einfachste und direkteste Methode zur Zubereitung von Sorbets und Sherbets. Sie wird vor allem dann angewendet, wenn die zur Verfügung stehenden Mittel und die Ausstattung eher begrenzt sind. Die Ergebnisse stehen denen der mit der modernen Methoden erzielten aber in nichts nach, solange man bei der Zubereitung große Sorgfalt walten lässt und sich keine Fehler erlaubt, da die entsprechenden Zubereitungen weniger stabil sind und empfindlicher gegenüber Temperaturschwankungen.

KLASSISCHE ZUBEREITUNGSMETHODE FÜR SORBETS:

1 Die Hauptzutat – also die Flüssigkeit, die die Geschmacksgrundlage des Sorbets bildet – in eine Edelstahlschüssel füllen. Damit diese Flüssigkeit keine festen Partikel mehr enthält, muss sie vorher durch ein feinmaschiges Sieb gestrichen werden. Geeignet sind z.B. Frucht- oder Gemüsesäfte, Pürees, aromatisierte Flüssigkeiten oder Wein. Für Sherbets können auch (nach Belieben aromatisierte) Milch und Milchprodukte wie Buttermilch oder Joghurt verwendet werden.

2 Wenn die Hauptzutat bis zur Zubereitung gekühlt wurde, muss sie zunächst auf 20°C gebracht werden, damit der Brix-Grad verlässlich mit dem Refraktometer gemessen werden kann. Kühlere bzw. wärmere Flüssigkeiten geben keine genauen Werte. Die Schüssel mit der Flüssigkeit zum Aufwärmen in eine größere Schüssel stellen, die bis zur Hälfte mit 40°C warmem Wasser gefüllt ist und die Hauptzutat umrühren, bis sie die gewünschte Temperatur von 20°C hat.

3 Etwas Läuterzucker, der ebenfalls 20°C warm sein sollte, mit dem Schneebesen unterrühren. Die Menge an Läuterzucker sollte 20% der Menge der Hauptzutat entsprechen. ▶▶

4 Den Brix-Wert mithilfe des Refraktometers messen. Liegt der Brix-Wert unter 25 °Brix, muss etwas mehr Läuterzucker untergerührt werden. Wurde der gewünschte Wert bereits überschritten, fügt man einfach noch etwas von der Hauptzutat hinzu. In besonders saure oder bittere Flüssigkeiten muss etwas mehr Läuterzucker gegeben werden – außer, man möchte kein ausdrücklich süßes Ergebnis erzielen. Wenn der gewünschte Brix-Wert erreicht ist, kann die entstandene Sorbet-Grundmasse in der Regel bis zu 3 Tage im Kühlschrank aufbewahrt oder gleich in der Eismaschine gefroren werden.

5 Die Sorbet-Grundmasse in der Eismaschine einfrieren und dann bei -10 °C im Gefrierschrank aufbewahren.

6 Es ist zu beachten, dass das Sorbet mindestens 2 – 4 Stunden im Gefrierschrank fest werden muss, bevor es serviert werden kann.

MODERNE METHODE ZUR ZUBEREITUNG VON SORBETS
(und Sherbets)

Diese Methode ähnelt der klassischen Methode zur Zubereitung von Sorbets, bei der ein Süßungsmittel (Läuterzucker) unter die Sorbet-Grundmasse gerührt wird. Die Qualität des mit der modernen Methode zubereiteten Produktes bleibt während des Services aber viel stabiler. Bei der Grundmasse handelt es sich in der Regel um eine Mischung von Frucht- oder Obstsaft bzw. Püree, aromatisierter Flüssigkeit (auch Milchprodukte) oder Wein mit Wasser (nicht immer – das hängt von der Hauptzutat ab) und einem speziellen Sorbet-Sirup (Rezeptur siehe unten), der aus einer Mischung verschiedener Zucker und Sorbet-Stabilisatoren besteht. Diese Stabilisatoren sorgen dafür, dass die Qualität des Sorbets während des Services nicht leidet.

MODERNE ZUBEREITUNGSMETHODE FÜR SORBETS:

1 Die Hauptzutat und den Sorbet-Sirup getrennt auf 20 °C erwärmen. Wenn die Hauptzutat zu dickflüssig ist (z. B. ein Fruchtpüree), noch 10 % Wasser (im Vergleich zur Gesamtmenge) hinzufügen. Auch das Wasser sollte eine Temperatur von 20 °C haben.

2 Sorbet-Sirup in einer Menge von 10 % (bezogen auf die Menge der Hauptzutat) untermischen. Den Brix-Wert mit dem Refraktometer überprüfen. Er sollte zwischen 30 °Brix und 32 °Brix liegen. Ist der Wert noch nicht hoch genug, mehr Sirup hinzufügen, bis der gewünschte Brix-Grad erreicht ist.

3 Nachdem die Sorbet-Grundmasse aus Hauptzutat, Wasser und Sorbet-Sirup angerührt wurde, muss sie mindestens 2, im Idealfall 6 Stunden reifen. In dieser Zeit können sich Stabilisatoren und Zucker richtig mit der Hauptzutat verbinden, sodass ein hochwertiges Sorbet entsteht.

4 Die Sorbet-Grundmasse in der Eismaschine einfrieren und dann bei -10 °C im Gefrierschrank aufbewahren.

5 Das Sorbet muss mindestens 2 – 4 Stunden im Gefrierschrank fest werden, bevor es serviert werden kann.

SORBET-SIRUP

ERGIBT 5 KG

ZUTATEN	MENGE	ANTEIL IN %
Sorbet-Stabilisator	35 g	0,7
Zucker	2,1 kg	42
Wasser	1,96 kg	39,1
Glukosepulver	910 g	18,2

1 Den Sorbet-Stabilisator gründlich mit 10 % des Zuckers vermischen.

2 Das Wasser zusammen mit dem restlichen Zucker und dem Glukosepulver in einen Topf geben und unter ständigem Rühren mit dem Schneebesen stark erhitzen.

3 Wenn die Mischung 40 °C erreicht hat, die Stabilisator-Zuckermischung unter ständigem Rühren allmählich hinzurieseln lassen. Wird die Mischung zu schnell hinzugefügt, verklumpt der Stabilisator und verliert seine Wirkung.

4 Weiter rühren und erhitzen, bis die Mischung eine Temperatur von 85 °C hat. Bei dieser Temperatur sind die Stabilisatorpartikel vollständig hydriert und der Zucker sollte sich komplett aufgelöst haben.

5 Den Topf vom Herd nehmen und die flüssige Mischung in eine Schüssel in einem Eiswasserbad gießen, damit der Sorbet-Sirup etwas abkühlt, bevor er unter die Hauptzutat gemischt wird.

6 Der Sorbet-Sirup kann bis zu 2 Monate im Kühlschrank aufbewahrt werden. Steht nach 2 Monaten immer noch Sorbet-Sirup in Ihrem Kühlschrank, haben Sie entweder zu viel vorbereitet, oder sie bereiten nicht genügend Sorbet zu. Bereiten Sie möglichst immer nur so viel Sorbet-Sirup zu, wie sie innerhalb einer Woche aufbrauchen werden.

DESSERT-KOMPONENTEN

Die folgenden Informationen sollen Ihnen als visuelle Hilfe bei der Kreation und Zusammenstellung von Desserts dienen. Wie Sie sie nutzen und welche Komponenten Sie verwenden, liegt ganz bei Ihnen. Manchmal vergisst man, dass es bestimmte Komponenten überhaupt gibt, übersieht sie einfach. Diese Liste soll als Erinnerungsstütze dienen. Einige Zubereitungen sind extrem selten oder lassen sich kaum mit anderen kombinieren. Sie sind nicht in diese Liste übernommen worden. Andere Zubereitungen werden wegen ihrer Eigenschaften hingegen in mehreren Kategorien aufgezählt. So werden Sie Schokoladensauce zum Beispiel in der Kategorie Schokolade und auch im Abschnitt zu Saucen finden. Herzhafte beziehungsweise pikante Zutaten wurden nicht mit einbezogen, da sich dieses Buch auf Zubereitungen der Patisserie konzentriert.

Dafür werden in dieser Liste auch einige einzelne Zutaten aufgezählt. Manchmal muss man bloß an ein bestimmtes Aroma denken, das man verwenden möchte, und schon kommt einem auch eine Reihe von Komponenten in den Sinn, die man mit der entsprechenden Zutat zubereiten könnte. Nicht jede einzelne Zutat wird in dieser Liste aufgezählt. Ebenso wie bei den Zubereitungen gibt es einige, die vor allem für eine bestimmte Region typisch und/oder schwer erhältlich sind.

ZUBEREITUNGEN MIT SCHOKOLADE

ÜBERZUG

Ganache

Glasur

Samtspray

Temperierte Schokolade
(zum Überziehen von Confiserie-
Produkten per Hand)

Ummantelungen/Behälter/Schalen
aus temperierter Schokolade

FÜLLUNG FÜR TORTEN
ODER INDIVIDUELLE DESSERTS

Bayrische Creme

Crémeux

Ganache

Mousse

Panna cotta

INKLUSION (FÜLLUNG)

Baisermasse

Luftschokolade

GEFRORENES

Eis

Eisbombe (gefroren und gekühlt)

Eiscreme

Frappé

Frozen Yoghurt

Gefrorener Schaum

Granité

Parfait (gefroren und gekühlt)

Semifreddo

Sherbet

Sorbet

Soufflé (heiß und gefroren)

DEKORATION

Atomisierte Schokolade
(Schokolade in Pulverform, nicht zu
verwechseln mit Kakaopulver)

Baiser

Chantilly

Crème anglaise

Croquant

Flexible Ganache

Hippe

Luftschokolade

Pulver
(mit Maltodextrin aus Tapioka)

Sauce

Schaum (auch gefroren)

Schokoladendekors

Schokoladenhobel

Schokoladenstreusel

Schokoladenstückchen

TEIG/GEBÄCK

Angel Food Cake

Baiser

Biscotti

Biskuit (Wiener Boden/Génoise)

Brioche

Brownies

Devil's Food Cake/Blackout Cake

Hippen

Macarons

Mürbeteig
(Plätzchen und Tarte-Böden)

Pain de Gênes

Plätzchen (bzw. große Cookies)

Rührkuchen

Schokoladenkuchen ohne Mehl

Shortbread

WEITERE

Aufstrich

Blätterteig

Crème brûlée

Crème caramel

Crème pâtissière

Karamell

Pot de Crème

Pralinen und Schnittpralinen

Schokoladenpudding

Trinkschokolade

Trüffeln

EIERCREMESPEISEN

Gerührt

Crema catalana

Crème anglaise

Curds

Milchreis

Tapioka-Pudding

GEBACKEN

Als Füllung bestimmter Pies, z. B.
Pumpkin-Pie (Kürbis-Pie)

Brotpudding

Cannelé

Clafoutis

Crème brûlée

Crème caramel

Flan

Käsekuchen (deutsche und amerikanische Tradition)

Pot de Crème

Royale

GEKOCHT

Cream Pies

Crema catalana

Crème pâtissière

MIT SCHAUMMASSEN GELOCKERTE DESSERTS

HEISS

Chiboust

Schaum
(aufgeschäumt mit einem Sahnesiphon; kann auch gekühlt werden)

WARM

Sabayon bzw. Zabaglione

Soufflé

GEKÜHLT

Aromatisierter Milchschaum
(frisch oder getrocknet)

Aufgeschäumte Flüssigkeiten
(ohne Ei, aufgeschäumt mit Schneebesen oder Pürierstab; können
eingefroren und auch warm serviert
werden – je nachdem, welche
Zusatzstoffe als Stabilisatoren für
den Schaum verwendet wurden)

Bayrische Creme

Chantilly

Crème Diplomat

Eisbombe

Mousse

Parfait

GEFROREN

Eisbombe

Gefrorener Schaum

Mousse

Parfait

Semifreddo

Soufflé

ÜBERZÜGE

Atomisierte Schokolade

Baisermasse/Schaummasse

Buttercreme

Frosting und Icing

Ganache

Gelierte Flüssigkeit

Geschlagene Sahne

Glasur

Kakaopulver

Kokosnuss (Raspeln und Chips)

Marzipan

Nappage

Nüsse (geröstet oder kandiert)

Puderzucker

Samtspray

Schokoladenhobel

Schokoladenmantel

Schokoladenplättchen

TEIGE (FÜR DESSERTS, TORTEN, KUCHEN UND SÜSSES GEBÄCK)

Beignet

Biscotti

Brioche

Plätzchen (Cookies)

Craquelin

Donut (kann auch auf Brioche-Teig
basieren)

Filo

Krosse Waffeln

Lebkuchen

Kadaifi (Teigfäden, Spezialität aus
dem Orient)

Plunderteig (Hefeblätterteig für
Croissants und Plundergebäck)

Linzer-Teig

Mochi (japanische Reiskuchen)

Pâte Brisée

Pâte Sablée

Pâte Sucrée

Pizzelle (ital. Waffelspezialität)

Sablé Breton

Shortbread

Schokoladenstreusel

Spekulatius

Streusel

Strudel

Zuckerteig (1-2-3-Teig)

MASSEN (FÜR TORTEN, KUCHEN UND DESSERTS)

Angel Food Cake

Ausbackteig

Baumkuchen

Biskuit (Wiener Masse/Génoise)

Blini

Blondies

Brownies

Cannelé

Chiffon

Crêpe

Dacquoise

Donut

Financier

Frangipane/Mandelcreme

Früchtekuchen

Gâteau Basque

Gâteau Breton

Hippen

Japonaise

Joconde

Löffelbiskuit

Macarons

Madeleine

Marjolaine

Mehlfreie Massen

Micro Génoise

Muffinmasse

Pain de Gênes

Pâte à choux

Rührkuchen

Savarin

Strauben/Striebele

ZUBEREITUNGEN MIT GEKOCHTEM ZUCKER

Brûlée (mehr eine Methode zur Fertigstellung, als eine Zubereitung an sich)

Butterkaramell

Buttertoffee

Cajeta

Confiserie-Produkte mit blättriger Konsistenz (in Schokolade gegossener, gekochter Zucker, siehe Rezept S. 323)

Croquant

Dekorationen aus gekochtem Zucker

Dragées

Dulce de leche

Eingelegte Nüsse (z.B. Marrons glacés)

Fondant

Geblasener Zucker

Gekochter Zucker für Schaustücke

Gelee

Gesponnener Zucker

Gezogener Zucker

Harte Bonbons

Italienische Baisermasse

Italienische Buttercreme

Kandierte Früchte

Karamell (hell oder dunkel)

Knallzucker

Konfitüre und Marmelade

Konserven

Krokant

Likör-Bonbons

Macarons (mit italienischer Baisermasse)

Marshmallow

Marzipan

Mousseline

Nougat

Nougatine

Pâte de fruit

Praliné (Nougat – fein oder stückig)

Sirup

Zuckerwatte

ZUCKER-ZUBEREITUNGEN (NICHT GEKOCHT)

Dekoration (Zuckerperlen)

Eiweiß-Spritzglasur

Französische Baisermasse

Komprimiert (für Zucker-Schaustücke)

Kristallisierte Früchte, Blüten, Kräuter

Pastillage

Puderzucker, Süßer Schnee, Dextrose zum Bestäuben

Überzug (Trüffeln, Pâte de fruit, kristallisierte Früchte)

ZUBEREITUNGEN MIT FRÜCHTEN

Ausgelassen

Blanchiert

Confit

Coulis

Eingemacht

Frisch

Frittiert (in Ausbackteig)

Gebacken

Gedämpft

Gedünstet

Gefriergetrocknet (pulverisiert oder komplett)

Gefroren

Gekocht (Sous-vide)

Gelee

Getrocknet/gedörrt

Kandiert

Karamellisiert

Karbonisiert

Kompott

Komprimiert (Sous-vide)

Konfitüre

Kristallisiert

Mariniert

Marmelade

Mittels Stickstoff gefroren (gehobelt oder gerieben)

Mus

Papier

Paste

Pâte de fruit

Pochiert

Pulpe

Püree

Saft

Sautiert

Sud

SAUCEN

Angedickte Flüssigkeiten, Infusionen

Angedickte Säfte/Pürees

Auf Eiercreme-Basis

Auf Schokoladen-Basis

Coulis

Flüssige Gele

Karamell (klar bis dunkel)

Pürees

Reduktionen (Saft, Püree, Kochflüssigkeit, Infusion, Sud, etc.)

Sirup

ZUBEREITUNGEN AUF NUSS-BASIS

Dacquoise

Dragées

Financier

Gefrorene Desserts (sogar Sorbets und Eis)

Geröstet

Gianduja

Joconde

Kandiert

Kokosnuss

Macarons

Marzipan

Nougat

Nussbutter

Pain de Gênes

Praliné

Turrón (Torrone)

KARAMELL-ZUBEREITUNGEN

Als Flüssigkeit zum Durchtränken

Aufstrich

Confiserie-Produkte
(Bonbons, Pralinen, Riegel)

Dekoration

Einlage (als Füllung)

Füllung

Gefrorene Desserts

Glasur

Sauce

Überzug

Zum Pochieren von Früchten

ZUBEREITUNGEN MIT HYDROKOLLOIDEN

Angedickte Flüssigkeiten

Aufgeschäumte Flüssigkeiten
(ohne Eier)

Blasen

Cremes (Bayrische Creme)

Cremespeisen ohne Eier

Dünne Gelatineschicht

Emulsionen

Flexible Curds

Flüssiges Gel

Geklärte (filtrierte) Flüssigkeiten

Gelee

Glasur

Knusprige Schäume

Marshmallows

Mousses (einige Arten)

Panna cotta

Papier

Pâte de fruit

Pulver (Zutaten auf Fettbasis)

Saure Schlangen

Schaum

Schleier

Schwämme

Sphärifikation

Suspensionen

Teige und Massen

Überzug

Umgekehrte Sphärifikation

Warme Gelees

Warme Schäume

ZUBEREITUNGEN MIT EIER-SCHAUMMASSEN

Dacquoise

Eigelb

Flüssigkeiten, aufgeschäumt
mit Eigelb (siehe Hinweis)

Flüssigkeiten, aufgeschäumt
mit Eiweißpulver

Französische Baisermasse

Italienische Baisermasse

Schweizerische Baisermasse

HINWEIS Fast jede Flüssigkeit, die Protein(e) enthält, kann aufgeschäumt werden. Gelatine enthaltende Flüssigkeiten können ebenfalls zu stabilem Schaum aufgeschlagen werden, als Beispiel siehe Marshmallows ohne Eier auf S. 492. Auch mithilfe anderer Zutaten wie Methocel F50 können Flüssigkeiten , die keine Eier enthalten, aufgeschäumt werden. Flüssigkeiten mit hohem Fettanteil lassen sich nur schwer auf diese Art aufschlagen, da die Fettmoleküle verhindern, dass die Luftbläschen in der Flüssigkeit gehalten werden. Schlagsahne gehört in eine andere Kategorie.

GEFRORENE DESSERTS

Bläschen

Eis am Stiel

Eisbombe

Eiscreme auf Basis von Eiercreme

Frappé

Frozen Yoghurt

Gefroren mit Trockeneis

Gehobeltes/abgekratztes Eis

Gelato

Granité (Granita)

Milcheis (ohne Eier)

Mousse

Parfait

Schaum

Semifreddo

Sherbet

Sorbet

Soufflé

Stickstoff (gefroren)

Wassereis

VERARBEITUNGSMÖGLICHKEITEN VON KRÄUTER-SUD, TEE, BLÜTEN-SUD, AROMATEN- UND GEWÜRZ-SUD

Aufgegossen

Eingemacht

Frisch (einige Arten)

Gefriergetrocknet/Pulver

Geliert

Getrocknet

Kandiert

Kristallisiert

Mariniert

Verdünnt

GETREIDE-ZUBEREITUNGEN

Esspapier (Reis-Basis)

Feuilletine

Gefriergetrockneter Mais

Gepufftes Getreide
(Reis, Quinoa, Mais)

Horchata (Reismilch)

Karamellisierter Puffreis

Mochi

Polenta

Popcorn

Puffreis in Schokolade

Reis-/Tapioka-Pudding

Tapioka-Schleier

Weizengrütze

Zerealien

GESCHMACK UND TEXTUREN

Die einzelnen Abschnitte dieses Kapitels bauen aufeinander auf. Die Grundzubereitungsmethoden wurden vorgestellt und die wichtigsten Dessert-Komponenten aufgelistet. Der nächste logische Schritt vor der Zusammenstellung eines Desserts ist, sich mit Geschmack, verschiedenen Aromen und Texturen zu beschäftigen.

Wir schmecken mit einer Kombination von Geschmacks- und Geruchssinn. Die Wahrnehmung einer Speise wird zu 80 % vom Geruch bzw. Aroma des jeweiligen Lebensmittels bestimmt. Kostet man von einer Zitrone, schmeckt man Säure, Herbe und – zu viel geringeren Anteilen – Salzigkeit. Der Geruchssinn nimmt währenddessen das Aroma auf, das dem Gehirn signalisiert, dass es sich um eine Zitrone handelt. Wenn man verschnupft ist, kann man daher vom Essen in der Regel nur wenig oder gar nichts schmecken. Wer hungrig ist, hat einen verschärften Geruchssinn. Menschen können nur drei Aromen auf einmal bewusst wahrnehmen. Mehr können vom Großteil der Bevölkerung nicht unterschieden werden. Das Gleiche gilt für verschiedene Geschmacksrichtungen – mehr als drei auf einmal können nicht deutlich voneinander unterschieden werden. Daher sollten Sie immer versuchen, Ihre Dessertkreationen innerhalb dieser Parameter zu halten, sie nicht zu überladen.

Ein Grundverständnis der verschiedenen Aromen, Geschmacksrichtungen und Texturen, ihrer Verwendungsmöglichkeiten und davon, wie verschiedene Texturen durch Verarbeitung verändert werden können, wird Ihnen dabei helfen, bei der Entwicklung von Desserts Ihren eigenen kreativen Stil zu entfalten. Doch geht es bei Desserts um mehr als nur Geschmack und Konsistenz: Lebensmittel gehören zu den wenigen Dingen auf der Welt, für deren Wahrnehmung wir alle unsere Sinne einsetzen.

LEBENSMITTEL VERKOSTEN

Es gibt tatsächlich eine richtige Methode zum Verkosten von Lebensmitteln, inspiriert von der zur Weinverkostung verwendeten Methode. Bevor Wein gekostet wird, schwenkt man ihn im Glas, um die flüchtigen Aromamoleküle aufzuwirbeln, die daraufhin aufsteigen und über die Nase aufgenommen werden können. Dann wird ein Schluck Wein in den Mund genommen und etwas Luft zwischen den Lippen eingesogen (als würde man verkehrtherum pfeifen), um weitere flüchtige Aromaverbindungen freizusetzen. Dadurch wird der Geschmack des Weines verstärkt, sodass er voll ausgekostet und genossen werden kann. Basierend auf dieser Methode hier die Anleitung zum richtigen Verkosten von Speisen:

1 Es ist nicht ausreichend, nur ein winziges Stückchen von der entsprechenden Speise zu verkosten. Es muss von allen einzelnen Komponenten etwas auf dem Löffel bzw. der Gabel sein, wenn man sich ein Urteil bilden möchte.

2 Gekühlte oder gefrorene Speisen schmecken intensiver, wenn sie entsprechend temperiert sind. Sie profitieren davon, wenn sie vor dem Verkosten einige Zeit bei Raumtemperatur stehen bleiben. Die Zeit, die dies dauert, sollte eingeplant werden.

3 Einen Löffel/eine Gabel der Speise in den Mund nehmen und mit offenem Mund beginnen zu kauen, damit die Lebensmittel im Mund belüftet werden. Wem es peinlich ist, mit offenem Mund zu kauen, kann dabei eine Hand vor den Mund halten.

4 Während des Kauens einzelne Stückchen mit der Zunge gegen den weichen Gaumen reiben. Dadurch werden die Lebensmittel noch besser belüftet, außerdem werden sie aufgewärmt (sodass der Geschmack besser wahrgenommen werden kann) und mit der Speichelflüssigkeit vermischt. Da Zunge und weicher Gaumen sehr empfindlich sind, nimmt man die Textur der Speisen auf diese Weise auch deutlicher wahr.

5 Die flüchtigen Aromaverbindungen bewegen sich in der Mundhöhle nach hinten in Richtung Nasenhöhle, während man schluckt und ausatmet.

Während des Verkostens achtet man genau auf den Geschmack und die Aromen, die sich im Mund entfalten. So kann man erkennen, ob das gewünschte Geschmacks-Profil erzielt wurde und ob es die richtige Intensität hat, oder ob es noch besser abgestimmt werden muss.

Wer als Patissier in leitender Stellung erfolgreich sein will, muss alle Zubereitungen kosten. Was, wenn einer der Mitarbeiter einen Teig versalzen hat? Fehler müssen entdeckt werden, bevor die Speisen serviert werden.

Erfolg oder Misserfolg eines fertigen Produktes hängen davon ab, ob man die oben genannten Faktoren verinnerlicht und umgesetzt hat. Ein Großteil des Erfolgs hängt aber auch von der jeweiligen Umgebung und den Umständen ab.

Geschmacksvorlieben werden zu großen Teilen von der kulturellen Herkunft beeinflusst – was man als Kind oder Heranwachsender (gerne) gegessen hat, wird mit hoher Wahrscheinlichkeit das ganze Leben zu den persönlichen Geschmacksvorlieben gehören. Hier und da kommen weitere Vorlieben hinzu. An den Geschmack mancher Lebensmittel bzw. Speisen muss man sich erst gewöhnen. Dazu werden z. B. Bier, Kaviar und Champagner gezählt. Die Vorlieben, die sich in jungen Jahren herausbilden, sind der Grund für die unterschiedlichen Geschmäcker der Menschen. Abneigungen gegen bestimmte Lebensmittel lassen sich meistens nur schwer erklären, nur wenn es um extreme Beispiele geht wie z. B. sehr aromatische (stinkende) Käsesorten, scheint die Abneigung verständlicher. Es kommt aber auch vor, dass Menschen ungewöhnlichere Abneigungen entwickeln – z. B. gegen Schokolade. Geschmack ist einfach eine sehr persönliche Sache. Wenn zwei Menschen am gleichen Tisch sitzen und die gleichen Speisen zu sich nehmen, wird es trotzdem zwei sehr unterschiedliche Wahrnehmungen des Essens geben. Verhalten Sie sich so, als wäre jeder einzelne Gast selbst ein professioneller Koch, Patissier, Konditor oder Restaurantkritiker, der vielleicht mehr über Essen weiß, als Sie selbst. Man kann ja nie wissen…Wenn ein Kunde die Speise mag, dann ist die Wahrscheinlichkeit, dass sie den meisten anderen auch schmecken wird, recht hoch. Aber denken Sie auch immer daran, dass Sie nicht immer alle glücklich machen können.

Einen sensorischen Kontrast und gleichzeitig sensorische Balance in Speisen zu erzielen ist die größte Herausforderung bei der Zubereitung von Speisen. Die entsprechende Fähigkeit kann man mit der Zeit und viel Übung verbessern.

Weitere Faktoren wie Laune, Gemütszustand, Müdigkeit usw. können die Geschmackswahrnehmung ebenfalls beeinflussen. Leider liegt keiner dieser Faktoren unter Ihrer Kontrolle. Man könnte natürlich argumentieren, dass die gute Qualität einer Speise nicht durch die Umstände gemindert werden kann. Aber das stimmt nicht. Jeder Mensch ist anders und daher nehmen individuelle Personen bestimmte Speisen komplett anders wahr, als andere. Es kann sogar sein, dass ein und dieselbe Person die exakt gleiche Speise an verschiedenen Tagen unterschiedlich wahrnimmt und beurteilt. Letztendlich ist das Kochen eine Kunst und nicht alles lässt sich durch Wissenschaft erklären und beeinflussen. Das einzige was in Ihrer persönlichen Kontrolle liegt, ist die Qualität der in Ihrer Küche zubereiteten Speisen, die Qualität Ihrer Servicekräfte und die Atmosphäre der Umgebung, in der Ihre Gerichte serviert werden.

Textur ist ein weiterer Faktor, dem viel Aufmerksamkeit gewidmet werden muss. Bestimmte Texturen sind beliebter als andere und Ihre Kunden haben in der Regel bestimmte Erwartungen, was die Textur einer Speise betrifft. Wenn ein frischer, roher Apfel eine ganz weiche Konsistenz hat, dann wird dem Gehirn signalisiert: Hier stimmt etwas nicht. Ist der Apfel knackig und saftig, dann ist alles in Ordnung – solange er schmeckt wie ein Apfel.

Die meisten Menschen haben ähnliche Vorlieben, was die verschiedenen Texturen von Lebensmitteln angeht. In der folgenden Liste sind die wichtigsten Texturen in der Reihenfolge ihrer Beliebtheit genannt (die beliebtesten zuerst). Im Endeffekt wird die Konsistenz bzw. werden die verschiedenen Texturen einer Speise aber danach beurteilt, ob sie den jeweiligen Erwartungen entsprechen (niemand würde vermuten, dass eine Mousse knusprig ist – sie sollte eine samtig-cremige Konsistenz haben). Und auch die persönlichen Vorlieben spielen hier wieder eine Rolle. Im Folgenden nun die Liste mit den Texturen, die in Lebensmitteln allgemein als positiv wahrgenommen werden. Danach eine Liste, in der in Speisen eher unbeliebte Texturen genannt werden.

ERWÜNSCHTE TEXTUREN

- knusprig
- angenehm zäh
- knackig
- cremig
- weich/samtig
- saftig
- locker (z. B. die Krume der meisten Brotsorten)

Ein gutes Dessert sollte mindestens eine der oben genannten Texturen enthalten. Kontrastierende Texturen sind wünschenswert.

UNERWÜNSCHTE TEXTUREN

- wässrig
- durchweicht
- klumpig
- ausgeflockt
- klebrig
- schleimig
- extrem zäh
- fettig
- eisig
- hart

Die nun folgenden Tabellen sind nach Zutaten in verschiedenen Kategorien geordnet. Es werden keinesfalls alle Zutaten aufgelistet, die in der Patisserie Verwendung finden, nur die Produkte, die in der Regel ohne Schwierigkeiten erhältlich sind. In der zweiten Spalte der Tabellen ist zu jeder Zutat vermerkt, ob sie einen unmittelbaren oder einen eher milden Geschmack hat oder ob der Geschmack insgesamt eher im Hintergrund bleibt: Ist der Geschmack intensiv und gleich zu erkennen, hat die entsprechende Zutat einen so milden Geschmack, dass sie besser alleine genossen werden sollte oder bleibt ihr Geschmack eher im Hintergrund und unterstreicht andere Aromen? In der dritten Spalte der Tabellen werden unter „Geschmacks-Kompatibilität" Zutaten aufgezählt, deren Geschmack gut zu der im Vordergrund stehenden Zutat passt. In den Tabellen werden keine ungewöhnlichen oder ausgefallenen Kombinationen verschiedener Geschmäcker aufgezählt. Diesem Thema kann man sich zuwenden, wenn man die klassischen Kombinationen kennt und ein gutes Gefühl dafür hat, welche Aromen zusammenpassen. Die hier vorgestellten Kombinationen sind lediglich Vorschläge, sie sind verlässlich und erprobt. Die in der dritten Spalte erwähnten Aromen sollen in einer Speise mit der in der ersten Spalte genannten Hauptzutat eine Nebenrolle spielen. Wird eine entsprechende Zutat an anderer Stelle als Hauptzutat in der ersten Spalte genannt, kommt die Zutat, mit der sie ursprünglich kombiniert wurde, nicht unbedingt in der dritten Spalte vor, da die Zusammenstellungen umgekehrt nicht immer funktionieren. Der Fokus liegt immer auf dem Geschmack der in der ersten Spalte genannten Zutat, die Aromen, mit denen sie kombiniert wird, sind zweitrangig. Wenn diese zweitrangigen Aromen dann die Hauptrolle übernehmen sollen, können sie häufig nicht mit ihrem ursprünglichen Partner kombiniert werden.

Früchte/Obst

Obst ist unheimlich vielseitig und kann auf verschiedenste Art und Weise zubereitet werden. Viele Obstsorten können roh verwendet werden oder schmecken roh sogar am besten, wie Nashi, die sogenannten Asiatischen Birnen. Andere Obstsorten profitieren davon, auf die eine oder andere Art gegart zu werden. Desserts können komplett um eine Frucht (oder sogar mehrere Obstsorten) herum aufgebaut werden. Dafür ist es wichtig zu wissen, wie die entsprechende Obstsorte am besten ver- arbeitet wird und zu welchen anderen Fruchtkomponenten sie gut passt. Es sollte möglichst immer frisches Obst verwendet werden, das gerade Saison hat, denn dann sind die Früchte von bester Qualität und nicht sehr teuer. Selbstverständlich muss es nicht immer frisches Obst sein. Es gibt keine Regel die besagt, dass man das ganze Jahr über Desserts mit frischem Obst anbieten muss. Alternativ gibt es ja immer noch Trockenfrüchte, und frisches Obst kann während der Saison einge- froren (ganz oder püriert) oder eingemacht und so haltbar gemacht werden. Natürlich braucht man dann ausreichend Platz im Gefriergerät und den Vorratsräumen und es kann bedeuten, dass die Ausgaben für Lebensmittel in den Monaten, in denen viele Früchte Saison haben, stark ansteigen. Auf der anderen Seite sind die Kosten im Winter dann deutlich geringer. In den Monaten, in denen nicht viele Obstsorten Saison haben, kann man sich bei den Desserts aber auch auf andere Aromen konzentrieren, z.B. Schokolade, Gewürze oder Nüsse. Mit ein wenig Einfallsreichtum kann man seine Gäste das ganze Jahr über begeistern.

ZUTAT	GESCHMACKSQUALITÄT: UNMITTEL-BAR, IM HINTERGRUND ODER MILD	GESCHMACKS-KOMPATIBILITÄT
Äpfel	Unmittelbar bis mild, leicht von anderen Aromen überwältig, z. B. wenn zu viel Zucker oder Gewürze verwendet werden.	Ahornsirup/-zucker │ Anis │ Auf Äpfeln basierende Alkoholika und Derivate (Cidre, Essig) │ Brauner Zucker │ Butter │ Clotted Cream │ Crème fraîche │ Die meisten Gewürze (Nelken, Muskatnuss, Ingwer, Melegueta-Pfeffer, Zimt) │ Die meisten Nüsse (vor allem Pecan- und Walnüsse) │ Fenchel │ Hafer │ Honig │ Johannisbeeren │ Karamell │ Käse (Cheddar, Ekte Gjetost, Emmentaler, Frischkäse) │ Melasse │ Milchschokolade │ Safran │ Schlagsahne │ Sour Cream │ Vanille │ Weiße Schokolade │ Zartbitterschokolade

ZUTAT	GESCHMACKSQUALITÄT: UNMITTEL-BAR, IM HINTERGRUND ODER MILD	GESCHMACKS-KOMPATIBILITÄT
Aprikosen	Unmittelbar, gegart deutlich ausgeprägter als roh. Getrocknete Aprikosen haben auch ein sehr konzentriertes Aroma, das dem von rohen Aprikosen vorgezogen wird.	Butter I Clotted Cream I Crème fraîche I Die meisten Nüsse (Mandeln, Pecannüsse, Pistazien) I Eiscreme (Vanille, Nuss-Sorten, Schokolade) I Holunder I Ingwer I Karamell I Lavendel I Marzipan I Schlagsahne I Vanille I Verjus I Weizenbier, Sauternes und Weine aus dem Elsass
Asiatische Birnen / Nashi	Mild. Werden vor allem roh verwendet.	Aromatische Weine (Weine aus dem Elsass und Süßweine) I Bergamotte I Holunderblüten I Kamille I Litschis I Vanille I Zitronen, Limetten
Bananen	Unmittelbar	Brauner Zucker I Butter I Crème fraîche I Erdbeeren I Erdnuss-butter I Gewürze: Zimt, Anis, Gewürznelken, Muskatnuss I Karamell I Milchschokolade (Zartbitterschokolade und weiße Schokolade auch, aber nicht ganz so gut) I Rum I Schlagsahne I Tropische Früchte: Ananas, Mango, Kokosnuss I Vanille
Brombeeren	Unmittelbar	Clotted Cream I Crème fraîche I Mandeln I Orangenzesten I Schlagsahne I Vanille I Weiße Schokolade I Zimt I Zitronenzesten
Heidelbeeren / Blaubeeren	Mild	Butter I Buttermilch I Erdbeeren I Himbeeren I Mascarpone I Pfirsiche I Schlagsahne I Vanille I Zimt I Zitronen
Kirschen	Mild, gegart ausgeprägter als roh.	Crème fraîche I dunkle Schokolade I Marzipan I Orangenzesten I Pistazien und Mandeln I Rotwein I Schlagsahne I Vanille I Zimt

ZITRUSFRÜCHTE

ZUTAT	GESCHMACKSQUALITÄT	GESCHMACKS-KOMPATIBILITÄT
Blutorangen / Apfelsinen / Navelorangen / Tangerinen / Mandarinen / Klementinen	Unmittelbar. Die Säure verleiht den Früchten ihren ausgeprägten Geschmack.	Campari I Cranberrys I Grenadine I Minze I Vanille I Weiße Schokolade I Zartbitterschokolade I Zimt
Grapefruits / Pampelmusen / Pomelos	Unmittelbar	Asti Spumante I Campari I Granatäpfel I Minze I Vanille
Kaffirlimetten / Kaffirlimettenblätter	Unmittelbar	Basilikum I Ingwer I Schlagsahne I Zitronengras
Kumquats	Unmittelbar	Baiser I Möhren I Schlagsahne I Vanille I Zimt
Zitronen / Meyer-Zitronen	Unmittelbar	Baiser I Bier (vor allem Lager, Pils und Weizen) I Brombeeren I dunkle Schokolade I Estragon I Heidelbeeren/Blaubeeren I Himbeeren I Honig I Milchschokolade I Minze I Mohnsamen I Vanille I Weiße Schokolade I
Limetten / Saure Limetten	Unmittelbar	Butter I Kokosnuss I Mangos I Minze I Rum I Vanille I Weiße Schokolade I Zartbitterschokolade

ZUTAT	GESCHMACKSQUALITÄT: UNMITTEL-BAR, IM HINTERGRUND ODER MILD	GESCHMACKS-KOMPATIBILITÄT
Yuzus	Unmittelbar	Basilikum I Grüner Tee I Karamell I Litschi I Maracuja I Minze I Schwarze Sesampaste I Tapioka/Maniok I Vanille I Weiße Schokolade I Zitronengras
Johannisbeeren – schwarze, rote oder weiße	Unmittelbar	Mandeln I Schlagsahne I Vanille I Zartbitterschokolade
Cranberrys	Unmittelbar	Ahornsirup I Gewürznelken I Johannisbeeren I Mandeln I Orangen I Pecannüsse I Quitten I Vanille I Zimt I Zitronen
Datteln	Mild	Ahornsirup/-zucker I Butter I Kaffee I Karamell I Mandeln I Marzipan I Mascarpone I Milchschokolade I Pistazien I Zartbitterschokolade
Trockenfrüchte	Unmittelbar (wenn re-hydriert), mild (wenn verwendet, wie sie sind)	Gewürze (Zimt, Gewürznelken, Sternanis) I Nüsse I Schokolade I Vanille
Feigen	Mild	Balsamessig-Reduktion (süß) I Honig I Johannisbeeren I Käse (Blauschimmelkäse wie Gorgonzola, Explorateur, Ziegenkäse, Ricotta) I Mandeln I Marsala I Marzipan I Mascarpone I Orangen I Pistazien I Portwein I Rotwein I Schlagsahne I Sherry I Vin Santo I Zimt
Weintrauben: Concord / andere Rebsorten	Unmittelbar	Buttermilch I Cashewnüsse I Erdnussbutter I Eukalyptus I Käse (Blauschimmel, Ziegenmilch) I Minze I Walnüsse I Zitronen
Guaven	Unmittelbar	Baiser I Bananen I Cheddar, Manchego und Frischkäse (nur mit Guaven-Paste) I Hibiskus I Kokosnuss I Tamarinde I Vanille
Litschis	Unmittelbar	Basilikum I Himbeeren I Holunderblüte I Kokosnuss I Mandeln I Milchschokolade I Minze I Rosenblüte/Rosenwasser I Zitronen
Mangos	Hintergrund	Ananas I Bananen I Kokosnuss I Limetten I Minze I Orangen I Rum I Schlagsahne
Melonen	Mild	Beaumes de Venise (Süßwein) I Himbeeren I Joghurt I Limetten I Minze I Portwein I Prosecco / Sekt / Asti Spumante I Vanille I Zitronen
Papayas	Mild	Limetten I Maracuja I Minze I Orangen
Maracuja (Passionsfrucht)	Unmittelbar	Ananas I Bananen I Basilikum I Karamell I Kokosnuss I Limetten-zesten I Mascarpone I Minze I Sekt / Prosecco / Asti Spumante I Tequila I Vanille I Weiße Schokolade I Weißer Rum
Pfirsich / Nektarinen	Mild	Butter I Crème fraîche I Eiswein I Heidelbeeren/Blaubeeren I Holunderblüte I Honig I Karamell I Mandeln I Minze I Moscato d'Asti I Sauternes I Schlagsahne I Sekt / Prosecco / Asti Spumante I Vanille I Verjus I Zimt I Zitronen

ZUTAT	GESCHMACKSQUALITÄT: UNMITTEL-BAR, IM HINTERGRUND ODER MILD	GESCHMACKS-KOMPATIBILITÄT
Birnen	Mild	Ahornsirup | Amaretto | Blauschimmelkäse | Butter | Cranberrys | Crème fraîche | Frangelico | Gewürznelken | Haselnüsse | Holunderblüte | Honig | Karamell | Mandeln | Maronen | Marzipan | Mascarpone | Milchschokolade | Rotwein | Schlagsahne | Sternanis | Vanille | Walnüsse | Zartbitterschokolade | Zimt | Zitronen
Kakis (Persimonen / Dattelpflaumen)	Mild	Granatapfel | Honig | Schlagsahne | Vanille | Weiße Schokolade | Zartbitterschokolade | Zimt | Zitronen
Ananas	Unmittelbar	Bananen | Butter | Dunkler Rum | Karamell | Kokosnuss (roh und geröstet) | Limetten | Macadamianüsse | Mandeln | Mangos | Sternanis | Tequila | Vanille
Pflaumen	Mild	Honig | Mandeln | Orangen | Schlagsahne | Vanille | Weinbrand | Zimt | Zitronen
Granatäpfel	Unmittelbar	Äpfel | Ingwer | Joghurt | Kardamom | Orangen | Vanille
Trockenpflaumen	Mild	Armagnac | Piment | Trockener Rotwein | Walnüsse | Weinbrand | Zimt
Gartenkürbis / Butternusskürbis	Mild	Ahornsirup | Brauner Zucker | Butter | Gewürznelken | Ingwer | Karamell | Kürbiskerne | Milchschokolade | Muskatnuss | Piment | Salbei | Schlagsahne | Sour Cream/Crème fraîche | Vanille | Zimt
Quitten	Unmittelbar	Ahornsirup | Äpfel/Cidre | Birnen | Gewürznelken | Ingwer | Manchego oder Ziegenkäse | Vanille | Zimt
Rosinen	Mild	Bananen | Haferflocken | Mandeln | Pecannüsse | Portwein | Quitten | Rotwein | Rum | Zartbitterschokolade | Zimt
Himbeeren	Mild	Baiser | Crème fraîche | Erdbeeren | Heidelbeeren/Blaubeeren | Joghurt | Mandeln | Marzipan | Orangen | Schlagsahne | Vanille | Weiße Schokolade | Zartbitterschokolade | Zitronen
Rhabarber	Unmittelbar	Butter | Crème fraîche | Engelwurz | Erdbeeren | Karamell | Mandeln | Orangen/Blutorangen | Schlagsahne
Erdbeeren	Unmittelbar	Baiser | Balsamessig | Bananen | Crème fraîche | Heidelbeeren / Blaubeeren | Himbeeren | Mascarpone | Orangen | Rhabarber | Schlagsahne | Schwarzer Pfeffer | Vanille | Weiße Schokolade | Zartbitterschokolade | Zitronen
Wassermelone	Mild	Basilikum | Limetten | Tomaten | Vanille | Zitronen

Kräuter

Mengenmäßig sind Kräuter nicht unbedingt die vorwiegende Komponente eines Desserts, sie bestimmen aber häufig den Geschmack oder das Geschmacksprofil, um das ein Dessert aufgebaut wird. Es ist nicht gerade angenehm, große Mengen von Kräutern auf einmal zu essen. Meistens werden sie verwendet, um andere Aromen zu begleiten oder zu unterstreichen. Kräuter mit intensivem Aroma (unmittelbarer Geschmack) sollten nur in Maßen verwendet werden, da sie andere Aromen in einem Gericht schnell überwältigen – manchmal sogar ihr eigenes. Kräuter sollten als verstärkende oder sekundäre Noten dienen.

Einige Kräuter können frisch verwendet werden, andere – die als harzig gelten, z.B. Rosmarin und Lorbeerblätter – werden vor allem zum Aromatisieren verwendet. Direkt darauf zu beißen ist nicht gerade angenehm. Diese harzigen Kräuter werden während des Garens verwendet, sodass sie ihre Aromen freigeben können, dann entfernt man sie aus der Zubereitung. Frische, zarte Kräuter, wie Minze oder Basilikum, sollten hingegen nicht mitgekocht werden, damit sie ihr Aroma optimal entfalten können. Kräuter, die traditionell vor allem in herzhaften Zubereitungen verwendet werden (z.B. Kerbel, Koriander, Schnittlauch und Petersilie), sind in der folgenden Liste nicht enthalten. Das heißt aber noch lange nicht, dass sie grundsätzlich nicht in Desserts verwendet werden können.

ZUTAT	GESCHMACKSQUALITÄT: UNMITTELBAR, IM HINTERGRUND ODER MILD	GESCHMACKS-KOMPATIBILITÄT
Engelwurz / Angelikawurzel	Unmittelbar	Anis | Aprikosen | Erdbeeren | Ingwer | Lavendel | Orangen | Rhabarber
Anis-Ysop (Echter Ysop wird in der Regel nicht für die Zubereitung von Desserts verwendet. Er passt gut zu Cranberrys, Thymian und Rosmarin)	Unmittelbar	Aprikosen | Butter | Erdbeeren | Heidelbeeren / Blaubeeren | Himbeeren | Honig | Melonen | Pfirsich | Rhabarber | Wassermelone | Zitronen
Basilikum (süßes, Thai, violettes)	Mild	Ananas | Erdbeeren | Heidelbeeren/Blaubeeren | Himbeeren | Honig | Kokosnuss | Mandeln | Mangos | Pinienkerne | Wassermelone | Zitrusfrüchte
Lorbeerblätter	Mild	Feigen | Karamell | Quitten | Reis | Thymian | Vanille
Fenchel (Fenchelgrün und Fenchelknolle)	Unmittelbar	Anis | Äpfel | Honig | Karamell | Lorbeerblätter | Mandeln | Minze | Orangen | Pernod | Sambuca | Thymian | Zitronen
Makulan (Mexikanischer Blattpfeffer)	Unmittelbar	Karamell | Melasse | Safran | Schlagsahne | Vanille | Wurzelbier

ZUTAT	GESCHMACKSQUALITÄT: UNMITTEL-BAR, IM HINTERGRUND ODER MILD	GESCHMACKS-KOMPATIBILITÄT
Lavendel	Unmittelbar	Erdbeeren | Himbeeren | Honig | Kirschen | Mandeln | Pfirsiche | Pflaumen | Schlagsahne | Thymian | Vanille | Zitronen
Zitronenmelisse	Mild	Fenchel | Ingwer | Melonen | Minze | Nektarinen | Pfirsiche
Zitronengras	Mild	Basilikum | Kokosnuss | Litschis | Schlagsahne | Schwarze Sesampaste | Vanille
Zitronenverbene	Mild	Aprikosen | Heidelbeeren/Blaubeeren | Lillet Blanc | Nektarinen | Pfirsiche | Schwarze Johannisbeeren | Verjus
Minze	Mild bis unmittelbar	Buttermilch | Honig | Obst (beinahe alle Sorten) | Joghurt | Lavendel | Milchschokolade | Schlagsahne | Zartbitterschokolade | Zitronengras | Zitronenverbene
Pfefferminze	Unmittelbar	Schlagsahne | Zartbitterschokolade | Zitronen
Rosmarin	Unmittelbar	Äpfel | Birnen | Erdbeeren | Honig | Lavendel | Quitten | Schlagsahne | Zitronen
Safran	Unmittelbar	Äpfel | Kardamom | Reis | Schlagsahne | Vanille | Weiße Schokolade | Zimt
Salbei	Unmittelbar	Butter | Butternusskürbis | Gartenkürbis | Gewürznelken | Kirschen | Muskatnuss | Rosmarin | Schlagsahne | Sour Cream | Thymian | Zimt
Shisoblätter (Perillablätter)	Mild	Aprikosen | Erdbeeren | Minze | Miso | Orangen | Sake | Süßholz | Zitronen
Estragon	Unmittelbar	Fenchel | Grapefruit | Melonen | Meyer-Zitronen | Mohnsamen | Orangen | weiße Schokolade | Zitronen
Thymian	Unmittelbar	Birnen | Honig | Karamell | Mandeln | Olivenöl | Pinienkerne | Rosmarin | Schlagsahne | Vanille | Zitronen

Gewürze

Im Grunde könnte man Gewürze in einer Kategorie zusammen mit den Kräutern aufführen. Sie dienen vor allem dazu, einer Speise Aroma zu verleihen und tragen in manchen Fällen auch zur Konsistenz bei (was allerdings nicht immer gewünscht ist). Gewürze sind in der Regel eher hart und es ist meistens unangenehm, sie zu kauen – vom Herunterschlucken ganz zu schweigen. Um ihr Aroma zu intensivieren, können Gewürze vor der Verwendung geröstet werden. Hitze gibt die für ein Gewürz typischen Aromen frei, daher sind nicht geröstete Gewürze weniger aromatisch. Gewürze können untereinander kombiniert werden, um erfolgreich ansprechende Aromen zu kreieren. Um ein harmonisches Ergebnis zu erzielen muss man aber wissen, welche Gewürze zueinander passen. Der Geschmack eines Gewürzes übertönt den eines anderen schnell, wenn man sie nicht im korrekten Verhältnis einsetzt.

Je nachdem, woher man seine Gewürze bezieht, kann die Qualität variieren. Hochwertige Gewürze können in der Regel zurückhaltender verwendet werden, da ihr Aroma sehr intensiv ist. Ebenso wie in der Kräuter-Kategorie sind in der folgenden Tabelle keine Gewürze aufgeführt, die vor allem für die herzhafte Küche verwendet werden (z.B. Annatto, Selleriesamen, schwarzer Pfeffer und Cayennepfeffer).

ZUTAT	GESCHMACKSQUALITÄT: UNMITTELBAR, IM HINTERGRUND ODER MILD	GESCHMACKS-KOMPATIBILITÄT
Piment	Unmittelbar	Butternusskürbis | Gartenkürbis | Gewürznelken | Ingwer | Quitten | Zimt
Anis (gilt auch für Sternanis)	Unmittelbar	Ananas | Äpfel | Birnen | Fenchelsamen | Ingwer | Kaffee | Milchschokolade | Quitten | Roggenbrot | Vanille | Zimt
Kardamom (Schwarzer Kardamom gilt als etwas süßer als grüner Kardamom)	Unmittelbar	Datteln | Espresso | Ingwer | Kirschen | Milchschokolade | Orangen | Pflaumen | Schlagsahne | Zimt
Zimt Wird Zimt erhitzt und mit einer Flüssigkeit kombiniert, kann eine klebrig-schleimige Konsistenz entstehen – vor allem dann, wenn Zimtpulver verwendet wird.	Unmittelbar	Ahornsirup/-zucker | Äpfel | Bananen | Birnen | Butter | Buttermilch | Butternusskürbis | Cranberrys | Crème fraîche | Espresso | Frischkäse | Gartenkürbis | Gewürznelken | Hafer | Heidelbeeren/Blaubeeren | Ingwer | Karamell | Kardamom | Kirschen | Mandeln | Muskatnuss | Orangen | Pecannüsse | Pfirsiche | Reis | Schlagsahne | Sour Cream | Trockenfrüchte (Feigen, Rosinen, Korinthen, Aprikosen, Pflaumen) | Vanille | Weiße Schokolade | Zartbitterschokolade
Gewürznelken	Unmittelbar	Ananas | Äpfel | Bananen | Birnen | Butternusskürbis | Datteln | Dörrpflaumen | Gartenkürbis | Ingwer | Korinthen | Orangen | Quitten | Rotwein | Vanille | Zimt | Zitronen

ZUTAT	GESCHMACKSQUALITÄT: UNMITTEL-BAR, IM HINTERGRUND ODER MILD	GESCHMACKS-KOMPATIBILITÄT
Ingwer (frisch)	Unmittelbar	Ananas I Äpfel I Bananen I Basilikum I Birnen I Honig I Kokosnuss I Limetten I Melasse I Minze I Orangen I Schlagsahne I Vanille I Yuzus I Zartbitterschokolade I Zimt I Zitronen
Ingwerpulver	Unmittelbar	Butter I Butternusskürbis I Eichelkürbis I Gartenkürbis I Lebkuchen I Zitronen
Melegueta-Pfeffer	Unmittelbar	Ananas I Äpfel I Butter I Erdbeeren I Haselnüsse
Wacholderbeeren	Unmittelbar	Orangen I Süßholz I Zimt I Zitronen
Süßholz	Unmittelbar	Fenchel I Grapefruit I Kaffee I Kardamom I Lebkuchen I Milchschokolade I Minze I Orangen I Schlagsahne I Vanille
Muskatblüte	Unmittelbar	Butter I Butternusskürbis I Eichelkürbis I Gartenkürbis I Milchschokolade I Muskatnuss I Schlagsahne
Muskatnuss Qualität spielt hier eine besonders große Rolle, verwenden Sie also nur hochwertige Muskatnuss. Produkte mangelnder Qualität haben einen metallischen Geschmack	Unmittelbar	Ahornsirup/-zucker I Äpfel I Brauner Zucker I Butter I Butternusskürbis I Eichelkürbis I Gartenkürbis I Gewürznelken I Ingwer I Karamell I Muskatblüte I Pecannüsse I Zimt
Vanille Es ist Ihnen vielleicht aufgefallen, dass Vanille bei fast allen Zutaten in der Spalte „Geschmacks-Kompatibilität" auftaucht. Vanille wirkt so ähnlich wie Zucker oder Salz: Sie rundet andere Aromen ab und hebt sie noch hervor – immer präsent aber niemals aufdringlich oder im Weg.	Hintergrund	fast alles, besonders geeignet sind: Ananas I Beeren (vor allem Heidelbeeren/Blaubeeren) I die meisten Zitrusfrüchte (vor allem Orangen) I Karamell I Maracuja I Milchprodukte (Schlagsahne, Crème fraîche, Joghurt, Mascarpone) I Milchschokolade I Rum

Kaffee und Schokolade

Diese Liste könnte sehr lange sein, denn Schokolade passt gut zu vielen verschiedenen Aromen. Zu einigen Aromen passt sie dabei aber besser als zu anderen. Daher werden in der folgenden Liste nur die Aromen aufgezählt, die perfekt zu der entsprechenden Schokoladensorte passen. Die Tatsache, dass Himbeeren z. B. nicht in der Spalte Geschmacks-Kompatibilität bei Zartbitterschokolade auftauchen, heißt nicht, dass sie nicht gut zu Zartbitterschokolade passen (so mancher würde hier vehement wiedersprechen), sondern einfach, dass sie mit weißer Schokolade besser schmecken. Diese Tabelle bezieht sich auf Schokolade und nicht auf Kakaoprodukte wie Sirup, Kakaopulver, Glasur, etc.

ZUTAT	GESCHMACKSQUALITÄT: UNMITTELBAR, IM HINTERGRUND ODER MILD	GESCHMACKS-KOMPATIBILITÄT
Kaffee (Espresso)	Unmittelbar	Karamell I Milchschokolade I Minze I Orangen I Pfefferminze I Zartbitterschokolade I Zitronen

SCHOKOLADE

Zartbitterschokolade	Unmittelbar	Bergamotte I Butter I Cashewnüsse I Earl-Grey-Tee I Espresso I Feigen I Getoastetes/geröstetes Brot I Haselnüsse I Ingwer I Johannisbeeren I Karamell I Kardamom I Kirschen I Kokosnuss I Minze I Olivenöl I Orangen I Pecannüsse I Portwein I Rosinen I Salz I Schlagsahne
Milchschokolade	Unmittelbar bis im Hintergrund	Bananen I Datteln I Erdnussbutter I Erdnüsse I Grapefruits I Jasmintee I Kaffee I Mandeln I Mandelpraliné I Maracuja I Pistazien I Walnüsse I Yuzus I Zimt I Zitronen
Weiße Schokolade	Mild	Aprikosen I Brombeeren I Erdbeeren I Estragon I Heidelbeeren/Blaubeeren I Himbeeren I Holunderblüten I Kandierte Äpfel I Limetten I Litschis I Macadamianüsse I Mangos I Pfefferminze I Pfirsiche I Rosenwasser/-blüten I Safran I Schlagsahne I Vanille

Nüsse, Hülsenfrüchte und Samen

In diesem Abschnitt werden Nüsse und ihre Verwandten behandelt, darunter auch Kerne und Hülsenfrüchte (Erdnüsse gehören in diese Familie). Beachten Sie, dass Nüsse, Erdnüsse und Kerne immer geröstet werden sollten, damit ihr Aroma optimal zur Geltung kommt. Roh und nicht geröstet sind sie in der Regel nicht besonders aromatisch. Es empfiehlt sich, Nüsse und Erdnüsse vor dem Rösten grob zu hacken, damit eine größere Oberfläche zum Rösten zur Verfügung steht. Allerdings hängt das auch davon ab, wofür die Nüsse verwendet werden sollen – vielleicht möchten Sie in Ihrem Dessert ja ganze Nüsse verarbeiten. Damit die Nüsse gleichmäßig rösten und bräunen, müssen sie alle paar Minuten durchgemischt werden, während sie auf einem Blech im heißen Ofen rösten. Einige Köche und Patissiers beurteilen nach dem Geruch, ob Nüsse, Erdnüsse oder Kerne ausreichend geröstet sind. Sie orientieren sich an dem typischen Röstaroma, das nach einiger Zeit aus dem Ofen dringt. In der Tat sind die Nüsse schon aromatischer, sobald sie beginnen, Duft zu verströmen. Um eine schöne, goldbraune Oberfläche zu bekommen, müssen sie aber noch ein wenig länger im Ofen bleiben. Die Farbe der Nüsse ist beim Rösten also der beste Indikator. Außerdem sehen goldbraun geröstete Nüsse schöner aus.

ZUTAT	GESCHMACKSQUALITÄT: UNMITTEL-BAR, IM HINTERGRUND ODER MILD	GESCHMACKS-KOMPATIBILITÄT
Mandeln	Unmittelbar	Ahornsirup / -zucker ǀ Aprikosen ǀ Feigen ǀ Honig ǀ Karamell ǀ Kirschen ǀ Kokosnuss ǀ Milchschokolade ǀ Pfirsiche ǀ Pflaumen ǀ Schlagsahne ǀ Vanille ǀ Zartbitterschokolade ǀ Zimt
Amaretto (Mandellikör)	Unmittelbar	Aprikosen ǀ Espresso/Kaffee ǀ Kirschen ǀ Mandeln ǀ Marzipan ǀ Pfirsiche ǀ Schlagsahne ǀ Zartbitterschokolade
Paranüsse	Mild	Ananas ǀ Bananen ǀ Kaffirlimettenblätter ǀ Karamell ǀ Kokosnuss ǀ Milchschokolade ǀ Vanille ǀ Zitronengras
Cashewnüsse	Mild	Aprikosen ǀ Bananen ǀ Butter ǀ Getrocknete Kirschen ǀ Kokosnuss ǀ Kondensmilch ǀ Milchschokolade ǀ Rosinen ǀ Weintrauben
Maronen	Mild	Armagnac / Cognac ǀ Birnen ǀ Butter ǀ Gartenkürbis ǀ Karamell ǀ Mandeln ǀ Rum ǀ Schlagsahne ǀ Vanille ǀ Walnüsse
Kokosnuss	Hintergrund	Ananas ǀ Basilikum ǀ Karamell ǀ Koriander ǀ Limettenzesten und -saft ǀ Litschis ǀ Mandeln ǀ Maracuja ǀ Reis ǀ Rum ǀ Vanille ǀ Zartbitterschokolade ǀ Zitronengras
Haselnüsse	Unmittelbar	Birnen ǀ Frangelico ǀ Getrocknete Cranberrys ǀ Getrocknete Feigen ǀ Gianduja ǀ Honig ǀ Karamell ǀ Milchschokolade ǀ Pfirsiche ǀ Praliné ǀ Zartbitterschokolade

ZUTAT	GESCHMACKSQUALITÄT: UNMITTELBAR, IM HINTERGRUND ODER MILD	GESCHMACKS-KOMPATIBILITÄT
Macadamianüsse	Mild	Ananas | Butter | Karamell | Mangos | Milchschokolade | Rum | Vanille | Weiße Schokolade
Marzipan	Unmittelbar	Aprikosen | Kirschen | Mandeln | Pfirsiche | Praliné | Schwarze Johannisbeeren | Vanille | Zartbitterschokolade
Pecannüsse	Hintergrund	Ahornsirup /-zucker | Äpfel | Brauner Zucker | Butter | Butterscotch | Honig | Karamell | Kirschen | Korinthen | Pfirsiche | Schlagsahne | Vanille | Weichkaramellen | Zimt
Pinienkerne	Unmittelbar	Basilikum | Butter | Honig | Karamell | Orangen | Schlagsahne | Zartbitterschokolade | Zitronen
Pistazien	Unmittelbar	Aprikosen | Honig | Kirschen | Kumquats | Mandeln | Milchschokolade | Orangen | Pfirsiche | Pinienkerne | Vanille
Praliné	Unmittelbar	Amaretto | Grapefruits | Karamell | Mandeln | Meyer-Zitronen | Milchschokolade | Zartbitterschokolade
Walnüsse	Mild	Ahornsirup /-zucker | Äpfel | Bananen | Birnen | Dörrpflaumen | Eichelkürbis | Gartenkürbis | Honig | Karamell | Kokosnuss | Milchschokolade | Quitten | Rosinen | Zartbitterschokolade | Zimt

HÜLSENFRÜCHTE

ZUTAT		
Erdnüsse und Erdnussbutter	Unmittelbar	Bananen | Honig | Karamell | Kokosnuss | Milchschokolade | Vanille | Weintraubengelee (aus Concord-Trauben) | Zartbitterschokolade

KÖRNER UND SAMEN

ZUTAT		
Mohnsamen	Mild	Butter | Schlagsahne | Vanille | Zitrone
Kürbiskerne	Hintergrund	Gartenkürbis | Getrocknete Cranberrys | Karamell | Milchschokolade | Zartbitterschokolade
Sesamsamen (schwarz)	Unmittelbar	Bananen | Kokosnuss | Litschis | Zitronengras
Sesamsamen (weiß)	Mild	Bananen | Honig | Karamell | Vanille | Zimt

HINWEIS Sonnenblumenkerne sind köstlich und gesund, werden in der Patisserie jedoch äußerst selten verwendet.

GRUNDLAGEN DER DESSERTKOMPOSITION

In diesem Abschnitt kommen die zuvor im Kapitel behandelten Informationen zusammen. Sobald Sie mit den wichtigsten Komponenten der Patisserie vertraut sind, über Geschmack, Aromen und Zutaten Bescheid wissen, können Sie sich daran wagen, Ihre eigenen Dessertkreationen zusammenzustellen. Je mehr Sie mit Lebensmitteln arbeiten, umso weniger Fehler werden Sie machen – jedenfalls in den meisten Fällen. Denken Sie immer daran, dass man auch aus Fehlern lernen kann und zwar vor allem, den gleichen Fehler nicht zweimal zu machen.

Es gibt unterschiedliche Darreichungsformen von Desserts: Pre-Desserts, Entremets, auf Tabletts servierte Desserts, Büfett-Desserts und Mignardises (Petits Fours). In den folgenden Kapiteln werden die Besonderheiten der jeweiligen Kategorie ausführlich besprochen. Die verschiedenen Dessertformen haben aber auch einige Gemeinsamkeiten. Hier ein paar Grundregeln für die Zusammenstellung von Desserts.

Größe der Portionen

Denken Sie daran, dass Desserts – egal in welcher Form – immer am Ende einer Mahlzeit serviert werden. Ja, das ist selbstverständlich. Und trotzdem wird häufig vergessen, dass die Personen, denen die Desserts serviert werden, vielleicht gar nicht mehr so viel Appetit haben. Nach dem Verzehr des Desserts sollten sich die Gäste angenehm satt fühlen, nicht unangenehm vollgestopft. Das sollten Sie immer im Hinterkopf behalten – vor allem dann, wenn den Gästen Pre-Desserts, Desserts und Mignardises serviert werden, denn das sind drei Gänge mehr für Personen, die vorher mindestens schon zwei Gänge verspeist haben.

Verhältnis zum Küchenchef/Chefkoch/Inhaber

Unter optimalen Umständen haben Sie als Patissier ein gutes Arbeitsverhältnis zum Chefkoch und die von Ihnen entwickelten Desserts passen zu seiner Küche. Leider kommt es häufig vor, dass zwischen Küche und Patisserie keine Übereinstimmung herrscht und eine große Diskrepanz im Stil und der Zubereitung der Speisen besteht. In wirklich erfolgreichen Restaurants gibt es kein derartiges Lagerdenken. Alle haben eine gemeinsame Vision von dem, was sie erreichen möchten, und eine gemeinsame Herangehensweise an die Zubereitung der Lebensmittel. Das ideale Arbeitsverhältnis zwischen Chefkoch und Patissier fällt nicht vom Himmel – bis man perfekt eingespielt und aufeinander abgestimmt ist, dauert es eine Weile. Von Anfang an in den grundlegenden Punkten, was die Küche angeht, übereinzustimmen kann auf jeden Fall nicht schaden.

Trends

Es ist wichtig, Trends zu verstehen und zu wissen, dass man sich ihnen mit Bedacht zuwenden sollte. Eine Technik wie die Sphärifikation wird eine ganze Weile beliebt sein, bei anderen Methoden handelt es sich dagegen um eher kurzlebige Phänomene. Das Problem mit Trends ist, dass man schnell als bloßer Nachahmer gilt, wenn man nicht zu den ersten gehört, die mitmachen (oder noch besser, den Trend selbst setzt). Denken Sie also zuerst gut darüber nach und übertreiben Sie nicht, wenn Sie einem neuen Trend folgen möchten. Sie wollen ja für Ihren eigenen Stil bekannt sein, nicht für den eines anderen.

Das richtige Geschirr

Welches das richtige Geschirr für die Präsentation Ihrer Desserts ist, hängt vor allem von Ihren persönlichen Vorlieben ab. Kein Zweifel besteht allerdings an der Tatsache, dass hochwertiges Porzellan einfachem Tafelgeschirr vorzuziehen ist. Der richtige Teller kann ein Dessert perfektionieren – aber auch das Gegenteil kann der Fall sein. Wenn Sie ein gelungenes, wunderschönes Dessert auf einem klobigen, braunen Teller servieren lassen, kann das den Appetit Ihrer Gäste ruinieren. Das Geschirr bestimmt in gewissem Grad mit, welche Möglichkeiten Sie bei der Zubereitung von Desserts haben, welche Dimensionen möglich sind, etc. In manchen Fällen kommt es sogar vor, dass ein besonders außergewöhnlicher, schöner Teller zur Schaffung eines neuen Desserts inspiriert.

Das Unternehmen

Wo sind Sie? In welcher Art Küche arbeiten Sie? Das spielt eine große Rolle, denn Ihre Desserts sollten zu den restlichen Speisen und zum Ambiente passen. Hotel oder Restaurant? Informell oder gehoben? Im Osten oder im Westen? Wer seine Umgebung kennt und versteht, wird auch seine Gäste verstehen können.

Die Mitarbeiter

Nicht nur die Mitarbeiter in der Küche sind für die Speisen verantwortlich. Denken Sie auch an die Servicemitarbeiter. Hören Sie ihnen zu. Was sagen sie zu Ihren Speisen? Was sagen die Kunden? Sind die Servicemitarbeiter gut informiert, sodass sie Fragen zu den Speisen gleich am Tisch beantworten können? Oder stellen sie die Speisen einfach nur so vor den Gästen ab? Es ist gar nicht schwer, die Mitarbeiter zu motivieren, deren Aufgabe es ist, Ihre Speisen zu verkaufen. Häufig ist nicht viel mehr nötig, als sie die Speisen regelmäßig verkosten zu lassen, sodass sie wissen, was sie verkaufen. Und dann wissen sie auch, wie sie es verkaufen können – und das ist ein sehr wichtiger Punkt. Wenn die Mitarbeiter die Speisen schon gesehen und davon gekostet haben, können sie diese viel besser anpreisen.

Die zehn Grundregeln der Dessertkomposition

Bis hierhin habe ich Ihnen vor allem Informationen zu den Methoden, Zubereitungen, Aromen und Texturen gegeben, die in der Patisserie eine wichtige Rolle spielen. Die folgenden zehn Grundregeln, die Sie bei der Kreation eigener Desserts im Hinterkopf behalten sollten, basieren auf diesem Wissen.

1   Schnickschnack bleibt Schnickschnack. Er ist unnötig. Desserts sollten simpel sein, nicht zu einfach, aber auch nicht überladen. Weniger ist mehr und mehr ist einfach bloß mehr.

2   Denken Sie darüber nach, was Sie vermitteln möchten. Was ist Ihre Vision? Was wünschen Sie sich für Ihre Gäste, wenn es um das Erleben Ihrer Speisen geht? Was soll den Gästen von Ihrem Dessert besonders in Erinnerung bleiben?

3   Verwenden Sie höchstens drei frontale Aromen – mehr kann niemand auseinanderhalten. Sie können die frontalen Aromen mit milden oder Hintergrund-Aromen unterstreichen, aber übertreiben Sie es nicht. Zu viele milde Aromen werden bloß ein undefinierbares Gemisch ergeben.   ▶▶

4 Geben Sie Desserts mindestens zwei unterschiedliche Texturen. Außer, es handelt sich um Desserts wie warme Soufflés oder Tiramisu, bei denen der Reiz gerade darin liegt, dass sie nur die eine, locker-luftige bzw. cremig-weiche Konsistenz haben. Mehrere unterschiedliche Texturen in einem Dessert sind für den Gaumen sehr angenehm.

5 Mehr als eine Temperatur kann bei einem Dessert sehr reizvoll sein. Heiß und kalt ist ein sehr beliebter Kontrast. Wichtig ist, die Komponenten mit den unterschiedlichen Temperaturen korrekt einzusetzen. Außerdem gilt auch hier, dass ein solcher Kontrast nur dort reizvoll ist, wo er Sinn macht.

6 Damit sich die Aromen der Speisen voll entfalten können, müssen die Lebensmittel die richtige Temperatur haben. Beim Kauen werden sie nicht nur zerkleinert und mit der Speichelflüssigkeit vermischt, ihre Temperatur wird außerdem auf Körpertemperatur abgekühlt bzw. aufgewärmt. Der Geschmack heißer und kalter Speisen wird sich erst dann voll entfalten, wenn sie temperiert sind. Wenn Sie kalte oder gefrorene Speisen vor dem Servieren einige Minuten bei Raumtemperatur stehen lassen (aber nicht so lange, dass sie schmelzen), werden Sie Ihren Gästen also einen großen Gefallen tun.

7 Übertreiben Sie es nicht mit dem Zucker. Zu viel Zucker kann Aromen überwältigen und verstecken – Fehler auch. Zu süße Desserts sind nicht erwünscht.

8 Verwenden Sie möglichst saisonale Zutaten. Das ist nicht nur wirtschaftlicher, die entsprechenden Zutaten sind dann qualitativ auch hochwertiger.

9 Die Portionen sollten klein sein. Im Falle von Pre-Desserts sogar noch kleiner.

10 Achten Sie darauf, dass Ihre Desserts zum Stil des Restaurants und dem des Küchenchefs passen. Bleiben Sie dabei Ihrem eigenen Stil möglichst treu.

GRUNDREGELN DER SPEISEKARTEN-ZUSAMMENSTELLUNG UND NAMENSGEBUNG FÜR SPEISEN

Es ist gar nicht so leicht, den richtigen Namen für ein Gericht zu finden, denn auf der Speisekarte sollen weder zu viele, noch zu wenige Informationen stehen. Und auch bei der Zusammenstellung von Menüs und der Speisekarte an sich gibt es einiges zu beachten. Hier ein paar Grundregeln:

10 Grundregeln der Speisekarten-Zusammenstellung

1 Möglichst keine Zutaten wiederholen. Das heißt, wenn eines Ihrer Desserts Bananen enthält, dann belassen Sie es dabei. Warum sollten sie zwei Desserts mit der gleichen Zutat anbieten?

2 Bieten Sie immer ein Dessert mit dunkler Schokolade an und wenn Sie unbedingt ein weiteres Schokoladendessert anbieten wollen (siehe Punkt 1), verwenden Sie dafür eine andere Schokolade, also weiße oder Milchschokolade oder eine Schokoladenvariation wie Gianduja oder karamellisierte weiße Schokolade. Schokoladendesserts sind immer der Verkaufsschlager – es sei denn, sie enthalten noch eine ungewöhnliche Zutat wie Rote Bete, die im Grunde genommen zur Schokolade passt, die meisten Menschen aber abschreckt. Indem Sie ein zweites Schokoladendessert anbieten, nehmen Sie den Druck vom anderen Schokoladendessert. Führen Sie die Desserts mit Schokolade erst am Ende der Speisekarte auf, sodass Ihre Gäste zunächst die anderen Optionen sehen und sich vielleicht für ein Dessert entscheiden, das keine Schokolade enthält. Beim Ansehen einer Speisekarte wandert das Auge statistisch gesehen meistens zuerst zum oberen Teil der rechten Seite. Führen Sie dort die Speise auf, von der Sie sich wünschen, dass sie besonders beachtet wird. Nennen Sie dort keinesfalls ein Schokoladendessert, denn wenn Ihre Kunden das zuerst sehen, ist die Wahrscheinlichkeit sehr groß, dass sie den anderen Dessert-Optionen keine Beachtung mehr schenken werden.

3   Sie müssen nicht immer Obst verwenden. Wie schon erwähnt, wenn Sie in einer Gegend wohnen, in der es im Spätherbst, Winter und zu Beginn des Frühlings noch kein Obst (oder Gemüse) gibt, verwenden Sie ruhig andere Zutaten.

4   Wenn Sie Obst verwenden, dann sollte es in Saison sein. Desserts sind eine wunderbare Möglichkeit Früchte zu präsentieren, die ein ganzes Jahr nicht frisch erhältlich waren und auf die die Menschen gerade deshalb besonders großen Appetit haben. Durch die Verwendung von saisonalen Zutaten werden Sie außerdem Ihre Ausgaben verringern. Darüber hinaus müssen frische, saisonale Früchte gar nicht aufwendig verarbeitet werden, um besonders köstlich zu sein.

5   Nicht jedes Dessert braucht eine gefrorene Komponente. Zu häufig sieht man Dessertkarten mit acht verschiedenen Gerichten, die alle Eiscreme oder Sorbets beinhalten.

6   Wie viele Desserts Sie anbieten sollten hängt davon ab, wie viel Sie Ihrem Team und sich selbst zumuten können, wenn das Restaurant voll ist, ohne dass die Qualität der Speisen und damit die Erfahrung der Gäste leidet. Eine Rolle spielt auch, in welcher Art von Restaurant Sie arbeiten. Aber realistisch gesehen – warum sollte man zwanzig Desserts anbieten? So eine große Auswahl braucht keiner. Fünf bis acht Dessert-Optionen sind ein guter Durchschnitt.

7   Geben Sie den Desserts einfache und deutliche Namen (siehe Hinweise zur Namensgebung weiter unten).

8   Lesen Sie die Speisekarte Korrektur. Die Rechtschreibprüfung auf dem PC kann nicht schaden. Nutzen Sie sie. Schlagen Sie die korrekte Schreibweise von Fremdwörtern gegebenenfalls nach.

9   Ihr Name muss nicht unbedingt auf der Speisekarte stehen.

10 Nicht jeder teilt Ihren Humor, also verzichten Sie am besten darauf, Kostproben davon auf der Speisekarte zum Besten zu geben. Mancher könnte Ihre Witze in den falschen Hals bekommen. ▶▶

PROFESSIONELLE BERATER FÜR DIE ZUSAMMENSTELLUNG VON SPEISEKARTEN UNTERTEILEN DIE GERICHTE HÄUFIG IN VIER KATEGORIEN:

1 Stars: Populäre Gerichte mit hoher Gewinnmarge. Für diese Gerichte sind die Kunden bereit mehr zu zahlen, als eigentlich nötig wäre.

2 Mysterien: Sehr profitable Gerichte, die allerdings eher unpopulär sind.

3 Zugpferde: Das Gegenteil von Mysterien, d. h. sehr populär aber alles andere als profitabel.

4 Anker: Diese Gerichte findet man nicht häufig auf Speisekarten. Sie sind in der Regel sehr teuer, sodass im Vergleich alle anderen Optionen wie Schnäppchen wirken – auch, wenn sie das nicht sind.

Die Zusammenstellung von Speisekarten ist wirklich eine Wissenschaft an sich. Sie sollten aber nicht versuchen, Ihre Gäste darüber zu bewegen, ein bestimmtes Dessert einem anderen vorzuziehen. Natürlich können Sie die Servicemitarbeiter dazu anhalten, bestimmte Gerichte besonders anzupreisen, wenn diese z. B. nur selten bestellt werden. Am Ende werden Ihre Gäste trotzdem das bestellen, was sie wollen. Manchmal, wenn ein bestimmtes Dessert an einen Tisch gebracht wird und die Gäste an den Nachbartischen darauf aufmerksam werden, werden sie es auch bestellen – ohne der Dessertkarte Beachtung zu schenken. So kann Ihre sorgfältige Planung und ihr Mise en place für den Abend vollkommen durcheinander kommen. Ausgehend von der Wahrscheinlichkeit und Verkaufsgeschichte, bereiten Sie für jeden Service eine bestimmte Anzahl an Desserts vor. Wenn sich dann ein in der Regel nicht besonders populäres Dessert plötzlich unerwartet gut verkauft, kann es vorkommen, dass Sie an einem Abend 86-mal mehr davon zubereiten müssen, als sonst. Bei auf Büfetts und Tabletts präsentierten Desserts kann das nicht passieren. Im Falle von Pre-Desserts und Desserts wird es immer wieder vorkommen.

Werden die Desserts schon zu Beginn der Mahlzeit angeboten, dann werden Sie in der Regel auch bestellt. Nehmen wir zum Beispiel Soufflés. Soufflés sollten als Menüoption bereits am Anfang bei der Bestellung der weiteren Gänge angeboten werden, da die Zubereitung mehr Zeit in Anspruch nimmt und niemand nach dem Hauptgang 40 Minuten auf das Dessert warten möchte. Unterschätzen Sie niemals die Macht der Empfehlungen.

Namensgebung

Wenn es darum geht, den passenden Namen für ein Dessert zu finden, gibt es nicht besonders viele Regeln. Eine ist jedoch unumstößlich: Die wichtigste Komponente des Desserts sollte an erster Stelle genannt werden. Bei dieser Komponente handelt es sich üblicherweise um die mengenmäßig größte Komponente des Desserts oder Kuchens, die Textur und Geschmack der weiteren Komponenten des Desserts bzw. Kuchens bestimmt. Also ganz ähnlich wie bei der Zutatenliste auf einer Kekspackung, auf der die Zutaten der Menge nach genannt werden, beginnend mit der Zutat, von der am meisten in den Keksen enthalten ist.

Achten Sie auch auf die Länge der Beschreibung. Hier ein (fiktives) Beispiel für zu viele Informationen:

Bio-Erdbeereis von der Bell Weather Farm; cremiger Mascarpone „Panna cotta", aromatisiert mit Vanilleschoten aus Tahiti; zweifach gebackene Brioche, warm serviert mit Mandel-Frangipane und süßer Thai-Basilikum-Granité; dazu frische, wilde „Fraises de bois".

Das ist anstrengend zu lesen und nicht leicht zu verdauen. Zu viele Informationen. Zu viele Bindestriche. Zu viele Anführungszeichen. An der Zusammenstellung des Desserts in Bezug auf Geschmack und Textur ist nichts auszusetzen, als Titel ist diese Beschreibung aber deutlich zu lang. Es wird einige Minuten dauern, bis sich Ihre Gäste die anderen Dessert-Optionen durchgelesen haben und in dieser Zeit wird ihr Interesse vermutlich schwinden.

Für das gleiche Dessert hier ein Beispiel von der andere Seite des Spektrums – hier werden nur die Zutaten genannt, ohne weitere Informationen:

Erdbeeren – Vanille – Mascarpone – Brioche – Thai-Basilikum

Auf der Speisekarte sieht das zwar schön sauber und klar aus, Ihre Service-Mitarbeiter werden den Gästen aber eine Menge zu erklären haben. Unter Umständen nehmen die Erklärungen mehr Zeit in Anspruch, als die Gäste benötigt hätten, um die oben aufgeführte, viel zu lange Beschreibung zu lesen. Natürlich können diese Einwände mit einer weiteren Theorie entkräftet werden, nämlich der, dass nur die genannten Aromen bzw. Geschmacksrichtungen einen Einfluss auf die Entscheidung der Kunden haben werden und nicht die einzelnen Komponenten. Die Kunden vertrauen darauf, dass der Koch etwas ganz außergewöhnliches mit diesen Aromen machen wird.

Es gibt zwei Möglichkeiten der angemessenen Namensgebung für Desserts. Für unser Beispiel wäre die erste Möglichkeit, die oben genannten Vorschläge zu kombinieren, ohne es dabei zu übertreiben:

ERDBEEREN – VANILLE– MASCARPONE – BRIOCHE – THAI-BASILIKUM (als Titel des Desserts)

Erdbeereis, Vanille-Mascarpone-Panna-cotta, warme Brioche mit Frangipane, Thai-Basilikum-Granité und Fraises de bois (als Beschreibung des Desserts)

Die Service-Mitarbeiter können dann auf Nachfragen erläutern, dass die Erdbeeren für die Eiscreme von einem Bio-Bauernhof aus der Region stammen und die Vanille aus Tahiti, dass es sich bei Frangipane um eine Mandelcreme handelt, mit der die Brioche überbacken wird, dass Thai-Basilikum etwas süßer schmeckt als herkömmlicher Basilikum und dass es sich bei Fraises de bois um kleine, sehr aromatische Walderdbeeren handelt.

Alternativ können Sie die oben genannte Version auch ohne bzw. als Titel verwenden:

Bio-Erdbeereis, Vanille-Mascarpone-Panna-cotta, warme Brioche mit Frangipane, Thai-Basilikum-Granité und frische Fraises de bois

Desserttitel dieser Art können auch für die kleinen Schildchen verwendet werden, die auf Büfetts vor die jeweiligen Desserts gestellt werden. Hier sind gegebenenfalls ein paar Informationen mehr angemessen. Das hängt davon ab, wie viele Servicemitarbeiter in der Nähe des Tisches mit den Desserts für Rückfragen der Gäste zur Verfügung stehen – und natürlich auch von Ihrem persönlichen Stil.

BROTE FÜR DAS RESTAURANT

Das Brot, das in Ihrem Restaurant gereicht wird, muss nicht zwangsläufig in Ihrer Küche gebacken werden. Möglich wäre es aber. Natürlich hängt das auch von den Umständen und den zur Verfügung stehenden Möglichkeiten ab. Einige Brotsorten, z.B. Brioche, können (und sollten) in einem Konvektomaten gebacken werden. Für das Backen der meisten anderen Brotsorten sind Konvektomaten allerdings nicht geeignet. Sauerteigbrote gelingen am besten, wenn sie in speziellen Brotback- oder Pizzaöfen gebacken werden. Auch herkömmliche Backöfen mit Ober-/Unterhitze können zum Backen solcher Brote verwendet werden, ihre Kapazitäten sind in der Regel aber beschränkt. (Für ein Beispiel, wie Sie Sauerteigbrot ohne speziellen Brotbackofen backen können, siehe Rezept auf S. 100.) Welche Art von Backofen Ihnen zur Verfügung steht hat also auch einen Einfluss darauf, welche Brotsorten Sie backen können. Der Rest der benötigten Ausstattung, z.B. Standküchenmaschinen (viele Restaurants sind mit Standküchenmaschinen oder Teigmixern ausgestattet, die ein Fassungsvermögen von 12 oder 20 Litern haben) und Werkbänke sind leichter zu beschaffen bzw. schon vorhanden. Vergessen Sie nicht, dass schon seit über 5000 Jahren Brot gebacken wird und dass dafür als Hilfsmittel anfangs nur die Hände und eine einfache Hitzequelle genutzt wurden.

Bei diesem Buch handelt es sich nicht um ein Brotbackbuch und Sie sollten nicht erwarten, auf den nächsten Seiten all das zu erfahren, was Sie über das Backen von Brot wissen müssen. Die im Folgenden aufgeführten, grundlegenden Informationen sollen Ihnen nur die Rezepte und Methoden zum Backen einiger der wichtigsten Brotsorten vermitteln. Wenn Sie mehr erfahren möchten, gibt es eine Vielzahl von Veröffentlichungen, die Ihnen weiterhelfen werden. Am meisten lernen Sie auch hier durch Übung und Erfahrung.

Die Größe des Brotes, das Sie backen wollen, ist einer der ersten Faktoren, über den Sie sich Gedanken machen sollten. Je größer der Laib, umso intensiver und komplexer der Geschmack. Das liegt daran, dass der Teig für einen größeren Laib länger gehen muss. Die ausgedehnte Fermentationszeit verbessert den Geschmack des Brotes, da die Hefezellen ihre Arbeit in aller Ruhe verrichten können. Außerdem müssen größere Laibe länger gebacken werden, als kleine Brötchen. Dadurch kommt es zu ausgedehnteren Maillard-Reaktionen, sodass eine schöne Kruste mit komplexerem Geschmack entstehen kann. Das soll aber nicht heißen, dass nicht auch kleinere Brote oder Brötchen aromatisch schmecken können. Um die besten Ergebnisse beim Backen von Brot zu erzielen, braucht es vor allem viel Ruhe und Zeit – es ist ein langer Prozess.

In diesem Abschnitt werden verschiedene nicht allzu komplizierte Brotsorten vorgestellt. Das Backen von Brot kann aber mitunter sehr kompliziert sein. Für die meisten Brote (nicht alle) wird ein Vorteig benötigt. Dabei handelt es sich um eine Art „Keimzelle", mit deren Hilfe die Gärung des Teiges unterstützt und so auch zum Geschmack des fertigen Brotes beigetragen wird. Es gibt viele verschiedene Arten von Vorteigen. In jedem Fall gilt, dass das Backen von Brot sorgfältig im Voraus geplant werden muss – um sicherzugehen, dass das Brot zur richtigen Zeit fertig wird, muss eine Art Stundenplan aufgestellt werden. Bei der Planung geht man von dem Zeitpunkt aus, an dem das Brot fertig gebacken und ausreichend abgekühlt sein muss. Wenn das Brot um 17:30 fertig sein muss, wann muss dann der Vorteig zur Verwendung bereit sein? Wie lange wird es dauern, alle Zutaten für den Teig zu vermischen, ihn zu kneten, das erste Mal gehen zu lassen, zu formen, den geformten Laib gehen zu lassen und dann zu backen?

HINWEIS Die Angabe „Bäckerprozent" unterscheidet sich von den herkömmlichen Prozentangaben in Rezepten insofern, als dass die Prozentzahlen sich hier auf die Menge des verwendeten Mehls (bzw. der Mischung verschiedener Mehlsorten) als Grundlage beziehen, d.h. der Wert der Mehlmenge ist immer 100 %, auch wenn im Rezept von anderen Zutaten größere Mengen benötigt werden. Die Prozentangaben können aufgerundet werden.

SEPIA-EPI

ERGIBT ETWA 70 MINI-EPIS

VORTEIG

ERGIBT 1,49 KG

ZUTATEN	MENGE	BÄCKERPROZENT
Weizenmehl (Type 550)	743 g	100 %
Trockenhefe	3 g	0,45 %
Wasser, 21 °C warm	743 g	100 %

Das Mehl in eine Schüssel geben und die Trockenhefe untermischen. Das Wasser hinzufügen und alles zu einer glatten Masse vermischen. Bei Raumtemperatur mindestens 4, am besten 12 – 18 Stunden gehen lassen.

SEPIA-TEIG

ERGIBT 3,7 KG

ZUTATEN	MENGE	BÄCKERPROZENT
Wasser, 21 °C warm	732 g	51,83 %
Sepia (Tintenfisch-Tinte)	37 g	2,62 %
Weizenmehl (Type 550)	1,41 kg	100 %
Vorteig	1,47 kg	104,31 %
Trockenhefe	3 g	0,23 %
Salz	43 g	3,02 %

1   Die gewünschte Teigtemperatur (GTT) liegt bei 24 °C. Dabei handelt es sich um die Temperatur, die der fertig geknetete Teig haben soll.

2   Wasser und Sepia vermischen.

3   Mehl, Vorteig und Hefe zusammen in die Schüssel des Teigmixers geben. Mit dem Knethaken 3 Minuten auf Stufe 1 vermischen.

4   Den Teig mit Frischhaltefolie abdecken und 15 Minuten ruhen lassen. Dann das Salz hinzufügen und 5 Minuten auf Stufe 1 kneten. Bei größeren Teigmengen dauert diese zweite Phase des Knetens länger. Der Teig muss geknetet werden, bis sich das Gluten voll entwickelt hat (siehe „Fenstertest" auf S. 95).

5   Den Teig auf die bemehlte Holzarbeitsfläche geben, mit Frischhaltefolie abdecken und 45 Minuten gehen lassen.

6 Den Teig abschlagen, d.h. mehrmals kräftig auf die Arbeitsfläche schlagen und durchkneten. Erneut abdecken.

7 Den Teig abgedeckt weitere 45 Minuten gehen lassen.

8 Den Teig in kleine Stücke à 50 g aufteilen.

9 Die Teigstücke vorformen: Mit dem Handballen flach drücken, überschüssiges Mehl abfegen und den Teigfladen von oben her aufrollen. Den Teig dabei mit den Fingerspitzen nach unten drücken, sodass er fest aufgerollt und überschüssiges Gas herausgedrückt wird. Darauf achten, dass nicht zu viel Mehl von der Arbeitsfläche am Teig haftet. Überschüssiges Mehl abfegen. Jedes Teigstück so zu einer etwa 10 cm langen Rolle formen, die an den Enden etwas schmaler wird.

10 Die vorgeformten Teigstücke mit Frischhaltefolie abdecken und 15 Minuten gehen lassen.

11 Die Teigstücke auf der leicht bemehlten Arbeitsfläche zu jeweils 15 cm langen Rollen formen, die an beiden Enden gleichmäßig schmaler werden. Ein sauberes Leinentuch (Couche) auf einem Holzbrett ausbreiten und leicht mit Mehl bestäuben. Die Teiglinge mit dem Saum nach unten in mehreren Reihen auf das Leinentuch legen. Das Tuch zwischen jeder Reihe ein wenig hochraffen, sodass es eine Art Trennwand zwischen den einzelnen Reihen bildet und gleichzeitig dafür sorgt, dass die Teiglinge schön gerade bleiben.

12 Die Teiglinge 1 – 1 ½ Stunden bei Raumtemperatur unter einer Plastiktüte gehen lassen. Alternativ 45 – 60 Minuten bei 30 °C und einer Luftfeuchtigkeit von 80 % im Gärschrank gehen lassen.

13 Den Brotbackofen auf 250 °C vorheizen. Eine Brotschaufel aus Holz neben eine Reihe Teiglinge halten und am Leinentuch ziehen, sodass die nebeneinanderliegenden Teiglinge auf die Schaufel befördert werden. Auf diese Weise bekommt man bis zu vier Teiglinge auf eine Brotschaufel. Die Teiglinge von der Backschaufel auf ein flaches Backblech gleiten lassen, sodass der Saum jeweils unten liegt. Sobald alle Teiglinge auf Blechen verteilt sind, werden sie mit einer Schere in gleichmäßigem Abstand jeweils im 45°-Winkel tief eingeschnitten, aber nicht ganz durchtrennt. Den ersten Abschnitt beim Schneiden jeweils vorsichtig auf eine Seite drehen, den zweiten Abschnitt vorsichtig auf die entgegengesetzte Seite, usw.

14 Die Epis in den vorgeheizten Ofen schieben und den Dampfschalter für etwa 5 Sekunden betätigen. 10 – 15 Minuten backen, dann die Abzugsklappe öffnen und weitere 5 Minuten backen. Die Epis mit der Backschaufel aus dem Ofen nehmen und abkühlen lassen. Sie bleiben etwa 24 Stunden frisch, danach sollten sie Ihren Gästen nicht mehr serviert werden.

HINWEISE Das Kneten von Teig in zwei Stufen ist auch als Autolyse bekannt und wurde vom französischen Professor Raymond Calvel entdeckt. Er stellte fest, dass die Ruheperiode des Teiges dazu beiträgt, dass sich Stärke, Gluten und Wasser besser verbinden, sodass der Teig elastischer wird. Wird der Teig dann weiter geknetet, wird die Masse schneller gleichmäßig elastisch und die Knetzeit um bis zu 15 % reduziert. So entsteht Brot mit mehr Volumen, einer besseren Krume und Struktur. Wird der Teig zu lange geknetet, kann es zur Oxidierung kommen und die Masse bekommt eine helle, fast weiße Farbe.

Diese Brotspezialität basiert auf einfachem Hefeteig (also einem Hefeteig ohne Fett) ähnlich Baguette-Teig. Der Name Epi stammt aus dem Französischen und bezieht sich auf die weizenähnliche Form der Brote.

BRIOCHE-WÜRFEL MIT KARAMELLISIERTEN ZWIEBELN

ERGIBT ETWA 40 STÜCK (4–6 PORTIONEN PRO WÜRFEL)

ZUTATEN	MENGE	BÄCKERPROZENT
FÜR DIE KARAMELLISIERTEN ZWIEBELN		
Rapsöl	400 g	10 %
Gelbe Zwiebeln (z. B. Vidalia)	3,6 kg	90 %
BRIOCHE		
Milch, 21 °C warm	1,09 kg	23,16 %
Eier, 21 °C warm	1,88 kg	40,06 %
Weizenmehl		
(Type 550)	4,69 kg	100 %
Salz	122 g	2,62 %
Zucker	698 g	14,91 %
Trockenhefe	56 g	1,2 %
Butter, weich	2,36 kg	50,31 %
karamellisierte Zwiebeln	3,12 kg	66,55 %
Blattgold	40 Blatt	

1   Zum Karamellisieren der Zwiebeln das Öl in einem breiten, hohen Topf stark erhitzen. Die Zwiebeln in das heiße Öl geben und die Hitze auf eine mäßig schwache Stufe reduzieren.

2   Die Zwiebeln unter häufigem Rühren gleichmäßig karamellisieren. Das dauert etwa 1 Stunde. Bei Raumtemperatur abkühlen lassen.

3   Milch und Eier zusammen in die Schüssel (20 l Fassungsvermögen) der Knetmaschine geben und verrühren. Mehl, Salz, Zucker und Hefe hinzufügen und bei langsamer Stufe verrühren, bis sich die Zutaten zu einer glatten Masse verbinden.

4   Ein Drittel der Butter hinzufügen und alles bei mäßiger Geschwindigkeit verkneten. Sobald die erste Menge Butter gleichmäßig eingearbeitet wurde, das zweite Drittel hinzufügen und ebenfalls vollständig untermischen. Dann erst das letzte Drittel hinzufügen.

5   Bei mäßiger Geschwindigkeit weiterkneten, bis sich das Gluten vollständig entwickelt hat. Das kann mit dem „Fenstertest" überprüft werden: Nehmen Sie ein kleines Stück Teig und ziehen Sie es mit beiden Händen vorsichtig in alle Richtungen auseinander. Der Teig sollte so elastisch sein, dass er sich ohne zu reißen so stark ausdehnen lässt, dass man hindurchschauen kann. Zu diesem Zeitpunkt sollte der Teig nicht wärmer als 27 °C sein.

6   Ein tiefes Gastroblech mit silikonbeschichtetem Backpapier auslegen und 6 kg des Teiges hinein geben. Mit Frischhaltefolie abdecken.   ▶▶

7   Die karamellisierten Zwiebeln zum restlichen Teig in die Schüssel des Teigmixers geben und kurz durchkneten, bis sie gleichmäßig im Teig verteilt sind. Auch diesen Teig auf ein mit Silikon beschichtetem Backpapier ausgelegtes Gastroblech geben und mit Frischhaltefolie abdecken. Beide Teige 45 Minuten gehen lassen.

8   Die fermentierten Teige mindestens 1 Stunde im Kühlschrank ruhen lassen, damit sich das Gluten entspannt und die Teige etwas fester werden. Die Teige können dann vor dem Formen bis zu 12 Stunden im Kühlschrank aufbewahrt oder für spätere Weiterverarbeitung eingefroren werden.

9   40 Würfel-Formen aus Edelstahl à 10 cm leicht mit Sprühfett auskleiden. 4 Backbleche mit Silikon beschichtetem Backpapier auslegen und jeweils 10 gefettete Würfel-Formen darauf verteilen.

10   Den Zwiebel-Briocheteig in Stücke à 200 g aufteilen und die Stücke zu Kugeln formen. Die Kugeln mit Frischhaltefolie abdecken und in den Kühlschrank stellen.

11   Den einfachen Briocheteig in Stücke à 150 g aufteilen und auch diese zu Kugeln formen, mit Frischhaltefolie abdecken und in den Kühlschrank stellen, bis der Teig wieder etwas fester geworden ist. Die Kugeln dann mit der Teigrolle zu Kreisen à 30 cm Durchmesser ausrollen.

12   Die Teigkreise leicht mit Wasser bepinseln. In die Mitte eines jeden Kreises eine Kugel des Zwiebel-Briocheteiges setzen und im einfachen Briocheteig einschlagen. Den Saum gut versiegeln, indem die Teigränder fest zusammengedrückt werden.

13   Die Teiglinge mit dem Saum nach unten in die vorbereiteten Würfel-Formen setzen.

14   Im Gärschrank bei 30 °C und 60 % Luftfeuchtigkeit 2½ – 3 Stunden gehen lassen, bis sich das Volumen des Teiges fast verdoppelt hat. Alternativ können die Bleche mit den Würfel-Formen einzeln in große Plastiktüten geschoben und in den gut mit Knoten verschlossenen Tüten bei Raumtemperatur gehen gelassen werden. Das dauert etwa 4 Stunden.

15   Den Konvektomaten auf 175 °C vorheizen.

16   Sobald der Briocheteig ausreichend gegangen ist, die Formen auf jedem Blech mit einer Lage Silikon beschichtetem Backpapier abdecken und dann die vier Bleche übereinander stapeln. Im Konvektomaten muss ausreichend Platz für die übereinander gestapelten Bleche sein, also müssen alle Einschubleisten bis auf die untere daraus entfernt werden. Drei leere Bleche auf die mit Backpapier abgedeckten Würfel-Formen auf dem obersten Blech des Stapels legen.

17   Die Brioche 20 – 30 Minuten backen. Sie sind fertig, wenn die Temperatur im Inneren der Würfel 90 °C beträgt.

18   Die Brioche-Würfel aus dem Ofen nehmen und zügig aus den Formen lösen, damit sie nicht zusammenfallen. Bei Raumtemperatur abkühlen lassen.

19   Sobald sie vollständig abgekühlt sind, jeden Würfel mit einem Stück Blattgold dekorieren. An einem kühlen, trockenen Ort aufbewahren. Die Brioche müssen an dem Tag serviert werden, an dem sie gebacken wurden.

HINWEIS Diese Brioche-Würfel mit karamellisierten Zwiebeln sollen am Tisch geteilt werden. Dafür werden sie erst kurz vor dem Servieren in Scheiben geschnitten. Die Scheiben werden dann wieder in Form eines Würfels arrangiert und mit einem Band zusammengehalten serviert.

TEFF-PITA-BROTE

ERGIBT 2 KG

ZUTATEN	MENGE	BÄCKERPROZENT
Wasser	570 g	134,12 %
Teffmehl	425 g	100 %
Weizenmehl (Type 550)	425 g	100 %
Entenschmalz	60 g	14,12 %
Trockenhefe	5 g	1,18 %
Salz	17 g	4 %
Malzextraktpulver	8 g	1,88 %
Vorteig (Rezept S. 92)	490 g	115,29 %

1 Das Wasser aufkochen, das Teffmehl hinzufügen und bei mäßiger Hitze unter Rühren köcheln lassen, bis das Teffmehl vollständig geliert und eine homogene Masse entstanden ist, die sich beim Umrühren von den Seiten des Topfes löst. Mit Frischhaltefolie abdecken und auf Raumtemperatur abkühlen lassen.

2 Die Teffmasse zusammen mit den restlichen Zutaten in die Schüssel des Teigmixers geben und auf Stufe 2 kneten, bis die Glutenentwicklung abgeschlossen ist.

3 Den Teig in eine große, leicht mit Öl gefettete Schüssel geben und abgedeckt 1 Stunde gehen lassen. Nach der Hälfte der Zeit kräftig auf den Teig schlagen und ihn dann zweimal falten und fest zusammendrücken. ▶▶

4 Den gegangenen Teig mit der Ausrollmaschine 4 mm dünn ausrollen.

5 Den ausgerollten Teig auf ein leicht mit Mehl bestäubtes Backblech legen und 30 Minuten im Gefrierschrank ruhen lassen.

6 Aus dem geruhten und gekühlten Teig entweder Kreise à 10 cm Durchmesser oder Rechtecke à 5 x 10 cm ausstechen und diese auf einem leicht mit Mehl bestäubten Leinentuch (Couche) im Gärschrank bei 30 °C und 75 % Luftfeuchtigkeit 30 Minuten gehen lassen.

7 Inzwischen den Ofen auf 260 °C vorheizen. (Am besten den Brotbackofen, ein herkömmlicher Ofen bei Ober-/Unterhitze mit einem Keramik-Backstein ist auch in Ordnung.)

8 Die Teiglinge etwa 10 Minuten backen, bis sie sich vollständig aufgebläht haben. Bei Raumtemperatur abkühlen lassen.

HINWEIS Teff ist auch unter dem Namen Zwerghirse bekannt, stammt aus Äthiopien und ist in der Regel in Form der ganzen Körner oder bereits gemahlen als Mehl erhältlich. (Teffmehl hat in etwa die gleiche Konsistenz wie Vollkornweizenmehl.) Teff ist ein Urgetreide und das Backen mit Teffmehl ist nicht weit verbreitet, wird allerdings von immer mehr handwerklichen Bäckereien wiederentdeckt. Teff hat eine dunkelbraune Farbe, ist sehr aromatisch und hat einen nussigen, intensiv-süßen, an Melasse erinnernden Geschmack mit Noten von Vollkornweizen und braunem Reis.

GEDÄMPFTE TRÜFFEL-BRÖTCHEN
ERGIBT 3,7 KG / ETWA 70 STÜCK

ZUTATEN	MENGE	BÄCKERPROZENT
Weizenmehl (Type 550)	1,43 kg	100 %
Vorteig (Rezept S. 92)	1,49 kg	104,3 %
Wasser, 21 °C warm	739 g	51,83 %
Trockenhefe	3 g	0,23 %
Trüffelsalz	43 g	3,03 %
natives Olivenöl extra, für die Vakuumbeutel	140 g	9,8 %
Schwarzer Trüffel, mit der Mandoline oder einem Trüffelhobel in feine Scheiben geschnitten	150 g	

1 Ausreichend Vakuumbeutel mit den Maßen 10 x 15 cm bereithalten. Das Beutelinnere leicht mit Olivenöl fetten (etwa 2 g Olivenöl pro Beutel). Darauf achten, dass kein Öl an die Öffnung der Beutel kommt, weder innen noch außen, sonst können sie nicht richtig versiegelt werden. Ein Folienschweißgerät/Vakuumiergerät zum Versiegeln der Beutel bereithalten.

2 Die gewünschte Teigtemperatur beträgt 24 °C. Dabei handelt es sich um die Temperatur, die der fertig geknetete Teig aufweisen soll.

3 Mehl, Vorteig, Wasser und Hefe zusammen in die Schüssel des Teigmixers geben und 3 Minuten auf Stufe 1 kneten.

4 Den Teig mit einer Plastiktüte abdecken und 15 Minuten ruhen lassen. Das Salz hinzufügen und 5 Minuten auf Stufe 1 kneten. Bei größeren Teigmengen dauert diese zweite Phase des Knetens länger. Der Teig muss geknetet werden, bis sich das Gluten voll entwickelt hat (siehe „Fenstertest" auf S. 95).

5 Den Teig auf die leicht bemehlte Arbeitsfläche geben, mit einer Plastiktüte abdecken und 45 Minuten gehen lassen.

6 Den Teig kräftig abschlagen und zusammenfalten. Erneut abdecken.

7 Abgedeckt weitere 45 Minuten gehen lassen.

8 Den Teig in Stücke à 50 g aufteilen.

9 Die Teiglinge vorformen: Die einzelnen Teigstücke mit dem Handballen flachdrücken und dann von oben her aufrollen. Den Teig dabei mit den Fingerspitzen herunterdrücken, damit er möglichst fest zusammengerollt wird und Gas entweichen kann. Die Teigstücke so zu festen Kugeln formen. Überschüssiges Mehl während des Arbeitens immer wieder von der Oberfläche des Teigs abfegen.

10 Die Teiglinge 10 Minuten auf der leicht bemehlten Arbeitsfläche ruhen lassen.

11 Die Teiglinge erneut zu Kugeln formen. In jeden der vorbereiteten Beutel jeweils eine Teigkugel zusammen mit einer Trüffelscheibe stecken. Die Beutel im Folienschweißgerät verschließen (nicht vakuumieren).

12 Bei Raumtemperatur 1–1½ Stunden oder im Gärschrank bei 30 °C und 80 % Luftfeuchtigkeit 45–60 Minuten gehen lassen.

13 Einen Kombidämpfer auf 100 °C vorheizen.

14 Wenn die Teiglinge ausreichend gegangen sind, mit einer kleinen, scharfen Schere in die obere rechte Ecke jedes Beutels einen kleinen Schnitt machen. So kann sich der Teig beim Dämpfen besser im Beutel ausbreiten und außerdem können die Kunden den Beutel später an dieser Stelle aufreißen.

15 Die Teiglinge im Beutel 10 Minuten dämpfen, bis sich der Teig soweit ausgedehnt hat, dass er den Beutel ausfüllt. Auf Raumtemperatur abkühlen lassen und dann gut abgedeckt im Kühlschrank aufbewahren.

16 Vor dem Servieren erneut 2 Minuten dämpfen.

GEGRILLTE SAUERTEIGFLADEN MIT KRÄUTERN

Die Zubereitung von Sauerteig ist vor allem wegen des benötigten Anstellguts (siehe unten) recht komplex. Diese Sauerteigfladen werden nicht im Ofen gebacken, sondern auf dem Grill. Die Kräuter haften an der Oberfläche des vollständig fermentierten Teiges und gehen beim Grillen in die Kruste über. Diese Art der Brotzubereitung ähnelt den ursprünglichen, primitiveren Methoden, bei denen Brot über offenen Flammen gebacken wurde. Daher bekommen die Fladen ganz andere Eigenschaften und Geschmacksqualitäten, als herkömmliches, im Ofen gebackenes Sauerteigbrot.

Weizensauerteigstarter (Anstellgut)

Die Vorbereitung des Anstellguts für den Sauerteig zieht sich über 5 Tage hin, danach kann der Starter – solange er täglich geimpft wird – lange für die Brotproduktion dienen, da immer wieder ein Teil davon genommen werden kann. In vielen Bäckereien wird ein Weizensauerteigstarter mehrere Jahre lang verwendet, manchmal sogar jahrzehntelang oder länger. Allerdings bedeutet das Alter des Sauerteigs noch lange keinen besseren Geschmack. Dieser Sauerteigstarter entsteht durch Spontanvergärung wilder Hefekulturen. Das ist der Grund dafür, dass die Zubereitung (die sogenannte Sauerteigführung) mehrere Tage in Anspruch nimmt.

TAG 1

ZUTATEN	MENGE	BÄCKERPROZENT
Weizenmehl (Type 550)	200 g	100 %
Wasser, 30 °C warm	200 g	100 %

Mehl und Wasser gut vermischen. Abgedeckt über Nacht bei Raumtemperatur stehen lassen.

TAG 2

Die Mischung von Tag 1 kräftig umrühren.

TAG 3

ZUTATEN	MENGE	BÄCKERPROZENT
Mischung von Tag 1	200 g	100 %
Weizenmehl (Type 550)	200 g	100 %
Wasser, 30 °C warm	200 g	100 %

Die benötigte Menge der Mischung von Tag 1 abwiegen und Reste entsorgen. Das Wasser unterrühren, gefolgt vom Mehl. Abgedeckt über Nacht bei Raumtemperatur stehen lassen.

TAG 4

ZUTATEN	MENGE	BÄCKERPROZENT
Mischung von Tag 3	400 g	200 %
Weizenmehl (Type 550)	200 g	100 %
Wasser, 30°C warm	200 g	100 %

Die benötigte Menge der Mischung von Tag 3 abwiegen und Reste entsorgen. Das Wasser unterrühren, gefolgt vom Mehl. Kräftig durchmischen. Abgedeckt über Nacht bei Raumtemperatur stehen lassen.

TAG 5

ZUTATEN	MENGE	BÄCKERPROZENT
Mischung von Tag 4	200 g	33,33 %
Wasser, 30 °C warm	400 g	66,66 %
Weizenmehl (Type 550)	600 g	100 %

Die benötigte Menge der Mischung von Tag 4 abwiegen und Reste entsorgen. Das Wasser unterrühren, gefolgt vom Mehl. Abgedeckt über Nacht bei Raumtemperatur stehen lassen. Dann kann die Starterkultur für die Zubereitung von Sauerteigbroten verwendet werden. Um den Sauerteigstarter frisch zu halten, muss er täglich geimpft werden. In der Regel impft man Sauerteig gleich nachdem die für das jeweilige Rezept benötigte Menge entnommen wurde.

FÜR DAS TÄGLICHE IMPFEN

ZUTATEN	MENGE	BÄCKERPROZENT
Wasser, 9 °C kühl	1,45 kg	100 %
Weizensauerteigstarter	251 g	17,33 %
Weizenmehl (Type 550)	1,45 kg	100 %

1   Das kühle Leitungswasser in eine Schüssel füllen und den Weizensauerteigstarter darin auflösen.

2   Das Mehl hinzufügen und alles zu einer gleichmäßigen Masse vermengen.

3   Abgedeckt bei Raumtemperatur aufbewahren.

4   Dieser Weizensauerteigstarter muss täglich geimpft werden. Achten Sie darauf, dass seit dem letzten Impfen 18 Stunden vergangen sind, bevor Sie einen Teil davon als Anstellgut für Ihren Sauerteig verwenden.

SAUERTEIG

ERGIBT 140 KG (40 LAIBE À 350 G)

ZUTATEN	MENGE	BÄCKERPROZENT
Weizensauerteigstarter (Anstellgut)	3,27 kg	58,45 %
Weizenmehl (Type 550)	5,59 kg	100 %
Weizenvollkornmehl	654 g	11,69 %
Roggenmehl (Type 1150)	654 g	11,69 %
Wasser, 21 °C warm	3,59 kg	64,28 %
Salz	235 g	4,2 %

WEITERE ZUTATEN	MENGE
Salbei-Zweige	80 Stück
Thymian-Zweige	120 Stück
Rosmarin-Zweige	40 Stück

1. Vergewissern Sie sich, dass der Weizensauerteigstarter 18 Stunden, bevor Sie mit der Zubereitung des Teiges beginnen, geimpft wurde.

2. Für den Teig: Den Weizensauerteigstarter zusammen mit den verschiedenen Mehlsorten und dem Wasser in die Schüssel des Teigmixers geben. Auf niedriger Stufe 3 Minuten kneten und dann abgedeckt 15 Minuten ruhen lassen. Das Salz hinzufügen und etwa 5 Minuten auf niedriger Stufe kneten, bis sich das Gluten voll entwickelt hat (siehe „Fenstertest" auf S. 95).

3. Den Teig auf die bemehlte Arbeitsfläche geben und abgedeckt 1 Stunde gehen lassen. Mehrmals kräftig auf den Teig schlagen und ihn dann zusammenfalten. Eine weitere Stunde gehen lassen.

4. Erneut mehrmals kräftig auf den Teig schlagen, ihn zusammenfalten und weitere 15 Minuten ruhen lassen.

5. Den Teig in 40 Stücke à 350 g aufteilen.

6. Die Teigstücke zu festen Kugeln formen und diese in großzügig bemehlte Gärkörbe geben. Die glatte Oberfläche sollte dabei unten im Korb liegen und der Saum obenauf. Bei Raumtemperatur abgedeckt mit Frischhaltefolie 2 Stunden gehen lassen. Dann in den Kühlraum stellen, um die Gärung über Nacht zu verlangsamen.

7. Die Teiglinge 1 – 2 Stunden bevor sie gegrillt werden sollen aus dem Kühlraum nehmen und prüfen, ob sie ausreichend aufgegangen sind. Die Oberfläche des Teigs sollte zurückfedern, wenn man sanft mit der Fingerspitze darauf drückt.

8. Den Grill auf die höchste Stufe und den Konvektomaten auf 160 °C vorheizen.

9. Die Oberfläche der Teiglinge in den Körben mit Wasser bepinseln.

10. In jeden Laib vorsichtig je 2 Salbei-, 3 Thymianzweige und 1 Rosmarinzweig drücken.

11. Die Teiglinge vorsichtig aus den Körben auf den Grill gleiten lassen. Nach etwa 6 Minuten wenden, wenn sich deutliche Grillspuren auf der unteren Seite gebildet haben, und von der zweiten Seite weitere 5 – 6 Minuten grillen.

12. Die Temperatur im Inneren der Brote prüfen – sie sollte 95 °C betragen. Wenn diese Temperatur noch nicht erreicht ist, obwohl auf beiden Seiten des Brotes schon deutliche Grillspuren zu sehen sind, müssen die betreffenden Brote im vorgeheizten Konvektomaten fertig gegart werden.

13. Die Brote auf Gitterrosten abkühlen lassen, bei Raumtemperatur aufbewahren und servieren. Ein Laib reicht für 4 – 6 Personen.

2 PRE-DESSERTS

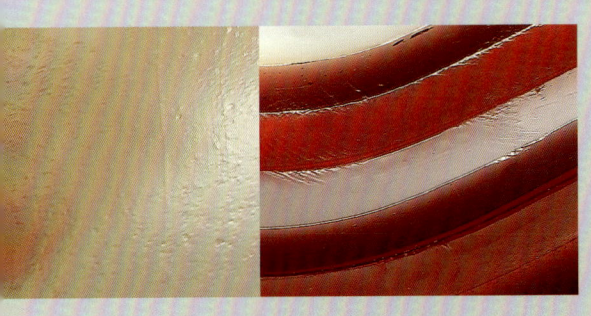

Die Bezeichnung Pre-Dessert mag etwas zusammengewürfelt klingen, trifft das Wesen dieser Kategorie von Desserts, die wenn überhaupt nur in gehobenen Restaurants serviert werden, aber perfekt. Einfach ausgedrückt ist ein Pre-Dessert ein kleiner Luxus, der vor dem Haupt-Dessert serviert wird. So wie eine Vorspeise kleiner ist als der Hauptgang, werden auch Pre-Desserts in deutlich kleineren Portionen serviert als die eigentlichen Desserts. Zwar gibt es keine festen Regeln, was die Portionsgrößen betrifft, doch schon der gesunde Menschenverstand gibt vor, dass solche Speisen immer kleiner sein sollten, als der folgende Gang. Zwei oder drei Happen (höchstens vier) sind ausreichend. Pre-Desserts müssen klein aber nicht zwangsläufig süß sein. Man kann sie sich als Brücke zwischen dem letzten herzhaften Gang und den darauffolgenden süßen Speisen vorstellen. Pre-Desserts können die Lücke zwischen diesen Gängen schließen und die Gäste auf das Dessert vorbereiten, indem sie sie vorsichtig an den süßen Geschmack heranführen.

In den meisten Fällen bieten Restaurants nur ein oder zwei bis drei verschiedene Pre-Desserts an. Manchmal ist die Auswahl auch größer, das ist allerdings schwer beizubehalten. Pre-Desserts sind nicht unbedingt Teil dessen, was die Kunden auswählen und bestellen. Unter Umständen werden sie auf der Speisekarte aufgeführt, dann in der Regel aber als Teil einer festen Menüfolge. Häufig werden Pre-Desserts auf der Karte hingegen gar nicht erwähnt und den Gästen als kleine Überraschung vor dem Dessert serviert. Das kommt meistens sehr gut an, denn die Gäste haben das Gefühl, einen Gang geschenkt zu bekommen. Es empfiehlt sich, mehr als eine Sorte Pre-Desserts zur Verfügung stehen zu haben, denn so kann an einem Tisch mit 2 – 3 Gästen jedem Gast ein anderes Pre-Dessert serviert werden. Gruppen von vier Personen können zweimal zwei identische Pre-Desserts (2 x 2 x 2) bekommen und Sechsergruppen können zweimal drei verschiedene Desserts (2 x 3 x 3) serviert werden. Bei ungeraden Zahlen von 5 aufwärts wird es schon schwieriger, denn mit dem oben genannten System würden dann jeweils zwei Pärchen identische Pre-Desserts bekommen, eine Person aber ein individuelles. In solchen Fällen empfehle ich, allen Gästen das gleiche Pre-Dessert zu servieren. Auf jeden Fall ist es wichtig, dass die Servicemitarbeiter zunächst in Erfahrung bringen, ob irgendwelche Lebensmittelallergien, -unverträglichkeiten oder sonstige Einschränkungen bestehen. Planen Sie die Auswahl an Pre-Desserts möglichst so, dass Sie in solchen Fällen mit Alternativen aufwarten können. Zum Beispiel wäre es gut, eine nussfreie, eine glutenfreie oder eine vegane Option anbieten zu können. Es müssen aber nicht unbedingt alle drei sein, denn es ist ohnehin praktisch unmöglich, eine Speisekarte zu haben, die alle Lebensmittelallergien und ernährungsspezifische Besonderheiten berücksichtigt.

Bevor Sie sich dafür entscheiden, Pre-Desserts zu servieren, sollten Sie ein paar Dinge in Erwägung ziehen: Die Kunden gehen davon aus, dass dieser überraschend servierte Gang gratis ist. Und tatsächlich werden Pre-Desserts in der Regel nicht in Rechnung gestellt. Um die Kosten zu decken, müssen Sie die Zutaten und den Aufwand für die Produktion der Pre-Desserts also entweder im Preis für das Dessert oder den Hauptgang mit einberechnen – in Wahrheit sind sie eben nicht kostenlos. Auch sollten Sie nicht vergessen, dass es einige Minuten dauern wird, bis die Gäste diesen Gang verspeist haben. Wenn in Ihrem Restaurant die Tische also mehr als einmal am Abend belegt werden sollen und der Wechsel möglichst schnell gehen muss, dann sollten Sie auf diesen zusätzlichen Gang verzichten. Und denken Sie daran – Dessertportionen sollten immer eher klein sein (siehe S. 164) und Pre-Desserts daher noch kleiner und am besten simpler.

Pre-Desserts bieten die Möglichkeit, die Übergänge von herzhaft zu süß zu verwischen. Dafür sollte man aber genau wissen, was man tut. Käse ist hier ein gutes Beispiel: In einigen – vor allem europäischen Ländern – wird Käse häufig als letzter Gang serviert. Nun ist es durchaus möglich, diesen Käse in Form eines Pre-Desserts zu servieren. Er kann während der Zubereitung verarbeitet werden oder so wie er ist die Hauptrolle spielen. Dafür müssen lediglich eine oder zwei weitere Komponenten hinzugefügt werden und schon hat man ein ausgefallenes Pre-Dessert. Natürlich sind Pre-Desserts auf Käse-Basis nicht die einzige Möglichkeit und die Grundzutaten müssen nicht immer herzhaft ein.

Pre-Desserts haben nicht die Aufgabe, den Gaumen zu klären. Ich verstehe zwar die Idee, die dahinter steht: Kleine Happen sollen den Mundraum vom Geschmack der vorher verspeisten Gerichte befreien, sodass neue Aromen besser wahrgenommen werden können. Dafür muss der Gaumen aber nicht gereinigt oder geklärt werden. Es müssen lediglich Aromen verwendet werden, die sich komplett von denen des letzten herzhaften Gangs unterscheiden, ebenso von denen des Desserts, das folgen wird. Diese unterschiedlichen Aromen können von den Geschmackrezeptoren ohne Probleme wahrgenommen werden.

Das Pre-Dessert sollte sich aber nicht nur in Bezug auf die Aromen von den anderen Gängen abheben, sondern möglichst auch eine andere Temperatur als das Dessert haben. Wenn in den meisten der bei Ihnen angebotenen Desserts also Eiscreme vorkommt, dann sollten Sie keine Eiscreme oder andere gefrorene Komponenten in den Pre-Desserts verwenden. Es ist weniger wichtig, gefrorene Komponenten in Pre-Desserts zu haben, als in Desserts. Auch sollten sich die für Pre-Desserts und Desserts verwendeten Zutaten möglichst deutlich unterscheiden. Wenn das Pre-Dessert also vor allem auf Beeren basiert, sollte kein Beeren-Dessert folgen. Intensive Aromen sollten Sie sich für die Desserts aufheben – Zutaten wie Kaffee oder Schokolade im Pre-Dessert können bewirken, dass die Aromen des eigentlichen Desserts überwältigt oder abgedämpft werden.

Pre-Desserts sollten schnell und unkompliziert fertiggestellt und serviert werden können. Denken Sie daran, dass Ihre Kunden sich im Grunde genommen schon auf das Dessert eingestellt haben, und dass das Pre-Dessert nur ein kurzes Zwischenspiel sein soll. Außerdem sollte es schnell und unkompliziert sein, damit weder die Mitarbeiter in der Küche noch die Servicekräfte überfordert werden. Wenn eine Komponente noch gekocht, gebacken oder gebraten werden muss (und das ist weder unmöglich noch ausgeschlossen), dann muss das zügig erledigt werden können, denn es geht ja gleich weiter mit der Zubereitung des nächsten Gangs – ganz zu schweigen von den Bestellungen der anderen Tische.

MILCHSCHOKOLADEN-LIMETTEN-CURD | ZITRONEN-SODA-SPHÄRE | KRISTALLISIERTES EISENKRAUTBLÄTTCHEN

ERGIBT

10 Portionen

WARUM DIESE AROMEN GUT ZUSAMMENPASSEN

Die Süße der Milchschokolade wird von den sauren, bitteren Geschmacksnoten der Limette hervorgehoben. Die Aromen sind unmittelbar, sehr ausgeprägt und leicht zuzuordnen. Diese gegensätzlichen Geschmacksrichtungen haben bei dieser Zubereitung die gleiche Textur, sind cremig-weich. Der Zitrusgeschmack der Zitronen-Soda-Sphäre bleibt eher im Hintergrund. Das kristallisierte Eisenkraut hat vor allem zitrusartige und florale Noten und sorgt beim Verzehr für eine flüchtige Geschmacksnote, die sich gut mit den anderen Aromen verträgt, ohne sich aufzudrängen. Milchschokolade und Zitrusaromen passen sehr gut zusammen.

KOMPONENTEN

Zitronen-Soda-Sphäre (S. 135)
Milchschokoladen-Limetten-Curd (S. 134)
Kristallisierte Eisenkrautblättchen (S. 136)

ANRICHTEN

1   Die Zitronen-Soda-Sphäre vorsichtig auf den Teller setzen.

2   Mithilfe einer kleinen Winkelpalette vorsichtig eine kleine Curd-Scheibe auf die Mitte der Sphäre setzen.

3   Ein Blättchen kristallisiertes Eisenkraut als Dekoration auf die Curd-Scheibe setzen. Sofort servieren.

KOKOSNUSS-EISCREME | SAUCE VOM SCHWARZEN SESAM

ERGIBT	10 Portionen

WARUM DIESE AROMEN GUT ZUSAMMENPASSEN

Der Geschmack von Kokosnuss ist mild bis hintergründig und längst nicht so präsent wie das unmittelbare Aroma der Paste aus schwarzen Sesamsamen. Aus diesem Grund wird mengenmäßig mehr Kokosnuss-Eiscreme verwendet als Sauce vom schwarzen Sesam. So geht der Kokosnuss-Geschmack nicht unter, sondern wird vom schwarzen Sesam eher hervorgehoben.

KOMPONENTEN

Sauce vom Schwarzen Sesam (S. 139)
Kokosnuss-Eiscreme (S. 138)
Maracuja-Gel (S. 139)
Kleine Basilikumblättchen

ANRICHTEN

1   Mit einer Winkelpalette (25 cm lang) etwa 15 g der Sauce vom Schwarzen Sesam in einem geraden Streifen auf dem Teller verteilen. Dafür die Spitze der Winkelpalette in die Sauce tauchen und diese dann in einer Bewegung auf dem Teller verstreichen.

2   Eine Portion Kokosnuss-Eiscreme auf die Sauce setzen.

3   Einen kleinen Tropfen Maracuja-Gel auf der Kokosnuss-Eiscreme platzieren und mit einem Basilikumblättchen garnieren. Sofort servieren.

LITSCHI- | ROSEN- | HIMBEER-GELEE |
STREUSEL VOM ROSENBLÜTEN-KUCHEN

ERGIBT	10 Portionen

WARUM DIESE AROMEN GUT ZUSAMMENPASSEN

Diese Geschmackskombination ist mir zuerst in den Macarons der Sorte Ispahan von Pierre Hermé begegnet. Die Idee schien mir ungewöhnlich, doch als ich die Aromen zusammen verkosten konnte wurde mir sofort klar, dass sie sich ganz wunderbar ergänzen. Es ist sehr wichtig, dass für die Zubereitung der Rosen-Komponenten eine selbstgemachte Infusion aus Rosenblüten in Bioqualität verwendet wird und kein Rosenblütenextrakt, da einige Menschen eine richtiggehende Abneigung gegen Geschmack und Duft des Extrakts haben. Bei diesem Dessert geht es vor allem um den Geschmack, nicht so sehr um die Textur: Die drei Gelees haben fast die gleiche Konsistenz.

Die Streusel sind zwar eine etwas festere Komponente, sorgen aber für keinen besonders großen Kontrast. Im Mittelpunkt des Desserts soll das Zusammenspiel der Aromen stehen und die Präsentation einer gelierten Flüssigkeit.

KOMPONENTEN

Litschi-Gelee (S. 140)
Rosen-Gelee (S. 140)
Himbeer-Gelee (S. 140)
Streusel vom Rosenblüten-Kuchen (S. 141)

ANRICHTEN

1 Die Rechtecke aus Gelee in folgender Reihenfolge auf dem Teller anordnen: Litschi, dann Rose, dann Himbeere. Noch einmal wiederholen.

2 Mit einem Löffel 45 g der Streusel vom Rosenblüten-Kuchen darum verteilen. Servieren.

GEFRORENES FENCHEL-BAISER | GELEE VOM DESTILLIERTEN GRANNY-SMITH-APFELSAFT | APFELKRAUT | KRISTALLISIERTES ANIS-YSOP-BLATT

ERGIBT	10 Portionen

WARUM DIESE AROMEN GUT ZUSAMMENPASSEN
Fenchel schmeckt frisch und aromatisch und unterstreicht den belebend süßsauren Geschmack der Äpfel der Sorte Granny Smith. Das Apfelkraut wird durch die Reduktion des Apfelsafts gewonnen. Dabei wird das Aroma des Saftes so weit konzentriert, dass der Geschmack des Endprodukts eher an dunklen Karamell mit Apfelnoten erinnert. Karamell und Äpfel sind eine wunderbare Kombination. Anis-Ysop schmeckt ähnlich wie Fenchel, hat aber ein intensiveres Anisaroma.

KOMPONENTEN
Apfelkraut (S. 143)
Gelee vom destillierten Granny-Smith-Apfelsaft (S. 143)
Gefrorenes Fenchel-Baiser (S. 142)
Kristallisierte Anis-Ysop-Blätter (siehe Rezept kristallisierte Eisenkrautplättchen S. 136)

ANRICHTEN

1 Mithilfe einer Spritze (ohne Nadel) etwa 2 g Apfelkraut in kleinen Punkten in einem Gittermuster auf das Gelee in den Tellern auftragen.

2 Aus dem gefrorenen Fenchel-Baiser mit einem Eispick ein würfelförmiges Stück (etwa 5 cm) lösen und es auf das Gelee setzen.

3 Ein kristallisiertes Anis-Ysop-Blatt auf das Gelee vor dem gefrorenen Fenchel-Baiser platzieren. Sofort servieren.

TARTE-TATIN-EIS | CRÈME-CHANTILLY-BAND | APFELCHIP

ERGIBT	10 Portionen

WARUM DIESE AROMEN GUT ZUSAMMENPASSEN

Wie bei der klassischen Tarte Tatin abgerundet mit geschlagener Sahne passen hier die säuerlich-herben Aromen der geschmorten Äpfel mit Karamell hervorragend mit der gesüßten Sahne zusammen. Die Äpfel alleine wären schon köstlich, die Sahne sorgt aber noch für eine reichhaltige Komponente und ist daher eine wunderbare Ergänzung.

KOMPONENTEN

Tarte-Tatin-Eis (S. 144)
Crème-Chantilly-Band (S. 144)
Apfelchips (S. 145)

ANRICHTEN

1   Den Tarte-Tatin-Eis-Zylinder aus dem Gefrierschrank nehmen.

2   Vorsichtig je einen Strang des Crème-Chantilly-Bands um eine Eisportion wickeln. Ist das Band zu lang, den Überhang vorsichtig abschneiden.

3   Das mit dem Band umwickelte Eis auf dem Teller platzieren. Einen kleinen Apfelchip zwischen die ersten beiden Windungen des Bands stecken. Sofort servieren.

KLARES KAFFEE-GELEE, VERSETZT MIT GRANATAPFELSAFT | LAKRITZ-SAUCE | GEFRORENER PAIN D'ÉPICES-SCHAUM

ERGIBT	10 Portionen

WARUM DIESE AROMEN GUT ZUSAMMENPASSEN

Lakritze gehört zu den Geschmacksrichtungen, bei denen es selten Ambivalenzen gibt: Entweder man liebt den Lakritz-Geschmack oder man hasst ihn. Ich gehöre zu denjenigen, die Lakritze unheimlich gerne mögen. Lakritze hat einen sehr frischen Geschmack, der an Fenchel und Minze erinnert, aber auch die für Maillard-Reaktionen typischen Röstaromen, und das macht sie zu etwas ganz Besonderem. Lakritze passt gut zu Kaffee, denn beide Zutaten haben die Röstaromen und die warmen Geschmacksnoten gemeinsam. Die für Pain d'épices typische Gewürzmischung (Zimt, Muskatnuss, Ingwer, Gewürznelken, schwarzer Pfeffer, Anissamen und Orangenzesten) hebt die dominanten Aromen von Lakritze und Kaffee noch hervor. Der Granatapfelsaft steuert eine säuerliche Note bei, welche die bittere Dimension des Kaffees unterstreicht.

KOMPONENTEN

Lakritz-Sauce (S. 147)
Klares Kaffee-Gelee, versetzt mit Granatapfelsaft (S. 147)
Kandierte Orangenschale (S. 148)
Gefrorener Pain d'épices-Schaum (146)

ANRICHTEN

1   Die gefrorene Lakritz-Sauce auf den Teller geben und mithilfe der Wärmepistole (auf niedrigster Stufe) schmelzen.

2   Die Seiten des Kaffee-Gelees mit einem langen, scharfen Messer sauber abschneiden. Durch die glatten Schnitte werden die klare Mitte und die dünne, intensiv-rote Schicht rundherum betont.

3   Das Kaffee-Gelee neben die Lakritz-Sauce setzen und ein Stück kandierte Orangenschale darauf legen.

4   Mit einer kleinen Winkelpalette ein Stück des gefrorenen Pain d'épices-Schaums zurechtschneiden, in einer möglichst natürlich erscheinenden Form (Umfang nicht größer als 5 cm). Den Schaum neben das Gelee platzieren. Sofort servieren.

OLD CHATHAM CAMEMBERT │ FEIGENPAPIER-UMSCHLÄGE │ KANDIERTE LÖWENZAHNBLÜTE │ BIO-BIENENWABEN │ KARAMELLISIERTER HONIG

ERGIBT 10 Portionen

WARUM DIESE AROMEN GUT ZUSAMMENPASSEN
Käse und Obst passen in der Regel gut zusammen. Nun ja, das trifft nicht auf alle Käsesorten zu – ebenso wenig wie auf alle Obstsorten. Camembert und Feigen sind hingegen ein Beispiel für eine gelungene Kombination. Feigen sind süß, aber nicht zu süß. Sie mildern das kräftige Aroma und den salzigen Geschmack des Käses ab. Die Honig-Komponenten (Sauce und Bienenwaben) tragen neben ihrer süßen auch eine florale Note bei. Auch die kandierte Löwenzahnblüte weist florale Aromen auf, die sich gut mit denen des Wildblütenhonigs verbinden. Feigenpapier und kandierte Löwenzahnblüte sind kross und sorgen für eine ausgeglichene Präsenz verschiedener Texturen – von weich bis kross.

KOMPONENTEN
Old-Chatham-Camembert (siehe Hinweise)
Karamellisierte Honig-Sauce (S. 148)
Bio-Bienenwaben (siehe Hinweise)
Kandierte Löwenzahnblüten (S. 149)
Feigenpapier-Umschläge (S. 149)

ANRICHTEN

1 Aus Backpapier 10 Rechtecke à 5 x 10 cm zurechtschneiden. Den Camembert in 0,25 cm dünne Scheiben schneiden (nach Belieben kann die Rinde entfernt werden). Das dünne, scharfe Messer vor jedem Schnitt in heißes Wasser tauchen, gut abtrocknen und dann sofort schneiden. Am besten lässt er sich schneiden, wenn er kalt ist. Allerdings schmeckt er besser, wenn er temperiert ist (wie das bei Käse generell der Fall ist). Die einzelnen Camembert-Scheiben sofort jeweils auf ein Backpapier-Rechteck auf einem Tablett legen und bis zum Anrichten abgedeckt bei Raumtemperatur beiseite stellen. Reste müssen am Ende des Services gegebenenfalls entsorgt werden.

2 Etwas karamellisierte Honig-Sauce auf einen Teller träufeln. Mit einem kleinen, scharfen Messer einen etwa 2,5 cm großen Würfel aus der Bienenwabe schneiden. Das Messer dafür zuerst in heißes Wasser tauchen und dann sorgfältig abtrocknen – so lässt es sich besser schneiden. Den Bienenwaben-Würfel auf die Sauce auf dem Teller platzieren. Die kandierte Löwenzahnblüte daran lehnen. (Die Bienenwaben-Würfel dürfen nicht im Voraus geschnitten werden, da der Honig sonst herauslaufen würde und man am Ende die Bienenwaben ohne Honig servieren würde.)

3 Das Dörrgerät öffnen, in dem das Feigenpapier aufbewahrt wird. Eine Camembert-Scheibe auf eine Lage Feigenpapier legen, solange diese noch im Dörrgerät ist (sonst kühlt das Papier zu schnell ab und kann nicht mehr gefaltet werden, ohne zu brechen). Das Feigenpapier über dem Camembert zusammenfalten, sodass ein Umschlag entsteht. Dieses Päckchen mit dem Saum nach hinten gegen den Bienenwachswürfel lehnen. Sofort servieren.

Old-Chatham-Camembert ist ein Weichkäse aus Schafs- und Kuhmilch von einem Produzenten im US-Staat New York. Der Käse ist dort in Quadraten (7,5 cm, etwa 2,5 cm hoch) von ca. 110 g erhältlich. Wählen Sie am besten einen vergleichbaren Camembert von einem Produzenten aus Ihrer Region. Sie werden zwei quadratische Camemberts benötigen.

Bienenwaben sind essbar. Das Wabengebilde aus Bienenwachs wird häufig für ungenießbar gehalten, kann aber verzehrt werden – es handelt sich einfach um eine nicht-nutritive Substanz.

Das Feigenpapier weicht leicht durch, auch wenn es nur wenige Minuten in Kontakt mit Feuchtigkeit ist. Daher muss dieses Pre-Dessert möglichst zügig serviert werden, sobald es angerichtet ist.

BAYRISCHE CREME MIT ZIEGENKÄSE | ROTE-BETE-GELEE | DATTELKUCHEN-STREUSEL

ERGIBT   10 Portionen

WARUM DIESE AROMEN GUT ZUSAMMENPASSEN   Rote Bete und Ziegenkäse ergänzen sich wunderbar: Der intensive, erdige Geschmack der Roten Bete und die kräftigen, an Stall erinnernden Noten des Ziegenkäses passen wirklich hervorragend zusammen und gleichen sich gut aus. Beide Zutaten haben einzigartige Eigenschaften, die schwer zu ignorieren sind. Dieses Pre-Dessert hat auch eine Obst-Komponente: Die Dattelkuchen-Streusel tragen eine unaufdringliche, süße Note bei ohne der Entfaltung der anderen Aromen im Weg zu stehen. Die Baby-Liebstöckelblättchen haben einen leicht an Gras und Minze erinnernden Geschmack, der gut zum Ziegenkäse passt.

KOMPONENTEN   Dattelkuchen-Streusel (S. 151)
Bayrische Creme mit Ziegenkäse (S. 152)
Rote-Bete-Gelee (S. 152)
Baby-Liebstöckelblättchen

ANRICHTEN   **1**   Mit einem Löffel 45 g der Dattelkuchen-Streusel auf einen Teller geben.

2   Einen Zylinder der Bayrischen Creme mit Ziegenkäse in die Mitte eines Rote-Bete-Gelee-Rechteckes legen und das Gelee vorsichtig um den Creme-Zylinder schlagen, sodass das Gelee die Bayrische Creme vollständig abdeckt.

3   Auf die Streusel setzen.

4   Mit 3 Baby-Liebstöckelblättchen garnieren. Sofort servieren.

SCHOKOLADEN-KAPSEL MIT FLÜSSIGER FÜLLUNG | VANILLE-CREME-MANTEL | KNUSPERKARAMELL

ERGIBT	10 Portionen

WARUM DIESE AROMEN GUT ZUSAMMENPASSEN

Häufig werden Schokolade und Vanille als Gegensätze gesehen, es handelt sich ja auch um sehr ausgeprägte und verschiedene Aromen. Trotzdem lassen sie sich besonders gut kombinieren. Schokolade wird immer über Vanille dominieren, gleichzeitig betont die Vanille immer das Aroma der Schokolade – sie wirkt ähnlich wie das Salz in vielen Zubereitungen. Das Knusperkaramell aus fast angebranntem Zucker trägt eine bittere Note bei, die den Schokoladengeschmack abrundet. Die knusprige Konsistenz des Karamells hebt die cremige Textur des Vanille-Mantels hervor.

KOMPONENTEN

Vanille-Creme-Mantel (S. 154)
Schokoladen-Kapsel mit flüssiger Füllung (S. 153)
Knusperkaramell (S. 155)

ANRICHTEN

1 Den Vanille-Creme-Mantel auf einen Teller legen.

2 Eine Schokoladen-Kapsel auf ein Ende des Mantels platzieren.

3 Das andere Ende des Mantels vorsichtig anheben und ihn über die Schokoladen-Kapsel legen.

4 Eine Knusperkaramell-Scheibe vorsichtig an die Kapsel lehnen.

ROBIOLA BOSINA | KIRSCHKONFITÜRE | GERÖSTETE BRIOCHE

ERGIBT   10 Portionen

WARUM DIESE AROMEN GUT ZUSAMMENPASSEN   Robiola Bosina ist eine Käsespezialität aus der Langhe, einer Gegend in der norditalienischen Region Piemont. Der Käse aus Schafs- und Kuhmilch hat eine halbfeste Rinde und einen milden, sahnigen Geschmack, der durch die süße, leicht säuerliche Kirschkonfitüre unterstrichen wird. Das Salbeiblatt trägt eine florale Kräuternote bei, die ebenfalls den Käse betont. Die buttrige, warme Brioche passt gut zu allen auf dem Teller präsenten Aromen. Meiner Meinung nach gibt es kaum etwas Köstlicheres als eine dicke Scheibe knusprig gerösteter, warmer Brioche – sie schmeckt auch ohne alles. Dieses Pre-Dessert sollte verzehrt werden, solange der Käse warm und weich und die Brioche-Scheiben warm und kross sind. Die Konfitüre sollte Raumtemperatur haben.

KOMPONENTEN   Brioche (S. 156)
geklärte Butter, nach Bedarf
Robiola Bosina
Frittierte Salbeiblättchen (S. 157)
Kirschkonfitüre in Tuben (S. 155)

ANRICHTEN

1   Kurz vor dem Service die Grillplatte auf 175 °C vorheizen.

2   Vier 2,5 cm dicke Scheiben vom Brioche-Laib schneiden und jeweils beidseitig mit geklärter Butter bepinseln.

3   Die gebutterten Briochescheiben von beiden Seiten jeweils etwa 2 Minuten goldbraun rösten.

4   Inzwischen eine etwa 1,25 cm dicke Scheibe vom Robiola schneiden und auf einen Teller legen, der Raumtemperatur haben sollte. Die Käse-Scheibe mit einer Wärmepistole auf niedrigster Stufe etwa 10 Sekunden aufwärmen. Dank der Rinde kann das geschmolzene Innere nicht auslaufen.

5   Ein frittiertes Salbeiblatt auf den Käse legen.

6   Die warmen, gerösteten Briochescheiben auf den Teller geben, daneben die Kirschkonfitüren-Tube legen und sofort servieren: Käse und Brioche sollten genossen werden, solange sie warm sind.

AHORN-TAPIOKAPERLEN | VANILLE-PANNA-COTTA

ERGIBT 10 Portionen

WARUM DIESE AROMEN GUT ZUSAMMENPASSEN Vanille ist eine Geschmacksrichtung, die sich gut mit den meisten anderen Aromen kombinieren lässt. Außerdem kann Vanille als eine Art Geschmacksverstärker eingesetzt werden, denn sie unterstreicht andere Aromen – in diesem Fall die Ahorn-Noten – ohne dass ihr Eigengeschmack verlorengeht. Dieses Pre-Dessert ist weich, setzt sich dabei aber aus zwei unterschiedlichen weichen Texturen zusammen: Die Vanille-Panna-cotta zergeht auf der Zunge, die Ahorn-Tapiokaperlen sind weich, bieten zunächst aber einen gewissen Widerstand.

KOMPONENTEN Ahorn-Tapiokaperlen (S. 158)
Vanille-Panna-cotta (S. 158)

ANRICHTEN Mit einem fein gelochten Schaumlöffel 15 g der Tapiokaperlen aufnehmen, überschüssige Flüssigkeit kurz abtropfen lassen und die Perlen dann auf die Vanille-Panna-cotta häufen – sie sollten möglichst nicht einfach flach auf der Oberfläche verteilt sein. Servieren.

HINWEIS Wenn möglich sollte die Panna cotta etwa 20 Minuten vor dem Servieren aus der Kühlung genommen werden, damit sie Raumtemperatur annehmen kann. Sie wird dann noch sanfter auf der Zunge zergehen. Sprechen Sie sich am besten mit den Servicemitarbeitern ab und holen Sie die Panna cotta aus der Kühlung, wenn das Hauptgericht serviert wird.

BLUTORANGEN CURD | DULCE DE LECHE | MACARON-HÄPPCHEN | SCHWARZE-OLIVEN-SCHOKOLADEN-PLÄTTCHEN

ERGIBT	10 Portionen

WARUM DIESE AROMEN GUT ZUSAMMENPASSEN

Die Säure des Curds wird durch die Dulce de leche im Zaum gehalten, die nicht bloß süß ist, sondern auch die für Maillard-Reaktionen typischen Aromen beiträgt und eine samtig-weiche Konsistenz hat. Das Curd hat zwar einen säuerlichen Geschmack, ist aber trotzdem sehr cremig und sorgt für ein angenehmes Mundgefühl. Die Macaron-Häppchen sind vor allem wegen ihrer Konsistenz Teil dieses Pre-Desserts, denn ihr Aroma (Mandel) ist eher subtil und verliert sich unter den dominanten Aromen von Blutorange und Dulce de leche. Der Schokoladengeschmack verbindet sich vorzüglich mit den Zitrus- und Karamellaromen und hebt sie hervor.

KOMPONENTEN

Macaron-Häppchen (S. 159)
Kandierte Blutorangenzesten (S. 159)
Blutorangen Curd (S. 159)
Dulce de leche (siehe Hinweis)
Schwarze-Oliven-Schokoladen-Plättchen (S. 160)
Pulverisierte Blutorangenzesten (S. 160)

ANRICHTEN

1 Mit einem Löffel 15 g der Macaron-Häppchen nahe beieinander auf einen Teller streuen.

2 Auf den Macaron-Häppchen 10 g der kandierten Blutorangenzesten verteilen.

3 Darauf 40 g des Blutorangen-Curds geben.

4 Auf das Curd 18 g der Dulce de leche löffeln.

5 Ein Schwarze-Oliven-Schokoladen-Plättchen über die bereits angerichteten Komponenten des Pre-Desserts legen.

6 Abschließend eine Prise pulverisierte Blutorangenzesten darüber streuen und servieren.

HINWEIS

Dulce de leche kann selbst hergestellt oder als fertiges Produkt gekauft werden. Inzwischen sind viele hochwertige Dulce de leche-Produkte auf dem Markt, deren Qualität sicher die von selbstgemachter Dulce de leche übersteigt. Ich rate aus dem gleichen Grund davon ab, Dulce de leche selbst zuzubereiten, aus dem ich von der Eigenproduktion von Ketchup abrate: Einige der hochwertigen Fertigprodukte sind ganz einfach besser.

KOMPRIMIERTE WASSERMELONE | SÜSSES LIMETTEN-GELEE | SCHWARZES MEERSALZ | LIMETTENZESTEN | NATIVES OLIVENÖL EXTRA

ERGIBT	10 Portionen

WARUM DIESE AROMEN GUT ZUSAMMENPASSEN	Die Süße der Wassermelone wird durch die anderen beiden Geschmacksrichtungen noch hervorgehoben – die Säure der Limette und das Salz. Limette und Wassermelone sind eine oft gesehene Kombination, das native Olivenöl verbindet sich wunderbar mit den weiteren Aromen und wirkt als Bindeglied zwischen diesen unterschiedlichen Noten.

KOMPONENTEN	Komprimierte Wassermelone (S. 161)
	Süßes Limetten-Gelee (S. 161)
	Schwarzes Meersalz
	Limettenzesten
	Natives Olivenöl extra

ANRICHTEN	1	Ein Rechteck komprimierte Wassermelone auf einen Teller legen.
	2	Eine rechteckige Lage des süßen Limetten-Gelees direkt auf die Wassermelone legen.
	3	Darüber 2 g des schwarzen Meersalzes streuen.
	4	Ein Achtel der Schale einer frischen Limette mithilfe einer Microplane-Reibe frisch über die rechte Seite von Wassermelone und Gelee reiben.
	5	Einige Tropfen natives Olivenöl extra um das Gelee verteilen (etwa 3 g). Servieren.

MILCHSCHOKOLADEN-SCHEIBEN

ERGIBT 150 G

ZUTATEN	MENGE
Milchschokolade, temperiert	150 g

1 Siehe auch Grundlagen zur Zubereitung von Schokoladendekors auf Seite 48.

2 Die Schokolade mit der Winkelpalette in einer dünnen, gleichmäßigen Schicht auf Acetatfolie verteilen.

3 Wenn die Schokolade etwas fester geworden, aber noch nicht ganz erstarrt ist, mit einer runden Ausstechform à 5 cm Durchmesser mindestens 10 Kreise ausstechen. Zusätzliche Kreise können für eine spätere Verwendung aufbewahrt werden.

4 Eine Lage Backpapier über der Schokolade ausbreiten und einen flachen Gegenstand (z. B. ein Schneidebrett) darauf legen, damit sich die Ränder der Scheiben nicht aufrollen, wenn die Schokolade erstarrt.

5 An einem kühlen, dunklen Ort aufbewahren. Für die Zubereitung des Milchschokoladen-Limetten-Curds verwenden. (siehe Schritt 5).

MILCHSCHOKOLADEN-LIMETTEN-CURD

ERGIBT 600 G

ZUTATEN	MENGE	ANTEIL IN %
Zucker	110 g	18,33 %
Zitronensaft	70 g	11,67 %
Limettensaft	40 g	6,67 %
Eier	110 g	18,33 %
Milchschokolade, geschmolzen	120 g	20 %
Butter	150 g	25 %

1 Zwei flexible Silikonmatten mit jeweils 8 runden Vertiefungen à 6 cm Durchmesser (1,25 cm tief) auf einem ebenen Blech bereitlegen. (Insgesamt sollen 10 Curd-Scheiben zubereitet werden.)

2 In einer Schüssel Zucker, Zitronen- und Limettensaft mit einem Schneebesen gleichmäßig mit den Eiern verrühren. Die Schüssel über ein heißes Wasserbad stellen und die Mischung aufschlagen, bis sie deutlich angedickt ist. Das Curd sollte eine Temperatur zwischen 80 °C und 85 °C haben.

3 Die geschmolzene Schokolade hinzufügen und mit dem Schneebesen unterrühren, bis eine homogene Masse entstanden ist.

4 Die Butter in kleinen Stückchen hinzufügen und unterrühren, bis sie sich vollständig in der Mischung aufgelöst hat. Das Ganze durch ein feinmaschiges Sieb streichen.

5 Das Curd in einen Spritzbeutel füllen und in 10 der Vertiefungen der vorbereiteten Silikonmatten spritzen. Die Oberflächen mit einer Winkelpalette ausgleichen, jeweils eine Milchschokoladen-Scheibe darauf setzen und leicht andrücken, sodass die Scheiben am Curd haften.

6 Die gefüllten Silikonmatten auf dem Blech/Tablett in den Gefrierschrank stellen, damit die Curd-Scheiben gefrieren können. Kurz vor dem Anrichten eine Schicht Samtspray auftragen.

HINWEIS In diesem Rezept werden Zitronen- und Limettensaft kombiniert, um die Säure des fertigen Produktes im Zaum zu halten. Würde der Limettensaft alleine für die Zubereitung des Curds verwendet, würde es beinahe ungenießbar sauer.

SAMTSPRAY

ERGIBT 605 G

ZUTATEN	MENGE	ANTEIL IN %
Weiße Schokolade (Pellets)	300 g	49,58 %
Kakaobutter	300 g	49,58 %
Limettengrüne Kakaobutter	5 g	0,83 %

1 Die Hälfte der weißen Schokolade zusammen mit der Hälfte der (unge-
färbten) Kakaobutter – also je 150 g – in eine Schüssel geben und
unter Rühren über einem heißen Wasserbad schmelzen. Beiseite stellen.

2 In einer zweiten Schüssel die jeweils andere Hälfte der weißen Schokolade und Kakaobutter zusammen mit der bunten Kakaobutter wie oben
beschrieben über einem Wasserbad schmelzen.

3 Die gefrorenen Curd-Scheiben aus den Silikonformen lösen und auf ein
mit einer Silikonmatte ausgelegtes Blech legen. Darauf zurück in den
Gefrierschrank stellen.

4 Zum Besprühen der Curd-Scheiben Arbeitsfläche und Wände mit
Plastikfolie abdecken, um sie beim Sprühen sauber zu halten.

5 Die farblich neutrale Kakaobutter-Schokoladenmischung in einen entsprechenden Behälter füllen, an die Airbrush-Pistole anschließen und
als Grundierung gleichmäßig auf die gefrorenen Curd-Scheiben sprühen.

6 Die grundierten Curd-Scheiben zurück in den Gefrierschrank stellen.
Die Airbrush-Pistole (und den Behälter) reinigen, dann mit der farbigen Kakaobutter-Schokoladenmischung befüllen.

7 Die farbige Kakaobutter-Schokoladenmischung aus etwa 60 cm
Entfernung gleichmäßig auf die grundierten Curd-Scheiben sprühen,
sodass sie eine samtige grüne Oberfläche bekommen.

8 Die fertigen Curd-Scheiben auf ein mit einer sauberen Silikonmatte
ausgelegtes Blech geben und bis zum Anrichten im Kühlschrank aufbewahren. Reste müssen nach dem Service entsorgt werden.

ZITRONEN-SODA-SPHÄRE

ERGIBT 4,27 KG

ZUTATEN	MENGE	ANTEIL IN %
Natriumalginat-Lösung		
Wasser	4 kg	93,68 %
Zucker	250 g	5,85 %
Natriumalginat	20 g	0,47 %
Zitronen-Soda-Grundmasse		
Limonade	205 g	82,58 %
Zucker	35 g	14,1 %
Kalziumlaktat	7 g	2,82 %
Xanthangummi (0,5 %)	1 g	0,5 %
Läuterzucker (50 °Brix)	1 kg	
Limonade	200 g	

1 Für die Natriumalginat-Lösung: Wasser, Zucker und Natriumalginat
zusammen in einen großen Topf geben und aufkochen.

2 Den Topf vom Herd nehmen und die Mischung auf Raumtemperatur
(21 °C) abkühlen lassen. Kann gekühlt bis zu 10 Tagen aufbewahrt
werden.

3 Für die Zitronen-Soda-Grundmasse: Limonade und Zucker in einem
tiefen, schmalen Gastronormbehälter vermischen. Das Kalziumlaktat
hinzufügen und mit dem Pürierstab vermischen.

4 Den Pürierstab weiter laufen lassen, dabei das Xanthangummi langsam
hinzufügen. Noch 45 Sekunden bis 1 Minute weiter pürieren.

5 Diese Flüssigkeit in die Vertiefungen einer Silikonform für Halbkugeln
mit je 1,5 cm Durchmesser gießen und einfrieren. Inzwischen die
Natriumalginat-Lösung auf 80 °C aufwärmen. In einer großen Schüssel
das Wasser auf dieselbe Temperatur aufwärmen, um später die Sphären
darin abkühlen zu können. Den Läuterzucker ebenfalls aufwärmen.

6 Die vollständig gefrorenen Halbkugeln bzw. Sphären aus der Silikonform lösen und für 1 Minute in die heiße Natriumalginat-Lösung legen.
Im Inneren sollen sie gefroren bleiben. ▶▶

7 Die Sphären nacheinander mit einem Schaumlöffel aus der Natrium-alginat-Lösung nehmen und jeweils im heißen Wasser abspülen. Dann in den heißen Läuterzucker legen und darin abkühlen lassen. Die Sphären im abgekühlten Läuterzucker in den Kühlschrank stellen. So können sie bis zu 36 Stunden aufbewahrt werden.

8 Die Sphären zusammen mit der Limonade in einen Sahne- oder Soda-siphon füllen und zwei CO_2-Kapseln zum Aufladen bereithalten. (Siehe Informationen im Kasten auf S. 137.)

9 Den Siphon sorgfältig verschließen und, wenn es sich um einen 1-Liter-Siphon handelt, mit 2 CO_2-Kapseln aufladen. Sodasiphons gibt es nicht unter 1 Liter Fassungsvermögen, Sahnesiphons hingegen schon. Wenn Sie einen kleineren Sahnesiphon verwenden, benötigen Sie also even-tuell nur eine Kapsel. Über Nacht im Kühlschrank ruhen lassen, damit das CO_2 die Kapseln durchdringen kann.

10 Kurz vor dem Service den Druck aus dem Siphon ablassen, indem man den Deckel aufschraubt. Die karbonisierten Sphären in einen Vakuum-behälter füllen und darin vakuumieren. So geht das CO_2, das die Sphären durchdrungen hat, während des Services nicht verloren. Jedes Mal, wenn eine Sphäre entnommen wurde, muss der Behälter erneut vaku-umiert werden, sonst entweicht das CO_2 aus den zurückbleibenden Sphären. Die Sphären daher in mehreren Behältern aufbewahren (nicht mehr als 10 Stück pro Behälter). Bestimmte Vakuumbehälter können auch mit den weniger teuren Vakuumiergeräten verwendet werden. Diese Behälter haben ein kleines Rohr, das an das Vakuumiergerät angeschlossen werden kann und durch das dann die Luft aus dem Behälter gezogen wird. Die karbonisierten Sphären müssen nach dem Service entsorgt werden, denn egal wie gut die Behälter versiegelt sind, am nächsten Tag wird das gesamte CO_2 entwichen sein.

HINWEISE Die Natriumalginat-Lösung am besten einen Tag im Vor-aus zubereiten, damit sich das Natriumalginat möglichst gut im Wasser auflöst. Für dieses Rezept ist eine recht große Menge angegeben, denn die Sphären dürfen sich im Natriumalginat-Bad nicht berühren, damit sie nicht aneinander kleben bleiben.

Die Sphären werden fester und runder, wenn sie 12 Stunden im Läuter-zucker aufbewahrt wurden. Wenn sie einfach so aufgetaut werden, verwandeln sie sich in ovale Scheiben. Das heiße Natriumalginat-Bad, Wasser und der Läuterzucker tragen dazu bei, dass die äußere Schicht der Sphären etwas stabiler wird. Außerdem verbinden sich die winzigen Bläschen in den Sphären während dieser Zeit zu etwas größeren Bläschen und das ist durchaus wünschenswert.

Verwenden Sie immer hochwertige, natürliche Limonade oder – noch besser – stellen Sie aus frischem Zitronensaft, Zucker und Wasser Ihre eigene Limonade her.

KRISTALLISIERTE EISENKRAUTBLÄTTCHEN

ERGIBT 10 STÜCK

ZUTATEN	MENGE	ANTEIL IN %
Eisenkrautblättchen	10 Stück	
Eiweiß, pasteurisiert	50 g	9,09 %
extra feiner Kristallzucker	500 g	90,91 %

1 Mit einem kleinen Pinsel die Eisenkrautblättchen von beiden Seiten fein mit Eiweiß bestreichen.

2 Die mit Eiweiß bestrichenen Blättchen sofort auf den Kristallzucker legen und damit bedecken. Dann vorsichtig aus dem Zucker heben und auf ein mit einer Silikonmatte ausgelegtes Blech legen. 24 Stunden trocknen lassen.

3 Die getrockneten Blättchen in einem luftdicht verschlossenen Behälter aufbewahren. Gibt man lebensmittelechte Silikagel-Päckchen mit in den Behälter, halten sich die kristallisierten Eisenkrautblättchen länger als 1 Jahr.

VARIATION Anstelle des Eisenkrauts können auch Anis-Ysop-Blättchen wie oben beschrieben kristallisiert werden.

SAHNESIPHON UND SODASIPHON

Bei Sahne- und Sodasiphon handelt es sich um zwei verschiedene Vorrichtungen mithilfe derer Gas in eine Flüssigkeit integriert werden kann. Beide funktionieren nach einem ähnlichen Prinzip: Sahnesiphons werden in der Regel mit N_2O-(Distickstoffmonoxid) Kapseln, Sodasiphons hingegen mit CO_2-(Kohlenstoffdioxidkapseln) Kapseln aufgeladen.

Außer für die Produktion von Schlagsahne kann der Sahnesiphon für viele andere Zwecke eingesetzt werden. Es war Ferran Adrià, der das wahre Potenzial dieser Vorrichtung erkannte und damit zunächst kalte und später auch heiße Schäume verschiedenster Geschmacksrichtungen zubereitete. Diese Espumas verbreiteten sich wie ein Lauffeuer. In diesem Buch wird der Sahnesiphon nur für eine Zubereitung benötigt, nämlich die Zubereitung von Luftschokolade (bzw. zwei, wenn man den Micro-Génoise auf den Bildern zur Verwendung des Volcano Vaporizers mitzählt). Luftschokolade ist eine meiner liebsten Schokoladen-Zubereitungen. Abgesehen von einer kleinen Menge Öl und Luft wird der Schokolade dafür nichts weiter zugefügt. Der Sahnesiphon ist in der Küche die einzige Möglichkeit, mit der Luft auf diese Weise in Schokolade eingearbeitet werden kann.

Bei dem oben erwähnten Micro-Génoise handelt es sich übrigens auch um eine Kreation von Ferran Adrià – eine wirklich brillante Idee. Die Zutaten für die Masse werden zusammen in den Siphon gegeben, dieser dann mit N_2O aufgeladen und die Masse so aufgeschäumt – die Eier müssen also nicht wie bei der klassischen Zubereitung aufgeschlagen und dann per Hand unter die trockenen Zutaten gehoben werden. Ein wirklich wunderbares Konzept und das fertige Produkt hat eine beeindruckende Optik. Es gibt allerdings auch Menschen, die der Meinung sind, dass der Geschmack eines echten Wiener-Bodens nicht erreicht wird.

Auch der Sodasiphon wird in diesem Buch einmal verwendet und zwar zum Karbonisieren der Zitronen-Soda-Sphären (siehe S. 136). Hier geht es darum, dass die geleeartige Masse auf Grundlage von Zitronenlimonade die Kohlensäure und damit den prickelnden Aspekt mit der Zeit nicht verliert. Der Sodasiphon ermöglicht dies, da die darin aufbewahrten Sphären über die CO_2-Kapsel-Ladung re-karbonisiert werden, also erneut mit Kohlensäure versetzt werden. Theoretisch können auf diese Weise fast alle feuchten Zutaten mit Kohlensäure versetzt werden. Das heißt aber noch lange nicht, dass auch alle möglichen Zutaten karbonisiert werden sollten (möchte noch jemand bizzelige Austern?), für manche empfiehlt es sich aber durchaus – z. B. Champagner-Gelee. Aus sprudeligen Getränken entweicht die Kohlensäure immer relativ schnell, nachdem die Flasche das erste Mal geöffnet wurde. In einem im Sodasiphon aufbewahrten Gelee bleibt die Kohlensäure dagegen einige Stunden enthalten, sodass es seine wunderbare Textur länger behält.

KOKOSNUSS-EISCREME

ERGIBT 1 KG

ZUTATEN	MENGE	ANTEIL IN %
Kokosnuss-Eiscreme-Grundmasse		
Magermilch	300 g	30 %
Kokosnussmilch	320 g	32 %
Schlagsahne	105 g	10,5 %
Milchpulver	42 g	4,2 %
Zucker	160 g	16 %
Eiscreme-Stabilisator	3 g	0,3 %
Eigelb	70 g	7 %
Weiße Schokolade, geschmolzen	100 g	

1   Die Kokosnuss-Eiscreme-Grundmasse nach der modernen Methode zur Zubereitung von Eiscreme herstellen (siehe S. 61). Magermilch und Kokosnussmilch vermischen und in Schritt 3 hinzufügen, die Schlagsahne in Schritt 6 hinzufügen, wenn die Mischung eine Temperatur von 45 °C hat. Die Grundmasse mindestens 4 Stunden reifen lassen.

2   Inzwischen eine Silikonmatte auf einer ebenen Fläche (z. B. ein Plexiglasbrett oder ein Blech) ausbreiten und 10 je 2,5 cm tiefe, rechteckige Formen (oder mehr, siehe Hinweis) à 6 x 5 cm daraufstellen.

3   Die Formen jeweils mit Acetatfolien-Streifen (22,5 cm lang und 1,25 cm breit) auslegen und so einfrieren.

4   Die Kokosnuss-Eiscreme-Grundmasse in der Eismaschine einfrieren und dann – solange sie noch nicht fest gefroren ist – in die vorbereiteten, kalten Formen füllen. Die Oberfläche mit einer Winkelpalette glätten. Im Gefrierschrank fest werden lassen.

5   Die ausreichend gefrorene Masse aus den Formen lösen, die Acetatfolie entfernen und das Eis wieder in den Gefrierschrank stellen.

6   Die Eiscreme aus dem Gefrierschrank nehmen und die Portionen auf eine der langen Seiten legen und zügig eine dünne und gleichmäßige Schicht der weißen Schokolade auf die Oberfläche streichen. Diese Schokoladenschicht soll später die Basis der einzelnen Portionen bilden, also die Fläche, auf der das Eis stehen soll.

HINWEIS   Die Eiscreme-Grundmasse reicht für mehr als 10 Portionen, es wäre aber alles andere als effizient, kleinere Mengen zuzubereiten und in der Eiscreme-Maschine einzufrieren. Bereiten Sie also die gesamte Menge vor. Was Sie nicht gleich benötigen, kann nach dem ersten Einfrieren in der Maschine geschmolzen und dann bei Bedarf erneut in der Eismaschine gefroren werden. Besser noch, Sie bereiten gleich mehr als die 10 Portionen vor, frieren die portionierte Eiscreme also fertig ein.

WEISSES SAMTSPRAY

ERGIBT 300 G

ZUTATEN	MENGE	ANTEIL IN %
Weiße Schokolade	150 g	50 %
Kakaobutter	150 g	50 %

1 Weiße Schokolade und Kakaobutter zusammen in eine Schüssel geben und über einem heißen Wasserbad schmelzen.

2 In einem luftdicht verschlossenen Behälter kann diese Mischung bei Raumtemperatur bis zu 1 Jahr aufbewahrt werden.

3 Die Arbeitsfläche und die Wände dort, wo die Kokosnuss-Eiscreme besprüht werden soll, mit Plastikfolie abdecken.

4 Die Eiscreme-Portionen mit dem Schokoladen-Fuß nach unten bereitstellen.

5 Die Kakaobutter-Schokoladenmischung in einen entsprechenden Behälter füllen, an die Airbrush-Pistole anschließen und aus etwa 60 cm Entfernung gleichmäßig auf die Eiscreme-Portionen sprühen, sodass sie eine samtige Oberfläche bekommen.

6 Die mit Samtspray überzogenen Eiscreme-Portionen auf ein mit einer sauberen Silikonmatte ausgelegtes Blech stellen (das vorher am besten im Gefrierschrank gekühlt wurde, damit die Eiscreme darauf nicht gleich schmilzt).

7 Bis zum Service abgedeckt im Gefrierschrank aufbewahren. Die so vorbereiteten Eiscreme-Portionen können 3 Tage lang verwendet werden.

SAUCE VOM SCHWARZEN SESAM

ERGIBT 225 G

ZUTATEN	MENGE	ANTEIL IN %
Schwarze Sesampaste	150 g	66,67 %
extra feiner Kristallzucker	75 g	33,33 %

1 Die Sesampaste gut umrühren, bevor die benötigte Menge herausgenommen wird, da sich das Öl absetzt, wenn die Paste zu lange ruhig steht.

2 Kristallzucker und Sesampaste in einer Schüssel mit einem kleinen Schneebesen verrühren, bis sich der Zucker vollständig aufgelöst hat. Abschmecken und gegebenenfalls nachsüßen bzw. etwas mehr Sesampaste untermischen, falls die Sauce zu süß ist.

3 Bei Raumtemperatur aufbewahren und vor dem Verwenden immer gut umrühren. Die Sauce ist 1 Woche haltbar.

MARACUJA-GEL

ERGIBT 227 G

ZUTATEN	MENGE	ANTEIL IN %
Läuterzucker (50 °Brix)	150 g	65,93 %
Maracuja-Püree	75 g	32,97 %
Agar-Agar	3 g	1,1 %

1 Die Zutaten zusammen in einen kleinen Topf geben und bei starker Hitze unter ständigem Rühren mit dem Schneebesen aufkochen. 10 Sekunden köcheln lassen.

2 Die Flüssigkeit in ein 45 x 33 cm großes Blech gießen und im Kühlschrank gelieren lassen.

3 Mit dem Pürierstab gleichmäßig pürieren.

4 In einem luftdicht verschlossenen Behälter kann das Gel bis zu 4 Tage im Kühlschrank aufbewahrt werden.

LITSCHI-GELEE

ERGIBT 201 G

ZUTATEN	MENGE	ANTEIL IN %
Litschi-Püree	140 g	69,51 %
Wasser	40 g	19,86 %
Zucker	20 g	9,93 %
Gellan (geringer Acylanteil)	1 g	0,7 %

1   Einen rechteckigen Rahmen (aus Metallstangen oder Kunststoff) à 9 x 5 x 1,25 cm auf eine ebene Fläche stellen.

2   Die Zutaten zusammen in einen kleinen Topf geben und mit dem Schneebesen verrühren. Aufkochen und die Flüssigkeit dann in den vorbereiteten Rahmen gießen. Im Kühlschrank gelieren lassen.

3   Das Gelee am Rand mit einem kleinen, scharfen Messer vorsichtig vom Rahmen lösen und diesen entfernen. Das Gelee mit einem dünnen, scharfen Messer senkrecht in 0,75 cm breite Streifen schneiden.

4   Abgedeckt mit Frischhaltefolie im Kühlschrank aufbewahren. Das Gelee kann bis zu 36 Stunden nach der Zubereitung verwendet werden.

HINWEISE   Für das Rezept Koriander / Tangerine / Litschi (siehe S. 471) die Litschi-Gelee-Streifen in kleine Stücke schneiden. Es werden 24 Stück á etwa 2 g benötigt.

ROSEN-GELEE

ERGIBT 201 G

ZUTATEN	MENGE	ANTEIL IN %
ROSENBLÜTEN-SUD		
Wasser	350 g	
Blütenblätter von 4 unbehandelten Bio-Rosen, grob gehackt		
Rosenblüten-Aufguss	175 g	86,89 %
Zucker	25 g	12,41 %
Gellan (geringer Acylanteil)	1 g	0,7 %

1   Das Wasser aufkochen und über die gehackten Rosenblüten in eine Schüssel gießen. 5 Minuten ziehen lassen. Den Sud dann durch ein feines Sieb filtern.

2   Den Rosenblüten-Sud in einem Eiswasserbad abkühlen. Das Gelee mit der gleichen Methode zubereiten wie das Litschi-Gelee und statt Litschi-Püree und Wasser nur den Rosenblüten-Sud verwenden.

HIMBEER-GELEE

ERGIBT 201 G

ZUTATEN	MENGE	ANTEIL IN %
Himbeer-Püree	165 g	81,93 %
Zucker	35 g	17,38 %
Gellan (geringer Acylanteil)	1 g	0,7 %

Das Gelee mit der gleichen Methode zubereiten wie das Litschi-Gelee und dafür statt Litschi-Püree und Wasser das Himbeer-Püree verwenden.

STREUSEL
VOM ROSENBLÜTEN-KUCHEN

ERGIBT 1,01 KG

ZUTATEN	MENGE	ANTEIL IN %
ROSENBLÜTEN-PÜREE		
Rosenblüten (von etwa 6 unbehandelten Bio-Rosen)	90 g	23,38 %
Wasser	250 g	64,94 %
Zucker	40 g	10,39 %
Zitronensaft	5 g	1,3 %
RÜHRKUCHEN		
Butter, zerlassen	110 g	10,89 %
Eier	100 g	9,9 %
Rosenblüten-Püree	220 g	21,78 %
Crème fraîche	30 g	2,97 %
Holunderblüten-Likör	50 g	4,95 %
Zucker	240 g	23,76 %
Weizenmehl (Type 405)	220 g	21,78 %
Rote-Bete-Pulver	30 g	2,97 %
Backpulver	10 g	0,99 %

1   Für das Rosenblüten-Püree die Rosenblüten etwa 15 Minuten in siedendem Wasser ziehen lassen, bis sie zart sind.

2   Zucker und Zitronensaft hinzufügen und weitere 5 Minuten sieden lassen.

3   Mit dem Pürierstab zu einer glatten Masse verarbeiten, dann in einem Eiswasserbad abkühlen. Wird es nicht gleich weiterverarbeitet, kann das Püree bis zu 4 Tage in einem luftdicht verschlossenen Behälter im Kühlschrank aufbewahrt werden.

4   Rührkuchen: Ein kleines Backblech (etwa 45 x 33 cm) leicht mit Sprühfett einfetten und mit einer Silikonmatte auslegen.

5   Den Konvektomaten auf 160 °C vorheizen.

6   Sicherstellen, dass alle feuchten bzw. flüssigen Zutaten (Butter, Eier, Rosenblüten-Püree, Crème fraîche, Holunderblüten-Likör) Raumtemperatur (21 °C) haben.

7   Die trockenen Zutaten zusammen in eine Schüssel sieben.

8   Die Eier in eine große Schüssel geben. (Das Fassungsvermögen der Schüssel sollte ausreichen, um später alle Zutaten aufzunehmen.) Die geschmolzene Butter allmählich unter Rühren mit dem Schneebesen unter die Eier mischen, sodass eine Emulsion entsteht.

9   Rosenblüten-Püree, Crème fraîche und Holunderblüten-Likör unterrühren.

10   Die trockenen Zutaten hinzufügen und untermischen, bis sich alle Zutaten gerade eben zu einer gleichmäßigen Masse verbinden.

11   Die Masse auf das vorbereitete Blech geben und mit der Winkelpalette gleichmäßig darauf verteilen.

12   Im vorgeheizten Konvektomaten 12 – 15 Minuten backen. Garprobe mit einem Holzstäbchen machen oder mit den Fingern sanft auf die Mitte des Kuchens drücken – wenn sie zurückfedert, ist der Kuchen fertig.

13   Bei Raumtemperatur abkühlen lassen.

14   Den Kuchen bei 65 °C in ein Dörrgerät stellen. Wenn er nach 3 – 4 Stunden getrocknet ist, in Stücke brechen und im Robot Coupe zerkleinern, bis feine Streusel entstanden sind. Sollten sich die Streusel noch feucht anfühlen, müssen sie im Dörrgerät vollständig getrocknet werden.

15   Die getrockneten Streusel können in einem luftdichten Behälter an einem kühlen, trockenen Ort bis zu 4 Tage aufbewahrt werden.

GEFRORENES FENCHEL-BAISER

ERGIBT 500 G

ZUTATEN	MENGE	ANTEIL IN %
FENCHELSAFT		
Ascorbinsäure	5 g	0,75 %
Salz	1 g	0,08 %
Fenchelknollen (etwa 2 Stück), Grün, Stängel und Strunk entfernt, geachtelt	600 g	91,53 %
extra feiner Kristallzucker	50 g	7,63 %
BAISER		
Fenchelsaft	320 g	63,94 %
Eiweißpulver	18 g	3,6 %
Zucker	75 g	14,99 %
Wasser	75 g	14,99 %
Blattgelatine (Silber), eingeweicht in kaltem Wasser, gut ausgedrückt	3 g	0,5 %
Absinth	10 g	2%

1   Fenchelsaft: Ascorbinsäure und Salz zusammen in einen ⅙-Gastronormbehälter geben. In diesem Behälter soll der Fenchelsaft aufgefangen werden, wenn er aus dem Entsafter kommt.

2   Die Fenchelknollen entsaften und den Saft in dem vorbereiteten Gastronormbehälter auffangen. Gut umrühren, sodass sich Ascorbinsäure und Salz vollständig auflösen.

3   Die Flüssigkeit zunächst durch ein feines Sieb abseihen und dann durch einen Kaffeefilter laufen lassen. Den Zucker in die gefilterte Flüssigkeit geben und umrühren, bis er sich vollständig aufgelöst hat.

4   Fenchel-Baiser: Einen ½-Gastronormbehälter mit Acetatfolie auslegen. Den Fenchelsaft in die Schüssel der Standküchenmaschine geben.

5   Das Eiweißpulver zum Fenchelsaft geben und auf langsamer Stufe mit dem Schneebesen-Element unterrühren. Bei mäßiger Geschwindigkeit aufschlagen.

6   Inzwischen Zucker und Wasser in einem kleinen Topf vermischen und zusammen aufkochen. Vom Herd nehmen, sobald sich der Zucker vollständig aufgelöst hat. Die eingeweichte Gelatine hinzufügen und umrühren, bis sie sich aufgelöst hat. Auf Raumtemperatur abkühlen lassen.

7   Diesen Sirup in die Eiweißpulver-Fenchelsaftmischung geben, sobald diese die Hälfte ihres Maximalvolumens erreicht, also ihr Ausgangsvolumen verdreifacht hat. Bei hoher Stufe zum vollen Volumen aufschlagen (das Sechsfache des Ausgangsvolumens) und den Absinth hinzufügen. Noch 10 Sekunden aufschlagen, dann den Schaum in den vorbereiteten Gastronormbehälter füllen und einfrieren.

8   Sobald er fest gefroren ist, kann der Schaum portioniert und als gefrorenes Baiser serviert werden. Gut verpackt ist er im Gefrierschrank 1 Woche haltbar.

DESTILLIERTER APFELSAFT / APFELKRAUT

ERGIBT 600 G

ZUTATEN	MENGE	ANTEIL IN %
APFELSAFT		
Äpfel der Sorte Granny Smith	1,6 kg	88,88 %
extra feiner Kristallzucker	200 g	11,12 %

1 Apfelsaft: Die Äpfel halbieren und jede Hälfte in 4 Spalten schneiden. Entsaften (siehe Hinweis).

2 Den Saft in den Destillator füllen und den Betrieb starten.

3 Wenn der Großteil des Safts destilliert wurde (95 %), bleibt eine dickflüssige, braune Masse am Boden des Destillators zurück. Das ist das Apfelkraut. Bis zum Anrichten in einem luftdicht verschlossenen Behälter bei Raumtemperatur aufbewahren. Kühl und trocken gelagert ist das Apfelkraut fast unbegrenzt haltbar.

4 Den Zucker zum destillierten Apfelsaft geben und umrühren, bis er sich aufgelöst hat. Mit der Zubereitung des Gelees fortfahren.

HINWEIS Für diese Zwecke sind Entsafter der Marke Champion am besten geeignet.

GELEE VOM DESTILLIERTEN GRANNY-SMITH-APFELSAFT

ERGIBT 600 G

ZUTATEN	MENGE	ANTEIL IN %
APFELGELEE		
Destillierter Apfelsaft	600 g	98,52 %
Blattgelatine (Silber), eingeweicht in kaltem Wasser, gut ausgedrückt	9 g	1,48 %

1 Auf einem Blech 10 Schüsseln bereitstellen. Die Gelatine mit 10 % des destillierten Apfelsafts in einen kleinen Topf geben und bei mäßiger Hitze unter Rühren vorsichtig darin auflösen.

2 Diese Flüssigkeit unter den restlichen Apfelsaft rühren.

3 Die Flüssigkeit in einen Dosiertrichter füllen und damit je 60 g in die bereitgestellten Schüsseln füllen.

4 Zum Gelieren in den Kühlraum stellen. Das sollte mindestens 2 Stunden vor dem Anrichten geschehen, damit die Gelatine vollständig erstarrt. Die Schüsseln abdecken, sobald die Flüssigkeit geliert ist. Reste müssen gegebenenfalls nach dem Service entsorgt werden.

TARTE-TATIN-EIS
ERGIBT 717 G

ZUTATEN	MENGE	ANTEIL IN %
GRUNDMASSE		
Zucker	200 g	24,91 %
Zimtpulver	3 g	0,37 %
Äpfel der Sorte Golden Delicious, geschält, entkernt und geviertelt	600 g	74,72 %
Blattgelatine (Silber), eingeweicht in kaltem Wasser, gut ausgedrückt	17,5 g	2,44 %

1   Den Konvektomaten auf 150 °C vorheizen.

2   Den Zucker in einen kleinen Topf geben und mit der auf S. 60 beschriebenen, trockenen Methode karamellisieren.

3   Den Karamell in eine runde Kuchenform à 20 cm Durchmesser (7,5 cm tief) gießen und die Form hin und her bewegen, sodass sich der Karamell gleichmäßig über den Boden verteilt.

4   Das Zimtpulver gleichmäßig über dem Karamell verteilen.

5   Die geviertelten Äpfel leicht überlappend auf dem Karamell in der Kuchenform verteilen. Die Form mit Alufolie abdecken.

6   Etwa 20 Minuten im vorgeheizten Konvektomaten backen, bis die Äpfel zart sind. Die Folie entfernen, die Temperatur auf 120 °C reduzieren und das Ganze weitere 20 Minuten backen. Die Äpfel sollten nun bernsteinfarben bis braun sein. Aus der Form in eine Schüssel stürzen.

7   Ein Blech mit einer Silikonmatte auslegen. Zehn 19 cm lange PVC-Zylinder mit je 2,5 cm Durchmesser mit Acetatfolie auskleiden und sie so auf das vorbereitete Blech stellen.

8   Die Schüssel mit den warmen, karamellisierten Äpfeln über ein warmes Wasserbad stellen. Die Gelatine auf die Äpfel geben. Damit die Gelatine schmilzt, müssen die Äpfel warm sein – wenn sie abgekühlt sind, müssen sie vorher also kurz im heißen Ofen aufgewärmt werden.

9   Die geschmolzene Gelatine unterrühren und die Mischung dann pürieren. Das Püree in einen Spritzbeutel geben und damit in die vorbereiteten PVC-Zylinder füllen.

10   Die gefüllten Zylinder in den Gefrierschrank stellen. Sobald das Apfel-Püree fest gefroren ist, kann es aus den Zylindern genommen werden. Die Acetatfolie aber erst kurz vor dem Anrichten entfernen. In einem luftdicht verschlossenen Behälter im Gefrierschrank ist es 5 Tage haltbar.

CRÈME-CHANTILLY-BAND
ERGIBT 254 G

ZUTATEN	MENGE	ANTEIL IN %
Schlagsahne	120 g	47,24 %
Zucker	30 g	11,81 %
Vollmilch	100 g	39,37 %
Agaroid RS-507 (siehe Hinweis)	4 g	1,57 %

1   Ein Eiswasserbad aus gleichen Mengen kaltem Wasser und Eiswürfeln vorbereiten (je 2 kg).

2   Einen Sahnesiphon mit 2 N_2O-Kapseln zum Aufladen bereithalten. Eine Nadeltülle auf den Siphon schrauben. Diese Tülle sollte schmal genug sein, um in den lebensmittelechten Schlauch (0,4 cm Durchmesser) zu passen. Alternativ kann für diesen Zweck auch eine Airbrush-Pistole mit Kompressor und entsprechendem Aufsatz verwendet werden.

3   Schlagsahne und Zucker zusammen aufwärmen, damit sich der Zucker vollständig in der Sahne auflöst (in der Mikrowelle oder auf dem Herd). Warm halten.

4   Die Milch in einen Topf mit 960 ml Fassungsvermögen geben. Das Agaroid unter ständigem Rühren mit dem Schneebesen langsam hinzufügen, damit es nicht verklumpt.

5 Bei mäßig starker Hitze unter ständigem Rühren aufkochen und dann 5 Sekunden köcheln lassen, um das Agaroid vollständig zu hydrieren. Die heiße Sahne unterrühren (sie muss heiß sein, da das Agaroid in Kontakt mit einer kalten Flüssigkeit gelieren würde).

6 Die heiße Flüssigkeit in eine Spritzflasche füllen.

7 Mithilfe der Spritzflasche 10 jeweils 100 cm lange, lebensmittelechte Schläuche mit 0,4 cm Durchmesser mit der heißen Flüssigkeit füllen. Die Schläuche immer sofort in das Eiswasserbad fallen lassen, sobald sie gefüllt sind, damit die Masse darin geliert.

8 Die Masse kann aus den Schläuchen entfernt werden, wenn sie vollständig geliert ist. Dafür die Schläuche jeweils 10 Sekunden in ein warmes (nicht heißes) Wasserbad legen. Dann die Nadeltülle in ein Ende des Schlauches stecken. Zwischen Tülle und Schlauch darf es keine Lücken geben, damit keine Luft an der Seite entweichen kann. Vorsichtig den Ventilhebel bedienen, sodass das durch die Tülle austretende Gas die gelierte Chantilly-Masse aus dem Schlauch drückt. Die Chantilly-Bänder auf eine saubere Silikonmatte legen. Mit der Airbrush-Pistole, einem entsprechenden Aufsatz und dem Kompressor können die Chantilly-Bänder nach dem gleichen Prinzip aus den Schläuchen entfernt werden. Die Bänder sind in einem luftdicht verschlossenen Behälter im Kühlschrank bis zu 4 Tage haltbar.

HINWEIS Bei Agaroid RS-507 handelt es sich um eine fertige Mischung aus Agar-Agar, Johannisbrotkernmehl, Xanthan und Karrageen. Diese Mischung sorgt für ein weiches und elastisches Gelee, das sich relativ problemlos um die Eis-Zylinder wickeln lässt, ohne einzureißen. Wenn Sie das Produkt nicht beziehen können, stellen Sie einfach Ihre eigene Mischung zusammen: 60 % Agar-Agar, 20 % Johannisbrotkernmehl, 10 % Xanthan und 10 % Karrageen.

APFELCHIPS
ERGIBT 50 STÜCK

ZUTATEN	MENGE	ANTEIL IN %
Läuterzucker (50 °Brix)	400 g	99,26 %
Ascorbinsäure	3 g	0,74 %
1 Apfel der Sorte Granny Smith		

1 Läuterzucker und Ascorbinsäure zusammen in einem kleinen Topf aufkochen. Vom Herd nehmen.

2 Den Apfel in möglichst dünne Scheiben schneiden (1 – 2 mm maximal), am besten mit der Mandoline oder einer elektrischen Schneidemaschine. Die Apfelscheiben immer sofort in den heißen Läuterzucker legen.

3 Die Apfelscheiben im Läuterzucker abkühlen und über Nacht im Kühlschrank ziehen lassen.

4 Am folgenden Tag mit einer runden Ausstechform (2,5 cm Durchmesser) Kreise aus den Apfelscheiben ausschneiden. Die kreisrunden Scheiben auf Küchenpapier legen und trocken tupfen. Dann nebeneinander auf eine Silikonmatte legen und darauf bei 65 °C im Dörrgerät in etwa 2 Stunden vollständig trocknen. Alternativ können die Apfelscheiben auch bei möglichst niedriger Temperatur (unter 100 °C) im Ofen etwa 1 Stunde getrocknet werden.

5 Die getrockneten Apfelscheiben vorsichtig mit einer kleinen Winkelpalette von der Silikonmatte lösen. In einem luftdicht verschlossenen Behälter können sie bis zu 1 Woche aufbewahrt werden. Täglich überprüfen, ob die Apfelchips noch kross sind und wenn nicht, kurz im Dörrgerät oder Ofen auffrischen.

HINWEIS Aus einem Apfel werden mehr als die für das Dessert benötigten 10 Portionen der Apfelchips gewonnen. Trotzdem muss für die korrekte Zubereitung ein ganzer Apfel verarbeitet werden.

GEFRORENER
PAIN D'ÉPICES-SCHAUM

ERGIBT 10 PORTIONEN

ZUTATEN	MENGE	ANTEIL IN %
PAIN D'ÉPICES-MISCHUNG		
Zimtpulver	5 g	33,33 %
gemahlener Ingwer	3 g	23,33 %
Muskatnuss, frisch gerieben	1 g	6,67 %
Gewürznelken, gemahlen	1 g	6,67 %
Schwarzer Pfeffer, frisch gemahlen	1 g	6,67 %
Anissamen, gemahlen	2 g	13,33 %
Orangenzesten	> 1 g	10 %
SCHAUM		
Magermilch	150 g	68,73 %
Pain d'épices-Mischung	2 g	1,15 %
Zucker	20 g	9,16 %
Akazienhonig	45 g	20,62 %
Xanthan	1 g	0,34 %

1   Gewürzmischung: Alle Zutaten für die Pain d'épices-Mischung zusammen in eine Kaffeemühle geben und fein mahlen, damit eine gleichmäßige Mischung entsteht. In einem luftdicht verschlossenen Behälter ist die Pain d'épices-Mischung 6 Monate haltbar.

2   Für die Zubereitung des Schaumes wird ein Vakuumbehälter mit 2,1 l Fassungsvermögen benötigt (ein sogenannter Quick Marinator). Das Innere des Behälters leicht mit Sprühfett überziehen und mit Frischhaltefolie auslegen. Die Drehscheibe auf dem Deckel auf „Vakuum" einstellen.

3   Schaum: Milch, Gewürzmischung, Zucker und Honig im Standmixer oder der Küchenmaschine gleichmäßig vermischen.

4   Das Xanthan allmählich hinzufügen, während der Mixer bei mäßiger Geschwindigkeit läuft. 1 Minute weiter pürieren.

5   Die Mischung in den vorbereiteten Vakuumbehälter gießen und den Deckel verschließen. Mit der Vakuumiermaschine vakuumieren. Dadurch weiten sich die Bläschen in der Flüssigkeit aus und sie breitet sich so im ganzen Behälter aus. Die Drehscheibe des Deckels auf „Schließen" stellen.

6   In den Gefrierschrank geben, bis der Schaum fest geworden ist. Wie lange das dauert, hängt vom Gefrierschrank ab. Wenn möglich, einen Schockfroster verwenden.

7   Den Schaum bis zum Anrichten im Gefrierschrank aufbewahren und die einzelnen Portionen nach Bedarf abschneiden. Solange der Schaum gut abgedeckt ist, hält er sich im Gefrierschrank bis zu 3 Tage.

KLARES KAFFEE-GELEE,
VERSETZT MIT GRANATAPFELSAFT

ERGIBT 652 G

ZUTATEN	MENGE	ANTEIL IN %
Kaffee	1 kg	
Destillierter Kaffee	500 g	75,9 %
Zucker	150 g	22,77 %
Gellan (niedriger Acylanteil)	3 g	0,43 %
Kalziumlaktat	6 g	0,91 %
Granatapfelsaft	1 kg	

1   Den Kaffee in den Destillator füllen und vollständig destillieren. Dafür sollte am besten ein starker Kaffee verwendet werden. Mit einer Pressstempelkanne (French Press) gelingt so ein Kaffee am besten. Für diesen Zweck Espresso zu kochen ist keine gute Idee – das Endprodukt wäre extrem bitter.

2   Die destillierte Flüssigkeit kann im Kühlschrank bis zu 5 Tage aufbewahrt werden.

3   Auf ein Blech oder Tablett 10 jeweils mindestens 5 cm hohe zylindrische Gläser mit einem Durchmesser von 4 cm bereitstellen. Die Gläser müssen gerade sein und dürfen am Boden nicht schmaler werden, damit das Gelee die gewünschte Form bekommt. Auch der Glasboden muss eben sein (nicht konkav).

4   Den destillierten Kaffee in einen kleinen Topf geben und den Zucker unterrühren, bis er sich aufgelöst hat. Abschmecken und gegebenenfalls nachsüßen. Gellan und Kalziumlaktat unter die kalte Flüssigkeit rühren.

5   Aufkochen und 5 Sekunden köcheln lassen, damit das Gellan hydriert wird und sich das Kalziumlaktat vollständig auflöst.

6   Vom Herd nehmen und gleichmäßig auf die bereitgestellten Gläser verteilen (je 60 g pro Glas). Im Kühlschrank gelieren lassen.

7   Die gelierte Masse vorsichtig aus den Gläsern lösen. Dann kann sie bis zu 24 Stunden im Kühlschrank aufbewahrt werden.

8   Das Kaffeegelee zusammen mit dem Granatapfelsaft in einen ⅙-Gastronormbehälter geben und 1 Stunde darin ziehen lassen.

9   Das Kaffeegelee aus dem Saft nehmen und mit Küchenpapier trocken tupfen.

HINWEIS Das Kaffeegelee sollte am Tag der Zubereitung serviert werden.

Um besonders gute Resultate zu erzielen, sollten etwa jede Stunde ein paar Portionen Kaffeegelee im Granatapfelsaft eingelegt werden, denn sie sehen am besten aus, wenn sie frisch fertiggestellt wurden. Mit der Zeit zieht der Granatapfelsaft immer weiter in das Gelee ein, sodass der schöne optische Effekt des intensiv roten Rings auf der Oberfläche verloren geht.

LAKRITZ-SAUCE

ERGIBT 470 G

ZUTATEN	MENGE	ANTEIL IN %
Lakritze	150 g	31,91 %
Wasser	320 g	68,09 %

1   Beide Zutaten in einem kleinen Topf bei starker Hitze kurz aufkochen und bei mäßiger Hitze sanft köcheln lassen, bis sich die Lakritze aufgelöst hat. Mit dem Stabmixer pürieren und dann durch ein feines Sieb streichen.

2   Die heiße Flüssigkeit in einen Spritzbeutel füllen und damit in rechteckige Formen spritzen, bis diese zu ⅓ gefüllt sind. Um Luftbläschen zu vermeiden, zunächst etwas Sauce mit einem Pinsel auf den Boden der Formen streichen und dann die entsprechende Menge Sauce darauf spritzen. Einfrieren. Die fest gefrorenen Saucen-Portionen aus den Formen lösen. In einem luftdicht verschlossenen Behälter können sie bis zu 3 Wochen eingefroren werden.

HINWEIS Am besten weiche Lakritze-Happen verwenden, z. B. von der Marke Finnska.

KANDIERTE ORANGENSCHALE

ERGIBT 220 G

ZUTATEN	MENGE	ANTEIL IN %
Orangenschale	20 g	9,09 %
Läuterzucker (50 °Brix)	200 g	90,91 %

1 Die Schale einer unbehandelten Orange mit dem Sparschäler von oben nach unten abschälen. Reste des weißen Marks mit einem scharfen Messer vorsichtig entfernen.

2 Die Schale in sehr feine Streifen schneiden (Chiffonade).

3 Die Orangenschalen-Streifen zusammen mit dem Läuterzucker in einen kleinen Topf geben und bei mäßiger Hitze köcheln lassen, bis sie fast durchsichtig erscheinen. Den Läuterzucker dann zügig abgießen und die Schalen rasch abkühlen lassen, damit der Läuterzucker nicht kristallisiert.

4 Die kandierten Orangenschalen-Streifen, sobald sie abgekühlt sind, in einen Behälter füllen und diesen luftdicht verschließen. Im Kühlschrank halten sich die kandierten Orangenschalen so bis zu 5 Tage.

VARIATION Anstelle der Orangenschale kann auch die Schale einer unbehandelten Zitrone wie oben beschrieben kandiert werden.

KARAMELLISIERTE HONIG-SAUCE

ERGIBT 1,4 KG

ZUTATEN	MENGE	ANTEIL IN %
Wildblütenhonig	1 kg	71,43 %
Wasser	400 g	28,57 %

1 Den Honig in einen großen Topf geben (etwa 4 l Fassungsvermögen) und bei starker Hitze aufkochen. Dann bei mäßiger Hitze köcheln lassen. Inzwischen das Wasser in einem separaten Topf zum Sieden bringen. Den Honig köcheln lassen, bis er bernsteinfarben ist, bzw. fast dunkelbraun. Das dauert etwa 30 Minuten. In dieser Zeit wird er um 75 % reduzieren und andicken. Damit die Sauce die richtige Konsistenz bekommt, muss daher Wasser untergemischt werden.

2 Sobald der Honig reduziert ist, das heiße Wasser allmählich unterrühren. Das Ziel ist ein dickflüssiger Sirup, der als Sauce verwendet werden kann. Ist er zu dickflüssig, ergibt er keine gute Sauce.

3 Bei Raumtemperatur abkühlen lassen und in einem luftdicht verschlossenen Behälter aufbewahren (ebenfalls bei Raumtemperatur). Unter diesen Bedingungen ist die Sauce fast unbegrenzt haltbar.

FEIGENPAPIER-UMSCHLÄGE

ERGIBT 253 G

ZUTATEN	MENGE	ANTEIL IN %
Feigen-Püree	250 g	98,52 %
Methocel A7C	2 g	0,99 %
Xanthan (0,5 %)	1 g	0,49 %

1 Das Feigenpapier sollte am besten mindestens 8 Stunden vor dem Service oder am Tag vorher zubereitet werden, damit es im Dörrgerät vollständig trocknet und schön kross wird.

2 Aus dünner Acetatfolie mithilfe von einem Lineal und einem scharfen Messer 10 Schablonen ausschneiden (Vorlage siehe unten).

3 Das Feigen-Püree in den Standmixer oder die Küchenmaschine geben und das Methocel A7C bei mäßiger Geschwindigkeit allmählich hinzufügen. Weiter pürieren und langsam das Xanthan hinzufügen. Es sollte eine zähe Masse entstehen.

4 Die Püreemasse mit einer kleinen Winkelpalette gleichmäßig in einer dünnen Schicht auf den Schablonen verteilen.

5 Die Schablonen mit der Feigen-Püree-Schicht mit ausreichend Abstand in das auf 65 °C eingestellte Dörrgerät geben und darin mindestens 8 Stunden trocknen lassen, besser über Nacht. Die Feigenpapier-Umschläge können dann bis zu 2 Tage im Dörrgerät aufbewahrt werden. Danach sind sie so stark getrocknet, dass sie zu empfindlich sind, um noch gefaltet werden zu können.

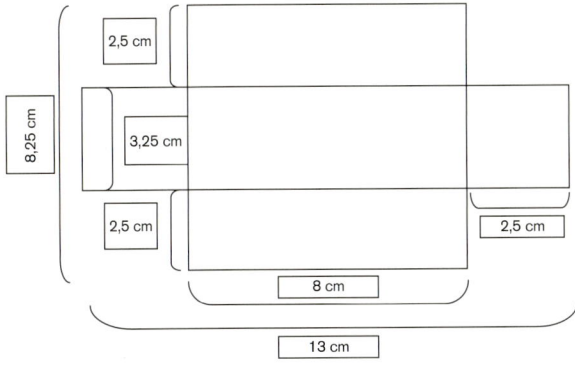

KANDIERTE LÖWENZAHNBLÜTEN

ERGIBT 10 STÜCK

ZUTATEN	MENGE
Unbehandelte Bio-Löwenzahnblüten	10 Stück
Läuterzucker (50 °Brix)	500 g

1 Es müssen unbedingt unbehandelte Löwenzahnblüten verwendet werden. Im Grunde genommen wächst Löwenzahn fast überall wild, Sie müssen aber darauf achten, dass die Blüten nicht von einer Wiese stammen, auf der Pestizide versprüht wurden oder auf der sich Haustiere erleichtert haben könnten. Die Stängel entfernen.

2 Ein Plexiglas-Brett mit Acetatfolie abdecken. Brett und Folie sollten ausreichend Platz bieten, um die Löwenzahnblüten nebeneinander darauf legen zu können (etwa 12,5 cm Seitenlänge). Zunächst etwas Sprühfett auf das Plexiglas-Brett geben und dann mit einem Küchenpapier gleichmäßig verteilen, damit die Acetatfolie später darauf nicht verrutscht. Die Acetatfolie auf das vorbereitete Blech legen und mit einem sauberen Küchenpapier glatt streichen.

3 Das Dörrgerät auf 50 °C einstellen.

4 Den Läuterzucker bei mäßiger Hitze zum Sieden bringen.

5 Die Löwenzahnblüten 2 Minuten im siedenden Läuterzucker ziehen lassen. Nicht länger, damit sie nicht zerfallen.

6 Die Blüten vorsichtig aus dem Läuterzucker heben und mit dem Stängelansatz nach oben auf die vorbereitete Acetatfolie legen.

7 Mindestens 2 Stunden im Dörrgerät trocknen.

8 Die getrockneten, kandierten Löwenzahnblüten vorsichtig von der Acetatfolie heben, damit sie nicht zerbrechen.

9 Zusammen mit lebensmittelechtem Silikagel in einem luftdicht verschlossenen Behälter aufbewaren, damit die kandierten Blüten nicht weich werden. Gegebenenfalls vor dem Service nochmals 30 Minuten im Dörrgerät auffrischen, damit die Blüten schön kross sind, wenn sie serviert werden.

KÄSE ALS DESSERT

Es gibt zwei Möglichkeiten, Käse als Dessert zu servieren: Auf einem Käsewagen können verschiedene Käsesorten präsentiert werden, aus denen sich die Gäste dann ihre Favoriten auswählen können. Die alternative Möglichkeit der Darreichung von Käse ist es, eine Speise zu kreieren, die einen bestimmten Käse in den Mittelpunkt stellt (siehe z.B. Robiola Bosina / Kirschkonfitüre / Geröstete Brioche auf S. 127). Beide Möglichkeiten sind durchaus salonfähig, jeder Stil bringt aber auch bestimmte Herausforderungen mit sich.

Es ist nicht leicht, die richtige Auswahl an Käsesorten für den Käsewagen zusammenzustellen. Dafür braucht man ein gutes Grundlagenwissen zu Käse. Welche Milchsorten werden bei der Produktion verwendet? Es gibt Büffelmilch-, Kuhmilch-, Schafsmilch- und Ziegenmilch-Käse sowie Käse, die auf einer Kombination verschiedener Milchsorten basieren. In welche Kategorie gehört der Käse, was Art und Textur angeht? Es gibt Blauschimmelkäse, Hartkäse, Schnittkäse, halbfesten Käse, Weichkäse, Käse mit Rotschmiere auf der Rinde, Weißschimmelkäse, etc. Wie lange ist der jeweilige Käse haltbar? Was ist überhaupt Affinage? (Antwort: In diesem Zusammenhang bezieht sich das französische Wort Affinage auf den Reifungsprozess von Käse. Die verschiedenen Käsesorten müssen dafür unterschiedlich behandelt werden und diese Kunst beherrscht der sogenannte Affineur.) Es gibt eine Menge über Käse zu lernen und das dauert seine Zeit. Verkosten Sie so viel Käse wie Sie nur können und bringen Sie so viel wie möglich darüber in Erfahrung, bevor Sie sich an die Zusammenstellung einer Käseauswahl machen. Je nachdem, was Ihnen vorschwebt und welche Möglichkeiten Ihnen zur Verfügung stehen, kann die Käseauswahl klein aber fein oder groß und umfassend sein. Dabei kommt es auch ein wenig auf die Ausbildung Ihrer Servicemitarbeiter an – sie müssen gut über die zur Auswahl stehenden Käsesorten informiert sein. Der Patissier muss nicht unbedingt für das Käse-Programm verantwortlich sein, es ist aber durchaus möglich, dass Sie diese Verantwortung übernehmen möchten, denn theoretisch wird Käse ja ebenso wie Desserts am Ende einer Mahlzeit serviert. Bedenken Sie aber auch, dass das Käse-Angebot eine weitere Speisenoption bedeutet, die eventuell die Gäste davon abhalten wird, eines Ihrer eigentlichen Desserts zu bestellen.

Feste Käseplatten sind keine schlechte Alternative zum Käsewagen, da Sie die Auswahl darauf auf wenige Sorten beschränken können (z.B. zwei oder drei verschiedene Käse, jeweils mit einer passenden Begleitung wie Sauce, Senf, etc.). Solche Angebote sind eine hervorragende Möglichkeit zum Übergang vom Hauptgericht zum Dessert (oder Pre-Dessert), da darauf herzhafte Zutaten mit tendenziell süßen Komponenten kombiniert werden können.

Achtung: Ein Käsewagen muss eine entsprechende Abdeckung haben, die nur zur Auswahl bzw. Entnahme des Käses geöffnet werden sollte, damit keine Insekten, Staub oder Sonstiges mit dem Käse in Kontakt kommt und, damit der Käse nicht austrocknet – was je nach Käsesorte schnell geschieht, nachdem er einmal angeschnitten wurde.

DATTELKUCHEN-STREUSEL
ERGIBT 1,04 KG

ZUTATEN	MENGE	ANTEIL IN %
Wasser	315 g	31,37 %
Datteln, entsteint	175 g	17,43 %
Natron	5 g	0,5 %
Weizenmehl (Type 405)	185 g	18,43 %
Backpulver	2 g	0,2 %
Salz	2 g	0,2 %
Butter	60 g	5,98 %
Zucker	140 g	13,94 %
Eier, bei Raumtemperatur	120 g	11,95 %
Kakaopulver	45 g	

1   Den Konvektomaten auf 160 °C vorheizen.

2   Ein kleines, tiefes Blech (etwa 45 x 33 cm) leicht mit Sprühfett fetten und mit einer Silikonmatte auslegen.

3   Wasser und Datteln in einem kleinen Topf zusammen aufkochen und dann etwa 5 Minuten sanft köcheln lassen. Vom Herd nehmen.

4   Das Natron hinzufügen und das Ganze 20 Minuten stehen lassen. Dann mit dem Pürierstab zu einer glatten Masse verarbeiten.

5   Mehl, Backpulver und Salz zusammen in eine Schüssel sieben.

6   Butter und Zucker in der Standküchenmaschine mit dem Rührelement in etwa 3 Minuten schaumig schlagen.

7   Die Geschwindigkeit etwas reduzieren und die Eier in 4 Etappen unter die schaumige Masse rühren. Dabei nach jeder Zugabe warten, bis die Eier vollständig untergemischt wurden, bevor die nächste Portion hinzugefügt wird.

8   Die Maschine anhalten, sobald die Eier vollständig untergemischt wurden, die Mehlmischung hinzufügen und dann langsam unterrühren, bis sich die Zutaten gerade eben zu einer Masse verbunden haben. Nun das Dattel-Püree untermischen.

9   Die Masse gleichmäßig im vorbereiteten Blech verteilen und die Oberfläche mit der Winkelpalette glätten.

10   Im vorgeheizten Konvektomaten 7 – 10 Minuten backen. Der Kuchen ist soweit, sobald er zurückfedert, wenn man sanft mit den Fingerspitzen auf die Mitte der Oberfläche drückt.

11   Auf Raumtemperatur abkühlen lassen.

12   Den Kuchen in etwa 2,5 cm große Würfel scheiden (sie müssen nicht perfekt sein).

13   Einfrieren, bis die Würfel hart sind.

14   Die hart gefrorenen Würfel im Robot Coupe zerkleinern. Die Krümel einfrieren und, wenn sie wieder hart sind, im Robot Coupe noch weiter zerkleinern, sodass feine Streusel entstehen. Die Streusel zusammen mit dem Kakaopulver in eine Schüssel geben und darin schwenken, sodass sie rundherum damit bedeckt sind.

15   In einem luftdicht verschlossenen Behälter halten sich die Streusel 3 Tage.

ROTE-BETE-GELEE

ERGIBT 202 G

ZUTATEN	MENGE	ANTEIL IN %
Rote-Bete-Saft	200 g	98,57 %
Salz	2 g	0,74 %
Gellan (geringer Acylanteil)	1 g	0,69 %

1 Einen rechteckigen (etwa 45 x 33 x 3 cm) Kunststoffbehälter bereitstellen.

2 Alle Zutaten in einem kleinen Topf mit dem Schneebesen verrühren.

3 Aufkochen und vom Herd nehmen. Schaum von der Oberfläche abschöpfen.

4 Die Flüssigkeit in den Kunststoffbehälter gießen und den Behälter hin und her bewegen, damit sich die Flüssigkeit gleichmäßig auf dem Boden verteilt.

5 Auf Raumtemperatur abkühlen lassen und dann zum Gelieren in den Kühlschrank stellen.

6 Das Gelee mit einem kleinen, scharfen Messer und mithilfe eines Lineals in Rechtecke à 7,5 x 8 cm schneiden.

7 Gut abgedeckt im Kühlschrank aufbewahren. Das Gelee hält sich bis zu 3 Tage.

BAYRISCHE CREME MIT ZIEGENKÄSE

ERGIBT 506 G

ZUTATEN	MENGE	ANTEIL IN %
ZIEGENKÄSE-ANGLAISE		
Vollmilch	130 g	36,62 %
Ziegenweichkäse	130 g	36,62 %
Zucker	45 g	12,68 %
Eigelb	50 g	14,08 %
BAYRISCHE CREME		
Ziegenkäse-Anglaise	300 g	59,29 %
Schlagsahne	200 g	39,53 %
Blattgelatine (Silber), eingeweicht in kaltem Wasser, gut ausgedrückt	6 g	1,19 %

1 Für die Zubereitung der Ziegenkäse-Anglaise die auf S. 27 beschriebene Methode befolgen. Milch und Ziegenkäse zunächst mit einem Pürierstab gut vermischen. Die Bayrische Creme mit der auf S. 30 beschriebenen Methode zubereiten.

2 Ein Backblech mit einer Silikonmatte auslegen. Zehn 7,5 cm lange PVC-Rohre mit 2,5 cm Durchmesser mit Acetatfolie auslegen und auf das vorbereitete Blech stellen.

3 Die Bayrische Creme mithilfe eines Spritzbeutels in die vorbereiteten Rohre füllen und die Oberfläche mit einer Winkelpalette glattstreichen. Einfrieren, damit die Masse fest wird.

4 Die feste Masse vorsichtig aus den Rohren nehmen und die Acetatfolie entfernen.

5 Die gefrorenen Bayrische-Creme-Zylinder auf ein gekühltes, mit einer sauberen Silikonmatte ausgelegtes Blech legen (ohne dass sie sich berühren) und gut abgedeckt im Kühlschrank aufbewahren. Reste nach dem Service gut in Frischhaltefolie einwickeln, dann sind sie im Kühlschrank 2 Tage haltbar.

SCHOKOLADEN-KAPSELN MIT FLÜSSIGER FÜLLUNG

ERGIBT 215 G

ZUTATEN	MENGE	ANTEIL IN %
FLÜSSIGE SCHOKOLADEN-FÜLLUNG		
Wasser	80 g	37,21 %
Zucker	60 g	27,91 %
Kakaopulver	25 g	11,63 %
Sahne	50 g	23,26 %
GEL-HÜLLE		
Wasser	625 g	89,29 %
Zucker	50 g	7,14 %
Genutine 400-C (siehe Hinweis)	25 g	3,57 %
Läuterzucker (50 °Brix), gekühlt	200 g	

1 Für die Zubereitung der flüssigen Schokoladenfüllung Wasser und Zucker in einem Topf mit etwa 1 l Fassungsvermögen bei starker Hitze kochen lassen, bis sich der Zucker vollständig aufgelöst hat.

2 Vom Herd nehmen, das Kakaopulver hinzufügen und mit dem Schneebesen unterrühren, bis es sich aufgelöst hat.

3 Den Topf zurück auf den Herd stellen und die Mischung erneut aufkochen. Die Sahne unterrühren und sanft köcheln lassen.

4 Unter häufigem Rühren insgesamt 15 Minuten weiter sanft köcheln lassen.

5 Den Topf mit der Sauce zum Abkühlen in ein Eiswasserbad stellen. In einem luftdicht verschlossenen Behälter ist die Sauce dann bis zu 4 Tage haltbar.

6 Silikonformen für Halbkugeln à 2,5 cm Durchmesser bereitstellen (es sollen insgesamt 10 Halbkugeln hergestellt werden) und die abgekühlte Sauce hineinfüllen.

7 Einfrieren, damit die Sauce fest wird, und bis zum Anrichten in den Formen lassen.

8 Für die Zubereitung der Gel-Hülle Wasser und Zucker in einen kleinen Topf geben.

9 Die Genutine hinzufügen und mit dem Pürierstab untermischen.

10 Bei starker Hitze unter Rühren aufkochen.

11 Bei Raumtemperatur auf 50 °C abkühlen lassen.

12 Die Halbkugeln aus den Formen lösen. 5 Stück gut abgedeckt im Gefrierschrank lassen, damit sie nicht beginnen zu schmelzen, während die anderen Kapseln fertiggestellt werden.

13 Eine lange Nadel oder Reisnadel in die Mitte der flachen Seite einer gefrorenen Halbkugel stecken, sie so 2 Sekunden in das warme Gel halten und dann schnell herausziehen. Die Halbkugeln sollten wirklich erst kurz bevor sie in das Gel getaucht werden sollen, aus den Formen gelöst werden, damit sich keine Kondensationsschicht auf der Oberfläche bildet. Das Gel würde dann auf dieser Kondensationsschicht gelieren und von der Halbkugel gleiten.

14 Sobald die Halbkugel an der Nadel aus dem Gel gezogen wurde, muss sie umgedreht werden, sodass die Kuppel nach oben zeigt und überschüssige Schokolade nach unten (entlang der Nadel) ablaufen kann, damit die Halbkugel eine gleichmäßige Oberfläche bekommt.

15 Die überzogene Halbkugel in den kalten Läuterzucker tunken. Dadurch geliert das Gel vollständig aus. Die Kugeln nun mit den Fingern vorsichtig von der Nadel ziehen. Sie wird ein winziges Loch hinterlassen, aber keine Sorge – die flüssige Schokoladenfüllung wird nicht auslaufen, da sie nicht besonders dünnflüssig ist.

16 Die fertigen Kapseln im gekühlten Läuterzucker aufbewahren. So sind sie 3 Tage haltbar.

HINWEIS Genutine 400-C ist eine im Fachhandel erhältliche Mischung aus Karrageen (Kappa-Typ) und Johannisbrotkernmehl. Alternativ kann eine entsprechende Mischung aus 60 % Kappa-Karrageen und 40 % Johannisbrotkernmehl zusammengestellt werden (z. B. 30 g Karrageen und 20 g Johannisbrotkernmehl).

VANILLE-CREME-MANTEL

ERGIBT 407 G

ZUTATEN	MENGE	ANTEIL IN %
Half-and-Half (alternativ Vollmilch und Schlagsahne im Verhältnis 1:1)	350 g	86 %
Zucker	50 g	12,29 %
Vanillepaste	5 g	1,23 %
Universal-Pektin (Pektin NH 95), siehe Hinweis	2 g	0,49 %

1 Ein flaches Blech (etwa 45 x 33 cm) umgekehrt auf die Arbeitsfläche stellen und mit Sprühfett fetten. Das Fett mit Küchenpapier gleichmäßig verteilen. Eine Acetatfolie auf das Blech legen und mit einem sauberen Küchenpapier glatt streichen, damit keine Luftbläschen zwischen Acetatfolie und Blech zurückbleiben.

2 Wenn vorhanden, einen 3 mm tiefen Rahmen aus Plexiglas auf die Acetatfolie stellen (er sollte etwas kleiner sein, als das Blech). Diese Rahmen können auch auf Bestellung produziert werden. Alternativ sind auch Metallrahmen geeignet, wie sie bei der Zubereitung von Karamell-riegeln zum Einsatz kommen. Den Rahmen von außen rundherum mit Klebeband auf der Acetatfolie befestigen, damit keine Flüssigkeit darunter hervorlaufen kann. Alternativ kann ein glattes, mit Acetatfolie ausgelegtes Kunststofftablett (mindestens 3 mm tief) verwendet werden. Die Flüssigkeit für den Vanille-Creme-Mantel wird dann direkt dort hinein gefüllt.

3 Die Half-and-Half- Mischung mit 80 % des Zuckers und der Vanille-paste aufkochen. Inzwischen den restlichen Zucker mit dem Pektin vermischen.

4 Die Pektin-Zuckermischung mit dem Pürierstab unter die kochende Flüssigkeit mischen. 1 Minute weiter kochen lassen, um das Pektin vollständig zu hydrieren.

5 Die Flüssigkeit auf 50 °C abkühlen lassen. Wenn die heiße Flüssigkeit direkt in den Rahmen gegossen wird, wellt sich die Acetatfolie und der fertige Vanille-Creme-Mantel bekommt eine unregelmäßige Oberfläche.

6 Die auf 50 °C abgekühlte Flüssigkeit in den Rahmen gießen und 20 Minuten bei Raumtemperatur stehen lassen. Dann in den Kühl-schrank stellen.

7 Die gelierte Masse mithilfe eines kleinen, spitzen Messers vom Rahmen lösen.

8 Das Gelee mit einem langen, scharfen Messer in Streifen à 12,5 x 2,5 cm schneiden. Die Messerklinge vor jedem Schnitt in heißes Wasser tauchen und dann sorgfältig abtrocknen. Die Streifen jeweils einzeln auf mit Acetatfolie ausgelegte Bleche legen, die Bleche gut mit Frischhaltefolie abdecken und im Kühlschrank aufbewahren. Die Vanille-Creme-Mäntel sind 2 Tage haltbar.

HINWEIS Das hier verwendete Pektin geliert nur in Verbindung mit Kalzium. In diesem Rezept ist das Kalzium in der Half-and-Half (Voll-milch-Schlagsahne-Mischung) schon vorhanden. Herkömmliches Pektin geliert nur in Verbindung mit Säure.

KNUSPERKARAMELL

ERGIBT 500 G

ZUTATEN	MENGE	ANTEIL IN %
Zucker	500 g	50 %

1 Die Hälfte des Zuckers unter häufigem Umrühren in einem großen Topf bei starker Hitze schmelzen und weiter erhitzen, bis er schwarz wird. Der Zucker wird also absichtlich angebrannt und dabei entsteht eine Menge Rauch. Den Topf mit der heißen Masse zum Abkühlen in eine Schüssel mit kaltem Wasser stellen (nicht in ein Eiswasserbad). So wird der Kochprozess gestoppt, damit der Zucker nicht verbrennt.

2 Den heißen Zucker zum Abkühlen auf eine leicht gefettete Marmor- arbeitsfläche gießen. Die abgekühlte, feste Masse in kleine Stückchen hacken.

3 Den angebrannten Zucker im Robot Coupe zerkleinern und dann zusammen mit der zweiten, nicht karamellisierten Hälfte des Zuckers in der Kaffeemühle fein mahlen, damit eine gleichmäßige Mischung entsteht.

4 Den Konvektomaten auf 160 °C oder den herkömmlichen Ofen auf 150 °C vorheizen. Auf jeden Fall muss die Umluft-Funktion abgestellt werden, damit der Zucker durch das Gebläse nicht im ganzen Ofen verteilt wird.

5 Ein Backblech mit einer Silikonmatte auslegen und mithilfe einer qua- dratischen Schablone à 5 cm den Zucker in gleichmäßigen Quadraten darauf streuen. Insgesamt werden 10 Zucker-Quadrate benötigt.

6 Das Blech mit den Zucker-Quadraten in den vorgeheizten Ofen schie- ben und etwa 5 Minuten erhitzen, bis die einzelnen Zuckerkristalle zu durchgängigen Quadraten verschmolzen sind.

7 Den Knusperkaramell auf Raumtemperatur abkühlen lassen. Dann kön- nen die Quadrate zusammen mit Silikagel (um sie trocken zu halten) luftdicht verpackt und an einem kühlen, trockenen Ort aufbewahrt werden. So sind sie fast unbegrenzt haltbar.

KIRSCHKONFITÜRE IN TUBEN

ERGIBT 406 G

ZUTATEN	MENGE	ANTEIL IN %
KALZIUMLÖSUNG		
Kalziumlaktat	2 g	1,8 %
Wasser	120 g	98,2 %
KIRSCHKONFITÜRE		
Kirsch-Püree (siehe Hinweise)	350 g	86,21 %
Zucker	50 g	12,32 %
Kalziumlösung	4 g	0,99 %
Universal-Pektin (Pektin NH 95)	2 g	0,49 %

1 Kalziumlaktat und Wasser für die Kalziumlösung mit dem Pürierstab ver- mischen, damit sich das Kalziumlaktat vollständig im Wasser auflöst. Im Kühlschrank aufbewahren.

2 Für die Zubereitung der Kirschkonfitüre das Kirsch-Püree zusammen mit 80 % des Zuckers und der Kalziumlösung in einem kleinen Topf aufkochen. Inzwischen den restlichen Zucker gleichmäßig mit dem Pektin vermischen.

3 Die Pektin-Zuckermischung mit dem Pürierstab gleichmäßig unter die heiße Kirschmasse mischen. Erneut aufkochen und unter ständigem Rühren mit dem Schneebesen 1 Minute köcheln lassen.

4 Die heiße Konfitüre in einen ½-Gastronormbehälter gießen und darin bei Raumtemperatur abkühlen lassen.

5 Die abgekühlte Kirschkonfitüre in 10 Tuben füllen (siehe Hinweise unten). Pro Tube je 30 g. Die Tuben verschließen und bei Raumtemperatur auf- bewahren, wenn sie noch am gleichen Tag verwendet werden sollen. Ansonsten kann die Kirschkonfitüre in den Tuben bis zu 2 Wochen im Kühlschrank aufbewahrt werden.

HINWEIS Zuerst die Kalziumlösung zubereiten, denn die Konfitüre wird mit Universal-Pektin (Pektin NH 95) geliert und das geliert nur in Verbindung mit Kalzium. Die hier angegebenen Mengen reichen zwar für deutlich mehr Kalziumlösung, als für die Kirschkonfitüre benötigt wird, aber es wäre unverhältnismäßig, nur 4 g der Lösung zuzubereiten. Schließlich sind die Reste in einem luftdicht verschlossenen Behälter im Kühlschrank sehr lange haltbar.

Bei den hier benötigten Tuben handelt es sich um lebensmittelechte Aluminiumtuben mit einem Fassungsvermögen von je 45 g.

BRIOCHE

ERGIBT 2,4 KG

ZUTATEN	MENGE	ANTEIL IN %
Vollmilch, bei 10 °C	240 g	21,63 %
Eier, bei Raumtemperatur	415 g	17,26 %
Weizenmehl (Type 550)	1,03 kg	43,04 %
Salz	27 g	1,12 %
Zucker	155 g	6,45 %
Trockenhefe	12 g	0,52 %
Butter, bei Raumtemperatur	520 g	21,63 %

EISTREICH

Eigelb	20 g	24,69 %
Eier	50 g	61,73 %
Vollmilch	10 g	12,35 %
Salz	1 g	1,23 %

1 Die Milch zusammen mit 311 g der Eier in eine große Standküchenmaschine (6 l Fassungsvermögen) geben und mit dem Knethaken umrühren. Mehl, Salz, Zucker und Hefe darauf geben und langsam vermischen, bis eine Masse entstanden ist.

2 Dann 173 g Butter hinzufügen und bei mäßiger Geschwindigkeit verkneten. Sobald die Butter vollständig und gleichmäßig unter den Teig geknetet wurde, die nächsten 173 g Butter hinzufügen. Warten, bis auch diese Portion Butter vollständig unter den Teig gemischt wurde, dann den Rest hinzufügen.

3 Kneten, bis sich das Gluten im Teig vollständig entwickelt hat. Die Glutenentwicklung wird mit dem sogenannten Fenstertest (siehe S. 95) überprüft: Ein Stück des Teigs in beide Hände nehmen und mit den Fingern in alle Richtungen ausdehnen. Der Teig sollte sich so dünn ausdehnen lassen ohne zu reißen, dass man hindurchschauen kann.

4 Die restlichen Eier hinzufügen und weiter kneten, bis sie gerade eben gleichmäßig unter die Masse gemischt wurden. Der Teig sollte nicht wärmer sein als 27 °C.

5 Den Teig aus der Schüssel nehmen und auf die leicht bemehlte Arbeitsfläche geben. Mit Frischhaltefolie abdecken und 45 Minuten gehen lassen.

6 Ein Blech mit einer Silikonmatte oder gefettetem Backpapier auslegen und den Teig darauf ausbreiten. Das Ganze rundherum in Frischhaltefolie einwickeln und dann etwa 1 Stunde kühlen, damit der Teig etwas fester wird und sich das Gluten darin entspannt. Dann kann der Teig, bevor er geformt wird, entweder bis zu 12 Stunden im Kühlschrank aufbewahrt oder eingefroren werden.

7 Die Innenflächen von 3 halbrunden Terrinenformen (5 x 40 x 4 cm) mit Sprühfett einfetten und dann mit silikonbeschichtetem Backpapier auslegen.

8 Drei Stücke à 300 g vom Teig abtrennen. Mehr wird für 10 Portionen des Desserts nicht benötigt. Der Rest des Teigs kann eingefroren werden. Von vornherein kleinere Mengen des Teigs zuzubereiten wäre nicht nur ineffizient, sondern auch schwierig. Aber der gut in Frischhaltefolie gewickelte Teig lässt sich einfrieren.

9 Die Teigstücke nacheinander auf der leicht bemehlten Arbeitsfläche mit dem Handballen flach drücken und dann mit dem Teigroller 10 cm breit und 15 cm lang ausrollen. Ein ausgerolltes Teigstück mit der langen Seite horizontal zum Rand der Arbeitsfläche legen und den Teig von hinten (oben) her aufrollen. Dabei mit den Fingerspitzen vorsichtig zusammendrücken, damit er möglichst stramm aufgerollt wird. Den Saum zwischen den Fingerspitzen fest zusammendrücken, um ihn mit dem Rest des Teigs zu verbinden. Den Teig flach drücken (dabei sollte der Saum nach oben zeigen).

10 Den Teig nun mit dem Saum nach unten in eine der vorbereiteten Formen legen und darauf achten, dass die Oberfläche gleichmäßig ist.

11 Die Zutaten für den Eistreich in einer kleinen Schüssel mit dem Schneebesen verrühren und dann durch ein feines Sieb geben. Die Oberfläche des Teigs gleichmäßig damit bepinseln.

12 Den Teig in den Formen nochmal gehen lassen, bis er sein Volumen verdoppelt hat. Bei 32 °C im Gärschrank dauert das etwa 1 Stunde 45 Minuten, bei Raumtemperatur etwa 3 Stunden. Wird der Teig bei Raumtemperatur gehen gelassen, muss er mit einer Plastiktüte abgedeckt werden, ohne dass die Plastiktüte die Oberfläche des Teigs berührt.

13 Den Konvektomaten auf 160 °C vorheizen.

14 Die Oberfläche des aufgegangenen Teigs nochmals gleichmäßig mit Eisstreich einpinseln. Dann mit einer spitzen, scharfen Schere kleine Schnitte entlang einer Linie auf der Mitte der höchsten Stelle des Teigs setzen.

15 Im vorgeheizten Ofen etwa 13 Minuten goldbraun backen.

16 Die Brioches möglichst bald aus den Formen lösen, nachdem sie aus dem Ofen genommen wurden. Kühlen die Brioches in den Formen ab, fallen sie in sich zusammen.

17 Wenn die Brioches vollständig abgekühlt sind, können sie für das Fertigstellen des Desserts verwendet werden.

HINWEIS Die frisch gebackenen Brioches können nach dem Abkühlen gut in Frischhaltefolie gewickelt eingefroren werden. So halten sie sich recht lange.

FRITTIERTE SALBEIBLÄTTCHEN
ERGIBT 10 STÜCK

ZUTATEN	MENGE	ANTEIL IN %
Erdnussöl	200 g	
Salbeiblätter	10 Stück	

1 Das Öl in einem kleinen Topf auf 185 °C erhitzen.

2 Jeweils 2 Blätter auf einmal darin frittieren. Einmal wenden. Die Salbeiblättchen sind fertig, wenn im heißen Öl keine Bläschen mehr von ihnen aufsteigen.

3 Die Blätter aus dem heißen Öl nehmen und auf Küchenpapier oder einem sauberen Küchentuch abtropfen lassen.

4 Bis zum Anrichten bei kühler Raumtemperatur an einem trockenen Ort aufbewahren. Nicht abdecken. Reste können am nächsten Tag nicht mehr verwendet werden.

VANILLE-PANNA-COTTA

ERGIBT 1,04 KG

ZUTATEN	MENGE	ANTEIL IN %
Schlagsahne	950 g	90,69 %
Tahiti-Vanilleschoten, längs halbiert und das Mark herausgekratzt	2	
Zucker	90 g	8,59 %
Blattgelatine (Silber), eingeweicht in kaltem Wasser, gut ausgedrückt	7 g	0,72 %

1   Schlagsahne, Vanilleschoten, Zucker und Vanillemark in einen mittleren Topf geben und aufkochen. Durch ein feines Sieb gießen.

2   Die eingeweichte Gelatine hinzufügen und mit dem Schneebesen umrühren, bis sie sich vollständig aufgelöst hat.

3   Lebensmittelechte Döschen mit je 30 g Fassungsvermögen bereitstellen und mithilfe eines Dosiertrichters jeweils bis zur Hälfte füllen. Die restliche Panna cotta kann bis zu 5 Tage im Kühlschrank aufbewahrt werden.

4   Die abgefüllte Panna cotta im Kühlschrank gelieren lassen. Die Döschen können dann bis zu 2 Tage im Kühlschrank aufbewahrt werden. Sobald die Grundmasse abgefüllt wurde, entwickelt sich auf der Oberfläche langsam eine Haut, da sie nicht direkt mit Frischhaltefolie abgedeckt ist.

AHORN-TAPIOKAPERLEN

ERGIBT 750 G

ZUTATEN	MENGE	ANTEIL IN %
Kleine Tapiokaperlen	150 g	5,36 %
Kaltes Wasser 1	450 g	16,07 %
Kaltes Wasser 2	2 kg	71,43 %
Ahornsirup	180 g	6,43 %
Ahornzucker	20 g	0,71 %
Salz	0,1 g	0 %

1   Die Tapiokaperlen zusammen mit der ersten Menge des kalten Wassers in einen großen Topf geben und bei starker Hitze unter Rühren mit einem Holzlöffel aufkochen. Das Wasser durch ein feinmaschiges Sieb abseihen, sobald es andickt. Die Perlen im Sieb unter fließendem kaltem Wasser abspülen, um die schleimige Masse zu entfernen, die sich durch die Tapiokastärke gebildet hat.

2   Die Tapiokaperlen daraufhin in die zweite Menge kalten Wassers geben und bei starker Hitze aufkochen. Sprudelnd kochen lassen, bis die Perlen fast durchsichtig sind. Das dauert 20 – 25 Minuten. Durch ein feinmaschiges Sieb abseihen und unter fließendem kaltem Wasser abspülen.

3   Die Perlen dann mit dem Ahornsirup, Ahornzucker und Salz vermischen und vorsichtig umrühren, damit sich der Zucker auflöst. Bis zum Anrichten im Kühlschrank aufbewahren. Nach dem Service sollten die Tapiokaperlen entsorgt werden, da sie in der feuchten Umgebung mit der Zeit so sehr aufweichen, dass sie eine unangenehm schleimige Konsistenz bekommen.

BLUTORANGEN CURD

ERGIBT 645 G

ZUTATEN	MENGE	ANTEIL IN %
Blutorangensaft	110 g	17,05 %
Zucker	150 g	23,26 %
Eier	110 g	17,05 %
Blattgelatine (Silber), eingeweicht in kaltem Wasser, gut ausgedrückt	5 g	0,78 %
Butter, sehr weich	270 g	41,86 %

1 Blutorangensaft, Zucker und Eier zusammen in eine Schüssel geben und unter ständigem Rühren über einem Wasserbad auf 85 °C erhitzen.

2 Die Gelatine hinzufügen und umrühren, bis sie sich aufgelöst hat.

3 Die weiche Butter untermischen. Damit sich die Butter gut mit den anderen Zutaten verbindet, muss sie richtig weich sein.

4 Abgedeckt mit Frischhaltefolie bei Raumtemperatur abkühlen lassen und dann im Kühlschrank aufbewahren. Das Blutorangen Curd hält sich bis zu 1 Woche.

MACARON-HÄPPCHEN

Macarons zubereiten, wie auf S. 342 und S. 344 beschrieben. Es wird nur ¼ der dort angegebenen Menge benötigt. Die abgekühlten Macarons mit dem Chefkochmesser in Stückchen hacken. In einem luftdicht verschlossenen Behälter bei Raumtemperatur aufbewahren. Die Macaron-Häppchen sind 6 Tage haltbar.

KANDIERTE BLUTORANGENZESTEN

Siehe Rezept und Methode für kandierte Orangenschale auf S. 148. Einfach die Orangenschale durch Blutorangenschale ersetzen.

PULVERISIERTE BLUTORANGENZESTEN

ERGIBT 20 G

ZUTATEN	MENGE
Blutorangenzesten	20 g

1   Die Blutorangenzesten bei 50 °C im Dörrgerät etwa 2 Stunden trocknen.

2   Die getrockneten Zesten in der Kaffeemühle fein mahlen.

3   In einem luftdicht verschlossenen Behälter bei Raumtemperatur aufbewahren. Bleiben die pulverisierten Blutorangenzesten sehr trocken, behalten sie ihr Aroma bis zu 6 Monate.

SCHWARZE-OLIVEN-SCHOKOLADEN-PLÄTTCHEN

ERGIBT 10 STÜCK

ZUTATEN	MENGE
Schokolade mit schwarzen Oliven (Rezept S. 510)	200 g

1   Die Schokolade temperieren und in einer dünnen, gleichmäßigen Schicht auf einer Texturfolie mit dünnen Streifen auftragen.

2   Wenn die Schokolade fast erstarrt aber noch nicht ganz fest geworden ist, mithilfe eines langen Lineals und einem kleinen Messer 10 Rechtecke à 6 x 9 cm ausschneiden bzw. markieren.

3   Die Schokolade mit einer Acetatfolie abdecken und mit einem Plexiglasbrett und/oder einem anderen Gegenstand mit absolut ebener Fläche beschweren, damit sie sich beim Erstarren nicht aufrollt.

4   An einem kühlen, trockenen Ort aufbewahren. Unter den richtigen Lagerungsbedingungen hält sich die Schokolade bis zu 1 Jahr.

KOMPRIMIERTE WASSERMELONE

ERGIBT 500 G

ZUTATEN	MENGE
Kernlose Wassermelone, Schale entfernt	500 g

1 Die Wassermelone in 1,25 cm dicke Scheiben schneiden.

2 Die Scheiben einzeln in kleine Vakuumierbeutel packen und in der Vakuumiermaschine mit der höchsten Einstellung vakuumieren.

3 Die komprimierten Wassermelonenscheiben 4 – 5 Stunden in den Beuteln im Kühlschrank ziehen lassen.

4 Die Wassermelonenscheiben aus den Beuteln nehmen und mit reißfestem Küchenpapier trocken tupfen.

5 Die Scheiben in Rechtecke à 4 x 12,5 cm schneiden.

6 Bis zum Anrichten in einem luftdicht verschlossenen Behälter im Kühlschrank aufbewahren. Die komprimierten Wassermelonenscheiben müssen an dem Tag verbraucht werden, an dem sie aus dem Beutel genommen wurden.

SÜSSES LIMETTEN-GELEE

ERGIBT 507,6 G

ZUTATEN	MENGE	ANTEIL IN %
Wasser	150 g	29,55 %
Limettensaft	200 g	39,4 %
Läuterzucker (50 °Brix)	150 g	29,55 %
Gellan (hoher Acylanteil)	2 g	0,32 %
Agar-Agar	6 g	1,18 %

1 Drei mindestens 1,25 cm tiefe, quadratische Kunststoffwannen (30 cm) mit flachem Boden bereitstellen. NICHT mit Acetatfolie auslegen.

2 Alle Zutaten zusammen in einen kleinen Topf geben.

3 Bei starker Hitze aufkochen, 10 – 15 Sekunden kochen lassen und die Flüssigkeit dann gleichmäßig auf die drei Kunststoffwannen verteilen. Die Wannen sofort hin und her bewegen, damit sich die Flüssigkeit in einer gleichmäßigen Schicht auf dem Boden verteilt. Das muss schnell geschehen, damit die Flüssigkeit nicht geliert, bevor sie gleichmäßig verteilt ist.

4 Die gelierte Flüssigkeit noch in den Wannen in Rechtecke à 7,5 x 15 cm schneiden. Bis zum Anrichten abgedeckt im Kühlschrank aufbewahren. Das Gelee ist so 2 Tage haltbar.

3 DESSERTS

Es gibt keine festen Regeln die besagen, wie genau ein Dessert aus-
zusehen hat, das als Tellergericht serviert wird. Dennoch gibt es ein
paar Richtlinien, an denen man sich bei der Zusammenstellung von
Desserts orientieren kann.

Vor allem sollte ein Dessert den Gast niemals erschlagen. Es ist absolut unnötig, als letzten Gang große
Portionen zu servieren. Stattdessen ist Zurückhaltung angesagt. Die Gäste werden es Ihnen danken –
besonders dann, wenn auch Pre-Desserts und Petits Fours serviert werden. Denken Sie immer daran,
dass es darum geht, den Gästen eine schöne Erfahrung zu bereiten und nicht darum, sie zu bestrafen.

Dieses Prinzip gilt natürlich auch für alle anderen Gänge einer Mahlzeit. Was also macht ein Dessert aus? Das offensichtliche zuerst: Desserts sind süß und werden schön angerichtet als letzter Gang
serviert – es sei denn, es gibt noch Petits Fours. Was ein Dessert als Tellergericht in meinen Augen aber
vor allem ausmacht ist, dass es eine Komponente haben sollte, die à la minute fertiggestellt werden
muss oder eine, die innerhalb weniger Minuten verzehrt werden sollte, da ihre Qualität sonst leiden
würde. Eine heiße Komponente könnte abkühlen, eine geröstete lasch werden, krosses Papier aus
Fruchtpüree könnte weich werden, eine gefrorene Komponente schmelzen, Bläschen platzen etc.

Häufig ist die Grenze zwischen Desserts, die in einer Kühltheke oder auf einem Büfett präsentiert
und solchen, die als Tellergericht serviert werden, verschwommen. In der Regel sollten Büfett-Desserts
servierfertig sein. Unter Umständen wird einem solchen Dessert dann noch Eiscreme und Sauce oder
frischer Obstsalat hinzugefügt, sodass es beinahe wieder als Tellergericht definiert werden könnte.
Für mich bleibt es trotzdem ein Büfett-Dessert, dem lediglich ein paar zusätzliche Komponenten mit
flüchtigerem Charakter hinzugefügt werden.

Desserts als Tellergerichte sind die ursprüngliche Form zeitgenössischer Nachspeisen. Früher
wurde den Gästen in gehobenen Restaurants nach der Mahlzeit der Dessertwagen präsentiert, von
dem sie sich ein Dessert aussuchen konnten. Heute ist das in den allermeisten Fällen nicht mehr üblich
(nur noch wenige Restaurants haben einen Dessertwagen) und ich frage mich warum. Denn wenn
es gut gemacht wird, kann so ein Dessertwagen ein richtiges Erlebnis für die Kunden sein. Aber in den
meisten Fällen werden heutzutage lediglich Vorspeise, Hauptgericht und Dessert bestellt. In einigen
Restaurants, in denen ich zu Beginn meiner Karriere gearbeitet habe, war das die typische Menüfolge
und die Gäste bezahlten für die drei Gänge in der Regel einen festen Preis. Wenn das Dessert schon
im Preis enthalten ist, die Gäste also schon dafür bezahlt haben, dann bestellen sie es auch. In Restaurants, in denen die Desserts extra berechnet werden, sind sie „komischerweise" nicht ganz so populär.

Desserts sollten schön angerichtet werden ohne überladen zu wirken. Natürlich ist das auch
eine Sache des persönlichen Geschmacks. Klare, gerade Linien, ordentliche Präsentation und deutlich definierte Aromen sind meine persönlichen Richtlinien. So definiere ich „simpel". Und Simplizität
in dieser Form ist gar nicht so einfach.

Wenn Sie ein Dessert als Tellergericht entwickeln, sollten Sie sich zunächst immer folgende
Fragen stellen:

- **Kann der Teller mit dem angerichteten Dessert gut transportiert werden? Wie viel Zeit nimmt das
Anrichten in Anspruch? Ist das Dessert servicefreundlich? Ist es umständlich? Aus wie vielen Kom-
ponenten besteht es? Haben die einzelnen Komponenten unterschiedliche Temperaturen?**
- **Verstehen meine Mitarbeiter, was mir bei dem Dessert vorschwebt? Kann ich meine Idee für das
Dessert den Mitarbeitern im Service vermitteln? Können die Servicekräfte diese Idee den Kunden
vermitteln? Oder ist das Dessert zu konzeptuell?**
- **Am wichtigsten ist, schmeckt es gut? Na gut, am zweitwichtigsten. Am allerwichtigsten ist, dass das
Dessert bekömmlich ist.**

DIE REIHENFOLGE BEIM ANRICHTEN

In welcher Reihenfolge die einzelnen Komponenten eines Desserts – oder Pre-Desserts – auf dem Teller angerichtet werden, hängt von der unmittelbaren Haltbarkeit der jeweiligen Komponenten ab. In anderen Worten: Die Komponente, deren Qualität am längsten stabil bleibt, wird als erstes auf dem Teller platziert, gefolgt von einer, die nicht ganz so strapazierfähig ist, gefolgt von einer noch etwas instabileren Komponente, usw. Bei der Komponente, die als letztes auf den Teller kommt, handelt es sich in der Regel um die empfindlichste Komponente. Das sind zum Beispiel temperaturempfindliche Komponenten wie Eiscreme oder andere gefrorene Elemente oder Komponenten, die zeitempfindlich sind, z.B. Soufflés, die relativ schnell in sich zusammenfallen. Strenggenommen ist die allerletzte Komponente beim Anrichten häufig die Dekoration, die z.B. auf die Eiscreme gesetzt wird. Um die richtige Reihenfolge des Anrichtens zu bestimmen, braucht es vor allem gesunden Menschenverstand. Häufig haben zwei oder mehr Komponenten eine ähnliche Haltbarkeit bzw. „Lebensdauer" – dann spielt es keine große Rolle, welche dieser Komponenten zuerst auf dem Teller arrangiert wird.

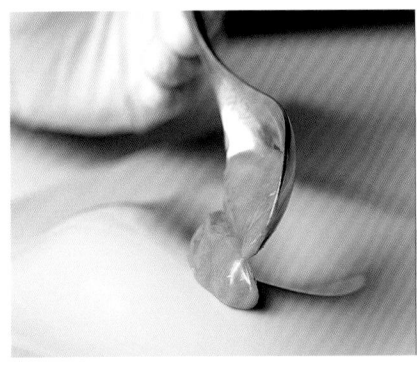
Als Erstes gekühlte Komponenten, die längere Zeit stabil bleiben, auf dem Teller anrichten.

Auch Saucen gehören zu den Komponenten, die früh auf den Teller gegeben werden können, außer es handelt sich um Saucen, die heiß serviert werden sollen.

Für gefrorene Komponenten kann nun eine Art Grundstein auf dem Teller gelegt werden.

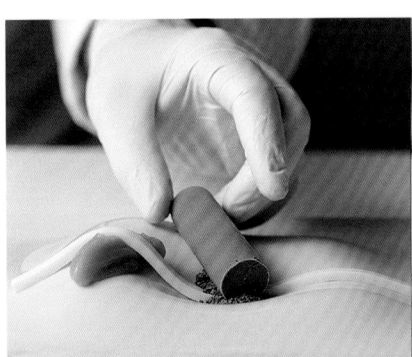
Die gefrorene Komponente zügig aber vorsichtig auf dieser Grundlage platzieren.

Schäume und andere empfindliche Komponenten werden auch erst gegen Ende des Prozesses des Anrichtens hinzugefügt.

Dekorationen und andere Handgriffe, die dem Dessert den letzten Schliff geben sollen, kommen ganz zum Schluss.

BACON-EISCREME | KADAIFI, AROMATISIERT MIT AHORNSIRUP AUS QUEBEC | PANNA COTTA MIT GEBRÄUNTER BUTTER | AROMA VON BRENNENDEM HEU

ERGIBT

10 Portionen

WARUM DIESE AROMEN
GUT ZUSAMMENPASSEN

Die Kombination von Bacon (Frühstücksspeck) und Ahornsirup ist in den Vereinigten Staaten nichts Neues. Der sehr salzige Speck und der extrem süße Ahornsirup passen sehr gut zusammen, denn sie gleichen sich gegenseitig aus, ohne dass dabei eine der beiden Geschmacksrichtungen dominiert. Die für Maillard-Reaktionen typischen Noten der karamellisierten weißen Schokolade sorgen für eine weitere Dimension im Aroma von Bacon und Ahornsirup und die gebräunte Butter in der Panna cotta bringt die Maillard-Noten dieses Desserts wirklich zur Geltung.

KOMPONENTEN

Kadaifi, aromatisiert mit Ahornsirup aus Quebec (S. 211)
Panna cotta mit gebräunter Butter (S. 208)
Bacon-Eiscreme im Mantel aus weißer Schokolade (S. 208 und S. 210)
Aroma von brennendem Heu

ANRICHTEN

1 Die aromatisierten Kadaifi auf der Panna cotta verteilen.

2 Die Bacon-Eiscreme im Mantel aus weißer Schokolade auf die Kadaifi setzen und mit einer Glaskuppel abdecken. Mit der Räucherpistole das Aroma von brennendem Heu unter die Kuppel strömen lassen (siehe Hinweis). Vor dem Servieren noch 2 – 3 Minuten warten, damit die Eiscreme nicht mehr zu fest ist, wenn sie auf den Tisch kommt.

Es ist notwendig, die Eiscreme zu temperieren, da die Portionen direkt aus dem Gefrierschrank auf den Tellern angerichtet werden. Die Eiscreme ist dann fester, als wenn sie zunächst noch portioniert worden wäre, denn dann hätte der Kontakt mit dem Eisportionierer oder Löffel schon dafür gesorgt, dass sie etwas weicher wird.

HINWEIS

Bei einer Räucherpistole handelt es sich um ein Gerät, das von der Firma PolyScience entwickelt wurde und in dem trockenes Material wie Holzchips oder Gewürze – in unserem Fall Heu – in kontrollierter Umgebung verbrannt werden. An der Düse des Geräts ist ein flexibler Kunststoffschlauch angebracht, durch den der Rauch entweicht, sodass man kontrollieren kann, wo er austritt (in unserem Fall ist das unter der Glaskuppel). Sobald ausreichend Rauch unter die Kuppel geströmt ist, sollte der Schlauch entfernt werden und die Kuppel geschlossen bleiben, damit das Aroma nicht entweicht.

DUNKLE SCHOKOLADE: KUCHEN | SORBET | LEICHTES GELEE

ERGIBT	10 Portionen

WARUM DIESE AROMEN GUT ZUSAMMENPASSEN

Hier spielt eine Geschmacksrichtung die Hauptrolle: Schokolade. Und natürlich passt Schokolade gut zu Schokolade. Bei diesem Dessert liegt die Variation in der Textur. Die Schokolade wird in drei verschiedenen Formen serviert: Als saftiger Kuchen, samtiges Sorbet und als leichtes Gelee. Es sind diese Unterschiede in der Konsistenz, die das Dessert so interessant machen.

KOMPONENTEN

Leichtes Zartbitterschokoladen-Gelee (S. 213)
Zartbitterschokoladen-Sorbet (S. 211)
Dunkler Schokoladenkuchen mit Schnee aus weißem Samtspray (S. 212), ausgehöhlt

ANRICHTEN

1 Ein Rechteck der gefrorenen Gelee-Sauce auf einen Teller legen. Ein paar Sekunden mit dem Fön antauen.

2 Das Sorbet aus dem Gefrierschrank nehmen (es sollte schon in einen Spritzbeutel gefüllt sein) und den Spritzbeutel auf der Arbeitsfläche unter den Händen hin und her rollen, damit die Sorbet-masse etwas weicher wird.

3 Etwa 40 g des Sorbets in die Vertiefung im ausgehöhlten Kuchen spritzen.

4 Den gefüllten Kuchen neben die Sauce setzen. Sofort servieren.

WARMER KOKOSNUSS-TAPIOKA-PUDDING | GEFRORENES MANGO-PARFAIT IN KNUSPRIGEM BRICKTEIG | ALOE-HIBISKUS-GELEE

10 Portionen

WARUM DIESE AROMEN
GUT ZUSAMMENPASSEN

Verschiedene Obstsorten aus einer bestimmten Region passen in der Regel gut zusammen. In diesem Fall sind es tropische Früchte: Mango und Kokosnuss werden zusammen mit Hibiskus serviert, einer für tropische Regionen typischen Blüte. Aloe Vera stammt zwar nicht aus den Tropen, sorgt neben den süßen Komponenten auf dem Teller aber für eine gewisse Säure und klare Aromen. Die drei Geschmacksrichtungen – Aloe, Kokosnuss und Mango – treten alle nicht unmittelbar hervor, haben dennoch jeweils einen deutlichen Eigengeschmack. Der Geschmack der Kokosnuss ist zart und unterstreicht das Aroma der Mango. Die Aloe frischt Kokos und Mango auf. Das Hibiskusaroma ist unmittelbar und dominiert in Intensität, nicht in Quantität. Das Weizengras trägt einen feinen Geschmack bei, eine kräuterige Note, die gut zu allen anderen Komponenten passt.

KOMPONENTEN

Gefrorenes Mango-Parfait in knusprigem Brickteig (S. 215)
Warme Grundmasse für den Kokosnuss-Tapioka-Pudding (S. 214)
Aloe-Hibiskus-Gelee (S. 213)

ANRICHTEN

1 Das gefrorene Mango-Parfait auf den Teller setzen – am besten in die Mitte eines tiefen Tellers. Vor dem Servieren sollte es einige Minuten bei Raumtemperatur stehen bleiben.

2 Inzwischen 50 g der vorbereiteten Tapiokaperlen zusammen mit 40 g der warmen Grundmasse für den Pudding in eine Schüssel geben und über kochendem Wasser aufwärmen, damit auch die Tapiokaperlen warm werden.

3 Eine rechteckige Edelstahlform à 7,5 x 5 x 2,5 cm um das Parfait auf dem Teller stellen. Die warme Kokosnuss-Tapioka-Mischung mit einem Löffel in die Form geben (auf das Parfait). Ein rechteckiges Stück des Aloe-Hibiskus-Gelees darauf setzen. Als Dekoration einen Weizengrashalm auf das Gelee legen. Sofort servieren.

HINWEIS

Die Edelstahlform wird erst am Tisch entfernt, vor den Augen der Gäste, sodass sich das Dessert im Teller verteilt.

KARAMELLISIERTER SCHOKOLADEN-BLÄTTERTEIG |
CRÈME CHANTILLY | PULVERISIERTE BUTTER

ERGIBT

10 Portionen

WARUM DIESE AROMEN GUT ZUSAMMENPASSEN

Im Schokoladen-Blätterteig ist zwar eine Menge Butter enthalten, diese Komponente sorgt aber vor allem für eine kross-blättrige Textur (das Ergebnis der vielen übereinandergeschichteten Lagen von Butter und Teig), nicht so sehr für einen buttrigen Geschmack. Außerdem passen die für Backwaren typischen Maillard-Noten des Blätterteigs sehr gut zum Vanillegeschmack der Crème Chantilly. Und manchmal ist für ein perfektes Dessert eben nicht mehr nötig, als die cremige Konsistenz der Chantilly zusammen mit der zarten Knusprigkeit des Blätterteigs.

KOMPONENTEN

Karamellisierter Schokoladen-Blätterteig (S. 216)
Crème Chantilly (S. 216)
Pulverisierte Butter

ANRICHTEN

1 Ein rechteckiges Stück des karamellisierten Schokoladen-Blätterteigs aus dem Dörrgerät nehmen und auf einen Teller legen.

2 Mit einem Löffel eine Nocke (Quenelle) aus der Crème Chantilly stechen (etwa 60 g) und auf den Blätterteig setzen.

3 Etwa 2 g pulverisierte Butter über Nocke und Blätterteig streuen. (Für 10 Portionen werden insgesamt also 20 g pulverisierte Butter benötigt. Sofort servieren.

FEIGENBLATT-EISCREME | SHORTBREAD-STREUSEL | JASMINTEE-KÜCHLEIN | SCHMELZENDES SCHOKOLADENKÄSTCHEN

ERGIBT

10 Portionen

WARUM DIESE AROMEN GUT ZUSAMMENPASSEN

Feigenblatt hat ein grünes, kräuteriges Aroma mit leichten Feigen-Noten. Das Shortbread hat die für Maillard-Reaktionen typischen Aromen und schmeckt nach Butter, ohne den Geschmack des Feigenblatts zu überwältigen. Das Jasmin-Aroma verleiht der Schokolade eine gewisse Frische. Dabei sind die beiden Geschmacksrichtungen wunderbar ausgeglichen und drängen das Feigenblatt-Aroma nicht in den Hintergrund.

KOMPONENTEN

Schokoladensauce (S. 217)
Feigenblatt-Eiscreme-Zylinder (S. 217)
Shortbread-Streusel (S. 218)
Rechteckige Jasmintee-Küchlein (S. 218)
Schokoladenkästchen (S. 219)

ANRICHTEN

1 Etwas Schokoladensauce mithilfe einer rechteckigen Schablone à 11 x 1,25 cm auf den Teller auftragen.

2 Den Feigenblatt-Eiscreme-Zylinder vorsichtig in die Hand nehmen (Handschuhe tragen!), die Oberfläche leicht anwärmen und dann in den Shortbread-Streuseln wälzen, sodass die Eiscreme rundherum mit Streuseln bedeckt ist.

3 Eine dünne, rechteckige Lage des Jasmintee-Küchleins (5 x 10 x 0,25 cm) um den Eiscreme-Zylinder wickeln und mit dem Saum nach unten auf den Teller legen, damit sich die Kuchenlage nicht von selbst wieder aufwickelt.

4 Das Schokoladenkästchen über den Eiscreme-Zylinder stellen. Es soll die anderen Komponenten des Desserts verdecken.

5 Das Kästchen mit der Wärmepistole (kleinste Stufe) etwas anwärmen, damit die Schokolade weich wird. Die Wärmepistole dann auf eine der oberen Ecken des Kästchens richten, bis die Schokolade beginnt zu schmelzen. Die Wärmepistole abstellen.

6 Sofort servieren. Wenn der Teller dem Gast serviert wird, darf die Schokolade auf keinen Fall schon wieder fest geworden sein. Stattdessen sollte die Schokolade noch warm sein und glänzen. Außerdem muss die Schokolade so weich sein, dass das Dessert ohne Probleme mit einer Gabel gegessen werden kann.

BROMBEER-ROSENBLÜTEN-SORBET | ERDBEER-GELEE | WEISSES SCHOKOLADENPLÄTTCHEN MIT ZIEGENKÄSE | ROSENBLÜTENKUCHEN

ERGIBT 10 Portionen

WARUM DIESE AROMEN GUT ZUSAMMENPASSEN

Die Aromen von Rosenblüten und Erdbeeren profitieren voneinander. Es handelt sich um unterschiedliche Geschmacksrichtungen, die sich trotzdem gegenseitig unterstreichen. Beide Aromen sind unmittelbar, d.h. sie werden von der Zunge deutlich wahrgenommen. Auch Brombeeren haben ein unmittelbares Aroma. Ihre aromatisch-fruchtigen Noten werden von den blumigen Aspekten der Rosenblüten hervorgehoben. In diesem Dessert werden die Brombeeren nicht im gleichen Verhältnis zu den Komponenten mit anderen Geschmacksrichtungen verwendet, sondern in größeren Mengen, sie bilden also den Schwerpunkt des Desserts. Die weiße Schokolade mit Ziegenmilch soll lediglich Hintergrundaromen beitragen, um die anderen Geschmacksrichtungen zu unterstreichen. Trotzdem ist die Ziegenmilch zu schmecken. Ziegenmilchprodukte passen übrigens gut zu den meisten Obstsorten. Die Asche, die keinen Eigengeschmack hat, wird häufig in der Käseproduktion eingesetzt, vor allem für die Rinde weicher Ziegenkäsesorten – daher macht ihre Verwendung in diesem Dessert Sinn.

KOMPONENTEN

Rosenblütenkuchen (S. 221)
Hagebuttenhonig-Lösung (S. 221)
Brombeer-Rosenblüten-Sorbet-Zylinder (S. 220)
Weiße Schokoladenplättchen mit Ziegenkäse (S. 219)
Erdbeer-Gelee-Fäden (S. 220)
Asche

ANRICHTEN

1 Ein Stück Rosenblütenkuchen auf einen Teller legen.

2 Mit einem Pinsel die Oberfläche des Kuchens vorsichtig mit der Hagebuttenhonig-Lösung bestreichen (etwa 10 g pro Portion).

3 Die zylinderförmige Portion Brombeer-Rosenblüten-Sorbet auf den Kuchen legen.

4 Das weiße Schokoladenplättchen mit Ziegenmilch an das Sorbet lehnen.

5 Den Erdbeer-Gelee-Faden über das Schokoladenplättchen legen.

6 Eine Prise Asche über eine Seite des Desserts streuen (etwa 0,2 g pro Portion).

7 Vor dem Servieren noch etwa 2 Minuten stehen lassen, um das Sorbet zu temperieren.

GEFRORENE ESPRESSO-MOUSSE | LEMON CURD | MILCHSCHAUM

ERGIBT	10 Portionen

WARUM DIESE AROMEN GUT ZUSAMMENPASSEN

Die Kombination von Espresso, Zitrone und Milch gilt als Klassiker. In vielen Cafés wird zusammen mit einem Espresso automatisch eine Scheibe Zitrone serviert. Der Zitronengeschmack hebt die bitteren Noten des Espressos angenehm hervor, während die Milch die weniger angenehmen Bitternoten abmildert und dem Dessert gleichzeitig das für Milchprodukte typische, reichhaltige Aroma verleiht.

KOMPONENTEN

Gefrorene Espresso-Mousse (S. 222)
Lemon Curd (S. 223)
Espresso-Paste (S. 223)
Milchschaum

ANRICHTEN

1   Ein Stück der gefrorenen Espresso-Mousse auf einen Teller legen. 3–5 Minuten warten, damit die Mousse etwas weicher wird. Vor dem Servieren sollte die Konsistenz immer überprüft werden – die gefrorene Mousse darf keinesfalls steinhart sein. Manchmal dauert das länger als 5 Minuten.

2   Das Lemon Curd-Band so über die Mousse legen, dass ein Ende auf dem Teller liegt. Etwa 10 g der Espresso-Paste über dieses Ende des Lemon Curds träufeln.

3   Vollmilch aufschäumen und etwas Milchschaum auf die gefrorene Espresso-Mousse geben. Sofort servieren.

BIRNEN-EISCREME | POCHIERTE SECKEL-BIRNE | KARAMELLISIERTER MANDELKUCHEN | SCHOKOLADEN-MANTEL

ERGIBT	10 Portionen

WARUM DIESE AROMEN GUT ZUSAMMENPASSEN

Birnen, Mandeln und Schokolade – eine weitere klassische Geschmackskombination. Die blumigen Noten der Birnen unterstreichen den nussigen Charakter des Mandelkuchens, der auch die für Maillard-Reaktionen typischen Noten aufweist. Diese deutlich unterschiedlichen Geschmacksrichtungen harmonisieren gut miteinander, ohne sich gegenseitig zu überwältigen. Schokolade ist der unmittelbarste Geschmack in dieser Paarung. Die Aromen der Birne sind auch recht vordergründig, während die Mandelaromen eher im Hintergrund bleiben und zusammen mit den Karamellnoten des Kuchens und der Flüssigkeit, in der die Birnen pochiert wurden, die Geschmacksnoten von Schokolade und Birne unterstreichen.

KOMPONENTEN

Seckel-Birne, pochiert in Karamellsauce (S. 225)
Heiße Birnen-Karamellsauce (vom Pochieren der Birnen, S. 225)
Zucker, nach Bedarf
Mandelkuchen (S. 224)
Gehackte, geröstete Mandeln
Birnen-Eiscreme (S. 225)
Schokoladen-Mantel (S. 226)
Blattgold
Schokoladendekor (S. 226)

ANRICHTEN

1   Eine pochierte Birne vierteln und ein Viertel in die heiße Birnen-Karamellsauce legen, um es aufzuwärmen.

2   In einem kleinen Topf bei starker Hitze 100 g Zucker karamellisieren (trockene Methode, siehe Seite 60). Die Hitze reduzieren, den Karamell warm und flüssig halten und nach Bedarf mit Zucker aufstocken. So muss während des Service nicht immer wieder neu Karamell angesetzt werden, wenn eine Bestellung für dieses Dessert hereinkommt.

3   Ein rechteckiges Stück des Mandelkuchens in den flüssigen Karamell legen und nach 10 Sekunden wenden. Den Kuchen auf diese Weise von allen Seiten mit einer sehr dünnen Karamellschicht überziehen. Diese Karamellschicht soll später abkühlen und hart werden, sodass ihre Textur einen Kontrast zum weichen Kuchen bildet. Sie darf auf keinen Fall zu dick sein, damit der Kuchen noch angenehm zu essen ist und man sich beim Essen nicht die Zähne ruiniert. Das karamellisierte Stück Kuchen auf einem Teller platzieren.

4   Etwa 3 g der gehackten, gerösteten Mandeln neben das Kuchenstück auf den Teller geben und eine Nocke der Birnen-Eiscreme darauf setzen.

5 Den Schokoladen-Mantel mit der glänzenden Seite nach oben vorsichtig über allen Komponenten auf dem Teller arrangieren. (Die glänzende Seite des Mantels ist die, die in dem Tablett, indem er zubereitet wurde, nach unten zeigt, nicht die Seite an der Oberfläche.) Um den Schokoladen-Mantel aus dem Tablett zu nehmen ohne ihn zu beschädigen, hebt man ihn am besten an einer Ecke vorsichtig mit einer kleinen Winkelpalette an und nimmt ihn dann ebenso vorsichtig auf. Mit einem kleinen spitzen Messer einen etwa 2 cm langen Schnitt über die Eiscreme in den Schokoladen-Mantel setzen.

6 Das aufgewärmte Stück Birne aus der Birnen-Karamell-Flüssigkeit nehmen und mit Küchenpapier trocken tupfen. Dann auf den Schokoladen-Mantel neben die Eiscreme setzen und mit einem kleinen Stückchen Blattgold garnieren.

7 Das gebogene, spitz zulaufende Schokoladendekor über das Dessert legen. Sofort servieren.

GEFRORENE LANDSCHAFT

ERGIBT 10 Portionen

WARUM DIESE AROMEN
GUT ZUSAMMENPASSEN Die Kombination dieser Geschmacksrichtungen basiert auf freier Assoziation – über Reismilch zu Safran zu Blutorange zu Pistazien. (Reis = Reisgericht = Paella = Spanien = Safran = Orange = Blutorange = Italien = Sizilianische Pistazien = Pistazien.) Glücklicherweise funktioniert diese Assoziation auch umgekehrt: Soll heißen, die Aromen passen alle gut zusammen. Das liegt auch daran, dass die einzige unmittelbare Geschmacksnote, Blutorange, sich gut mit den anderen Aromen verbindet, die alle eher im Hintergrund bleiben und die den Geschmack der Blutorange unterstreichen. Dabei bleiben sie alle deutlich erkennbar, ohne sich in die Quere zu kommen.

KOMPONENTEN Blutorangen-Sorbet-Grundmasse (S. 227)
Reismilch-Sorbet-Grundmasse (S. 227)
Pistazien-Eiscreme-Grundmasse (S. 227)
Safran-Eiscreme-Grundmasse (S. 228)

ANRICHTEN **1** Die Dessertteller (bzw. die Gefäße, in denen das Dessert serviert werden soll) zum Kühlen in den Gefrierschrank stellen.

2 Die Grundmassen für die Sorbets und Eiscremes separat in der Eismaschine gefrieren und dann jeweils in Spritzbeutel mit unterschiedlichen Tüllen füllen. Verwenden Sie z.B. eine Sterntülle Nr. 6 für das Blutorangen-Sorbet, eine feinere Sterntülle Nr. 4 für das Reismilch-Sorbet, eine Lochtülle Nr. 6 für die Pistazien-Eiscreme und eine Lochtülle Nr. 4 für die Safran-Eiscreme. Die in die separaten Spritzbeutel gefüllten Grundmassen möglichst in dem Fach des Gefrierschranks aufbewahren, das am wenigsten kalt ist, damit sie nicht zu schnell fest werden.

3 Die gefrorenen Massen auf die gefrorenen Teller spritzen, die Aromen dabei in beliebiger Reihenfolge abwechseln. Die so angerichteten Desserts bei -10°C (wenn möglich, ein klein wenig wärmer) im Gefrierschrank aufbewahren. Beim Servieren dürfen die gefrorenen Massen nicht steinhart sein. Wenn Sie für diesen Zweck einen Gefrierschrank auf -5°C einstellen können, umso besser.

4 Wenn das Dessert bestellt wird, denken Sie daran, es mindestens 5 Minuten bevor es serviert werden soll, aus dem Kühlschrank zu nehmen. Wenn das nicht mehr möglich ist, können Sie die Teller auch wenige Sekunden auf der „Defrost"-Stufe in die Mikrowelle geben, sodass Sorbet und Eis etwas weicher werden, ohne aber zu schmelzen. Das Dessert darf nur an dem Tag serviert werden, an dem es angerichtet wurde.

KÜRBIS-MOUSSE | SHORTBREAD MIT CRANBERRYS UND GEBRÄUNTER BUTTER | MILCHSCHOKOLADEN-KÜRBISKERN-RIEGEL | CRANBERRYSAFT-SCHAUM

ERGIBT 10 Portionen

WARUM DIESE AROMEN GUT ZUSAMMENPASSEN Kürbis hat einen sehr milden Geschmack, der eine Menge Unterstützung braucht, um überhaupt bemerkt zu werden. Laien halten die Aromen der Kräuter und Gewürze, mit denen der Kürbis, den sie verspeisen, abgeschmeckt wurde, häufig fälschlicherweise für den eigentlichen Kürbisgeschmack. Pumpkin-Pie duftet ja zum Beispiel vor allem nach der Gewürzmischung, die für die Füllung verwendet wurde und nicht nach Kürbis selbst. Aus diesem Grund wird der Kürbis für dieses Rezept ganz ungewürzt gebraten, damit sein Eigengeschmack nicht überdeckt wird. Hier ein nützlicher, genereller Hinweis zur Geschmackskombination: Verschiedene Obst- und Gemüsesorten, die in der gleichen Jahreszeit geerntet werden, passen meistens gut zusammen. Vor allem dann, wenn sie aus der gleichen Region kommen. Daher passen Kürbis und Cranberrys gut zusammen. Cranberrys sind herb und fruchtig und wirken in dieser Kombination so ähnlich, wie Salz in vielen herzhaften Gerichten: sie heben den milden Kürbisgeschmack hervor. Und was die Kürbiskerne angeht, sie sind ein Teil des Kürbisses, daher handelt es sich um eine natürliche und offensichtliche Kombination. Das Interessante ist, dass Kürbiskern-Paste viel intensiver schmeckt, als das Fruchtfleisch des Kürbisses. Aus diesem Grund werden für die Zubereitung dieses Desserts im Verhältnis zum Fruchtfleisch deutlich weniger Kürbiskerne verwendet. Denn der Kürbis spielt hier die Hauptrolle, die anderen Zutaten sollen Statisten bleiben.

KOMPONENTEN Milchschokoladen-Kürbiskern-Riegel (S. 228)
Kürbis-Mousse-Quadrate (S. 230)
Cranberrysaft-Schaum (S. 232)
Cranberry-Pulver

ANRICHTEN
1 Einen Milchschokoladen-Kürbiskern-Riegel auf den Teller legen und darauf ein Kürbis-Mousse-Quadrat platzieren. Wenn möglich 5 Minuten bei Raumtemperatur stehen lassen, damit die Mousse beim Servieren nicht zu kalt ist.

2 Ein wenig Cranberrysaft-Schaum auf eine Ecke der Mousse geben.

3 Eine Prise Cranberry-Pulver über die Mousse streuen. Servieren.

WARME DUNKLE SCHOKOLADENTARTE | CLOTTED CREAM

10 Portionen

WARUM DIESE AROMEN GUT ZUSAMMENPASSEN

Dieses Dessert bedarf einer Erklärung, denn auf den ersten Blick scheint es sich einfach um geschmolzene Schokolade mit Karamell, Shortbread und einer Art Sahnecreme zu handeln. Dabei ist es etwas ganz Besonderes, denn bei der Schokolade handelt es sich um eine Sorte mit extra hohem Fettgehalt, hoher Viskosität und geringer Fließfähigkeit, die auch in geschmolzenem Zustand nicht auseinanderfließt, sondern ihre Form behält. Die Schokolade scheint einfach stark zu glänzen, ist aber geschmolzen. Von der Konsistenz her könnte man meinen, es handele sich um Ganache – aber es ist wirklich nur Schokolade. Der Salzkaramell trägt die für Maillard-Reaktionen typischen Aromen bei und sein Salzgehalt sorgt dafür, dass alle anderen Aromen noch betont werden. Auch das Shortbread sorgt für Maillard-Aromen, am wichtigsten ist aber die knusprige Komponente, die das ansonsten weiche Dessert dadurch erhält. Der geschmackliche Kontrast kommt von der Clotted Cream. Sie hat ein sehr intensives und reichhaltiges, für Milchprodukte typisches Aroma, das die Schokolade hervorragend ergänzt. Und sie hat noch eine zweite, wichtige Aufgabe und zwar die geschmolzene Schokolade im Mund etwas fester werden zu lassen. Wie geht das? Nun ja, die Schokolade ist warm, die Clotted Cream kalt und wenn sie im Mund zusammenkommen, kühlt die Clotted Cream die Schokolade etwas ab, sodass sie gleich fester wird. Durch die im Mundraum herrschende Wärme wird die Schokolade aber bald wieder weicher, sodass die Kombination im Mund tatsächlich eine Art Ganache ergibt.

KOMPONENTEN

Warme Schokolade
Salzkaramell (S. 232)
Shortbread-Streusel (S. 218)
Clotted Cream
Schwarzes Schokoladenplättchen (S. 233)

ANRICHTEN

1   Das Dörrgerät auf 35 °C einstellen. Eine 650 g-Tafel von Peter's Chocolate in einen ½-Gastronormbehälter legen und darin in das Dörrgerät stellen. Das sollte mindestens 30 Minuten vor dem Anrichten geschehen, damit die komplette Schokolade weich wird.

2   Mit einem Löffel 60 g der weichen Schokolade auf einen Teller geben.

3   Etwa 20 g Salzkaramell über die Schokolade träufeln.

4   Über den Karamell auf der Schokolade 20 g Shortbread-Streusel verteilen.

5   Eine Nocke Clotted Cream (etwa 35 g) neben die weiche Schokolade auf den Teller setzen.

6   Ein Schokoladenplättchen über die Komponenten legen, sodass deren Oberfläche vollständig abgedeckt ist. Sofort servieren.

KROSSE MILCH | BAGUETTE-EISCREME | SPIRALE AUS KARAMELLISIERTER WEISSER SCHOKOLADE | CAJETA | MALDON MEERSALZ

ERGIBT	10 Portionen

WARUM DIESE AROMEN GUT ZUSAMMENPASSEN	Die verschiedenen Aromen dieses Desserts bleiben alle eher im Hintergrund. Am dominantesten sind die Noten der Maillard-Reaktionen von Cajeta (die auch Ziegenmilch-Aromen beiträgt) und karamellisierter weißer Schokolade. Diese Gemeinsamkeiten verbinden die unterschiedlichen Komponenten gut miteinander und das Meersalz betont deren eher zurückhaltende Aromen. Bei der krossen Milch handelt es sich um dehydrierten und dann gerösteten Milchschaum. Diese Komponente trägt intensive, für Milchprodukte typische Noten bei.

KOMPONENTEN	Krosse Milch (S. 233) Cajeta (siehe Hinweis) Maldon Meersalz Spirale aus karamellisierter weißer Schokolade (S. 234) Baguette-Eiscreme (S. 234)

ANRICHTEN	**1** Die krosse Milch auf einen Teller legen.
	2 Etwa 20 g Cajeta über die krosse Milch und den Teller träufeln.
	3 Etwas Maldon Meersalz (etwa 1 g) auf die Cajeta streuen.
	4 Eine Spirale aus karamellisierter weißer Schokolade vor die krosse Milch setzen.
	5 Mit einem Löffel eine Nocke (etwa 60 g) von der Baguette-Eiscreme abstechen und hinter die krosse Milch auf den Teller setzen. Sofort servieren.

HINWEIS	Cajeta ist die mexikanische Version der Dulce de leche, eine Art Karamellsauce hergestellt aus Zucker und Ziegenmilch und nach Belieben zugefügten Aromaten wie Vanille etc.

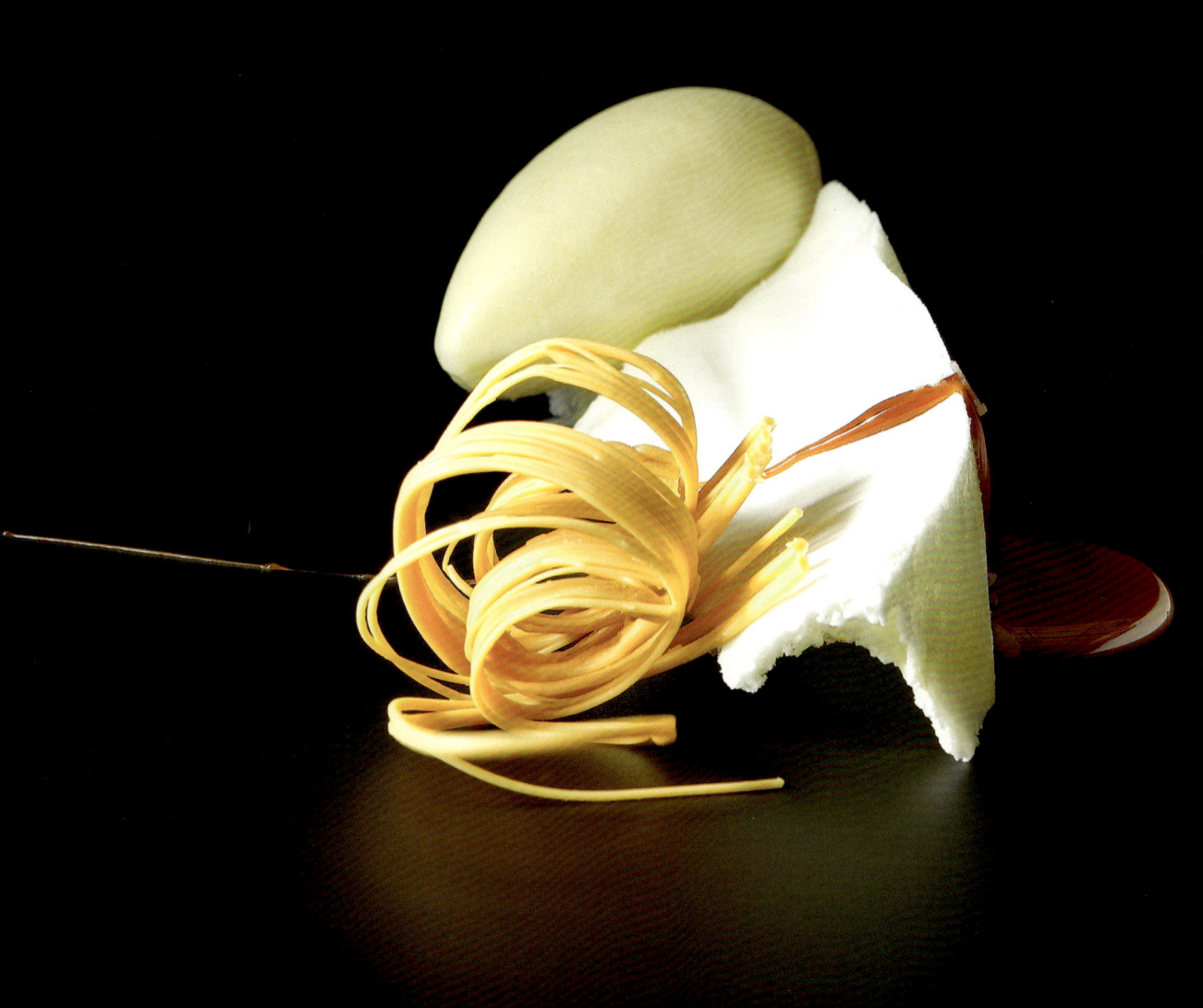

BUCKELBEEREN-KOMPOTT | MEXIKANISCHE VANILLECREME | ZITRONEN-MANDELBISKUIT-STREUSEL | ZITRONENSTREUSEL

ERGIBT	10 Portionen

WARUM DIESE AROMEN GUT ZUSAMMENPASSEN

Die Kombination von Buckelbeeren und Zitrone gilt dort, wo diese Beeren wachsen, als absoluter Klassiker. Das Zitronenaroma betont den Eigengeschmack der Buckelbeeren, der denen von Blaubeeren ähnlich ist, aber auch eine gewisse Zitrusnote hat. Die Vanille bleibt im Hintergrund und ergänzt dabei die dominanten Aromen. Die leichte Anis-Note des Anis-Ysop-Blättchens unterstreicht den Geschmack von Buckelbeeren und Zitronen ebenfalls.

KOMPONENTEN

Zitronenstreusel (S. 237)
Mexikanische Vanillecreme (S. 236)
Zitronen-Mandelbiskuit-Streusel (S. 237)
Buckelbeeren-Kompott-Kapsel (S. 235)
Anis-Ysop-Blättchen

ANRICHTEN

1   Etwa 30 g der Zitronen-Streusel in ein Dessertschüsselchen füllen.

2   Mit einem Schaumlöffel 20 g des Buckelbeeren-Kompotts aus der Kochflüssigkeit heben, kurz abtropfen lassen und dann auf die Zitronen-Streusel geben.

3   Auf Streusel und Kompott 60 g der Vanillecreme verteilen. Leicht gegen das Schüsselchen klopfen, um die Creme gleichmäßig darin zu verteilen.

4   Etwa 20 g der Zitronen-Mandelbiskuit-Streusel auf die Creme geben und mit dem Löffelrücken gleichmäßig verteilen.

5   Eine Buckelbeeren-Kompott-Kapsel leicht versetzt zur Mitte auf die Streusel setzen.

6   Ein Anis-Ysop-Blättchen auf die Kapsel legen. Sofort servieren.

GEFRORENER EARL-GREY-SCHAUM | BERGAMOTTEN-SORBET | BERGAMOTTEN-SCHOKOLADEN-MANTEL | EARL-GREY-GÉNOISE

ERGIBT

10 Portionen

WARUM DIESE AROMEN GUT ZUSAMMENPASSEN

Bei Earl Grey-Tee handelt es sich um einen traditionellen, mit Bergamotten-Öl aromatisierten schwarzen Tee. Die Geschmackskombination dieses Desserts ist also ein echter Klassiker. Die bitteren Noten des schwarzen Tees und die blumigen Zitrusnoten von Bergamotte passen einfach hervorragend zusammen. Daher trifft man in Desserts auch häufiger auf die Kombination von Schokolade, Zitrusaromen und schwarzem Tee.

KOMPONENTEN

Gefrorener Earl-Grey-Schaum im Schokoladen-Mantel (S. 240)
Schokoladen-Buchstabe „B" (S. 239)
Quadratische Plättchen aus gelber Schokolade (S. 238)

ANRICHTEN

1   Eine Portion des gefrorenen Earl-Grey-Schaums im Schokoladen-Mantel mit dem Saum nach unten auf den Teller legen.

2   Geschmolzene Schokolade in eine selbstgemachte kleine Spritztüte aus Backpapier füllen und ein Tröpfchen der Schokolade auf die Rückseite des Schokoladen-Bs geben, um den Buchstaben damit am Schokoladen-Mantel zu befestigen. Auf beiden Seiten des mit dem Schokoladen-Mantel umhüllten Earl-Grey-Schaums jeweils ein Schokoladen-Plättchen anbringen (glänzende Seite nach außen). Sofort servieren.

WARMER JASMIN-MILCHREIS | EISCREME-KAFFEE-TRÜFFEL

ERGIBT	10 Portionen

WARUM DIESE AROMEN GUT ZUSAMMENPASSEN

Jasminreis hat einen blumigen, sehr aromatischen Geschmack – nicht unbedingt süß, aber hervorragend in Desserts. Für die Zubereitung der Eiscreme wird nicht irgendein Kaffee verwendet, sondern vietnamesischer Kaffee, denn der ist ausgesprochen aromatisch und kann daher neben dem Jasminreis bestehen, ohne dessen Aroma in den Hintergrund zu drängen. Durch die Kombination des warmen Jasmin-Milchreises mit der Eiscreme gibt es in diesem Dessert einen wunderbaren Temperaturunterschied.

KOMPONENTEN

Eiscreme vom vietnamesischen Kaffee (S. 241)
Geschmolzene Zartbitterschokolade (72 %) als Überzug
Warmer Jasmin-Milchreis (S. 241)
Kaffee-Gelee-Faden (S. 242)
Vietnamesisches Instant-Kaffeepulver

ANRICHTEN

1   Eine Halbkugel der Eiscreme vom vietnamesischen Kaffee aus der Silikonform lösen und dünn, aber vollständig mit geschmolzener Zartbitterschokolade überziehen, indem man sie vorsichtig aber möglichst kurz hineintunkt.

2   Die Eiscreme-Halbkugel mit Schokoladenüberzug in die Mitte einer Dessertschüssel setzen.

3   Etwa 113 g des warmen Jasmin-Milchreises auf die Eiscreme geben.

4   Einen Kaffee-Gelee-Faden teilweise über die Dessertschüssel und teilweise auf den Milchreis legen.

5   Eine Prise des Instant-Kaffeepulvers in einer geraden Linie über Milchreis und Gelee-Faden streuen. Sofort servieren.

WARME KARAMELLISIERTE SAHNE, AROMATISIERT MIT PANDANBLÄTTERN | SCHWARZER-SESAM-MANDELKUCHEN | HIBISKUS-GLASUR | PUFFMAIS-KEIMBLATT

ERGIBT	10 Portionen

WARUM DIESE AROMEN GUT ZUSAMMENPASSEN	Auf den ersten Blick scheinen die mit Pandanblättern aromatisierte Sahne und das Puffmais-Keimblatt nicht viel gemeinsam zu haben, Pandan schmeckt aber so ähnlich wie Popcorn (das aus Puffmais hergestellt wird). Das Puffmais-Keimblatt hat schon das typische Popcorn-Aroma, das sich wiederum wunderbar mit dem schwarzen Sesam verbindet, der hier und da zwar für intensive Geschmacksnoten sorgt, insgesamt aber eher im Hintergrund bleibt. Durch die Hibiskus-Glasur bekommt das Dessert noch eine leicht säuerliche Note, die als Geschmacksverstärker wirkt.

KOMPONENTEN	Gelierte Sahne, aromatisiert mit Pandanblättern (S. 242) Hibiskus-Glasur (S. 244) Schwarzer-Sesam-Mandelkuchen (S. 243) Gemahlenes Popcorn (S. 244) Puffmais-Keimblatt Turbinado-Zucker

ANRICHTEN	1	Zur Vorbereitung einen Topf (etwa 1 l Fassungsvermögen) zur Hälfte mit Wasser füllen und bei schwacher Hitze auf den Herd stellen. Mit dem Deckel verschließen.
	2	Wenn das Dessert bestellt wird, eine Portion der gelierten Sahne zum Aufwärmen in das heiße Wasser geben.
	3	Etwa 20 g der Hibiskus-Glasur auf einem Teller verteilen.
	4	Ein dünnes, rechteckiges Stück des Schwarzer-Sesam-Mandelkuchens auf die Glasur setzen.
	5	Etwa 5 g des gemahlenen Popcorns auf und neben den Mandelkuchen streuen. Ein Puffmais-Keimblatt auf das Popcorn legen.
	6	Die gelierte Sahne aus dem heißen Wasser nehmen und sorgfältig mit Küchenpapier trocken tupfen. Auf ein Kuchengitter legen. Etwa 5 g des Turbinado-Zuckers auf die Sahne streuen und mit einem Bunsenbrenner karamellisieren.
	7	Die karamellisierte Sahne neben das Popcorn auf das Kuchenstück legen.

WERMUT-EISCREME | 72 % SCHOKOLADENKUCHEN | QUARK-SCHOKOLADEN-PLÄTTCHEN

ERGIBT 10 Portionen

WARUM DIESE AROMEN GUT ZUSAMMENPASSEN Das Geschmacksprofil dieses Desserts wird vor allem von bitteren Noten und deren Interaktion bestimmt. Der Geschmack von Wermut erinnert an Angosturabitter. Wermut gehört zu den Originalzutaten von Absinth und steht unter dem schlechten Ruf, Halluzinationen zu verursachen. Wermut-Extrakte sind jedoch harmlos, denn sie enthalten nur sehr geringe Mengen an Thujonen (die Komponenten, die in großen Mengen giftig sein können). Der zartbittere Geschmack der Schokolade ist wohlbekannt. Wermut und Schokolade haben also einige gemeinsame (bittere) Geschmacksnoten, unterscheiden sich trotzdem deutlich im Geschmack. Das Quark-Schokoladen-Plättchen ist fein-knackig und sorgt daher für Abwechslung in der Textur des Desserts, die süß-sauren Aromen, die typisch für Milchprodukte sind, verbinden die anderen Geschmacksrichtungen des Desserts wunderbar.

KOMPONENTEN Wermut-Eiscreme mit Samtspray-Überzug (S. 245)
Quark-Schokoladen-Plättchen (S. 246)
Frittiertes Minzeblättchen (S. 247)

ANRICHTEN **1** Die Wermut-Eiscreme auf einem Teller platzieren und wenige Minuten warten, damit sie etwas weicher wird.

2 Ein Quark-Schokoladen-Plättchen auf eine Seite der Eiscreme legen.

3 Ein frittiertes Minzeblättchen vor die Eiscreme legen. Sofort servieren.

FLIEDER-EISCREME | MINI-VEILCHEN-MACARONS |
MINZE-KÜCHLEIN | RHABARBER-HOLUNDERBLÜTEN-GELEE

ERGIBT 10 Portionen

WARUM DIESE AROMEN GUT ZUSAMMENPASSEN Der ausgesprochen blumige Charakter von Flieder spielt in diesem Dessert die Hauptrolle. Diesen blumigen Charakter hat Flieder mit Holunderblüten und Veilchen gemeinsam. Die herbe Säure des Rhabarbers unterstreicht die blumigen Komponenten und der frische Geschmack der Minze rundet sie ab. Die Eisenkrautblüten sollen an kleine Fliederblüten erinnern, zum Geschmack tragen sie nicht unbedingt viel bei. Die Macarons sorgen für Abwechslung in der Konsistenz.

KOMPONENTEN Flieder-Eiscreme (S. 247), mit rosa Samtspray-Überzug (S. 248)
Minze-Küchlein, mit grünem Samtspray-Überzug (S. 248)
Rhabarber-Holunderblüten-Gelee (S. 249)
Mini-Veilchen-Macarons (S. 250)
Gepresste Eisenkrautblüten

ANRICHTEN 1 Die Flieder-Eiscreme auf den Teller legen. Da es sich um bereits portionierte Eiscreme handelt, muss sie eventuell einige Minuten bei Raumtemperatur stehen gelassen werden, damit sie beim Servieren nicht steinhart ist.

2 Das Minze-Küchlein auf der Eiscreme platzieren.

3 Eine Scheibe des Rhabarber-Holunderblüten-Gelees halb über die Eiscreme legen, sodass die andere Hälfte auf dem Teller liegt.

4 Drei Mini-Veilchen-Macarons auf und um die Eiscreme arrangieren und das Dessert mit 3 gepressten Eisenkrautblüten dekorieren. Sofort servieren.

BUTTERNUSSKÜRBIS-ZIMT-EISCREME | ORIGINAL RED VELVET CAKE | CASSIS-PAPIER | SCHAUM VOM INDONESISCHEN ZIMT | SILBERFARBENE HONIGSAUCE

ERGIBT	10 Portionen

WARUM DIESE AROMEN GUT ZUSAMMENPASSEN

Butternusskürbis hat eine Affinität für Gewürze wie Zimt, Gewürznelken, Ingwer und Vanille. Dabei ist der Eigengeschmack des Kürbisses so zurückhaltend, dass man beim Würzen aufpassen muss – sonst schmeckt dieses Dessert vor allem nach Zimt. Daher besteht die Grundmasse für die Eiscreme vor allem aus Kürbis und wird nur mit einem Hauch Zimt gewürzt. Ein klein wenig Zimt kitzelt den Eigengeschmack des Kürbisses hervor. Das „Original" in Verbindung mit dem Red Velvet Cake bezieht sich auf die Tatsache, dass dieser typisch amerikanische Kuchen auf die traditionelle Art und Weise zubereitet wird – ohne künstliche Lebensmittelfarbe. Traditioneller Red Velvet Cake ist nur leicht rot (eher rotbraun). Das liegt daran, dass dieser Kuchen mit unbehandeltem Kakaopulver zubereitet wird (nicht mit alkalisiertem Kakaopulver), das mit dem Backtriebmittel (Natron) reagiert und dabei auch den rötlichen Farbton des Kuchens verursacht. Der Kakaogeschmack des Kuchens ist eine wunderbare Ergänzung zum Butternusskürbis, denn er harmonisiert mit dem Kürbisaroma, ohne dessen Eigengeschmack zu überdecken. Hilfreich dabei ist, dass sich Temperatur, Textur und Fettgehalt der beiden Komponenten deutlich unterscheiden. Die hauchdünne Lage aus getrocknetem Cassis-Püree sorgt für eine zarte, fruchtig-herbe Note und wirkt dabei ähnlich wie Salz, da sie die anderen Geschmacksrichtungen hervorhebt. Der Zimt-Schaum ist eine zurückhaltende aber willkommene Ergänzung zum in der Eiscreme verarbeiteten Zimt. Bei der silberfarbenen Honigsauce handelt es sich einfach um Honig mit etwas silberner Lebensmittelfarbe (in Pulverform). Der Honig ergänzt das Dessert durch seinen subtilen Eigengeschmack.

KOMPONENTEN

Silberfarbene Honigsauce (S. 253)
Original Red Velvet Cake (S. 252)
Butternusskürbis-Zimt-Eiscreme (S. 251)
Cassis-Papier (S. 253)
Schaum vom indonesischen Zimt (S. 254)

ANRICHTEN

1 Etwa 5 g der silberfarbenen Honigsauce auf den Teller träufeln.

2 Den Red Velvet Cake in die Mitte des Tellers setzen.

3 Eine Portion der Butternusskürbis-Zimt-Eiscreme auf dem Kuchen platzieren.

4 Ein quadratisches Stück des Cassis-Papiers auf die Eiscreme legen.

5 Eine kleine Portion des Zimt-Schaums auf das Cassis-Papier setzen. Sofort servieren.

PANNA COTTA MIT GERÖSTETER MILCH
IN KARAMELLISIERTER MILCHSCHOKOLADE |
KROSSEM CROISSANT-CROÛTON | DEVIL'S FOOD CAKE-SÜPPCHEN

ERGIBT	10 Portionen

WARUM DIESE AROMEN GUT ZUSAMMENPASSEN

In diesem Dessert gibt es drei Komponenten mit Maillard-Aromen: Die Panna cotta mit gerösteter Milch, die karamellisierte Milchschokolade und den Croissant-Croûton. Schon alleine diese Tatsache bringt die Komponenten zusammen. Das Devil's Food Cake-Süppchen – im Grunde genommen pürierter Schokoladenkuchen – verbindet die anderen Komponenten miteinander.

KOMPONENTEN

Croissant-Croûton (S. 255)
Panna cotta mit gerösteter Milch (S. 254),
umhüllt mit Samtspray aus karamellisierter Milchschokolade (S. 255)
Goldenes Milchschokoladendekor (S. 257)
Devil's Food Cake-Süppchen (S. 256)

ANRICHTEN

1 Den Croissant-Croûton in eine Dessertschüssel legen.

2 Die gefrorene Panna cotta über den Croûton legen.

3 Etwa 90 g des Devil's Food Cake-Süppchens in die Mitte der Panna cotta gießen.

4 Das Dekor auf das Süppchen in die Mitte der Dessertschüssel legen. Bis zum Servieren noch 2 – 3 Minuten stehen lassen, damit die Panna cotta etwas weicher wird.

ERDNUSSBUTTER-EISCREME | ROSINEN-GELEE-SCHLEIER | GERÖSTETER ERDNUSS-MANDELKUCHEN | SELLERIE-SCHAUM | ERDNUSS-KROKANT

<table>
<tr><td>ERGIBT</td><td>10 Portionen</td></tr>
</table>

WARUM DIESE AROMEN GUT ZUSAMMENPASSEN

Ich wäre nie darauf gekommen, Rosinen und Erdnüsse zu kombinieren – erst recht nicht mit Sellerie. Knackiger Sellerie, weiche Erdnussbutter und süße Rosinen passen aber ausgesprochen gut zusammen. Warum das so ist, kann ich mir trotz meiner fundierten Erfahrung mit der Kombination verschiedener Geschmacksrichtungen nicht erklären. Im Grunde genommen ist es aber auch egal, denn wenn diese Kombination nicht wenigstens ein bisschen schmecken würde, dann würde niemand sie gerne essen wollen und sie wäre niemals ein derart populärer Snack in Amerika geworden. Für dieses Dessert habe ich mich an die Aromen gehalten und ihre Texturen verändert. Die Rosinen werden in Cola eingeweicht und dann geliert, denn Cola schmeckt ein wenig nach Rosinen (oder Trockenpflaumen). Die Erdnussbutter gibt der Eiscreme ihren Geschmack und wird außerdem bei der Zubereitung des Kuchens und für den Krokant verwendet. Der Sellerie wird entsaftet, sodass ein luftiger Schaum entsteht. So trägt er vor allem Geschmack bei und nicht Textur, wie in der ursprünglichen Form des Snacks.

KOMPONENTEN

Sellerie-Schaum (siehe Hinweis)
Erdnuss-Mandelkuchen (S. 258)
Erdnussbutter-Eiscreme-Riegel (S. 257)
Rosinen-Gelee-Schleier (S. 259)
Erdnuss-Krokant (S. 259)

ANRICHTEN

1 Einen ganzen Selleriestängel entsaften. Dabei bildet sich ganz von selbst ein feiner Schaum auf der Oberfläche der Flüssigkeit.

2 Den Erdnuss-Mandelkuchen auf einen Teller legen.

3 Den Erdnussbutter-Eiscreme-Riegel auf den Kuchen legen.

4 Den Eiscreme-Riegel mit einem Rosinen-Gelee-Schleier abdecken.

5 Ein klein wenig des Sellerie-Schaums auf die linke Seite des Gelees geben.

6 Ein Stück Erdnuss-Krokant auf die rechte Seite des Mantels legen. Sofort servieren.

HINWEIS

Um den Sellerie-Schaum zuzubereiten, muss für jede Portion ein ganzer Selleriestängel in einem Profi-Entsafter entsaftet werden. Auf dem Saft bildet sich dabei ein natürlicher Schaum mit wunderbarem Sellerie-Geschmack, der keine weiteren Zusatzstoffe benötigt. Für das Dessert wird nur der Schaum benötigt, der Saft kann für andere Zwecke verwendet werden – z. B. für die Zubereitung von Sellerie-Granité oder Sorbet.

PANNA COTTA
MIT GEBRÄUNTER BUTTER
ERGIBT 618 G

ZUTATEN	MENGE	ANTEIL IN %
GEBRÄUNTE BUTTER		
Trockenmilchpulver	300 g	42,86 %
Butter	400 g	51,14 %
PANNA COTTA		
Schlagsahne	375 g	60,68 %
Zucker	60 g	9,71 %
gebräunte Butter	175 g	28,32 %
Blattgelatine (Silber), eingeweicht in kaltem Wasser, gut ausgedrückt	8 g	1,29 %

1   Als Erstes die gebräunte Butter vorbereiten. Dafür Trockenmilchpulver und Butter in einem mittleren Topf auf dem Herd stark erhitzen. Durch die Hitze bräunt das Trockenmilchpulver, sodass die gebräunte Butter einen noch intensiveren Geschmack bekommt. Da in Butter selbst nur eine relativ geringe Menge an Milchfeststoffen enthalten ist, würde die gebräunte Butter ohne Zugabe des Trockenmilchpulvers nicht besonders intensiv schmecken. Die Zugabe weiterer Milchfeststoffe führt zu einem intensiveren Geschmack.

2   Die gebräunte Butter zum Abkühlen in einen Gastronormbehälter füllen und bei Raumtemperatur stehen lassen.

3   Für die Zubereitung der Panna cotta Sahne, Zucker und die gebräunte Butter in einen Topf (mindestens 1 l Fassungsvermögen) geben und sieden lassen, bis sich Zucker und gebräunte Butter aufgelöst haben. Durch ein feinmaschiges Sieb filtern.

4   Die eingeweichte Blattgelatine unterrühren, bis sie sich vollständig aufgelöst hat.

5   Je 20 g pro Portion in die entsprechenden Schüsseln füllen.

6   Vor dem Anrichten mindestens 3 Stunden in den Kühlschrank stellen (nicht abgedeckt), damit die Masse geliert. Sobald die Masse geliert ist, können die Schüsseln locker mit Frischhaltefolie abgedeckt werden. Die Panna cotta ist 2 Tage haltbar.

BACON-EISCREME
ERGIBT 1 KG

ZUTATEN	MENGE	ANTEIL IN %
BACON-MILCH		
Milch	1 kg	58,82 %
Bauchspeck, in 2,5 cm große Würfel geschnitten, Fett ausgelassen	250 g	14,71 %
Haxe	450 g	26,47 %
EISCREME		
Bacon-Milch	650 g	65 %
Schlagsahne	87 g	8,75 %
Trockenmilchpulver	40 g	4 %
Zucker	150 g	15 %
Eiscreme-Stabilisator	3 g	0,25 %
Eigelb	70 g	7 %

1   Die Zutaten für die Bacon-Milch zusammen in einen Topf geben der klein genug ist, dass Speck und Haxe darin vollständig von der Milch bedeckt werden.

2   Bei starker Hitze aufkochen, dann die Temperatur reduzieren und bei schwacher Hitze noch 2 Minuten köcheln lassen. Vom Herd nehmen, den Topf mit dem Deckel verschließen und das Ganze 30 Minuten ziehen lassen.

3   Speck und Haxe aus der aromatisierten Milch entfernen. Die Milch abseihen und abkühlen lassen.

4   Die Eiscreme nach der auf S. 61 vorgestellten, modernen Methode zubereiten. Im Kühlschrank reifen lassen.

DER „VOLCANO VAPORIZER"

Der Name dieses Geräts hört sich so an, als handele es sich um eine Maschine aus Star Trek – eine Raumschiff-Vorrichtung zum Vernichten von Vulkanen. In der Realität wird der Volcano Vaporizer aber zum Aromatisieren von Speisen mittels Dampf verwendet. Es handelt sich um ein elektromechanisches Gerät, das pflanzliche Feststoffe sanft bis zu dem Punkt erhitzt, an dem sie die ätherischen Öle, die für ihr Aroma verantwortlich sind, in Form von Dampf abgeben. Im Sockel der Maschine wird heiße Luft produziert, deren genaue Temperatur individuell eingestellt werden kann, denn nicht alle Zutaten müssen auf die gleiche Temperatur erhitzt werden, um ihre ätherischen Öle abzugeben. Ein Gebläse sorgt dafür, dass die heiße Luft durch die entsprechenden Zutaten geleitet wird, sodass die aromatischen Verbindungen freigesetzt werden.

An die Maschine können zwei Elemente angeschlossen werden, durch die der Dampf entweicht. Bei dem einen handelt es sich um den sogenannten Collection Balloon, einen Zellophan-Ballon, der an eine Tülle direkt an der Maschine angeschlossen werden kann. Die Herstellerfirma bezeichnet das zweite Anschluss-Element als Mixology Attachment. Dabei handelt es sich um einen lebensmittelechten, hitzeresistenten Schlauch, dessen eines Ende an die Tülle angeschlossen wird. Der aromatisierte Dampf tritt dann am anderen Ende des Schlauchs aus. Für die mit Dampf aromatisierten Speisen in diesem Buch wird das Mixology Attachment verwendet (siehe Cassis-Biskuit auf S. 405 und Bacon-Praliné auf S. 478), denn der Schlauch ermöglicht es, den Dampf direkt in den gewünschten Behälter zu leiten.

Mit das Beste am Volcano Vaporizer ist, dass Desserts aromatisiert werden können, ohne die entsprechende Zutat direkt im Dessert verarbeiten zu müssen. Die Ergebnisse, die man mit dem Volcano Vaporizer erzielen kann, unterscheiden sich deutlich von denen einer Räucherpistole oder ähnlichen Gerätschaften, die Feuer und Rauch benötigen, um die Lebensmittel zu aromatisieren.

Zu den Produkten, die sich sehr gut für die Anwendung im Volcano Vaporizer eignen, gehören z. B. Lavendel, Zimt, Gewürznelken, Vanille, Sternanis, Earl-Grey-Tee, Hopfen, Tabak, Salbei, Thymian und Eukalyptus. Beim Hersteller ist eine Liste mit den richtigen Temperatureinstellungen für die jeweiligen Zutaten erhältlich.

Getrocknete Kräuter oder andere aromatische Zutaten in die Füllkammer im Sockel des Volcano Vaporizers füllen.

Das Schlauchende in den Behälter halten, in den der Dampf geleitet werden soll.

Die aromatischen Verbindungen der entsprechenden Zutaten aromatisieren das Dessert über den Dampf.

FESTER MANTEL AUS KARAMELLISIERTER WEISSER SCHOKOLADE

ERGIBT 605 G

ZUTATEN	MENGE	ANTEIL IN %
Weiße Schokolade (Pellets)	500 g	82,64 %
Kakaobutter, geschmolzen	50 g	8,26 %
Rapsöl	55 g	9,06 %

1 Den Konvektomaten auf 115 °C vorheizen.

2 Die Schokolade in einen ½-Gastronormbehälter füllen und darin in den Konvektomaten stellen. Etwa 3 Stunden erhitzen, bis die Schokolade vollständig karamellisiert ist. Dabei alle 30 Minuten mit einem Holzlöffel umrühren. Die fertig karamellisierte Schokolade sollte bernsteinfarben sein – ähnlich, wie eine Karamellsauce.

3 Die karamellisierte heiße Schokolade aus dem Ofen nehmen und die geschmolzene Kakaobutter unterrühren. Dann kann die karamellisierte Schokolade theoretisch an einem kühlen, trockenen Ort aufbewahrt und wie herkömmliche weiße Schokolade weiterverarbeitet werden. In diesem Fall wird jedoch direkt das Rapsöl hinzugefügt, damit die Schokolade zu einem Mantel für die Eiscreme verarbeitet werden kann. Durch die Zugabe des Öls wird die Schokolade etwas weicher, sodass man sie auch wenn sie fest geworden ist ohne Probleme mit dem Löffel oder einer Gabel essen kann.

Die karamellisierte, mit Kakaobutter und Rapsöl verrührte Schokolade auf 30 °C abkühlen lassen und in die gewünschten Formen gießen (siehe Hinweis). 5 Minuten abwarten und die Formen dann umdrehen, damit die überschüssige Schokolade herausläuft. Die Ränder der Form mit einem Spachtel von der Schokolade befreien. Im Kühlschrank erstarren lassen. Wenn die Schokolade vollständig erstarrt ist, kann der Mantel aus den Formen gelöst werden. Die Schokoladenformen einfrieren, wenn sie bald verwendet werden sollen. Denn damit die Bacon-Eiscreme nicht schmilzt, wenn sie in den Schokoladen-Mantel gespritzt wird, muss die Schokolade gefroren sein. Wenn die Schokoladenformen nicht sofort gebraucht werden, können sie an einem kühlen, trockenen Ort in einem luftdicht verschlossenen Behälter bis zu 1 Jahr aufbewahrt werden.

HINWEIS Die Form, die für die Zubereitung des Desserts, wie es auf dem Bild zu sehen ist, verwendet wurde, stammt aus einem Antikladen und ist nicht mehr im Handel erhältlich. Online gibt es aber ein großes Angebot anderer Formen.

SAMTSPRAY AUS KARAMELLISIERTER WEISSER SCHOKOLADE

ERGIBT 500 G

ZUTATEN	MENGE	ANTEIL IN %
Karamellisierte weiße Schokolade (S. 316)	250 g	50 %
Kakaobutter	250 g	50 %

1 Die beiden Zutaten zusammen in eine Schüssel geben und über einem heißen Wasserbad schmelzen. Wenn das Samtspray gleich verwendet werden soll, muss es über dem Wasserbad warm gehalten werden (40 °C). Ansonsten kann es in einem luftdicht verschlossenen Behälter bei Raumtemperatur bis zu 1 Jahr aufbewahrt werden.

2 Bevor die Eiscreme in die Schalen (Mäntel) aus karamellisierter weißer Schokolade gefüllt wird, müssen diese im Gefrierschrank gekühlt werden.

3 Die Eiscreme-Grundmasse in der Eismaschine mäßig fest gefrieren. Da die Eiscreme mithilfe eines Spritzbeutels in die Schokoladen-Schalen gefüllt werden soll, darf sie auf keinen Fall vollständig fest gefroren sein. Das Eis direkt aus der Maschine in einen Spritzbeutel füllen.

4 Die gefrorenen Schokoladen-Schalen bis zum Rand gleichmäßig mit der Eiscreme füllen und die Oberfläche mit einer Winkelpalette glatt streichen. In ein auf -10 °C eingestelltes Gefrierfach geben.

5 Die Eiscreme in den Formen mindestens 2 Stunden einfrieren, damit sie die richtige Konsistenz bekommt. In der Zwischenzeit die Arbeitsfläche zum Sprühen vorbereiten, also dort, wo gesprüht werden soll, gut mit Plastikfolie abdecken.

6 Die karamellisierte weiße Schokolade in den entsprechenden Airbrush-Behälter füllen und die Eiscreme-Portionen im Schokoladen-Mantel rundherum damit überziehen. Die Airbrush-Pistole dabei mindestens 60 cm von der Eiscreme entfernt halten, damit ein gleichmäßig samtiger Effekt erzielt wird.

7 Die fertigen Eiscreme-Portionen gut verpackt im Gefrierschrank aufbewahren, damit sich kein Reif auf deren Oberfläche bildet. Dabei darf die samtige Oberfläche weder mit Frischhaltefolie noch mit den Händen direkt in Berührung kommen, sonst geht der samtige Effekt verloren. Die Eiscreme ist 3 Tage haltbar.

KADAIFI, AROMATISIERT
MIT AHORNSIRUP AUS QUEBEC

ERGIBT 220 G

ZUTATEN	MENGE	ANTEIL IN %
Butter	50 g	22,73 %
Ahornsirup aus Quebec (dunkel)	50 g	22,73 %
Kadaifi (siehe Hinweis)	100 g	45,45 %
Ahornzucker	20 g	9,09 %

1 Den Konvektomaten auf 160 °C vorheizen.

2 Ein Backblech mit einer Silikonmatte auslegen.

3 Butter und Ahornsirup zusammen in einem kleinen Topf schmelzen und warm halten.

4 Die Kadaifi in 10 Portionen à 10 g aufteilen und in etwa 7,5 cm großen, quadratischen Bündeln auf dem Blech verteilen.

5 Mit einem Löffel je 10 g der geschmolzenen Butter-Ahornsirup- mischung über jedes Kadaifi-Bündel träufeln. Auf jedes Bündel noch 2 g Ahornzucker streuen.

6 Im vorgeheizten Ofen in etwa 10 Minuten goldbraun backen.

7 Bei Raumtemperatur auf dem Blech abkühlen lassen.

8 Die Kadaifi-Bündel während des Services abgedeckt bereithalten. Es darf keine Feuchtigkeit daran kommen, da sie sonst aufweichen. Sehr vorsichtig mit den Kadaifi umgehen, denn sie sind sehr empfind- lich. Reste können in einem luftdicht verschlossenen Behälter auf- bewahrt werden. Vor dem Servieren müssen sie dann ein paar Minuten im warmen Ofen aufgebacken werden, damit sie wieder schön kross werden. Die Kadaifi-Bündel können nur einmal aufgebacken werden. Wenn am dritten Tag nach der Zubereitung noch welche übrig sind, sollten das nächste Mal weniger im Voraus zubereitet werden.

HINWEIS Bei Kadaifi handelt es sich um feine Filoteig-Fäden.

ZARTBITTER-
SCHOKOLADEN-SORBET

ERGIBT 1 KG

ZUTATEN	MENGE	ANTEIL IN %
Zucker	30 g	3 %
Sorbet-Stabilisator	5 g	0,5 %
Trinkwasser aus der Flasche	605 g	60,5 %
Invertzucker	120 g	12 %
Zartbitterschokolade (61%, Pellets)	240 g	24 %

1 Zucker und Sorbet-Stabilisator in einer kleinen Schüssel gut vermischen.

2 Wasser und Invertzucker zusammen in einen Topf mit 2 l Fassungs- vermögen geben und auf 40 °C erhitzen.

3 Die Zucker-Sorbet-Stabilisator-Mischung allmählich unter kräftigem Rühren mit dem Schneebesen in die warme Invertzucker-Lösung geben.

4 Die Flüssigkeit auf 85 °C erhitzen und dann über die Schokoladen- Pellets in eine Schüssel gießen.

5 Mit dem Pürierstab vermischen, bis die Schokolade vollständig ge- schmolzen und eine gleichmäßige Masse entstanden ist.

6 Die Schüssel zum Abkühlen der Masse in ein Eiswasserbad stellen. Die Grundmasse vor dem Einfrieren in der Eismaschine mindestens 2 Stunden reifen lassen.

7 Die gereifte Grundmasse in der Eismaschine einfrieren und dann direkt in einen Spritzbeutel füllen. Bei -10 °C im Gefrierschrank aufbewahren.

8 Reste nach dem Service im Kühlschrank auftauen lassen. Sie können am folgenden Tag erneut in der Eismaschine gefroren und dann serviert werden. Die Masse kann so bis zu 5 Tage verwendet werden.

DUNKLER SCHOKOLADENKUCHEN MIT SCHNEE AUS WEISSEM SAMTSPRAY

ERGIBT 2,19 KG

ZUTATEN	MENGE	ANTEIL IN %
Weizenmehl (Type 405)	303 g	13,82 %
Kakaopulver	123 g	5,61 %
Salz	9 g	0,41 %
Natron	15 g	0,68 %
Backpulver	12 g	0,55 %
Zucker	600 g	27,37 %
Eier	250 g	11,41 %
Buttermilch	370 g	16,88 %
Kaffee, kalt	340 g	15,51 %
Butter, zerlassen und abgekühlt	170 g	7,76 %
Weißes Samtspray (S. 429)	400 g	

1 Den Konvektomaten auf 160 °C vorheizen.

2 Eine rechteckige Kuchenform (45 x 33 cm) mit Sprühfett fetten und mit Backpapier auslegen.

3 Mehl, Kakaopulver, Salz, Natron und Backpulver zusammen in die Schüssel der Standküchenmaschine sieben.

4 In einer separaten Schüssel Eier, Buttermilch und Kaffee zu einer gleichmäßigen Masse verrühren.

5 Die trockenen Zutaten in der Standküchenmaschine mit dem Rührelement auf niedriger Stufe vermischen und die Eier-Mischung allmählich hinzugießen.

6 Sobald eine gleichmäßige Masse entstanden ist, die geschmolzene Butter hinzufügen und vollständig untermischen.

7 Die Kuchenmasse in der vorbereiteten Form verteilen und im vorgeheizten Ofen 20 – 30 Minuten backen, bis die Oberfläche des Kuchens zurückfedert, wenn man sanft mit den Fingerspitzen darauf drückt. Alternativ kann die Garprobe auch mit einem kleinen, spitzen Messer gemacht werden, das man in die Mitte des Kuchens steckt: Wenn beim Herausziehen keine feuchte Masse oder Krümel an der Klinge haften, dann ist der Kuchen fertig.

8 Den Kuchen abkühlen lassen und dann in Würfel à 2,5 cm schneiden. Die Stücke müssen nicht perfekt gleichmäßig sein. Wichtig ist nur, dass es eine glatte Seite gibt, auf der das Kuchenstück später auf den Teller gestellt werden kann.

9 Mit einem Eisportionierer (etwa 26 ml Fassungsvermögen) die Kuchenstücke von unten (oder der glatten Seite her) aushöhlen. Die Würfel dann etwa 45 Minuten einfrieren.

10 Inzwischen die Grundmasse für das weiße Spray schmelzen und die Arbeitsfläche dort, wo gesprüht werden soll (und die Wände dahinter), mit Plastikfolie abdecken.

11 Die weiße Sprühflüssigkeit in den Airbrush-Behälter füllen und die gefrorenen Kuchenstücke gleichmäßig mit einer Samtschicht überziehen. Die Airbrush-Pistole dabei mindestens 60 cm von den Kuchenwürfeln entfernt halten.

12 Die Kuchenwürfel bis zum Anrichten im Kühlschrank aufbewahren. Dafür sorgfältig aber vorsichtig in Frischhaltefolie einwickeln, damit die samtige Oberfläche nicht leidet. Am besten stellt man die Kuchenwürfel in einen 10 cm tiefen Gastronormbehälter und umwickelt diesen dann mit Frischhaltefolie. Im Kühlschrank halten sich die Kuchenwürfel 3 – 4 Tage in gutem Zustand, eingefroren länger als 1 Monat.

LEICHTES ZARTBITTER-SCHOKOLADEN-GELEE

ERGIBT 642 G

ZUTATEN	MENGE	ANTEIL IN %
Wasser	240 g	37,35 %
Zucker	175 g	27,24 %
Kakaopulver	70 g	10,89 %
Schlagsahne	150 g	23,35 %
Blattgelatine (Silber), eingeweicht in kaltem Wasser, gut ausgedrückt	7 g	1,17 %

1 Wasser und Zucker zusammen in einen Topf mit 1 l Fassungsvermögen geben und bei starker Hitze köcheln lassen, bis sich der Zucker vollständig aufgelöst hat.

2 Vom Herd nehmen und das Kakaopulver mit einem Schneebesen unterrühren.

3 Den Topf zurück auf den Herd stellen und das Ganze erneut aufkochen. Die Sahne hinzufügen und die Temperatur etwas reduzieren.

4 Etwa 20 Minuten unter häufigem Umrühren sanft köcheln lassen, bis die Flüssigkeit deutlich angedickt ist. Die eingeweichte Gelatine hinzufügen und vollständig untermischen. Eine Silikonform mit rechteckigen Vertiefungen à 2,5 x 7,5 x 3 cm bereitstellen und jeweils 30 g der angedickten Flüssigkeit in die Vertiefungen füllen. Einfrieren. Das restliche Gelee kann zur späteren Verwendung bis zu 1 Woche im Kühlschrank aufbewahrt werden.

5 Die fest gefrorenen Gelee-Portionen aus den Formen lösen und die einzelnen Portionen bis zum Anrichten in einem luftdicht verschlossenen Behälter im Gefrierschrank aufbewahren.

ALOE-HIBISKUS-GELEE

ERGIBT 242 G

ZUTATEN	MENGE	ANTEIL IN %
Aloe-Saft (z. B. von Shirakiku)	200 g	82,51 %
Gellan (geringer Acylanteil)	1 g	0,58 %
Hibiskus-Extrakt	1 g	0,41 %
Hibiskus-Sirup	40 g	16,5 %

1 Eine Acetatfolie auf eine ebene Plexiglas-Oberfläche legen und darauf einen quadratischen Edelstahlrahmen à 10 cm stellen. Die Oberfläche muss auf jeden Fall gerade und gleichmäßig sein. Etwas Fondant zu einem dünnen Band formen und rundherum um den Boden des Rahmens legen. Gut festdrücken.

2 Den kalten Aloe-Saft in einen kleinen Topf geben und das Gellan unterrühren. Diese Mischung aufkochen und 10 Sekunden köcheln lassen. Vom Herd nehmen und leicht abkühlen lassen.

3 Die Mischung in den vorbereiteten Rahmen gießen und darin vollständig abkühlen lassen, ohne den Rahmen zu bewegen. Die gelierte Masse in den Kühlschrank stellen.

4 Um die vollständig gelierte Masse aus dem Rahmen zu lösen, vorsichtig mit einem warmen, scharfen Gemüsemesser am inneren Rand des Rahmens entlangfahren. Den Rahmen nach oben abnehmen. Das Messer in heißes Wasser tauchen, sorgfältig mit Küchenpapier abtrocknen und das Gelee in zehn 1 cm breite Streifen schneiden. Diese Gelee-Streifen auf Acetatfolie und Plexiglas liegen lassen.

5 Hibiskus-Extrakt und Hibiskus-Sirup vermischen und diese Flüssigkeit in eine Spritze mit langer Nadel füllen.

6 Die Nadel von oben bis in die Mitte des Gelees stecken. Beim Herausziehen vorsichtig die Flüssigkeit in das Gelee injizieren, sodass darin ein feiner, roter Streifen entsteht. Wiederholen, bis in jedem Gelee-Stück 18 – 20 feine Streifen zu sehen sind.

7 Das Gelee bis zum Anrichten gut abgedeckt im Kühlschrank aufbewahren. Am folgenden Tag kann es nicht mehr verwendet werden, da die Hibiskus-Flüssigkeit mit der Zeit im Gelee verläuft, sodass die Streifen nicht mehr zu sehen sind.

WARME GRUNDMASSE FÜR DEN KOKOSNUSS-TAPIOKA-PUDDING

ERGIBT 1,01 KG

ZUTATEN	MENGE	ANTEIL IN %
TAPIOKA		
Tapioka, kleine Perlen	150 g	5,77 %
kaltes Wasser 1	450 g	17,31 %
kaltes Wasser 2	2 kg	76,92 %
KOKOSNUSS-PUDDING-GRUNDMASSE		
Kokosmilch	400 g	55,55 %
Zucker 1	100 g	13,81 %
Schlagsahne	200 g	27,78 %
Salz	0,5 g	0,05 %
Universal-Pektin	7 g	0,97 %
Zucker 2	12 g	1,66 %

1 Die Tapiokaperlen mit der ersten Menge kalten Wassers in einen Topf mit 4 l Fassungsvermögen geben. Unter Rühren mit einem Holzlöffel aufkochen. Abseihen, sobald das Wasser andickt. Die Perlen im Sieb unter fließendem kaltem Wasser abspülen, um die schleimige Flüssigkeit zu entfernen, die sich durch die Tapioka-Stärke gebildet hat.

2 Die abgespülten Tapiokaperlen in die zweite Menge kalten Wassers geben und bei starker Hitze aufkochen. 20 – 25 Minuten sprudelnd kochen lassen, bis die Perlen durchsichtig sind. Abseihen und die Perlen unter fließendem kaltem Wasser abspülen.

3 Die gegarten Tapiokaperlen mit Frischhaltefolie abdecken und beiseitestellen. Um zu verhindern, dass sie verkleben, kann etwas Maissirup untergemischt werden. Diese Komponente muss an dem Tag zubereitet werden, an dem das Dessert serviert werden soll – möglichst kurz vor dem Service. Die Konsistenz der Tapiokaperlen verändert sich mit der Zeit (das ist typisch für Stärke-Produkte): Zunächst bieten sie noch einen leichten Widerstand, wenn man darauf beißt, in weniger als 12 Stunden werden sie dann aber unangenehm lasch und wässrig.

4 Die Kokosnuss-Pudding-Grundmasse erst möglichst kurz vor dem Anrichten zubereiten. Dafür die Kokosmilch mit der ersten Menge Zucker, der Schlagsahne und dem Salz in einen Topf geben und aufkochen. Wenn möglich auf einer Induktionsplatte, da die Flüssigkeit am Boden des Topfes auf einer Gasflamme leicht anbrennen könnte.

5 Inzwischen das Pektin in einer kleinen Schüssel gut mit der zweiten Menge Zucker vermischen.

6 Wenn die Kokosmilch-Mischung aufkocht, die Pektin-Zuckermischung hinzufügen und mit dem Pürierstab untermischen. Erneut aufkochen und 1 Minute köcheln lassen.

7 Bei möglichst schwacher Hitze auf dem Herd warm halten, sodass die Flüssigkeit während des Service eine Temperatur von 50 °C hat. Der Topf muss dabei unbedingt abgedeckt bleiben, damit nicht zu viel Flüssigkeit verdampft (das würde die Konsistenz des Puddings ruinieren). Reste nach dem Service entsorgen.

HINWEIS Der Vorteil des Universal-Pektins ist, dass es thermoreversibel ist, d. h. es schmilzt, wenn es heiß wird. Damit kann die angedickte Flüssigkeit längere Zeit warm gehalten werden, ohne dass ihre Textur leidet. Eine mit Eiern angedickte Sauce könnte nicht über längere Zeit warm gehalten werden, ohne dass das negative Auswirkungen auf die Konsistenz hätte – ganz zu schweigen von den potenziell gesundheitsschädlichen Bakterien, die sich in einer solchen Mischung vermehren könnten.

GEFRORENES MANGO-PARFAIT IN KNUSPRIGEM BRICKTEIG

ERGIBT 1 KG

ZUTATEN	MENGE	ANTEIL IN %
BRICKTEIG-WAFFELN		
Butter, zerlassen	100 g	96,15 %
Vanillepaste	4 g	3,85 %
Brickteig	3 Blätter	
MANGO-PARFAIT		
Schlagsahne	420 g	42 %
Zucker 1	120 g	12 %
Eigelb	160 g	16 %
Zucker 2	40 g	4 %
Mango-Püree	257 g	25,7 %
Blattgelatine (Silber), eingeweicht in kaltem Wasser, gut ausgedrückt	3 g	0,3 %

1 Für die Zubereitung der Brickteig-Waffeln den Konvektomaten auf 160 °C vorheizen. Wenn möglich die Umluft- bzw. Heißluftfunktion abschalten.

2 Zehn 7,5 cm lange Metallröhrchen mit einem Durchmesser von je 2,5 cm mit Sprühfett fetten und auf ein Blech stellen.

3 Die Vanillepaste unter die geschmolzene Butter rühren.

4 Silikonbeschichtetes Backpapier zurechtschneiden. Es werden 10 quadratische Blätter à 7,5 cm benötigt und 10 rechteckige Stücke à 7,5 x 10 cm. Die quadratischen Backpapierstücke um die gefetteten Metallröhrchen wickeln und dann jeweils leicht mit der Butter-Vanillemischung bepinseln.

5 Aus dem Brickteig mithilfe eines Lineals 10 rechteckige Stücke à 5 x 7,5 cm ausschneiden und sie um die vorbereiteten Röhrchen wickeln. Dabei sollte die Längsseite jeweils zweimal um die Röhrchen gewickelt werden, sodass die Waffeln später 5 cm hoch sind.

6 Abschließend jeweils ein Stück der größeren Backpapier-Rechtecke um den Teig auf den Röhrchen wickeln und mithilfe einer Büroklammer befestigen. Die so vorbereiteten Metallröhrchen auf das Blech stellen und in den vorgeheizten Ofen schieben. Wenn die Umluft-Funktion nicht abgeschaltet werden kann, können die Röhrchen auch auf das Blech gelegt werden – mit der Büroklammer nach unten, damit sie durch die Lüftung nicht hin und her rollen.

7 In 8 – 10 (mit Umluft) bzw. 12 – 15 Minuten (Ober-/Unterhitze) goldbraun backen.

8 Abkühlen lassen. Dann vorsichtig die äußere Schicht Backpapier entfernen und die Brickteig-Waffeln von den Röhrchen ziehen. Bei Raumtemperatur in einem luftdicht verschlossenen Behälter sind die Waffeln 3 Tage haltbar.

9 Die fertigen Brickteig-Waffeln auf ein mit einer Silikonmatte ausgelegtes, flaches Blech stellen.

10 Für das Mango-Parfait die Schlagsahne mit der ersten Menge Zucker in der Standküchenmaschine locker aufschlagen. In den Kühlschrank stellen.

11 Das Eigelb mit der zweiten Menge Zucker in der Schüssel der Standküchenmaschine über einem heißen Wasserbad aufschlagen, bis die Masse eine Temperatur von 60 °C hat. 2 Minuten weiter rühren. Die Schüssel in die Standküchenmaschine einrasten und die Masse mit dem Schneebesen-Element bei hoher Stufe aufschlagen, bis sich das Ausgangsvolumen des Eigelbs vervierfacht hat. Inzwischen das Mango-Püree mit der eingeweichten Gelatine vermischen und in einem heißen Wasserbad aufwärmen, damit die Gelatine schmilzt, ohne zu heiß zu werden.

12 Die Eigelb-Mischung (Pâte à bombe) unter das Mango-Püree mit der Gelatine heben, gefolgt von der ersten Hälfte der geschlagenen Sahne. Wenn diese vollständig untergemischt wurde, vorsichtig die zweite Hälfte unterheben.

13 Die Masse in einen Spritzbeutel füllen und 2 – 8 Stunden einfrieren. Dann kann das Mango-Parfait in die Brickteig-Waffeln gefüllt werden. Die Oberfläche mit einer Winkelpalette glatt streichen. Einfrieren. Wenn die Masse vollständig gefroren ist, gut mit Frischhaltefolie einwickeln und bei -10 °C im Gefrierschrank aufbewahren.

KARAMELLISIERTER SCHOKOLADEN-BLÄTTERTEIG

ERGIBT 1,5 KG

ZUTATEN	MENGE	ANTEIL IN %
Weizenmehl (Type 405)	515 g	34,29 %
Salz	12 g	0,8 %
Kakaopulver	50 g	3,33 %
Butter, zerlassen	50 g	3,33 %
Kakaomasse		
(z.B. Pretacao Cocoa Paste)	50 g	3,33 %
kaltes Wasser	300 g	19,97 %
Weißweinessig	25 g	1,66 %
Eistreich (Rezept S. 156)	50 g	
Maissirup	50 g	

1 Mehl, Salz und Kakaopulver in der Schüssel der Standküchenmaschine vermischen.

2 Mit dem Knethaken bei langsamer Stufe rühren und die geschmolzene Butter allmählich hinzugießen. Vermischen, bis sich die Zutaten gerade eben zu einer Masse verbunden haben.

3 Die Kakaomasse hinzufügen und gleichmäßig untermischen.

4 Wasser und Essig verrühren und unter den Teig mischen. Der Teig muss nicht lange geknetet werden, da es für diesen Zweck nicht wichtig ist, dass sich das Gluten voll entwickelt.

5 Eine rechteckige Kuchenform (45 x 33 cm) mit Backpapier auslegen und gut mit Mehl bestäuben. Den Teig darin ausbreiten und abgedeckt 30 Minuten ziehen lassen.

6 Den geruhten Teig in der Kuchenform flach drücken, sodass er gleichmäßig bis an die Ränder verteilt ist. Gut in Frischhaltefolie einwickeln und mindestens 2 Stunden in den Kühlschrank stellen, damit der Teig etwas fester wird.

7 Den gekühlten Teig tourieren wie auf den Seiten 22 – 24 beschrieben.

8 Den tourierten Teig 5 mm dünn ausrollen. Im Gefrierschrank 30 Minuten ruhen lassen.

9 Den Konvektomaten auf 160 °C vorheizen.

10 Mit einem Teigrädchen 10 Streifen à 2,5 x 12,5 cm aus dem halbgefrorenen, ausgerollten Teig ausschneiden. Die Oberfläche der Streifen vorsichtig mit Eistreich bepinseln. Es darf kein Eistreich an den Seiten der Teigstreifen herunterlaufen, denn das kann dazu führen, dass der Teig verklebt und beim Backen nicht richtig aufgeht. Die Streifen mit etwas Abstand auf ein mit einer Silikonmatte ausgelegtes Backblech legen. Der Teig sollte noch sehr fest und halbgefroren sein, wenn er in den Ofen kommt, da er dann besser backt. Gegebenenfalls muss er vor dem Backen erneut ein paar Minuten in den Gefrierschrank gestellt werden.

11 Die Blätterteigstreifen im vorgeheizten Ofen 12 – 15 Minuten kross backen. Eventuell dauert das länger. Achten Sie darauf, dass der Teig wirklich kross gebacken ist.

12 Oberfläche und Seiten der heißen Blätterteigstreifen mit Maissirup einstreichen und dann weitere 5 Minuten backen. Bei Raumtemperatur abkühlen lassen.

13 Bis zum Anrichten im auf 50 °C eingestellten Dörrgerät aufbewahren. Die Blätterteigstreifen sollten nur an dem Tag serviert werden, an dem sie gebacken wurden.

CRÈME CHANTILLY

ERGIBT 680 G

ZUTATEN	MENGE	ANTEIL IN %
Schlagsahne	600 g	88,24 %
extra feiner Zucker	70 g	10,29 %
Vanillepaste	10 g	1,47 %

1 Die Zutaten in der Standküchenmaschine mit dem Schneebesenelement steif schlagen.

2 Bis zum Anrichten im Kühlschrank aufbewahren und nach Bedarf nochmal frisch aufschlagen.

FEIGENBLATT-
EISCREME-ZYLINDER
ERGIBT 1,07 KG

ZUTATEN	MENGE	ANTEIL IN %
Vollmilch	500 g	46,73 %
Schlagsahne	250 g	23,36 %
Feigenblätter, Stiele entfernt	5 Stück	
Zucker	170 g	15,89 %
Eigelb	150 g	14,02 %

1 Ein Eiswasserbad vorbereiten.

2 Milch und Sahne zusammen in einen Topf geben und kurz aufkochen. Vom Herd nehmen, die Feigenblätter hinzufügen und unterrühren. Den Topf mit Frischhaltefolie abdecken und 4 – 5 Stunden ziehen lassen.

3 Die Feigenblätter aus der Flüssigkeit nehmen und über dem Topf gut ausdrücken, damit ihr Aroma so gut wie möglich genutzt wird. Die Mischung durch ein feines Sieb filtern.

4 Die Hälfte des Zuckers zusammen mit der aromatisierten Milch-Sahnemischung in einen Topf geben. Den restlichen Zucker in einer Schüssel mit dem Eigelb vermischen. Nach der klassischen Methode für die Zubereitung gekochter Eierspeisen fortfahren (siehe S. 23).

5 Die Grundmasse im Eiswasserbad abkühlen und dann mindestens 4 Stunden reifen lassen, bevor sie in der Eismaschine gefroren wird.

6 Inzwischen 10 PVC-Ringe (oder Dessertringe aus Edelstahl, wenn vorhanden) mit Acetatfolie auslegen und auf ein mit einer Silikonmatte ausgelegtes Blech stellen. Das Ganze im Gefrierschrank kühlen.

7 Die Grundmasse in der Eismaschine einfrieren und dann in einen Spritzbeutel füllen. Die Eiscreme in die vorbereiteten, gefrorenen Formen füllen und die Oberfläche mit der Winkelpalette glätten. Zurück in den Gefrierschrank stellen, damit die Eismasse fest wird.

8 Die Eiscreme aus den Formen lösen, wenn sie ausreichend fest ist, die Acetatfolie aber darum gewickelt lassen. Bis zum Anrichten in einem luftdicht verschlossenen Behälter im Gefrierschrank aufbewahren.

9 Reste können am nächsten Tag nochmals serviert werden. Dafür wird die Masse über Nacht im Kühlschrank aufgetaut und am nächsten Tag in der Eismaschine erneut gefroren, damit die Konsistenz nicht leidet. Die Behälter mit der Grundmasse müssen gut beschriftet und mit Datum versehen werden, damit man die Grundmasse nicht zweimal oder mehr auftauen lässt und dann erneut einfriert – das darf nur einmal geschehen, da die Grundmasse keine Stabilisatoren enthält und daher auch im Gefrierschrank nur begrenzt haltbar ist.

SCHOKOLADENSAUCE
ERGIBT 635 G

ZUTATEN	MENGE	ANTEIL IN %
Wasser	240 g	37,80 %
Zucker	175 g	27,56 %
Kakaopulver	70 g	11,02 %
Schlagsahne	150 g	23,62 %

1 Wasser und Zucker in einem Topf mit 2 l Fassungsvermögen aufkochen und köcheln lassen, bis sich der Zucker vollständig aufgelöst hat.

2 Vom Herd nehmen und das Kakaopulver mit dem Schneebesen unterrühren, bis es sich vollständig aufgelöst hat.

3 Den Topf zurück auf den Herd geben und die Mischung erneut aufkochen. Die Sahne hinzufügen und die Temperatur reduzieren.

4 Das Ganze etwa 30 Minuten unter häufigem Rühren sanft köcheln lassen, bis die Sauce angedickt ist.

5 Den Topf mit der Sauce zum Abkühlen in ein Eiswasserbad stellen. In einem luftdicht verschlossenen Behälter hält sich die Schokoladensauce im Kühlschrank bis zu 4 Tage.

RECHTECKIGE JASMINTEE-KÜCHLEIN

ERGIBT 496 G

ZUTATEN	MENGE	ANTEIL IN %
Eier	220 g	44,35 %
Zucker	125 g	25,2 %
Salz	1 g	0,2 %
Weizenmehl (Type 405)	125 g	25,2 %
Jasminteeblätter, gemahlen	5 g	1,01 %
Butter, zerlassen und abgekühlt	20 g	4,03 %

1 Eine rechteckige Backform (45 x 33 cm) leicht mit Sprühfett fetten und mit einer Silikonmatte auslegen.

2 Den Konvektomaten auf 160 °C vorheizen.

3 Den Kuchen mit der Einkesselmethode (warme Zubereitung, siehe S. 19) zubereiten.

4 Die Kuchenmasse in der vorbereiteten Backform verteilen und 6 – 7 Minuten im vorgeheizten Ofen backen. Als Garprobe sanft auf die Mitte der Oberfläche des Kuchens drücken. Wenn der Kuchen gar ist, federt die Oberfläche zurück.

5 Auf Raumtemperatur abkühlen lassen.

6 Für 2 Stunden in den Kühlschrank stellen.

7 Den gekühlten Kuchen in 5 mm dünne, rechteckige Stücke à 5 x 10 cm schneiden.

8 Bis zum Anrichten bei Raumtemperatur aufbewahren. Gekühlt ist der Kuchen nicht flexibel genug und würde einreißen, wenn man ihn um die Eiscreme wickelt. Reste nach dem Service entsorgen.

VARIATION Für die Zubereitung eines Earl-Grey-Tee-Kuchens einfach den Jasmintee durch Earl-Grey-Tee ersetzen. Den gekühlten Kuchen dann in 5 mm dünne, rechteckige Stücke à 2 x 12,5 cm schneiden. In einem luftdicht verschlossenen Behälter können diese Kuchenstücke bis zu 5 Tage eingefroren werden.

SHORTBREAD-STREUSEL

ERGIBT 600 G

ZUTATEN	MENGE	ANTEIL IN %
Butter, weich	210 g	35 %
Zucker	105 g	17,5 %
Weizenmehl (Type 405)	245 g	40,83 %
Reismehl	35 g	5,83 %
Salz	5 g	0,83 %

1 Ein Backblech (Maße 45 x 33 cm) mit einer Silikonmatte auslegen.

2 Butter und Zucker in der Standküchenmaschine mit dem Rührelement schaumig schlagen.

3 Die Standküchenmaschine anhalten, die verschiedenen Mehlsorten und das Salz hinzufügen. Vorsichtig vermischen, bis eine homogene Masse entstanden ist.

4 Die Masse etwa 6 mm dick gleichmäßig auf dem vorbereiteten Blech verteilen. Das Blech 30 Minuten einfrieren, bis die Masse fest ist.

5 Inzwischen den Konvektomaten auf 160 °C vorheizen.

6 Den gefrorenen Teig auf dem Blech mehrmals mit einer Gabel einstechen.

7 Im vorgeheizten Ofen in 10 – 13 Minuten goldbraun backen. Bei Raumtemperatur abkühlen lassen.

8 Das abgekühlte Shortbread in Stücke brechen und im Robot Coupe fein mahlen. Die Streusel in einem Rundsieb sieben. Größere Stücke erneut mahlen und sieben.

9 Die sehr feinen Streusel in einem luftdicht verschlossenen Behälter bei Raumtemperatur aufbewahren. So sind sie 3 Tage haltbar. Eingefroren halten sich die Streusel bis zu 1 Monat.

HINWEIS Das Shortbread für das Rezept auf S. 283 (Mousse aus karamellisierter weißer Schokolade, Püree vom getoasteten Baguette, Shortbread, Plättchen aus karamellisierter weißer Schokolade, Nocke aus süßer Crème fraîche) wird fast genauso zubereitet, wie oben beschrieben. Während die Masse im Robot Coupe zerkleinert wird, werden aber noch 150 g geschmolzene Butter hinzugefügt. Sobald die Butter gerade eben unter die krümelige Masse gemischt wurde, ist die Masse soweit und kann zwischen zwei Lagen Backpapier 2 mm dünn ausgerollt und eingefroren werden. Das Backpapier wird von der fest gefrorenen Masse entfernt, dann werden 10 cm große Quadrate aus der gefrorenen Masse ausgestochen. Im Gefrierschrank aufbewahrt, ist es 1 Monat haltbar.

SCHOKOLADENKÄSTCHEN

ERGIBT 1,6 KG

ZUTATEN	MENGE
Zartbitterschokolade (64 % Kakaoanteil oder mehr), temperiert	1,6 kg

1 Würfelformen (5,5 cm Seitenlänge, 7,5 cm tief) mit temperierter Schokolade ausstreichen, damit sich später keine Luftbläschen in der Schokolade bilden, dann bis zum Rand mit temperierter Schokolade füllen. Etwa 1 Minute stehen lassen und die Formen dann umdrehen, damit die überschüssige Schokolade herauslaufen kann. Auf einem Gitterrost (mit der Öffnung nach unten) ruhen lassen, damit weitere überschüssige Schokolade abtropfen kann.

2 Mit einem Spachtel über die Ränder der Formen fahren, um überstehende Schokolade zu entfernen.

3 Die mit Schokolade ausgekleideten Formen in den Kühlschrank stellen.

4 Wenn es so aussieht, als hätte sich die Schokolade von den Seiten der Formen gelöst, kann man vorsichtig versuchen, die Schokoladenkästchen nach oben herauszuziehen. Dazu können die ausgekleideten Formen auch eingefroren und dann ein paar Minuten bei Raumtemperatur stehen gelassen werden, bevor man versucht, die Schokoladenkästchen herauszuziehen. Es sollten immer mehr Formen ausgekleidet werden, als Schokoladenkästchen benötigt werden, da die Wahrscheinlichkeit ziemlich hoch ist, dass einige beim Lösen aus den Formen brechen.

5 Die Schokoladen-Kästchen am besten luftdicht verpackt an einem kühlen, trockenen Ort aufbewahren. Sie sind bis zu 1 Jahr haltbar.

HINWEIS 1,6 kg Schokolade ist viel mehr, als für die Schokoladenkästchen selbst benötigt wird. Die große Menge garantiert aber, dass die Formen komplett mit temperierter Schokolade gefüllt werden können, sodass wohlgeformte Kästchen entstehen.

WEISSE SCHOKOLADEN-PLÄTTCHEN MIT ZIEGENKÄSE

ERGIBT 400 G

ZUTATEN	MENGE
Weiße-Ziegenmilch-Schokolade (Rezept siehe S. 48; Trockenmilchpulver ersetzt durch Ziegenmilchpulver), temperiert	400 g

1 Zehn Aluminium-Plaketten (7,5 x 15 cm) mit zerknitterter Oberfläche bereitlegen. Diese können aus einer dünnen Platte lebensmittelechten Aluminiums ausgeschnitten und dann mithilfe einer Spitz-Zange zerknittert werden. Auf jeden Fall müssen die Aluminium-Plaketten vor der Verwendung gut gespült, desinfiziert und mit einem fusselfreien Leinentuch poliert werden.

2 Die Plaketten mit einer Seite in die temperierte Schokolade tunken. Überschüssige Schokolade abtropfen lassen und mit den Fingerspitzen von den Rändern der Plaketten wischen. Die Schokoladenschicht auf den relativ großen Plaketten muss sehr dünn sein.

3 Die Schokolade auf den Aluminiumplaketten erstarren lassen und dann vorsichtig davon lösen. Luftdicht verpackt an einem kühlen, trockenen Ort aufbewahren. So sind sie 6 Monate haltbar.

BROMBEER-ROSENBLÜTEN-SORBET-ZYLINDER

ERGIBT 1 KG

ZUTATEN	MENGE	ANTEIL IN %
Wasser	120 g	12 %
Große, rote Bio-Rosenblütenblätter	10 – 12 Stück	
Brombeer-Püree, durch ein feines Sieb gestrichen	580 g	58 %
Sorbet-Sirup (S. 65)	300 g	30 %

1 Das Wasser aufkochen und die Rosenblütenblätter hineingeben. Vom Herd nehmen und den Topf mit Frischhaltefolie abdecken. 4 – 5 Stunden ziehen lassen. Abseihen und das Wasser abwiegen. Es werden 120 g Wasser benötigt. Vollständig abkühlen lassen.

2 Inzwischen zehn 15 cm lange PVC-Rohre mit 1,25 cm Durchmesser mit Acetatfolie auslegen. Die Acetatfolie sollte dabei etwas länger sein als die Rohre, sodass sie oben hervorschaut und das Sorbet später besser daraus gelöst werden kann.

3 Die so vorbereiteten Rohre im Gefrierschrank kühlen.

4 Das mit Rosenblüten aromatisierte Wasser gut mit Brombeer-Püree und Sorbet-Sirup verrühren.

5 Die Sorbet-Grundmasse in der Eismaschine einfrieren, in eine Spritztüte füllen und damit in die gekühlten PVC-Rohre füllen. Etwa 2 Stunden in den Gefrierschrank stellen, damit die Masse fest wird.

6 Das komplett gefrorene Sorbet in der Acetatfolie aus den Rohren ziehen und in der Folie im Gefrierschrank aufbewahren. Vor dem Anrichten die beiden Enden der Sorbet-Zylinder jeweils mit einem kleinen Messer gerade abschneiden. Die Zylinder sollten genau 15 cm lang sein. Gut verpackt können die Sorbet-Portionen bis zu 4 Tage im Gefrierschrank aufbewahrt werden. Danach können sie im Kühlschrank aufgetaut und dann erneut in der Eismaschine eingefroren werden. Sorbets können häufiger in der Eismaschine wieder gefroren werden, als Eiscremes.

ERDBEER-GELEE-FÄDEN

ERGIBT 254 G

ZUTATEN	MENGE	ANTEIL IN %
ERDBEERWASSER		
Erdbeeren, Stielansatz entfernt	1 kg	100 %
GELEE-FÄDEN		
Erdbeerwasser	220 g	86,61 %
extra feiner Zucker	30 g	11,81 %
Agaroid RS-507	4 g	1,57 %

1 Die Erdbeeren für das Erdbeerwasser in einer großen Schüssel in einen Topf mit kochendem Wasser stellen.

2 Nach etwa 10 Minuten die Schüssel mit den Erdbeeren vom kochenden Wasser nehmen und den Inhalt in ein feinmaschiges Sieb über einer Schüssel geben. Das für die Gelee-Fäden benötigte Erdbeerwasser sammelt sich in der Schüssel. Die entsafteten Erdbeeren können z. B. für die Zubereitung von Sorbet, Eiscreme oder Konfitüre verwendet werden.

3 Für das Gelee ein Eiswasserbad aus gleichen Teilen Wasser und Eis vorbereiten (je etwa 2 kg).

4 Einen Sahnesiphon mit 2 N_2O-Kapseln zum Aufladen bereithalten. Eine Nadeltülle auf den Siphon schrauben. Diese Tülle sollte schmal genug sein, um in den lebensmittelechten Schlauch (0,4 cm Durchmesser) zu passen. Alternativ können für diesen Zweck auch Airbrush-Pistolen mit entsprechendem Aufsatz verwendet werden.

5 Alle Zutaten für das Gelee in einem kleinen Topf vermischen.

6 Die Mischung bei mäßig starker Hitze unter Rühren mit dem Schneebesen aufkochen. 5 Sekunden kochen lassen.

7 Die Gelee-Fäden zubereiten, wie auf S. 145 in den Schritten 6 – 8 für das Crème-Chantilly-Band beschrieben. Bis zum Anrichten im Kühlschrank aufbewahren. 3 Tage haltbar.

HINWEIS Informationen zu Agaroid RS-507 siehe im Hinweis zum Crème-Chantilly-Band auf S. 145.

HAGEBUTTENHONIG-LÖSUNG

ERGIBT 130 G

ZUTATEN	MENGE	ANTEIL IN %
Hagebuttenhonig	100 g	76,92 %
Wasser	30 g	23,08 %

Wasser und Honig sorgfältig vermischen. In einem luftdicht verschlossenen Behälter im Kühlschrank aufbewahren. 2 Monate haltbar.

ROSENBLÜTENKUCHEN

ERGIBT 516 G

ZUTATEN	MENGE	ANTEIL IN %
getrocknete Bio-Rosenblütenblätter, gemahlen	10 g	1,94 %
Erdbeerpulver	10 g	1,94 %
Rote-Bete-Pulver	5 g	0,97 %
Weizenmehl (Type 405)	125 g	24,22 %
Eier	220 g	42,64 %
Zucker	125 g	24,22 %
Salz	1 g	0,19 %
Butter, zerlassen und leicht abgekühlt	20 g	3,88 %

1 Ein kleines Backblech (33 x 22 cm) mit Sprühfett einfetten und mit einer Silikonmatte auslegen.

2 Die gemahlenen getrockneten Rosenblüten mit Erdbeerpulver, Rote-Bete-Pulver und Mehl vermischen und zusammen in eine Schüssel sieben. Den Kuchen mit der gleichen Methode zubereiten, wie den Jasmintee-Kuchen auf S. 218.

3 Den abgekühlten Kuchen in den Kühlschrank stellen, damit er später besser (d. h. ohne zu krümeln) geschnitten werden kann.

4 Den gekühlten Kuchen in 5 x 15 cm große Rechtecke schneiden. Die Stücke sollten nur 0,75 cm dick sein. Bis zum Anrichten abgedeckt mit einem sauberen, feuchten Küchentuch bei Raumtemperatur aufbewahren, damit die Kuchenscheiben saftig und zart bleiben. Im Kühlschrank würde die Konsistenz des Kuchens leiden.

HINWEIS Das Rote-Bete-Pulver wird nur wegen der Farbe verwendet und trägt nicht (bzw. nur kaum merklich) zum Geschmack bei.

GEFRORENE ESPRESSO-MOUSSE

ERGIBT 1,5 KG

ZUTATEN	MENGE	ANTEIL IN %
SCHOKOLADENSTREUSEL		
Zucker	50 g	26,32 %
Mandelmehl	50 g	26,32 %
Weizenmehl (Type 405)	30 g	15,79 %
Kakaopulver	22 g	11,58 %
Butter, zerlassen aber leicht abgekühlt	35 g	18,42 %
Salz	3 g	1,58 %
ESPRESSO-MOUSSE		
Eigelb	160 g	15,24 %
Zucker 1	105 g	10 %
Schlagsahne 1	70 g	6,67 %
Instant-Kaffeepulver	10 g	0,95 %
Blattgelatine (Silber), eingeweicht in kaltem Wasser, gut ausgedrückt	5 g	0,48 %
Schlagsahne 2	500 g	47,62 %
Zucker 2	100 g	9,52 %
Schokoladenstreusel	100 g	9,52 %

1 Den Konvektomaten auf 160 °C vorheizen.

2 Ein Backblech mit Backpapier auslegen.

3 Alle Zutaten für die Schokoladenstreusel in einer Schüssel zu einer homogenen Masse vermengen.

4 Die Masse auf dem vorbereiteten Blech ausbreiten. An einigen Stellen wird die Masse stärker verklumpen – das ist gewünscht.

5 Etwa 8 Minuten backen, dann bei Raumtemperatur abkühlen lassen. In einem luftdicht verschlossenen Behälter bei Raumtemperatur bis zu 2 Wochen aufbewahren.

6 Für die Espresso-Mousse 10 rechteckige Formen (2,5 x 7,5 x 2,5 cm) mit Acetatfolie auslegen und auf ein mit einer Silikonmatte ausgelegtes Blech stellen.

7 Das Eigelb mit der ersten Menge Zucker in einer Schüssel vermischen und über einem heißen Wasserbad mit dem Schneebesen schaumig schlagen, bis die Masse eine Temperatur von 57 °C hat. Die warme Masse in die Schüssel der Standküchenmaschine füllen und mit dem Schneebesen-Element weiter aufschlagen, bis sich das Ausgangsvolumen des Eigelbs vervierfacht hat.

8 Inzwischen das Instant-Kaffeepulver in einer Schüssel mit der ersten Menge Sahne verrühren, die Gelatine hinzufügen und über einem heißen Wasserbad unter Rühren aufwärmen, bis sich Gelatine und Kaffeepulver vollständig aufgelöst haben. Die Mischung darf auf keinen Fall zu heiß werden. Sie soll nur soweit aufgewärmt werden, dass sich Gelatine und Kaffee auflösen.

9 In einer separaten Schüssel die zweite Menge Sahne mit der zweiten Menge Zucker locker aufschlagen.

10 Die Sahne-Kaffee-Gelatine-Mischung mit dem Schneebesen unter die Pâte à bombe (den Eigelbschaum) rühren.

11 Ein Viertel der geschlagenen Sahne unter diese Masse heben, um sie aufzulockern. Dann die restliche geschlagene Sahne in zwei Etappen unterheben, gefolgt von den Schokoladenstreuseln.

12 Diese Grundmasse mithilfe eines Spritzbeutels in die vorbereiteten Formen füllen. Mit einer Winkelpalette die Oberfläche glätten und dann einfrieren.

13 Die gefrorene Mousse aus den Formen lösen und die Acetatfolie entfernen. In einem luftdicht verschlossenen Behälter bis zu 3 Wochen im Gefrierschrank aufbewahren.

ZARTBITTER-SCHOKOLADEN-SAMTSPRAY

ERGIBT 400 G

ZUTATEN	MENGE	ANTEIL IN %
Zartbitterschokolade	200 g	50 %
Kakaobutter	200 g	50 %

1   Schokolade und Kakaobutter zusammen in eine Schüssel geben und über einem heißen Wasserbad schmelzen.

2   Die Arbeitsfläche und die Wände dort, wo die gefrorenen Mousses eingesprüht werden sollen, mit Plastikfolie abdecken, um sie sauber zu halten.

3   Die Schokoladen-Kakaobutter-Mischung in einen entsprechenden Airbrush-Behälter füllen und an die Pistole anschließen. Die Mousse-Portionen rundherum gleichmäßig einsprühen, dabei einen Abstand von mindestens 60 cm einhalten.

4   Die Mousse im Gefrierschrank aufbewahren. Möglichst abgedeckt, damit sich kein Reif auf der Oberfläche bildet. 2 Tage haltbar

LEMON CURD

ERGIBT 1,02 KG

ZUTATEN	MENGE	ANTEIL IN %
Zitronensaft	160 g	15,65 %
Zucker	240 g	23,47 %
Eier	160 g	15,65 %
Butter	450 g	44,01 %
Blattgelatine (Silber), eingeweicht in kaltem Wasser, gut ausgedrückt	12 g	1,22 %

1   Zehn je 15 cm lange PVC-Rohre mit 1,25 cm Durchmesser mit Acetat-folie auslegen. Die Acetatfolie sollte jeweils etwas länger sein als das Rohr, sodass sie oben hervorschaut und später besser herausgezogen werden kann.

2   Das Lemon Curd zubereiten wie für das Milchschokoladen-Limetten-Curd auf S. 134 beschrieben. Abschließend die eingeweichte Gelatine untermischen.

3   Das Lemon Curd mithilfe einer Spritztüte in die vorbereiteten Rohre füllen und darin einfrieren. Wenn das Lemon Curd vollständig gefroren ist, kann es mit der Acetatfolie aus den Rohren gezogen werden. Die Acetatfolie entfernen und die beiden Enden der Lemon-Curd-Zylinder jeweils gerade abschneiden, sodass die Zylinder alle 15 cm lang sind. Auf ein mit einer Silikonmatte ausgelegtes Backblech legen und mit leicht angefeuchtetem, reißfestem Küchenpapier abdecken. Im Kühl-schrank bis zu 2 Tage haltbar.

ESPRESSO-PASTE

ERGIBT 120 G

ZUTATEN	MENGE	ANTEIL IN %
Instant-Kaffeepulver	100 g	83,33 %
Wasser	20 g	16,67 %

1   Die beiden Zutaten in einer kleinen Schüssel zu einer homogenen Paste vermischen. Gegebenenfalls kann die Konsistenz mit ein wenig zusätzlichem Wasser oder etwas mehr Instant-Kaffeepulver angepasst werden.

2   Gut abgedeckt ist die Paste in einem luftdicht verschlossenen Behälter bei Raumtemperatur bis zu 1 Woche haltbar. Wenn sie antrocknet, ein klein wenig Wasser untermischen.

MANDELKUCHEN
ERGIBT 740 G

ZUTATEN	MENGE	ANTEIL IN %
Mandelpaste	298 g	37,3 %
Mandel-Praliné (Paste)	74 g	9,32 %
Eier	233 g	29,14 %
Invertzucker	33 g	4,08 %
Salz	3 g	0,35 %
Weizenmehl (Type 405)	56 g	6,99 %
Butter, zerlassen und leicht abgekühlt	102 g	12,82 %

1 Den Konvektomaten auf 160 °C vorheizen.

2 Die Seiten einer rechteckigen Kuchenform (etwa 33 x 22 cm) mit Sprühfett leicht einfetten. Den Boden mit einer Silikonmatte auslegen.

3 Mandelpaste und Mandel-Praliné zusammen in die Schüssel der Standküchenmaschine geben und mit dem Rührelement zu einer homogenen Masse vermischen.

4 Die Eier schrittweise untermischen. Nach jeder Zugabe warten, bis das Ei vollständig unter die Masse gemischt wurde. Dann die Maschine anhalten und die Masse mit dem Teigschaber von den Seiten lösen, bevor weiter gerührt und das nächste Ei untergemischt wird, damit sich wirklich alle Zutaten gut miteinander verbinden. Wenn größere Mengen zubereitet werden, müssen die Eier nicht einzeln hinzugefügt werden – es reicht, wenn man sie in vier Etappen hinzufügt.

5 Den Invertzucker untermischen, nachdem die Eier vollständig untergemengt wurden. Dann Salz und Mehl hinzufügen und langsam unterrühren, bis sich alles gerade eben so zu einer gleichmäßigen Masse verbindet.

6 Abschließend die Butter gleichmäßig untermischen und die Masse dann in der vorbereiteten Kuchenform verteilen.

7 Im vorgeheizten Ofen 12 – 15 Minuten backen, bis die Oberfläche zurückfedert, wenn man sanft darauf drückt.

8 Den Kuchen bei Raumtemperatur abkühlen lassen. Dann in den Kühlschrank stellen. Gekühlt lässt sich der Kuchen besser schneiden.

9 Den gekühlten Kuchen in 2,5 x 9 x 2 cm große Stücke schneiden.

10 In einem luftdicht verschlossenen Behälter aufbewahren. Der Mandelkuchen kann 2 Tage serviert werden.

HINWEIS Dieses Rezept basiert auf dem Rezept von Sébastien Canonne. Es gibt zahlreiche Variationen dieses Kuchens und ich bin der Meinung, dass dieses Rezept zu einem der besten gehört. In Frankreich ist diese Art Mandelkuchen unter dem Namen „Pain de Gênes" bekannt.

SECKEL-BIRNE, POCHIERT
IN KARAMELLSAUCE

ERGIBT 2,89 KG

ZUTATEN	MENGE	ANTEIL IN %
Zucker	2 kg	70,81 %
Wasser	350 g	12,28 %
Poiré (Birnen-Cider)	500 g	17,54 %
Birnen der Sorte Seckel, möglichst gleich groß, geschält, Kerngehäuse mit einem Kugelausstecher entfernt, Stängel entfernt	11 Stück	

1 Zucker und Wasser zusammen in einen Topf mit 4 l Fassungsvermögen geben und bei starker Hitze köcheln lassen, bis ein Karamell mit bernsteinähnlichem Farbton und einer Temperatur von 180 °C entstanden ist. Inzwischen den Poiré in einem separaten Topf aufkochen.

2 Wenn der Karamell die gewünschte Temperatur erreicht, den heißen Poiré mit dem Schneebesen unterrühren.

3 Die Temperatur auf mäßige Stufe reduzieren, die Birnen hinzufügen und mit einem sauberen Küchentuch abdecken, sodass sie komplett mit dem Sirup bedeckt sind und möglichst gleichmäßig kochen. Seckel-Birnen sind auch in reifem Zustand ungewöhnlich hart, daher kann das Pochieren bis zu 10 Minuten dauern. Damit überprüft werden kann, ob die Birnen soweit sind, 11 Stück pochieren, so kann man mit einem Messer o. ä. in die Extra-Birne stechen, um ihre Konsistenz zu überprüfen, und die anderen Birnen bleiben unbeschädigt. Die Birnen sollten zart sein, aber noch nicht auseinanderfallen.

4 Die gegarten Birnen mit einem Löffel aus der Kochflüssigkeit heben und auf ein Blech legen. Im Kühlschrank abkühlen lassen. Wenn sie gekühlt sind, in einen Behälter geben, der luftdicht verschlossen werden kann. Darin können sie im Kühlschrank bis zu 2 Tage aufbewahrt werden.

5 Die Flüssigkeit, in der die Birnen pochiert wurden, aufbewahren und während des Services bei mäßig schwacher Hitze auf dem Herd warm halten. Dabei sollte der Topf abgedeckt sein, damit die Flüssigkeit nicht verdampft. Die Flüssigkeit kann außerdem 4 – 5 Mal zum Pochieren von Birnen verwendet werden. Dabei wird ihr Geschmack jedes Mal intensiver. Mit der Zeit wird sie dann aber zu flüssig und die typische Karamell-Farbe verblasst.

BIRNEN-EISCREME

ERGIBT 1 KG

ZUTATEN	MENGE	ANTEIL IN %
Vollmilch	460 g	46 %
Schlagsahne	96 g	9,6 %
Zucker	176 g	17,6 %
Eigelb	70 g	7 %
Williams-Birnen-Püree	198 g	19,8 %

1 Die Eiscreme-Grundmasse mit der auf S. 8 beschriebenen Zubereitungsmethode für gerührte Eiercremespeisen zubereiten. Das Birnen-Püree wird ganz zum Schluss untergerührt, wenn die Eier-Crememasse abgekühlt ist.

2 Die Grundmasse mindestens 4 Stunden reifen lassen.

3 Die Grundmasse in der Eismaschine einfrieren und bis zum Anrichten im Gefrierschrank aufbewahren. Reste können aufgetaut und nochmals in der Eismaschine gefroren werden. Nach dem zweiten Mal einfrieren kann die Eiscreme-Grundmasse jedoch nicht noch ein weiteres Mal verwendet werden.

SCHOKOLADEN-MANTEL

ERGIBT 454 G

ZUTATEN	MENGE	ANTEIL IN %
KAKAOBRUCH-LÖSUNG		
Wasser	600 g	66,67 %
Kakaobruch	300 g	33,33 %
FLÜSSIGE KAKAOGRUNDMASSE		
Kakaobruch-Lösung	500 g	78,13 %
Kakaopulver	50 g	7,81 %
Zucker	90 g	14,06 %
SCHOKOLADEN-MANTEL		
flüssige Kakaogrundmasse	450 g	99,08 %
Gellan (geringer Acylanteil)	4 g	0,92 %

1 Das Wasser für die Kakaobruch-Lösung aufkochen und dann über den Kakaobruch in eine Schüssel gießen. Mit Frischhaltefolie abdecken und 20 Minuten ziehen lassen.

2 Abseihen, um den Kakaobruch zu entfernen, und die Lösung zusätzlich durch ein Mulltuch filtern.

3 Die Lösung für die Zubereitung der flüssigen Kakaogrundmasse in einem Eiswasserbad abkühlen.

4 Kakaobruch-Lösung, Kakaopulver und Zucker für die Zubereitung der flüssigen Kakaogrundmasse gut mit dem Pürierstab vermischen. Durch ein feinmaschiges Sieb streichen.

5 Für die Zubereitung des Schokoladen-Mantels 3 flache, quadratische Kunststoffbehälter (30 x 30 cm) bereithalten. Ein Behälter ergibt 4 Portionen. Damit die Grundmasse nicht sofort fest wird, wenn sie mit dem Behälter in Kontakt kommt, werden die Behälter zum Aufwärmen und Warmhalten mit heißem Wasser gefüllt. Eine Schüssel bereitstellen, in die das Wasser später geleert werden kann.

6 Die gekühlte flüssige Kakaogrundmasse in einen kleinen Topf geben, das Gellan hinzufügen und mit dem Schneebesen unterrühren.

7 Aufkochen und 5 Sekunden köcheln lassen. Schaum von der Oberfläche abschöpfen.

8 Das heiße Wasser aus dem ersten Behälter gießen und ihn sorgfältig, aber zügig abtrocknen. Ein Drittel der flüssigen Kakaogrundmasse hineingießen und den Behälter hin und her bewegen, damit sich die Flüssigkeit in einer gleichmäßigen, dünnen Lage auf dem Boden verteilt.

9 Mit den beiden anderen Behältern und der übrigen Kakaogrundmasse wiederholen. Die Kakaogrundmasse bei Raumtemperatur gelieren lassen und die Behälter anschließend in den Kühlschrank stellen.

10 Mithilfe eines Lineals und einem kleinen, spitzen Messer die Ränder des Gelees 5 mm vom Rand der Behälter entfernt abschneiden. Dann aus der gelierten Masse in jedem der Behälter jeweils vier 12,5 x 12,5 cm große Quadrate schneiden. Das ergibt 12 Quadrate, also zwei mehr als benötigt. Die Behälter mit den Quadraten mit Frischhaltefolie abdecken, ohne dass die Folie das Gelee berührt. Bis zum Anrichten im Kühlschrank aufbewahren. 2 Tage haltbar.

SCHOKOLADENDEKOR

ERGIBT 300 G

ZUTATEN	MENGE
Zartbitterschokolade, temperiert	300 g

1 Ein 10 cm langes PVC-Rohr mit 10 cm Durchmesser mit Backpapier umwickeln.

2 Die temperierte Schokolade auf ein quadratisches Stück (10 cm) Acetatfolie geben und in einer gleichmäßigen, dünnen Schicht mit der Winkelpalette darauf verteilen.

3 Wenn die Schokolade fast erstarrt ist, mit einem spitzen Messer gleichschenklige Dreiecke mit 1 cm Grundseite darin markieren.

4 Die Acetatfolie mit der Schokolade um das vorbereitete PVC-Rohr wickeln, bevor die Schokolade vollständig erstarrt ist.

5 Die vollständig kristallisierte Schokolade auf der Acetatfolie vom Rohr ziehen und in einem luftdicht verschlossenen Behälter an einem kühlen, trockenen Ort aufbewahren. Die Schokolade möglichst erst kurz vor dem Anrichten von der Acetatfolie lösen.

BLUTORANGEN-SORBET-GRUNDMASSE

ERGIBT 1 KG

ZUTATEN	MENGE	ANTEIL IN %
Blutorangensaft	680 g	68 %
Sorbet-Sirup (S. 65)	320 g	32 %

1   Die beiden Zutaten in einer Schüssel mit dem Schneebesen gut verrühren.

2   Bis zum Frieren in der Eismaschine gekühlt aufbewahren.

REISMILCH-SORBET-GRUNDMASSE

ERGIBT 1 KG

ZUTATEN	MENGE	ANTEIL IN %
Zimtpulver	5 g	0,5 %
Reismilch	720 g	71,64 %
Sorbet-Sirup	280 g	27,86 %

1   Den Zimt in einer kleinen Pfanne bei mäßiger Hitze anrösten, bis das Pulver einen aromatischen Duft verströmt.

2   Zusammen mit Reismilch und Sorbet-Sirup in einer Schüssel mit dem Schneebesen verrühren.

3   Bis zum Frieren in der Eismaschine gekühlt aufbewahren.

PISTAZIEN-EISCREME-GRUNDMASSE

ERGIBT 1,1 KG

ZUTATEN	MENGE	ANTEIL IN %
Vollmilch	683 g	62,09 %
Milchpulver	64 g	5,82 %
Zucker	170 g	15,45 %
Eiscreme-Stabilisator	3 g	0,27 %
Eigelb	80 g	7,27 %
Pistazienpaste	100 g	9,09 %

1   Die Grundmasse nach der auf S. 61 beschriebenen, modernen Methode zubereiten. Die Pistazien-Masse erst untermischen, wenn die Grundmasse vollständig abgekühlt ist. Durch ein feinmaschiges Sieb streichen.

2   Die Pistazien-Eiscreme-Grundmasse mindestens 4 Stunden reifen lassen, bevor sie in der Eismaschine gefroren wird.

HINWEIS   Natürliche Pistazien-Eiscreme hat eine helle, eher gräulich-grüne Farbe. Leuchtend grünes Pistazien-Eis enthält künstliche Lebensmittelfarbe.

SAFRAN-EISCREME-GRUNDMASSE

ERGIBT 1 KG

ZUTATEN	MENGE	ANTEIL IN %
Vollmilch	640 g	64 %
Schlagsahne	85 g	8,5 %
Safranfäden	2 g	0,2 %
Trockenmilchpulver	40 g	4 %
Zucker	160 g	16 %
Eiscreme-Stabilisator	3 g	0,3 %
Eigelb	70 g	7 %

1   Die Grundmasse nach der auf S. 61 beschriebenen, modernen Methode zubereiten. Die Safran-Fäden dabei ganz am Anfang unter Milch und Sahne mischen. Sie aromatisieren die Flüssigkeit beim Kochen und werden später beim Streichen der Grundmasse durch ein feines Sieb entfernt.

2   Die Eiscreme-Grundmasse in einem Eiswasserbad abkühlen und dann mindestens 4 Stunden reifen lassen, bevor sie in der Eismaschine gefroren wird.

HINWEIS Für diese Zubereitung muss nicht unbedingt sehr teurer, sehr hochwertiger Safran verwendet werden – es gibt auch günstigere Alternativen. Die aromatisierte Grundmasse abschmecken und gegebenenfalls noch etwas mehr Safran hinzufügen (oder das nächste Mal weniger verwenden). Die Intensität des Geschmacks hängt von der Qualität des Safrans ab. Dieses Rezept ist auf Safran mittlerer Qualitätsstufe abgestimmt.

MILCHSCHOKOLADEN-KÜRBISKERN-RIEGEL

ERGIBT 700 G

ZUTATEN	MENGE	ANTEIL IN %
Kürbiskernpaste	350 g	50 %
Milchschokolade, temperiert	350 g	50 %
Milchschokolade, geschmolzen	50 g	
Rapsöl	10 g	

1   Eine Silikonmatte auf der Marmorarbeitsfläche ausbreiten und einen 5 mm hohen, quadratischen Rahmen mit 30 cm Seitenlänge daraufstellen.

2   Mit einem Silikonteigschaber die Kürbiskernpaste mit der temperierten Milchschokolade in einer Schüssel zu einer homogenen Masse vermischen.

3   Die Mischung in den Rahmen gießen und darin verteilen.

4   Bei Raumtemperatur fest werden lassen.

5   Sobald die Mischung fest geworden ist, kann der Rahmen entfernt werden. Die geschmolzene Schokolade mit dem Rapsöl in einer kleinen Schüssel vermischen. Einen kleinen Farbroller (mit Schaumstoffrolle) in die Mischung tauchen und die flüssige Schokolade in einer gleichmäßigen Schicht auf die Riegel-Grundmasse auftragen.

6   Wenn die Schokolade erstarrt ist, den kompletten Riegel umdrehen und mit einer quadratischen Ausstechform 10 Quadrate mit 7,5 cm Seitenlänge ausschneiden.

7   Bei Raumtemperatur in einem luftdicht verschlossenen Behälter an einem kühlen, trockenen Ort aufbewahren. Nicht in den Kühlschrank stellen, da die Schokolade zu hart werden würde. Die Riegel sind 1 Monat haltbar.

SHORTBREAD MIT CRANBERRYS
UND GEBRÄUNTER BUTTER

ERGIBT 690 G

ZUTATEN	MENGE	ANTEIL IN %
Trockenmilchpulver	30 g	4,35 %
Butter, weich	210 g	30,43 %
Zucker	105 g	15,22 %
Weizenmehl (Type 405)	245 g	35,51 %
Reismehl	35 g	5,07 %
Salz	5 g	0,72 %
Butter, zerlassen	60 g	8,7 %
getrocknete Cranberrys, fein gehackt	100 g	

1 Das Trockenmilchpulver in einer kleinen Pfanne bei mäßiger Hitze anrösten. Dabei mit einem Holzlöffel umrühren, damit das Pulver gleichmäßig bräunt. Das gebräunte Pulver bei Raumtemperatur abkühlen lassen und dann in einer Kaffeemühle fein mahlen.

2 Die weiche Butter mit dem Zucker in die Schüssel der Standküchenmaschine geben und mit dem Rührelement auf mittlerer Stufe 3 – 5 Minuten schaumig schlagen.

3 Das geröstete Trockenmilchpulver, Weizen-, Reismehl und das Salz hinzufügen und untermischen.

4 Die Masse auf Backpapier geben und mithilfe eines Teigrollers 5 mm dünn ausrollen. Das Ganze auf ein Blech geben und in den Gefrierschrank stellen, bis die Masse hart ist.

5 Inzwischen den Konvektomaten auf 160 °C vorheizen.

6 Den gefrorenen Teig über die gesamte Oberfläche ein paarmal mit einer Gabel einstechen.

7 Im vorgeheizten Ofen 10 – 15 Minuten goldbraun backen.

8 Bei Raumtemperatur abkühlen lassen. Dann in kleinere Stücke brechen und diese im Robot Coupe zerkleinern.

9 Den Robot Coupe weiterlaufen lassen und dabei die geschmolzene Butter hinzufügen.

10 Den so entstandenen Teig in eine Schüssel füllen und die gehackten Cranberrys per Hand untermischen.

11 Einen 5 mm hohen, 45 x 33 cm großen Rahmen auf eine Silikonmatte stellen und den Teig gleichmäßig darin verteilen. Mit den Händen flach drücken, mit einer zweiten Silikonmatte abdecken und ein paarmal mit der Teigrolle darüber gehen, damit die Oberfläche sehr glatt ist.

12 Den Teig so auf ein Blech geben und einfrieren. Den harten, gefrorenen Teig in Quadrate mit 7,5 cm Seitenlänge schneiden. Im Kühlschrank aufbewahren. 10 dieser Quadrate werden für die Kürbis-Mousse benötigt. Überschüssige Quadrate können für später aufbewahrt und Teigreste neu ausgerollt, gefroren und dann ausgestochen werden.

KÜRBIS-MOUSSE-QUADRATE

ERGIBT 2 KG

ZUTATEN	MENGE	ANTEIL IN %
KÜRBIS-PÜREE		
Gartenkürbis (möglichst ein Zuckerkürbis)	2 kg	
KÜRBIS-MOUSSE		
Schlagsahne	640 g	32 %
Zucker	180 g	9 %
Eigelb	360 g	18 %
Zucker	240 g	12 %
Kürbis-Püree	564 g	28,2 %
Blattgelatine (Silber), eingeweicht in kaltem Wasser, gut ausgedrückt	16 g	0,8 %

1 Den Konvektomaten auf 160 °C vorheizen.

2 Für das Kürbis-Püree den Kürbis vierteln, Stängel, Stielansatz und Kerne entfernen.

3 Die Viertel mit dem Fruchtfleisch nach oben auf ein Blech legen.

4 Im vorgeheizten Ofen 20 Minuten backen, bis das Fruchtfleisch sehr zart ist.

5 Bei Raumtemperatur abkühlen lassen und das Fruchtfleisch mit einem Löffel von der Schale lösen. Die Schale entsorgen und das Fruchtfleisch zu einer gleichmäßigen Masse pürieren.

6 Die für die Mousse benötigte Menge püriertes Kürbisfleisch abwiegen. Bei Raumtemperatur beiseite stellen. Es ist wichtig, dass das Kürbis-Püree nicht kalt ist, denn sonst kann es sich negativ auf die Gelatine auswirken, wenn die beiden Zutaten vermischt werden. Überschüssiges Püree kann für spätere Verwendungen eingefroren werden.

7 Für die Kürbis-Mousse eine glatte Fläche (z. B. ein Plexiglas-Brett oder ein umgedrehtes Backblech) leicht mit Sprühfett fetten und das Fett gleichmäßig mit Küchenpapier verteilen. Acetatfolie darauflegen und mit sauberem Küchenpapier glatt streichen.

8 Zehn quadratische Formen (9 x 9 cm, 1,2 cm tief) mit abgerundeten Ecken auf die Acetatfolie stellen.

9 Das Ganze in den Gefrierschrank stellen, um die Formen abzukühlen.

10 Die Schlagsahne mit der ersten Menge Zucker locker aufschlagen. Im Kühlschrank aufbewahren.

11 Das Eigelb mit der zweiten Menge Zucker in einer separaten Schüssel über einem Wasserbad aufschlagen, bis die Schaummasse eine Temperatur von 57 °C hat. In die Schüssel des Standmixers geben und bei hoher Geschwindigkeit mit dem Schneebesen-Element aufschlagen, bis sich das Ausgangsvolumen des Eigelbs vervierfacht hat und die Masse auf Raumtemperatur abgekühlt ist.

12 Inzwischen ein Viertel des Kürbis-Pürees in einer kleinen Schüssel mit der Gelatine vermischen. In einem heißen Wasserbad aufwärmen, bis sich die Gelatine vollständig aufgelöst hat.

13 Wenn die Gelatine vollständig geschmolzen ist, das restliche Püree unterrühren.

14 Das Kürbis-Püree mit dem Schneebesen mit der Pâte à bombe (der Eigelb-Zuckermischung) vermengen.

15 Ein Viertel der geschlagenen Sahne unter diese Mischung rühren. Dann die Hälfte der übrigen geschlagenen Sahne mit dem Kunststoffteigschaber unterheben. Wenn sie vollständig untergehoben ist, kann der Rest der geschlagenen Sahne untergehoben werden.

16 Die Mousse in einen Spritzbeutel füllen. Die vorbereiteten Formen aus dem Gefrierschrank nehmen und die Shortbread-Quadrate bereitlegen.

17 Die Mousse in die Formen füllen. Dabei an den abgerundeten Ecken beginnen und die Öffnung des Spritzbeutels beim Spritzen in die Form bzw. die Mousse halten, damit keine Luftkammern in der Masse entstehen. Die Formen bis zu vier Fünftel füllen. Dann jeweils ein Shortbread-Quadrat auf die Mousse legen und leicht herunterdrücken. Das Shortbread sollte nur ein klein wenig über den Rand der Form herausschauen. So lässt sich die Mousse später besser aus den Formen lösen. Lücken rund um das Shortbread gegebenenfalls mit mehr Mousse füllen.

18 Mit Frischhaltefolie abdecken und in den Gefrierschrank stellen, damit die Mousse fest wird.

19 Sobald die Mousse fest gefroren ist, kann sie aus den Formen gelöst werden. Ein Blech mit einer Silikonmatte auslegen und bereitstellen. Eine der Formen mit der gefrorenen Mousse auf eine drehbare Torten-platte stellen, diese drehen und die Form dabei vorsichtig mit dem Bunsenbrenner aufwärmen. Den Bunsenbrenner in ausreichender Ent-fernung von der Form halten und darauf achten, dass das Feuer nur mit der Form in Kontakt kommt, nicht mit der Mousse (die schmelzen würde). Die Form vorsichtig nach oben wegziehen und die Mousse auf das vorbereitete Blech stellen.

20 Die weiteren Mousse-Portionen aus den Formen lösen wie oben be-schrieben. Dann in den Gefrierschrank stellen, damit sie wieder fest werden.

21 Inzwischen das Kürbiskern-Samtspray vorbereiten, um die gefrorene Mousse damit überziehen zu können.

KÜRBISKERN-SAMTSPRAY
ERGIBT 370 G

ZUTATEN	MENGE	ANTEIL IN %
Kakaobutter	260 g	70,27 %
Kürbiskernöl	110 g	29,73 %

1 Die Zutaten zusammen in einer kleinen Schüssel über einem heißen Wasserbad aufwärmen, sodass die Kakaobutter schmilzt. Gut umrühren, sodass eine gleichmäßige Mischung entsteht.

2 Arbeitsfläche und Wände dort, wo gesprüht werden soll, gut mit Plastik-folie abdecken, um sie sauber zu halten.

3 Die Kürbiskern-Samtspray-Mischung in einen Airbrush-Behälter füllen, an die entsprechende Pistole anschließen und die einzelnen Mousse-Portionen mit einer gleichmäßigen Schicht Samtspray überziehen. Die Pistole dabei mindestens 60 cm von der Mousse entfernt halten.

4 Die fertigen Mousse-Portionen vorsichtig auf ein mit einer sauberen Sili-konmatte ausgelegtes Blech stellen und im Kühlschrank aufbewahren. 2 Tage haltbar.

CRANBERRYSAFT-SCHAUM

ERGIBT 1,07 KG

ZUTATEN	MENGE	ANTEIL IN %
gefrorene Cranberrys	700 g	65,38 %
Wasser	150 g	14,01 %
Zimtstangen, geröstet, bis sie einen aromatischen Duft verströmen	10 g	0,93 %
Vanilleschoten (aus Tahiti), längs halbiert und das Mark herausgekratzt	2 Stück	
Zucker	200 g	18,68 %
Trockeneiweißpulver	10 g	0,93 %
Xanthan	1 g	0,06 %

1 Die gefrorenen Cranberrys zusammen mit Wasser, Zimtstangen, Vanille-schoten und Vanillemark in einen Topf geben und aufkochen. Die Cran-berrys zerstoßen, während sie erhitzt werden, damit sie möglichst viel Flüssigkeit abgeben.

2 Sobald alle Cranberrys aufgeplatzt sind und die Flüssigkeit etwa 5 Minu-ten gekocht hat, kann sie abgeseiht werden.

3 Den Zucker in der Flüssigkeit auflösen. Abschmecken und gegebenen-falls nachsüßen. Insgesamt sollte es 600 g Cranberry-Saft ergeben.

4 Mit dem Handrührgerät Trockeneiweißpulver und Xanthan unter den Saft mischen. Die Flüssigkeit in einen hohen Edelstahlbehälter füllen und mit dem Pürierstab etwa 5 Minuten aufschäumen. Das Volumen der Flüssigkeit vergrößert sich dabei deutlich.

5 Bis zum Anrichten 2 Stunden im Kühlschrank aufbewahren. Der Schaum, von dem jeweils eine kleine Menge auf die einzelnen Mousse-Portionen gegeben werden soll, setzt sich an der Oberfläche ab.

SALZKARAMELL

ERGIBT 1 KG

ZUTATEN	MENGE	ANTEIL IN %
Glukosesirup	200 g	20 %
Zucker	400 g	40 %
Schlagsahne	250 g	25 %
Butter	135 g	13,5 %
Fleur de Sel	15 g	1,5 %

1 Glukosesirup und Zucker in einem Topf mit ein klein wenig Wasser vermischen (etwa ein Viertel der Zuckermenge). Die dabei entstehende Mischung sollte die Konsistenz von nassem Sand haben.

2 Bei starker Hitze karamellisieren. Der Karamell sollte eine bernsteinähn-liche Farbe haben.

3 Inzwischen Schlagsahne, Butter und Salz in einem separaten Topf vermischen und zum Sieden bringen.

4 Wenn der Karamell die gewünschte Farbe hat, die Sahne-Mischung langsam mit dem Schneebesen unterrühren.

5 Bei Raumtemperatur abkühlen lassen. In einem luftdicht verschlossenen Behälter ist diese Salzkaramellsauce bei Raumtemperatur mindestens 2 Monate haltbar.

SCHWARZES SCHOKOLADENPLÄTTCHEN

ERGIBT 402 G

ZUTATEN	MENGE	ANTEIL IN %
Zartbitterschokolade, temperiert	400 g	95,24 %
Schwarze Kakaobutter, temperiert	20 g	4,76 %

1   Die beiden Zutaten in einer Schüssel zu einer gleichmäßigen Masse vermischen.

2   Mit der Winkelpalette eine dünne, gleichmäßige Schicht dieser Schokoladenmasse auf einer Strukturfolie mit Krokodilledermuster verteilen.

3   Die Schokolade mit einem kleinen spitzen Messer und mithilfe eines Lineals in 5 x 11,5 cm große Rechtecke schneiden.

4   Die Strukturfolie nun umgedreht auf ein ebenes Blech legen und mit einem Brettchen oder einem anderen geraden Gegenstand beschweren, sodass die Schokolade sich nicht aufrollt, während sie vollständig erstarrt.

5   Die fest gewordene Schokolade kann an einem kühlen, trockenen Ort – am besten luftdicht verpackt – über 1 Jahr aufbewahrt werden.

KROSSE MILCH

ERGIBT 1,2 KG

ZUTATEN	MENGE	ANTEIL IN %
Vollmilch	1 kg	83,33 %
Glukosesirup	200 g	16,67 %

1   Ein großes Backblech (66 x 45 cm) mit Sprühfett fetten und den Boden mit Backpapier auslegen. Ist das Dörrgerät zu klein, können auch zwei je 45 x 33 cm große Bleche verwendet werden.

2   Das Dörrgerät auf 50 °C einstellen.

3   Die beiden Zutaten in einen hohen (aber nicht zu breiten) Topf geben. Der Topf sollte deutlich größer sein, als für die Zutaten eigentlich nötig wäre, denn die Flüssigkeit wird stark aufschäumen. Die Mischung bei mäßig schwacher bis mäßiger Hitze auf den Herd geben.

4   Die Mischung während sie aufwärmt mit dem Handrührgerät aufschlagen. Dabei sollte auch am Boden des Topfes gerührt werden. Die Temperatur der Mischung sollte nur langsam ansteigen, sodass die Prozedur etwa 30 Minuten dauert.

5   Den Topf vom Herd nehmen, sobald die Mischung aufkocht. Den Schaum mit einem Löffel auf das vorbereitete Backblech schöpfen. Die nicht aufgeschäumte Milch am Boden des Topfes wird nicht verwendet.

6   Das Backblech (bzw. die Bleche) mit dem Milchschaum in das Dörrgerät geben und den Schaum mindestens 12 Stunden darin trocknen.

7   Den krossen Milchschaum aus dem Dörrgerät nehmen und in 5 x 10 cm große, rechteckige Stücke scheiden. Am besten funktioniert das mit einem Messer mit Wellenschliff. Da der getrocknete Milchschaum sehr brüchig ist, werden keine perfekten Rechtecke entstehen, das ist aber auch nicht nötig.

8   Die Stücke bis zum Anrichten im Dörrgerät aufbewahren. Nach dem Service können Reste zusammen mit Silikagel in luftdicht verschlossenen Behältern aufbewahrt werden. So sind sie fast unbegrenzt haltbar.

HINWEIS Anstelle des Handrührgeräts kann auch der Pürierstab zum Aufschäumen verwendet werden. In diesem Fall kann allerdings nicht mehr als 120 g Milch auf einmal aufgeschäumt werden.

BAGUETTE-EISCREME

ERGIBT 1 KG

ZUTATEN	MENGE	ANTEIL IN %
BAGUETTE-MILCH		
Milch	750 g	75 %
Baguette	250 g	25 %
BAGUETTE-EISCREME-GRUNDMASSE		
Baguette-Milch	735 g	73,46 %
Trockenhefe	1 g	0,1 %
Trockenmilchpulver	30 g	3 %
Zucker	105 g	10,49 %
Eiscreme-Stabilisator	4 g	0,36 %
Glukosepulver	40 g	4 %
Malzsirup	16 g	1,6 %
Eigelb	70 g	7 %

1 Für die Baguette-Milch das Baguette in Scheiben schneiden und diese dunkel toasten. Inzwischen die Milch in einem mittelgroßen Topf aufkochen. Die heißen, getoasteten Baguette-Scheiben in die kochende Milch geben, vom Herd nehmen und einweichen lassen.

2 Mit dem Pürierstab zu einer möglichst glatten Masse vermischen. Diese recht flüssige Masse im Eiswasserbad abkühlen, bevor damit die Eiscreme-Grundmasse zubereitet wird.

3 Die Baguette-Eiscreme-Grundmasse nach der modernen Methode zur Zubereitung von Eiscreme (siehe S. 61) herstellen. Die Trockenhefe nach der Milch hinzufügen. Mindestens 4 Stunden reifen lassen, bevor die Grundmasse in der Eismaschine gefroren wird.

4 Die gefrorene Grundmasse bis zum Anrichten gut abgedeckt im Gefrierschrank bei -10 °C aufbewahren. Nach dem Service kann die Masse im Kühlschrank aufgetaut und am nächsten Tag noch einmal in der Eismaschine gefroren werden, um frisch serviert werden zu können. Danach sollte sie aber nicht noch einmal aufgetaut und erneut gefroren werden.

SPIRALEN AUS KARAMELLI-SIERTER WEISSER SCHOKOLADE

ERGIBT 10 – 12 STÜCK

ZUTATEN	MENGE
Karamellisierte weiße Schokolade (S. 316), geschmolzen	300 g

1 Eine Stunde bevor mit der Zubereitung der Spiralen aus karamellisierter weißer Schokolade begonnen werden soll, eine Marmorplatte (etwa 45 x 33 cm) einfrieren.

2 Die geschmolzene, karamellisierte weiße Schokolade in eine Spritztüte füllen. Die eiskalte Marmorplatte auf die Arbeitsfläche legen. Die Spiralen können nun nacheinander zubereitet werden. Dafür die Schokolade in einem dünnen Faden von oben nach unten horizontal über die Marmorplatte träufeln. Insgesamt etwa 5 cm breit.

3 Die Schokolade bevor sie erstarrt von unten nach oben aufrollen, sodass eine Spirale entsteht. Die fertige Spirale auf ein gekühltes, mit Backpapier ausgelegtes Backblech legen. Weitere Spiralen zubereiten.

4 Die fertigen Spiralen im Gefrierschrank aufbewahren. Nach 2 Monaten (oder wenn sie brechen) können sie eingeschmolzen werden.

HINWEIS Die Schokolade muss für die Zubereitung der Spiralen lediglich flüssig sein, nicht temperiert.

BUCKELBEEREN-KOMPOTT-KAPSELN

ERGIBT 751 G

ZUTATEN	MENGE	ANTEIL IN %
BUCKELBEEREN-KOMPOTT		
Buckelbeeren	500 g	66,58 %
Zucker	150 g	19,97 %
Wasser	100 g	13,32 %
Salz	1 g	0,13 %
FÜR DIE KAPSELN		
Wasser	625 g	89,29 %
Zucker	50 g	7,14 %
Genutine 400-C (siehe Hinweis)	25 g	3,57 %
Läuterzucker (50 °Brix)	500 g	

1 Buckelbeeren, Zucker, Wasser und Salz für das Kompott zusammen in einen kleinen Topf geben und bei starker Hitze aufkochen. Vom Herd nehmen und die Mischung auf Raumtemperatur abkühlen lassen. Die Hälfte der abgekühlten Mischung zu einer glatten Masse pürieren. Die andere Hälfte kann bis zu 5 Tage im Kühlschrank aufbewahrt werden.

2 Das Buckelbeeren-Kompott durch ein feines Sieb streichen und dann mithilfe eines Dosiertrichters in Halbkugelformen aus Silikon (für je 20 g) füllen und darin einfrieren. Die hart gefrorenen Kompott-Halbkugeln aus den Formen lösen und gut verpackt im Gefrierschrank aufbewahren.

3 Wasser, Zucker und Genutine 400-C für die Kapseln zusammen in einen mittleren Topf geben und aufkochen.

4 Vom Herd nehmen und auf 80 °C abkühlen lassen.

5 Eine Reisnadel oder Nadel in den flachen Boden einer gefrorenen Kompott-Halbkugel stecken und die Halbkugel damit in die warme Lösung tauchen.

6 Die Halbkugel gleich wieder vorsichtig aus der Lösung ziehen und dann in den Läuterzucker tauchen. Sanft mit dem Finger von der Reißnadel bzw. Nadel drücken und im Läuterzuckerbad belassen.

7 Mit den anderen gefrorenen Halbkugeln wiederholen. Die Kompott-Kapseln in der nicht pürierten Hälfte des Buckelbeeren-Kompotts im Kühlschrank aufbewahren. Sie sind darin 2 Tage haltbar.

HINWEIS Genutine 400-C ist der Name eines bestimmten Geliermittels. Alternativ kann eine Mischung aus 60 % Karrageen (Kappa-Typ) und 40 % Johannisbrotkernmehl verwendet werden.

MEXIKANISCHE VANILLECREME

ERGIBT 1,49 KG

ZUTATEN	MENGE	ANTEIL IN %
Maisstärke	80 g	5,35 %
Vollmilch 1, bei Raumtemperatur	80 g	5,35 %
Eigelb, bei Raumtemperatur	200 g	13,38 %
Zucker	200 g	13,38 %
Vollmilch 2	920 g	61,54 %
Vanillepaste	15 g	1 %

1 Die Maisstärke mit der Milch bei Raumtemperatur zu einer glatten Paste vermischen, dann das Eigelb gleichmäßig unterrühren.

2 Die Mischung durch ein feinmaschiges Sieb in eine Schüssel streichen, die groß genug sein sollte, um alle anderen Zutaten – auch die zweite Menge Milch – aufnehmen zu können.

3 Zucker, die zweite Menge Milch und die Vanillepaste in einem mittleren Topf aufkochen. Der Topf muss groß genug sein, dass die Milch nicht überläuft, wenn sie sprudelnd kocht. Sie muss etwa 10 Sekunden sprudelnd kochen, sodass sie heiß genug ist, um die Mischung aus Eigelb und Maisstärke anzudicken.

4 Die kochende Milch auf einmal unter Rühren zu der Mischung aus Maisstärke, Milch und Eigelb gießen. Am besten, man macht das zu zweit: Eine Person gießt die kochende Milch in einem Schwung in die Schüssel, während die andere Person kräftig mit dem Schneebesen umrührt. Die kochende Milch muss auf einmal in die Schüssel gegeben werden, damit die Zubereitungsmethode funktioniert. Wenn sie zu langsam hinzugefügt wird, kommt es weder zur Koagulation des Eigelbs, noch zur Gelation der Stärkepartikel. Kräftig weiterrühren, nachdem die Milch hinzugefügt wurde, bis die Mischung andickt (das dauert einige Sekunden).

5 Die Oberfläche der warmen Vanillecreme direkt mit Frischhaltefolie abdecken und die Creme in einem Eiswasserbad abkühlen lassen.

6 Die abgekühlte Vanillecreme in einen Behälter umfüllen, die Oberfläche erneut direkt mit Frischhaltefolie abdecken (damit sich keine Haut bildet), den Behälter luftdicht verschließen und das Ganze im Kühlschrank bis zu 2 Tage aufbewahren.

HINWEIS Die nach dieser Methode zubereitete Vanillecreme hat zwar eine bessere Qualität als die nach der traditionellen Methode zubereitete Crème Patissier, allerdings aber auch einen Nachteil: Eines der Proteine aus dem Eigelb baut Maisstärke ab, wenn es nicht längere Zeit gekocht wird (wie in der traditionellen Methode). Daher sieht diese Vanillecreme nach 2 Tagen nicht mehr besonders appetitlich aus und auch ihre Konsistenz leidet.

Dieses Rezept funktioniert nicht mit kleineren Mengen. Für die Zubereitung größerer Mengen Vanillecreme ist es aber bestens geeignet.

ZITRONEN-MANDELBISKUIT-STREUSEL

ERGIBT 859 G

ZUTATEN	MENGE	ANTEIL IN %
Puderzucker	170 g	19,79 %
Mandelmehl	170 g	19,79 %
Weizenmehl (Type 405)	105 g	12,22 %
Zitronenzesten	3 g	0,35 %
Eier, bei Raumtemperatur	210 g	24,45 %
natürliche gelbe Lebensmittelfarbe (siehe Hinweis)	1 g	0,12 %
Eiweiß	140 g	16,3 %
extra feiner Zucker	30 g	3,49 %
Butter, zerlassen und leicht abgekühlt	30 g	3,49 %

1   Den Konvektomaten auf 135 °C vorheizen. Wenn möglich die Geschwindigkeit des Ventilators auf eine niedrige Stufe einstellen.

2   Die Innenseiten einer 45 x 33 cm großen Backform mit Sprühfett fetten und den Boden mit einer passenden Silikonmatte auslegen.

3   Puderzucker, Mandelmehl und Weizenmehl vermischen und zusammen in die Schüssel der Standküchenmaschine sieben.

4   Die Zitronenzesten hinzufügen und langsam mit dem Rührelement vermischen.

5   Die Eier allmählich hinzufügen, gefolgt von der gelben Lebensmittelfarbe. Mischen, bis eine gleichmäßige Masse entstanden ist. Die Schüssel aus der Standküchenmaschine nehmen.

6   Das Eiweiß in einer separaten Schüssel bei hoher Geschwindigkeit aufschlagen. Wenn sich das Volumen verdoppelt hat, den Zucker unter Rühren hinzurieseln lassen. Zu einem steifen Eischnee schlagen und in 2 Etappen unter die Eier-Mehlmischung heben.

7   Abschließend die geschmolzene Butter unterheben.

8   Die Masse gleichmäßig in der vorbereiteten Backform verteilen.

9   Im vorgeheizten Ofen etwa 8 Minuten backen. Der Biskuit soll vollständig gegart sein, aber noch nicht bräunen. (Aus diesem Grund wird er auch bei niedriger Temperatur und Ventilatorengeschwindigkeit gebacken.)

10   Auf Raumtemperatur abkühlen lassen. Das Dörrgerät auf 50 °C einstellen (oder einen Ofen auf die niedrigste Temperatur, die möglich ist) und den abgekühlten Kuchen darin trocknen lassen.

11   Den vollständig getrockneten Kuchen in kleine Stücke brechen und diese im Robot Coupe fein mahlen.

12   In einem luftdicht verschlossenen Behälter bei Raumtemperatur aufbewahren. 2 Wochen haltbar.

HINWEIS   Wenn möglich, natürliche Lebensmittelfarben verwenden. Intelligent eingesetzt kann ein klein wenig Lebensmittelfarbe ein Dessert besser aussehen lassen. Außerdem gibt es Theorien die besagen, dass die Farbintensität die Geschmackswahrnehmung beeinflusst.

ZITRONEN-STREUSEL

ERGIBT 1 KG

ZUTATEN	MENGE	ANTEIL IN %
Butter	330 g	32,9 %
Weizenmehl (Type 405)	330 g	32,9 %
Zucker	330 g	32,9 %
Zitronenzesten	3 g	0,3 %
Salz	10 g	1 %

Für die Zubereitungsmethode siehe das Rezept für Zimtstreusel auf S. 314.

BERGAMOTTEN-SCHOKOLADEN-MANTEL

ERGIBT 570 G

ZUTATEN	MENGE	ANTEIL IN %
WEISSE SCHOKOLADE, AROMATISIERT MIT BERGAMOTTE		
Weiße Schokolade (Pellets)	1 kg	83,33 %
Schale von unbehandelten Bergamotten	200 g	16,67 %
SCHOKOLADEN-MANTEL		
Weiße Schokolade, aromatisiert mit Bergamotte	500 g	87,72 %
Gelbe Kakaobutter	50 g	8,77 %
Grüne Kakaobutter	20 g	3,51 %

1   Ein Elektro-Wasserbad auf 35 °C einstellen.

2   Gegebenenfalls Reste vom weißen Mark von der Bergamotten-Schale entfernen.

3   Für die aromatisierte Schokolade, diese zusammen mit den Schalen in einen Vakuumbeutel füllen und diesen versiegeln. Den Beutel in das warme Wasser legen und 2 Stunden ziehen lassen.

4   Den Beutel mit der geschmolzenen Schokolade aus dem Bad nehmen und abtrocknen. Dann aufschneiden und die Schokolade zum Abkühlen in ein tiefes Blech gießen. Die Bergamotten-Schalen entfernen.

5   Die Schokolade, wenn sie fest geworden ist, in kleine Stücke hacken. In einem luftdicht verschlossenen Behälter bei Raumtemperatur aufbewahren. So bleibt die Schokolade bis zu 1 Jahr aromatisch.

6   Für die Schokoladen-Mäntel aus Strukturfolie 10 rechteckige Stücke à 12 x 12,5 cm ausschneiden. Zehn 12,5 cm lange PVC-Rohre mit je 5 cm Durchmesser bereitstellen.

7   Die aromatisierte Schokolade zusammen mit den beiden Sorten Kakaobutter in einer Schüssel über einem Wasserbad schmelzen und dann temperieren (Methode siehe S. 37f.).

8   Mit einer Winkelpalette eine dünne, gleichmäßige Lage Schokolade auf einem Stück Strukturfolie verteilen. Kurz warten, bis die Schokolade etwas fester wird, dann die Folie mit der Schokolade nach innen vorsichtig zu einer Rolle zusammenbringen und in eines der PVC-Rohre schieben, damit die Schokolade darin erstarren kann. Ist an einem kühlen, trockenen Ort bis zu 1 Jahr haltbar.

HINWEIS   Bergamotten haben nur im Januar Saison. Wenn die Früchte bei Ihnen schwer erhältlich sind, können Sie die Schokolade auch mit Earl-Grey-Tee aromatisieren. Dafür wird die oben angegebene Menge Bergamotten-Schale durch 50 g Earl-Grey-Tee ersetzt.

QUADRATISCHE PLÄTTCHEN AUS GELBER SCHOKOLADE

ERGIBT 285 G

ZUTATEN	MENGE	ANTEIL IN %
Weiße Schokolade, aromatisiert mit Bergamotte	250 g	87,72 %
Gelbe Kakaobutter	35 g	12,28 %

1   Eine Lage Strukturfolie auf der Arbeitsfläche ausbreiten.

2   Schokolade und Kakaobutter zusammen in eine Schüssel geben, schmelzen und temperieren.

3   Die temperierte Schokoladen-Mischung in einer dünnen, gleichmäßigen Schicht mit der Winkelpalette auf der Strukturfolie verstreichen. Sobald die Schokolade halbwegs erstarrt, aber noch biegsam ist, mit dem Rücken eines kleinen Messers und mithilfe eines Lineals 6 cm große, quadratische Stücke in der Schokolade markieren.

4   Die Strukturfolie nun umgekehrt auf eine glatte Fläche legen und mit einem flachen Gegenstand beschweren, damit die Schokolade in ganz flachem Zustand erstarrt.

5   Sobald die Schokolade vollkommen fest geworden ist, kann sie an einem kühlen, trockenen Ort (am besten luftdicht verpackt) bis zu 1 Jahr aufbewahrt werden, ohne ihr Aroma zu verlieren.

SCHOKOLADEN-BUCHSTABE „B"

ERGIBT 250 G

ZUTATEN	MENGE	ANTEIL IN %
Zartbitterschokolade, aromatisiert mit Bergamotte, temperiert	250 g	100 %

1 Zartbitterschokolade kann mit Bergamotte aromatisiert werden, wie für die weiße Schokolade auf S. 238 beschrieben.

2 Die temperierte, aromatisierte Schokolade mithilfe eines Spritzbeutels in entsprechende Polycarbonat-Formen füllen. Es werden mindestens 10 Polycarbonat-Formen für den Buchstaben „B" benötigt.

3 Die Schokolade fest werden lassen. Dann können die „B"s aus den Formen gelöst werden, indem man sie umdreht und sanft gegen die Arbeitsfläche klopft. Die Schokolade kann an einem kühlen, trockenen Ort (am besten luftdicht verpackt) bis zu 1 Jahr aufbewahrt werden, ohne ihr Aroma zu verlieren.

BERGAMOTTEN-SORBET

ERGIBT 1 KG

ZUTATEN	MENGE	ANTEIL IN %
Bergamottensaft	340 g	34 %
Läuterzucker (50 °Brix)	660 g	66 %

1 Zehn 12,5 cm lange PVC-Rohre mit 2 cm Durchmesser mit Acetatfolie auslegen. Die Folie sollte dabei etwas länger sein, als die PVC-Rohre, damit sie später besser daraus entfernt werden kann. Die so vorbereiteten Rohre auf einem Blech in den Gefrierschrank stellen.

2 Bergamottensaft und Läuterzucker gut vermischen, in der Eismaschine einfrieren und dann direkt in einen Spritzbeutel füllen.

3 Das Sorbet in die vorbereiteten, gefrorenen PVC-Rohre füllen. Einfrieren, bis das Sorbet fest geworden ist.

4 Wenn das Sorbet fest geworden ist, kann es mit der Acetatfolie aus den PVC-Rohren gelöst werden. Die Sorbet-Portionen umwickelt mit der Acetatfolie zurück in den Gefrierschrank legen. Damit das Sorbet beim Servieren die perfekte Konsistenz hat, sollten übrige Sorbet-Portionen nach 5 Tagen im Gefrierschrank im Kühlschrank aufgetaut und dann erneut in der Eismaschine gefroren werden.

GEFRORENER EARL-GREY-SCHAUM IM SCHOKOLADEN-MANTEL

ERGIBT 1 KG

ZUTATEN	MENGE	ANTEIL IN %
Earl-Grey-Tee	660 g	65,93 %
Trockeneiweiß	36 g	3,6 %
Zucker	150 g	14,99 %
Wasser	150 g	14,99 %
Blattgelatine (Silber), eingeweicht in kaltem Wasser, gut ausgedrückt	5 g	0,5 %
Earl-Grey-Tee-Küchlein (siehe Variation auf S. 218)	10 Stück	
Bergamotten-Sorbet-Zylinder (S. 239)	10 Stück	
Bergamotten-Schokoladen-Mantel (S. 238)	10 Stück	

1 Die Bergamotten-Schokoladen-Mäntel in den PVC-Rohren (zum Stabilisieren) aufrecht auf ein kleines, mit einer Silikonmatte ausgelegtes Blech stellen und einfrieren.

2 Die Acetatfolie von den Bergamotten-Sorbet-Portionen lösen und gegebenenfalls die Enden gerade abschneiden, sodass die Sorbet-Zylinder genau 12,5 cm lang sind.

3 Den Earl-Grey-Tee in der Standküchenmaschine mit dem Schneebesen-Element bei niedriger Geschwindigkeit mit dem Trockeneiweiß vermischen.

4 Inzwischen Zucker und Wasser zusammen in einen kleinen Topf geben und aufkochen, sodass sich der Zucker vollständig auflöst und ein Sirup entsteht. Vom Herd nehmen, die Gelatine hinzufügen und unterrühren, bis sie sich vollständig aufgelöst hat. Bei Raumtemperatur abkühlen lassen.

5 Diesen Sirup unter Rühren allmählich zu der Tee-Eiweißmischung geben, sobald diese ihr Volumen verdreifacht hat.

6 Weiter aufschlagen, bis die Masse ihr Ausgangsvolumen versechsfacht hat.

7 Die Masse in einen Spritzbeutel füllen und die gefrorenen Schokoladen-Mäntel zu drei Vierteln damit füllen.

8 Jeweils einen gefrorenen Bergamotten-Sorbet-Zylinder in die Mitte der Schaummasse in den Schokoladen-Mänteln stecken.

9 Nach dem Sorbet jeweils ein kleines Rechteck des Earl-Grey-Tee-Küchleins in die Mäntel stecken.

10 Die nun am oberen Ende der Schokoladen-Mäntel vorstehende Schaummasse mit einer Winkelpalette glatt streichen.

11 Im Gefrierschrank fest werden lassen. Abgedeckt bis zu 4 Tage im Gefrierschrank haltbar.

EISCREME VOM VIETNAMESISCHEN KAFFEE
ERGIBT 1 KG

ZUTATEN	MENGE	ANTEIL IN %
Vollmilch	470 g	47 %
Schlagsahne	250 g	25 %
Trockenmilchpulver	45 g	4,5 %
Zucker	155 g	15,5 %
Eiscreme-Stabilisator	3 g	0,3 %
Eigelb	70 g	7 %
Vietnamesisches Instant-Kaffeepulver	7 g	0,7 %

1 Die Eiscreme-Grundmasse nach der auf S. 61 vorgestellten, modernen Methode zubereiten. Das Instant-Kaffeepulver wird dabei nach dem Eigelb hinzugefügt.

2 Die abgekühlte Grundmasse mindestens 4 Stunden reifen lassen.

3 Eine flexible Silikonform für 4 cm tiefe Halbkugeln à 5 cm Durchmesser auf einem Blech bereitstellen und einfrieren.

4 Die gereifte Grundmasse in der Eismaschine einfrieren und dann in einen Spritzbeutel füllen. Die Eiscreme in die gekühlten Halbkugel-Formen füllen und die Oberflächen mit einer Winkelpalette glätten. Gut abgedeckt im Gefrierschrank aufbewahren, damit kein Gefrierbrand entsteht.

5 Wenn die Eiscreme-Halbkugeln länger als 5 Tage im Gefrierschrank waren, kann die Masse einmal im Kühlschrank aufgetaut und erneut in der Eismaschine gefroren werden.

WARMER JASMIN-MILCHREIS
ERGIBT 1,31 KG

ZUTATEN	MENGE	ANTEIL IN %
Schlagsahne	1,15 kg	87,79 %
Jasminreis	50 g	3,82 %
Zucker	110 g	8,4 %

1 Die Zutaten zusammen in den Thermomix geben (siehe Hinweis).

2 Auf Stufe 3 bei 90 °C anderthalb Stunden erhitzen. Der Jasminreis sollte dann vollständig gegart sein und in Verbindung mit der Schlagsahne eine Art Püree ergeben haben. Der Reis wirkt wie ein Verdickungsmittel.

3 Den Jasmin-Milchreis bis zum Anrichten in einem Thermobehälter warm halten. Einen hochwertigen Thermobehälter verwenden, damit der Inhalt möglichst lange heiß bleibt. Dafür kann die Masse auch auf 2 Thermobehälter aufgeteilt werden. Die Behälter gut verschlossen halten. Reste nach dem Service entsorgen.

HINWEIS Dieses Rezept ist wirklich interessant, da nur eine vergleichsweise kleine Menge Jasminreis mit der Schlagsahne vermischt und langsam unter ständigem Rühren gegart wird, bis die Masse soweit angedickt ist, dass ihre Konsistenz der eines Puddings ähnelt. Dafür braucht man Zeit, Geduld und ein spezielles Gerät, den Thermomix. Beim Thermomix handelt es sich um einen Mixer mit Heizelement, in dem die Zutaten gerührt und gleichzeitig erhitzt werden können. Dieses Rezept ist inspiriert von einer Methode, die Claudio Cracco, Chefkoch und Inhaber des Restaurants Cracco in Mailand, entwickelt hat.

KAFFEE-GELEE-FADEN

ERGIBT 258 G

ZUTATEN	MENGE	ANTEIL IN %
Wasser	220 g	85,27 %
Vietnamesisches Instant-Kaffeepulver	4 g	1,55 %
extra feiner Zucker	30 g	11,63 %
Agaroid RS-507	4 g	1,55 %

1 Wasser, Kaffee und Zucker in einen kleinen Topf geben und gut umrühren, damit sich Zucker und Kaffeepulver auflösen. Dann die Gelee-Fäden zubereiten, wie für die Erdbeer-Gelee-Fäden auf S. 220 beschrieben.

GELIERTE SAHNE, AROMATISIERT MIT PANDANBLÄTTERN

ERGIBT 774 G

ZUTATEN	MENGE	ANTEIL IN %
SCHLAGSAHNE, AROMATISIERT MIT PANDANBLÄTTERN		
Pandanblätter	200 g	21,05 %
Schlagsahne	750 g	78,95 %
GELIERTE SAHNE		
Schlagsahne, aromatisiert mit Pandanblättern	690 g	89,1 %
Zucker	80 g	10,33 %
Agar-Agar	3 g	0,36 %
Johannisbrotkernmehl	2 g	0,21 %

1 Zum Aromatisieren der Schlagsahne die Pandanblätter grob hacken und zusammen mit der Sahne in einen kleinen Topf geben.

2 Bei mäßig starker Hitze zum Sieden bringen und dann sofort vom Herd nehmen. 5 Minuten ziehen lassen. Wenn die Sahne aufkocht oder die Blätter zu lange darin ziehen gelassen werden, entwickelt sich ein Geschmack, der an Fisch erinnert.

3 Abseihen und gleich weiterverarbeiten. Dafür die für die gelierte Sahne benötigte Menge abwiegen. Wenn die aromatisierte Sahne nicht gleich weiterverarbeitet werden soll, in einem Eiswasserbad abkühlen. Dann ist sie im Kühlschrank bis zu 5 Tage haltbar.

4 Für die Zubereitung der mit Pandan aromatisierten, gelierten Sahne eine 3 mm dicke Schicht Rollfondant auf einem Blech verteilen. Zehn 7,5 cm hohe, ovale Formen mit je 4 cm Durchmesser darauf stellen und leicht hinein drücken, damit die Flüssigkeit nicht ausläuft. Die Formen müssen nicht mit Acetatfolie ausgelegt werden, da die gelierte Sahne in der Regel nicht daran haften bleibt.

5 Die mit Pandanblättern aromatisierte Schlagsahne zusammen mit dem Zucker in einen kleinen Topf geben. Mit dem Pürierstab vermischen und dabei zunächst das Agar-Agar und dann das Johannisbrotkernmehl schrittweise hinzufügen. Ab dem Zeitpunkt, ab dem das Johannisbrotkernmehl hinzugefügt wird, anstelle des Pürierstabs mit einem Handrührgerät weiterrühren, damit nicht zu viel Luft in die Masse eingearbeitet wird.

6   Unter Rühren aufkochen. 5 Sekunden köcheln lassen und dann vom Herd nehmen.

7   Die Sahne in die vorbereiteten Formen füllen und im Kühlschrank gelieren lassen.

8   Wenn die Sahne geliert ist, kann sie vom Boden heraus vorsichtig aus den Formen gedrückt werden. Sie ist im Kühlschrank bis zu 3 Tage haltbar.

HINWEIS Pandanblätter kommen aus Südostasien und werden in der Küche dieser Region sowohl bei der Zubereitung herzhafter als auch süßer Speisen verwendet. Für den Export müssen die Blätter eingefroren werden, damit sie nicht verderben.

SCHWARZER-SESAM-MANDELKUCHEN

ERGIBT 858 G

ZUTATEN	MENGE	ANTEIL IN %
Salz	3 g	0,35 %
Weizenmehl (Type 405)	60 g	6,99 %
Mandelpaste	320 g	37,3 %
Schwarze Sesampaste	80 g	9,32 %
Eier	250 g	29,14 %
Invertzucker	35 g	4,08 %
Butter, zerlassen und leicht abgekühlt	110 g	12,82 %

1   Die Seiten einer 45 x 33 cm großen Backform mit Sprühfett fetten und den Boden mit einer passenden Silikonmatte auslegen.

2   Den Konvektomaten auf 160 °C vorheizen.

3   Salz und Mehl zusammen in eine Schüssel sieben. Die Mandelpaste in der Standküchenmaschine mit dem Rührelement mit der Schwarzen Sesampaste zu einer homogenen Masse vermengen. Die Eier schrittweise hinzufügen und vollständig untermischen. Mit einem Teigschaber die Masse von den Seiten der Schüssel lösen und dann noch einige weitere Sekunden vermischen. Den Invertzucker hinzufügen und vollständig untermischen.

4   Die Standküchenmaschine anhalten und die gesiebten, trockenen Zutaten hinzufügen. Langsam und vorsichtig untermischen, bis sich die Zutaten gerade eben zu einer Masse verbinden. Die Masse mit einem Teigschaber erneut von den Seiten der Schüssel lösen und noch ein paar Sekunden vermengen. Abschließend die geschmolzene Butter vollständig untermischen.

5   Die Masse gleichmäßig in der vorbereiteten Backform verteilen. Im vorgeheizten Ofen 8 – 10 Minuten backen, bis die Oberfläche des Kuchens zurückfedert, wenn man sanft darauf drückt.

6   Auf Raumtemperatur abkühlen lassen und vor dem Schneiden mindestens 1 Stunde in den Kühlschrank stellen, denn gekühlt lässt sich der Kuchen besser schneiden. In rechteckige Stücke mit den Maßen 7,5 x 5 x 0,5 cm schneiden.

7   Bei Raumtemperatur in einem luftdicht verschlossenen Behälter aufbewahren. Ausschließlich an dem Tag servieren, an dem der Kuchen gebacken wurde.

HINWEIS Dieses Rezept basiert auf einem Rezept von Michael Laiskonis, Patissier in dem Restaurant Le Bernadin in New York City.

HIBISKUS-GLASUR

ERGIBT 450 G

ZUTATEN	MENGE	ANTEIL IN %
HIBISKUS-SUD		
getrocknete Hibiskusblätter	50 g	11,11 %
Wasser, bei 95 °C	400 g	88,89 %
GLASUR		
Hibiskus-Sud	230 g	73,02%
Zucker	60 g	19,05 %
Neutrale Nappage	25 g	7,94 %

1 Die Hibiskusblätter für den Sud in einer Schüssel mit dem 95 °C heißen Wasser übergießen und 10 Minuten ziehen lassen. Die Flüssigkeit abseihen.

2 Für die Zubereitung der Glasur den Sud zusammen mit dem Zucker in einen kleinen Topf geben und aufkochen. Köcheln lassen, bis die Flüssigkeit bis auf ein Drittel ihres ursprünglichen Gewichts reduziert wurde (etwa 75 g).

3 Auf Raumtemperatur abkühlen lassen.

4 Die Nappage unterrühren. Bei Raumtemperatur in einem luftdicht verschlossenen Behälter aufbewahren. Dank des hohen Zucker- und geringen Feuchtigkeitsgehalts ist diese Glasur unbegrenzt haltbar.

GEMAHLENES POPCORN

ERGIBT 300 G

ZUTATEN	MENGE
Popcorn, gesalzen	300 g

1 Das Popcorn im Robot Coupe so fein wie möglich mahlen. In einem Rundsieb sieben.

2 Das gemahlene Popcorn bis zum Anrichten in einem luftdicht verschlossenen Behälter aufbewahren. Nach dem Service entsorgen.

WERMUT-EISCREME
MIT SAMTSPRAY-ÜBERZUG

ERGIBT 1,02 KG

ZUTATEN	MENGE	ANTEIL IN %
WERMUT-EISCREME-GRUNDMASSE		
Vollmilch	640 g	62,78 %
Schlagsahne	85 g	8,29 %
Trockenmilchpulver	42 g	4,12 %
Zucker	160 g	15,69 %
Eiscreme-Stabilisator	3 g	0,29 %
Eigelb	70 g	6,86 %
Wermutessenz	20 g	1,96 %
Streusel vom 72 % Schokoladenkuchen (S. 246)	350 g	
SCHOKOLADEN-SAMTSPRAY		
Zartbitterschokolade (72 %, Pellets)	200 g	45,45 %
Kakaobutter	200 g	45,45 %
Lebensmittelfarbe Onyx-Schwarz	40 g	9,09 %

1 Die Eiscreme-Grundmasse nach der auf S. 61 beschriebenen, modernen Methode zubereiten. Die Wermutessenz erst untermischen, wenn die Grundmasse vollständig abgekühlt ist.

2 Die Wermut-Eiscreme-Grundmasse mindestens 4 Stunden reifen lassen, bevor sie in der Eismaschine gefroren wird.

3 Inzwischen zehn 11,25 x 12,5 cm große Rechtecke aus Acetatfolie ausschneiden. Sie sollen zum Auslegen von ovalen Formen verwendet werden, die 1,25 cm breit, 5 cm lang und 12,5 cm tief sind. Die mit der Acetatfolie ausgelegten Formen auf ein mit einer Silikonmatte ausgelegtes Blech stellen. Zum Abkühlen in den Gefrierschrank stellen.

4 Die gereifte Eiscreme-Grundmasse in der Eismaschine einfrieren. Dann die Schokoladenstreusel unterheben, die Masse in eine Spritztüte geben und damit in die gekühlten Formen füllen. Im Gefrierschrank fest werden lassen und dann aus den Formen lösen.

5 Für die Zubereitung des Schokoladen-Samtsprays die Schokoladen-Pellets zusammen mit Kakaobutter und Lebensmittelfarbe in eine Schüssel geben und über einem heißen Wasserbad schmelzen.

6 Die Arbeitsfläche und die Wände dort, wo gesprüht werden soll, mit Plastikfolie abdecken, um sie sauber zu halten.

7 Die Schokoladen-Kakaobuttermischung gut durchrühren und in den entsprechenden Behälter einer Airbrush-Pistole füllen. Die Eiscreme-Portionen aus den Formen und der Acetatfolie lösen und rundherum gleichmäßig mit dem Samtspray einsprühen. Die Airbrush-Pistole dabei mindestens 60 cm von der Eiscreme entfernt halten.

8 Die mit Samtspray überzogene Eiscreme abgedeckt zurück in den Gefrierschrank stellen. Dabei sollte die Frischhaltefolie oder was immer zum Abdecken genutzt wird, nicht in Kontakt mit dem Samtspray kommen, da es sehr empfindlich ist.

9 Im Gefrierschrank 3 Tage haltbar. Dabei müssen die Eiscreme Portionen wirklich gut verpackt sein, damit kein Frost oder Gefrierbrand auf der Oberfläche entsteht.

72 % SCHOKOLADENKUCHEN

ERGIBT 590 G

ZUTATEN	MENGE	ANTEIL IN %
Eier, bei Raumtemperatur	175 g	29,66 %
Invertzucker	45 g	7,63 %
Zucker	75 g	12,71 %
Mandelmehl	45 g	7,63 %
Weizenmehl (Type 405)	75 g	12,71 %
Backpulver	5 g	0,85 %
Kakaopulver	15 g	2,54 %
Schlagsahne, bei Raumtemperatur	75 g	12,71 %
Butter, zerlassen und leicht abgekühlt	50 g	8,47 %
Zartbitterschokolade (72 %), geschmolzen	30 g	5,08 %

1 Den Konvektomaten auf 160 °C vorheizen.

2 Die Seiten einer 45 x 33 cm großen Backform leicht mit Sprühfett einsprühen, den Boden mit einer passenden Silikonmatte auslegen.

3 Eier, Invertzucker und Zucker in einer Schüssel mit dem Schneebesen gut vermischen.

4 Mandelmehl, Weizenmehl, Backpulver und Kakaopulver zusammen in eine Schüssel sieben. Dann mit dem Schneebesen unter die Eier-Zuckermischung rühren.

5 Schlagsahne und Butter unterrühren, gefolgt von der geschmolzenen Schokolade.

6 Die Masse mit der Winkelpalette gleichmäßig in der vorbereiteten Backform verteilen.

7 Im vorgeheizten Ofen 7 – 10 Minuten backen. Der Kuchen ist soweit, wenn die Oberfläche zurückfedert, wenn man sanft mit den Fingerspitzen darauf drückt. Bei Raumtemperatur abkühlen lassen.

8 Den abgekühlten Kuchen im Dörrgerät vollständig trocknen.

9 Den getrockneten Kuchen in Stücke brechen und diese im Robot Coupe zu Streuseln verarbeiten.

10 Die Streusel im Gefrierschrank aufbewahren. Wenn sie gefroren sind, lassen sie sich besser unter die Eiscreme heben, ohne dass das Eis schmilzt.

QUARK-SCHOKOLADEN-PLÄTTCHEN

ERGIBT 400 G

ZUTATEN	MENGE	ANTEIL IN %
QUARK-SCHOKOLADE		
extra feiner Zucker	1,56 kg	38,81 %
Kakaobutter	1,64%	40,8 %
Quarkpulver	800 g	19,9 %
Lezithin-Pulver	20 g	0,5 %
SCHOKOLADEN-PLÄTTCHEN		
Quark-Schokolade, temperiert	400 g	99,5 %
Blattgold-Pulver	2 g	0,5 %

1 Für die Zubereitung der Quark-Schokolade den Zucker in einer Kaffeemühle noch feiner mahlen.

2 Die Kakaobutter schmelzen, auf 45 °C erwärmen und in den Mélangeur geben. Das Gerät anstellen.

3 Sobald der Mélangeur beginnt, die Kakaobutter zu bewegen, den Zucker in 4 Etappen hinzufügen. Gefolgt von dem Quarkpulver – ebenfalls in 4 Etappen.

4 Den Mélangeur mindestens 12 und bis zu 18 Stunden laufen lassen. Gegen Ende des Prozesses das Lezithin-Pulver hinzufügen, sodass es noch etwa 2 Stunden mit der Masse im Mélangeur vermischt werden kann.

5 Die Schokoladenmasse auf ein mit Backpapier ausgelegtes Blech geben und abkühlen lassen, bis sie fest geworden ist.

6 Für die Zubereitung der Schokoladen-Plättchen muss die Quark-Schokolade temperiert und dann in einer dünnen, gleichmäßigen Schicht auf einer Strukturfolie verstrichen werden.

7 Sobald die Schokolade halbfest ist, mit einem kleinen spitzen Messer 3,75 x 5 cm große Rechtecke ausschneiden (mithilfe eines Lineals).

8 Die Strukturfolie umdrehen und mit einem flachen Gegenstand wie einem Scheidebrett oder einer Marmorplatte beschweren, damit sich die Schokolade nicht wellt, wenn sie vollständig fest wird. Die Strukturfolie vorsichtig lösen, wenn die Schokolade fest geworden ist, und jedes Rechteck mit ein wenig Blattgold-Pulver bepinseln.

9 An einem kühlen, trockenen Ort aufbewahren, am besten gut verpackt. Die Quark-Schokoladen-Plättchen sind so 1 Jahr haltbar.

FRITTIERTE MINZEBLÄTTCHEN

10 STÜCK

ZUTATEN	MENGE
Rapsöl	200 g
Große Minzeblättchen	10 Stück

1 Das Rapsöl in einem Topf mit 1 l Fassungsvermögen auf 175 °C erhitzen.

2 Die Blättchen einzeln frittieren. Das geht sehr schnell und sie bekommen dabei eine leuchtend grüne Farbe. Die Blättchen sind fertig frittiert, wenn im heißen Öl keine Bläschen mehr aufsteigen. Auf Küchenpapier abtropfen lassen, damit überschüssiges Öl absorbiert wird.

3 Bei Raumtemperatur abgedeckt bis zum Anrichten aufbewahren. Nach dem Service entsorgen.

FLIEDER-EISCREME

ERGIBT 1,54 KG

ZUTATEN	MENGE	ANTEIL IN %
Vollmilch	947 g	61,32 %
Fliederblüten, kandiert	135 g	8,75 %
Schlagsahne	153 g	9,91 %
Zucker	150 g	9,72 %
Eigelb	120 g	7,77 %
Trockenmilch	32 g	2,04 %
Eiscreme-Stabilisator	8 g	0,49 %

1 Die Milch zusammen mit den kandierten Fliederblüten in einem mittleren Topf aufkochen. Vom Herd nehmen und 10 Minuten ziehen lassen.

2 Die kandierten Fliederblüten mithilfe des Pürierstabs mit der Milch verbinden und die Flüssigkeit durch ein feines Sieb gießen. Auf Raumtemperatur abkühlen lassen. Die Eiscreme-Grundmasse mit der auf S. 61 beschriebenen, modernen Methode zubereiten.

3 Die Eiscreme-Grundmasse mindestens 4 Stunden reifen lassen, bevor sie in der Eismaschine gefroren wird.

4 Zehn je 1,25 cm tiefe, quadratische Formen mit 8,75 cm Seitenlänge auf einem mit einer Silikonmatte ausgelegten Backblech bereitstellen. Jede Form mit einem Streifen Acetatfolie auslegen.

5 Die Eiscreme-Grundmasse in der Eismaschine frieren, in einen Spritzbeutel geben und die Formen dann bis zum Rand damit füllen. Die Oberfläche mit der Winkelpalette glätten.

6 Die gefüllten Formen in den Gefrierschrank stellen, damit die Eiscreme vollständig fest wird.

7 Wenn die Eiscreme fest ist, kann sie aus dem Formen gelöst und mit Samtspray überzogen werden. Dafür wird die Eiscreme-Portion von unten jeweils vorsichtig aus der Form gedrückt und dann die Acetatfolie gelöst.

ROSA SAMTSPRAY

ERGIBT 410 G

ZUTATEN	MENGE	ANTEIL IN %
Weiße Schokolade (Pellets)	200 g	48,78 %
Kakaobutter	200 g	48,78 %
Rote Kakaobutter	10 g	2,44 %

1 Die Zutaten zusammen in eine Schüssel geben, über einem heißen Wasserbad schmelzen und gut vermischen. Gegebenenfalls noch etwas mehr rote Kakaobutter hinzufügen, um den gewünschten rosa Farbton zu erhalten.

2 Durch ein feinmaschiges Sieb streichen.

3 Die Arbeitsfläche und die Wände dort, wo gesprüht werden soll, mit Plastikfolie abdecken, um sie sauber zu halten.

4 Die Schokoladen-Kakaobuttermischung gut durchrühren und in den entsprechenden Behälter einer Airbrush-Pistole füllen. Die Eiscreme-Portionen aus den Formen und der Acetatfolie lösen und rundherum gleichmäßig mit dem Samtspray einsprühen. Die Airbrush-Pistole dabei mindestens 60 cm von der Eiscreme entfernt halten.

5 Die mit Samtspray überzogene Eiscreme abgedeckt zurück in den Gefrierschrank stellen. Dabei sollte die Frischhaltefolie oder was immer zum Abdecken genutzt wird, nicht in Kontakt mit dem Samtspray kommen, da es sehr empfindlich ist.

HINWEIS Um grünes Samtspray zu erhalten, kann die rote Kakaobutter durch grüne ersetzt werden. Für rotes Samtspray muss der Anteil an roter Kakaobutter einfach erhöht werden.

MINZE-KÜCHLEIN MIT GRÜNEM SAMTSPRAY-ÜBERZUG

ERGIBT 1,73 KG

ZUTATEN	MENGE	ANTEIL IN %
Weizenmehl (Type 405)	435 g	25,14 %
Salz	6 g	0,35 %
Backpulver	9 g	0,52 %
Zucker	470 g	27,17 %
Eier	175 g	10,12 %
Natürliche Grüne-Minzepaste (ohne Lebensmittelfarbe)	60 g	3,47 %
Rapsöl	235 g	13,58 %
Vollmilch	340 g	19,65 %

GRÜNES SAMTSPRAY

Weiße Schokolade	200 g	44,44 %
Kakaobutter	200 g	44,44 %
Grüne Kakaobutter	50 g	11,11 %

1 Die Innenseiten einer 45 x 33 cm großen Backform leicht mit Sprühfett fetten und den Boden mit einer passenden Silikonmatte auslegen.

2 Den Konvektomaten auf 160 °C vorheizen.

3 Mehl, Salz und Backpulver zusammen in eine Schüssel sieben.

4 Zucker, Eier und Minzepaste zusammen in die Schüssel der Standküchenmaschine geben und zu einer homogenen Masse aufschlagen, deren Volumen dem Vierfachen des Ausgangsvolumens entspricht. Unter Rühren das Rapsöl allmählich am Rand der Schüssel hinzulaufen lassen.

5 Dann die gesiebten, trockenen Zutaten abwechselnd mit der Milch in mehreren Etappen untermischen.

6 Die Masse gleichmäßig in der vorbereiteten Backform verteilen und 12 – 18 Minuten im vorgeheizten Ofen backen, bis die Oberfläche des Kuchens zurückfedert, wenn man sanft mit den Fingerspitzen darauf drückt.

7 Auf Raumtemperatur abkühlen lassen und im Kühlschrank weiter kühlen, da der Kuchen sich besser schneiden lässt, wenn er kalt ist.

8   Mit einer Donut-Ausstechform mit 6,25 cm Durchmesser Kreise ausstechen, diese auf ein mit Backpapier ausgelegtes Backblech legen und einfrieren.

9   Die Zutaten für das grüne Samtspray zusammen in eine Schüssel geben und über einem heißen Wasserbad schmelzen.

10   Die Arbeitsfläche und die Wände dort, wo gesprüht werden soll, mit Plastikfolie abdecken, um sie sauber zu halten.

11   Die grüne Schokoladen-Kakaobuttermischung gut durchrühren und in den entsprechenden Behälter einer Airbrush-Pistole füllen. Die gefrorenen Küchlein rundherum gleichmäßig mit dem Samtspray einsprühen. Die Airbrush-Pistole dabei mindestens 60 cm von der Oberfläche der Küchlein entfernt halten. Bis zum Anrichten im Kühlschrank aufbewahren. Die Küchlein sind so 2 Tage haltbar.

RHABARBER-HOLUNDERBLÜTEN-GELEE

ERGIBT 310 G

ZUTATEN	MENGE	ANTEIL IN %
POCHIERTER RHABARBER		
Rhabarber-Stangen	4 Stück	
Grenadine	600 g	
GELEE		
Rhabarber, pochiert	10 Portionen	
Holunderblütensirup	150 g	48,39 %
Wasser	150 g	48,39 %
Blattgelatine (Silber), eingeweicht in kaltem Wasser, gut ausgedrückt	10 g	3,23 %

1   Die Rhabarber-Stangen in rechteckige Stücke schneiden, jeweils 3 mm breit, 1,75 cm lang und 3 mm hoch. Auf ein 33 x 22 cm großes, tiefes Blech geben.

2   Die Grenadine aufkochen und über den Rhabarber gießen.

3   Das Blech zügig mit Frischhaltefolie abdecken und den Rhabarber über Nacht im Kühlschrank in der Flüssigkeit ziehen lassen.

4   Am nächsten Tag kann das Gelee damit zubereitet werden. Der pochierte Rhabarber hält sich aber auch bis zu 2 Wochen in der Flüssigkeit, wenn er im Kühlschrank gelagert wird.

5   Ein flaches Blech leicht mit Sprühfett fetten und es gleichmäßig mit Küchenpapier verteilen. Das Blech mit einer Lage Acetatfolie auslegen. Mit einem sauberen Küchenpapier darüber streichen, um Luftbläschen zu entfernen.

6   Einen 1,25 cm tiefen, rechteckigen Edelstahlrahmen mit den Maßen 8,75 x 17,5 cm auf die Acetatfolie stellen. Aus Rollfondant eine lange Schnur formen, außen um den Rahmen legen und zwischen Rahmen und Acetatfolie festdrücken, sodass später keine Flüssigkeit unter dem Rahmen hervorlaufen kann.

7   Die Rhabarber-Stückchen aus der Flüssigkeit nehmen und trockentupfen. ▶▶

8 Die Rhabarber-Stückchen in horizontalen Reihen mit gleichmäßigen Abständen im vorbereiteten Rahmen verteilen.

9 Für das Gelee Holunderblütensirup, Wasser und Gelatine zusammen in eine Schüssel geben und unter Rühren über einem heißen Wasserbad aufwärmen, damit die Gelatine schmilzt und sich die Zutaten gut verbinden.

10 Diese Mischung auf 27 °C abkühlen lassen und dann vorsichtig und langsam auf die Rhabarber-Stückchen im vorbereiteten Rahmen gießen (ohne dass sie verrutschen).

11 Das Blech mit dem gefüllten Rahmen in den Kühlschrank stellen, damit die Flüssigkeit geliert. Wenn die Flüssigkeit geliert ist, mit einem kleinen spitzen Messer entlang der Innenseite des Rahmens fahren und ihn nach oben entfernen.

12 Die Klinge des Chefkochmessers in heißes Wasser tauchen, um sie aufzuwärmen, und dann sorgfältig abtrocknen. Das Gelee um den Rhabarber in 1 cm breite und 8,75 cm lange Rechtecke schneiden.

13 Die Gelee-Rechtecke in einem luftdicht verschlossenen Behälter im Kühlschrank aufbewahren. So sind sie 2 Tage haltbar.

MINI-VEILCHEN-MACARONS
ERGIBT 485 G

ZUTATEN	MENGE	ANTEIL IN %
Eiweiß	100 g	20,62 %
Trockeneiweiß	5 g	1,03 %
Zucker	30 g	6,19 %
Mandelmehl	125 g	25,77 %
Puderzucker	225 g	46,39 %
Violette Lebensmittelfarbe	nach Bedarf	

1 Das Trockeneiweiß langsam und sorgfältig mit dem Eiweiß verrühren.

2 Den Zucker in einer Kaffeemühle sehr fein mahlen.

3 Den Puderzucker mit dem Mandelmehl erst mit der Hand und dann etwa 30 Sekunden im Robot Coupe vermischen. Dann durchsieben.

4 Die Eiweißmischung in der Standküchenmaschine bei hoher Geschwindigkeit aufschlagen. Sobald ein lockerer Eischnee entstanden ist, den gemahlenen Zucker hineinrieseln lassen. Zu einem steifen Eischnee schlagen und gegen Ende ein paar Tropfen violette Lebensmittelfarbe hinzufügen.

5 Den violetten Eischnee vorsichtig unter die Mehlmischung heben. Nicht zu stark vermischen.

6 In einen mit einer Tülle Nr. 2 ausgestatteten Spritzbeutel füllen.

7 Macarons mit 5 mm Durchmesser in einem Abstand von mindestens 2,5 cm auf ein mit einer Silikonmatte ausgelegtes Backblech spritzen. 15 Minuten an der Luft antrocknen lassen.

8 Inzwischen den Konvektomaten auf 149 °C vorheizen und, wenn möglich, den Ventilator auf Stufe 2 einstellen. Die Macarons darin 7 Minuten backen. Dann den Konvektomaten abschalten und die Macarons noch 3 Minuten in der Nachwärme trocknen lassen.

9 Bei Raumtemperatur abkühlen lassen. Mit Veilchen-Ganache füllen. Eingefroren sind die Macarons bis zu 3 Monate haltbar, im Kühlschrank halten sie sich bis zu 10 Tage.

VEILCHEN-GANACHE

ERGIBT 210 G

ZUTATEN	MENGE	ANTEIL IN %
Schlagsahne	50 g	23,81 %
Kandierte Veilchenblüten, in der Kaffeemühle gemahlen	35 g	16,67 %
Weiße Schokolade, geschmolzen und leicht abgekühlt	125 g	59,52 %

1. Die Schlagsahne in einem mittleren Topf aufkochen. Die gemahlenen Veilchenblüten unterrühren und vom Herd nehmen.

2. Die geschmolzene weiße Schokolade unterrühren.

3. Die Mischung auf Raumtemperatur abkühlen lassen, bevor die Macarons damit gefüllt werden.

4. Jeweils etwa 2 g der abgekühlten Veilchen-Ganache auf die flache Seite der Hälfte der Macarons spritzen und je mit einem Macaron abdecken. Die gefüllten Macarons in einem luftdicht verschlossenen Behälter im Kühlschrank aufbewahren.

BUTTERNUSSKÜRBIS-ZIMT-EISCREME

ERGIBT 1,05 KG

ZUTATEN	MENGE	ANTEIL IN %
Vollmilch	450 g	43,64 %
Zimtstangen (indonesischer Zimt)	40 g	3,8 %
Schlagsahne	96 g	9,11 %
Zucker	175 g	16,7 %
Eigelb	80 g	7,59 %
Eiscreme-Stabilisator	2 g	0,19 %
Butternusskürbis-Püree	200 g	18,98 %

1. Die Milch mit den Zimtstangen in einen Topf füllen und bei mäßiger Hitze zum Sieden bringen. Vom Herd nehmen und abgedeckt 30 Minuten ziehen lassen.

2. Abseihen und die aromatisierte Milch in einer Schüssel in einem Eiswasserbad abkühlen lassen.

3. Die Eiscreme-Grundmasse mit der auf S. 50 beschriebenen, modernen Methode zubereiten. Dabei wird das Butternusskürbis-Püree erst untergemischt, wenn die Masse vollständig abgekühlt ist.

4. Die Eiscreme-Grundmasse mindestens 4 Stunden reifen lassen, bevor sie in der Eismaschine eingefroren wird.

5. Ein kleines Blech mit einer Silikonmatte auslegen und 10 rechteckige Edelstahlformen mit den Maßen 2,5 x 6,25 x 7,5 cm darauf bereitstellen. Das Ganze im Gefrierschrank kühlen.

6. Die Eiscreme-Grundmasse in der Eismaschine einfrieren und in einen Spritzbeutel füllen.

7. Die Eiscreme in die gekühlten Formen füllen und die Oberfläche mit der Winkelpalette glätten. Einfrieren.

8. Um die Eiscreme aus den Formen zu lösen, die Formen rundherum vorsichtig mit dem Bunsenbrenner aufwärmen und dann nach oben wegziehen. Die Eiscreme-Portionen jeweils auf die Seite legen und zurück in den Gefrierschrank stellen, damit das Eis wieder fest wird.

ORANGEFARBENES SAMTSPRAY

ERGIBT 430 G

ZUTATEN	MENGE	ANTEIL IN %
Weiße Schokolade (Pellets)	200 g	46,51 %
Kakaobutter	200 g	46,51 %
Orangefarbene Kakaobutter	30 g	6,98 %

1 Die Zutaten zusammen in eine Schüssel geben, über einem heißen Wasserbad schmelzen und gut vermischen.

2 Die Arbeitsfläche und die Wände dort, wo gesprüht werden soll, mit Plastikfolie abdecken, um sie sauber zu halten.

3 Die Schokoladen-Kakaobuttermischung gut durchrühren und in den entsprechenden Behälter einer Airbrush-Pistole füllen. Die Oberfläche und Seiten der Eiscreme-Portionen gleichmäßig mit dem Samtspray einsprühen. Die Airbrush-Pistole dabei mindestens 60 cm von der Eiscreme entfernt halten. Dann die Eiscreme vorsichtig umdrehen und auch den Boden einsprühen.

4 Bis zum Anrichten abgedeckt im Gefrierschrank aufbewahren, damit sich kein Frost an der Oberfläche bildet. 2 Tage haltbar.

ORIGINAL RED VELVET CAKE

ERGIBT 1,36 KG

ZUTATEN	MENGE	ANTEIL IN %
Kakaopulver (unbehandelt, also nicht alkalisiert)	30 g	2,2 %
Weizenmehl (Type 405)	330 g	24,23 %
Vanillepulver	5 g	0,37 %
Salz	3 g	0,22 %
Butter, bei Raumtemperatur	225 g	16,52 %
extra feiner Zucker	400 g	29,37 %
Eier, bei Raumtemperatur	100 g	7,34 %
Buttermilch, bei Raumtemperatur	245 g	17,99 %
Natron	9 g	0,66 %
Weißweinessig	15 g	1,1 %

1 Kakaopulver, Mehl, Vanillepulver und Salz zusammen in eine Schüssel sieben.

2 Die Innenseiten einer 66 x 45 cm großen Backform mit Sprühfett fetten und den Boden mit einer passenden Silikonmatte auslegen.

3 Den Konvektomaten auf 160 °C vorheizen.

4 Butter und Zucker in der Standküchenmaschine mit den Rührelement bei mäßiger Geschwindigkeit schaumig schlagen. Das dauert etwa 4 Minuten. Die Eier in 2 Etappen hinzufügen. Zwischendrin immer wieder die Masse mit einem Teigschaber von den Seiten der Schüssel lösen. Wenn größere Mengen zubereitet werden, die Eier in weiterer Etappen hinzufügen.

5 Die Hälfte der gesiebten, trockenen Zutaten untermischen, gefolgt von der Hälfte der Buttermilch. Dann die zweite Hälfte der trockenen Zutaten untermischen, gefolgt vom Rest der Buttermilch.

6 Sobald eine homogene Masse entstanden ist, das Natron in einer kleinen, separaten Schüssel mit dem Essig vermischen und dann unter die Masse mischen.

7 Die Masse gleichmäßig in der vorbereiteten Backform verteilen.

8 Den Kuchen im vorgeheizten Ofen 10 – 15 Minuten backen, bis er eine tiefe, rotbraune Farbe hat.

9 Auf Raumtemperatur abkühlen lassen. Dann im Kühlschrank weiter kühlen.

10 Den gekühlten Kuchen in rechteckige Stücke à 3,75 x 7,5 x 0,2 cm schneiden. Bis zum Anrichten in einem luftdicht verschlossenen Behälter aufbewahren. Nach dem Service entsorgen.

HINWEIS Dieses Rezept reicht für deutlich mehr als die 10 Stücke Kuchen aus, die für das Dessert benötigt werden. Der Kuchen lässt sich in dieser Menge aber deutlich besser backen, als in kleineren Mengen. Schneiden Sie nur so viele rechteckige Stücke aus, wie sie benötigen und frieren Sie den Rest des Kuchens ein.

CASSIS-PAPIER
ERGIBT 303 G

ZUTATEN	MENGE	ANTEIL IN %
Cassis-Püree	250 g	82,51 %
Zucker	50 g	16,5 %
Methocel A7C	3 g	0,99 %

1 Aus Acetatfolie 10 rechteckige Stücke à 5 x 7,5 cm ausschneiden.

2 Das Dörrgerät auf 65 °C einstellen.

3 Das Fruchtpüree im Standmixer auf mäßige Geschwindigkeit einstellen. Den Zucker hinzufügen und kurz vermischen.

4 Das Methocel A7C hinzufügen, während der Mixer läuft. 45 Sekunden mixen.

5 Das Püree in einer dünnen, gleichmäßigen Lage auf den vorbereiteten Acetatfolien verteilen. Mindestens 4 Stunden im Dörrgerät trocknen lassen.

6 Bis zum Anrichten im Dörrgerät aufbewahren, damit es schön kross bleibt.

SILBERFARBENE HONIGSAUCE
ERGIBT 13 G

ZUTATEN	MENGE	ANTEIL IN %
Silberne Lebensmittelfarbe (Pulver)	1 g	7,69 %
Honig	12 g	92,31 %

1 Die beiden Zutaten gut vermischen. In einem luftdicht verschlossenen Behälter aufbewahren. Die Sauce ist fast unbegrenzt haltbar, da Honig ebenfalls eine sehr lange Haltbarkeit hat.

SCHAUM VOM INDONESISCHEN ZIMT

ERGIBT 1,17 KG

ZUTATEN	MENGE	ANTEIL IN %
Wasser	1 kg	85,37 %
Zimtstangen (indonesischer Zimt), angeröstet	200 g	
Zucker	150 g	12,81 %
Salz	0,2 g	0,02 %
Eiweißpulver	20 g	1,71 %
Xanthan	1 g	0,1 %

1   Das Wasser in einem kleinen Topf aufkochen. Den Zimt hinzufügen und vom Herd nehmen. Der Zimt sollte möglichst vom Rösten noch warm sein, dann gibt er sein Aroma am besten ab. Den Topf mit Frischhaltefolie abdecken und das Ganze 10 Minuten ziehen lassen.

2   Abseihen und den Zimt entsorgen. Das aromatisierte Wasser in einem Eiswasserbad abkühlen lassen.

3   Zucker, Salz, Eiweißpulver und Xanthan mit dem Wasser in einen Standmixer geben und bei mäßiger Geschwindigkeit 5 Minuten laufen lassen.

4   Mindestens 2 Stunden vor dem Anrichten kühl stellen. Den Schaum nach dem Service entsorgen.

PANNA COTTA MIT GERÖSTETER MILCH

ERGIBT 618 G

ZUTATEN	MENGE	ANTEIL IN %
Trockenmilchpulver	175 g	28,32 %
Schlagsahne	375 g	60,68 %
Zucker	60 g	9,71 %
Blattgelatine (Silber), eingeweicht in kaltem Wasser, gut ausgedrückt	8 g	1,29 %
Samtspray aus karamellisierter Milchschokolade (siehe Seite 255)	400 g	

1   Das Trockenmilchpulver auf einem mit Backpapier ausgelegtem Blech verteilen.

2   Bei 160 °C goldbraun rösten. Das dauert etwa 7 – 10 Minuten. Die Trockenmilch zwischendurch mit einer Winkelpalette hin und her schieben, damit es gleichmäßig geröstet wird.

3   Auf Raumtemperatur abkühlen lassen.

4   Zehn je 5 mm tiefe, ringförmige Dessertformen (aus Silikon) mit einem äußeren Durchmesser von 10 cm und einem inneren Durchmesser von 2,5 cm auf einem Blech bereitstellen.

5   Die geröstete Trockenmilch zusammen mit der Schlagsahne und dem Zucker in einen kleinen Topf geben und bei starker Hitze aufkochen. Vom Herd nehmen und mit einem Pürierstab mixen um sicherzugehen, dass sich die Trockenmilch vollständig in der Sahne aufgelöst hat.

6   Die Gelatine hinzufügen und umrühren, bis sie sich vollständig aufgelöst hat. Die Masse dann in den bereitgestellten Formen verteilen und zum Gelieren in den Gefrierschrank stellen.

7   Die gefrorenen Panna-cotta-Portionen auf ein mit einer Silikonmatte ausgelegtes Blech stürzen und dann wieder in den Gefrierschrank stellen.

8   Inzwischen die Arbeitsfläche und die Wände dort, wo gesprüht werden soll, mit Plastikfolie abdecken, um sie sauber zu halten.

9   Das Samtspray von karamellisierter weißer Schokolade schmelzen und in den entsprechenden Behälter einer Airbrush-Pistole füllen. Die Oberfläche und Seiten der gefrorenen Panna cotta gleichmäßig mit dem Samtspray einsprühen. Die Airbrush-Pistole dabei mindestens 60 cm von der Panna cotta entfernt halten. Bis zum Anrichten im Gefrierschrank aufbewahren. Wenn die Panna cotta einmal auftaut, ist es unmöglich, sie in die Dessertschüssel zu legen, ohne dass sie ihre Form verliert.

SAMTSPRAY AUS KARAMELLI-
SIERTER MILCHCHOKOLADE

ERGIBT 400 G

ZUTATEN	MENGE	ANTEIL IN %
Milchschokolade	200 g	50 %
Kakaobutter	200 g	50%

1 Den Konvektomaten auf 120 °C vorheizen.

2 Die Schokolade in einem tiefen Blech in den warmen Ofen stellen.

3 Die Schokolade 2 Stunden im Ofen erhitzen, dabei alle 30 Minuten um-rühren.

4 Die karamellisierte Schokolade muss im Mélangeur raffiniert werden (denn beim Karamellisieren wird sie etwas sandig). Schokolade und Kakaobutter zusammen in den Mélangeur geben und ihn 3 Stunden laufen lasssen.

5 Im flüssigen Zustand kann diese Mischung auf die Panna cotta gesprüht werden. In einem luftdicht verschlossenen Behälter ist sie bei Raum-temperatur bis zu 1 Jahr haltbar.

CROISSANT-CROÛTONS

ERGIBT 400 G

ZUTATEN	MENGE	ANTEIL IN %
Croissants	3 – 5 Stück, je nach Größe	
geklärte Butter, zerlassen	100 g	25 %
Honig, warm	300 g	75 %

1 Die Croissants mit einem Brotmesser in 2 cm dicke Scheiben schneiden. Nur die großen Mittelstücke der Croissants verwenden.

2 Den Konvektomaten auf 160 °C vorheizen.

3 Die Croissant-Scheiben von beiden Seiten mit jeweils 5 g der geklärten Butter einstreichen und anschließend mit 15 g warmem Honig pro Seite. Auf ein mit einer Silikonmatte ausgelegtes Backblech geben.

4 Im vorgeheizten Ofen in 5 Minuten goldbraun rösten. Wenden und von der anderen Seite weitere 5 Minuten rösten.

5 Auf Raumtemperatur abkühlen lassen. Bis zum Anrichten in einem luft-dicht verschlossenen Behälter bei Raumtemperatur aufbewahren. Die Croutons können bis zu 2 Tage verwendet werden, solange sie noch kross sind.

HINWEIS Beziehen Sie frische Croissants von einer guten Hand-werksbäckerei in Ihrer Nähe und nicht in Tüten abgepackt aus dem Supermarkt. Es macht einen großen Unterschied, ob sie qualitativ hochwertige Croissants verwenden oder nicht.

DEVIL'S FOOD CAKE-SÜPPCHEN

ERGIBT 1,01 KG

ZUTATEN	MENGE	ANTEIL IN %
Zucker	280 g	27,7 %
Weizenmehl (Type 405)	160 g	15,83 %
Kakaopulver	75 g	7,42 %
Natron	3 g	0,3 %
Backpulver	2 g	0,2 %
Salz	1 g	0,1 %
Eier, bei Raumtemperatur	100 g	9,89 %
Eigelb, bei Raumtemperatur	40 g	3,96 %
Butter, zerlassen und leicht abgekühlt	40 g	3,96 %
Buttermilch, bei Raumtemperatur	160 g	15,83 %
frisch gebrühter Kaffee, bei Raumtemperatur	150 g	14,84 %
Wasser	350 g	
Maissirup	100 g	

1 Die Innenseiten einer 45 x 33 cm großen Backform mit Sprühfett fetten und den Boden mit einer passenden Silikonmatte auslegen.

2 Den Konvektomaten auf 160 °C vorheizen.

3 Die trockenen Zutaten zusammen auf ein Backpapier sieben.

4 Eier und Eigelb zusammen in eine Schüssel geben, die groß genug ist, dass später alle Zutaten hineinpassen. Die zerlassene Butter allmählich mit einem Schneebesen unterrühren, gefolgt von der Buttermilch und abschließend dem Kaffee.

5 Die trockenen Zutaten mit dem Schneebesen unter die flüssige Mischung rühren, bis eine homogene Masse entstanden ist.

6 Die Masse gleichmäßig in der vorbereiteten Backform verteilen.

7 Im vorgeheizten Ofen 17 – 19 Minuten backen. Nach der Hälfte der Zeit die Backform wenden. Der Kuchen ist soweit, sobald die Oberfläche zurückfedert, wenn man sanft darauf drückt.

8 Auf Raumtemperatur abkühlen lassen. Den abgekühlten Kuchen in kleine Stücke brechen und diese zusammen mit Wasser und Maissirup in einen Standmixer geben. Bei hoher Geschwindigkeit pürieren. Die entstehende Masse sollte eine suppenähnliche Konsistenz haben – nicht zu dünnflüssig, aber auch nicht zu zähflüssig. Gegebenenfalls noch etwas Wasser untermischen. Da das Süppchen mit der Zeit andickt, kann es sein, dass vor dem Servieren noch etwas zusätzliches Wasser untergerührt werden muss.

9 Bei Raumtemperatur aufbewahren und nach 2 Tagen entsorgen. Das Süppchen darf nicht gekühlt werden, denn sonst dauert es zu lange, bis die Panna cotta beim Anrichten weich wird.

GOLDENES MILCHSCHOKOLADENDEKOR

ERGIBT 600 G

ZUTATEN	MENGE	ANTEIL IN %
Milchschokolade	400 g	66,67 %
Kakaopulver	200 g	33,33 %
Blattgoldpulver	nach Bedarf	

1 Die Milchschokolade karamellisieren wie auf S. 316 beschrieben.

2 Zwei je 50 cm lange PVC-Rohre mit je 5 cm Durchmesser in 10 cm Abstand parallel zueinander auf die Arbeitsfläche legen und mit Klebeband darauf befestigen. Die Rohre mit Backpapier abdecken.

3 Die karamellisierte Milchschokolade temperieren, dann das Kakaopulver untermischen. Die Schokoladenmasse in einen mit einer Lochtülle Nr. 2 ausgestatteten Spritzbeutel füllen.

4 Die Schokoladenmasse in unregelmäßigen Linien hin und her über die beiden PVC-Rohre spritzen. Dabei sollten jeweils 3 – 4 der Linien an den Enden miteinander verbunden sein. Für 10 Desserts werden 10 dieser 3 – 4-Linien-Sets benötigt.

5 Die Schokolade bei Raumtemperatur erstarren lassen.

6 Wenn die Schokolade erstarrt ist, ein sauberes Leinentuch mit warmem Wasser befeuchten und über die Oberfläche der Schokolade reiben, um sie zu glätten. Das Tuch zwischen dem Abreiben der einzelnen Dekors immer wieder in warmes Wasser tauchen und gut auswringen. Die Wärme bewirkt, dass die Schokolade schön weich wird.

7 Die Dekors abschließend mit einem feinen Pinsel mit etwas Blattgoldpulver bestreichen. Überschüssiges Pulver entfernen.

8 Gut verpackt an einem kühlen, trockenen Ort aufbewahren. 6 Monate haltbar.

ERDNUSSBUTTER-EISCREME-RIEGEL

ERGIBT 1,01 KG

ZUTATEN	MENGE	ANTEIL IN %
GESALZENE ERDNUSSBUTTER		
Erdnüsse, geröstet und noch warm	1 kg	99,01 %
Fleur de Sel	10 g	0,99 %
ERDNUSSBUTTER-EISCREME		
Vollmilch	683 g	62,09 %
Trockenmilchpulver	64 g	5,82 %
Zucker	170 g	15,45 %
Eiscreme-Stabilisator	3 g	0,27 %
Eigelb	80 g	7,27 %
Gesalzene Erdnussbutter	100 g	9,09 %

1 Die Erdnüsse für die Zubereitung der gesalzenen Erdnussbutter im Robot Coupe zu einer feinen, glatten Masse mahlen, solange sie noch warm vom Rösten sind.

2 Die Erdnussbutter-Eiscreme mit der gleichen Methode zubereiten wie die Pistazien-Eiscreme auf S. 227.

3 Die Eiscreme-Grundmasse mindestens 4 Stunden reifen lassen, bevor sie in der Eismaschine gefroren wird.

4 Ein kleines Blech mit einer Silikonmatte auslegen und darauf 10 rechteckige Edelstahlformen à 2 x 15 x 2 cm bereitstellen. Das Ganze im Gefrierschrank kühlen.

5 Die Eiscreme-Grundmasse in der Eismaschine gefrieren und in einen Spritzbeutel füllen.

6 Die Eiscreme in die gefrorenen Formen füllen und die Oberfläche mit einer Winkelpalette glatt streichen.

7 Die gefüllten Formen zurück in den Gefrierschrank stellen, damit die Eiscreme fest werden kann.

8   Um die Eiscreme aus den Formen zu lösen, werden die Seiten der Formen vorsichtig und mit ausreichend Abstand mit einem Bunsenbrenner aufgewärmt.

9   Die aus den Formen gelöste Eiscreme zurück in den Gefrierschrank stellen. Wenn sie wieder ganz fest geworden sind, müssen sie abgedeckt aufbewahrt werden, damit sich kein Frost an der Oberfläche bildet.

10   Nach 2 Tagen müssen die Eiscreme-Portionen im Kühlschrank aufgetaut und dann erneut in der Eismaschine gefroren werden, damit man sie weiterhin servieren kann. Insgesamt dürfen sie nur ein weiteres Mal eingefroren werden.

HINWEIS   Die Mengen im Rezept für gesalzene Erdnussbutter reichen für deutlich mehr Erdnussbutter, als für die Eiscreme benötigt wird. Kleinere Mengen können im Robot Coupe aber nicht gemahlen werden. Ein Teil der Masse wird auch für den Erdnuss-Mandelkuchen benötigt. Der Rest kann für die nächsten Portionen dieses Desserts oder für einen anderen Verwendungszweck eingesetzt werden.

ERDNUSS-MANDELKUCHEN
ERGIBT 980 G

ZUTATEN	MENGE	ANTEIL IN %
Mandelpaste	320 g	32,65 %
gesalzene Erdnussbutter (S. 257)	80 g	8,16 %
Eier	250 g	25,51 %
Invertzucker	35 g	3,57 %
Weizenmehl (Type 405)	60 g	6,12 %
Butter, zerlassen und leicht abgekühlt	110 g	11,22 %
Erdnüsse, geröstet und grob gehackt	125 g	12,76 %

1   Den Kuchen zubereiten und backen wie den Schwarzen-Sesam-Mandelkuchen auf S. 243. Die gehackten Erdnüsse werden abschließend untergemischt.

2   Den abgekühlten Kuchen in 5 mm hohe Rechtecke à 2 x 15 cm schneiden.

3   In einem luftdicht verschlossenen Behälter im Kühlschrank aufbewahren. 3 Tage haltbar.

ROSINEN-GELEE-SCHLEIER

ERGIBT 454 G

ZUTATEN	MENGE	ANTEIL IN %
ROSINEN-SUD		
Cola	1 kg	58,82 %
Rosinen	700 g	41,18 %
ROSINEN-GELEE		
Rosinen-Sud	400 g	88,07 %
Zucker	50 g	11,01 %
Gellan	4 g	0,92 %

1   Für die Zubereitung des Rosinen-Suds Cola und Rosinen in einen Topf geben und zusammen aufkochen. Vom Herd nehmen, den Topf mit Frischhaltefolie abdecken und das Ganze 30 Minuten ziehen lassen.

2   Durch ein feinmaschiges Sieb geben und dabei so viel Flüssigkeit wie möglich aus den Rosinen herausdrücken. Insgesamt sollte man 500 g Rosinen-Sud erhalten.

3   Den Sud in einem Eiswasserbad abkühlen lassen.

4   Das Rosinen-Gelee so zubereiten, wie für den Schokoladen-Mantel auf S. 226 beschrieben. Der Zucker wird in einem Topf mit dem Rosinen-Sud vermischt.

5   Das fertige Gelee in 10 x 15 cm große Rechtecke schneiden.

6   Die Gelee-Portionen abgedeckt auf dem Blech aufbewahren, auf dem sie zubereitet wurden. 3 Tage haltbar.

ERDNUSS-KROKANT

ERGIBT 801 G

ZUTATEN	MENGE	ANTEIL IN %
Geröstete und gesalzene Erdnüsse	290 g	36,2 %
Zucker	237 g	29,59 %
Maissirup	257 g	32,08 %
Natron	17 g	2,12 %

1   Erdnüsse, Zucker und Maissirup zusammen in einen Topf mit 4 l Fassungsvermögen geben.

2   Unter Rühren mäßig erhitzen, bis der Zucker beginnt zu karamellisieren. Vom Herd nehmen und das Natron unterrühren.

3   Die Masse auf eine leicht gefettete Marmorarbeitsfläche oder auf ein mit einer Silikonmatte ausgelegtes Blech gießen.

4   Abkühlen lassen und dann in mundgerechte Stücke brechen.

5   Bis zum Anrichten bei 45 °C im Dörrgerät aufbewahren. Dieser Krokant ist sehr feuchtigkeitsempfindlich und wird schon bei geringer Luftfeuchtigkeit unangenehm klebrig. Zusammen mit lebensmittelechtem Silikagel in einem luftdicht verschlossenen Behälter ist er an einem kühlen, trockenen Ort mehrere Monate haltbar.

4 BÜFETT-DESSERTS

Das Wort Büfett kann unter Umständen negative Assoziationen hervorrufen, zum Beispiel, wenn man bei dem Wort „Büfett" zuerst an Restaurants mit „All you can eat"-Angebot denkt. Leider gibt es keinen anderen Ausdruck für diese Art des Servierens von Desserts. Was bedeutet es nun, die Desserts auf einem Büfett zu präsentieren? Es bedeutet ganz einfach, dass die Speisen so präsentiert werden, dass die Kunden sich selbst bedienen können.

Dabei sind die Desserts häufig schon komplett angerichtet und können gleich verzehrt werden. Bei einigen Büfetts gibt es aber auch besondere Stationen, an denen ein Koch ein fast fertiges Produkt noch vervollständigt, eine Komponente der Speise fertig gart, eine Portion abschneidet oder sogar ein Gericht komplett vor den Augen des Kunden gart. Ein klassisches Beispiel hierfür ist die sogenannte Omelett-Station. Man sollte nicht vergessen, dass Büfetts vor allem in Hotels, auf Kreuzfahrtschiffen und bei größeren Banketten eine Option sind und in Restaurants die Speisen seltener auf diese Art und Weise serviert werden.

Bei Büfetts kann man einiges falsch, aber auch vieles richtig machen. Sehr wichtig ist, dass sie schon optisch positiv beeindrucken. Hier ein paar weitere Punkte, die man unbedingt beachten sollte:

- Es gibt keine Speisekarte. Die Kunden suchen sich ihre Speisen danach aus, was sie sehen. Natürlich sollte trotzdem jeweils ein kleines Schildchen bei den verschiedenen Speisen kurz Auskunft darüber geben, um was es sich handelt. Aus optischen Gründen sind Variationen in Farbe und Form der verschiedenen Desserts ebenso wichtig, wie der Platz und die Art und Weise, auf die die Speisen auf dem Büfett-Tisch präsentiert werden. Wie genau werden die Desserts auf den Tisch gestellt? Stehen braune Speisen neben braunen, oder sollen sich die Farben abwechseln? In einigen Fällen macht es Sinn, eine gewisse Bewegung auf das Büfett zu bringen, d.h. einige Tabletts höher zu stellen, als andere. Richtet man diese Tabletts dann in andere Richtungen aus, kommt eine gewisse Bewegung in den Gesamteindruck. Auf der anderen Seite können auch perfekt gerade und parallel nebeneinander präsentierte Tabletts toll aussehen. Die Präsentation hängt also auch ganz davon ab, was einem persönlich vorschwebt. (Ich bevorzuge z.B. Symmetrie – klare und gerade Linien.) Zur Dekoration können verschiedene Elemente verwendet werden: Besondere Beleuchtung, Bänder, Blüten, Kräuter und schönes Servierbesteck können sehr dazu beitragen, dass die Desserts auf einem Büfett besonders toll aussehen.

- In den meisten Fällen werden die Desserts auf einem Büfett nicht à la minute fertiggestellt. In der Regel sind die Speisen komplett zubereitet und angerichtet, sodass die Kunden sie einfach mitnehmen können. Denken Sie daran, dass die Desserts auf einem Büfett bei Raumtemperatur präsentiert werden und daher nicht länger als 4 Stunden dort stehen dürfen, da die Lebensmittel sonst verderben könnten, was zu gesundheitlichen Problemen bei den Gästen führen könnte. Und das darf auf keinen Fall geschehen. Dafür können Büfett-Desserts Komponenten bekommen, die für in der Kühltheke präsentierte Desserts nicht geeignet sind, da sie in der feuchten, gekühlten Umgebung weich werden würden: Hippen, gezogener Zucker, feine Waffeln.

- Und wo wir gerade bei der Umgebung sind: Wenn das Büfett an der frischen Luft steht, sollten Sie in Erwägung ziehen, die Desserts abzudecken, um sie vor Schädlingen (vor allem fliegenden Insekten und Ameisen) zu schützen.

■ Die größte Herausforderung für Büfett-Desserts ist, dass sie bei Raumtemperatur mindestens 4 Stunden bei gleichbleibender Qualität haltbar sein sollten. Bei den meisten Desserts ist das kein Problem (vorausgesetzt, das Büfett befindet sich in einem richtig klimatisierten Raum). Tatsächlich schmecken die meisten Desserts bei Raumtemperatur besser, als direkt aus dem Kühlschrank, da sich die Aromen der einzelnen Komponenten besser entfalten können.

■ Ein weiterer Aspekt, der in Betracht gezogen werden muss, ist die Wahl des Tellers bzw. Behältnisses, auf/in dem die einzelnen Portionen präsentiert werden. Die Optionen bezüglich des Materials sind zahlreich. Häufig werden sogar Pappteller verwendet, die es in einer Vielzahl von Größen und Formen gibt. Es gibt auch andere wiederverwendbare Materialien als Alternative zu Pappe, von denen einige sogar wiederverwertbar oder biologisch abbaubar sind, z.B. Plastik, Glas, Bambus, Edelstahl, Aluminium und Holz. Da Büfett-Desserts meistens in dem Raum verzehrt werden, in dem sie auch serviert werden, macht es Sinn, Teller zu verwenden, die gespült und wiederverwendet werden können. Allerdings sollten Sie sich darauf einstellen, dass sich das Geschirr in solchen Fällen reduziert – Teller zerbrechen oder werden versehentlich mit entsorgt.

■ Die Desserts sollten nicht nur mit kleinen Schildchen ausgezeichnet sein, es sollte auch einer Ihrer Mitarbeiter (oder Sie selbst) beim Büfett sein, um gegebenenfalls Fragen der Gäste beantworten zu können und auch einfach nur, um Präsenz zu zeigen. Denn sonst sieht das Büfett einfach aus wie ein verlassener Tisch mit Essen. Dieselbe Person kann sich auch um das Aufstocken der Desserts kümmern und darauf achten, dass alles schön aussieht. Häufig nehmen sich die Kunden nämlich erst mal ein Dessert, um es dann gleich wieder zurück- bzw. irgendwo anders hinzustellen. Das ist ganz ähnlich wie im Einzelhandel, wo dieses Verhalten die Verkäufer ja auch oft zur Verzweiflung bringt. Aber es gibt nichts, was man dagegen tun könnte. Es bleibt einem nichts anderes übrig, als sich selbst darum zu kümmern, die Speisen wieder an den richtigen Ort zu stellen. Wenn an einer Station des Büfetts ein Dessert fertiggestellt oder portioniert werden soll, dann kann die Person, die für diese Station verantwortlich ist, auch damit beauftragt werden, die Tabletts aufzustocken und das Büfett schön ordentlich und appetitlich zu halten.

■ Auch auf die passende Portionsgröße sollte geachtet werden. Büfett-Desserts bestehen in der Regel aus einem Stück, d.h., die einzelnen Komponenten sind zu einer Einheit zusammengefasst und werden nicht wie im Fall von Desserts, die an den Tisch gebracht werden, erst im letzten Moment zusammen angerichtet. Denken Sie daran, dass Büfett-Desserts „benutzerfreundlich" sein sollten: Die Gäste sollten in der Lage sein, sich ihre Portion ohne Probleme vom Büfett zu nehmen und zu ihrem Platz tragen zu können. Außerdem sollten die einzelnen Bissen sich ohne große Kraftaufwendung mit der Gabel oder einem Löffel abteilen lassen, ohne dass man eine Sauerei macht. Das Dessert soll Genuss bereiten und keine Arbeit machen. Das heißt aber noch lange nicht, dass das Dessert eine durchgehend weiche Konsistenz haben muss. Es sollte dem Druck einer Gabel oder eines Löffels aber leicht nachgeben – und das geht auch mit festeren Komponenten. Die empfohlene Portionsgröße liegt zwischen 120 g und 180 g.

■ Büfett-Desserts sollten auf die eine oder andere Art abgedeckt werden bzw. einen Überzug bekommen, da sich auf ihrer Oberfläche sonst meistens entweder eine Haut entwickelt oder sie austrocknet. Glasuren oder Samtspray sind besonders zu empfehlen. Vor allem Letzteres, da es auch zur Textur des Desserts beiträgt. Auch in einem Glas, Kästchen oder anderen schönen Behältern halten sich die Desserts länger frisch. Eine solche Präsentation trägt auch zur optischen Abwechslung bei. Allerdings können nicht alle Desserts verpackt präsentiert werden. Desserts, die am Ende des Services noch auf dem Büfett übrig sind, müssen entsorgt werden. Sie dürfen auf keinen Fall nochmals serviert werden.

KNUSPERFLOCKEN UND MILCHSCHOKOLADE | ARMER RITTER

ERGIBT 10 Portionen

WARUM DIESE AROMEN GUT ZUSAMMENPASSEN

Die knusprige Grundlage dieser Schokoladenriegel ist Feuilletine. Dabei handelt es sich im Grunde genommen um in kleine Stückchen gebrochene, dünne und knusprige Waffeln. Sie werden hier nicht unbedingt wegen des Geschmacks eingesetzt, sondern vor allem wegen der Textur. Zusammengehalten werden sie von mit Zimt gewürzter Milchschokolade und bleiben daher auch lange knusprig. Für die Armer-Ritter-Komponente wird Brioche verwendet – ebenfalls eine texturgebende Komponente. Die Brioche wird nicht wie bei der klassischen Zubereitung von Armen Rittern in einer Eier-Milchmischung gewendet, sondern in einer Mascarpone-Creme eingeweicht, die mit Ahornzucker aromatisiert wurde. Dank der Milchschokolade können diese Aromen gut zur Geltung kommen – Zartbitterschokolade würde die wichtigen Geschmacksnoten dieses Desserts überwältigen.

KOMPONENTEN

Knusperflocken-Milchschokoladenriegel (S. 301)
Armer Ritter in Ahorn-Mascarpone-Creme (S. 300)
Samtspray von karamellisierter Milchschokolade (S. 255)
Goldene Ahornsirup-Tropfen (S. 301)

ANRICHTEN

1   Die Knusperflocken-Milchschokoladenriegel aus der Form auf ein mit einer Silikonmatte ausgelegtes Backblech geben. 30 Minuten in den Gefrierschrank stellen, um sie zu stabilisieren.

2   Inzwischen das Samtspray von karamellisierter Schokolade schmelzen und die Arbeitsfläche und Wände dort, wo gesprüht werden soll, mit Plastikfolie abdecken.

3   Das Samtspray in den entsprechenden Airbrush-Behälter füllen und die gefrorenen Riegel aus mindestens 60 cm Entfernung rundherum einsprühen.

4   Die fertigen Riegel auf dem Geschirr anrichten, auf dem sie auf dem Büfett präsentiert werden sollen.

5   Mit einer kleinen Tropfflasche jeweils einen einzelnen Tropfen des goldenen Ahornsirups auf die vordere linke Ecke jeder Portion tropfen. Auf dem Büfett präsentieren.

MEYER-ZITRONEN-CREME | BLAUBEER-KOMPOTT | SCHOKOLADENSTREUSEL | LAVENDEL

ERGIBT	10 Portionen

WARUM DIESE AROMEN GUT ZUSAMMENPASSEN

Meyer-Zitronen und Blaubeeren sind eine klassische Kombination. Sie passen gut zusammen, weil die Zitrusnoten und die Säure der Zitronen das Aroma der Blaubeeren unterstreichen. Ganz ähnlich, wie bei der Kombination von Zitronen und Buckelbeeren. Die Schokolade trägt eine dritte unmittelbare Geschmacksdimension bei, aber auch eine besondere Textur. Der Micro-Basilikum ist süß und wird daher häufig als Dekoration für Desserts verwendet. Sein leicht an Gras erinnernder Geschmack bleibt im Hintergrund und dient vor allem dazu, die unmittelbaren Aromen zu verstärken.

KOMPONENTEN

Meyer-Zitronen-Creme (S. 302)
Blaubeer-Kompott (S. 301)
Grünes Samtspray (S. 302)
Schokoladenstreusel (S. 302)
Micro-Basilikum
Frischer Lavendel

ANRICHTEN

1 Die gewünschte Polycarbonat-Form (die hier verwendeten sehen aus wie kleine Hügel) mit einer sehr feinen Schicht Sprühfett einsprühen. Auf einem Blech bereitstellen.

2 Die vorbereiteten Formen zu drei Vierteln mit der Meyer-Zitronen-Creme füllen. Eine Kapsel Blaubeer-Kompott in jede Portion stecken. Die Oberfläche der Creme mit einer kleinen Winkelpalette glatt streichen. Einfrieren.

3 Um die gefrorenen Cremes aus den Formen zu lösen, taucht man die Formen kurz bis unter den Rand in warmes Wasser und stürzt die Creme dann vorsichtig auf ein mit einer Silikonmatte ausgelegtes Backblech. Wenn sich die Portionen nicht gleich lösen, war das Wasser evtl. zu kühl oder sie hätten ein klein wenig länger in das Wasser gehalten werden müssen. Die aus den Formen gelösten Creme-Portionen zurück in den Gefrierschrank stellen, damit sie wieder ganz fest werden.

4 Die Arbeitsfläche und Wände dort, wo gesprüht werden soll, mit Plastikfolie abdecken.

5 Das grüne Samtspray in den entsprechenden Airbrush-Behälter füllen und die gefrorenen Creme-Portionen aus mindestens 60 cm Entfernung rundherum einsprühen.

6 Die einzelnen Portionen in die entsprechenden Kästchen setzen, in denen sie auch serviert werden sollen.

7 Jeweils 60 g der Schokoladenstreusel um die Creme-Portionen in den Kästchen verteilen.

8   Auf jede Creme-Portion und auch auf die Schokoladenstreusel in jedem Kästchen ein Blättchen Micro-Basilikum legen.

9   Mithilfe des Volcano Vaporizers den Inhalt des Kästchens mit Lavendel aromatisieren. Insgesamt werden 30 g Lavendel benötigt.

10   Im Kühlschrank aufbewahren, bis die Desserts auf dem Büfett präsentiert werden können.

ZARTBITTERSCHOKOLADEN-MOUSSE 64% | CRÈME FRAÎCHE | LUXARDO-AMARENA-KIRSCHEN | DUNKLER SCHOKOLADENKUCHEN

ERGIBT

10 Portionen

WARUM DIESE AROMEN GUT ZUSAMMENPASSEN

Die Inspiration für dieses Dessert war die klassische Schwarzwälder Kirschtorte und deren Kombination von Schokolade, Kirschen und Sahne. Kirschen und Schokolade passen gut zusammen, die intensiven Kirscharomen werden von der dunklen Schokolade unterstrichen. Die Aromen der Crème fraîche als sahnige Komponente bleiben im Hintergrund und runden das Geschmackserlebnis ab.

KOMPONENTEN

Dunkler Schokoladenkuchen mit Luxardo-Amarena-Kirschen und Crème fraîche (S. 303)
Zartbitterschokoladen-Mousse (S. 304)
Glänzende Schokoladenglasur (S. 304)
Goldenes Schokoladenplättchen (S. 305)

ANRICHTEN

1 Ein Blech mit einer Silikonmatte auslegen und 10 jeweils 2,5 cm tiefe, quadratische Formen mit 9,5 cm Seitenlänge darauf stellen. Die Formen jeweils mit einem Streifen Acetatfolie auslegen.

2 Aus dem dunklen Schokoladenkuchen mit einer 7,5 cm großen, quadratischen Ausstechform 10 Quadrate ausstechen und einfrieren.

3 Die vorbereiteten Formen zu einem Drittel mit der Schokoladenmousse füllen.

4 Die gefrorenen Kuchenstücke mit der Crème-fraîche-Seite nach unten in die Formen legen und vorsichtig in die Mousse drücken. Die Mousse sollte dabei an den Seiten des Kuchens nach oben gedrückt werden. Gegebenenfalls muss etwas mehr Mousse an die Seiten gespritzt werden. Die Oberfläche der Mousse mit der Winkelpalette glätten. Die gefüllten Formen einfrieren.

5 Sobald die Mousse-Portionen vollständig gefroren sind, können die Formen und Acetatstreifen entfernt werden. Die Portionen mit 7,5 cm Abstand auf ein Kuchengitter stellen und erneut einfrieren.

6 Inzwischen die Schokoladenglasur in einer Schüssel über einem heißen Wasserbad auf 40 °C erhitzen.

7 Das Kuchengitter mit den Schokoladenmousse-Quadraten aus dem Gefrierschrank nehmen und auf ein Blech stellen. Die Schokoladenglasur über die Mousse-Portionen gießen, um sie gleichmäßig zu überziehen. Überschüssige Glasur tropft an den Seiten ab. Um zu verhindern, dass sich Füße am Boden bilden, schiebt man die überzogenen Mousse-Portionen auf dem Kuchengitter vorsichtig ein Stück nach vorne, bevor die Glasur fest wird.

8 Die überzogenen Mousse-Portionen auf die Grundlage setzen, auf der sie präsentiert werden sollen.

9 Abschließend mit jeweils einem goldenen Schokoladenplättchen garnieren. Im Kühlschrank aufbewahren, bis die Desserts auf dem Büfett präsentiert werden können.

ERDNUSSBUTTER-MASCARPONE-CREME | ERDNUSS-KROKANT | TRAUBEN-GELEE

ERGIBT	10 Portionen

WARUM DIESE AROMEN GUT ZUSAMMENPASSEN

Erdnussbutter schmeckt nach gerösteten Erdnüssen und hat eine weiche, dennoch etwas zähe Textur, die sich schwer nachahmen lässt. Traubengelee wird meistens aus Trauben der Sorte Concord hergestellt, in diesem Fall werden aber Trauben der Sorte Reliance verwendet – sie haben eine hellere Farbe und einen intensiveren Traubengeschmack. Erdnuss-Knusperschicht und Erdnuss-Krokant sorgen dafür, dass dieses Dessert nicht bloß weich ist, sondern auch knusprige Komponenten hat.

KOMPONENTEN

Erdnussbutter-Mascarpone-Creme (S. 306)
Erdnuss-Knusperschicht (S. 306)
Erdnussbutter-Samtspray (S. 306)
Reliance-Trauben-Gelee (S. 305)
Erdnuss-Krokant (S. 259)

ANRICHTEN

1 Zehn je 5 cm tiefe, 2,5 x 6 cm große, rechteckige Formen auf ein mit einer Silikonmatte ausgelegtes Blech stellen und mit Acetatfolie auslegen.

2 Die Formen 1,25 cm hoch mit Erdnussbutter-Mascarpone-Creme füllen. 20 Minuten in den Kühlschrank stellen. Dann je ein rechteckiges Stück der Erdnuss-Knusperschicht in die Mitte der Formen auf die Creme legen und hineindrücken (aber nicht bis ganz auf den Boden). Die Oberfläche der Creme mit der Winkelpalette glatt streichen. Im Gefrierschrank fest werden lassen.

3 Inzwischen das Erdnussbutter-Samtspray vorbereiten und warm halten. Die Arbeitsfläche und Wände dort, wo gesprüht werden soll, mit Plastikfolie abdecken.

4 Die gefrorenen Erdnussbutter-Mascarpone-Creme-Portionen aus den Formen lösen und auf ein mit einer Silikonmatte ausgelegtes Blech stellen. Im Gefrierschrank erneut hart werden lassen. Das Samtspray in den entsprechenden Behälter der Airbrush-Pistole füllen und die gefrorenen Dessert-Portionen aus mindestens 60 cm Entfernung rundherum einsprühen.

5 Die Portionen auf die Unterlagen geben, auf denen sie präsentiert werden sollen, und auftauen lassen. Inzwischen die gefrorenen Traubengelee-Portionen auf den Desserts arrangieren und ebenfalls auftauen lassen. Wenn beide Komponenten aufgetaut sind, sollte das Dessert im Kühlschrank aufbewahrt werden, bis es auf dem Büfett präsentiert werden kann.

6 Kurz bevor die Desserts auf das Büfett gestellt werden, jede Portion mit einem kleinen Stück Erdnuss-Krokant dekorieren.

„POT DE CRÈME" – SAHNETÖPFCHEN MIT WEISSER MISOPASTE | GRÜNTEE-STREUSEL | KUMQUAT-KONFITÜRE / KUMQUAT-GELEE

ERGIBT	10 Portionen

WARUM DIESE AROMEN GUT ZUSAMMENPASSEN

Es heißt, dass die Aromen von Zutaten aus einer bestimmten Region meistens gut zusammenpassen. Die Betonung liegt hier auf „meistens". In diesem Fall handelt es sich um typisch asiatische Zutaten, die wirklich zueinander passen. Die weiße Misopaste wird vor allem von dem vollmundigen Geschmack charakterisiert, den wir „umami" nennen und hat außerdem eine karamellähnliche Note. So rundet sie alle anderen Aromen dieses Desserts ab. Der grüne Tee hat einen sehr zurückhaltenden Geschmack, der leicht an Gras und Kräuter erinnert. Die Kumquat hingegen hat ein sehr unmittelbares Aroma von Zitrusfrüchten, verleiht dem Dessert aber gleichzeitig eine gewisse Süße.

KOMPONENTEN

Kumquat-Konfitüre (S. 307)
„Pot de Crème" mit weißer Misopaste (S. 307)
Grüntee-Streusel (S. 308)
Kumquat-Gelee-Ring (S. 308)
Blattsilber

ANRICHTEN

1. Jeweils 30 g der Kumquat-Konfitüre in die Tassen oder Schüsseln geben, in denen das Dessert auf dem Büfett präsentiert werden soll.

2. Die „Pot de Crème"-Masse zubereiten und jeweils 75 g davon über die Konfitüre gießen. Im Kühlschrank fest werden lassen. Es kann sein, dass sich an der Oberfläche eine Haut bildet, daher sollten so bald wie möglich die Grüntee-Streusel darauf verteilt werden.

3. Je 15 g der Grüntee-Streusel auf die Oberfläche der „Pot de Crème"-Masse geben und gleichmäßig verteilen.

4. Jeweils einen Ring Kumquat-Gelee auf die Streusel legen.

5. Das Kumquat-Gelee mit jeweils einem kleinen Stückchen Blattsilber garnieren. Im Kühlschrank aufbewahren oder auf das Büfett stellen.

HINWEIS

Für die 10 Portionen wird insgesamt etwa ein halbes Blättchen Blattsilber benötigt.

CREMA CATALANA „REINE-DES-PRÉS"

<table>
<tr><td>ERGIBT</td><td>10 Portionen</td></tr>
</table>

WARUM DIESE AROMEN GUT ZUSAMMENPASSEN

„Reine des Prés" ist in Deutschland unter dem Namen „Echtes Mädesüß" bekannt. Die Pflanze aus der Familie der Rosengewächse kann zum Aromatisieren von Desserts verwendet werden und hat einen blumigen Geschmack. (Da es sich um eine Blume handelt, mag diese Charakterisierung überflüssig erscheinen, der Geschmack lässt sich aber nicht besser beschreiben). Bei der klassischen Crema Catalana handelt es sich um eine gestockte Eiercremespeise, aromatisiert mit Zimt, Zitrone und Orange. Diese Gewürze werden für diese Version durch Echtes Mädesüß ersetzt.

KOMPONENTEN

Turbinado-Zucker
Crema Catalana „Reine-des-Prés" (S. 309)

ANRICHTEN

1   Je eine gleichmäßige Schicht Turbinado-Zucker auf den Crema Catalana-Portionen verteilen.

2   Karamellisiert werden sollte der Zucker mit einem heißen Eisen direkt vor den Augen der Kunden am Büfett. Der karamellisierte Zucker nimmt mit der Zeit Feuchtigkeit aus der Creme auf und verliert daher seine knusprige Konsistenz – aus diesem Grund sollte dieses Dessert nicht zu weit im Voraus karamellisiert werden.

ROTE-GUAVEN-CREME | VANILLEKÜCHLEIN | PUFFREIS IN WEISSER SCHOKOLADE

ERGIBT	10 Portionen

WARUM DIESE AROMEN GUT ZUSAMMENPASSEN	Der Geschmack dieses Desserts wird vom intensiven und deutlichen Aroma der roten Guaven bestimmt. Vanille und Schokolade runden diesen Geschmack ab und der Puffreis sorgt für Abwechslung in der Konsistenz.

KOMPONENTEN	Vanilleküchlein-Scheiben (S. 310) Rote-Guaven-Creme (S. 309) Rotes Samtspray (S. 248)

ANRICHTEN

1   Zehn der Vanilleküchlein-Scheiben bereitstellen.

2   Zwanzig kissenförmige Silikonformen leicht mit Sprühfett einsprühen und auf einem Blech bereitstellen. Insgesamt werden 2 Formen pro Portion benötigt, denn die Kissen werden aus zwei Hälften zusammengesetzt.

3   Die Formen zu je zwei Dritteln mit der Guaven-Creme füllen. Auf die Hälfte der gefüllten Formen je eine Scheibe des Vanilleküchleins legen und leicht andrücken, sodass die Creme an den Seiten des Küchleins hochsteigt. Jeweils eine der gefüllten Formen mit und eine ohne Küchlein zusammensetzen. Durch die hervorstehende Creme werden sie zusammengehalten.

4   Die gefüllten und zusammengesetzten Formen in den Gefrierschrank stellen, damit die Creme darin fest wird. Außerdem ein mit einer Silikonmatte ausgelegtes Blech in den Gefrierschrank stellen.

5   Die Creme-Kissen aus den Formen lösen, wenn sie vollständig gefroren sind. Dafür können die Formen zunächst kurz in lauwarmes Wasser getaucht werden. Wenn sich die Portionen nicht gut lösen lassen, kann das daran liegen, dass sie noch nicht ganz fest gefroren sind.

6   Die Creme-Kissen, sobald sie aus den Formen gelöst sind, auf das gefrorene Blech mit der Silikonmatte legen. Erneut in den Gefrierschrank stellen.

7   Arbeitsfläche und Wände dort, wo gesprüht werden soll, mit Plastikfolie abdecken.

8   Das rote Samtspray in den entsprechenden Airbrush-Behälter füllen und die gefrorenen Creme-Kissen aus mindestens 60 cm Entfernung rundherum einsprühen, um den samtigen Oberflächen-Effekt zu erzielen.

9   Die Kissen auf die Teller bzw. Unterlagen platzieren, auf denen sie präsentiert werden sollen. Im Kühlschrank auftauen lassen. Sie können bis zu 36 Stunden im Kühlschrank aufbewahrt werden.

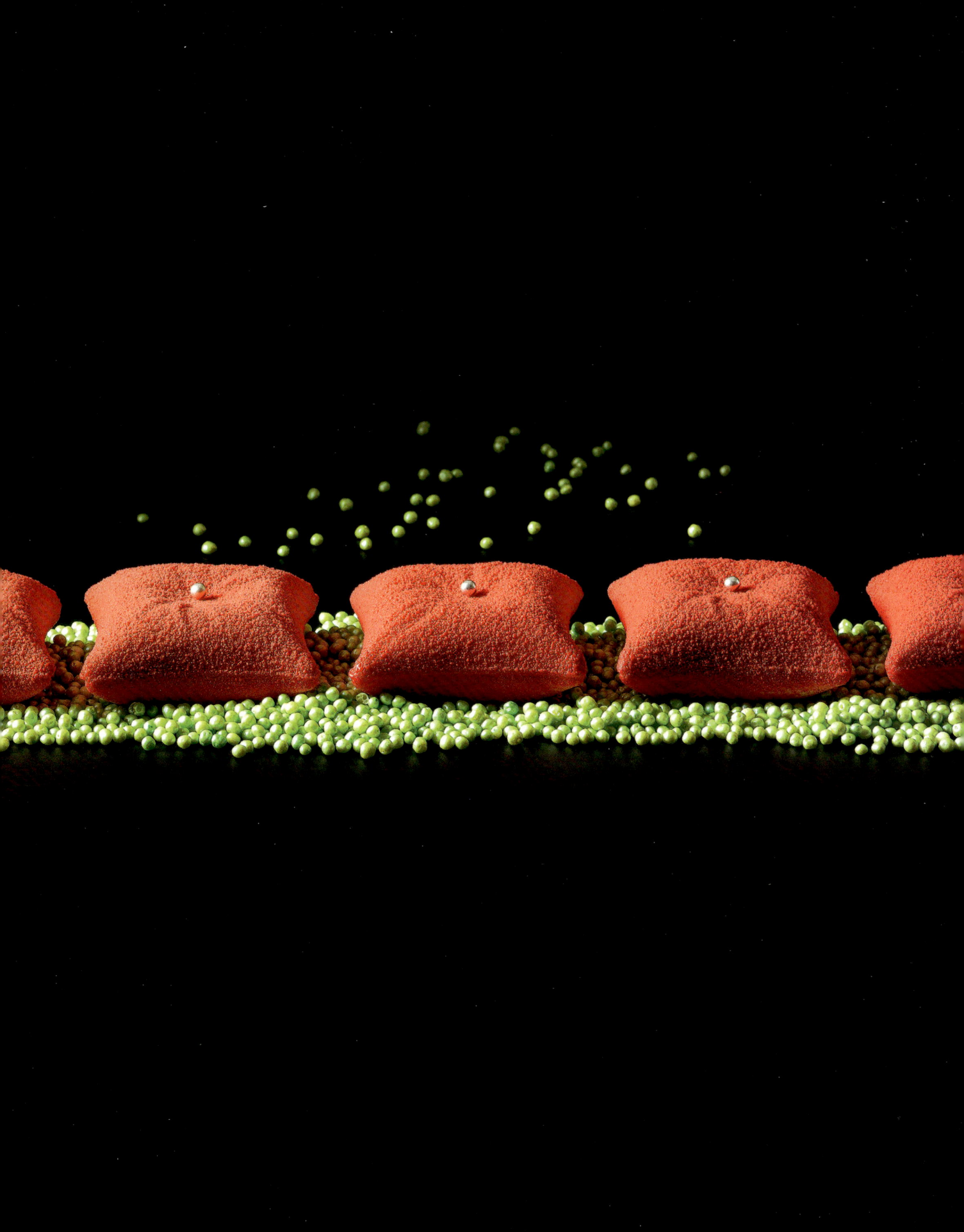

MASCARPONE MIT VANILLE | ERDBEER-KOMPOTT | CRÈME-FRAÎCHE-KUCHEN

ERGIBT	10 Portionen

WARUM DIESE AROMEN GUT ZUSAMMENPASSEN

Vanille passt gut zu fast allen Zutaten, da ihr Aroma im Hintergrund bleibt und andere Aromen dafür verstärkt. Erdbeeren und Sahne – beziehungsweise Mascarpone, wie in diesem Fall – sind eine klassische Geschmackskombination, denn der frische Geschmack von den Erdbeeren wird durch die cremigen Eigenschaften des Milchproduktes noch betont. Der Crème-fraîche-Kuchen dient vor allem dazu, eine weitere Dimension in Bezug auf die Konsistenz beizutragen.

KOMPONENTEN

Schwarz-weiß-gestreifter Schokoladen-Mantel (S. 312)
Vanille-Mascarpone-Creme (S. 313)
Erdbeer-Kompott (S. 312)
Crème-fraîche-Kuchen (S. 311)
Rote Schokoladen-Plättchen (S. 313)

ANRICHTEN

1 Die röhrenförmigen, schwarz-weiß-gestreiften Schokoladen-Mäntel zur Hälfte mit Vanille-Mascarpone-Creme füllen.

2 Je ein Stück des gefrorenen Erdbeer-Kompotts hineinstecken, gefolgt von einem rechteckigen Stück des Crème-fraîche-Kuchens. Dadurch sollte die Creme so weit nach oben gedrückt werden, dass sie die Schokoladen-Mäntel vollständig ausfüllt. Wenn nicht, einfach noch ein wenig mehr Creme hineinspritzen.

3 Die gefüllten Schokoladen-Mäntel aufrecht in den Kühlschrank stellen, damit die Creme fest werden kann.

4 Wenn die Creme fest geworden ist, auf beiden Seiten der Schokoladen-Mäntel jeweils ein rotes Schokoladen-Plättchen anbringen.

5 Im Kühlschrank aufbewahren, bis die Desserts auf das Büfett gestellt werden können.

KARAMELL-MOUSSE | ZIMTSTREUSEL | SCHOKOLADENGLASUR | REISMILCH-SCHLEIER

ERGIBT   10 Portionen

WARUM DIESE AROMEN GUT ZUSAMMENPASSEN

Die Aromen von Zimt und Schokolade stehen bei diesem Dessert im Vordergrund, unterstützt von Karamell und Reismilch im Hintergrund. Das unverkennbare Zimt-Aroma wird häufig zusammen mit Schokolade verwendet, da Schokolade dem Zimt standhält und sogar davon profitiert. Die Kombination von Reismilch und Zimt ist auch nichts Ungewöhnliches und bekannt zum Beispiel aus dem Reismilch-Getränk Horchata. Karamell und Schokolade werden häufig kombiniert, vor allem Karamell und Zart-bitterschokolade, da die typischen, an Milchprodukte erinnernden Noten des Karamells die leicht bitteren Noten der Schokolade etwas abmildern.

KOMPONENTEN

Schokoladen-Grundmasse (S. 314)
Zimtstreusel (S. 314)
Karamell-Mousse (S. 315)
Glänzende Schokoladenglasur (S. 304)
Reismilch-Schleier (S. 315)

ANRICHTEN

1   Zehn Dessertringe mit 5 cm Durchmesser auf ein mit einer Silikonmatte ausgelegtes Blech stellen.

2   Je 20 g der Schokoladen-Grundmasse in jeden Ring füllen und je 30 g der Zimtstreusel darauf verteilen, bevor sie fest wird. Die Dessertringe können entfernt werden, sobald die Masse fest geworden ist. In den Kühlschrank stellen.

3   Eine flexible Silikonform für 10 je 5 cm tiefe Halbkugeln mit 7,5 cm Durchmesser auf einem Blech bereitstellen. Etwa 60 g der Karamell-Mousse in jede der Vertiefungen füllen, sodass sie jeweils bis etwa zur Hälfte gefüllt sind. Jeweils einen der Schokoladen-Ringe mit den Zimt-Streuseln nach unten in die Mousse setzen. Das Ganze in den Gefrierschrank stellen, bis die Mousse fest geworden ist.

4   Inzwischen die glänzende Schokoladenglasur in einer Schüssel über dem Wasserbad auf 38 °C aufwärmen.

5   Die gefrorenen Mousse-Halbkugeln aus den Formen lösen und mit ausreichend Abstand auf ein Kuchengitter setzen. Vollständig mit der Schokoladenglasur überziehen.

6   Die Mousse-Halbkugeln mit Schokoladenglasur auf ein mit einer Silikonmatte ausgelegtes Blech setzen. Im Kühlschrank aufbewahren.

7   Kurz bevor sie auf das Büfett gestellt werden können, die Mousse-Halbkugeln auf den Teller oder die Unterlage stellen, auf der sie präsentiert werden sollen.

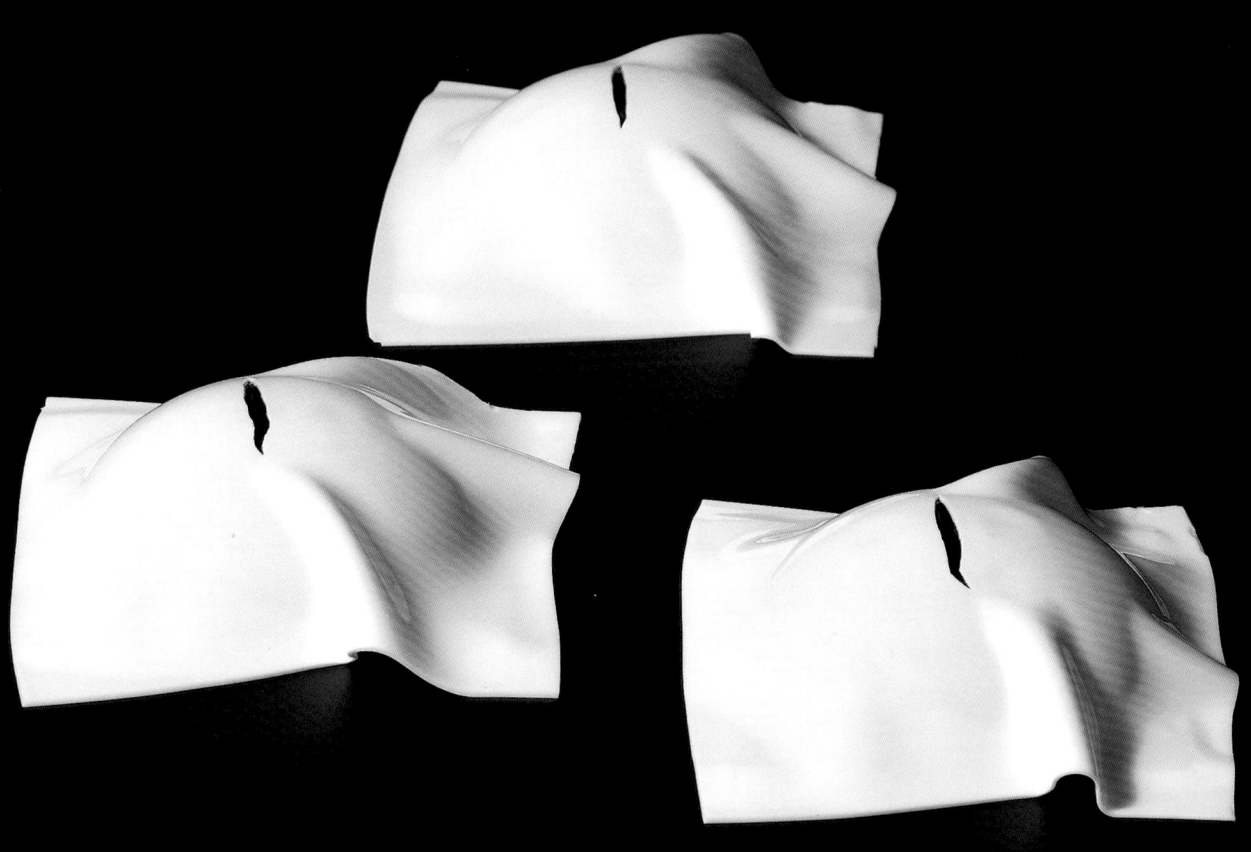

8 Jede Halbkugel mit einem Reismilch-Schleier abdecken und mit einer sehr scharfen, neuen Rasierklinge einen etwa 2,5 cm langen Schnitt in den Schleier direkt über der Mitte der Halb-kugel setzen.

9 Auf das Büfett stellen oder im Kühlschrank aufbewahren.

MOUSSE VON KARAMELLISIERTER WEISSER SCHOKOLADE | PÜREE VOM GERÖSTETEN BAGUETTE | SHORTBREAD | BLATT AUS KARAMELLISIERTER MILCHSCHOKOLADE | SÜSSE CRÈME-FRAÎCHE-NOCKE

ERGIBT	10 Portionen

WARUM DIESE AROMEN GUT ZUSAMMENPASSEN

Bei der Zubereitung der meisten Komponenten dieses Desserts kommt es zu Maillard-Reaktionen. Der für diese Reaktionen typische Geschmack zieht sich wie ein roter Faden durch dieses Dessert, die einzelnen Komponenten behalten jedoch alle einen deutlichen Eigengeschmack. Die Crème fraîche sorgt für einen leichten Hauch von Säure, aber nicht zu viel. Diese Säure hebt all die anderen Aromen dieses Desserts hervor.

KOMPONENTEN

Shortbread-Boden (S. 316)
Püree vom gerösteten Baguette (S. 317)
Mousse von karamellisierter weißer Schokolade (S. 317)
Samtspray aus karamellisierter weißer Schokolade (S. 210)
Blatt aus karamellisierter Milchschokolade (S. 318)
Crème fraîche

ANRICHTEN

1   Je ein rechteckiges Stück Shortbread-Boden auf die Teller legen, auf denen das Dessert präsentiert werden soll.

2   Ein quadratisches Stück des gefrorenen Pürees vom gerösteten Baguette auf das Shortbread legen. In den Gefrierschrank stellen.

3   Die Mousse von der karamellisierten weißen Schokolade zubereiten und je 75 g über die beiden Komponenten auf den Tellern gießen, sodass sie vollständig bedeckt sind.

4   Die Oberfläche mit einer kleinen Winkelpalette glatt streichen. Das Ganze wieder in den Gefrierschrank stellen.

5   Arbeitsfläche und Wände dort, wo gesprüht werden soll, mit Plastikfolie abdecken.

6   Das Samtspray aus der karamellisierten weißen Schokolade in den entsprechenden Airbrush-Behälter füllen und aus mindestens 60 cm Entfernung eine feine Schicht auf die Oberfläche der gefrorenen Mousse sprühen, um den samtigen Oberflächen-Effekt zu erzielen.

7   Die Crème fraîche aufschlagen und je eine 45 g große Nocke auf jede Portion setzen. Insgesamt werden also 450 g Crème fraîche für 10 Desserts benötigt.

8   Abschließend je ein Blatt aus karamellisierter Milchschokolade an die Crème-fraîche-Nocken lehnen.

9   Im Kühlschrank aufbewahren oder direkt auf dem Büfett präsentieren.

ZITRONAT-CREME | ANGEL FOOD CAKE | BALSAM-ESSIG-REDUKTION

ERGIBT	10 Portionen

WARUM DIESE AROMEN GUT ZUSAMMENPASSEN

Der Geschmack von Zitronatzitrone ist derart einzigartig und subtil, dass es nicht nötig ist, diejenigen, die das Dessert genießen, mit anderen Aromen (egal ob zurückhaltend oder unmittelbar) durcheinanderzubringen. Ein klein wenig Säure – in diesem Fall reduzierter und gesüßter Balsamessig – reicht aus, um das Aroma der Zitronatzitrone zu betonen.

KOMPONENTEN

Angel Food Cake (S. 318)
Zitronat, fein gehackt
Zitronat-Creme (S. 319)
Strahlend weiße Glasur (S. 319)
Balsamessig-Reduktion (S. 320)

ANRICHTEN

1 Zehn 2,5 cm tiefe, 5 x 10 cm große rechteckige Dessertformen auf ein mit einer Silikonmatte ausgelegtes Blech stellen und mit je einem Streifen Acetatfolie auslegen.

2 In jede der Formen ein rechteckiges Stück des Kuchens legen und jeweils 10 g des gehackten Zitronats gleichmäßig darauf verteilen.

3 Die Zitronat-Creme um und über die Kuchenstücke in den Formen spritzen, sodass sie bis an den oberen Rand gefüllt sind. Mit einer Winkelpalette glatt streichen. Einfrieren.

4 Die Glasur auf 35 °C aufwärmen. Inzwischen die gefrorenen Zitronat-Creme-Portionen aus den Formen lösen und mit ausreichend Abstand auf ein Kuchengitter stellen, das auf einem mit Frischhaltefolie ausgelegten Blech steht. Die Acetatfolie entfernen.

5 Die Glasur über die gefrorenen Creme-Portionen gießen, sodass sie vollständig überzogen sind. Damit sich am Boden der Desserts keine Füße bilden, mit einer kleinen Winkelpalette unter die einzelnen Portionen fahren und sie 5 cm auf dem Kuchengitter verschieben, bevor die Glasur fest wird.

6 Die Desserts auf die Unterlagen stellen, auf denen sie präsentiert werden sollen.

7 Eine dünne, gerade Linie der Balsamessig-Reduktion (jeweils etwa 3 g) über jede Portion träufeln. Im Kühlschrank vollständig auftauen lassen. Dann können die Desserts auf dem Büfett präsentiert werden.

DOUGLASIEN-EISCREME

ERGIBT	10 Portionen

WARUM DIESE AROMEN GUT ZUSAMMENPASSEN — In diesem Dessert werden keine Aromen miteinander kombiniert. Hier gibt es nur einen, unmittelbaren Geschmack. Mehr braucht es auch nicht.

KOMPONENTEN — Douglasien-Eiscreme-Grundmasse (S. 320)

ANRICHTEN

1 Zehn Behälter, in denen die Eiscreme serviert werden soll, in den Gefrierschrank stellen. Erst dann die Eiscreme-Grundmasse in der Eismaschine einfrieren. Die Behälter müssen eiskalt sein, damit die Eiscreme nicht auftaut, wenn sie damit in Kontakt kommt.

2 Die Eiscreme aus der Eismaschine direkt in einen Spritzbeutel füllen.

3 In die gefrorenen Behälter spritzen und einfrieren.

4 Den Boden eines großen, rechteckigen Behälters, in dem die Eisportionen auf dem Büfett präsentiert werden sollen, mit zerstoßenem Trockeneis füllen. Ein feinmaschiges Gitter als Zwischenboden darüber legen und die Eisportionen daraufstellen. Das Trockeneis stündlich auffrischen.

ARBORIO-MILCHREIS | MARACUJA CURD

ERGIBT	10 Portionen

WARUM DIESE AROMEN GUT ZUSAMMENPASSEN

Der Milchreis ist süß und mit Vanille abgeschmeckt. Das macht ihn zum idealen Partner für eine säuerlich-herbe, tropische Komponente wie das Maracuja Curd, das einen sehr intensiven Geschmack hat. Als Ausgleich zur cremigen Konsistenz des Milchreises und dem samtig-weichen Curd trägt das Schokoladen-Plättchen noch eine fein-knackige Komponente bei (geschmacklich ist es eher neutral).

KOMPONENTEN

Arborio-Milchreis (S. 321)
Maracuja-Curd-Ring (S. 321)
Weiß-rotes Schokoladen-Plättchen (S. 322)

ANRICHTEN

1 Je 60 g des Milchreises in die Mitte der Maracuja-Curd-Ringe gießen. Die Oberfläche mit einer Winkelpalette glatt streichen.

2 Die Maracuja-Curd-Ringe aus den Dessertringen lösen und die Acetatfolie entfernen.

3 Ein Schokoladen-Plättchen auf jede Portion legen. Im Kühlschrank aufbewahren oder direkt auf dem Büfett präsentieren.

NUSSNOUGAT-CREME | BANANEN-BUTTER | KROSSE HASELNUSS-GIANDUJA

ERGIBT

10 Portionen

WARUM DIESE AROMEN GUT ZUSAMMENPASSEN

Bananen und Haselnüsse haben jeweils einen distinktiven und unmittelbaren Geschmack, sodass ihre Aromen sich nicht gegenseitig abdecken, sondern betonen. Beide Aromen sind sehr weich und reichhaltig und besonders der nussige Geschmack der Haselnüsse trägt dazu bei, dass der Eigengeschmack der Bananen noch besser zu erkennen ist – ganz ähnlich, wie das auch bei der Kombination von Erdnüssen und Bananen geschieht.

KOMPONENTEN

Nussnougat-Creme (S. 323)
Bananen-Butter-Kapsel (S. 322)
Krosse Haselnuss-Gianduja (S. 323)
Samtspray in verschiedenen Farben (S. 323)

ANRICHTEN

1   Die großen „Lego"-Formen zur Hälfte mit der Nussnougat-Creme füllen, solange diese noch flüssig ist. So geht man sicher, dass auch die kleineren Details der Formen gefüllt werden, ohne dass sich Luftbläschen bilden. Im Kühlschrank fest werden lassen.

2   Jeweils eine gefrorene Bananen-Butter-Kapsel in die halb gefüllten Formen setzen und leicht in die Nussnougat-Creme drücken. Dann alle Formen bis kurz unter den Rand mit Nussnougat-Creme auffüllen.

3   Je ein Stück der krossen Haselnuss-Gianduja auf jede der fast gefüllten Formen legen und sanft in die Nussnougat-Creme drücken. Die Creme sollte ein Stück an der Gianduja hochsteigen, sodass die Lücken gefüllt sind. Die Haselnuss-Gianduja soll später den Boden der Desserts bilden, darf also nicht überdeckt werden. Lediglich die Lücken an den Seiten sollten mit Creme aufgefüllt werden, wenn die bereits in der Form vorhandene nicht ausreicht.

4   Im Gefrierschrank fest werden lassen. Die Arbeitsfläche und Wände dort, wo gesprüht werden soll, mit Plastikfolie abdecken. Entsprechende Behälter mit den verschiedenfarbigen Samtsprays füllen und den ersten an die Airbrush-Pistole anschließen.

5   Die gefrorenen Dessert-Portionen aus den Formen lösen und rundherum mit Samtspray besprühen. Die Farbe mehrmals wechseln, die Portionen aber nur einfarbig besprühen. Die Pistole dabei mindestens 60 cm von den Desserts entfernt halten, damit der gewünschte samtige Oberflächen-Effekt erzielt wird.

6   Im Kühlschrank auftauen lassen. Dann können die Desserts auf dem Büfett präsentiert werden.

ZITRONEN-BAISER-„TARTE"

ERGIBT   10 Portionen

WARUM DIESE AROMEN
GUT ZUSAMMENPASSEN   Dieses Dessert basiert auf einem amerikanischem Klassiker, dem „Lemon Meringue Pie", sieht aber ganz anders aus. Das recht saure Lemon Curd wird durch die Baiser-Haube gezähmt, die ansonsten nicht viel zum Geschmack beiträgt (außer vielleicht ganz leichte Röstaromen von der gebräunten Oberfläche), sondern vor allem zur Konsistenz. Der Sablé Breton, eine Art Heidesandgebäck, trägt auch zur Textur des Desserts bei – die einzige festere Komponente. Das Gebäck hat zwar auch einen Eigengeschmack, der jedoch weniger intensiv ist, als der des Lemon Curds. An sich ein sehr einfaches Dessert, einzigartig ist es dank der Ausgeglichenheit der Aromen.

KOMPONENTEN   Sablé Breton (S. 324)
                   Lemon Curd (S. 325)
                   Italienische Baisermasse (S. 325)

ANRICHTEN   **1**   Zehn rechteckige Plexiglasformen bereitstellen, innen je 2,5 cm breit, 10 cm lang und 2 cm tief.

              2   Je ein rechteckiges Stück Sablé Breton auf den Boden der Formen legen.

              3   Mit der Spritztüte je 90 g Lemon Curd darauf geben und mit einer kleinen Winkelpalette gleichmäßig verteilen.

              4   Die italienische Baisermasse in eine weitere, mit einer Lochtülle Nr. 4 ausgestattete Spritztüte füllen und in regelmäßigen, nebeneinanderliegenden Spitzen auf das Curd in den Formen spritzen, sodass es vollständig bedeckt ist.

              5   Die Oberflächen der Baiser-Spitzen leicht mit dem Bunsenbrenner bräunen.

              6   Im Kühlschrank aufbewahren, bis die Desserts auf dem Büfett präsentiert werden können. 24 Stunden haltbar.

PAIN AU LEVAIN GRILLÉ | CONFITURE DE LAIT | FLEUR DE SEL

ERGIBT	etwa 40 Portionen

WARUM DIESE AROMEN GUT ZUSAMMENPASSEN

Dies ist eine der einfachsten und reinsten Formen der Geschmackskombination: Die hier zusammen-kommenden Aromen sind sehr unterschiedlich und passen doch hervorragend zusammen. Zu den säuerlichen Noten des Sauerteigbrots kommen noch die beim Rösten entstandenen Maillard-Aromen. Die süße Confiture de lait, eine Art Dulce de Leche (im Grunde genommen karamellisierte Milch), wirkt ausgleichend. Das Salz betont die verschiedenen Aromen und nimmt gleichzeitig die Süße der Confiture etwas zurück.

KOMPONENTEN

Pain au Levain grillé (S. 325)
Confiture de lait (S. 326)
Fleur de Sel

ANRICHTEN

1   Die gerösteten Brotscheiben aufrecht hinstellen.

2   Vor jede Scheibe etwa 10 g der Confiture de lait setzen. Alternativ kann sie auch direkt über das geröstete Brot geträufelt werden.

3   Auf jede Portion der Confiture eine kleine Prise Fleur de Sel streuen (insgesamt werden etwa 8 g Fleur de Sel benötigt). Auf dem Büfett präsentieren.

RELIGIEUSES AU CAFÉ

ERGIBT	10 Portionen

WARUM DIESE AROMEN GUT ZUSAMMENPASSEN

Kaffee und Schokolade passen hervorragend zusammen, da sie bittere Noten gemeinsam haben. Die beiden Rohstoffe sind sich in ihrer physischen Zusammensetzung ähnlich und in der Art und Weise, wie sie nach der Ernte verarbeitet werden (getrocknet, fermentiert, geröstet, gemahlen). Kaffee und Schokolade sind schon sehr lange ein Team, das in zahlreichen Desserts gemeinsam auftritt.

KOMPONENTEN

Crème pâtissière mit Espresso (S. 326)
10 kleine und 10 größere Windbeutel (S. 327)
10 große und 10 kleinere Schokoladenglasur-Scheiben (S. 328)
½ Blättchen Blattgold

ANRICHTEN

1   Die Crème pâtissière mit Espresso in einen Spritzbeutel füllen und damit je 50 g in die größeren und je 30 g in die kleineren Windbeutel spritzen. Im Kühlschrank aufbewahren, bis die Glasur aufgetragen werden kann.

2   Die gefrorenen Schokoladenglasur-Scheiben auf die gefüllten Windbeutel legen (große Scheiben auf größere Windbeutel, kleinere Scheiben auf kleine Windbeutel).

3   Sobald die Schokoladenglasur-Scheiben beginnen aufzutauen, die kleinen Windbeutel auf die Mitte der größeren setzen.

4   Die kleinen Windbeutel jeweils mit einem kleinen Stückchen Blattgold dekorieren.

KOKOSNUSS-LAWINE

ERGIBT	10 Portionen

WARUM DIESE AROMEN GUT ZUSAMMENPASSEN

Dieses Dessert basiert auf einem klassischen Schokoriegel mit Mandeln und Kokosnüssen. Die Mandeln in dem entsprechenden Schokoriegel werden nicht geröstet und ihre Aufgabe ist es vor allem, zur Textur beizutragen, weniger zum Geschmack. Hier sorgt Feuilletine für eine knusprige Konsistenz. Kokosnuss und Schokolade passen gut zusammen, da die Schokolade die eher zurückhaltenden Aromen der Kokosnuss unterstreicht, wenn die Zutaten im richtigen Verhältnis verwendet werden.

KOMPONENTEN

Versilberte Feuilletine
Kokosnuss-Creme (S. 329)
Kokosnuss-Biskuit (S. 328)
Kokosmilchpulver
Kupferfarbenes Schokoladen-Sternchen (S. 329)

ANRICHTEN

1   Zehn würfelförmige Kunststoffbehälter bereitstellen. In jeden Behälter 30 g der Feuilletine geben. Die Kokosnuss-Creme zubereiten und je 50 g davon in jeden Behälter gießen.

2   Auf die Kokosnuss-Creme jeweils ein quadratisches Stück des Kokosnuss-Biskuits setzen und dann mit weiteren 85 g der Kokosnuss-Creme bedecken. Die Oberfläche mit der Winkelpalette glätten.

3   Eine gleichmäßige Schicht des Kokosmilchpulvers auf jeder Portion verteilen (je 10 g).

4   Jede Portion mit einem Schokoladen-Sternchen dekorieren.

5   Im Kühlschrank aufbewahren, bis das Dessert auf dem Büfett präsentiert werden kann.

SCHOKOLADEN-UMHÜLLUNG FÜR DEN MILCHSCHOKOLADENRIEGEL

ERGIBT 700 G

ZUTATEN	MENGE	ANTEIL IN %
Milchschokolade, temperiert	700 g	100 %

1 Die Riegel-Formen zunächst mit einem Pinsel mit temperierter Schokolade ausstreichen und dann bis an den Rand damit füllen. Die inneren Maße der Formen sollten 3,75 x 9,5 cm betragen, je 2 cm tief. Kurz warten und die Formen dann umdrehen, damit die überschüssige Schokolade ablaufen kann. Weiter verfahren wie für die Zubereitung von gegossenen Pralinen auf S. 53 beschrieben.

2 Die fertigen Schokoladen-Umhüllungen in den Formen an einem kühlen, trockenen Ort aufbewahren, bis sie benötigt werden.

ARMER RITTER IN AHORN-MASCARPONE-CREME

ERGIBT 1,10 KG

ZUTATEN	MENGE	ANTEIL IN %
Mascarpone	920 g	83,64 %
Ahornzucker	170 g	15,45 %
Blattgelatine (Silber), eingeweicht in kaltem Wasser, gut ausgedrückt	10 g	0,91 %

0,75 cm dicke Scheiben von 1 Laib Brioche, Kruste entfernt	10 Stück	

1 Mascarpone, Ahornzucker und Gelatine zusammen in einen Topf geben und über einem heißen Wasserbad vorsichtig erhitzen, sodass sich Gelatine und Zucker in dem Mascarpone auflösen.

2 Inzwischen die Brioche-Scheiben nebeneinander in ein tiefes, mit Frischhaltefolie ausgelegtes Blech legen. Die Scheiben von einem in einer Kastenform gebackenen Laib Brioche ergeben etwa 10 cm große Quadrate, für dieses Dessert müssen die Scheiben gegebenenfalls also zurechtgeschnitten werden, sodass die Quadrate eine Seitenlänge von 8,75 cm haben.

3 Die Hälfte der warmen Mascarpone-Creme auf die Brioche-Scheiben gießen. Im Kühlschrank ziehen lassen.

4 Die restliche Mascarpone-Creme abkühlen lassen und dann in die Schokoladen-Umhüllungen verteilen, sodass sie jeweils 5 mm hoch gefüllt sind. In den Kühlschrank stellen, bis die Creme geliert ist.

5 In jede Schokoladen-Umhüllung je 1 eingeweichte Brioche-Scheibe legen und sanft andrücken. Im Kühlschrank hält sich das Ganze bis zu 1 Woche. Im Anschluss den Knusperflocken-Milchschokoladen-Boden vorbereiten.

KNUSPERFLOCKEN-MILCHSCHOKOLADENRIEGEL

ERGIBT 407 G

ZUTATEN	MENGE	ANTEIL IN %
Milchschokolade	300 g	63,83 %
Rapsöl	60 g	12,77 %
Zimtpulver	10 g	2,13 %
Feuilletine (feine Waffelstückchen)	100 g	21,28 %

1. Ein etwa 45 x 33 cm großes, tiefes Blech mit einer Silikonmatte auslegen und einen passenden, 3 mm tiefen Rahmen hineinstellen. Schokolade und Öl zusammen in eine Schüssel geben und über einem heißen Wasserbad schmelzen.

2. Den Zimt unter die Schokoladen-Ölmischung rühren, dann die Feuilletine unterheben.

3. Das Ganze in den vorbereiteten Rahmen gießen und mit einer Winkelpalette gleichmäßig verteilen. Im Kühlschrank erstarren lassen.

4. Wenn die Schokolade fest geworden ist, kann der Rahmen entfernt und die feste Masse in quadratische Stücke à 8,75 cm geschnitten werden.

5. Die Knusperflocken-Milchschokoladen-Quadrate auf die Brioche-Scheiben in den Schokoladen-Umhüllungen legen und leicht andrücken.

6. Die Riegel aus den Formen stürzen.

7. Ein Blech mit einer Silikonmatte auslegen, die Riegel darauf verteilen und einfrieren.

8. Die gefrorenen Riegel mit dem Samtspray von karamellisierter Milchschokolade überziehen. Im Kühlschrank aufbewahren, bis die Desserts für das Büfett fertiggestellt werden können.

GOLDENE AHORNSIRUP-TROPFEN

ERGIBT 11 G

ZUTATEN	MENGE	ANTEIL IN %
goldene Lebensmittelfarbe (Pulver)	1 g	9,09 %
Ahornsirup	10 g	90,01 %

1. Die beiden Zutaten in einer kleinen Schüssel gut verrühren.

2. Im Kühlschrank aufbewahren. So ist die Mischung fast unbegrenzt haltbar.

BLAUBEER-KOMPOTT

ERGIBT 302 G

ZUTATEN	MENGE	ANTEIL IN %
Blaubeeren	175 g	57,85 %
Zucker	90 g	29,75 %
Wasser	35 g	11,57 %
Salz	2 g	0,66 %

1. Die Zutaten zusammen in einen kleinen Topf geben und aufkochen. Etwa 10 Minuten köcheln lassen, bis die Flüssigkeit um die Hälfte reduziert ist.

2. Das Kompott in 2,5 cm tiefe Halbkugel-Silikonformen mit je 2,5 cm Durchmesser füllen und darin einfrieren. Sobald das Kompott komplett gefroren ist, können diese Kapseln aus den Formen gelöst werden. Im Gefrierschrank sind sie bis zu 2 Monate haltbar.

MEYER-ZITRONEN-CREME

ERGIBT 1,28 KG

ZUTATEN	MENGE	ANTEIL IN %
Meyer-Zitronen-Saft	160 g	12,5 %
Zucker	240 g	18,75 %
Eier	160 g	12,5 %
Butter	200 g	15,63 %
Schlagsahne	500 g	39,06 %
Blattgelatine (Silber), eingeweicht in kaltem Wasser, gut ausgedrückt	15 g	1,17 %
Meyer-Zitronenzesten	5 g	0,39 %

1 Den Meyer-Zitronen-Saft in einer Schüssel mit dem Zucker und den Eiern verquirlen und über einem heißen Wasserbad auf 80 °C erhitzen. Wenn die Temperatur erreicht ist, noch 3 Minuten über dem Wasserbad aufschlagen.

2 Die Schüssel vom Wasserbad nehmen und die Butter in mehreren Stückchen unterrühren, bis sie sich vollständig in der Mischung aufgelöst hat.

3 Auf Raumtemperatur abkühlen lassen.

4 Inzwischen die Schlagsahne locker aufschlagen und bis zur Weiterverarbeitung in den Kühlschrank stellen.

5 Ein Viertel des Meyer-Zitronen-Curds zusammen mit der eingeweichten Gelatine in eine Schüssel geben und über einem heißen Wasserbad erhitzen, damit sich die Gelatine auflöst. Vom Wasserbad nehmen und das restliche Curd untermischen.

6 Ein Viertel der geschlagenen Sahne mit dem Schneebesen kräftig unter diese Mischung rühren.

7 Die Hälfte der restlichen Schlagsahne vorsichtig mit einem Kunststoffteigschaber unterheben. Wenn sie vollständig unter die Masse gemischt ist, die zweite Hälfte und die Meyer-Zitronen-Zesten unterheben.

8 Die Mischung sofort in die entsprechenden Formen füllen.

GRÜNES SAMTSPRAY

ERGIBT 450 G

ZUTATEN	MENGE	ANTEIL IN %
Weiße Schokolade	200 g	44,44 %
Kakaobutter	200 g	44,44 %
grüne Lebensmittelfarbe	50 g	11,11 %

1 Die Zutaten zusammen in eine Schüssel geben und über einem heißen Wasserbad schmelzen.

2 Vor der Verwendung gut vermischen. In einem luftdicht verschlossenen Behälter ist das Samtspray bei Raumtemperatur bis zu 1 Jahr haltbar.

SCHOKOLADENSTREUSEL

ERGIBT 760 G

ZUTATEN	MENGE	ANTEIL IN %
Zucker	200 g	26,32 %
Mandelmehl	200 g	26,32 %
Weizenmehl (Type 405)	120 g	15,79 %
Kakaopulver	88 g	11,58 %
Butter, zerlassen und abgekühlt	140 g	18,42 %
Salz	12 g	1,58 %

1 Die Streusel zubereiten wie bereits für die Schokoladenstreusel auf S. 432 beschrieben.

DUNKLER SCHOKOLADENKUCHEN MIT LUXARDO-AMARENA-KIRSCHEN UND CRÈME FRAÎCHE

ERGIBT 1,99 KG

ZUTATEN	MENGE	ANTEIL IN %
Weizenmehl (Type 405)	150 g	7,53 %
Kakaopulver	60 g	3,01 %
Salz	5 g	0,23 %
Natron	8 g	0,38 %
Backpulver	6 g	0,3 %
Zucker	300 g	15,05 %
Eier	125 g	6,27 %
Buttermilch	185 g	9,28 %
Kaffee, frisch gebrüht und abgekühlt	170 g	8,53 %
Butter, zerlassen und abgekühlt	85 g	4,26 %
Luxardo-Amarena-Kirschen	300 g	15,05 %
Crème fraîche	500 g	25,09 %
Zucker	100 g	5,02 %
Zartbitterschokolade, geschmolzen	150 g	

1 Den Konvektomaten auf 160 °C vorheizen.

2 Eine 45 x 33 cm große Backform leicht mit Sprühfett fetten und den Boden mit einer passenden Silikonmatte auslegen.

3 Mehl, Kakaopulver, Natron, Backpulver und Zucker zusammen in eine große Schüssel sieben.

4 In einer separaten Schüssel Eier, Buttermilch und Kaffee mit dem Schneebesen zu einer homogenen Masse aufschlagen.

5 Die Schüssel mit den trockenen Zutaten in die Standküchenmaschine einspannen und mit dem Rührelement langsam vermischen, während die Eier-Mischung allmählich hinzugegossen wird.

6 Sobald die flüssigen Zutaten vollständig mit den trockenen Zutaten vermischt wurden, die geschmolzene Butter untermischen.

7 Die Masse in die vorbereitete Backform gießen und die Kirschen gleichmäßig darauf verteilen. Im vorgeheizten Ofen 8 – 12 Minuten backen. Der Kuchen ist soweit, sobald die Oberfläche zurückfedert, wenn man sanft darauf drückt.

8 Den Kuchen auf Raumtemperatur abkühlen lassen und dann in den Kühlschrank stellen.

9 Inzwischen die Crème fraîche mit dem Zucker steif schlagen und dann gleichmäßig auf dem gekühlten Kuchen verteilen.

10 Den Kuchen einfrieren, damit auch die Crème-fraîche-Schicht fest wird. Den komplett gefrorenen Kuchen umdrehen, sodass der Boden nach oben zeigt, und die geschmolzene Schokolade in einer dünnen, gleichmäßigen Schicht darauf verstreichen. Die Schokolade wird auf dem gefrorenen Kuchen sofort erstarren, daher muss zügig gearbeitet werden. Den Kuchen wieder umdrehen und gekühlt bis zur Fertigstellung des Desserts aufbewahren. Er ist so bis zu 3 Tage haltbar.

ZARTBITTER-SCHOKOLADEN-MOUSSE

ERGIBT 1,6 KG

ZUTATEN	MENGE	ANTEIL IN %
Eier	325 g	20,25 %
Zucker	135 g	8,41 %
Zartbitterschokolade (64 %, Pellets)	430 g	26, 79 %
Schlagsahne	715 g	44,55 %

1 Eier und Zucker in einer Schüssel verquirlen und über einem heißen Wasserbad unter ständigem Rühren auf 60 °C erhitzen.

2 Die Schüssel vom Wasserbad nehmen und die Masse in die Schüssel der Standküchenmaschine füllen. Mit dem Schneebesen-Element bei hoher Stufe zu einer hellen, schaumigen Masse aufschlagen, bis sie auf 35 °C abgekühlt ist. Das dauert etwa 10 Minuten.

3 Inzwischen die Zartbitterschokolade in einer Schüssel über einem heißen Wasserbad oder in der Mikrowelle schmelzen. Auf 35 °C abkühlen lassen.

4 Sobald die Eiermasse und die Schokolade die richtige Temperatur haben, kann die Eiermasse durch ein feines Sieb direkt in die Schüssel mit der Schokolade gestrichen und beides mit dem Schneebesen zu einer homogenen Masse vermischt werden.

5 Die Schlagsahne in einer separaten Schüssel steif schlagen.

6 Die Hälfte der geschlagenen Sahne unter die Schokoladenmasse heben. Wenn sie vollständig untergemischt ist, die zweite Hälfte unterheben. Die Mousse in einen Spritzbeutel füllen und die Desserts fertigstellen, wie auf S. 269 beschrieben.

GLÄNZENDE SCHOKOLADENGLASUR

ERGIBT 2 KG

ZUTATEN	MENGE	ANTEIL IN %
Zucker	830 g	41,5 %
Wasser	435 g	21,75 %
Kakaopulver	255 g	12,75 %
Crème fraîche	255 g	12,75 %
Zartbitterschokolade (55 %, Pellets)	185 g	9,25 %
Blattgelatine (Silber), eingeweicht in kaltem Wasser, gut ausgedrückt	40 g	2 %

1 Zucker, Wasser, Kakaopulver und Crème fraîche zusammen in einen Topf geben und unter ständigem Rühren aufkochen.

2 Die Mischung vom Herd nehmen und sobald sie aufkocht, die Schokoladen-Pellets hinzufügen und umrühren, bis sie sich vollständig aufgelöst haben.

3 Die sorgfältig ausgedrückte Gelatine in die Mischung geben und umrühren, bis sie sich ebenfalls vollständig darin aufgelöst hat.

4 Die Mischung durch ein feinmaschiges Sieb streichen.

5 In einem Eiswasserbad vollständig abkühlen lassen oder die Mousse-Küchlein damit überziehen, sobald die Glasur eine Temperatur von 38 °C erreicht hat.

6 Die abgekühlte Glasur in einen Behälter füllen, luftdicht verschließen und im Kühlschrank aufbewaren. So hält sie sich bis zu 10 Tage.

HINWEIS Es muss mehr Glasur zubereitet werden, als für 10 Portionen des Desserts benötigt wird, da die Küchlein vollständig damit überzogen werden sollten. Damit das funktioniert, muss so viel Glasur über die Portionen gegossen werden, dass sie gleichmäßig an den Seiten herunterläuft. Die abtropfende Glasur möglichst „retten" und wiederverwenden. Kuchenkrümel oder andere darin enthaltene Fremdstoffe können entfernt werden, indem man die Glasur durch ein feines Sieb streicht. Wenn jedoch Sahne oder Mousse in die Glasur geraten, kann sie nicht mehr mit dem gleichen Ergebnis zum Überziehen verwendet werden, denn sie verliert ihren Glanz.

GOLDENE SCHOKOLADENPLÄTTCHEN

ERGIBT 200 G

ZUTATEN	MENGE
Zartbitterschokolade, temperiert	200 g
essbarer Sprühlack	nach Bedarf
Blattgold	2 Blatt

1   Zur Zubereitung der Schokoladen-Plättchen siehe Methode auf S. 233. Die Schokolade in 2,5 x 5 cm große Rechtecke schneiden.

2   Eine feine Schicht essbaren Lack auf die Schokoladen-Plättchen sprühen und sofort ein Stück Blattgold darauflegen, sodass es die komplette Oberfläche glatt bedeckt.

3   An einem kühlen, trockenen Ort aufbewahren, am besten luftdicht verpackt. So sind sie 1 Jahr haltbar.

RELIANCE-TRAUBEN-GELEE

ERGIBT 412 G

ZUTATEN	MENGE	ANTEIL IN %
KALZIUM-LÖSUNG		
Kalziumlaktat	2,2 g	1,8 %
Wasser	120 g	98,2 %
GELEE		
Kalziumlösung	4 g	0,97 %
Zucker	50 g	12,14 %
Reliance-Traubensaft	350 g	84,95 %
Universal-Pektin (siehe Hinweis)	4 g	0,97 %
Zucker	4 g	0,97 %

1   Die beiden Zutaten für die Kalziumlösung gut vermischen und im Kühlschrank aufbewahren.

2   Die Kalziumlösung für das Gelee mit der ersten Menge Zucker und dem Reliance-Traubensaft in einem kleinen Topf aufkochen.

3   Inzwischen das Pektin in einer kleinen Schüssel mit der zweiten Menge Zucker vermischen.

4   Die Pektin-Zuckermischung in die Traubensaft-Mischung geben und mit einem Pürierstab gut vermengen.

5   Wieder aufkochen und 1 Minute köcheln lassen.

6   Die Flüssigkeit auf 10 ovale Silikonformen verteilen.

7   Im Kühlschrank abkühlen und gelieren lassen, dann einfrieren.

8   Die komplett gefrorenen Gelee-Portionen können aus den Formen gelöst und in einem luftdicht verschlossenen Behälter oder gut in Frischhaltefolie gewickelt bis zu 1 Monat im Gefrierschrank aufbewahrt werden.

HINWEIS   Das in diesem Rezept verwendete Universal-Pektin, Pektin NH 95, geliert nur in Verbindung mit Kalzium (nicht in Verbindung mit Säure); es ist thermoreversibel.

Es wird mehr Kalzium-Lösung zubereitet als benötigt, da die Zubereitung kleinerer Mengen nicht effizient wäre. Reste können im Kühlschrank zur späteren Verwendung bis zu 2 Monate aufbewahrt werden.

ERDNUSS-KNUSPERSCHICHT

ERGIBT 1,07 KG

ZUTATEN	MENGE	ANTEIL IN %
Zucker	450 g	42,06 %
Erdnüsse, gesalzen	500 g	46,73 %
Kakaobutter, geschmolzen	120 g	11,21 %

1   Ein flaches, 45 x 33 cm großes Blech mit einer Silikonmatte auslegen und einen genau passenden 5 mm tiefen Rahmen hineinstellen.

2   Den Zucker karamellisieren bis er eine dunkle, bernsteinähnliche Farbe hat. Es ist schwer, bei einer vergleichsweise geringen Menge wie dieser eine genaue Temperatur messen zu können (sie sollte bei 180 °C liegen), daher verlässt man sich besser auf die Farbe. Die Erdnüsse hinzufügen und unterrühren, bis sie rundherum vollständig und gleichmäßig mit dem Karamell überzogen sind.

3   Die Masse zum Abkühlen auf einer Silikonmatte verteilen.

4   Die abgekühlte Masse in Stücke brechen und im Robot Coupe zerkleinern, sodass nur noch kleine Erdnussstückchen darin zu erkennen sind.

5   Die geschmolzene Kakaobutter hinzufügen und noch ein paar Sekunden mahlen, sodass eine homogene Masse entsteht.

6   Diese Masse in den vorbereiteten Rahmen gießen und mit der Winkelpalette gleichmäßig verteilen. Im Kühlschrank fest werden lassen.

7   Die abgekühlte Masse auf ein Schneidebrett stürzen und Silikonmatte und Rahmen entfernen.

8   Rechteckige Stücke à 2,5 x 5 cm ausschneiden.

9   Im Kühlschrank aufbewahrt sind sie 2 Wochen haltbar.

VARIATION Die Erdnüsse können durch geröstete Haselnüsse (ohne Haut) aus dem Piemont ersetzt werden. Die Masse sollte dann nicht zu fein gemahlen werden, da kleinere Haselnuss-Stückchen darin durchaus erwünscht sind. In Quadrate mit 6,25 cm Seitenlänge schneiden und im Gefrierschrank aufbewahren.

ERDNUSSBUTTER-MASCARPONE-CREME

ERGIBT 1,5 KG

ZUTATEN	MENGE	ANTEIL IN %
Mascarpone, weich	680 g	45,21 %
Erdnussbutter	230 g	15,29 %
extra feiner Zucker	230 g	15,29 %
Schlagsahne	350 g	23,27 %
Blattgelatine (Silber), eingeweicht in kaltem Wasser, gut ausgedrückt	14 g	0,93 %

1   Mascarpone, Erdnussbutter, Zucker und Schlagsahne zusammen in eine Schüssel geben und über einem heißen Wasserbad vermischen, bis eine homogene Masse entstanden ist.

2   Die Schüssel vom Wasserbad nehmen und einen kleinen Teil der Masse in einer separaten Schüssel mit der Gelatine über dem Wasserbad erhitzen, bis die Gelatine vollständig geschmolzen ist.

3   Die Gelatine-Creme mithilfe des Schneebesens unter den Rest der Masse mischen, bis wiederum eine glatte Masse entstanden ist.

4   Die Creme entweder gleich in die entsprechenden Formen gießen oder in der Schüssel in einem Eiswasserbad abkühlen und dann bis zur späteren Verwendung im Kühlschrank aufbewahren. Die Creme kann vorsichtig aufgewärmt werden, damit sie wieder flüssig wird. Im Kühlschrank ist sie 10 Tage haltbar.

ERDNUSSBUTTER-SAMTSPRAY

ERGIBT 500 G

ZUTATEN	MENGE	ANTEIL IN %
Erdnussbutter (ohne Stückchen)	100 g	20 %
Weiße Schokolade	100 g	20 %
Kakaobutter	300 g	60 %

1   Die Zutaten zusammen in eine kleine Schüssel geben und über einem heißen Wasserbad schmelzen.

2   Gut verrühren und dann durch ein feinmaschiges Sieb streichen. In den Behälter der Airbrush-Pistole füllen (wenn das Samtspray sofort verwendet werden soll) oder in einem luftdicht verschlossenen Behälter bis zu 3 Monate bei Raumtemperatur aufbewahren.

KUMQUAT-KONFITÜRE

ERGIBT 1,5 KG

ZUTATEN	MENGE	ANTEIL IN %
Kumquats, halbiert, Kerne entfernt	750 g	50 %
Zucker	750 g	50 %

1 Die Kumquats blanchieren. Abtropfen lassen.

2 Die Kumquats zusammen mit dem Zucker in einen mittelgroßen Topf geben und bei mäßiger Hitze köcheln lassen, bis die Schale der Früchte transparent wirkt. Die Mischung sollte einen Brix-Wert von 69 Grad haben.

3 Die Mischung leicht abkühlen lassen und dann im Robot Coupe kurz pürieren. Die Konfitüre sollte nicht vollkommen glatt sein, sondern noch ein paar Frucht-Stückchen enthalten.

4 Die Konfitüre in einem Eiswasserbad abkühlen lassen und dann im Kühlschrank aufbewahren oder in die entsprechenden Dessertformen portionieren. 2 Monate haltbar.

„POT DE CRÈME"
MIT WEISSER MISOPASTE

ERGIBT 854 G

ZUTATEN	MENGE	ANTEIL IN %
Schlagsahne	700 g	81,97 %
Zucker	120 g	14,05 %
Weiße Misopaste	30 g	3,51 %
Universal-Pektin	4 g	0,47 %

1 Die Dessertschüsseln mit der Kumquat-Konfitüre bereitstellen.

2 Schlagsahne, Zucker und Misopaste zusammen aufkochen und gut umrühren, damit sich die Misopaste vollständig auflöst. Mit einem Pürierstab geht das besonders gut.

3 Die Mischung durch ein feinmaschiges Sieb in einen sauberen Topf streichen. Erneut aufkochen und sobald die Mischung kocht, das Pektin allmählich hinzufügen und dabei mit dem Pürierstab untermischen.

4 Bei schwacher Hitze 1 Minute köcheln lassen. Dabei ständig umrühren.

5 Mit einem Dosiertrichter in die bereitstehenden Schüsseln füllen. Im Kühlschrank abkühlen lassen.

HINWEIS Dieses Dessert sollte an dem Tag verzehrt werden, an dem es zubereitet wurde. Das „Pot de Crème" mit weißer Misopaste jedoch kann im Voraus zubereitet und im Kühlschrank aufbewahrt werden. Wenn es portioniert werden soll, muss die Masse lediglich vorsichtig geschmolzen werden.

Der Begriff „Pot de Crème" wird in diesem Fall sehr allgemein verwendet: Diese Zubereitung unterscheidet sich deutlich von der klassischen französischen Speise mit gleichem Namen, da die Masse weder Eier enthält, noch durch Backen stockt. Die Konsistenz dieses Sahnetöpfchens ist der des namensgebenden Desserts jedoch verblüffend ähnlich.

GRÜNTEE-STREUSEL

ERGIBT 1,05 KG

ZUTATEN	MENGE	ANTEIL IN %
Weizenmehl (Type 405)	95 g	9,45 %
Matcha-Grüntee-Pulver	25 g	2,49 %
Weiße Schokolade, geschmolzen	235 g	23,38 %
Butter, weich	190 g	18,91 %
Eigelb	120 g	11,94 %
Invertzucker	40 g	3,98 %
Eiweiß	200 g	19,9 %
Zucker	100 g	9,95 %

1   Die Innenseiten einer 45 x 33 cm großen Backform leicht mit Sprüh-fett fetten und den Boden mit einer passenden Silikonmatte auslegen.

2   Den Konvektomaten auf 160 °C vorheizen.

3   Mehl und Matcha-Pulver zusammen in eine Schüssel sieben. In einer separaten Schüssel die geschmolzene Schokolade mit der weichen Butter verrühren, dann Eigelb und Invertzucker untermischen.

4   Das Eiweiß in der Standküchenmaschine auf hoher Stufe aufschlagen. Wenn sich das Volumen verdoppelt hat, den Zucker allmählich hinzu-rieseln lassen. Zu lockerem Eischnee schlagen.

5   Die Mehl-Matcha-Mischung unter den Eischnee heben, gefolgt von der Schokoladen-Mischung.

6   Die Masse in die vorbereitete Backform gießen und mit der Winkel-palette gleichmäßig verteilen.

7   Im vorgeheizten Ofen 9 – 12 Minuten backen, bis die Oberfläche des Kuchens zurückfedert, wenn man sanft darauf drückt.

8   Auf Raumtemperatur abkühlen lassen.

9   Den Kuchen im Dörrgerät bei 50 °C über Nacht trocknen lassen.

10   Den getrockneten Kuchen in Stücke brechen und im Robot Coupe zu feinen Streuseln mahlen.

11   Die Streusel können direkt auf den „Pot de Crème"-Portionen verteilt oder in einem luftdicht verschlossenen Behälter bis zu 1 Monat im Gefrierschrank aufbewahrt werden.

HINWEIS   Dieses Rezept basiert auf einem Rezept von Oriol Balanguer.

KUMQUAT-GELEE-RINGE

ERGIBT 267 G

ZUTATEN	MENGE	ANTEIL IN %
Kumquat-Püree	150 g	56,22 %
Wasser	75 g	28,11 %
Zucker	40 g	14,99 %
Gellan (geringer Acylanteil)	2 g	0,67 %

1   Zehn 2 mm tiefe Ringformen aus Silikon bereitstellen. Der äußere Durchmesser der Formen sollte 7,5 cm, der innere Durchmesser 2,5 cm betragen.

2   Die Zutaten zusammen in einen kleinen Topf geben und bei starker Hitze unter ständigem Rühren aufkochen. Vom Herd nehmen.

3   Die Gelee-Masse mithilfe eines Dosiertrichters in die bereitgestellten Silikonformen füllen. Im Kühlschrank gelieren lassen. Die Gelee-Ringe können in den Formen bleiben, bis sie benötigt werden. Sie sind 3 Tage haltbar.

CREMA CATALANA „REINE-DES-PRÉS"

ERGIBT 1,4 KG

ZUTATEN	MENGE	ANTEIL IN %
Vollmilch 1	1,2 kg	82,76 %
Echtes Mädesüß (Reine des Prés)	250 g	17,24 %
Maisstärke	80 g	5,41 %
Vollmilch 2, bei Raumtemperatur	80 g	5,41 %
Eigelb, bei Raumtemperatur	200 g	13,51 %
Zucker	200 g	13,51 %
Vollmilch 3	920 g	62,16 %

1 Die erste Menge Milch zum Sieden bringen. Das Mädesüß unterrühren, vom Herd nehmen und mit Frischhaltefolie abdecken.

2 Das Ganze 20 Minuten ziehen lassen, dann durch ein feinmaschiges Sieb gießen.

3 In einer Schüssel in einem Eiswasserbad abkühlen lassen. Dann die für das Rezept benötigte Menge von 1 kg abwiegen.

4 Die Dessertschüsseln für die Crema Catalana auf einem Blech bereitstellen. Sie sollten je 290 g Fassungsvermögen haben.

5 Die Creme zubereiten wie für die Zubereitung von Crème patissière auf S. 23 beschrieben.

6 Die Dessertschüsseln bis zum Rand mit der Creme füllen und dann leicht auf die Arbeitsfläche klopfen, sodass sich die Creme gleichmäßig darin verteilt und eine gleichmäßige, gerade Oberfläche bekommt.

7 Im Kühlschrank aufbewahren. Die Dessertschüsseln abdecken, sobald die Creme darin abgekühlt ist.

8 Auf dem Büfett sollten die Cremes ohne Abdeckung präsentiert werden.

> **HINWEIS** Dieses Rezept sieht unheimlich einfach aus, ist es aber nicht. Gut möglich, dass Sie mehrere Versuche brauchen, bis Ihnen die Crema Catalana gelingt.

ROTE-GUAVEN-CREME

ERGIBT 940 G

ZUTATEN	MENGE	ANTEIL IN %
Püree aus roten Guaven	500 g	53,19 %
Zucker 1	50 g	5,32 %
Eiweiß	25 g	2,66 %
Schlagsahne	275 g	29,26 %
Zucker 2	75 g	7,98 %
Sahnesteif	4 g	0,43 %
Blattgelatine (Silber), eingeweicht in kaltem Wasser, gut ausgedrückt	11 g	1,17 %
Puffreis mit Überzug aus weißer Schokolade	150 g	

1 Die Formen für die Desserts leicht mit Sprühfett einsprühen.

2 Das kalte Guaven-Püree über einem Wasserbad auf 15 °C aufwärmen. Bei Raumtemperatur beiseite stellen.

3 Eine italienische Baisermasse zubereiten. Dafür die erste Menge Zucker mit ¼ des Gewichts an Wasser in einen kleinen Topf geben und köcheln lassen, bis der Sirup eine Temperatur von 118 °C erreicht hat. Inzwischen das Eiweiß zu steifem Schnee schlagen.

4 Sobald der Sirup die richtige Temperatur hat, kann er vorsichtig in den Eischnee gegeben werden, während die Maschine bei mäßiger Geschwindigkeit weiter läuft. Weiter aufschlagen, bis die Baisermasse auf Raumtemperatur abgekühlt ist.

5 Die Sahne mit der zweiten Menge Zucker und dem Sahnesteif locker aufschlagen. Im Kühlschrank aufbewahren.

6 Etwa 10 % des Guaven-Pürees mit der eingeweichten Gelatine in eine kleine Schüssel geben und in einem heißen Wasserbad aufwärmen, bis sich die Gelatine vollständig aufgelöst hat. Diese Mischung unter die größere Menge des Guaven-Pürees mischen.

7 Die italienische Baisermasse in 2 Etappen unter das Püree heben, gefolgt von der Schlagsahne (ebenfalls in 2 Etappen). Abschließend den Puffreis unterheben.

8 Die Guaven-Creme in eine Spritztüte füllen und in die vorbereiteten Formen füllen, wie auf S. 276 beschrieben.

VANILLEKÜCHLEIN-SCHEIBEN

ERGIBT 1,26 KG

ZUTATEN	MENGE	ANTEIL IN %
Weizenmehl (Type 405)	300 g	24,47 %
Zucker 1	260 g	21,21 %
Backpulver	12 g	0,98 %
Salz	5 g	0,41 %
Vanillepaste	7 g	0,57 %
Eigelb	190 g	15,5 %
Rapsöl	30 g	2,45 %
Wasser	145 g	11,83 %
Eiweiß	190 g	15,5 %
Zucker 2	75 g	6,12 %
Zitronensaft	12 g	0,98 %

Weiße Schokolade, geschmolzen	200 g	

1   Die Innenseiten einer 45 x 33 cm großen Backform mit Sprühfett fetten.

2   Den Boden der Form mit einer passenden Silikonmatte auslegen.

3   Den Konvektomaten auf 160 °C vorheizen.

4   Mehl, die erste Menge Zucker, Backpulver und Salz vermischen und in die Schüssel der Standküchenmaschine sieben.

5   In einer separaten Schüssel Vanillepaste, Eigelb, Öl und Wasser verquirlen und langsam unter die trockenen Zutaten mischen, bis alles zu einer Masse zusammenkommt.

6   Das Eiweiß mit der zweiten Menge Zucker und dem Zitronensaft zu einem mäßig-steifen Eischnee schlagen und unter die obige Mischung heben.

7   Die Masse in der vorbereiteten Form verteilen und im vorgeheizten Ofen 8 – 10 Minuten backen, bis die Oberfläche des Kuchens eine helle, goldbraune Farbe hat. Bei Raumtemperatur abkühlen lassen.

8   Den Kuchen einfrieren. Wenn er vollständig gefroren ist, auf ein mit Backpapier ausgelegtes Blech stürzen. Die geschmolzene weiße Schokolade zügig in einer dünnen Schicht auf dem Boden verteilen. Das muss schnell geschehen, da die Schokolade auf dem gefrorenen Kuchen sehr schnell erstarrt.

9   Den Kuchen wenden und mit einer Ringform mit 3 cm Durchmesser Scheiben ausstechen.

10 Die Kuchenscheiben können in einem luftdicht verschlossenen Behälter bis zu 2 Wochen im Gefrierschrank aufbewahrt werden.

CRÈME-FRAÎCHE-KUCHEN

ERGIBT 1 KG

ZUTATEN	MENGE	ANTEIL IN %
Butter, bei Raumtemperatur	185 g	18,5 %
Zucker	165 g	16,5 %
Vanillepaste	4 g	0,35 %
Eier, bei 26 °C	125 g	12,5 %
Weizenmehl (Type 405)	175 g	17,5 %
Backpulver	14 g	1,4 %
Salz	3 g	0,25 %
Crème fraîche	330 g	33 %

1 Den Konvektomaten auf 160 °C vorheizen.

2 Die Innenseiten einer 45 x 33 cm großen Backform leicht mit Sprühfett fetten. Den Boden mit einer passenden Silikonmatte auslegen.

3 Den Kuchen mit der auf S. 10 beschriebenen Methode zubereiten, Butter und Zucker also zunächst schaumig schlagen. Die Vanillepaste wird zusammen mit den Eiern hinzugefügt. Die Crème fraîche wird erst ganz zum Schluss unter die Masse gehoben, bis sie gerade eben untergemischt ist.

4 Die Masse gleichmäßig in der vorbereiteten Backform verteilen und die Oberfläche mit der Winkelpalette glätten.

5 Im vorgeheizten Ofen in 8 – 12 Minuten backen, bis der Rand des Kuchens goldbraun ist.

6 Auf Raumtemperatur abkühlen lassen. Dann 2 Stunden in den Kühlschrank stellen. Gekühlt lässt sich der Kuchen deutlich besser schneiden.

7 Den gekühlten Kuchen in rechteckige Stücke schneiden, 6 mm breit, 11,25 cm lang und 6 mm dick. Gut abgedeckt im Gefrierschrank aufbewahren.

SÜSSWEINE UND LIKÖRE

In der Regel werden diese Getränke auch auf der Dessertkarte aufgeführt, sodass die Gäste zum Dessert gleich den passenden Süßwein oder Likör bestellen können. Dies bietet dem Restaurant auch die Gelegenheit, ein besseres Geschäft zu machen, denn über den Verkauf von Alkohol lässt sich mehr Geld einnehmen, als über den Verkauf von Kaffee oder Tee. Theoretisch sollten Süßweine und Liköre aber erst ganz am Ende einer Mahlzeit serviert werden, also dann, wenn alle Dessertteller schon abgeräumt wurden und die Mignardises bzw. Petits Fours gereicht werden – dann, wenn alle richtig satt (oder übersättigt) sind. Wie der Name schon vermuten lässt, sind die meisten Süßweine süß und das gilt auch für die meisten Liköre. Sie alle haben einen höheren Alkoholgehalt als Wein oder Bier und werden daher in kleineren Mengen serviert. Persönlich bin ich der Meinung, dass Desserts nicht unbedingt mit Süßwein oder Likör serviert werden sollten. Denn so kommt es leicht zum „Overkill", Süße und Alkoholgehalt werden den Geschmack des eigentlichen Desserts überwältigen. Es ist etwas anderes, Wein zusammen mit den anderen Gängen zu trinken, denn in diesen Fällen kann der Wein den Geschmack der Speisen und auch einzelner Zutaten hervorheben und umgekehrt. Ich schlage vor, dass Süßweine und Liköre mit den Desserts bestellt werden, um dann mit den Mignardises serviert zu werden. So könnte es natürlich zu Überschneidungen mit dem Servieren von Kaffee und Tee kommen, da die Gäste aber nur sehr selten sowohl Kaffee als auch Süßwein bestellen, dürfte das keine Probleme geben.

ERDBEER-KOMPOTT

ERGIBT 871 G

ZUTATEN	MENGE	ANTEIL IN %
frische Erdbeeren, Stielansatz entfernt	600 g	68,89 %
Zucker	240 g	27,55 %
Vanillepaste	6 g	0,69 %
Blattgelatine (Silber), eingeweicht in kaltem Wasser, gut ausgedrückt	25 g	2,87 %

1   Ein Blatt Acetatfolie (34 x 54 cm) horizontal zusammenrollen, sodass eine Röhre mi 1,25 cm Durchmesser entsteht. Insgesamt 4 dieser Röhren herstellen. Die Röhren mit Klebeband sichern, damit sie sich nicht aufrollen und jeweils ein Ende mit einer Klammer fest verschließen. Jede Röhre ergibt 3 Kompott-Portionen, d. h. wenn 10 Portionen des Desserts angerichtet werden, bleiben 2 Kompott-Portionen übrig. Diese können später weiterverarbeitet werden.

2   Die Erdbeeren zusammen mit Zucker und der Vanillepaste in einen Topf mit 2 l Fassungsvermögen geben.

3   Aufkochen und 6 – 8 Minuten köcheln lassen, bis die Beeren zart sind.

4   Vom Herd nehmen und die Mischung mit dem Pürierstab pürieren. Die eingeweichte Gelatine hinzufügen und umrühren, bis sie sich aufgelöst hat.

5   Das Kompott ein wenig abkühlen lassen und dann mit einer Spritztüte in die vorbereiteten Röhren füllen. Die offenen Enden der Röhren jeweils mit einer weiteren Klammer schließen. In den Gefrierschrank legen, damit die Masse hart wird.

6   Sobald die Masse hart geworden ist, jeweils ein Ende der Röhren auf einem Schneidbrett mit einem Messer gerade abschneiden. Die Röhren dann in jeweils 10 cm lange Stücke schneiden.

7   Bis zum Anrichten des Desserts im Gefrierschrank aufbewahren. Die Acetatfolie erst direkt vor dem Anrichten entfernen.

SCHWARZ-WEISS-GESTREIFTER SCHOKOLADEN-MANTEL

ERGIBT 460 G

ZUTATEN	MENGE	ANTEIL IN %
Weiße Schokolade, temperiert	400 g	86,96 %
schwarze Kakaobutter	60 g	13,04 %

1   Aus Acetatfolie zehn 7 x 13,75 cm große Rechtecke ausschneiden.

2   Zehn je 15 cm lange PVC-Rohre mit 2,5 cm Durchmesser (außen) mit Backpapier umwickeln. Die Enden mit Klebeband sichern, damit sie sich nicht aufrollen. Aus Backpapier zehn 10 x 15 cm große Rechtecke ausscheiden und bereitlegen.

3   Eine kleine Menge der temperierten Schokolade auf ein rechteckiges Stück Acetatfolie gießen und mit einer Winkelpalette gleichmäßig verteilen. Einen feinen Biskuitkamm einmal über die ganze Fläche der Acetatfolie gerade durch die Schokolade ziehen, sodass von der einen Seite zur anderen gerade Kanäle in der Schokolade entstehen. Auf der Acetatfolie sollten also feine weiße Streifen zurückbleiben. Die Acetatfolie von der Arbeitsfläche lösen und an einen sauberen, ebenen Ort beiseitelegen. Schokoladenreste von der Arbeitsfläche kratzen. Den oben beschriebenen Prozess auf der gesäuberten Arbeitsfläche mit den anderen 9 Acetat-Rechtecken wiederholen.

4   Die schwarze Kakaobutter schmelzen und gleichmäßig über die weiße Schokoladenlinien auf den Acetatfolien streichen, sodass die Lücken vollständig damit gefüllt werden. Vollständig fest werden lassen.

5   Die restliche temperierte Schokolade auf den Acetat-Rechtecken verteilen und mit einer Winkelpalette jeweils gleichmäßig verstreichen. Die Rechtecke von der Arbeitsfläche heben, solange die Schokolade noch etwas flüssig ist. Gleich mit der Schokolade nach innen um die vorbereiteten PVC-Rohre wickeln. Darum jeweils eines der vorbereiteten Stücke Backpapier wickeln und es mit Klebeband sichern, damit sich die Acetatfolie nicht aufrollt. Die Schokoladen-Röhren in dem Backpapier vorsichtig von den PVC-Rohren ziehen und im Kühlschrank etwa 5 Minuten fest werden lassen.

6   Wenn die Schokolade vollständig erstarrt ist, sollte man die Rollen bis zur Verwendung im Backpapier eingewickelt lassen. Wenn sie nicht gleich mit den anderen Komponenten gefüllt werden sollen, hebt man sie am besten gut verpackt an einem kühlen, trockenen Ort auf.

ROTE SCHOKOLADEN-PLÄTTCHEN

ERGIBT 250 G

ZUTATEN	MENGE	ANTEIL IN %
Weiße Schokolade	200 g	80 %
rote Kakaobutter	50 g	20 %

1 Die weiße Schokolade und die rote Kakaobutter zusammen in einer Schüssel über dem heißen Wasserbad schmelzen.

2 Die Schokoladen-Kakaobuttermischung temperieren.

3 Die temperierte Masse mit der Winkelpalette gleichmäßig auf einer Acetatfolie verteilen.

4 Wenn die Schokolade fast erstarrt ist, mit dem Rücken der Klinge eines kleinen spitzen Messers und mithilfe eines Lineals 2,5 x 3 cm große Quadrate in der Schokolade markieren (die Acetatfolie dabei nicht durchtrennen).

5 Die Acetatfolie umgedreht auf ein mit Backpapier ausgelegtes Blech legen und mit einem flachen Gegenstand beschweren, damit sich die Schokolade beim Erstarren an den Seiten nicht aufrollt.

6 Bis zur Verwendung an einem kühlen, trockenen Ort aufbewahren, am besten gut verpackt. So ist die Schokolade bis zu 1 Jahr haltbar.

VANILLE-MASCARPONE-CREME

ERGIBT 1,2 KG

ZUTATEN	MENGE	ANTEIL IN %
Mascarpone	1 kg	83,33%
Vanillepaste	30 g	2,5%
Zucker	160 g	13,33%
Blattgelatine (Silber), eingeweicht in kaltem Wasser, gut ausgedrückt	10 g	0,83%

1 Mascarpone, Vanillepaste und Zucker zusammen in eine Schüssel geben, verrühren und über einem heißen Wasserbad auf etwa 30°C erhitzen, sodass die Masse flüssiger wird und gegossen werden kann.

2 Die eingeweichte Gelatine vorsichtig in der Mikrowelle schmelzen und dann zügig mit dem Schneebesen unter die Mascarpone-Masse rühren.

3 In eine Spritztüte füllen und die Desserts anrichten.

ZIMTSTREUSEL

ERGIBT 330 G

ZUTATEN	MENGE	ANTEIL IN %
Butter	80 g	24,24 %
Zucker	80 g	24,24 %
Weizenmehl (Type 405)	165 g	50 %
Zimtpulver	4 g	1,21 %
Salz	1 g	0,3 %

1   Den Konvektomaten auf 160 °C vorheizen.

2   Butter und Zucker in der Schüssel der Standküchenmaschine mit dem Rührelement etwa 2 Minuten schaumig schlagen. Inzwischen Mehl, Zimt und Salz zusammen in eine Schüssel sieben.

3   Die Küchenmaschine anhalten und die trockenen Zutaten auf einmal zu der Butter-Zucker-Mischung geben. Langsam vermischen (zwischendurch die Maschine immer wieder anhalten), bis sich die Zutaten gerade eben zu einer Masse verbunden haben.

4   Ein mit Backpapier ausgelegtes Blech bereitstellen, ein Kuchengitter darüber stellen und den Teig durch das Blech darauf reiben, sodass kleine Streusel entstehen.

5   Die Streusel im vorgeheizten Ofen in etwa 10 Minuten goldbraun backen.

6   Auf Raumtemperatur abkühlen lassen.

7   Die abgekühlten Streusel an einem kühlen, trockenen Ort in einem luftdicht verschlossenen Behälter aufbewahren. So sind sie 10 Tage haltbar.

SCHOKOLADEN-GRUNDMASSE

ERGIBT 220 G

ZUTATEN	MENGE	ANTEIL IN %
Zartbitterschokolade, geschmolzen	200 g	90,91 %
Rapsöl	20 g	9,09 %

1   Die beiden Zutaten verrühren und portionieren (siehe S. 280), solange die Mischung noch flüssig ist.

2   In einem luftdicht verschlossenen Behälter ist die Masse bei Raumtemperatur bis zu 6 Monate haltbar.

KARAMELL-MOUSSE

ERGIBT 757 G

ZUTATEN	MENGE	ANTEIL IN %
Schlagsahne 1	110 g	14,53 %
Zucker	140 g	18,49 %
Butter	45 g	5,94 %
Eier	95 g	12,55 %
Blattgelatine (Silber), eingeweicht in kaltem Wasser, gut ausgedrückt	7 g	0,92 %
Schlagsahne 2	360 g	47,56 %

1 Die erste Menge Schlagsahne in der Mikrowelle erhitzen.

2 Den Zucker in einem kleinen Topf bei starker Hitze unter ständigem Rühren zu einem goldbraunen Karamell kochen. Sobald der Karamell eine Temperatur von 170 °C erreicht hat, die Butter vollständig unterrühren, gefolgt von der heißen Schlagsahne. Vom Herd nehmen.

3 Die Eier in einer Schüssel über einem heißen Wasserbad unter ständigem Rühren auf 60 °C erhitzen. Dann in die Schüssel der Standküchenmaschine geben und mit dem Schneebesen-Element aufschlagen, bis die Masse auf Raumtemperatur abgekühlt ist. Die Maschine weiter laufen lassen und den heißen Karamell vorsichtig an der Seite der Schüssel hinein laufen lassen. Dann die Gelatine hinzufügen und weiter aufschlagen, bis sich die Gelatine vollständig aufgelöst hat und die Mischung auf 21 °C abgekühlt ist.

4 Die zweite Menge Schlagsahne locker aufschlagen und in 2 Etappen unter die Karamell-Masse heben.

5 In die vorbereiteten Formen füllen, wie auf S. 280 beschrieben.

REISMILCH-SCHLEIER

ERGIBT 402 G

ZUTATEN	MENGE	ANTEIL IN %
Reismilch	300 g	74,48 %
Zucker	100 g	24,83 %
Gellan (geringer Acylanteil)	3 g	0,7 %

1 Die Zutaten in einem kleinen Topf vermischen und aufkochen. Dabei ständig, aber vorsichtig umrühren.

2 Den Reismilch-Schleier zubereiten, wie für den Rosinen-Gelee-Schleier auf S. 259 beschrieben.

3 Den Schleier auf dem Tablett mit dem Rücken der Klinge eines kleinen Messers und einem Lineal in 10 x 12,5 cm große Rechtecke schneiden.

4 Abgedeckt bis zur Verwendung im Kühlschrank aufbewahren. 2 Tage haltbar.

SHORTBREAD-BODEN

ERGIBT 600 G

ZUTATEN	MENGE	ANTEIL IN %
Weizenmehl (Type 405)	245 g	40,83 %
Reismehl	35 g	5,83 %
Salz	5 g	0,83 %
Butter, weich	210 g	35 %
Zucker	105 g	17,5 %

1   Mehl, Reismehl und Salz zusammen in eine Schüssel sieben.

2   Butter und Zucker in der Standküchenmaschine mit dem Rührelement bei mittlerer Stufe schaumig schlagen.

3   Die Küchenmaschine anhalten und die trockenen Zutaten hinzufügen. Mehrmals kurz laufen lassen und dann wieder anhalten, bis sich die Zutaten zu einer Masse verbunden haben.

4   Den Teig zu einer Kugel rollen, dann flach drücken und in Frischhaltefolie einwickeln. Im Kühlschrank 1 Stunde ruhen lassen, bis der Teig fest ist.

5   Den Teig 2 mm dünn ausrollen.

6   Den ausgerollten Teig einfrieren. Inzwischen den Konvektomaten auf 160 °C vorheizen.

7   Mit einer quadratischen Ausstechform Quadrate à 7,5 cm aus dem gefrorenen Teig ausstechen. Jedes Teigquadrat an je 4 verschiedenen Stellen mit einer Gabel einstechen.

8   Im vorgeheizten Ofen etwa 6 Minuten backen, bis das Shortbread an den Seiten eine helle, goldbraune Färbung bekommt.

9   Bei Raumtemperatur abkühlen lassen. Bis zur Verwendung in einem luftdicht verschlossenen Behälter an einem kühlen, trockenen Ort aufbewahren. So hält sich das Shortbread 2 Tage frisch. Alternativ kann es bis zu 1 Monat eingefroren werden.

KARAMELLISIERTE WEISSE SCHOKOLADE UND KARAMELLISIERTE MILCHSCHOKOLADE

ERGIBT 2,5 KG

ZUTATEN	MENGE
Weiße Schokolade (Pellets)	2 kg
Milchschokolade	500 g
Kakaobutter, geschmolzen	250 g

1   Den Konvektomaten auf 115 °C vorheizen.

2   Die weiße Schokolade und die Milchschokolade getrennt in zwei Auflaufformen geben und in den Ofen schieben.

3   Beides alle 30 Minuten mit einem Holzlöffel umrühren. Es dauert etwa 2 Stunden, bis die Schokolade karamellisiert ist.

4   Die heiße weiße Schokolade in eine Schüssel gießen und 200 g der geschmolzenen Kakaobutter unterrühren. Die Milchschokolade in eine separate Schüssel gießen und die restliche Kakaobutter untermischen. Die Kakaobutter verleiht der durch das Karamellisieren stark angedickten Schokolade wieder bessere Fließfähigkeit.

5   Die beiden Sorten karamellisierter Schokolade auf separate, mit Backpapier ausgelegte Bleche gießen und abkühlen lassen.

6   Wenn die karamellisierte Schokolade erstarrt ist, kann sie nach Bedarf wieder geschmolzen und gegebenenfalls temperiert werden. 1 Jahr haltbar.

HINWEIS   Die karamellisierte Schokolade wird für die Mousse, das Samtspray und die Blatt-Dekors benötigt.

PÜREE VOM GERÖSTETEN BAGUETTE

ERGIBT 453 G

ZUTATEN	MENGE	ANTEIL IN %
Baguette, in dünne Scheiben geschnitten	300 g	66,23 %
Zucker	50 g	11,04 %
Wasser	100 g	22,08 %
Xanthan	3 g	0,66 %

1 Den Konvektomaten auf 160 °C vorheizen.

2 Die Baguette-Scheiben auf einem mit Backpapier ausgelegten Back-blech verteilen und im vorgeheizten Ofen 8 – 12 Minuten dunkelbraun rösten.

3 Abkühlen lassen.

4 Inzwischen ein 45 x 33 cm großes Blech mit einer Silikonmatte aus-legen und einen 3 mm tiefen Rahmen daraufstellen. Einfrieren.

5 Die Baguette-Scheiben zusammen mit Zucker und Wasser in den Standmixer geben und pürieren, bis eine glatte Masse entstanden ist. Das Xanthan hinzufügen und noch 1 Minute pürieren.

6 Diese Masse in den vorbereiteten, gekühlten Rahmen gießen und ein-frieren.

7 Wenn die Masse fest gefroren ist, kann der Rahmen entfernt und die Silikonmatte vom Boden entfernt werden. Zehn quadratische Stücke à 7,5 cm ausschneiden. Bis zum Fertigstellen des Desserts gut ver-packt im Gefrierschrank aufbewahren.

MOUSSE VON KARAMELLISIERTER WEISSER SCHOKOLADE

ERGIBT 1,03 KG

ZUTATEN	MENGE	ANTEIL IN %
Eier	200 g	19,46 %
Zucker	70 g	6,81 %
Karamellisierte weiße Schokolade (S. 316)	350 g	34,06 %
Schlagsahne	400 g	38,93 %
Blattgelatine (Silber), eingeweicht in kaltem Wasser, gut ausgedrückt	8 g	0,73 %

1 Die Gefäße für die Mousse im Gefrierschrank bereitstellen.

2 Eier und Zucker in einer Schüssel vermischen und über einem heißen Wasserbad unter ständigem Rühren auf 60 °C erhitzen. Durch ein fein-maschiges Sieb in eine saubere Schüssel streichen, um Klümpchen zu entfernen.

3 Die karamellisierte Schokolade über dem heißen Wasserbad vollständig schmelzen und mit dem Schneebesen gut unter die warme Eiermasse rühren.

4 Die Mischung auf 30 °C abkühlen lassen.

5 Inzwischen die Sahne locker aufschlagen und bis zur Weiterverarbeitung im Kühlschrank aufbewahren.

6 Die Gelatine vorsichtig in der Mikrowelle schmelzen und dann zügig unter die Schokoladen-Eiermischung rühren.

7 Abschließend die geschlagene Sahne in 2 Etappen unterheben. Die Mousse sofort in die vorbereiteten Gefäße füllen.

BLATT AUS KARAMELLISIERTER MILCHSCHOKOLADE

ERGIBT 300 G

ZUTAT	MENGE
Karamellisierte Milchschokolade (S. 316), temperiert	300 g

1   Aus Backpapier zehn 12,5 cm große Quadrate ausschneiden. 10 kleine Stückchen Klebeband vorbereiten.

2   Einen 10 cm langen und 2,5 cm breiten Streifen der Schokolade auf jedes Stück Backpapier spritzen.

3   Einen Biskuitkamm in die Mitte des Streifens setzen und das untere Ende von der Mitte nach links ziehen, während das obere Ende an Ort und Stelle bleibt. Den Biskuitkamm wieder in der Mitte ansetzen und das Gleiche zur anderen Seite wiederholen. Mit allen Schokoladenstreifen so verfahren.

4   Einen Finger (Handschuhe tragen!) entlang beider Seiten der mit dem Biskuitkamm verstrichenen Schokolade ziehen, um ein Blatt zu formen.

5   Sobald die Schokolade fast erstarrt ist, die beiden Seiten des Backpapiers zusammenführen und mit einem bereitgelegten Stück Klebeband zusammenhalten.

6   Die Schokolade auf dem Backpapier vollständig kristallisieren lassen. Das Papier erst entfernen, wenn die Schokoladen-Blätter angerichtet werden sollen.

ANGEL FOOD CAKE

ERGIBT 1,5 KG

ZUTATEN	MENGE	ANTEIL IN %
Salz	4 g	0,27 %
Weizenmehl (Type 405)	235 g	15,66 %
Zucker	315 g	20,99 %
Eiweiß	630 g	41,99 %
Weinsteinpulver	2 g	0,1 %
extra feiner Zucker	315 g	20,99 %

1   Den Konvektomaten auf 160 °C vorheizen.

2   Eine 45 x 33 cm große Backform mit einer passenden Silikonmatte auslegen. Die Innenseiten dürfen nicht gefettet werden, damit die Kuchenmasse sich daran „festhalten" kann. Wenn er aus dem Ofen kommt, würde der Kuchen in sich zusammenfallen, wären die Seiten nicht gefettet.

3   Salz, Mehl und Zucker zusammen in eine Schüssel sieben.

4   Das Eiweiß mit dem Weinsteinpulver in der Standküchenmaschine mit dem Schneebesen bei hoher Stufe aufschlagen. Sobald sich das Ausgangsvolumen der Masse vervierfacht hat, den Zucker allmählich hinzurieseln lassen.

5   Die trockenen Zutaten per Hand unter die Baisermasse heben. Die fertige Masse gleichmäßig in der vorbereiteten Kuchenform verteilen und dann im vorgeheizten Ofen 8 – 12 Minuten backen, bis die Oberfläche des Kuchens zurückfedert, wenn man sanft darauf drückt.

6   Bei Raumtemperatur abkühlen lassen und dann einfrieren.

7   Wenn der Kuchen komplett gefroren ist, mit einer Winkelpalette an den Seiten zwischen Kuchen und Form entlangfahren, um den Kuchen zu lösen. Auf ein Schneidbrett stürzen und die Silikonmatte lösen. In rechteckige Stücke à 3,75 x 8,75 cm schneiden.

8   In einem luftdicht verschlossenen Behälter bis zur Fertigstellung des Desserts im Gefrierschrank aufbewahren. So ist der Kuchen 2 Wochen haltbar.

ZITRONAT-CREME

ERGIBT 961 G

ZUTATEN	MENGE	ANTEIL IN %
Schlagsahne	600 g	62,43 %
Zucker	150 g	15,61 %
Zitronatzitronen-Zesten	10 g	1,04 %
Eigelb	190 g	19,77 %
Blattgelatine (Silber), eingeweicht in kaltem Wasser, gut ausgedrückt	11 g	1,14 %

1 Aus Schlagsahne, Zucker, Zitronatzitronen-Zesten und Eigelb eine Crème anglaise nach der auf S. 27 vorgestellten Zubereitungsmethode für Eiercremespeisen vorbereiten. Um das Aroma der Zitronatzitrone so gut wie möglich auszunutzen, die Zesten direkt in den Topf reiben, in dem die Crème anglaise zubereitet werden soll.

2 Die Crème anglaise durch ein feines Sieb in eine saubere Schüssel streichen und in einem Eiswasserbad abkühlen.

3 Ein Fünftel der Crème anglaise in eine kleine Schüssel geben und die eingeweichte Gelatine hinzufügen. Unter Rühren mit dem Schneebesen über einem heißen Wasserbad erhitzen, damit die Gelatine schmilzt.

4 Inzwischen den Rest der Crème anglaise in der Standküchenmaschine mit dem Schneebesen-Element locker aufschlagen.

5 Die Gelatine-Mischung in eine größere Schüssel geben und die Hälfte der aufgeschlagenen Crème anglaise unterheben, bis eine glatte Masse entstanden ist. Die zweite Hälfte der Crème anglaise locker unterheben und sofort in die entsprechenden Gefäße portionieren.

STRAHLEND WEISSE GLASUR

ERGIBT 1,2 KG

ZUTATEN	MENGE	ANTEIL IN %
Vollmilch	250 g	20,79 %
Glukose	80 g	6,65 %
Blattgelatine (Silber), eingeweicht in kaltem Wasser, gut ausgedrückt	13 g	1,04 %
Weiße Schokolade (Pellets)	600 g	49,9 %
Titandioxid (weiße Lebensmittelfarbe, Pulver) gesiebt	10 g	0,83 %
Neutrale Nappage	250 g	20,79 %

1 Milch und Glukose zusammen in einen Topf geben und aufkochen. Vom Herd nehmen und die eingeweichte Gelatine unterrühren, bis sie sich vollständig aufgelöst hat.

2 Die weiße Schokolade mit dem Titandioxid in eine Schüssel geben und die heiße Milch-Mischung darübergießen. Die Nappage hinzufügen und mit dem Pürierstab gut vermischen. Durch ein feinmaschiges Sieb streichen.

3 Auf 35 °C abkühlen lassen, um die Desserts damit überziehen zu können. Alternativ in einem luftdicht verschlossenen Behälter im Kühlschrank aufbewahren, bis die Glasur zum Fertigstellen der Desserts benötigt wird. 7 Tage haltbar.

BALSAMESSIG-REDUKTION

ERGIBT 600 G

ZUTATEN	MENGE	ANTEIL IN %
Balsamessig	400 g	66,67 %
Zucker	200 g	33,33 %

1 Die beiden Zutaten zusammen in einen Topf geben und bei starker Hitze aufkochen. Dann bei mäßiger Hitze köcheln lassen, bis die Flüssigkeit auf etwa ein Viertel des Ausgangsvolumens reduziert ist. Die Reduktion sollte dickflüssig sein und glänzen.

2 Auf Raumtemperatur abkühlen lassen und in einem luftdicht verschlossenen Behälter aufbewahren. So ist die Reduktion fast unbegrenzt haltbar.

DOUGLASIEN-EISCREME-GRUNDMASSE

ERGIBT 1,67 KG

ZUTATEN	MENGE	ANTEIL IN %
DOUGLASIEN-MILCH		
Douglasien-Zweige	400 g	22,22 %
Vollmilch	1,4 kg	77,78 %
EISCREME-GRUNDMASSE		
Douglasien-Milch	1,07 kg	64,07 %
Schlagsahne	140 g	8,38 %
Trockenmilchpulver	70 g	4,19 %
Zucker	270 g	16,17 %
Eiscreme-Stabilisator	5 g	0,3 %
Eigelb	115 g	6,89 %

1 Für die Douglasien-Milch die Douglasien-Zweige unter fließendem heißen Wasser gründlich abspülen.

2 Die Zweige grob hacken.

3 Die Milch in einem großen Topf aufkochen, dann die gehackten Douglasien-Zweige unterrühren. Vom Herd nehmen und den Topf mit Frischhaltefolie abdecken. Etwa 30 Minuten ziehen lassen, damit die Milch das Douglasien-Aroma gut aufnehmen kann.

4 Die Milch durch ein feinmaschiges Sieb in eine saubere Schüssel gießen und in einem Eiswasserbad abkühlen lassen.

5 Die für die Eiscreme benötigte Menge abwiegen.

6 Die Eiscreme-Grundmasse mit der auf S. 61 beschriebenen, modernen Zubereitungsmethode herstellen.

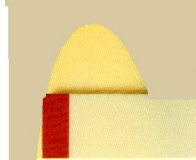

ARBORIO-MILCHREIS

ERGIBT 1,75 KG

ZUTATEN	MENGE	ANTEIL IN %
Wasser	505 g	28,86 %
Arborio-Reis	225 g	12,86 %
Vollmilch	605 g	34,57 %
Zucker	180 g	10,29 %
Salz	3 g	0,14 %
Vanillepaste	5 g	0,29 %
Eier	75 g	4,29 %
Schlagsahne	130 g	7,43 %
Butter	23 g	1,29 %

1   Das Wasser in einem Topf mit 4 l Fassungsvermögen aufkochen. Den Reis hinzufügen und gut umrühren.

2   Den Topf mit Frischhaltefolie abdecken und bei schwacher Hitze 20 Minuten köcheln lassen, bis der Reis gar ist. Er darf auf keinen Fall verkocht werden.

3   In einem sauberen Topf den gekochten Reis mit Milch, Zucker, Salz und Vanillepaste vermischen.

4   Bei mäßiger Hitze unter ständigem Rühren köcheln lassen, bis der Milchreis eine dickflüssige, cremige Konsistenz hat.

5   Vom Herd nehmen. In einer großen Schüssel Eier und Sahne verrühren. Den heißen Milchreis nach und nach unter diese Mischung rühren. Das Ganze in einen Topf füllen und zurück auf den Herd geben. Bei mäßiger Hitze 2 Minuten köcheln lassen, bis die Masse die Konsistenz einer dickflüssigen Crème anglaise hat.

6   Vom Herd nehmen und die Butter untermischen.

7   Den Milchreis in eine große Schüssel füllen, die Oberfläche direkt mit Frischhaltefolie abdecken, damit sich keine Haut bildet, und in einem Eiswasserbad abkühlen lassen.

8   Den Milchreis erst in die Maracuja-Curd-Ringe füllen, wenn er vollständig abgekühlt ist. Er darf nur an dem Tag serviert werden, an dem er zubereitet wurde.

MARACUJA-CURD-RINGE

ERGIBT 1 KG

ZUTATEN	MENGE	ANTEIL IN %
Maracuja-Püree (siehe Hinweis)	175 g	17,47 %
Zitronensaft	20 g	2 %
Zucker	225 g	22,47 %
Salz	1 g	0,05 %
Eigelb	235 g	23,46 %
Butter, in Würfel geschnitten	330 g	32,95 %
Blattgelatine (Silber), eingeweicht in kaltem Wasser, gut ausgedrückt	16 g	1,6 %

1   Zehn ovale Dessertformen, je 5 cm breit und 10 cm lang, auf ein mit einer Silikonmatte ausgelegtes Blech stellen.

2   Eine 45 x 33 cm große Backform mit einer Silikonmatte auslegen und einen passenden Plexiglas-Rahmen daraufstellen.

3   Das Maracuja Curd zubereiten wie für das Lemon Curd auf S. 223 beschrieben. In den vorbereiteten Rahmen gießen, die Oberfläche glatt streichen und mit einer Acetatfolie abdecken. Einfrieren.

4   Das fest gefrorene Maracuja Curd auf ein Schneidbrett stürzen. Den Plexiglas-Rahmen und die Silikonmatte entfernen.

5   Das gefrorene Curd mit Messer und Lineal senkrecht in 1,25 cm breite Streifen schneiden. Die Acetatfolie dabei durchtrennen. So entstehen 25 Streifen. 15 Stück gut abgedeckt für spätere Verwendung einfrieren. Die anderen 10 Streifen etwas weicher werden lassen und dann die ovalen Dessertformen damit auslegen. Die Enden, wenn nötig, kürzen, damit sie nicht überstehen, sondern perfekt aneinander abschließen.

6   Abgedeckt im Kühlschrank aufbewahren, bis der Milchreis hineingefüllt werden kann.

HINWEIS   Wenn es sich um Püree aus Maracuja-Konzentrat handelt, nur die halbe Menge verwenden und die andere Hälfte mit Orangensaft auffüllen.

WEISS-ROTES SCHOKOLADEN-PLÄTTCHEN

ERGIBT 450 G

ZUTATEN	MENGE	ANTEIL IN %
Rote Transferfolie	50 g	11,11 %
Weiße Schokolade	400 g	88,89 %

1 Zehn 2 cm breite Streifen aus der Transferfolie ausschneiden.

2 Die Streifen mit der Kakaobutter-Seite nach oben nebeneinander auf eine ausreichend große Acetatfolie legen.

3 Die weiße Schokolade schmelzen und temperieren.

4 Eine dünne, gleichmäßige Schicht temperierter Schokolade über allen Transferfolien-Streifen verteilen.

5 Wenn die Schokolade fast erstarrt ist, mithilfe eines Lineals und dem Rücken einer Messerklinge zehn 6,5 x 10 cm große Rechtecke ausschneiden, sodass sich auf der langen Seite der Rechtecke jeweils ein Streifen der roten Transferfolie befindet.

6 Die Acetatfolie umgedreht auf eine mit Backpapier abgedeckte, ebene Oberfläche legen. Mit einem geraden Gegenstand beschweren, sodass sich die Schokolade nicht wellt, während sie vollständig erstarrt.

7 An einem kühlen, trockenen Ort aufbewahren, am besten in einem luftdicht verschlossenen Behälter. 1 Jahr haltbar.

BANANEN-BUTTER-KAPSELN

ERGIBT 1,02 KG

ZUTATEN	MENGE	ANTEIL IN %
sehr reife Bananen, geschält	900 g	87,8 %
Butter	100 g	9,76 %
Zimtpulver	5 g	0,49 %
Vanillepulver (aus Tahiti-Vanille)	20 g	1,95 %

1 Die Zutaten zusammen in einen Topf mit 3 l Fassungsvermögen geben. Mäßig erhitzen, bis die Bananenstücke vollständig zusammengefallen sind. Mit dem Pürierstab zu einer glatten Masse verarbeiten.

2 Die Bananen-Butter in eine Spritztüte füllen und damit in 10 Halbkreisformen aus Silikon mit je 4 cm Durchmesser spritzen.

3 In den Formen einfrieren, bis die Bananen-Butter vollständig fest geworden ist. Die Kapseln dann aus den Formen drücken und in einem luftdicht verschlossenen Behälter bis zur Verwendung im Gefrierschrank aufbewahren. So sind sie 2 Monate haltbar.

KROSSE HASELNUSS-GIANDUJA

ERGIBT 660 G

ZUTATEN	MENGE	ANTEIL IN %
Gianduja	500 g	75,76 %
Zucker	100 g	15,15 %
Rapsöl	60 g	9,09 %

1 Eine flache, 45 x 33 cm große Backform mit einer Silikonmatte auslegen. Einen passenden, 5 mm tiefen Rahmen daraufstellen. Die Gianduja fein hacken und in die Schüssel der Standküchenmaschine füllen.

2 Den Zucker in einem kleinen Topf bei starker Hitze karamellisieren (trockene Methode).

3 Den Karamell an der Seite der Schüssel in die Gianduja gießen, während die Masse mit dem Rührelement auf der niedrigsten Geschwindigkeitsstufe vermischt wird. Dann die Maschine auf mittlerer Stufe weiterlaufen lassen und das Öl allmählich hinzufügen.

4 Auf Raumtemperatur abkühlen lassen.

5 Dann gleichmäßig im vorbereiteten Rahmen verteilen.

6 Im Kühlschrank fest werden lassen. Die fest gewordene Masse in 5 cm große Quadrate schneiden. Bis zur Verwendung in einem luftdicht verschlossenen Behälter im Kühlschrank aufbewahren. So hält sich die karamellisierte Gianduja 4 Tage. Alternativ kann sie bis zu 1 Monat eingefroren werden.

NUSSNOUGAT-CREME

ERGIBT 1,19 KG

ZUTATEN	MENGE	ANTEIL IN %
Mascarpone, weich	600 g	50,31 %
Nussnougat-Aufstrich	200 g	16,77 %
extra feiner Zucker	80 g	6,71 %
Schlagsahne	300 g	25,16 %
Blattgelatine (Silber), eingeweicht in kaltem Wasser, gut ausgedrückt	13 g	1,05 %

1 Die Nussnougat-Creme zubereiten wie für die Erdnussbutter-Mascarpone-Creme auf S. 306 beschrieben.

SAMTSPRAY IN VERSCHIEDENEN FARBEN

ERGIBT JE 225 G

ZUTATEN	MENGE	ANTEIL IN %
Weiße Schokolade	100 g	44,44 %
Kakaobutter	100 g	44,44 %
Farbige Kakaobutter (rot, blau, gelb, grün, weiß und/oder schwarz)	25 g	11,11 %

1 Die einzelnen farbigen Samtsprays separat zubereiten. Dafür die weiße Schokolade und Kakaobutter mit der kleineren Menge Kakaobutter in den gewünschten Farben zusammen in eine Schüssel geben und über einem heißen Wasserbad schmelzen. Gut verrühren.

2 Das fertige farbige Samtspray kann gleich in einen Airbrush-Behälter gefüllt und zum Überziehen der gefrorenen Desserts verwendet werden. Ansonsten kann es in einem luftdicht verschlossenen Behälter an einem kühlen, trockenen Ort aufbewahrt werden, bis es benötigt wird.

SABLÉ BRETON

ERGIBT 998 G

ZUTATEN	MENGE	ANTEIL IN %
Mandelmehl	30 g	3,01 %
Weizenmehl (Type 550)	130 g	13,03 %
Weizenmehl (Type 405)	300 g	30,06 %
Butter	210 g	21,04 %
Salz	3 g	0,3 %
Puderzucker	160 g	16,03 %
Eier	90 g	9,02 %
Butter, zerlassen und leicht abgekühlt	75 g	7,52 %

1   Das Mandelmehl mit den beiden Sorten Weizenmehl in eine Schüssel sieben.

2   Butter, Salz und Puderzucker in der Standküchenmaschine mit dem Rührelement in etwa 2 Minuten zu einer glatten Masse vermischen.

3   Die Eier in 2 Etappen hinzufügen (mehr, wenn größere Mengen des Teigs zubereitet werden sollen), während die Maschine bei mäßiger Geschwindigkeit weiterläuft. Die zweite Hälfte der Eier erst hinzufügen, wenn die erste Portion vollständig untergemischt wurde.

4   Die Küchenmaschine anhalten und die trockenen Zutaten hinzufügen. Langsam vermischen, bis sich die Zutaten gerade eben zu einer Masse verbunden haben. Nicht zu stark verrühren.

5   Den Teig zu einem flachen Rechteck formen, in Frischhaltefolie wickeln und mindestens 1 Stunde im Kühlschrank ruhen lassen.

6   Inzwischen den Konvektomaten auf 160 °C vorheizen.

7   Den Teig 3 mm dünn ausrollen.

8   Ein paar Minuten in den Gefrierschrank legen, damit der Teig fest wird.

9   Im vorgeheizten Ofen 7 – 9 Minuten goldbraun backen.

10   Bei Raumtemperatur abkühlen lassen.

11   Den abgekühlten Teig in Stücke brechen und dann im Robot Coupe zu gleichmäßigen Streuseln verarbeiten. Die zerlassene Butter hinzufügen und gleichmäßig untermischen.

12   Den so entstandenen Teig auf einer Silikonmatte in einer gleichmäßigen, 5 mm dicken Schicht ausbreiten.

13   Im Kühlschrank fest werden lassen, dann in rechteckige Stücke schneiden (die genau in die Plexiglasformen für das Dessert passen). Abgedeckt im Kühlschrank bis zu 1 Woche haltbar, im Gefrierschrank bis zu 2 Monate.

LEMON CURD

ERGIBT 1,01 KG

ZUTATEN	MENGE	ANTEIL IN %
Zitronensaft	160 g	15,84 %
Zucker	240 g	23,76 %
Eier	160 g	15,84 %
Butter, in Würfel geschnitten	450 g	44,55 %

1 Zitronensaft, Zucker und Eier in einer Schüssel vermischen und unter ständigem Rühren über einem heißen Wasserbad erhitzen, bis die Masse angedickt ist.

2 Die Schüssel aus dem Wasserbad nehmen und die Butterstückchen mit dem Pürierstab untermischen.

3 Die Schüssel mit Frischhaltefolie abdecken und das Curd bei Raumtemperatur abkühlen lassen.

4 Das abgekühlte Curd bis zur Verwendung in den Kühlschrank stellen. 1 Woche haltbar.

ITALIENISCHE BAISERMASSE

ERGIBT 630 G

ZUTATEN	MENGE	ANTEIL IN %
Zucker	360 g	57,14 %
Wasser	90 g	14,29 %
Eiweiß	180 g	28,57 %

1 Zubereitung siehe Methode für italienische Baisermasse auf S. 22.

PAIN AU LEVAIN GRILLÉ

ERGIBT 1 KG

ZUTATEN	MENGE
Pain au Levain (französisches Sauerteigbrot)	1 kg

1 Das Brot mindestens 3 Stunden im Kühlschrank kühlen, damit es sich besser schneiden lässt.

2 Den Konvektomaten auf 160 °C vorheizen.

3 Ein Backblech mit einer Silikonmatte auslegen.

4 Das Brot mit der elektrischen Brotschneidemaschine in 3 mm dünne Scheiben schneiden.

5 Die Scheiben mit dem Chefkochmesser und mithilfe eines Lineals in gleichmäßige Rechtecke schneiden. Sie müssen nicht alle gleich groß sein, die Proportionen sollten aber stimmen. Es ist vollkommen in Ordnung, wenn an einigen Stellen etwas Kruste ist.

6 Auf dem Blech verteilen und im vorgeheizten Ofen in 8 – 12 Minuten goldbraun rösten.

7 Bei Raumtemperatur abkühlen lassen. In einem luftdicht verschlossenen Behälter ebenfalls bei Raumtemperatur aufbewahren. Nur an dem Tag servieren, an dem die Brotscheiben geröstet wurden.

HINWEIS Das Anstellgut für den Sauerteig für Pain de levain wird durch spontane Säuerung gewonnen, d. h. die „Backtriebmittel" sind in diesem Fall natürliche, wilde Hefen, nicht kommerziell produzierte.

CONFITURE DE LAIT

ERGIBT 1,35 KG

ZUTATEN	MENGE	ANTEIL IN %
Vollmilch	2 kg	66,67 %
Zucker	1 kg	33,33 %

1 Die beiden Zutaten in einem großen Topf bei starker Hitze aufkochen und dann auf niedriger Stufe 3 – 4 Stunden köcheln lassen, bis die Masse wie eine Karamellsauce angedickt ist.

2 In einem luftdicht verschlossenen Behälter kann sie bei Raumtemperatur bis zu 1 Monat aufbewahrt werden.

CRÈME PÂTISSIÈRE MIT ESPRESSO

ERGIBT 1,49 KG

ZUTATEN	MENGE	ANTEIL IN %
Vollmilch, bei Raumtemperatur	80 g	5,37 %
Instant-Kaffee (Granulat)	10 g	0,67 %
Zucker	200 g	13,42 %
Maisstärke	80 g	5,37 %
Vollmilch	920 g	61,74 %
Eigelb, bei Raumtemperatur	200 g	13,42 %

1 Die Crème pâtissière mit der auf S. 24 beschriebenen Methode zubereiten. Das Instant-Kaffee-Granulat dabei unter die erste Menge Milch mischen, bevor sie aufgekocht wird.

HINWEIS Diese Crème pâtissière kann nicht länger als 2 Tage verwendet werden. Da das Eigelb nicht gekocht wird, bauen die Enzyme die gelierten Proteine aus der Maisstärke mit der Zeit ab, sodass die Creme irgendwann recht unappetitlich aussieht.

Bereiten Sie nicht weniger Crème pâtissière vor, als die in diesem Rezept angegebene Menge. Eine kleinere Menge würde nicht heiß genug, sodass die Proteine in Eigelb und Maisstärke nicht koagulieren und die Masse daher auch nicht andicken würde.

BRANDMASSE – PÂTE À CHOUX FÜR DIE WINDBEUTEL

ERGIBT 1 KG

ZUTATEN	MENGE	ANTEIL IN %
Wasser	320 g	31,75 %
Zucker	5 g	0,5 %
Salz	5 g	0,5 %
Butter	150 g	14,88 %
Trockenmilchpulver	28 g	2,78 %
Weizenmehl (Type 550)	180 g	17,86 %
Eier	320 g	31,75 %

1   Den Ofen auf 220 °C (Ober-/Unterhitze) vorheizen.

2   Ein Backblech mit einer Silikonmatte auslegen. Eine Spritztüte mit einer Tülle Nr. 808 ausstatten – sie wird für das Spritzen der Windbeutel benötigt.

3   Wasser, Zucker, Salz und Butter zusammen in einen Topf geben und bei starker Hitze aufkochen. Das Milchpulver hinzufügen und erneut aufkochen. Vom Herd nehmen und das Mehl zügig unterrühren. Bei mäßig schwacher Temperatur zurück auf den Herd geben und unter ständigem Rühren 2 Minuten erhitzen. Wenn sich am Boden des Topfes eine Art dünne Haut bildet, ist das ein Hinweis darauf, dass die Proteine aus der Stärke vorgaren (pre-koagulieren). Durch das Erhitzen der Masse für 2 Minuten unter Rühren wird sichergestellt, dass die Stärke in der gesamten Masse vorgegart wird.

4   Den Topf vom Herd nehmen und die Masse in die Schüssel der Standküchenmaschine geben. Mit dem Rührelement bei mittlerer Geschwindigkeit vermischen, bis die Masse auf Raumtemperatur abgekühlt ist.

5   Die Eier nacheinander hinzufügen. Zwischendurch jedes Mal die Maschine anhalten und die Masse mit einem Teigschaber von den Schüsselwänden lösen. Die Konsistenz regelmäßig prüfen, denn vielleicht müssen nicht alle Eier untergemischt werden. Wenn das Rührelement aus der Masse gehoben wird, sollte die Masse nicht in einer Spitze nach oben zeigen, sondern in die Schüssel zurückfallen.

6   Die fertige Masse in die vorbereitete Spritztüte füllen und in runden Portionen auf das vorbereitete Blech spritzen. Für die größeren Windbeutel sollten die Portionen einen Durchmesser von 5 cm haben, für die kleineren 2,5 cm. Wasser in einem feinen Nebel über die gespritzte Masse sprühen und dann jeweils eine Craquelin-Scheibe in die Mitte setzen (große Scheiben auf große Windbeutel, kleine Scheiben auf kleine).

7   Das Blech in den vorgeheizten Ofen schieben. Den Ofen abstellen. Nach 25 Minuten die Ofentür einen Spalt öffnen und die Windbeutel noch 10 – 12 Minuten im Ofen trocknen lassen.

8   Auf Raumtemperatur abkühlen lassen. Dann können die Windbeutel gefüllt oder eingefroren werden. Gefrorene Windbeutel müssen vor der Verwendung etwa 5 Minuten im heißen Ofen bei leicht geöffneter Ofentür etwa 5 Minuten aufgebacken werden.

CRAQUELIN

ERGIBT 510 G

ZUTATEN	MENGE	ANTEIL IN %
Butter, weich	150 g	29,41 %
brauner Zucker	180 g	35,29 %
Weizenmehl (Type 405)	180 g	35,29 %

1   Die Zutaten in der Standküchenmaschine mit dem Rührelement langsam zu einer homogenen Masse vermischen.

2   Die Masse auf eine Acetatfolie geben und mit den Händen flach drücken. Eine zweite Lage Acetatfolie darauf legen und die Masse knapp 3 mm dünn ausrollen. Dann einfrieren.

3   Die obere Acetatfolie von der gefrorenen Masse entfernen, umdrehen und auch die andere Acetatfolie entfernen. Die Masse erneut auf eine der Acetatfolien legen (so lässt sie sich später besser davon lösen). Mit einer runden Ausstechform mit 5 cm Durchmesser und einer weiteren mit 3 cm Durchmesser jeweils mindestens 10 Scheiben aus der Masse ausstechen. Bis zur Verwendung gut verpackt im Gefrierschrank aufbewahren. So ist die Masse 1 Monat haltbar.

SCHOKOLADEN-GLASUR-SCHEIBEN

ERGIBT 642 G

ZUTATEN	MENGE	ANTEIL IN %
Wasser	240 g	37,35 %
Zucker	175 g	27,24 %
Kakaopulver	70 g	10,89 %
Schlagsahne	150 g	23,35 %
Blattgelatine (Silber), eingeweicht in kaltem Wasser, gut ausgedrückt	8 g	1,17 %

1   Ein 45 x 33 cm großes Blech mit einer Silikonmatte auslegen. Einen passenden, 3 mm tiefen Rahmen daraufstellen.

2   Wasser und Zucker in einem Topf mit 2 l Fassungsvermögen bei starker Hitze köcheln lassen, bis sich der Zucker aufgelöst hat.

3   Vom Herd nehmen und das Kakaopulver mit dem Schneebesen unterrühren.

4   Zurück auf den Herd stellen und erneut aufkochen. Die Sahne hinzufügen und bei mäßig schwacher Temperatur sanft köcheln lassen.

5   Unter häufigem Rühren etwa 30 Minuten köcheln lassen, bis die Masse angedickt ist. Vom Herd nehmen, die weiche Gelatine hinzufügen und vorsichtig umrühren, bis sie sich aufgelöst hat. In den vorbereiteten Rahmen gießen und einfrieren.

6   Den Rahmen von der gefrorenen Glasur entfernen. Die Glasur umdrehen und die Silikonmatte lösen. Die Glasur sofort wieder auf die Matte legen. (So bleibt sie später nicht so leicht an der Matte haften).

7   Mit einer runden Form mit 5 cm Durchmesser und einer mit 3 cm Durchmesser Scheiben ausstechen und bis zur Verwendung einfrieren. 1 Monat haltbar.

KOKOSNUSS-BISKUIT

ERGIBT 800 G

ZUTATEN	MENGE	ANTEIL IN %
Eiweiß	250 g	31,25 %
extra feiner Zucker	80 g	10 %
Puderzucker, gesiebt	250 g	31,25 %
Kokosflocken, fein gemahlen	220 g	27,5 %

1   Den Konvektomaten auf 160 °C vorheizen.

2   Die Innenseiten einer 45 x 33 cm großen Backform leicht mit Sprühfett fetten. Den Boden mit einer passenden Silikonmatte auslegen.

3   Mit Eiweiß und extra feinem Zucker französische Baisermasse zubereiten, wie auf S. 21 beschrieben.

4   Den Puderzucker und die fein gemahlenen Kokosflocken unter die Baisermasse heben.

5   Die Masse gleichmäßig in der vorbereiteten Backform verteilen.

6   Im vorgeheizten Ofen 8 – 10 Minuten backen, ohne dass die Oberfläche bräunt. In der Mitte sollte sie sich aber trocken anfühlen.

7   Bei Raumtemperatur abkühlen lassen und dann in den Kühlschrank stellen. Den gekühlten Biskuit in 7,5 cm große Quadrate schneiden.

8   Bis zum Anrichten des Desserts im Kühlschrank aufbewahren. 3 Tage haltbar.

KOKOSNUSS-CREME

ERGIBT 1, 8 KG

ZUTATEN	MENGE	ANTEIL IN %
Kokosnuss-Püree	1 kg	53,19 %
Zucker	100 g	5,32 %
Eiweiß	50 g	2,66 %
Schlagsahne	550 g	29,26 %
Zucker	150 g	7,98 %
Sahnesteif	8 g	0,43 %
Blattgelatine (Silber), eingeweicht in kaltem Wasser, gut ausgedrückt	22 g	1,17 %

1   Die Kokosnuss-Creme zubereiten, wie für die Rote-Guaven-Creme auf S. 309 beschrieben (Schritte 2 – 7). Keinen Puffreis unterheben. Die Kokosnuss-Creme sofort zum Fertigstellen des Desserts verwenden.

KUPFERFARBENE SCHOKOLADEN-STERNCHEN

ERGIBT 250 G

ZUTATEN	MENGE
Zartbitterschokolade, temperiert	250 g

Kupfer-Metallic-Lebensmittelfarbe (Pulver) 2 g

1   Polycarbonat-Sternförmchen bis zum Rand mit temperierter Schokolade füllen. Die Oberfläche glatt streichen.

2   Bei Raumtemperatur fest werden lassen. Wenn die Schokolade vollständig kristallisiert ist, etwa 1 Stunde später die Form wenden und die Sternchen daraus lösen.

3   Die Sternchen einzeln mit einem weichen Pinsel mit dem Kupfer-Metallic-Pulver bestreichen. Das Pulver mit einer dünnen Schicht essbarem Sprühlack fixieren.

4   An einem kühlen, trockenen Ort aufbewahren, am besten in einem geschlossenen Behälter. 1 Jahr haltbar.

5 DESSERTS VOM TABLETT

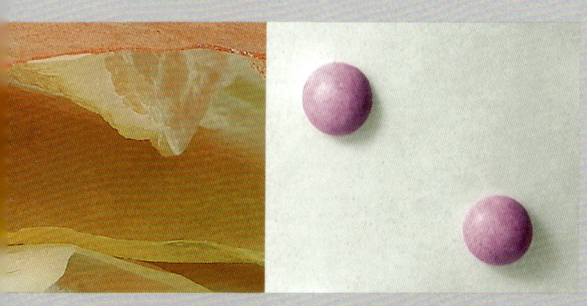

D iese Desserts haben einiges mit Büfett-Desserts gemeinsam. So sind sie in der Regel schon zu Beginn des Service fertig, sodass sie nur noch serviert und gegessen werden müssen. Während einige Büfett-Desserts erst vor den Augen der Kunden fertiggestellt werden, gibt es bei Desserts vom Tablett keine derartigen Ausnahmen. Die einzelnen Portionen müssen vollkommen fertig sein, wenn sie die Küche verlassen, da die Servicemitarbeiter sie ja auf einem Tablett oder ähnlichem in den Speiseraum tragen müssen und daher keine Hand mehr frei haben, um noch etwas an den Speisen zu verändern. Im Unterschied zu Büfett-Desserts müssen auf dem Tablett servierte Desserts dafür nicht längere Zeit bei Raumtemperatur stabil sein.

Es kann also durchaus mit temperaturempfindlichen Komponenten gearbeitet werden. Ein Tablett mit Eis am Stiel kann zum Beispiel in den Speise- bzw. Veranstaltungssaal geschickt werden und einige Zeit zwischen den Gästen seine Runden machen, bevor das Eis zu schmelzen beginnt. Es gibt auch ein paar Tricks, mit denen das Schmelzen gefrorener Komponenten herausgezögert werden kann. Solange Sie und Ihr Team gut darüber informiert sind, wie die jeweiligen Speisen gelagert werden müssen und wie sie korrekt serviert werden, ist alles unter Kontrolle.

Desserts vom Tablett werden meistens auf Stehpartys oder Empfängen serviert, also zu Gelegenheiten, wo die Gäste wenige Möglichkeiten zum Abstellen ihrer Teller haben. Und wer seinen Teller nicht abstellen kann, hat in der Regel auch keine Möglichkeit, sein Glas abzustellen. Die Gäste

haben also nur eine Hand für das Essen frei. Das heißt, die vom Tablett servierten Desserts sollten sich möglichst mühelos mit nur einer Hand essen lassen, ohne dass man sich dabei verschmiert oder viel krümelt. Für die Veranstaltungen, zu denen Desserts vom Tablett serviert werden, machen sich die Gäste in der Regel schick und Sie werden sicher nicht dafür verantwortlich sein wollen, dass der Gastgeber am Ende die Reinigung der Kleidung seiner Gäste zahlen muss. Wenn Sie es den Gästen besonders einfach machen möchten, dann können Sie die Desserts in Gefäßen oder mit kleinen Hilfsmitteln servieren, die das Essen unkomplizierter machen – zum Beispiel in kleinen Umschlägen, am Stiel, in kleinen Tassen oder auf großen Löffeln. Bleibt nur die Frage, wo die Gäste diese Gefäße entsorgen, wenn sie das Dessert verspeist haben…Hier ist es wieder wichtig, sich gut mit dem Serviceteam abzusprechen, sodass die Mitarbeiter Bescheid wissen, dass sie kurz nachdem die entsprechenden Speisen serviert wurden, herumgehen und die entsprechenden Gefäße wieder einsammeln. Ansonsten werden Sie nach der Veranstaltung einen verschmutzten Boden vorfinden oder an anderen ungünstigen Stellen Reste entdecken.

Wenn Desserts vom Tablett serviert werden, sollte immer mehr als eine Sorte angeboten werden. Leider gibt es keine Formel, mit der man berechnen könnte, wie viele unterschiedliche Desserts für eine bestimmte Anzahl an Gästen angeboten werden müssen. Auf jeden Fall gilt, dass eine Variante nicht ausreicht. Da Desserts vom Tablett in sehr kleinen Portionen serviert werden, sollten Sie damit rechnen, dass pro Kopf mindestens zwei dieser Dessert-Häppchen verzehrt werden. Insgesamt sollten also mindestens doppelt so viele Dessert-Portionen vorbereitet werden, als Gäste eingeladen sind. Mehr geht immer – weniger dürfen es nicht sein.

Einige der Desserts müssen direkt auf dem Tablett angerichtet werden, auf dem sie den Gästen präsentiert werden sollen. Andere können vollständig im Voraus zubereitet werden, profitieren dann meistens aber noch von einer kleinen Dekoration in letzter Minute – besonders von Dekorationen, die temperatur- oder feuchtigkeitsempfindlich sind (zum Beispiel knusprige oder gefrorene Komponenten). Desserts vom Tablett können daher mehr Abwechslung bieten, als Büfett-Desserts. Desserts vom Tablett haben auch einiges mit Pre-Desserts und Mignardises bzw. Petits Fours gemeinsam, denn es handelt sich ja ebenfalls um kleine, fertig angerichtete Portionen, die manchmal à la minute noch den letzten Schliff bekommen.

Denken Sie daran: Im Gegensatz zu den am Tisch servierten Desserts, die aus mehreren Komponenten bestehen, die sich gegenseitig ausgleichen oder voneinander abheben sollen, sind Desserts vom Tablett kleine Häppchen, die sich auch mit nur einer freien Hand genießen lassen.

ORANGENBLÜTEN-EISCREME | WARME MADELEINES

ERGIBT	10 Portionen

WARUM DIESE AROMEN GUT ZUSAMMENPASSEN	Die beiden Komponenten unterscheiden sich in Hinblick auf Textur und Temperatur, haben dafür aber einen ähnlichen Geschmack. Dieses Dessert verdeutlicht also, was passiert, wenn ein bestimmtes Aroma auf unterschiedliche Art und Weise verarbeitet wird.

KOMPONENTEN	Madeleine-Masse (S. 364)
	Orangenblütenwasser
	Orangenblüten-Eiscreme (S. 364)

ANRICHTEN

1   Den Konvektomaten auf 160 °C vorheizen.

2   Eine kleine Madeleine-Form mit 12 Vertiefungen leicht mit Sprühfett fetten.

3   Die Madeleine-Masse in die Vertiefungen spritzen und im vorgeheizten Ofen in etwa 7 Minuten goldbraun backen.

4   Die Madeleines aus der Form lösen.

5   Die warmen Madeleines auf der Seite mit den Rillen mit je 5 g Orangenblütenwasser einstreichen.

6   Die warmen Madeleines in eine gefaltete Serviette legen.

7   Die Orangenblüten-Eiscreme am Stiel auf einem geeigneten Ständer präsentieren. Sofort servieren.

CARROT-CAKE-SÄULEN

ERGIBT 10 Portionen

WARUM DIESE AROMEN
GUT ZUSAMMENPASSEN Möhren können nicht nur gut in herzhaften Gerichten verarbeitet werden, sondern auch in Desserts. Ihre natürliche Süße tritt deutlicher hervor, wenn sie gegart wurden. In den Vereinigten Staaten wird Carrot Cake in der Regel mit einem Frischkäse-Frosting versehen. Frischkäse ist auch eine dieser Zutaten, die sowohl für die Zubereitung herzhafter als auch für süße Speisen verwendet werden kann. Vielleicht ist das auch einer der Gründe dafür, dass diese Zutaten beim Carrot Cake so gerne kombiniert werden. Für dieses Dessert wird der Frischkäse mit Mascarpone kombiniert, um seine herzhaften Eigenschaften ein wenig abzuschwächen. Wenn Frischkäse richtig gesüßt und zurückhaltend verwendet wird, ist er wirklich ein hervorragender Überzug für den Carrot Cake, da er auch säuerliche und salzige Noten beiträgt. Das Schokoladen-Kästchen hält nicht nur alles sauber zusammen, sondern ist auch schön knackig und verleiht dem Dessert dadurch die nötige Abwechslung, was die Konsistenz betrifft. Außerdem passt die Schokolade überraschend gut zu den anderen Aromen.

KOMPONENTEN

Schokoladenkästchen (S. 365)
Frischkäse-Mascarpone-Creme (S. 365)
Carrot Cake (S. 366)
Orangefarbenes Samtspray (S. 252)
Möhren-Schaum (S. 367)

ANRICHTEN

1   Die 10 Schokoladenkästchen mit je 30 g der Frischkäse-Mascarpone-Creme füllen.

2   Jeweils 1 rechteckiges Stück Carrot Cake in die Mitte der Creme drücken, sodass die Creme an den Seiten des Kuchens nach oben steigt. Umdrehen, sodass die offene Seite unten ist, und im Kühlschrank fest werden lassen.

3   Die Arbeitsfläche dort, wo die Desserts mit Samtspray überzogen werden sollen, mit Plastikfolie abdecken, um sie sauber zu halten.

4   Das orangefarbene Samtspray in den entsprechenden Behälter der Airbrush-Pistole füllen und die gefüllten Schokoladenkästchen gleichmäßig aus mindestens 60 cm Entfernung auf 2 der 4 Längsseiten einsprühen. Für die 10 Portionen wird insgesamt etwa 50 g Samtspray benötigt.

5   Jede Portion mit einem etwa 2,5 cm großen Stück Möhren-Schaum dekorieren. Bis zum Servieren im Kühlschrank aufbewahren.

CHIPS

ERGIBT	10 Portionen

WARUM DIESE AROMEN
GUT ZUSAMMENPASSEN

Das Besondere an diesen Chips ist nicht unbedingt ihr Geschmack, sondern die Art und Weise, wie er präsentiert wird: knusprig. Für Desserts ist es untypisch, dass diese Konsistenz alleine auftritt. Die Chips sollten am besten einzeln genossen und nicht zusammen in den Mund gesteckt werden, da die unterschiedlichen Aromen der einzelnen Chips sonst nicht zur Geltung kommen.

KOMPONENTEN

Natürlich aromatisierte Chips aus Kartoffelstärke: Pfefferminze, Erdbeere, Pfirsich, Kokosnuss und Zitrone (S. 367)

ANRICHTEN

Die Chips zum Servieren auf einem Tablett stapeln, getrennt nach unterschiedlichen Geschmacksrichtungen.

SCHOKOLADEN-RUM-CANNELÉS

ERGIBT	20 Stück

WARUM DIESE AROMEN GUT ZUSAMMENPASSEN

Traditionell werden Cannelés mit Vanille aromatisiert. Dieses wundervolle Gebäck ist schwer zu beschreiben – wenn man es nicht besser weiß, könnte man denken, etwas würde damit nicht stimmen. Außen sind die kleinen Küchlein knusprig und fest, fast so, als wären sie angebrannt. Und innen sind sie weich und saftig, sodass man meinen könnte, sie wären noch nicht durchgebacken. Genauso soll es sein. In diesem Rezept werden die Cannelés mit Schokolade und Rum aromatisiert. Diese beiden Aromen gehen eine beinahe nahtlose Symbiose sein, auch wenn man die Kombination nicht unbedingt aus Cocktails kennt (warum eigentlich nicht?). Rum und Schokolade gehören zusammen, auf jeden Fall in Kuchen und Desserts. Dafür muss es aber unbedingt ein dunkler Rum sein, kein klarer bzw. weißer Rum, denn nur die Aromen von dunklem Rum gehen eine sehr angenehme Verbindung mit denen der Schokolade ein.

KOMPONENTEN

Mini-Schokoladen-Rum-Cannelés (S. 368)

ANRICHTEN

Die gebackenen Cannelés können serviert werden, sobald sie ausreichend abgekühlt sind. Bis zum Servieren lässt man sie bei Raumtemperatur stehen. Nur an dem Tag servieren, an dem sie gebacken wurden.

HINWEIS

Die Cannelés möglichst nicht in flexiblen Silikonformen backen. Ich empfehle Ihnen, die traditionellen Metallformen (äußere Schicht Kupfer) zu verwenden. Die sind zwar teuer, man erzielt damit aber die besten Resultate.

MACARONS

GRUNDLAGEN Macarons sind kleine, sehr feine Mandelbaisers mit einer cremigen oder fruchtigen Füllung. Nicht zu verwechseln sind sie mit den amerikanischen Macaroons, Kokosnuss-Keksen, die häufig mit Schokolade überzogen sind. Achten Sie auf die unterschiedliche Schreibweise.

Bei Heißhunger auf etwas Süßes, sind Macarons die idealen Häppchen. Sie sind süß genug, um das Bedürfnis nach Süßem mit ein paar Bissen zu stillen, und haben dabei eine unheimlich anregende Konsistenz: zart kross an der Oberfläche und darunter schön weich (man könnte fast sagen, „angenehm zäh"). Auch wenn man sie ein paar Tage gekühlt aufbewahrt, bleibt die äußere Schicht fein knusprig. Die Variationen und Kombinationen was Geschmacksrichtung und Füllung betrifft, sind beinahe endlos – sogar herzhafte Varianten sind möglich (siehe die Beispiele auf S. 368 und S. 373). Über die Füllung kann man die Eigenschaften von Macarons insgesamt stark beeinflussen. Geeignete Füllungen sind z. B. verschiedene Konfitüren, Marmelade, Gelees, eingekochte oder kandierte Früchte. Diese Zutaten können dann mit Buttercreme kombiniert werden. Der Vorteil von Buttercreme ist, dass sie mit wirklich vielen Zutaten vermischt werden kann und sich gut mit der Spritztüte auf den Macarons verteilen lässt. Allerdings kann sie das gewünschte Aroma schwächen. Dank ihres hohen Fettgehalts hält sich Buttercreme gut zwischen den Macaron-Hälften. Eine kleine Menge Buttercreme zu verwenden, kann also nicht schaden. Schafft man es, ganz ohne Buttercreme auszukommen, hat man am Ende allerdings ein geschmacksintensiveres Produkt.

Die Textur fertiger Macarons mit ihrer leichten Kuppelform, der dünnen, aber fein krossen äußeren Schicht und der weichen Masse darunter ist einfach wunderbar. Brillant finde ich vor allem den Prozess, der dahintersteckt. Macarons, wie wir sie heute kennen, haben wir Pierre Desfontaines von Ladurée in Paris zu verdanken. Er perfektionierte das Rezept und die Methode. Außerdem war er es, der zu Beginn des 20. Jahrhunderts die Idee hatte, das feine Gebäck aus Mandelbaisermasse mit einer Füllung zu versehen.

Bei der Zubereitung gibt es drei Schlüsselmomente, die darüber entscheiden, ob die Macarons ein Erfolg werden oder eine Enttäuschung:

UNTERHEBEN Wenn man nicht aufpasst, vermischt man die Masse beim Unterheben der gesiebten Mehl-Mandelmischung unter die Baisermasse zu stark. Oder man vermischt sie nicht ausreichend. Nur mit einer perfekt vermischten Masse erzielt man perfekte Ergebnisse. Ist die Masse nicht gut genug vermischt, bekommen die Macarons eine unregelmäßige, körnige Oberfläche. Ist die Masse zu stark vermischt, läuft sie auseinander, sobald sie auf das Blech gespritzt wird. Die gut vermischte Macaron-Masse hält ihre Form und hat nach dem Backen eine gleichmäßig glatte und seidige Oberfläche.

SPRITZEN Das Spritzen der Masse auf das Blech hat keinen unmittelbaren Einfluss darauf, ob die Macarons im Hinblick auf Konsistenz und Geschmack ein Erfolg werden. Trotzdem ist es enorm wichtig, da sich hier entscheidet, ob die einzelnen Teile eine gleichmäßige Form und Größe haben werden. Die Größe wird nicht nur davon bestimmt, wie groß der Durchmesser der auf das Blech gespritzten Masse ist, sondern auch von ihrer Höhe. Je höher die Masse gespritzt wird, desto größer wird das Macaron.

BACKEN In den Rezepten werden zwar genaue Angaben zum Backen gemacht, diese müssen in der Regel aber noch fein abgestimmt, also auf den jeweiligen Ofen eingestellt werden, denn jeder Ofen ist ein klein wenig anders. Wichtig ist, dass die Macarons vollständig gebacken werden, ohne dass sich

Maillard-Reaktionen an der Oberfläche vollziehen – also ohne, dass die Oberfläche bräunt. Außerdem sollten die Macarons, nachdem die Masse auf das Blech gespritzt wurde, vor dem Backen noch einige Zeit bei Raumtemperatur stehen gelassen werden, damit sich eine feine Haut an der Oberfläche bildet. Wie lange das dauert, hängt von der jeweiligen Umgebung ab. Ist es ein trockener oder ein feuchter Tag? Ist es eher warm oder kalt in der Küche? Ist es draußen warm oder kalt? Unabhängig von der Umgebung kann überprüft werden, ob die Macarons soweit sind, um in den Ofen geschoben zu werden, indem man mit der Fingerspitze vorsichtig die Oberfläche berührt. Ist sie trocken, können die Macarons gebacken werden. Hinterlässt die Fingerspitze eine Delle oder es bleibt ein wenig Masse am Finger kleben, dann müssen die Macarons noch ein wenig trocknen. Allerdings können die Macarons auch zu sehr antrocknen. Dann bildet sich eine dicke, feste Haut und am Boden der Macarons können keine „Füße" entstehen. Bei den „Füßen" handelt es sich in diesem Fall um die körnig aussehenden Bänder, die sich am Boden um die Macarons ziehen und hier ein Zeichen guter Qualität sind.

MACARONS-GRUNDREZEPT

ERGIBT 970 g (etwa 70 Stück)

ZUTATEN	MENGE	ANTEIL IN %
Eiweiß	200 g	20,62 %
Trockeneiweiß	10 g	1,03 %
extra feiner Zucker	60 g	6,19 %
Mandelmehl	250 g	25,77 %
Puderzucker	450 g	46,39 %
flüssige Lebensmittelfarbe (wasserbasiert)	nach Bedarf	

1   Das Trockeneiweiß langsam und sorgfältig mit dem Schneebesen unter das Eiweiß heben und dann unterrühren.

2   Den Zucker in einer Kaffeemühle sehr fein mahlen.

3   Das Mandelmehl mit dem Puderzucker vermischen und dann 30 Sekunden im Robot Coupe mixen. Mit einem Rundsieb sieben.

4   Die Eiweiß-Mischung in der Standküchenmaschine mit dem Schneebesen-Element bei hoher Geschwindigkeit aufschlagen. Sobald ein lockerer Eischnee entstanden ist, den Zucker hinzurieseln lassen. Steif schlagen. Ein paar Tropfen Lebensmittelfarbe hinzufügen und wenige Sekunden weiter rühren, bis die Farbe gleichmäßig verteilt ist. Wie viel Farbe benötigt wird, hängt davon ab, welche Lebensmittelfarbe verwendet wird. Natürliche Lebensmittelfarben sind teuer und es werden größere Mengen benötigt, um die Grundmasse richtig einzufärben. Außerdem bleichen sie mit der Zeit tendenziell aus. Für Macarons muss immer wasserlösliche Lebensmittelfarbe verwendet werden, keine fettlösliche. (Es kann auch pulverförmige Lebensmittelfarbe verwendet werden, diese muss aber auch in Flüssigkeiten löslich sein, nicht fettbasiert.)

5   Die Baisermasse mit einem Kunststoffteigschaber in mehreren Etappen unter die gesiebten, trockenen Zutaten heben. Nicht zu stark vermischen (damit die Masse nicht zu flüssig wird). Die Masse sollte sich nur ein klein wenig ausbreiten, wenn man aufhört zu mischen.

6   Eine Spritztüte mit einer Lochtülle Nr.6 ausstatten und die Macaron-Masse hineinfüllen.

7   Ein Backblech mit einer dünnen Silikonmatte auslegen, möglichst einer mit perforierter Oberfläche, da sie die Hitze besser und gleichmäßiger leitet, sodass die Macarons besser aufgehen. Der Durchmesser der Macarons sollte etwa 3 cm und der Abstand zwischen den einzelnen Macarons mindestens 2,5 cm betragen. 30 – 40 Minuten antrocknen lassen. Bevor sie gebacken werden, mit der Fingerspitze überprüfen, ob die Oberfläche schon trocken ist. Der Finger darf keine Delle hinterlassen.

8 Inzwischen den Konvektomaten auf 150 °C vorheizen und den Ventilator auf Stufe 3 einstellen. Die Macarons 2 Minuten darin backen, dann die Ventilatoren-Geschwindigkeit auf Stufe 1 reduzieren und sie weitere 2 Minuten backen. Den Ofen abstellen und die Macarons weitere 12 – 14 Minuten darin stehen lassen (bzw. 8 – 10 Minuten im Fall von kleinen Macarons). Sie sind soweit, wenn sie sich von der Silikonmatte lösen lassen, ohne daran zu kleben.

9 Bei Raumtemperatur abkühlen lassen.

10 Die gewünschte Füllung in eine mit einer kleinen Lochtülle (Nr.2) ausgestattete Spritztüte füllen und auf die Hälfte der Macaron-Hälften auftragen. Je nach Füllung kann die optimale Dicke variieren, 3 mm sind ein guter Richtwert. Weniger ist nicht empfehlenswert, da sich das Aroma sonst unter Umständen nicht mehr deutlich wahrnehmen lässt. Zu viel Füllung ist aber auch nicht gut. Die Konsistenz der Füllung ist sehr wichtig. Sie darf nicht zu feucht sein, damit sie die Macarons nicht aufweicht und heraustropft. Perfekt ist sie, wenn sie beim Spritzen nicht auseinanderläuft. Hier kann ein klein wenig Buttercreme als Stabilisator dienen, sollte aber in Maßen verwendet werden.

11 Die Macarons nebeneinander in einer Lage auf ein sauberes Blech setzen und mit Frischhaltefolie abdecken. Nicht gleich servieren, denn sie brauchen etwa 24 Stunden, um sich aneinander zu gewöhnen: Durch den Kontakt mit der Füllung werden die Böden der Macarons-Hälften ein klein wenig weicher, sodass sich Macarons und Füllung an diesen Stellen letztendlich miteinander verbinden. Einige Patissiers schwören darauf, die Macarons noch länger als 24 Stunden ziehen zu lassen, aber diese Zeitspanne ist durchaus ausreichend.

12 Gut verpackt eingefroren sind die Macarons bis zu 3 Monate haltbar. In einem luftdicht verschlossenen Behälter halten sie sich im Kühlschrank bis zu 7 Tage.

13 Die Macarons können direkt aus dem Kühlschrank serviert oder vorher etwa 1 Stunde bei Raumtemperatur ziehen gelassen werden. Ich mag sie so oder so. Sie sind sogar gefroren ein Genuss.

HINWEIS   Die Rezepte für verschiedene Macarons-Variationen finden Sie auf den Seiten 368 – 373.

MAKULAN-GELEE | SASSAFRASS-PANNA-COTTA

ERGIBT

10 Portionen

WARUM DIESE AROMEN
GUT ZUSAMMENPASSEN

Makulan oder Mexikanischer Blattpfeffer ist keine gewöhnliche Zutat. In den Vereinigten Staaten wird er auch Root Beer Leaf genannt, da er einige Aromen mit dem beleibten Wurzelbier gemeinsam hat. Sassafrass ist eine der Zutaten, die bei der Zubereitung von Wurzelbier verwendet wird – daher sind diese beiden Aromen gut aufeinander abgestimmt, ohne identisch zu sein.

KOMPONENTEN

Makulan-Gelee (S. 374)
Sassafrass-Panna-cotta (S. 374)

ANRICHTEN

1   Dreißig je 5 cm lange Plexiglasröhrchen mit 2,5 cm Durchmesser auf einem flachen, mit Acetat-folie ausgelegten Blech bereitstellen. Das Ganze einfrieren.

2   Mit dem Dosiertrichter jeweils 5 g des Gelees (es sollte Raumtemperatur haben) in die gefrorenen Röhrchen füllen. Dafür müssen die Röhrchen und das Blech unbedingt gefroren sein, damit das Gelee sofort geliert und nicht ausläuft, wenn es hinein gefüllt wird.

3   In den Kühlschrank stellen, während die Sassafrass-Panna-cotta zubereitet wird.

4   Die Panna cotta (sie sollte Raumtemperatur haben) mit dem Dosiertrichter in die Röhrchen auf das Gelee füllen, sodass noch 3 mm Platz bis zum Rand sind. Im Kühlschrank gelieren lassen.

5   Nun das restliche Gelee in den Röhrchen auf der Panna cotta verteilen. Gelieren lassen.

6   Im Kühlschrank aufbewahren. 30 Minuten vor dem Servieren aus dem Kühlschrank nehmen, damit das Dessert beim Genuss nicht ganz kalt ist.

HINWEIS

Dieses Dessert soll zum Verzehr in den Mund gezogen werden wie aus einem Strohhalm.

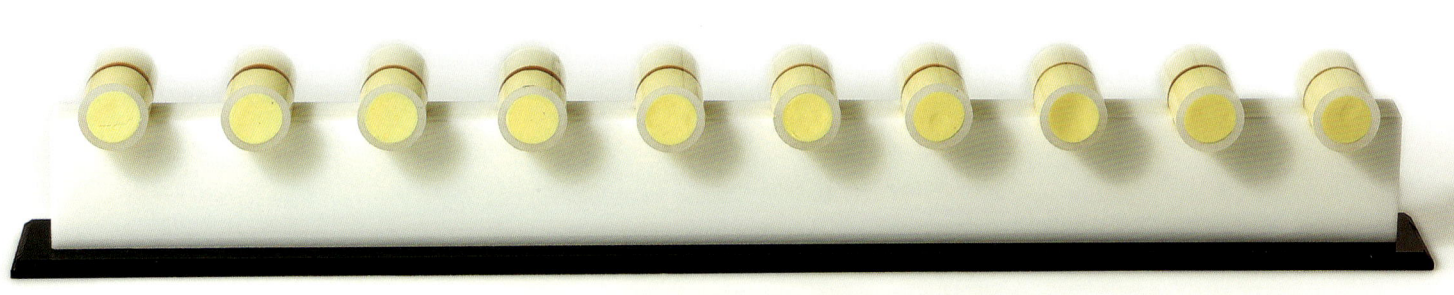

KOKOSNUSS-FRUCHT-LOLLIS

ERGIBT 80 Stück – 10 Stück pro Geschmacksrichtung

WARUM DIESE AROMEN
GUT ZUSAMMENPASSEN

ZARTBITTERSCHOKOLADE UND AÇAI Der intensive Geschmack der Açai-Beeren wirkt beinahe ein biss-chen künstlich. Diese Intensität wird durch die bitteren Noten der Zartbitterschokolade noch betont.

ZARTBITTERSCHOKOLADE UND GRANATAPFEL Granatäpfel haben einen säuerlichen Geschmack, der von vielen Aromen in den Hintergrund gedrängt, von Zartbitterschokolade jedoch hervorgehoben wird.

ZARTBITTERSCHOKOLADE UND WEINTRAUBEN DER SORTE STEUBEN Diese Weintrauben schmecken ähnlich wie Concord-Trauben, bloß konzentrierter. Getrocknet haben sie einen ausgeprägten Weingeschmack, der besser zu dunklen Schokoladensorten passt, als zu Milchschokolade.

MILCHSCHOKOLADE UND LUCUMA Lucuma ist eine Frucht aus Peru. Sie hat einen einzigartigen, inten-siven Geschmack, der eher süß ist, aber auch eine gewisse Umami-Note hat, sodass sich Lucuma und Milchschokolade wunderbar ausgleichen.

MILCHSCHOKOLADE UND KAFFEE Kaffee und Schokolade (und das gilt für Zartbitter- und Milchschoko-lade ebenso wie für weiße Schokolade) passen gut zusammen. Milchschokolade nimmt die bitteren Noten des Kaffees zurück, ganz ähnlich, wie wenn man einen Schluck Milch in eine Tasse Kaffee gibt.

WEISSE SCHOKOLADE UND CHINESISCHE BAUMBEERE Diese Beeren, die auch als Pappelpflaumen oder Yumberrys bekannt sind, haben einen sehr komplexen Geschmack mit ausgesprochen sauren Noten, die durch weiße Schokolade wunderbar ausgeglichen werden.

WEISSE SCHOKOLADE UND BLAUBEEREN Wilde Blaubeeren haben einen fruchtigeren Geschmack als kultivierte Blau- oder Heidelbeeren und sie sind auch ein klein wenig saurer. Weiße Schokolade hebt ihren Eigengeschmack hervor.

WEISSE SCHOKOLADE UND MATCHA Matcha kann leider einen leicht fischigen Geschmack haben. Einige Hersteller scheinen jedoch einen Weg gefunden haben, das zu umgehen. Ansonsten erinnert der Geschmack von Matcha an Gras und grünes Gemüse und wird von den Milcharomen der weißen Schokolade angenehm gedämpft. Eine tolle Kombination.

KOMPONENTEN

Zartbitterschokolade
Milchschokolade
Weiße Schokolade
Gefriergetrocknete Fruchtpulver: Baumbeeren, Açai, Blaubeeren, Lucuma, Granatapfel, Steuben-Weintrauben
Außerdem: Instant-Kaffeepulver, Matcha
Essbarer Sprühlack

ANRICHTEN

1 Auf einer ebenen Arbeitsfläche 80 Lolli-Stiele bereitlegen.

2 Die Schokoladensorten nacheinander temperieren. Pro Schokoladensorte werden etwa 400 g benötigt, um je 20 Lollis (à 20 g) herzustellen.

3 Etwas temperierte Schokolade in eine selbstgebastelte Spritztüte aus Backpapier füllen und in einem verschlungenen Muster jeweils etwa 20 g Schokolade über die Lolli-Stiele träufeln. Dabei darauf achten, dass ausreichend Schokolade über die Stiele geträufelt wird.

4 Die gefriergetrockneten Fruchtpulver und anderen Aromen getrennt auf flache Teller geben. Es werden jeweils etwa 200 g benötigt.

5 Die Schokoladen-Lollis (nur die Schokolade) auf beiden Seiten mit einer feinen Schicht Sprühlack einsprühen und dann im entsprechenden Pulver wenden, sodass sie rundherum bedeckt sind. Überschüssiges Pulver vorsichtig abklopfen.

6 Bei Raumtemperatur servieren. In einem luftdicht verschlossenen Behälter sind die Lollis an einem kühlen, trockenen Ort bis zu 2 Monate haltbar.

BERRY FOOL ENVELOPE

ERGIBT	40 Stück

WARUM DIESE AROMEN GUT ZUSAMMENPASSEN

Ein Fool ist ein englisches Dessert, das im 16. Jahrhundert entwickelt wurde und aus Obst (manchmal püriert), geschlagener Sahne und Zucker besteht. Manchmal sind Fools zusätzlich aromatisiert, z.B. mit Rosenwasser. Auf Deutsch bedeutet der Name „Narr" – wohl ein Hinweis darauf, dass das Dessert wirklich sehr leicht zuzubereiten ist. In unserem Fall werden die Aromen von Sahne und Beeren (Himbeeren, Erdbeeren und Brombeeren) kombiniert, die hervorragend zusammenpassen, da die süßen und leicht säuerlichen Elemente der Beerenfrüchte durch den reichhaltigen Geschmack der Sahne ausgeglichen werden. Der Clou dieser Version ist, dass statt frischer Schlagsahne und frischen Beeren Sahnepulver und gefriergetrocknete Beeren verwendet werden, sodass das Dessert zunächst trocken und kross ist und erst im Mund sahnig weich wird.

KOMPONENTEN

Berry Fool Envelope (S. 375)

ANRICHTEN

Die Berry Fool Envelopes in einen Pergamentumschlag packen. In einem luftdicht verschlossenen Behälter halten sich die Desserts an einem kühlen, trockenen Ort bis zu 1 Monat.

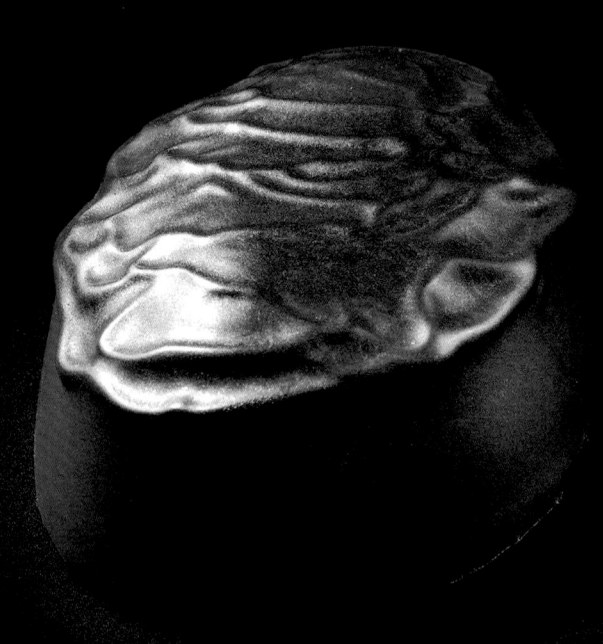

MINI-KÜRBISKERN-SCHOKOLADENRIEGEL

ERGIBT	40 Stück

WARUM DIESE AROMEN GUT ZUSAMMENPASSEN

Die ursprüngliche Inspiration für diese Zusammenstellung war die klassische Kombination von Erdnussbutter mit Milchschokolade, die ich oft probiert und genossen hatte. Irgendwann dachte ich, dass vielleicht auch andere Nusspasten gut zu Schokolade passen würden. Und die meisten tun das auch. Anschließend habe ich mich Samen und Kernen zugewandt. Kürbiskernpaste passt aus dem gleichen Grund gut zu Schokolade, wie Erdnussbutter. Sie ist reichhaltig und weich, hat aber auch einen intensiven Eigengeschmack. Milchschokolade hebt diesen Geschmack hervor und Zartbitterschokolade umgibt das Ganze mit einer leichten Bitternote. Sesampaste und Sonnenblumenkerne passen übrigens auch gut zu Milchschokolade.

KOMPONENTEN

Milchschokoladen-Ganache mit Kürbiskernen (S. 375)
Temperierte Zartbitterschokolade
Silber-grünes Glitzerpulver
Essbarer Sprühlack

ANRICHTEN

1   Die Ganache-Ovale mit der temperierten Schokolade überziehen.

2   Bevor die Schokolade vollständig erstarrt, mithilfe des Kompressors (Airbrush-Ausstattung) etwas Luft auf die Oberfläche der Riegel blasen, sodass der Wellen-Effekt entsteht. Da die Schokolade schnell fest wird, muss das einzeln geschehen.

3   Wenn alle Ganache-Ovale überzogen, die Oberfläche gewellt und die Schokolade erstarrt ist, auf jede Portion eine feine Schicht essbaren Sprühlack auftragen und sie dann mit der silber-grün glänzenden Lebensmittefarbe bepinseln. Es werden etwa 20 g Pulver für alle 40 Stück benötigt.

4   Luftdicht verpackt an einem kühlen, trockenen Ort bis zu 1 Monat haltbar.

SCHWARZE OLIVEN-ROSINEN

ERGIBT	40 Portionen

WARUM DIESE AROMEN GUT ZUSAMMENPASSEN

Wegen der Komplexität ihres Geschmacks und des vielschichtigen Aromas wurden für dieses Dessert spanische Oliven gewählt. Sie sind auch weniger sauer und salzig als die meisten italienischen Oliven das sind. Das Resultat sieht ein bisschen aus wie Rosinen, schmeckt aber nach Oliven und hat eine sehr dünne, krosse Schicht an der Oberfläche.

KOMPONENTEN

Schwarze Oliven-Rosinen (S. 376)

ANRICHTEN

Vierzig kleine Papier-Kästchen oder Umschläge mit 60 g Fassungsvermögen mit jeweils 45 g der Schwarzen Oliven-Rosinen füllen.

RED-VELVET-CAKE-TRÜFFEL

ERGIBT	100 Stück

WARUM DIESE AROMEN GUT ZUSAMMENPASSEN

Da Red Velvet Cake Kakaopulver enthält ist es kein Wunder, dass Schokolade und Red Velvet Cake ein gut aufeinander abgestimmtes Geschmacksprofil haben. Der einzigartige Geschmack des Red Velvet Cakes wird in Kombination mit Zartbitterschokolade noch intensiver. Die feinen Streusel, in denen die Trüffeln abschließend gewälzt werden, verleihen der Komposition eine dritte Texturebene.

KOMPONENTEN

Flüssige Red-Velvet-Cake-Füllung (S. 376)
Pralinenhohlkörper aus Zartbitterschokolade
Temperierte Zartbitterschokolade
Red-Velvet-Cake-Streusel (S. 376)

ANRICHTEN

1 Die flüssige Red-Velvet-Cake-Füllung bis zum Rand in die Pralinenhohlkörper füllen.

2 In den Gefrierschrank stellen, bis die Füllung fest geworden ist.

3 Die Pralinenhohlkörper mit der temperierten Zartbitterschokolade versiegeln. Bei Raumtemperatur fest werden lassen.

4 Die Trüffeln mit temperierter Zartbitterschokolade überziehen. Um alle 100 Trüffeln zu überziehen, werden insgesamt etwa 500 g Zartbitterschokolade benötigt. Die frisch mit Schokolade überzogenen Trüffeln in den Red-Velvet-Cake-Streuseln wälzen, sodass sie rundherum bedeckt sind.

5 In einem verschlossenen Behälter im Kühlschrank bis zu 1 Woche haltbar. Vor dem Servieren mindestens 1 Stunde bei Raumtemperatur stehen lassen.

ZITRONENVERBENE-GELEE | BROMBEER-COULIS | ANIS-YSOP

ERGIBT	40 Portionen

WARUM DIESE AROMEN GUT ZUSAMMENPASSEN

Zitronenverbene hat einen zurückhaltenden und dennoch unverkennbaren Eigengeschmack, der – wie der Name schon andeutet – an Zitrusfrüchte erinnert. Daher passt sie auch gut zu Brombeeren und Minze-Noten.

KOMPONENTEN

Zitronenverbene-Gelee (S. 377)
Brombeer-Coulis (S. 377)
Anis-Ysop-Blätter

ANRICHTEN

1 Die Gelee-Würfel vorsichtig mithilfe einer Winkelpalette aus den Formen lösen.

2 Mit einer Pipette ein Tröpfchen Brombeer-Coulis auf jeden Gelee-Würfel setzen.

3 Neben den Brombeer-Coulis-Tropfen je ein Blättchen Anis-Ysop auf die Gelee-Würfel legen. Sofort servieren.

PÜNKTCHEN

ERGIBT	40 Portionen

WARUM DIESE AROMEN GUT ZUSAMMENPASSEN

Die Inspiration für dieses Dessert war ein klassisches amerikanisches Bonbon. Der Unterschied ist, dass diese Version mit natürlichen Aromen aromatisiert ist und dass die „Bonbons" nicht in Papier gewickelt, sondern auf Reispapier gespritzt serviert werden, das man gleich mitessen kann.

KOMPONENTEN

Reispapier-Rechtecke
Feigen-Spritzglasur-Pünktchen (S. 378)

ANRICHTEN

1   Fünf 22 x 28 cm große Stücke Reispapier in je 8 – 10 Rechtecke à 5 x 10 cm schneiden.

2   Auf jedem Reispapier-Rechteck gleichmäßig 11 Pünktchen der Feigen-Spritzglasur verteilen.

3   Die Spritzglasur bei Raumtemperatur mindestens 8 Stunden fest werden lassen. Dann in einem luftdicht verschlossenen Behälter aufbewahren.

4   Dieses Dessert kann lange im Voraus angerichtet werden, da die Qualität bei Raumtemperatur stabil bleibt.

CHARTREUSE-EISCREME-HÄPPCHEN

ERGIBT   40 Portionen

WARUM DIESE AROMEN GUT ZUSAMMENPASSEN

Chartreuse ist ein Likör mit hohem Alkoholgehalt und komplexem Geschmack. Seine kräuterigen Noten werden in Kombination mit der dunklen Schokolade noch verstärkt. Für dieses Dessert sollte die grüne Variante des Getränks verwendet werden, nicht die gelbe. Die Glasur aus Zartbitterschokolade bildet eine knackige Hülle um die Eiscreme. Wirklich etwas für Erwachsene!

KOMPONENTEN

Chartreuse-Eiscreme (S. 379)
Zartbitterschokoladenglasur (S. 378)

ANRICHTEN

1   Ein 66 x 45 cm großes Blech mit einer Silikonmatte auslegen und einfrieren.

2   Die Chartreuse-Eiscreme direkt aus der Eismaschine in einen Spritzbeutel mit Lochtülle Nr. 8 füllen. Die gesamte Masse in geraden, röhrenförmigen Streifen längs auf das gefrorene Blech spritzen.

3   Einfrieren, damit die Eiscreme fest wird.

4   Die hart gefrorenen Eiscreme-Streifen mit der Palette (auf der Silikonmatte nicht mit dem Messer) in 3,75 cm lange Stücke schneiden.

5   Die Eiscreme-Stücke zurück in den Gefrierschrank geben, während die Zartbitterschokoladenglasur zubereitet wird.

6   In die Mitte des Bodens von jedem Eiscreme-Stück eine Edelstahl-Nadel stecken (Bezugsquellen siehe S. 520) und die Portionen daran in die Schokoladenglasur tunken. Jeweils 10 Sekunden in die Glasur halten, damit sich eine ausreichend dicke Hülle bildet. Zurück in den Gefrierschrank stellen.

7   Diese Desserts werden am besten auf einem tiefen Tablett serviert, das mit einer Schicht Trockeneis gefüllt und mit einem feinmaschigen Netz abgedeckt ist. So bleibt das Eis länger gefroren, während die Servicekräfte mit dem Dessert umhergehen.

ORANGENBLÜTEN-EISCREME

ERGIBT 1,4 KG

ZUTATEN	MENGE	ANTEIL IN %
Vollmilch	1,2 kg	83,33 %
extra feiner Zucker	225 g	15,63 %
Orangenblütenwasser	10 g	0,69 %
Vanillepaste	5 g	0,35 %

1 Zehn Silikonformen für Eis am Stiel bereitstellen und die Stiele bereits einlegen.

2 Alle Zutaten zusammen in einer Schüssel verrühren, bis sich der Zucker vollständig aufgelöst hat.

3 Die Grundmasse in die vorbereiteten Formen verteilen, sodass diese bis zum Rand gefüllt sind. Einfrieren.

4 Die Eiscreme-Portionen aus den Formen lösen, sobald sie vollständig fest gefroren sind.

5 Bis zum Servieren in einem luftdicht verschlossenen Behälter im Gefrierschrank aufbewahren. Nach 3 Tagen können die Portionen aufgetaut und noch einmal erneut gefroren werden.

MADELEINE-MASSE

ERGIBT 506 G

ZUTATEN	MENGE	ANTEIL IN %
Weizenmehl (Type 405)	105 g	20,73 %
Backpulver	4 g	0,79 %
Salz	1 g	0,1 %
Zucker	90 g	17,77 %
brauner Zucker	50 g	9,87 %
Eier	115 g	22,7 %
Butter, zerlassen und leicht abgekühlt	105 g	20,73 %
Honig	12 g	2,37 %
Vollmilch	25 g	4,94 %

1 Mehl, Backpulver und Salz vermischen und zusammen in eine Schüssel sieben.

2 Zucker und Eier in der Standküchenmaschine schaumig schlagen, sodass die Masse ihr eigenes Gewicht hält.

3 Die trockenen Zutaten hinzufügen und unterrühren, bis alles gerade eben zu einer Masse zusammengekommen ist. Die zerlassene Butter, den Honig und die Milch unterrühren.

4 Bis zur Fertigstellung der Desserts im Kühlschrank aufbewahren und die Madeleines immer ganz frisch backen. Die Masse nach dem Service entsorgen.

HINWEIS Dieses Rezept reicht für 40 – 45 Madeleines, also für etwa 4 Runden des entsprechenden Desserts.

SCHOKOLADENKÄSTCHEN

ERGIBT 500 G

ZUTATEN	MENGE	ANTEIL IN %
Zartbitterschokolade, temperiert	500 g	100 %

1   10 Quader aus Kunststoff bereitstellen. Die Formen sollten 3 cm breit, 3 cm lang und 7 cm tief sein.

2   Die Formen mit einem Pinsel mit der temperierten Schokolade ausstreichen. Dabei besonders darauf achten, dass alle Ecken und Kanten mit Schokolade bedeckt sind.

3   Die Formen nun bis zum Rand mit der temperierten Schokolade füllen. Etwa 1 Minute stehen lassen und die Formen dann wenden, sodass überschüssige Schokolade abfließen kann. Die Schokolade in den Formen im Gefrierschrank fest werden lassen, sodass sie direkt mit der kalten Luft in Kontakt kommt.

4   Sobald die Schokolade vollständig erstarrt ist und es so aussieht, als hätte sie sich schon von den Formen gelöst, die Formen aus dem Gefrierschrank nehmen, kurz bei Raumtemperatur stehen lassen, damit sie leicht aufwärmen, und dann vorsichtig versuchen, die Kästchen mit einem Finger (Handschuhe tragen!) aus den Formen zu ziehen. Da die Formen gerade sind, ist das nicht unbedingt einfach und man braucht Ruhe und Geduld.

5   Die Schokoladenkästchen bei Raumtemperatur aufbewahren. Sie sind 1 Jahr haltbar.

HINWEIS   Es wird Schokolade übrig bleiben, doch es ist notwendig die angegebene Menge zu temperieren, um die Formen vollständig zu füllen. Die Reste können für andere Zwecke wiederverwendet werden.

FRISCHKÄSE-MASCARPONE-CREME

ERGIBT 500 G

ZUTATEN	MENGE	ANTEIL IN %
Frischkäse	290 g	58 %
Mascarpone	145 g	29 %
Vanillepaste	5 g	1 %
Puderzucker	60 g	12 %

1   Den Frischkäse in der Mikrowelle leicht erhitzen, damit er weich wird. Er darf dabei nicht schmelzen.

2   Alle Zutaten über einem warmen Wasserbad mit dem Pürierstab vermischen, bis eine glatte Masse entstanden ist.

3   Die Masse in die Carrot-Cake-Säulen füllen, solange sie noch flüssig ist. Reste können im Kühlschrank aufbewahrt und für andere Desserts verwendet werden. Damit sie wieder flüssig wird, wärmt man die Masse über einem heißen Wasserbad vorsichtig auf. 1 Woche haltbar.

CARROT CAKE

ERGIBT 1 KG

ZUTATEN	MENGE	ANTEIL IN %
Möhren	110 g	11 %
Weizenmehl (Type 550)	95 g	9,5 %
Weizenmehl (Type 450)	65 g	6,5 %
Natron	8 g	0,8 %
Zimtpulver	4 g	0,4 %
Salz	5 g	0,5 %
Butter, bei Raumtemperatur	240 g	24 %
Zucker	260 g	26 %
Vanillepaste	3 g	0,3 %
Eier, bei Raumtemperatur	140 g	14 %
Walnusskerne, grob gehackt	70 g	7 %

1 Den Konvektomaten auf 160 °C vorheizen.

2 Die Innenseiten einer 33 x 22 cm großen Backform leicht mit Sprühfett einsprühen und den Boden mit einer Silikonmatte auslegen.

3 Die Möhren waschen, schälen und grob reiben.

4 Die beiden Sorten Mehl zusammen mit Natron, Zimt und Salz in eine Schüssel sieben.

5 Butter, Zucker und Vanillepaste in der Standküchenmaschine mit dem Rührelement etwa 4 Minuten schaumig schlagen.

6 Die Eier allmählich untermischen.

7 Die Küchenmaschine anhalten und die Mehl-Mischung hinzufügen. Langsam verrühren, bis alles gerade eben zu einer Masse zusammengekommen ist. Möhren und Wallnusskerne hinzufügen und nur noch ein paar Sekunden rühren, bis sie gerade eben gleichmäßig in der Masse verteilt sind.

8 Die Masse gleichmäßig in der vorbereiteten Form verteilen und die Oberfläche mit der Winkelpalette glatt streichen.

9 Im vorgeheizten Ofen 8 – 12 Minuten backen.

10 Auf Raumtemperatur abkühlen lassen. Dann etwa 1 Stunde in den Kühlschrank stellen, da sich der gekühlte Kuchen besser schneiden lässt.

11 Den gekühlten Kuchen in rechteckige Stücke schneiden, je 2,5 cm breit, 5 cm lang und 2,5 cm tief.

12 Die Kuchenstückchen einfrieren, damit sie hart werden. So lassen sie sich beim Fertigstellen des Desserts besser und ohne zu zerbrechen in die Creme in den Schokoladen-Kästchen drücken.

HINWEIS Dieses Rezept reicht für mehr als 10 Kuchenstückchen, eine geringere Menge würde sich aber nicht gut backen lassen.

MÖHREN-SCHAUM

ERGIBT 420 G

ZUTATEN	MENGE	ANTEIL IN %
Xanthan	2 g	0,5 %
Methocel F50	4 g	0,86 %
Zucker	40 g	9,51 %
Möhrensaft	375 g	89,14 %

1 Mit einer Nadel möglichst viele Löcher in ein etwa 33 x 22 cm großes Stück silikonbeschichtetes Backpapier stechen. Das Papier muss durchlöchert werden, weil das Methocel über die gesamte Fläche mit Hitze in Verbindung kommen muss, um zu gelieren. Wenn das Papier nicht perforiert wird, hat man am Ende einen Schaum mit krosser Oberfläche und weichem Boden.

2 Das Dörrgerät auf 65 °C einstellen.

3 Xanthan, Methocel F50 und Zucker zusammen in der Kaffeemühle mahlen, um eine feine und homogene Mischung zu erzielen.

4 Diese trockenen Zutaten langsam in den Möhrensaft rieseln lassen und dabei mit dem Pürierstab vermischen. Es sollte eine dickflüssige Masse entstehen.

5 Diese Masse in der Standküchenmaschine mit dem Schneebesen bei hoher Geschwindigkeit aufschlagen, bis sich das Ausgangsvolumen verachtfacht hat und sie aussieht wie Rasierschaum.

6 Den Schaum in einer gleichmäßigen, etwa 2,5 cm dicken Schicht auf dem perforierten, silikonbeschichteten Backpapier verteilen.

7 Im Dörrgerät mindestens 2 Stunden trocknen lassen.

8 Der gelierte Schaum ist in warmem Zustand noch weich, wird aber kross, wenn er abkühlt. Bis zum Anrichten im Dörrgerät aufbewahren und nach 1 Woche entsorgen.

FRUCHT-CHIPS

ERGIBT 250 G

ZUTATEN	MENGE	ANTEIL IN %
Wasser	175 g	70 %
gefriergetrocknetes Früchtepulver / gefriergetrocknetes Pfefferminzpulver	50 g	20 %
Kartoffelstärke	25 g	10 %

1 Das Dörrgerät auf 65 °C einstellen.

2 Die Chips in den verschiedenen Geschmacksrichtungen separat vorbereiten. Dafür das Wasser mit dem gewünschten Pulver aus der entsprechenden, gefriergetrockneten Obstsorte in einem kleinen, flachen Topf verrühren, bis sich das Pulver aufgelöst hat.

3 Die Kartoffelstärke hinzufügen und unter ständigem Rühren stark erhitzen, bis eine dickflüssige Masse entstanden ist.

4 Die Mischung so dünn wie möglich auf einem Blatt Acetatfolie verteilen, das in das Dörrgerät passt.

5 Etwa 4 Stunden im Dörrgerät vollständig trocknen lassen.

6 Die getrocknete Masse ist, solange sie noch warm ist, weich und biegsam, wird aber kross, sobald sie abgekühlt ist. Die abgekühlte Masse in 5 – 7,5 cm große Stücke brechen (die Chips müssen nicht perfekt aussehen).

7 Die Chips bis zum Servieren im Dörrgerät aufbewahren.

MINI-SCHOKOLADEN-
RUM-CANNELÉS

ERGIBT 1,15 KG

ZUTATEN	MENGE	ANTEIL IN %
Puderzucker	225 g	19,51 %
Weizenmehl (Type 405)	85 g	7,37 %
Kakaopulver	8 g	0,69 %
Vollmilch	500 g	43,37 %
Butter, in Würfel geschnitten	75 g	6,5 %
Zartbitterschokolade, 64 % Kakaoanteil (Pellets)	100 g	8,67 %
Eier	100 g	8,67 %
Eigelb	40 g	3,47 %
dunkler Rum	20 g	1,73 %

1 Die Cannelée-Formen leicht mit Sprühfett einsprühen.

2 Den Konvektomaten auf 180 °C vorheizen.

3 Puderzucker, Mehl und Kakaopulver zusammen in eine Schüssel sieben.

4 Die Milch aufkochen und in eine Schüssel über Butter und Schokolade gießen. Umrühren, bis sich beides vollständig aufgelöst hat.

5 Eier und Eigelb verquirlen und anschließend mithilfe des Schneebesens mit den gesiebten trockenen Zutaten vermischen, bis eine glatte Paste entsteht.

6 Die Paste gut mit der Milch-Schokoladenmischung verrühren. Abschließend den Rum untermengen.

7 Die Masse bis 0,5 cm unter den Rand in die Cannelé-Formen füllen.

8 Im vorgeheizten Ofen 45 – 50 Minuten backen. Die Oberfläche der Cannelés sollte sich fest anfühlen, wenn man mit der Fingerspitze sanft darauf drückt. Die Cannelés aus den Formen lösen, bevor sie abgekühlt sind.

9 Bis zum Servieren bei Raumtemperatur aufbewahren (nicht abgedeckt).

ZIEGENKÄSE-
AKAZIENHONIG-MACARONS

ERGIBT 550 G

ZUTATEN	MENGE	ANTEIL IN %
FARBE		
Pflanzenasche	10 g	
FÜLLUNG		
Ziegenfrischkäse	425 g	77,27 %
Akazienhonig	125 g	22,73 %

1 Die Pflanzenasche zum Färben der Macarons bei der Zubereitung zur Mehl-Zuckermischung geben, bevor diese im Robot Coupe vermischt wird.

2 Die beiden Zutaten für die Füllung in der Standküchenmaschine mit dem Rührelement zu einer glatten Masse vermischen.

3 Die Hälfte der Macarons mit dem Boden nach oben auf einer Silikonmatte bereitlegen und die Füllung darauf spritzen. Jeweils eine zweite Hälfte daraufsetzen und vorsichtig andrücken. Im Kühlschrank aufbewahren.

SALBEI-FOIE-GRAS-MACARONS
(GRÜN GESPRENKELT)

ERGIBT 1 KG

ZUTATEN	MENGE	ANTEIL IN %
FARBE		
Salbeiblätter, getrocknet	10 g	
FÜLLUNG		
Foie gras, geputzt, über Nacht in Milch eingeweicht	930 g	93 %
Pedro Ximénez-Sherry	50 g	5 %
Salz	15 g	1,5 %
Schwarzer Pfeffer, frisch gemahlen	5 g	0,5 %

1 Die Salbeiblätter zum Färben der Macarons in der Kaffeemühle fein mahlen.

2 Die gemahlenen Salbeiblätter unter die Mehl-Zuckermischung rühren, bevor diese in den Robot Coupe gegeben wird.

3 Zur Zubereitung der Füllung die Foie gras aus der Milch nehmen und mit einem sauberen Küchentuch trocken tupfen. Etwa 2 Stunden gut mit Frischhaltefolie abgedeckt bei Raumtemperatur stehen lassen, bevor mit der Zubereitung der Mousse begonnen wird, um die Garzeit zu reduzieren. Ein Eiswasserbad bereitstellen.

4 Die Hälfte der Macarons mit dem flachen Boden nach oben auf der sauberen Arbeitsfläche bereitlegen. Eine Spritztüte mit Lochtülle Nr. 2 ausstatten.

5 Den Thermomix auf 5 Minuten und 80 °C einstellen. Die Zutaten erst dann in den Thermomix füllen, wenn dieser die richtige Temperatur erreicht hat. Das dauert etwa 2 Minuten. Ansonsten wird die Foie gras zu heiß, sodass sich das Fett absondert.

6 Sobald die gewünschte Temperatur erreicht ist, den Thermomix abstellen und alle Zutaten für die Füllung zusammen hinein geben. Die Maschine dann 2 Minuten auf Geschwindigkeitsstufe 3 laufen lassen.

7 Die Masse aus dem Thermomix in eine Schüssel füllen, die gut in das Eiswasserbad passt. Die Masse unter Rühren über dem Eiswasserbad abkühlen, bis sie die Konsistenz einer glatten Ganache hat.

8 Die Füllung in die vorbereitete Spritztüte füllen und auf die Macarons-Böden spritzen. Die jeweils zweite Macaron-Hälfte daraufsetzen und leicht andrücken. Im Kühlschrank aufbewahren.

KÜRBIS-BUTTER-MACARONS (ORANGE-BRAUN)

ERGIBT 785 G

ZUTATEN	MENGE	ANTEIL IN %
FARBE		
orangene Lebensmittelfarbe (wasserbasiert)	nach Bedarf	
braune Lebensmittelfarbe (wasserbasiert)	nach Bedarf	
FÜLLUNG		
Gartenkürbis (möglichst Sorte Sugar), geschält, Kerne entfernt, in mittelgroße Würfel geschnitten	500 g	63,69 %
Butter	80 g	10,19 %
Ahornzucker	200 g	25,48 %
Vanilleschote (aus Tahiti), längs halbiert und Mark herausgekratzt	1 Stück	
Zimtpulver	5 g	0,64 %

1 Zum Färben der Macarons in Schritt 4 des Grundrezeptes ein paar Tropfen orangene Lebensmittelfarbe und ein paar Tropfen braune untermischen, sodass eine orange-braune Farbe zustande kommt.

2 Alle Zutaten für die Füllung zusammen in einen Topf geben und bei mäßig schwacher Hitze köcheln lassen, bis die Masse durch Evaporation um etwa 30 % reduziert ist. Dabei gelegentlich umrühren. Die fertige Füllung sollte etwa 550 g wiegen.

3 Die Füllung über einem Eiswasserbad abkühlen, bevor sie auf die Macaron-Hälften gespritzt wird.

4 Die Füllung in eine mit Lochtülle Nr. 2 ausgestattete Spritztüte füllen und auf die Hälfte der Macaron-Böden spritzen. Die jeweils zweite Macaron-Hälfte daraufsetzen und leicht andrücken. Im Kühlschrank aufbewahren.

MACARONS MIT LITSCHI-GELEE UND HIMBEER-KONFITÜRE (PINK UND ROT)

ERGIBT 800 G

ZUTATEN	MENGE	ANTEIL IN %
FARBE		
rosa Lebensmittelfarbe (wasserbasiert)	nach Bedarf	
rote Lebensmittelfarbe (wasserbasiert)	nach Bedarf	
FÜLLUNG		
Litschi-Fruchtgummi	300 g	100 %
HIMBEER-KONFITÜRE		
Himbeeren	250 g	50 %
Zucker	250 g	50 %
Vanilleschote (aus Tahiti), längs halbiert und Mark herausgekratzt	1 Stück	

1 Zwei Macarons-Grundmassen zubereiten. Die eine hellrosa, die andere intensiv rot einfärben.

2 Möglichst zu zweit arbeiten: Einer spritzt 2,5 cm große Kreise der rosa Grundmasse auf das vorbereitete Blech, der Zweite sofort jeweils einen 1,25 cm großen Kreis der roten Grundmasse in die Mitte des pinken Kreises. Die Macarons fertigstellen wie gewohnt.

3 Für die Füllung das Litschi-Fruchtgummi in kleine Stückchen hacken.

4 In die Mitte des flachen Bodens der Hälfte der Macarons einen etwa 1,25 cm großen Kreis aus den Fruchtgummi-Stückchen setzen.

5 Die Zutaten für die Himbeer-Konfitüre in einem kleinen Topf vermengen und aufkochen. Vom Herd nehmen und bei mäßiger Hitze köcheln lassen, bis die Masse einen Brix-Wert von 65 Grad hat.

6 Die Konfitüre über einem Eiswasserbad abkühlen. Dann jeweils einen Ring der Konfitüre um den Litschi-Fruchtgummi-Kreis in der Mitte der Macaron-Hälften spritzen. Die zweite Hälfte der Macarons-Hälften daraufsetzen und leicht andrücken. Im Kühlschrank aufbewahren.

MACARONS MIT APRIKOSEN UND SIZILIANISCHEN PISTAZIEN (HELL-ORANGE)

ERGIBT 650 G

ZUTATEN	MENGE	ANTEIL IN %
FARBE		
gelbe Lebensmittelfarbe (wasserbasiert)	nach Bedarf	
orange Lebensmittelfarbe (wasserbasiert)	nach Bedarf	
FÜLLUNG		
getrocknete Aprikosen	200 g	23,53 %
Wasser	400 g	47,06 %
Zucker	250 g	29,41 %
Vanilleschote (aus Tahiti), längs halbiert und Mark herausgekratzt	1 Stück	
sizilianische Pistazien	400 g	

1 Zum Färben der Macarons in Schritt 4 des Grundrezeptes je ein paar Tropfen gelbe und orangene Lebensmittelfarbe untermischen, sodass die Masse apricot eingefärbt wird.

2 Für die Füllung die getrockneten Aprikosen im Wasser aufkochen, dann 30 Minuten darin einweichen und abschließend abgießen. Die Aprikosen sollten nun 300 g wiegen oder mehr. Sie können alle verwendet werden.

3 Aprikosen, Zucker und Vanille (Schote und Mark) zusammen in einen Topf geben und aufkochen. Die Temperatur reduzieren und die Mischung sanft köcheln lassen, bis sie einen Brix-Wert von 68 Grad hat.

4 Die Vanilleschote entfernen und die Mischung über einem Eiswasserbad abkühlen lassen. Eine Spritztüte mit Lochtülle Nr. 802 vorbereiten. Die abgekühlte Masse hinein füllen.

5 Die Masse in einem Ring entlang des inneren Rands auf die Hälfte der Macaron-Böden spritzen. Die Pistazien werden in diesen Ring gefüllt.

6 Den Konvektomaten auf 160 °C vorheizen.

7 Die Pistazien per Hand so fein wie möglich hacken. Nicht den Robot Coupe verwenden, da die Stücke sonst sehr unregelmäßig werden könnten.

8 Die gehackten Pistazien auf einem mit einer Silikonmatte ausgelegten Backblech verteilen. Im vorgeheizten Ofen etwa 5 Minuten rösten. Auf Raumtemperatur abkühlen lassen.

9 Die gerösteten Pistazien in der Mitte der Aprikosen-Ringe auf den Macaron-Böden verteilen. Die zweite Hälfte der Macaron-Böden daraufsetzen und leicht andrücken. Im Kühlschrank aufbewahren.

HINWEIS Getrocknete Aprikosen haben einen viel intensiveren Aprikosen-Geschmack als frische Aprikosen. Frische Aprikosen sind gar nicht so gut – sie gehören zu den Früchten, die durch Wärmebehandlung einen besseren Geschmack bekommen.

MACARONS MIT KANDIERTER ENGELWURZ UND GERÖSTETEN MANDELN (HELLGRÜN)

ERGIBT 700 G

ZUTATEN	MENGE	ANTEIL IN %
FARBE		
hellgrüne Lebensmittelfarbe (wasserbasiert)	nach Bedarf	
FÜLLUNG		
Marcona-Mandeln, geröstet	300 g	42,86 %
kandierte Engelwurz in Brunoise geschnitten	400 g	57,14 %

1 Zum Färben der Macarons in Schritt 4 des Grundrezeptes ein paar Tropfen hellgrüne Lebensmittelfarbe untermischen.

2 Für die Füllung die vom Rösten noch warmen Mandeln im Robot Coupe zu einer glatten Paste verarbeiten.

3 In die Mitte der Böden von der Hälfte der Macarons je einen Kreis Mandelpaste mit 1,25 cm Durchmesser spritzen.

4 Die Engelwurz-Brunoise mit einem Löffel um die Mandelpaste herum verteilen. Die zweite Hälfte der Macaron-Böden daraufsetzen und leicht andrücken. Im Kühlschrank aufbewahren.

VANILLE-MACARONS (WEISS)

ERGIBT 910 G

ZUTATEN	MENGE	ANTEIL IN %
Schlagsahne	300 g	32,97 %
Weiße Schokolade (Pellets)	600 g	65,93 %
Vanillepaste	10 g	1,1 %

1 Die Schlagsahne aufkochen und sofort in eine Schüssel über die Schokoladen-Pellets gießen. Umrühren, bis die Schokolade vollständig geschmolzen ist.

2 Die Vanillepaste gleichmäßig unterrühren.

3 Die Hälfte der Macarons mit dem flachen Boden nach oben bereitlegen. Die Füllung auf diese Macarons spritzen. Mit der zweiten Hälfte der Macarons-Böden abdecken und sanft andrücken. Im Kühlschrank aufbewahren.

HINWEIS   Diese Macarons zu backen ist eine große Herausforderung, da sie beim Backen kein bisschen bräunen dürfen.

MACARONS MIT MARONEN UND CRÈME FRAÎCHE (HELLBRAUN)

ERGIBT 380 G

ZUTATEN	MENGE	ANTEIL IN %
FARBE		
braune Lebensmittelfarbe (wasserbasiert)	nach Bedarf	
FÜLLUNG		
Maronen-Creme	400 g	51,28 %
Crème fraîche	300 g	38,46 %
Vanillepaste	5 g	0,64 %
extra feiner Zucker	75 g	9,62 %

1   Zum Färben der Macarons in Schritt 4 des Grundrezeptes ein paar Tropfen braune Lebensmittelfarbe untermischen.

2   Die Hälfte der Macarons mit der flachen Seite nach oben bereitlegen. Für die Füllung die Maronen-Creme in eine Spritztüte (mit Lochtülle Nr. 2) füllen und in einem Ring entlang des inneren Rands der Macarons spritzen.

3   Die übrigen Zutaten in einer Schüssel mit dem Schneebesen gut verrühren, bis sich der Zucker aufgelöst hat. In eine Spritztüte füllen.

4   Diese Masse in die Maronen-Creme-Ringe auf den Macarons spritzen. Mit der anderen Hälfte der Macaron-Böden abdecken und leicht andrücken. Im Kühlschrank aufbewahren.

HINWEIS Die Maronen-Creme, die wir empfehlen, wird aus kleinen Stückchen kandierter Maronen hergestellt. Wenn Sie eine gleichwertige Maronen-Creme selbst herstellen wollten, müssten Sie unheimlich viel Zeit darin investieren, die Maronen zu kandieren.

YUZU-MACARONS (GELB)

ERGIBT 650 G

ZUTATEN	MENGE
FARBE	
gelbe Lebensmittelfarbe (wasserbasiert)	nach Bedarf
FÜLLUNG	
Yuzu-Konfitüre	650 g

1   Zum Färben der Macarons in Schritt 4 des Grundrezeptes ein paar Tropfen gelbe Lebensmittelfarbe untermischen.

2   Für die Füllung die Yuzu-Konfitüre im Robot Coupe zu einer feinen, glatten Masse pürieren.

3   Die Hälfte der Macarons mit dem flachen Boden nach oben bereitlegen. Die Füllung auf diese Macarons spritzen. Mit der zweiten Hälfte der Macarons-Böden abdecken und sanft andrücken. Im Kühlschrank aufbewahren.

MAKULAN-GELEE

ERGIBT 773 G

ZUTATEN	MENGE	ANTEIL IN %
BLANCHIERTE MAKULANBLÄTTER		
Wasser	3 kg	71,09 %
Ascorbinsäure	10 g	0,24 %
Salz	10 g	0,24 %
Makulanblätter, Stängel entfernt	1,2 kg	28,44 %
MAKULAN-SUD		
Blanchierte Makulanblätter	1 kg	58,82 %
Wasser, bei Raumtemperatur	500 g	29,41 %
Zucker	200 g	11,76 %
GELEE		
Blattgelatine (Silber), eingeweicht in kaltem Wasser, gut ausgedrückt	23 g	2,91 %
Makulan-Sud	750 g	97,09 %

1 Zum Blanchieren der Makulanblätter das Wasser zusammen mit Ascorbinsäure und Salz aufkochen.

2 Inzwischen ein Eiswasserbad vorbereiten, dass groß genug für alle Makulanblätter ist.

3 Sobald das Wasser sprudelnd kocht, die Makulanblätter in einem Schwung hinein geben, sodass sie vollständig mit Wasser bedeckt sind. Die Blätter 7 – 10 Sekunden blanchieren, bis sie zusammenfallen.

4 Die Blätter rasch aus dem kochenden Wasser nehmen und in das Eiswasserbad tauchen. Umrühren, damit sie schneller abkühlen.

5 Für die Zubereitung des Makulan-Suds alle Zutaten mit dem Pürierstab oder im Standmixer vermischen. Gegebenenfalls zum Süßen noch etwas mehr Zucker unterrühren.

6 Die Masse erst durch ein feinmaschiges Sieb und zusätzlich durch ein Mulltuch streichen, damit ein glattes und dünnflüssiges Püree entsteht.

7 Die Gelatine für das Gelee vorsichtig in der Mikrowelle schmelzen und dann zügig mit dem Schneebesen unter den Makulan-Sud rühren. Der Sud darf noch nicht zu kühl sein, sonst geliert die Gelatine zu schnell. Das Gelee auf Raumtemperatur abkühlen lassen.

SASSAFRASS-PANNA-COTTA

ERGIBT 1,34 KG

ZUTATEN	MENGE	ANTEIL IN %
Schlagsahne	1,2 kg	89,39 %
Zucker	120 g	8,94 %
Blattgelatine (Silber), eingeweicht in kaltem Wasser, gut ausgedrückt	13 g	0,93 %
Sassafrass-Extrakt (ohne Sarol)	10 g	0,74 %

1 Schlagsahne und Zucker in einem mittelgroßen Topf vermischen und unter Rühren zum Sieden bringen, bis sich der Zucker vollständig aufgelöst hat.

2 Vom Herd nehmen und die Gelatine hinzufügen. Vorsichtig umrühren, bis sie sich vollständig aufgelöst hat.

3 Die Mischung in eine große, flache Schüssel gießen und auf Raumtemperatur abkühlen lassen (nicht über einem Eiswasserbad kühlen). Dann das Sassafrass-Extrakt unterrühren. Abschmecken und gegebenenfalls noch etwas mehr Extrakt hinzufügen.

HINWEIS Bei Sarol handelt es sich um eine gefährliche chemische Verbindung, die in Sassafrass-Wurzeln vorkommt und Leberschäden verursachen kann. Daher sollte das Extrakt verwendet werden, keine frische Sassafrass-Wurzel. Hochwertiges Sassafrass-Extrakt bringt die gleichen Geschmacksergebnisse wie frischer Sassafrass.

BERRY FOOL ENVELOPE

ERGIBT 810 G

ZUTATEN	MENGE	ANTEIL IN %
Eiweiß	180 g	22,22 %
Zucker	360 g	44,44 %
Himbeeren, gefriergetrocknet	50 g	6,17 %
Erdbeeren, gefriergetrocknet	50 g	6,17 %
Brombeeren, gefriergetrocknet	50 g	6,17 %
Sahnepulver	120 g	14,81 %

1   Das Dörrgerät auf 60 °C einstellen.

2   Eine Kunststoff-Schablone für 2,5 x 7,5 cm große Rechtecke (3 mm tief) auf eine Silikonmatte legen. Die Schablone kann aus einer 3 mm dicken, lebensmittelechten Kunststoffmatte selbst hergestellt oder im Fachhandel bezogen werden. Solche Schablonen haben bis zu 72 ausgestanzte Stellen.

3   Mit Eiweiß und Zucker eine italienische Baisermasse zubereiten (siehe Zubereitungsmethode auf S. 22). Während die Baisermasse in der Standküchenmaschine abkühlt, die gefriergetrockneten Beeren grob hacken und in einer kleinen Schüssel vermengen.

4   Sobald die Baisermasse abgekühlt ist, das Sahnepulver per Hand mit einem Kunststoffteigschaber unterheben.

5   Die Sahne-Baisermasse gleichmäßig auf der Schablone verstreichen. Die gefriergetrockneten Beeren darüber streuen. Die Schablone vorsichtig nach oben weg heben.

6   Die Baisers mindestens 4 Stunden im Dörrgerät trocknen. Wenn möglich, sollten sie auch bis kurz vor dem Servieren im Dörrgerät bleiben, damit sie nicht feucht werden und aufweichen.

MILCHSCHOKOLADEN-GANACHE MIT KÜRBISKERNEN

ERGIBT 3,4 KG

ZUTATEN	MENGE	ANTEIL IN %
Milchschokolade, temperiert	1,68 kg	49,41 %
Kürbiskernpaste	720 g	21,18 %

1   Ovale Silikonformen (12,5 cm lang, 7,5 cm breit und 1,25 cm tief) auf einem Blech bereitstellen.

2   In einer Schüssel temperierte Schokolade und Kürbiskernpaste mit dem Kunststoffteigschaber gut vermischen.

3   Die Mischung in den Silikonformen verteilen und die Oberfläche mit der Winkelpalette glätten.

4   Die Ganache bei Raumtemperatur fest werden lassen, bevor die einzelnen Portionen aus den Formen gelöst werden.

5   In einem luftdicht verschlossenen Behälter an einem kühlen, trockenen Ort aufbewahren. 2 Monate haltbar.

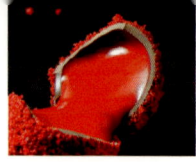

SCHWARZE OLIVEN-ROSINEN
ERGIBT 40 PORTIONEN

ZUTATEN	MENGE	ANTEIL IN %
Schwarze Oliven, aus Spanien, ohne Kern	1,5 kg	55,56 %
Wasser	200 g	7,41 %
Zucker	1 kg	37,04 %

1 Die Oliven in einen Topf mit 4 l Fassungsvermögen geben und Wasser hinzufügen, sodass es 2,5 cm höher im Topf steht, als die Oliven. Aufkochen und das Wasser dann abgießen. Auf diese Weise wird überschüssige Lake entfernt und die Oliven behalten trotzdem ihren (leicht salzigen) Eigengeschmack.

2 Die Oliven bei 60 °C im Dörrgerät 12 Stunden trocknen lassen.

3 Die blanchierten und gedörrten Oliven zusammen mit dem Wasser und Zucker in einen sauberen Topf füllen.

4 Stark erhitzen und köcheln lassen, bis der Zucker eine Temperatur von 120 °C erreicht. Dabei häufig mit dem Holzkochlöffel umrühren.

5 Den Zucker durch ein feinmaschiges Sieb abseihen und die Oliven zum Abkühlen auf einer Silikonmatte ausbreiten.

6 Bis zum Anrichten in einem luftdicht verschlossenen Behälter aufbewahren. Die Oliven sind bis zu 1 Monat haltbar.

FLÜSSIGE RED-VELVET-CAKE-FÜLLUNG
ERGIBT 1,5 KG

ZUTATEN	MENGE	ANTEIL IN %
Red Velvet Cake, in Würfel geschnitten (siehe Hinweis)	1 kg	66,67 %
Wasser	350 g	23,33 %
Maissirup	150 g	10 %

1 Alle Zutaten zusammen im Standmixer fein pürieren, bis eine glatte Masse entsteht, deren Konsistenz der einer Crème anglaise ähnelt. Gegebenenfalls noch etwas mehr Wasser untermischen.

2 Das Püree in Pralinenhohlkörper füllen oder in einem luftdicht verschlossenen Behälter bis zur Verwendung im Kühlschrank aufbewahren. Gekühlt hält sich das Püree bis zu 1 Woche.

HINWEIS Den Red Velvet Cake nach dem Rezept auf S. 252 zubereiten und backen. Insgesamt werden 2 kg gebackener Kuchen benötigt. Diese 2 kg in einer 66 x 45 cm großen Backform backen und den Kuchen dann halbieren. Die eine Hälfte in mittelgroße Würfel schneiden. Sie müssen nicht perfekt sein. Die Kuchen-Würfel im Dörrgerät bei 60 °C über Nacht trocknen und dann im Robot Coupe fein mahlen. Diese Streusel bis zur Verwendung im Dörrgerät aufbewahren. Die andere Hälfte des Kuchens für die Zubereitung der flüssigen Red-Velvet-Cake-Füllung verwenden.

ZITRONENVERBENE-GELEE

ERGIBT 806 G

ZUTATEN	MENGE	ANTEIL IN %
ZITRONENVERBENE-SUD		
Wasser	1,03 kg	86,25 %
frische Zitronenverbene	40 g	3,33 %
Zucker	125 g	10,42 %
GELEE		
Zitronenverbene-Sud	800 g	99,3 %
Gellan (geringer Acylanteil)	6 g	0,7 %

1 Das Wasser für den Sud zum Sieden bringen und in eine Schüssel über die Zitronenverbeneblätter gießen. 5 Minuten ziehen lassen und den Sud dann durch ein feinmaschiges Sieb in eine saubere Schüssel gießen, um die Blätter daraus zu entfernen.

2 Den Zucker unter den Sud mischen, solange die Flüssigkeit noch heiß ist, damit er sich vollständig auflöst.

3 Im Eiswasserbad abkühlen.

4 Für die Zubereitung des Gelees 40 Würfel-Formen à 2,5 cm auf einem Blech bereitstellen.

5 Die beiden Zutaten in einem Topf mit 2 l Fassungsvermögen mit dem Schneebesen verrühren. Aufkochen.

6 Die Flüssigkeit in einen Dosiertrichter gießen und damit je etwa 20 g in die bereitstehenden Formen füllen.

7 Im Kühlschrank gelieren lassen. 2 Tage haltbar.

BROMBEER-COULIS

ERGIBT 400 G

ZUTATEN	MENGE	ANTEIL IN %
frische Brombeeren	300 g	75 %
Zucker	100 g	25 %

1 Die beiden Zutaten in einem kleinen Topf vermischen und aufkochen. 1 Minute köcheln lassen.

2 Die Mischung pürieren, solange sie noch heiß ist, und dann durch ein feinmaschiges Sieb streichen.

3 Im Eiswasserbad abkühlen lassen. Dann bis zur Verwendung im Kühlschrank aufbewahren. Bis zu 3 Tage haltbar.

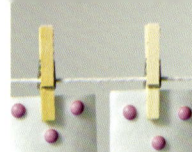

FEIGEN-SPRITZGLASUR

ERGIBT 319 G

ZUTATEN	MENGE	ANTEIL IN %
Puderzucker	250 g	78,37 %
pasteurisiertes Eiweiß	50 g	15,67 %
Weinsteinpulver	2 g	0,63 %
Feigenmark	15 g	4,7 %
violette Lebensmittelfarbe (alkoholbasiert)	2 g	0,63 %

1   Zucker, Eiweiß und Weinsteinpulver in der Standküchenmaschine mit dem Rührelement zu einer glatten Masse vermischen.

2   Feigenmark und Lebensmittelfarbe untermischen. Nach Bedarf anpassen.

3   Direkt in eine Spritztüte füllen oder bis zur Verwendung in einem luftdicht verschlossenen Behälter im Kühlschrank aufbewahren. In diesem Fall muss die Oberfläche der Spritzglasur zusätzlich direkt mit Frischhaltefolie abgedeckt werden, damit sie nicht austrocknet. 2 Wochen haltbar.

HINWEIS   Für einen natürlichen Geschmack muss hochwertiges Feigenmark verwendet werden. Die verwendete Lebensmittelfarbe muss unbedingt alkoholbasiert sein. Die oben genannten Mengen können je nach Bedarf angepasst werden, um die gewünschten Geschmacks- und Farbergebnisse zu erzielen.

ZARTBITTERSCHOKOLADEN-GLASUR

ERGIBT 440 G

ZUTATEN	MENGE	ANTEIL IN %
Zartbitterschokolade	400 g	90,01 %
Rapsöl	40 g	9,09 %

1   Schokolade und Öl zusammen in eine Schüssel geben und über einem heißen Wasserbad schmelzen. Umrühren, um beide Zutaten gut zu vermischen.

2   Bei der Verwendung darf die Glasur nicht wärmer sein als 40 °C.

CHARTREUSE-EISCREME

ERGIBT 1,83 G

ZUTATEN	MENGE	ANTEIL IN %
Vollmilch, abgekocht	1,07 kg	58,47 %
Schlagsahne	140 g	7,65 %
Trockenmilchpulver	70 g	3,83 %
Zucker	270 g	14,75 %
Eiscreme-Stabilisator	5 g	0,27 %
Eigelb	115 g	6,28 %
Chartreuse Verte	160 g	8,74 %

1   Die Eiscreme-Grundmasse nach der auf S. 61 vorgestellten, modernen Methode zubereiten. Der Chartreuse wird erst ganz zum Schluss untergemischt, während die Grundmasse in der Maschine eingefroren wird.

2   Die Grundmasse vor dem Frieren in der Eismaschine mindestens 4 Stunden reifen lassen.

3   Die Grundmasse in der Maschine einfrieren. Wenn sie vollständig gefroren ist, den Chartreuse hinzufügen, während die Maschine weiter läuft. Ein paar Sekunden weiter laufen lassen, bis der Likör vollständig untergemischt ist.

4   Die Eiscreme-Masse direkt in eine Spritztüte mit Lochtülle Nr. 8 füllen.

6 TORTEN (ENTREMETS)

Da fertige Kuchen und Torten in einem Café in der Regel mehrere Stunden in der Kühltheke stehen, bevor ein Stück davon serviert wird, sind die Möglichkeiten zur Dekoration eingeschränkt, denn die Dekorationen müssen eine gewisse Feuchtigkeit vertragen können, sodass Zuckergarnituren, krosse Hippen oder ähnliche Produkte nicht in Frage kommen.

In einem Café werden die Torten meistens auch nicht von denjenigen angeschnitten, die sie zubereitet haben. Die Konditoren haben keinen Einfluss mehr darauf, was mit den Kuchen oder Torten passiert, nachdem sie diese aus den Händen gegeben haben.

Als Patissier eines Restaurants oder Hotels haben sie mehr Einfluss auf das Schicksal ihrer Torten. Diese werden dann meistens zu besonderen Anlässen bestellt, äußerst selten „einfach nur so", sodass einige Zeit zur Vorbereitung und Planung bleibt. In vielen Restaurants und Hotels müssen Torten mindestens 48 oder sogar 72 Stunden im Voraus bestellt werden. Die meisten erstklassigen Restaurants und Hotels haben hingegen in der Regel Torten auf Lager, die in letzter Minute bestellt werden können. Denn seien wir mal ganz ehrlich – nicht alle von uns haben die Voraussicht, Torten vorzubestellen und häufig gibt es auch von einem auf den anderen Moment Grund zum Feiern.

In den meisten Fällen müssen solche Torten für so viele Personen reichen, wie an Ihren größten Tisch passen (in der Regel 10 – 12 Gäste maximal) und nicht für größere Banketts. Für mehrere Dutzend Gäste werden deutlich größere Torten benötigt, deren Zubereitung tatsächlich 2 – 3 Tage in Anspruch nimmt. Alle in diesem Kapitel vorgestellten Torten sind eher klein (höchstens 12 Portionen) und in keinem der Rezepte kommt Buttercreme oder Fondant-Überzug zum Einsatz. Das wäre eine ganz andere Kategorie von Torten.

Was macht eine gute Torte aus? Das hängt vor allem von den persönlichen Vorlieben ab. Allerdings gibt es ein paar Richtlinien zur Zubereitung von gelungenen Torten, über die sich fast alle einig sind: Erstens muss die Textur des Produktes ausgeglichen sein. Das bedeutet, dass die Torte nicht vollkommen eindimensional sein darf, was die Konsistenz betrifft. Ebenso wie bei anderen Speisen ist Kontrast gewünscht: weich, kross, fest. Wenn es Ihnen gelingt, weiche Komponenten (in Torten immer präsent und dominant) mit noch einer weiteren Textur zu kombinieren, dann sind Sie auf dem richtigen Weg.

Torten sollten mindestens 30 Minuten bevor sie serviert werden, aus der Kühlung genommen werden, damit die gekühlten Komponenten etwas weicher werden und wieder eine angenehmere Textur bekommen. Außerdem sind leicht temperierte Speisen immer aromatischer. Je kälter Lebensmittel sind, umso schwerer ist es, ihren Geschmack wahrzunehmen. Allerdings dürfen die Torten auch nicht zu lange bei Raumtemperatur stehen bleiben, da (vor allem in der tendenziell heißen Umgebung der Küche) ihr Aussehen Schaden nehmen könnte.

Die Kombination verschiedener Aromen in einer Torte kann von Vorteil sein, ist aber kein Muss. Die Torte kann ein Motto haben, z.B. Zartbitterschokolade oder Karamell, und die einzelnen Komponenten können dann unterschiedliche Zubereitungen sein, die auf diesem Geschmack bzw. dieser Zutat basieren.

KOMPONENTEN EINER TORTE

In der Regel basieren Torten auf fünf Komponenten:

- **GRUNDLAGE** Diese unterste Schicht der Torte kann aus Biskuitboden, Mürbeteigboden, festgedrückten Streuseln oder anderen relativ festen Zubereitungen bestehen, die stabil genug sind, um die anderen Komponenten tragen können.

- **FÜLLUNG** Die Füllung ist für gewöhnlich die Komponente, die am meisten Geschmack beiträgt und den Großteil der Torte ausmacht. Meistens handelt es sich um ein cremiges Produkt, z. B. eine Mousse oder Bayrische Creme.

- **INKLUSIONEN** Diese „Einlagen" in der Füllung oberhalb der Grundlage tragen weitere Texturen und/oder Aromen bei.

- **ÜBERZUG** Diese Komponente umgibt die Torte und eine ihrer wichtigsten Funktionen ist es, sie zu schützen. Gleichzeitig trägt der Überzug aber auch zu Konsistenz und Geschmack bei. Torten mit Samtspray zu überziehen, ist aus zwei Gründen einem Glasur-Überzug vorzuziehen: Samtspray wirkt wie ein schützender Mantel, der keinerlei Fremdaromen aus der Kühlung absorbiert, und führt außerdem zu einer ganz speziellen Oberflächentextur.

- **DEKORATION** Diese Komponenten dienen dazu, die Torte optisch attraktiver zu machen, müssen dabei aber auch funktional Sinn ergeben, also mit den anderen Elementen der Torte harmonieren. Sie bieten außerdem die Möglichkeit, knusprige oder krosse Komponenten zu verarbeiten, die innerhalb der Torte aufweichen würden.

RICHTLINIEN ZUM AUFBAU

Diese allgemeinen Hinweise zur Zubereitung von Torten gelten für die meisten in diesem Kapitel vorgestellten Rezepte und es wird immer wieder auf sie verwiesen.

1. **DIE REZEPTE IN DIESEM KAPITEL ERGEBEN 4 TORTEN** Es empfiehlt sich generell, größere Mengen eines Produktes zuzubereiten, da viele Rezepte nicht für kleine Mengen gedacht sind und keine guten Ergebnisse erzielen würden. Zum Beispiel reicht ein in einer 45 x 33 cm großen Backform gebackener Biskuit in der Regel für 4–6 Entremets. Kleinere Mengen Biskuit zu backen, ausreichend für nur 1 Entremet, ist nur schwer möglich. Überschüssiger Biskuit lässt sich dagegen sehr gut einfrieren, sodass auch für spontane Bestellungen immer etwas auf Lager ist. Dann nimmt nur noch das Zusammensetzen der Torte Zeit in Anspruch.

2. **TORTENRING(E) VORBEREITEN** Die Ringe müssen mit einem Streifen Acetatfolie ausgelegt werden, der breit genug ist, um die Seiten über die gesamte Höhe zu bedecken und lang genug, dass sich die beiden Enden überlappen. Dafür werden die Ringe zunächst mit einer dünnen Lage Sprühfett ausgekleidet, überschüssiges Fett mit Küchenpapier abgewischt und die Ringe dann mit dem vorbereiteten Acetat-Streifen ausgelegt, sodass die Folie perfekt an den Seiten anliegt.

   Die Ringe werden auf ein mit einer Acetatfolie bedecktes Plexiglasbrett gestellt, das in einem Backblech liegt. Auch das Plexiglasbrett wird zunächst leicht gefettet, überschüssiges Fett mit Küchenpapier entfernt und die Acetatfolie darauf ausgebreitet. Mit einem sauberen Küchentuch wird die Acetatfolie noch glatt gestrichen, sodass keine Luftbläschen mehr darunter sind. Warum Plexiglas? Backbleche sind selten wirklich gerade – auch ganz neue Exemplare sind zur Mitte hin meistens leicht eingedellt. Plexiglas hat immer eine flache, ebene Oberfläche. ▶▶

3 ALLE INKLUSIONEN UND DIE GRUNDLAGE DER TORTE EINFRIEREN Gefroren sind diese Komponenten weniger empfindlich und lassen sich besser in den Körper der Torte drücken. Bevor mit der Zubereitung der Füllung begonnen wird, sollten alle vorherigen Schritte abgeschlossen sein.

4 DIE FÜLLUNG ZUBEREITEN Dann kann mit dem Aufbau der Torte begonnen werden. Denken Sie daran, dass alle diese Torten umgekehrt zusammengesetzt werden.

5 ALS ERSTES DEN BODEN MIT EINEM TEIL DER FÜLLUNG BEDECKEN Dabei spiralförmig von den Seiten des Rings nach innen spritzen und die Spitze der Spritztüte immer in der Masse belassen, damit sich keine Luftbläschen bilden. Wenn nur eine Inklusion geplant ist, das Innere des Rings bis zu etwa einem Drittel mit der Füllung ausfüllen. Die gefrorene Inklusion darauflegen und leicht andrücken, sodass die Füllung an ihren Seiten ein wenig nach oben steigt (auch das verhindert das Entstehen von Luftkammern in der Masse). Wenn mehrere Inklusionen in die Torte integriert werden sollen, darf zunächst nicht ganz so viel Füllung in der Form verteilt werden, damit später alle Lagen gleichmäßig dick sind.

6 DEN RING FAST BIS ZUM RAND FÜLLEN Die Grundlage – den Boden – auf die Füllung legen und leicht andrücken, sodass die Füllung an den Seiten leicht hochgedrückt wird. So werden Luftkammern vermieden.

7 MIT DER WINKELPALETTE DIE OBERFLÄCHE GLÄTTEN Dann eine Lage Acetatfolie auf den gefüllten Ring legen und darauf ein Plexiglasbrett. Das Ganze mit einem flachen Gegenstand (z. B. einem Schneidebrett) beschweren, damit die Torte perfekt gerade wird.

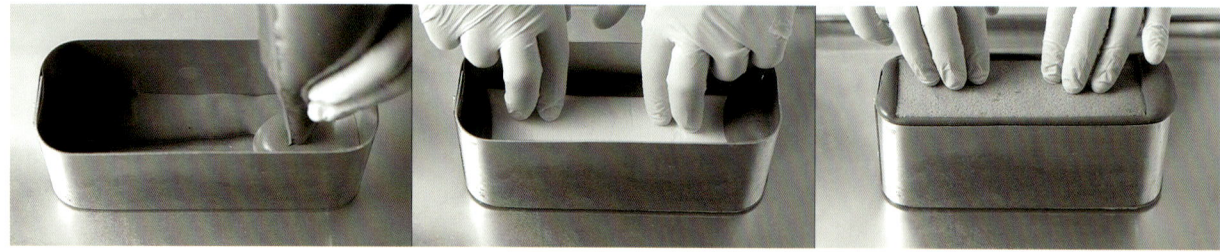

Den ausgelegten Tortenring auf Acetatfolie stellen und eine gleichmäßige Schicht der Füllung hineinspritzen.

Jetzt kann eine gefrorene Inklusion hineingelegt und vorsichtig in die Füllung gedrückt werden. Dieser Schritt kann mehrmals wiederholt werden.

Eine weitere Schicht der Füllung darüber auftragen. Die Grundlage darauflegen und vorsichtig andrücken. Diese letzte Schicht sollte mit dem Rand der Form abschließen.

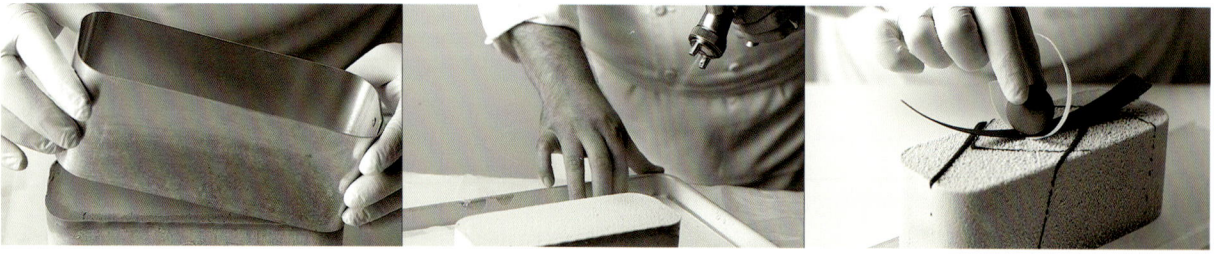

Wenn die Torte vollständig gefroren ist, kann sie aus dem Tortenring gelöst werden. Damit das leichter geht, erhitzt man den Ring von außen vorsichtig mit einem Bunsenbrenner.

Die gefrorene Torte auf einem mit einer Acetatfolie ausgelegten Blech mit Samtspray überziehen.

Die Torte nach Belieben garnieren.

8   **EINFRIEREN** Wenn die Torte vollständig gefroren und daher fest ist, kann sie aus dem Ring gelöst werden. Damit das leichter geht, wird der Ring von außen leicht mit dem Bunsenbrenner gewärmt. Das sollte man aber auf keinen Fall übertreiben, damit die Füllung nicht schmilzt. Die aus dem Ring gelöste Torte zurück in den Gefrierschrank stellen, damit auch die äußere Schicht wieder fest wird. Sobald die Torte wieder vollständig gefroren ist, muss sie gut in Frischhaltefolie gewickelt werden. So kann sie bis zu 3 Monate im Gefrierschrank aufbewahrt werden. Alternativ kann der Streifen Acetatfolie gelöst und die Torte fertiggestellt werden.

9   **DIE TORTE MIT SAMTSPRAY ODER BAISERMASSE ÜBERZIEHEN** In der Regel sollte man die Torte beim Überziehen auf ein Kuchengitter stellen, damit man sauberer arbeiten kann. Wenn die Torte mit Samtspray überzogen werden soll, müssen Arbeitsfläche und unmittelbare Umgebung gut mit Plastikfolie (z. B. saubere, unbenutzte Müllbeutel) abgedeckt werden. Das geschmolzene Spray wird in den entsprechenden Behälter der Airbrush-Ausrüstung gefüllt und mit ausreichend Abstand gleichmäßig auf die gesamte Oberfläche der Torte gesprüht. Damit das gut gelingt, muss die Torte in regelmäßigen Abständen um ein Viertel gedreht werden. Soll die Torte mit einer Glasur überzogen werden, muss diese unbedingt die richtige Temperatur haben und die Torte muss beim Überziehen gefroren sein. Die Torte direkt nachdem die Glasur darüber gegossen wurde, etwa 5 cm auf dem Kuchengitter verschieben (egal, in welche Richtung), damit sich am Boden keine Füße bilden. Die fertig mit Samtspray bzw. Glasur überzogene Torte auf die Tortenunterlage stellen, auf der sie präsentiert werden soll.

10   **DIE TORTE GARNIEREN** Die verwendeten Dekorations-Komponenten dürfen weder temperatur- noch feuchtigkeitsempfindlich sein.

11   **IM KÜHLSCHRANK AUFTAUEN LASSEN** Vor dem Servieren noch 30 Minuten bei Raumtemperatur stehen lassen, damit die Torte beim Verzehr die optimale Konsistenz und den optimalen Geschmack hat.

SERVICE

Die Torte sollte serviert werden, nachdem sie etwa 30 Minuten bei Raumtemperatur stehen gelassen wurde, denn dann ist ihre Konsistenz am besten. Besonders zerbrechliche oder temperatur- und feuchtigkeitsempfindliche Dekorationen werden erst kurz vor dem Servieren auf der Torte arrangiert. Die Servicemitarbeiter präsentieren die Torte am Tisch. Dafür gibt es zwei mögliche Szenarien: Die Mitarbeiter können – bei entsprechender Qualifikation und Übung (und Souveränität) – die Torte bei Tisch anschneiden und die individuellen Portionen servieren. In erstklassigen Restaurants verleiht das dem Ganzen das gewisse Etwas. Diese Aktion ist aber auch nicht unbedingt nötig. Häufiger wird die Torte von den Servicemitarbeitern am Tisch präsentiert und dann zurück in die Küche gebracht, wo sie geschnitten, die einzelnen Portionen angerichtet und nochmals garniert werden. Wenn die Torte mit ein oder zwei Komponenten wie Schokoladen-Locken oder Macarons garniert ist, dann empfiehlt es sich, weitere Portionen der entsprechenden Komponenten bereitliegen zu haben, damit jedes Tortenstück damit garniert werden kann.

Zum Schneiden der Torte sollte ein heißes Wasserbad bereitstehen und zwar in einem Behälter, der tief genug ist, um die gesamte Messerklinge in das Wasser tauchen zu können. Es sollte ein Messer mit langer, dünner Klinge verwendet werden. Die Klinge vor jedem Schnitt in das heiße Wasser tauchen und dann sorgfältig mit Küchenpapier abtrocknen. Geschnitten wird von oben nach unten mit einer nach hinten (aus der Torte heraus) und unten ziehenden Bewegung. Das Messer darf während des Schneidens nicht wieder angehoben werden.

Wenn gewünscht, können die Tortenstücke auch mit einer Sauce und/oder Eiscreme serviert werden oder mit anderen gefrorenen Komponenten, die besser passen, als eine Sauce.

GÂTEAU MAILLARD

ERGIBT   4 Torten

WARUM DIESE AROMEN
GUT ZUSAMMENPASSEN

Bei der Zubereitung aller Komponenten dieses Kuchens laufen Maillard-Reaktionen ab, sodass sie die betreffenden Aromen gemeinsam haben. Trotzdem hat jede Komponente noch einen deutlichen Eigengeschmack und besondere Eigenschaften, was die Konsistenz betrifft, die sich jedoch harmonisch an den Gesamteindruck anpassen.

KOMPONENTEN

FÜLLUNG Mousse von karamellisierter weißer Schokolade (S. 317)
INKLUSION 1 Creme vom gerösteten Roggenbrot (S. 417)
INKLUSION 2 Wiener-Boden mit gebräunter Butter (S. 416)
BODEN Butterkaramell-Shortbread (S. 416)
ÜBERZUG Graues Samtspray (S. 418)
DEKORATION Geröstete Sauerteig-Stückchen (S. 418)

FERTIGSTELLEN

1   Eine erste Portion der Mousse von karamellisierter weißer Schokolade etwa 2,5 cm hoch auf dem Boden der entsprechend vorbereiteten, quadratischen Tortenringe (15 cm Seitenlänge, 10 cm tief) verteilen. Jeweils eine Scheibe der gefrorenen Creme vom gerösteten Roggenbrot darauflegen und sanft andrücken.

2   Eine weitere Schicht der Mousse über die erste Inklusion spritzen, bis etwa 2,5 cm unter den Rand der Ringe. Insgesamt werden 4,5 kg Mousse benötigt. Je einen gefrorenen Wiener Boden darauflegen, gefolgt von einer gefrorenen Scheibe des Butterkaramell-Shortbreads. Lücken um die Inklusion und den Boden gegebenenfalls mit weiterer Mousse füllen.

3   Mit der Winkelpalette über die Oberfläche fahren, um sie zu glätten. Einfrieren.

4   Die Arbeitsfläche und unmittelbare Umgebung dort, wo die Torte mit Samtspray überzogen werden soll, mit Plastikfolie abdecken.

5   Den Ring von der gefrorenen Torte lösen. Das Samtspray in den entsprechenden Behälter der Airbrush-Pistole füllen und die Oberfläche der Torte gleichmäßig aus etwa 60 cm Abstand überziehen.

6   Abschließend mit einem gerösteten Sauerteig-Stückchen garnieren.

KAFFEE UND DONUTS

ERGIBT   4 Torten

WARUM DIESE AROMEN
GUT ZUSAMMENPASSEN   Kaffee und Donuts. Da braucht man eigentlich nichts mehr zu erklären. Die bitteren Noten des Kaffees werden in Verbindung mit dem süßen Donut-Geschmack betont und gleichzeitig wird ihnen die Schärfe genommen. Die Aromen von Kaffee und Donuts können so nebeneinander bestehen, ohne sich gegenseitig in den Hintergrund zu drängen.

KOMPONENTEN

FÜLLUNG Donut-Creme (S. 420)
INKLUSION 1 Brioche-Donut (S. 420)
INKLUSION 2 Espresso-Pudding (S. 419)
BODEN Espresso-Biskuit (S. 418)
ÜBERZUG Espresso-Samtspray (S. 421)
DEKORATION Schokoladen-Ring (S. 421), Donut-Kugel, geschmolzene Zartbitterschokolade

FERTIGSTELLEN

1   Vier quadratische Tortenringe (Seitenlänge 20 cm, Höhe 6,25 cm) bereitstellen und mit Acetat-folie auslegen.

2   Die Donut-Creme 1,25 cm hoch auf dem Boden in den Ringen verteilen. Je einen Brioche-Donut in die Mitte der Formen legen und sanft in die Creme drücken.

3   Eine weitere Lage Donut-Creme darüber spritzen, sodass die Inklusion jeweils vollständig be-deckt ist. Je einen gefrorenen Espresso-Pudding auf die Creme in der Mitte der Formen legen und leicht andrücken, sodass die Creme an den Rändern des Puddings hoch steigt.

4   Mehr Donut-Creme um die Puddings herum in die Ringe spritzen, sie aber nicht bedecken. Bis zum Rand sollen noch 1,25 cm Platz sein.

5   Je einen Espresso-Biskuit auf den Pudding legen und ebenfalls sanft andrücken, sodass die Creme an den Seiten des Biskuits bis an den Rand des Rings steigt. Mit einer Winkelpalette glatt streichen. Einfrieren, damit die Torten fest werden.

6   Die Arbeitsfläche und unmittelbare Umgebung dort, wo die Torten mit Samtspray überzogen werden sollen, mit Plastikfolie abdecken.

7   Die Torten aus den Ringen lösen, sobald sie fest gefroren sind. Das Espresso-Samtspray in den entsprechenden Behälter der Airbrush-Pistole füllen und die gesamte Oberfläche der Torten gleichmäßig damit überziehen.

8   Mit etwas geschmolzener Schokolade je einen Schokoladen-Ring auf den Torten anbringen. Im Kühlschrank auftauen lassen.

9   Die Donut-Kugeln erst direkt vor dem Servieren auf den Torten anbringen.

SCHOKOLADEN-KIRSCH-TORTE

ERGIBT	4 Torten

WARUM DIESE AROMEN GUT ZUSAMMENPASSEN

Dies ist keine traditionelle Torte. Vielmehr handelt es sich um einen Boden aus Shortbread-Teig, der vorgebacken und dann mit Kirschkonfitüre und einem Püree aus Schokoladenplätzchen gefüllt wird. Überzogen wird das Ganze mit rotem Samtspray und dekoriert mit einer Kirschnektar-Kapsel.

KOMPONENTEN

BODEN Flexibles Shortbread (S. 421)
INKLUSION 1 Kirschkonfitüre (S. 422)
INKLUSION 2 Schokoladenplätzchen-Püree (S. 423)
ÜBERZUG Rotes Samtspray (S. 248)
DEKORATION Kirschnektar-Kapsel (S. 423), Blattsilber

FERTIGSTELLEN

1. Vier 10 x 20 cm große, rechteckige Tortenringe (2,5 cm tief) mit Acetatfolie auslegen und auf einem mit Acetatfolie bedeckten Plexiglasbrett bereitstellen.

2. Die gekühlte Shortbread-Masse in 4 rechteckige Stücke mit den Maßen 10 x 20 cm für die Oberfläche der Torten schneiden, 4 rechteckige Stücke mit den Maßen 9 x 19 cm für die Böden und 4 Streifen für die Seiten mit den Maßen 60 x 2,5 cm.

3. Jeweils ein rechteckiges Shortbread-Stück für den Boden in die bereitgestellten Tortenringe legen. Entlang den Innenseiten des Tortenrings jeweils einen der Streifen der Shortbread-Masse herumlegen. Die Enden dürfen sich nicht überlappen, sondern sollen sauber aneinander abschließen. Gegebenenfalls müssen sie also zurechtgeschnitten werden. Wenn die Masse einreißt oder bricht, kann sie mit den Fingern einfach wieder zusammengedrückt und in Form gebracht werden.

4. Die Shortbread-Böden 0,5 cm hoch mit einer gleichmäßigen Schicht Kirschkonfitüre bedecken.

5. Auf der Kirschkonfitüre eine Lage des Schokoladenplätzchen-Pürees verteilen. Das Püree sollte bis 3 mm unter den Rand reichen. Jeweils mit dem rechteckigen Shortbread-Stück für die Oberfläche abdecken.

6. Einfrieren, damit die Torten fest werden. Dann aus den Ringen lösen. Die Arbeitsfläche und unmittelbare Umgebung dort, wo die Torten mit Samtspray überzogen werden sollen, mit Plastikfolie abdecken.

7. Das rote Samtspray in den entsprechenden Behälter der Airbrush-Pistole füllen und die Oberfläche der gefrorenen Torten gleichmäßig damit überziehen. Die Airbrush-Pistole dabei mindestens 60 cm von der Oberfläche der jeweiligen Torte entfernt halten, um den samtigen Effekt zu erzielen.

8. Jeweils eine Kirschnektar-Kapsel auf die Torten setzen und diese mit einem Stückchen Blattsilber dekorieren. Im Kühlschrank auftauen lassen.

UNGEWÖHNLICH SAFTIGE SCHOKOLADENTORTE | CRÈME-FRAÎCHE-CREME | KARAMELL-MOUSSE | SCHOKOLADEN-SHORTBREAD

ERGIBT	4 Torten

WARUM DIESE AROMEN GUT ZUSAMMENPASSEN

Diese Torte ist mal etwas ganz anderes: Ausgehöhlter Schokoladenbiskuit mit zwei cremigen Füllungen. Im Grunde genommen die umgekehrte Version einer klassischen Sahnetorte. Die Aromen von Karamell und Crème fraîche bleiben eher im Hintergrund. Sie beide haben die für Milchprodukte typischen Noten gemeinsam, die – zusammen mit der leichten Säure der Crème fraîche – die unmittelbaren Aromen der Schokolade ausgleichen. Eine sehr einfache und direkte Zusammenstellung hervorragend zusammenpassender Aromen.

KOMPONENTEN

KÖRPER Schokoladen-Biskuit (S. 424)
INKLUSION 1 Karamell-Mousse (S. 426)
INKLUSION 2 Crème-fraîche-Creme (S. 425)
BODEN Schokoladen-Shortbread (S. 425)
ÜBERZUG Zartbitterschokoladen-Samtspray (S. 223)
DEKORATION Glänzende Kupferpaste (S. 426), gebogenes Schokoladendekor (S. 427)

FERTIGSTELLEN

1 Den gekühlten Schokoladen-Biskuit aushöhlen. Den Biskuit dafür 2,5 cm vom Rand entfernt etwa 3,75 cm einschneiden und so ein quadratisches Stück aus der Mitte lösen. In die entstehende Vertiefung sollen die beiden Inklusionen und der Shortbread-Boden passen.

2 Die gefrorene Karamell-Mousse in die Mitte der Vertiefung legen.

3 Mit der Spritztüte die Crème-fraîche-Creme um und über die Karamell-Mousse in der Vertiefung füllen, bis 3 mm vom oberen Rand entfernt.

4 Gefrorenes Schokoladen-Shortbread darauflegen und sanft andrücken. Das Shortbread sollte glatt mit dem Rand des Biskuits abschließen.

5 Einfrieren. Die Arbeitsfläche und unmittelbare Umgebung dort, wo die Torte mit Samtspray überzogen werden soll, mit Plastikfolie abdecken.

6 Das Zartbitterschokoladen-Samtspray in den entsprechenden Behälter der Airbrush-Pistole füllen. Die gefrorene Torte richtig herum (also mit der gefüllten Vertiefung nach unten) auf die vorbereitete Arbeitsfläche legen und die Oberfläche der gefrorenen Torte gleichmäßig mit dem Samtspray überziehen. Die Airbrush-Pistole dabei mindestens 60 cm von der Oberfläche der Torte entfernt halten, um den samtigen Effekt zu erzielen.

7 Die Torte auf die Unterlage stellen, auf der sie präsentiert werden soll. Einen Tropfen der glänzenden Kupferpaste darauf geben und ein Schokoladendekor daneben arrangieren. Im Kühlschrank auftauen lassen.

YUZU-CREME | MARACUJA CURD | GRÜNTEE-BISKUIT | HIBISKUS-SCHLEIER

ERGIBT	4 Torten

WARUM DIESE AROMEN GUT ZUSAMMENPASSEN

Bei der Yuzu handelt es sich um eine japanische Zitrusfrucht, die sehr blumig und aromatisch schmeckt und deren Geschmacksprofil dem der Maracuja ähnelt. Beide haben sehr intensive Aromen, die sich jedoch deutlich voneinander unterscheiden – auch, wenn man sie zusammen genießt. In dieser Torte spielt der Geschmack der Yuzu die Hauptrolle und die Maracuja nur eine Nebenrolle. Der Grüntee-Biskuit soll für eine kräuterige Note sorgen, welche die anderen Geschmacksrichtungen begleiten und umfassen soll, ohne sie jedoch zu überwältigen. Der Hibiskus-Schleier umgibt die anderen Komponenten mit seiner leichten Säure und einem sehr blumigen Geschmack.

KOMPONENTEN

BODEN Grüntee-Biskuit (S. 427)
FÜLLUNG Yuzu-Creme (S. 428)
ÜBERZUG Weißes Samtspray (S. 429)
DEKORATION Maracuja Curd (S. 428), Hibiskus-Schleier (S. 429)

FERTIGSTELLEN

1   Vier rechteckige Tortenringe (Seitenlänge 9 x 20 cm, Höhe 9 cm) jeweils mit einem Streifen Acetatfolie auslegen.

2   Die Grüntee-Biskuit-Stücke in die Formen legen, sodass sie auf der einen Seite am Rand und in einer Ecke des Tortenrings liegen. Die frei bleibenden Stellen werden mit der Creme aufgefüllt.

3   Die Yuzu-Creme zubereiten und mit einem Spritzbeutel neben und über den Biskuit bis zum oberen Rand in die Tortenringe füllen. Dies ist eine der wenigen Torten, die nicht auf dem Kopf stehend zusammengesetzt wird.

4   Die Oberflächen mit der Winkelpalette glatt streichen und die Torten dann einfrieren. Wenn die Torten vollständig gefroren sind überprüfen, ob die Yuzu-Creme eingefallen ist. Gegebenenfalls auffüllen und die Oberfläche wieder glatt streichen. Erneut einfrieren.

5   Die vollständig gefrorenen Torten aus den Tortenringen lösen. Die Acetat-Streifen entfernen.

6   Die Arbeitsfläche und unmittelbare Umgebung dort, wo die Torten mit Samtspray überzogen werden sollen, mit Plastikfolie abdecken.

7   Das Samtspray in den entsprechenden Behälter der Airbrush-Pistole füllen. Die Torten dort, wo der Grüntee-Biskuit hervorschaut, mit einem passenden Stück Pappe abdecken und dann aus mindestens 60 cm Entfernung mit einer gleichmäßigen Schicht Samtspray überziehen.

8   Eine Torte auf die Unterlage stellen, auf der sie präsentiert werden soll. Den Hibiskus-Schleier um einen Streifen Maracuja Curd wickeln und das Ganze in die Mitte der Torte legen. Im Kühlschrank auftauen lassen.

ERDE

WARUM DIESE AROMEN GUT ZUSAMMENPASSEN   Hier gibt es zwei unmittelbare Aromen: Zitrone und Schokolade. Beide haben bittere Noten, aber die unterschiedlichen Feinheiten im Geschmack beider Zutaten machen sie zu hervorragenden Begleitern in Speisen. Zitrone und Schokolade haben eine besondere Affinität füreinander. Aus diesem Grund ist es auch selbstverständlich, diese beiden Elemente zu kombinieren. Aber was hat Litschi mit diesen beiden Aromen zu tun? Der Geschmack von Litschi bleibt immer eher im Hintergrund und ist trotzdem leicht zu erkennen. Im richtigen Verhältnis verwendet, kann Litschi die anderen Aromen dieses Desserts hervorheben, ohne in den Vordergrund zu treten.

KOMPONENTEN   **FÜLLUNG** Zartbitterschokoladen-Mousse (S. 444)
INKLUSION 1 Lemon Curd (S. 431)
INKLUSION 2 Litschi-Gelee (S. 431)
BODEN Brownie (S. 430)
ÜBERZUG Zartbitterschokoladen-Ganache (S. 432), Zartbitterschokoladen-Samtspray (S. 223), Grünes Samtspray (S. 302)
DEKORATION Schokoladenstreusel (S. 432), Zitronen-„Tautropfen" (S. 432), 20 essbare Blüten, 20 essbare Mikro-Gräser

FERTIGSTELLEN   **1**   Vier rechteckige Tortenringe, je 10 cm breit, 20 cm lang und 10 cm tief mit Acetatfolie auslegen. Auf einem mit Acetatfolie abgedeckten Plexiglasbrett bereitstellen.

2   Die Zartbitterschokoladen-Mousse zubereiten und 2,5 cm hoch in die Formen füllen. Insgesamt werden 6 kg der Mousse benötigt.

3   Die gefrorenen Portionen Lemon Curd auf die Mousse in die Mitte der Rahmen setzen und sanft andrücken, sodass die Mousse an den Seiten des Lemon Curds hochsteigt.

4   Je etwa 200 g Litschi-Gelee gleichmäßig auf dem Lemon Curd verteilen.

5   Mehr Mousse um Curd und Gelee herum und auch darüber spritzen, sodass die Tortenringe bis zu 2,5 cm unter den Rand mit der Mousse gefüllt sind.

6   Abschließend den Brownie-Boden auf die Mousse in den Ringen legen und sanft andrücken, sodass die Mousse an den Seiten des Brownies hochsteigt.

7   Die Oberfläche glätten und die Torten einfrieren.

8   Die komplett gefrorenen Torten aus den Ringen lösen und die Zartbitterschokoladen-Ganache zubereiten.   ▶▶

9 Wenn die Ganache etwas fester geworden ist, sodass sie noch gespritzt werden kann, ohne auseinanderzulaufen, wird sie in einer ungleichmäßigen Schicht auf der Oberfläche der Torten verteilt. Die Oberfläche soll aussehen wie Erdboden. Die Ganache gegebenenfalls mit der Winkelpalette in Form bringen.

10 Die Streusel auf der Ganache verteilen, bevor sie fest geworden ist, damit sie daran haften bleiben. Pro Torte werden etwa 190 g Schokoladenstreusel benötigt.

11 Die Arbeitsfläche und unmittelbare Umgebung dort, wo die Torten mit Samtspray überzogen werden sollen, mit Plastikfolie abdecken.

KAFFEE

Kaffee und Kaffee-Mixgetränke gehören sicherlich zu den Schwachstellen vieler Restaurants. Ganz egal, wie gut sie sonst sind. Dafür gibt es ein paar einfache Gründe:

■ Kaffee und Kaffee-Mixgetränke werden in der Regel am Ende der Mahlzeit serviert. Die Servicekräfte stehen zu diesem Punkt aber häufig unter Druck, den Tisch für die nächsten Gäste vorzubereiten. So kommt es, dass nicht jede Tasse Kaffee mit der eigentlich angebrachten Sorgfalt zubereitet wird.

■ Servicekräfte, die hochqualifiziert sind, wenn es darum geht, Speisen und Getränke zu servieren und sich um die Gäste zu kümmern, sind nicht automatisch begnadete Baristas. Einige hochklassige Restaurants haben daher Angestellte, die sich nur um die Zubereitung von Kaffee und Kaffee-Mixgetränken kümmern. Das ist natürlich nicht billig. In den meisten Fällen sind die Servicekräfte, die die Gäste am Tisch bedienen auch diejenigen, die den Kaffee zubereiten.

■ Gute Kaffeemaschinen und Kaffeemühlen können unheimlich teuer sein. Zwar ist die Profitmarge, die mit einer Tasse Kaffee zu erreichen ist, sehr hoch, trotzdem muss man sich fragen, wie viele Tassen Kaffee man verkaufen muss, damit sich die Investition lohnt.

■ Kaffeebohnen müssen richtig behandelt werden und das braucht Zeit, Platz und macht Arbeit. Kaffeebohnen beginnen zu oxidieren, sobald die Vakuumverpackung, in der sie geliefert wurden, geöffnet wird. Unter optimalen Umständen wird so viel Kaffee verbraucht, dass es hier keine großen Probleme gibt.

Dies sind nur ein paar der wichtigsten Punkte, die man im Hinterkopf haben sollte, wenn es um Kaffee geht. Denn wenn Sie in Ihrem Restaurant hervorragendes Essen und hervorragenden Service bieten, dann sollte auch Ihr Kaffee hervorragend sein. So sichern Sie sich den Erfolg und Ihre Kunden werden wiederkommen. Als Patissier sind Sie nicht unbedingt für das Kaffee-Programm verantwortlich. Denken Sie aber daran, dass der Kaffee in der Regel mit oder nach Ihren Desserts serviert wird – es wäre doch ärgerlich, wenn Sie hart für die Zubereitung der perfekten Desserts gearbeitet haben und dann schmeckt der Kaffee nicht. Sie sollten sich also darum kümmern, dass bei der Kaffee-Zubereitung in Ihrem Restaurant alles richtig läuft. Schlechter Kaffee kann so einiges vermiesen.

12   Das grüne Samtspray in den entsprechenden Behälter der Airbrush-Pistole füllen und nur die Oberfläche der Torten aus 60 cm Entfernung damit einsprühen. Die Seiten der Torten werden mit dem Zartbitterschokoladen-Samtspray überzogen. Insgesamt werden etwa 300 g grünes Samtspray und 500 g Zartbitterschokoladen-Samtspray benötigt.

13   In unregelmäßigen Abständen ein paar Zitronen-„Tautropfen" auf die Oberfläche der Torten setzen.

14   Im Kühlschrank auftauen lassen. Die Torten erst kurz vor dem Servieren mit den essbaren Blüten und Mikro-Gräsern dekorieren.

TEE, KRÄUTER- UND FRÜCHTETEE

Tee, Kräuter- und Früchtetees werden im Vergleich zu Kaffee und Kaffee-Mixgetränken in Restaurants nach einer Mahlzeit zwar in der Regel weniger oft bestellt, das heißt aber noch lange nicht, dass diese Heißgetränke mit weniger Sorgfalt zubereitet werden können. Im Grund genommen ist es sehr einfach, diese Getränke gut zuzubereiten – leider geschieht dies selten. Es gibt einige Kleinigkeiten, die man beachten muss, um einen wirklich guten Tee zu kochen. Dabei ist es wichtig, sich des Unterschieds zwischen Tee und Kräuter- bzw. Früchtetees bewusst zu sein. Tee stammt ausschließlich von den Blättern des Baumes Camellia sinensis. Kräuter- und Früchtetees sind strenggenommen also keine Tees, sondern Aufgüsse der entsprechenden Kräuter bzw. Früchte.

Tee wird in vier Hauptkategorien eingeteilt, die sich durch Unterschiede in Fermentation und Oxidation der Blätter unterscheiden: weißer, grüner, Oolong- und schwarzer Tee. Weißer und grüner Tee sind nicht fermentiert, Oolong-Tee ist halb fermentiert und schwarzer Tee vollständig. Weißer und grüner Tee sind nicht oxidiert, Oolong-Tee ist teilweise oxidiert und schwarzer Tee ist vollständig oxidiert. Einer der wichtigsten Faktoren bei der Zubereitung eines guten Tees ist Zeit, die die Blätter im Wasser ziehen. Je nach Teesorte liegt sie zwischen 2 und 7 Minuten. Eine wichtige Rolle spielen außerdem die Menge an Blättern (verwenden Sie 1–2 Teelöffel pro 250 ml Wasser – gegebenenfalls einen weiteren Teelöffel „für die Kanne") und die Temperatur des Wassers (für schwarzen Tee am besten 93 °C). Außerdem sollte der Tee heiß serviert werden. Teekannen und Teetassen sollten also grundsätzlich vorgewärmt werden, damit der Tee länger warm bleibt. Lose Teeblätter haben immer eine bessere Qualität als Teebeutel. Loser Tee muss aber länger ziehen.

Aufgüsse können auf Gewürzen, Kräutern, Zitrusfrüchten, getrockneten Früchten und sogar Blüten basieren. Sie werden ebenso aufgebrüht wie Tees, sind dabei in der Regel aber nicht so empfindlich. Die Mengenverhältnisse können hier variieren, da auch die Größe der unterschiedlichen Zutaten so stark variiert. Als allgemeine Richtlinie gilt 1 Esslöffel der entsprechenden Mischung auf 250 ml Wasser (bzw. 10 g auf 250 ml, denn Zutaten wie Zimtstangen, ganze Litschis oder Rosmarinzweige können natürlich nicht mit dem Esslöffel abgemessen werden).

GERÖSTETE MILCHCREME | SCHOKOLADEN-SHORTBREAD | LUFTSCHOKOLADE | SCHOKOLADENKUCHEN OHNE MEHL

ERGIBT 4 Torten

WARUM DIESE AROMEN GUT ZUSAMMENPASSEN

Die Inspiration für diese Torte geht vor allem auf die beliebte Kombination von Milch und Cookies zurück, deren Geschmack hier noch mit weiteren Komponenten gepaart wird, die ebenfalls gut zu Milch passen – wie zum Beispiel der Schokoladenkuchen. Die Aromen von Milch und Schokolade stehen im Vordergrund, wobei die geröstete Milch für besonders cremige Eigenschaften sorgt und die Schokolade in Schach hält.

KOMPONENTEN

FÜLLUNG Geröstete Milchcreme (S. 434)
INKLUSION 1 Schokoladen-Shortbread (S. 425)
INKLUSION 2 Luftschokolade (S. 433)
BODEN Schokoladenkuchen ohne Mehl (S. 433)
Temperierte weiße Schokolade
ÜBERZUG Glänzende Schokoladenglasur (S. 304)
DEKORATION Gold-Spray, Zartbitterschokoladen-Plättchen (S. 435), Schokoladen-Ginkoblatt (S. 435)

FERTIGSTELLEN

1 Vier je 10 cm hohe, quadratische Tortenringe mit je 15 cm Seitenlänge mit Acetatfolie auslegen.

2 Die geröstete Milchcreme zubereiten und jeweils 3,75 cm hoch in die bereitgestellten Formen füllen. In die Mitte jedes Tortenrings je eine Portion Schokoladen-Shortbread auf die Creme legen und sanft andrücken.

3 Jeweils eine weitere Schicht der Creme darüber füllen, bis 3,75 cm unter den Rand der Tortenringe.

4 Darauf je eine Portion der Luftschokolade legen und leicht andrücken. Mit dem Schokoladenkuchen abdecken und diesen ebenfalls leicht andrücken. Lücken zwischen Kuchen und Tortenringen gegebenenfalls mit mehr Creme füllen. Einfrieren.

5 Die komplett gefrorenen Torten umdrehen und aus den Tortenringen lösen. Erneut einfrieren.

6 Inzwischen 500 g weiße Schokolade schmelzen und temperieren.

7 Die temperierte Schokolade in einem beliebigen Muster über die gefrorenen Torten träufeln. Die Torten auf einem Kuchengitter in den Gefrierschrank stellen.

8 Inzwischen 2 kg der glänzenden Schokoladenglasur auf 40 °C erhitzen.

9 Die Torten mit der Schokoladenglasur überziehen. Dabei wird generell überschüssige Glasur an den Seiten der Torten herablaufen. Es muss also immer mehr Glasur aufgewärmt werden, als benötigt wird.

10 Abschließend die Torten rundherum mit Goldspray einsprühen. Jeweils ein Zartbitterschokoladen-Plättchen auf der Oberfläche anbringen und ein Schokoladen-Ginkoblatt darauf arrangieren. Im Kühlschrank auftauen lassen.

LUFTIGE VANILLECREME | HIMBEER-BISKUIT | GRÜNTEE-GELEE

ERGIBT 1 Torte

WARUM DIESE AROMEN GUT ZUSAMMENPASSEN

Dieses Geschmacksprofil ist sehr übersichtlich: Vanille, Himbeeren und grüner Tee. Vanille, wie immer in vollkommener Harmonie mit den anderen Komponenten, bildet die perfekte Verbindung zwischen Himbeeren und grünem Tee – zwei Geschmacksrichtungen, deren Kombination auf den ersten Blick seltsam erscheinen mag, die Verbindung mit Vanille und Milchprodukten harmoniert aber wunderbar.

Der Aufbau dieser Torte weicht von der klassischen Zusammensetzung von Torten ab. Nichts an dieser Torte ist wirklich klassisch. Sie besteht aus mehreren Würfeln, die gleich als einzelne Portionen dienen. Diese Portionen scheinen zunächst ziemlich groß, sind dank der Füllung aus luftiger Vanillecreme aber unheimlich leicht.

KOMPONENTEN

Rechteckige Oblaten
Kakaobutter-Spray
Himbeer-Biskuit (S. 435)
Luftige Vanillecreme (S. 436)
Grüntee-Gelee (S. 437)
Himbeer-Schokoladen-Zapfen (S. 436)

FERTIGSTELLEN

1 Sechs rechteckige Plexiglasformen mit den Maßen 10 x 12,5 x 5 cm bereitstellen. Eine der Oblaten auf einer Seite fein mit Kakaobutter besprühen und dann sofort an einer der Innenseiten einer Plexiglasform anbringen (siehe unten). Mit den anderen Oblaten wiederholen.

2 Jeweils ein Stück des Himbeer-Biskuits auf einer Seite neben die Oblate in die Form legen.

3 Die luftige Vanillecreme zubereiten und in eine Spritztüte füllen. Gleichmäßig in die Formen spritzen und im Kühlschrank fest werden lassen.

4 Sobald die Creme fest geworden ist, können die Portionen mit jeweils einer Lage Grüntee-Gelee und einem Himbeer-Schokoladen-Zapfen dekoriert werden.

HINWEIS

Dieses Rezept reicht nur für eine Torte (bestehend aus 6 Segmenten), da die Vanillecreme sehr schnell fest wird, sodass es unmöglich wäre, mehr als eine dieser Torten auf einmal zuzubereiten.

Die Oblaten sollten quadratisch (7,5 cm) zurechtgeschnitten sein. Auf jede kann mit essbarer Tinte und einem Kunststoffstempel ein Motiv nach Belieben gestempelt werden. Bis zur Verwendung in einem Umschlag an einem kühlen, trockenen Ort aufbewahren.

TORTE FÜR ZWEI: CASSIS UND MANDEL

ERGIBT 4 Torten

WARUM DIESE AROMEN GUT ZUSAMMENPASSEN Diese sehr einfache Torte besteht aus abwechselnden Schichten Cassis-Biskuit und Mandelcreme. Nach Belieben kann sie mit Vanille aromatisiert werden (mithilfe des Volcano Vaporizers). Cassis hat einen sehr direkten, gleichzeitig aber komplexen Geschmack, mit intensiven Beeren-Aromen und dezenten blumigen Noten. Da Cassis auch sehr sauer ist, profitiert die Torte von dem milden Geschmack der Mandel-Sahne, deren für Milchprodukte typische Noten die Säure in Schach halten, ohne sie zu verbergen. Der natürliche Vanilleduft betont nicht nur alle anderen Aromen der Torte, sondern verleiht ihr auch noch das gewisse Etwas.

KOMPONENTEN Cassis-Biskuit (S. 437)
Mandelsahne (S. 438)
Natürlicher Vanilleduft aus Vanillepulver

FERTIGSTELLEN

1   Die Torten werden jeweils in 15 cm hohen Einmachgläsern (7,5 cm Durchmesser) direkt vor dem Servieren angerichtet, da die darin enthaltene geschlagene Sahne zusammenfallen würde, wenn sie längere Zeit stehen bleibt.

2   Eine Portion des Cassis-Biskuits auf den Boden eines Einmachglases legen und darauf etwa 100 g Mandelcreme in gleichmäßigen, etwa 1 cm hohen Rosetten spritzen. Noch 5 Mal wiederholen, für die oberste Schicht Mandel-Sahne jedoch 200 g verwenden und die Rosetten in verschiedenen Größen spritzen.

3   Das Einmachglas verschließen und die Torte kurz bevor sie serviert wird mithilfe des Volcano Vaporizers mit Vanilleduft aromatisieren (siehe Bilder und Beschreibung auf S. 209). Für das Aromatisieren einer Torte reichen 20 g Vanillepulver.

DREIECKIGE SCHOKOLADENTORTE

ERGIBT   4 Torten

WARUM DIESE AROMEN
GUT ZUSAMMENPASSEN

Im Grunde genommen handelt es sich bei dieser Torte eigentlich um einen Schokoladenriegel, der sich als Torte verkleidet hat. Idee war es, ein Produkt zu entwickeln, das bei gleichbleibender Qualität relativ lange haltbar ist und dabei schmeckt, wie eine Torte. Die Luftschokolade z.B. ist eine struktur-gebende Komponente, die sich auf der Zunge so anfühlt, wie eine lockere Mousse. Auch die Nuss-nougat-Creme ist eine cremige Komponente, hat aber einen vergleichsweise geringen Wassergehalt und ist daher nicht so leicht verderblich.

Der reichhaltige Geschmack der Nussnougat-Creme wirkt durch die säuerlichen Noten von Zitrusfrüchten, in diesem Fall Meyer-Zitronen, etwas frischer. Zitrusfrucht, Nüsse und Schokolade hören sich beinahe nach einer willkürlichen Kombination an, verbinden sich aber hervorragend mit-einander. Trotz ihrer unterschiedlichen und individuellen Eigenschaften, profitieren alle diese Aromen von der Präsenz der jeweils anderen.

KOMPONENTEN

GEHÄUSE Schokoladen-Hülle (S. 438)
FÜLLUNG Luftschokolade (S. 433)
INKLUSION 1 Nussnougat-Creme (S. 439)
INKLUSION 2 Pâte de fruit von der Meyer-Zitrone (S. 439)
BODEN Angel Food Cake (S. 440)
Temperierte Zartbitterschokolade
DEKORATION Eiweiß-Spritzglasur (S. 440), goldene Kakaobutter (Antik-Gold)

FERTIGSTELLEN

1 Sobald die entsprechende Form für das Gehäuse mit der Schokolade ausgekleidet und diese erstarrt ist, kann die Luftschokolade zubereitet werden. Für die 4 Entremets wird nur die Hälfte der im Rezept angegebenen Menge benötigt (in einem Behälter mit 1 l Fassungsvermögen). Die Luftschokolade anschließend in die Schokoladen-Hülle portionieren, sodass sie 1,25 cm hoch gefüllt ist. Bevor die nächste Lage darauf gegeben wird warten, bis die Luftschokolade vollständig erstarrt ist.

2 Etwa 200 g der Nussnougat-Creme auf der Luftschokolade verteilen, sodass die Schokoladen-Hülle bis zu 5 mm unter den Rand gefüllt ist.

3 Eine dreieckige Portion der Pâte de fruit von der Meyer-Zitrone auf die Nussnougat-Creme legen. Darauf eine dreieckige Schicht des Angel Food Cakes platzieren. Die gefüllte Schokoladen-Hülle mit temperierter Zartbitterschokolade versiegeln. Wenn die Schokolade vollständig erstarrt ist, kann die Torte aus der Form gelöst werden.

4 Die Eiweiß-Spritzglasur mithilfe einer Schablone auftragen: Die Schablone auf die entsprechende Stelle auf der erstarrten Schokolade legen, Spritzglasur darauf verstreichen und die Schablone dann vorsichtig entfernen.

5 Die Spritzglasur bei Raumtemperatur etwa 2 Stunden trocknen lassen.

6 Etwa 30 g der goldfarbenen Kakaobutter schmelzen und in den Behälter der Airbrush-Pistole füllen. Die Oberfläche der Torte damit schminken (es muss nicht die gesamte Torte besprüht werden).

7 An einem kühlen, trockenen Ort aufbewahren. Gut verpackt sind die Torten etwa 2 Wochen haltbar.

HINWEIS Diese „Torte" wird am besten auf einem Schneidebrett mit einem Messer serviert, sodass Ihre Gäste sie selbst portionieren können.

CRÈME-BRÛLÉE-TORTE

ERGIBT	4 Torten

WARUM DIESE AROMEN GUT ZUSAMMENPASSEN

Vanille bestimmt den Hintergrundgeschmack dieses Desserts und verbindet das Aroma des Ahornsirups (ein weiteres Aroma, das eher im Hintergrund bleibt) hervorragend mit der Nussnougat-Creme, die das unmittelbarste Aroma dieser Torte repräsentiert. Im Grunde genommen eine sehr einfache Torte, voll von verschiedenen Texturen (weich, knusprig, angenehm zäh), die aber erst kurz vor dem Verzehr fertiggestellt werden darf, damit diese unterschiedlichen Texturen präsent bleiben.

KOMPONENTEN

Knuspriges Ahornsirup-Brickteig-Blättchen (S. 441)
Praliné-Mandelkuchen (S. 442)
Crème brûlée (S. 441)
Turbinado-Zucker

FERTIGSTELLEN

1 Diese Torte muss à la Minute angerichtet werden. Das Ahornsirup-Brickteig-Blättchen auf den Praliné-Mandelkuchen legen.

2 Die Crème brûlée direkt aus der Form auf das Brickteig-Blättchen schieben.

3 Eine gleichmäßige Lage Turbinado-Zucker auf die Crème brûlée streuen und mit dem Bunsenbrenner karamellisieren. Sofort servieren.

GROSSE ROTE TORTE

ERGIBT   4 Torten

WARUM DIESE AROMEN
GUT ZUSAMMENPASSEN   Vorbild für diese Torte ist der französische Dessert-Klassiker Fraisier. Der Geschmack von Erdbeeren steht im Vordergrund und ihre leicht säuerlichen Noten werden durch Vanille und Sahne abgeschwächt. Wie die Vorlage ist diese Torte geprägt durch die weiche Konsistenz ihrer Komponenten.

KOMPONENTEN

BODEN Vanillekuchen (S. 442)
INKLUSION Frische reife Erdbeeren (siehe Hinweis)
FÜLLUNG Crème Diplomat mit Vanille (S. 443)
ÜBERZUG Rotes Samtspray (S. 248)
DEKORATION Schriftzug aus gelierter Sahne: FRESA (Erdbeere) (S. 443)
Geschmolzene weiße Schokolade

FERTIGSTELLEN

1 Diese Torten werden richtig herum in ovalen Tortenringen (12,5 x 20 cm) angerichtet, die leicht angeschrägt sind, d.h. 10 cm hoch an der höchsten Stelle und 3,75 cm an der tiefsten Stelle. Mit entsprechend zurechtgeschnittenen Acetat-Streifen auslegen und auf ein mit Acetatfolie ausgelegtes Blech stellen.

2 Je eine Scheibe des Vanillekuchens auf den Boden in der Mitte der Tortenringe legen.

3 Darauf je 300 g der geviertelten Erdbeeren aufrecht stellen, sodass der Vanillekuchen vollständig bedeckt ist.

4 Um und auf die Erdbeeren die Crème Diplomat spritzen, sodass sie vollständig bedeckt sind. Die Oberfläche der Creme mit der Winkelpalette glätten.

5 Einfrieren, bis die Torten fest sind. Dann können sie aus den Tortenringen gelöst werden. Die Arbeitsfläche und die unmittelbare Umgebung dort, wo die Torten mit Samtspray überzogen werden sollen, mit Plastikfolie abdecken.

6 Das Samtspray in den entsprechenden Behälter der Airbrush-Pistole füllen und die Torten aus etwa 60 cm Entfernung gleichmäßig mit einer Schicht Samtspray überziehen.

7 Die Torten auf die Unterlagen stellen, auf denen sie serviert werden sollen.

8 Die Buchstaben in der Reihenfolge F / R / E / S / A jeweils mit einem Tropfen der geschmolzenen weißen Schokolade befestigen (insgesamt werden dafür etwa 10 g Schokolade benötigt). Im Kühlschrank auftauen lassen.

HINWEIS   Kurz vor der Verwendung die Stielansätze von 1,2 kg Erdbeeren entfernen. Nicht früher, denn sonst verlieren sie ihre Farbe.

ROTE LIPPEN

ERGIBT   4 Torten

WARUM DIESE AROMEN GUT ZUSAMMENPASSEN

Schokoladen und Himbeeren sind eine Kombination, die vielen schmeckt, aber nicht jedem. Himbeeren an sich sind nicht unbedingt süß. Tendenziell sind sie sogar eher säuerlich, haben dabei aber die für rote Früchte typischen Noten, die sehr gut zu bestimmten Sorten dunkler Schokolade passen, vor allem solchen mit eher geringem Kakaoanteil. Der Geschmack des Savarins bleibt eher im Hintergrund. Dabei trägt der Hefekuchen die für Fermentation und Maillard-Reaktionen typischen Noten bei. Außerdem wird der Kuchen noch in einem mit Chambord aromatisierten Sirup getränkt, einem Likör aus schwarzen Himbeeren, dessen Geschmack an rote Himbeeren erinnert.

KOMPONENTEN

FÜLLUNG Zartbitterschokoladen-Mousse (S. 444)
INKLUSION Himbeeren in Himbeer-Gelee (S. 444)
BODEN Savarin (S. 445)
ÜBERZUG Glänzende Schokoladenglasur (S. 304)
DEKORATION Himbeer-Schokoladen-Lippen (S. 445)

FERTIGSTELLEN

1. Vier Formen für Halbkugeln mit den Maßen 14 x 5 cm bereitstellen. Um sie zu stabilisieren am besten auf kleinere Ringformen stellen.

2. Die Halbkugel-Formen bis zu 2,5 cm unter den Rand mit der Zartbitterschokoladen-Mousse füllen.

3. Jeweils eine Portion der Himbeeren in Himbeer-Gelee in die Mitte der Mousse drücken und darauf je einen Savarin legen. Leicht andrücken.

4. Die Oberfläche des Savarins und die den Hefekuchen umgebende Mousse sollten gleichmäßig mit dem Rand der Formen abschließen. Lücken gegebenenfalls mit weiterer Mousse auffüllen.

5. Die Torten einfrieren.

6. Sobald die Torten fest gefroren sind, können sie aus den Formen gelöst und auf ein Kuchengitter gestellt werden. Die glänzende Schokoladenglasur darüber gießen. Die vollständig überzogenen Torten nach einigen Sekunden mit der Winkelpalette auf dem Kuchengitter ein Stück verschieben, damit sich keine Füße am Boden der Torte bilden.

7. Die überzogenen Torten auf die Unterlage stellen, auf der sie serviert werden sollen. Pro Torte rundherum 21 Himbeer-Schokoladen-Münder anbringen. Im Kühlschrank auftauen lassen.

HASELNUSS-GIANDUJA-TORTE

ERGIBT   4 Torten

WARUM DIESE AROMEN GUT ZUSAMMENPASSEN   Gianduja kann grob als Kombination von Schokolade und Nusspaste (in der Regel Haselnuss) beschrieben werden. Der Geschmack dieser Torte wird durch Haselnuss dominiert, präsentiert in verschiedenen Texturen: weich, samtig, knusprig/kross.

KOMPONENTEN   **FÜLLUNG** Gianduja-Mousse (S. 447)
INKLUSION 1 Haselnuss-Praliné (S. 447)
INKLUSION 2 Gianduja-Feuilletine (S. 446)
BODEN Haselnuss-Biskuit (S. 446)
ÜBERZUG Zartbitterschokoladen-Samtspray (S. 223), Weißes Samtspray (S. 429)
DEKORATION Gianduja-Dekor (S. 447)

FERTIGSTELLEN

1   Die hier abgebildete Torte wurde in einer nach unseren Vorgaben hergestellten Silikonform angerichtet, die aus vier versetzt übereinander gestapelten Scheiben mit je 20 cm Durchmesser besteht, insgesamt 5 cm tief. Den Boden der Form 1,25 cm hoch mit Gianduja-Mousse füllen.

2   Eine Scheibe Haselnuss-Praliné auf die Mousse legen und sanft andrücken. Um und auf die Scheibe eine weitere, dünne Schicht der Mousse spritzen (bis 1,25 cm unter den Rand der Form).

3   Die Gianduja-Feuilletine mit dem Haselnuss-Biskuit auf die Mousse legen und sanft andrücken. Der Haselnuss-Biskuit sollte dabei am oberen Rand der Form abschließen. Lücken gegebenenfalls mit mehr Mousse füllen.

4   Die Torte einfrieren, am besten im Schockfroster (-38 °C). Die Torte kann aus der Silikonform gelöst werden, wenn sie vollständig gefroren ist. Dann kann sie bis zum Tag des Anrichtens im herkömmlichen Gefrierschrank aufbewahrt werden, sollte aber mindestens 1 Stunde vor der Fertigstellung nochmals in den Schockfroster gestellt werden. Wird die Torte in einem gewöhnlichen, runden Tortenring angerichtet wird, muss sie nicht im Schockfroster gefroren werden. Sie wird dann auch im herkömmlichen Gefrierschrank hart genug.

5   Die Arbeitsfläche und die unmittelbare Umgebung dort, wo die Torte mit Samtspray überzogen werden soll, mit Plastikfolie abdecken. Das Zartbitterschokoladen-Samtspray in den entsprechenden Behälter der Airbrush-Pistole füllen und die Torte aus mindestens 60 cm Entfernung gleichmäßig überziehen.

6   Eine Seite der Torte dann zusätzlich mit weißem Schokoladen-Samtspray überziehen. Abschließend mit dem Gianduja-Dekor garnieren. Im Kühlschrank auftauen lassen.

BUTTERKARAMELL-SHORTBREAD

ERGIBT 1,41 KG

ZUTATEN	MENGE	ANTEIL IN %
BUTTERKARAMELL		
gesalzene Butter	100 g	33,9 %
Zucker	170 g	57,63 %
Wasser	25 g	8,47 %
SHORTBREAD		
Weizenmehl (Type 405)	360 g	25,53 %
Mandelmehl	220 g	15,6 %
Puderzucker	180 g	12,77 %
Salz	10 g	0,71 %
Butter	220 g	15,6 %
Butter, zerlassen und leicht abgekühlt	120 g	8,51 %
Butterkaramell-Stücke	300 g	21,28 %

1   Für die Zubereitung des Butterkaramells eine 45 x 33 cm große Back-form mit einer passenden Silikonmatte auslegen.

2   Butter, Zucker und Wasser zusammen in einen Topf geben und bei mäßiger Hitze kochen lassen, bis die Mischung eine Temperatur von 152 °C erreicht. Dann sofort in die vorbereitete Form gießen. Abkühlen lassen und dann in etwa 3 mm große Stückchen brechen.

3   Wenn die Butterkaramell-Stückchen nicht gleich weiterverarbeitet werden sollen, können sie in einem luftdicht verschlossenen Behälter an einem kühlen, trockenen Ort aufbewahrt werden.

4   Für die Zubereitung des Shortbreads ein flaches Backblech mit einer Silikonmatte auslegen und einen 6 mm hohen Rahmen daraufstellen.

5   Das Shortbread zubereiten wie im Rezept auf S. 421 beschrieben. Sobald die zweite Menge Butter untergemischt wurde, können die Butterkaramell-Stückchen per Hand untergemischt werden.

6   Den Inhalt in dem Rahmen verteilen und mit einem Teigroller dafür sorgen, dass die Oberfläche gleichmäßig ist. Einfrieren.

7   Vier quadratische Stücke mit je 14 cm Seitenlänge ausschneiden.

8   Bis zur Verwendung im Gefrierschrank aufbewahren. Shortbread-Reste für andere Verwendung aufbewahren.

WIENER-BODEN MIT GEBRÄUNTER BUTTER

ERGIBT 1,51 KG

ZUTATEN	MENGE	ANTEIL IN %
Eier	680 g	44,99 %
Zucker	350 g	23,14 %
Salz	3 g	0,17 %
Weizenmehl (Type 405)	350 g	23,14 %
Trockenmilchpulver	70 g	4,63 %
Butter, zerlassen und leicht abgekühlt	60 g	3,97 %

1   Den Biskuit mit der auf S. 19 beschriebenen Einkesselmethode (warme Zubereitung) zubereiten. Für die hier angegebene Menge wird ein 66 x 45 cm großes Blech benötigt.

2   Den gekühlten Biskuitboden in 14 cm große, 1,25 cm dicke Quadrate schneiden.

3   Einfrieren, damit der Boden bei der Verarbeitung fest ist und bis zur Fertigstellung der Torte im Gefrierschrank aufbewahren.

CREME VOM GERÖSTETEN ROGGENBROT

ERGIBT 2 KG

ZUTATEN	MENGE	ANTEIL IN %
AROMATISIERTE SAHNE		
Roggenbrot (ohne Kümmel)	900 g	27,27 %
Schlagsahne	2,4 kg	72,73 %
CREME		
Aromatisierte Sahne	1,2 kg	60 %
Blattgelatine (Silber), eingeweicht in kaltem Wasser, gut ausgedrückt	24 g	1,2 %
Schlagsahne	760 g	38 %
Flüssiger Sahnestabilisator	16 g	0,8 %

1. Für die aromatisierte Sahne das Roggenbrot würfeln und bei 160 °C im Ofen goldbraun rösten. Auf jeden Fall Roggenbrot verwenden, das keine Kümmelsamen enthält.

2. Inzwischen die Schlagsahne zum Sieden bringen.

3. Das geröstete, heiße Roggenbrot in die siedende Sahne geben und gut umrühren. Vom Herd nehmen und 10 Minuten ziehen lassen.

4. Durch ein feinmaschiges Sieb gießen und die Sahne dann mit einem Pürierstab mixen. Das Ganze nochmals durch ein Mulltuch filtern und Brotreste entsorgen.

5. Die aromatisierte Sahne über einem Eiswasserbad abkühlen lassen.

6. Inzwischen ein Blech mit einer Silikonmatte auslegen. Darauf Metallstäbe arrangieren, sodass ein quadratischer Rahmen mit 28 cm Seitenlänge entsteht (2,5 cm hoch).

7. Die Creme mit den oben aufgeführten Zutaten und der auf S. 28 beschriebenen Methode fertigstellen. Der Sahnestabilisator wird vor dem Aufschlagen unter die Sahne gemischt.

8. Die Creme in den vorbereiteten Rahmen füllen und die Oberfläche glatt streichen. Das Ganze einfrieren.

9. Sobald die Masse vollständig gefroren ist, können Rahmen und Silikonmatte entfernt und die Creme mit einem heißen Messer in 4 gleichmäßige, quadratische Portionen geschnitten werden.

10. Bis zur Fertigstellung der Torte im Gefrierschrank aufbewahren.

HINWEIS Das Gewicht der Creme wird unter dem Gesamtgewicht der Zutaten liegen (etwa die Hälfte), da das Brot beim Aromatisieren viel Sahne absorbiert und danach ja entsorgt wird.

GRAUES SAMTSPRAY

ERGIBT 465 G

ZUTATEN	MENGE	ANTEIL IN %
Karamellisierte weiße Schokolade (S. 316)	200 g	43,01 %
Kakaobutter	250 g	53,76 %
Pflanzenasche	15 g	3,23 %

1 Alle Zutaten zusammen in eine Schüssel geben und über einem heißen Wasserbad schmelzen. Gut umrühren, damit eine gleichmäßige Mischung entsteht.

2 In den entsprechenden Behälter der Airbrush-Pistole füllen oder zur späteren Verwendung aufbewahren. Das Samtspray wird fest, wenn es auf Raumtemperatur abkühlt, kann in der Mikrowelle oder über einem heißen Wasserbad aber auch ohne Probleme wieder geschmolzen werden.

GERÖSTETE SAUERTEIG-STÜCKCHEN

ERGIBT 454 G

ZUTATEN	MENGE	ANTEIL IN %
1 Laib Sauerteigbrot	454 g	100 %

1 Das Brot im Kühlschrank vollständig kühlen.

2 Das gekühlte Brot mit der Hand in etwa 7,5 cm große Stücke reißen. Die Stückchen dürfen ruhig unregelmäßig sein – sie sollen möglichst natürlich aussehen.

3 Die Brotstückchen mit der Hitzepistole (niedrigste Stufe) rundherum rösten.

4 Bis zur Verwendung an einem kühlen, trockenen Ort an der Luft aufbewahren. Auf keinen Fall in Folie wickeln oder luftdicht verpacken.

ESPRESSO-BISKUIT

ERGIBT 1,5 KG

ZUTATEN	MENGE	ANTEIL IN %
Weizenmehl (Type 405)	280 g	18,67 %
Mandelmehl	130 g	8,67 %
Backpulver	20 g	1,33 %
Eier	320 g	21,33 %
brauner Zucker	275 g	18,33 %
Instant-Kaffeepulver	10 g	0,67 %
Vollmilch	210 g	14 %
Rapsöl	255 g	17 %
Zartbitterschokolade	300 g	

1 Den Konvektomaten auf 160 °C vorheizen.

2 Die Innenseiten einer 66 x 45 cm großen Backform leicht mit Sprühfett einsprühen und den Boden mit einer Silikonmatte auslegen.

3 Mehl, Mandelmehl und Backpulver vermischen und zusammen in eine Schüssel sieben.

4 Die Eier zusammen mit braunem Zucker und Instant-Kaffeepulver in die Schüssel der Standküchenmaschine geben. Mit dem Schneebesen schaumig aufschlagen, bis die Masse ihr eigenes Gewicht halten kann (siehe S. 19).

5 Die Küchenmaschine anhalten und ein Viertel der Milch hinzufügen. Einige Sekunden langsam untermischen. Dann ein Viertel der trockenen Zutaten langsam untermischen. Im Wechsel wiederholen, bis Milch und trockene Zutaten vollständig untergemischt wurden.

6 Das Rapsöl allmählich hineinlaufen lassen. Die Masse gleichmäßig in der vorbereiteten Form verteilen.

7 Im vorgeheizten Ofen 12 – 15 Minuten backen. Der Biskuit ist fertig, sobald die Oberfläche zurückfedert, wenn man sanft mit den Fingerspitzen auf die Mitte drückt.

8 Bei Raumtemperatur abkühlen lassen und dann einfrieren.

9 Den fest gefrorenen Biskuit aus der Backform auf ein Schneidebrett stürzen, die Silikonmatte entfernen und mit einem Farbroller eine dünne Schicht der geschmolzenen Zartbitterschokolade auf dem Boden des Biskuits verteilen. Sobald die Schokolade vollständig erstarrt ist, den Biskuit in quadratische Stücke mit 17,5 cm Seitenlänge schneiden, je 1,25 cm dick.

10 Bis zur Fertigstellung der Torte im Gefrierschrank aufbewahren.

ESPRESSO-PUDDING

ERGIBT 2,73 KG

ZUTATEN	MENGE	ANTEIL IN %
Schlagsahne	1,9 kg	69,55 %
Instant-Kaffeepulver	30 g	1,1 %
Zucker	400 g	14,64 %
Salz	2 g	0,07 %
Eigelb	400 g	14,64 %

1 Vier je 5 cm tiefe Backformen mit jeweils 45 x 33 cm Seitenlänge leicht mit Sprühfett einsprühen und dann mit Frischhaltefolie auslegen.

2 Den Konvektomaten auf 135 °C vorheizen.

3 Vier tiefe, 66 x 45 cm große Bleche und 8 Liter sehr heißes Wasser bereitstellen.

4 Schlagsahne, Instant-Kaffeepulver, die Hälfte des Zuckers und das Salz zusammen in einen Topf geben und bei starker Hitze aufkochen.

5 Inzwischen die zweite Hälfte des Zuckers mit dem Eigelb in einer Schüssel vermischen, deren Fassungsvermögen für alle Zutaten ausreicht.

6 Die kochende Schlagsahne-Mischung unter ständigem Rühren mit dem Schneebesen allmählich zur Eigelb-Mischung gießen.

7 Jeweils 680 g der Mischung in die vier vorbereiteten (kleineren) Backformen gießen.

8 Jede der gefüllten Backformen in eines der größeren Bleche stellen.

9 Die vier Bleche in den Ofen schieben und jeweils 2 Liter des heißen Wassers in die größeren Bleche um die Backform gießen.

10 Etwa 20 Minuten backen, bis die Puddingmasse gerade eben gestockt ist. Wenn man leicht gegen die Backformen klopft, sollte die Masse leicht wackeln. Wenn sie noch in der Form hin und her schwappt, ist sie noch nicht ausreichend gestockt und muss noch etwas länger gebacken werden.

11 Die Backformen mit dem Pudding aus dem Wasserbad nehmen und bei Raumtemperatur abkühlen lassen. Die abgekühlten Pudding-Portionen in den Formen einfrieren.

12 Die fest gefrorenen Pudding-Portionen können aus den Backformen genommen werden. Die Frischhaltefolie entfernen und die Portionen in quadratische Stücke mit je 17,5 cm Seitenlänge schneiden. Bis zur Fertigstellung der Torte im Gefrierschrank aufbewahren. 1 Monat haltbar.

BRIOCHE-DONUT

ERGIBT 1 KG

ZUTATEN	MENGE
Brioche-Teig (S. 156)	1 kg
Erdnussöl	

1 Den geruhten und gekühlten Teig 1,25 cm dick ausrollen und dann weitere 30 Minuten im Kühlschrank ruhen lassen.

2 Eine Ausstechform für Donuts (7,5 cm Durchmesser) in Mehl dippen und damit so viele Donuts wie möglich aus dem ausgerollten Teig ausstechen. Die Donuts mit ausreichend Abstand auf ein mit Silikonpapier ausgelegtes Backblech legen und das Ganze mit einer großen, sauberen Plastiktüte abdecken. Bei Raumtemperatur 2 Stunden gehen lassen, bis sich das Volumen der Donuts verdoppelt hat. Für die vier Torten werden insgesamt nur 4 Donuts und 4 der Teigstücke aus dem Inneren (für die Donut-Kugeln) benötigt. Die restlichen Donuts können einfach so verzehrt werden (siehe Hinweis).

3 Erdnussöl in der Fritteuse auf 180 °C erhitzen.

4 Die 4 Donuts nacheinander frittieren, bis sie rundherum goldbraun sind. Von jeder Seite etwa 30 Sekunden.

5 Die frittierten Donuts in grobem Kristallzucker wenden, sobald sie aus der Fritteuse kommen, damit sie rundherum davon bedeckt sind. Auch die 4 Teigstücke aus dem Inneren der ausgestochenen Donuts frittieren und im Zucker wenden. Diese Kugeln müssen beim Frittieren ständig gewendet werden, damit sie gleichmäßig bräunen und rund bleiben. Insgesamt dauert das etwa 30 Sekunden.

6 Bei Raumtemperatur abkühlen lassen und die Donuts dann bis zur Fertigstellung der Torte einfrieren. Die Donut-Kugeln als Dekoration verwenden.

HINWEIS Dieses Rezept ergibt mehr Donuts, als für die Zubereitung der Torte benötigt werden. Kleinere Mengen zuzubereiten ist aber nicht empfehlenswert, da es schwerer ist, damit verlässlich gute Ergebnisse zu erzielen. Die überschüssigen Donuts können entweder frittiert und dann einfach so genossen werden, oder die Teiglinge werden sofort nachdem sie ausgestochen wurden eingefroren und dann erst nach Bedarf gehen gelassen und frittiert.

DONUT-CREME

ERGIBT 4,99 KG

ZUTATEN	MENGE	ANTEIL IN %
DONUT-PÜREE		
Donuts (ohne Hefe)	650 g	28,02 %
Schlagsahne	1,5 kg	64,66 %
Zucker	170 g	7,33 %
DONUT-CREME		
Donut-Püree	3 kg	60,12 %
Blattgelatine (Silber), eingeweicht in kaltem Wasser, gut ausgedrückt	60 g	1,2 %
Schlagsahne	1,9 kg	38,08 %
flüssiger Sahnestabilisator	30 g	0,6 %

1 Die Donuts für die Zubereitung des Pürees in kleine Stückchen brechen.

2 Donut-Stückchen, Sahne und Zucker zusammen in einen Topf geben und aufkochen. Vom Herd nehmen und die Donut-Stückchen in der Sahne ziehen lassen, bis sie aufgeweicht sind.

3 Die Mischung mit dem Pürierstab glatt pürieren.

4 Während der Zubereitung der Donut-Creme warm halten.

5 Sicherstellen, dass der Tortenring vorbereitet und die für die Fertigstellung der Torte benötigten Inklusionen vollständig gefroren und griffbereit sind.

6 Die Donut-Creme mit der auf S. 28 beschriebenen Methode zubereiten. Das Donut-Püree dient dabei als Ersatz für die Eiercreme-Masse. Die Torte fertigstellen.

HINWEIS Die Donut-Creme wird zubereitet wie eine Bayrische Creme, anstelle der Crème anglaise (Eiercreme-Masse) oder eines Fruchtpürees wird lediglich das Donut-Püree verwendet. Zur Zubereitung sollten auf jeden Fall gekaufte Donuts – sogenannte Cake Donuts – verwendet werden, deren Teig keine Hefe enthält, sondern andere Backtriebmittel, denn ihr Geschmack lässt sich nur schwer nachahmen.

ESPRESSO-SAMTSPRAY

ERGIBT 1,02 KG

ZUTATEN	MENGE	ANTEIL IN %
Zartbitterschokolade	500 g	49,02 %
Instant-Kaffeepulver	20 g	1,96 %
Kakaobutter	500 g	49,02 %

1   Alle Zutaten zusammen in eine Schüssel geben und über einem heißen Wasserbad schmelzen. Da sich das Instant-Kaffeepulver in Fett nicht so schnell auflöst wie in Wasser, muss die Mischung einige Minuten mit dem Schneebesen gerührt werden, damit sich alle Kristalle auflösen.

2   Das Spray in den entsprechenden Behälter der Airbrush-Pistole füllen und die Torten damit überziehen oder es bei Raumtemperatur in einem luftdicht verschlossenen Behälter aufbewahren. 6 Monate haltbar.

SCHOKOLADEN-RING

ERGIBT 300 G

ZUTATEN	MENGE	ANTEIL IN %
Zartbitterschokolade, temperiert	300 g	100 %

1   Die temperierte Schokolade in Ringformen aus Silikon füllen und erstarren lassen.

2   Die vollständig fest gewordene Schokolade aus den Formen lösen. Gut verpackt sind die Schokoladen-Ringe an einem kühlen, trockenen Ort bis zu 1 Jahr haltbar.

FLEXIBLES SHORTBREAD

ERGIBT 2,2 KG

ZUTATEN	MENGE	ANTEIL IN %
Weizenmehl (Type 405)	720 g	32,43 %
Mandelmehl	440 g	19,82 %
Puderzucker	360 g	16,22 %
Salz	20 g	0,9 %
Butter, in 1,25 cm große Würfel geschnitten	440 g	19,82 %
Butter, zerlassen und leicht abgekühlt	240 g	10,81 %

1   Den Konvektomaten auf 160 °C vorheizen. Ein Backblech mit einer Silikonmatte auslegen.

2   Weizen- und Mandelmehl mit Zucker und Salz im Robot Coupe vermischen. Die Maschine anhalten, die gewürfelte Butter hinzufügen und erneut laufen lassen, bis die Butterwürfel vollständig untergemischt wurden.

3   Die Mischung gleichmäßig auf dem vorbereiteten Blech ausbreiten und im vorgeheizten Ofen 15 – 20 Minuten goldbraun backen.

4   Abkühlen lassen. Dann im Robot Coupe fein mahlen. Sobald ein feines Pulver entstanden ist, die zerlassene Butter hinzufügen und das Ganze im Robot Coupe vermengen, bis ein fester Teig entstanden ist.

5   Den Teig in einem 3 mm hohen Rahmen verteilen. In den Kühlschrank stellen. Der gekühlte Teig kann anschließend in die gewünschte Größe geschnitten und Reste eingefroren werden. Bei der Fertigstellung der Torte müssen die beiden Teigplatten für den Boden und die Oberfläche fest gefroren sein, der Teigstreifen für die Seiten sollte hingegen nur gekühlt sein, damit er flexibel bleibt.

KIRSCHKONFITÜRE

ERGIBT 400 G

ZUTATEN	MENGE	ANTEIL IN %
KALZIUM-LÖSUNG		
Kalzium-Laktat	2 g	1,8 %
Wasser	120 g	98,2 %
KIRSCHKONFITÜRE		
Kirsch-Püree (siehe Hinweis)	350 g	86,21 %
Zucker	50 g	12,32 %
Kalzium-Lösung	4 g	0,99 %
Universal-Pektin (Pektin NH 95)	2 g	0,49 %

1 Kalzium-Laktat und Wasser für die Kalzium-Lösung mit dem Pürierstab gut vermischen. Die Lösung im Kühlschrank aufbewahren.

2 Für die Zubereitung der Kirschkonfitüre das Kirsch-Püree mit 80 % des Zuckers und der Kalzium-Lösung in einem kleinen Topf aufkochen. Inzwischen den restlichen Zucker mit dem Pektin vermischen.

3 Die Pektin-Zuckermischung mithilfe des Pürierstabs gleichmäßig unter die heiße Kirschmasse mischen.

4 Unter ständigem Rühren mit dem Schneebesen 1 Minute köcheln lassen.

5 Die heiße Konfitüre in eine flache Schüssel füllen und bei Raumtemperatur abkühlen lassen.

6 Die gekühlte Konfitüre kann in die mit dem Shortbread ausgelegten Tortenringe gefüllt werden. Wird sie nicht gleich verwendet, kann sie im Kühlschrank bis zu 2 Wochen aufbewahrt werden.

HINWEIS Als Erstes die Kalzium-Lösung zubereiten. Diese Konfitüre wird mit Universal-Pektin geliert (Pektin NH 95), das nur in Verbindung mit Kalzium geliert. Das Rezept für die Kalzium-Lösung ergibt deutlich mehr Lösung, als für die Zubereitung der Konfitüre benötigt wird. Es wäre aber unsinnig, bloß die benötigten 4 g zuzubereiten. Reste der Lösung sind gekühlt lange haltbar und können später oder zu anderen Zwecken verwendet werden.

Sie können auch ihr eigenes Kirsch-Püree herstellen, indem sie Kirschen entsteinen und im Standmixer pürieren.

SCHOKOLADENPLÄTZCHEN

ERGIBT 2 KG

ZUTATEN	MENGE	ANTEIL IN %
Schokoladenlikör	170 g	8,5 %
Zartbitterschokolade (Pellets), 55 % Kakaoanteil	220 g	11 %
Butter	85 g	4,25 %
Eier, bei Raumtemperatur	300 g	15 %
Zucker	520 g	26 %
Vanillepaste	5 g	0,25 %
Kaffee-Extrakt	5 g	0,25 %
Weizenmehl (Type 405)	85 g	4,25 %
Salz	3 g	0,15 %
Backpulver	7 g	0,35 %
Zartbitterschokolade, grob gehackt	600 g	30 %

1 Drei Backbleche mit Backpapier auslegen.

2 Schokoladenlikör, Zartbitterschokolade und Butter zusammen in eine Schüssel geben und vorsichtig in der Mikrowelle schmelzen. Die Masse darf nicht zu heiß werden. 43 °C sind ausreichend.

3 Eier, Zucker, Vanillepaste und Kaffee-Extrakt zusammen in die Schüssel (5 l Fassungsvermögen) der Standküchenmaschine geben und mit dem Schneebesen-Element auf mittlerer Stufe 10 Minuten aufschlagen, bis eine schaumige Masse entsteht, die ihr eigenes Gewicht hält.

4 Die Geschwindigkeit reduzieren, sobald sich das Ausgangsvolumen der Masse vervierfacht hat, und die geschmolzene Schokoladen-Mischung langsam hinzulaufen lassen.

5 Masse mit einem Silikonteigschaber von den Innenseiten der Schüssel lösen und das Schneebesen-Element durch das Rührelement ersetzen.

6 Mehl, Salz und Backpulver bei Stufe 1 untermischen. Die Masse erneut von den Innenseiten der Schüssel lösen, damit sich alle Zutaten gut verbinden.

7 Die gehackte Schokolade gründlich untermischen.

8 Die Masse vor dem Portionieren kühlen, damit sie fest wird. Sie soll nicht auseinanderlaufen, wenn die einzelnen Portionen auf die Bleche gegeben werden.

9   Mit einem Eisportionierer (etwa 75 g Fassungsvermögen) die Masse mit jeweils etwa 5 cm Abstand auf die vorbereiteten Bleche portionieren.

10 Einfrieren, bevor die Plätzchen gebacken werden.

11 Den Konvektomaten auf 160 °C vorheizen. Die gefrorene Plätzchen-Masse darin 12 – 14 Minuten backen.

12 Bei Raumtemperatur abkühlen lassen. Dann können die Plätzchen für die Zubereitung des Pürees verwendet werden. Wenn sie nicht gleich benötigt werden, halten sie sich bis zu 2 Tage in einem luftdicht verschlossenen Behälter frisch oder können bis zu 1 Monat eingefroren werden.

SCHOKOLADEN-PLÄTZCHEN-PÜREE

ERGIBT 2,5 KG

ZUTATEN	MENGE	ANTEIL IN %
Schokoladenplätzchen (S. 422)	2 kg	80 %
Wasser	500 g	20 %

1 Die Schokoladenplätzchen in kleine Stücke brechen.

2 Diese Stückchen mit dem Wasser pürieren, bis eine glatte Masse entstanden ist. Gegebenenfalls noch mehr Wasser hinzufügen. Die Konsistenz des Pürees sollte der von Ganache ähneln.

3 Das Püree verarbeiten, wie im Rezept für die Torte auf S. 391 beschrieben oder bis zur Verwendung im Kühlschrank aufbewahren.

KIRSCHNEKTAR-KAPSEL

ERGIBT 380 G

ZUTATEN	MENGE	ANTEIL IN %
Püree von spätblühenden Traubenkirschen	300 g	78,95 %
Zucker	75 g	19,74 %
Blattgelatine (Silber), eingeweicht in kaltem Wasser, gut ausgedrückt	5 g	1,32 %

1 Kirsch-Püree und Zucker in einer Schüssel vermischen. Die eingeweichte Gelatine unterrühren und das Ganze über ein heißes Wasserbad geben.

2 Unter Rühren erhitzen, bis sich Gelatine und Zucker aufgelöst haben.

3 Die Masse in Halbkugelformen aus Silikon mit jeweils 2,5 cm Durchmesser füllen und einfrieren. Die Menge reicht für mehr als die 4 für die Torten benötigten Kapseln, aus praktischen Gründen würde es sich jedoch nicht lohnen, weniger zuzubereiten. Überschüssige Halbkugeln können im Gefrierschrank aufbewahrt werden.

4 Die gefrorenen Halbkugeln aus den Formen lösen. Sie können dann entweder im Gefrierschrank aufbewahrt oder noch in gefrorenem Zustand in eine Natriumalginat-Lösung tauchen, um sie in Kapseln zu verwandeln. Siehe das Rezept für die Zitronen-Soda-Sphären auf S. 135 für die Natriumalginat-Lösung und die Methode.

SCHOKOLADEN-BISKUIT

ERGIBT 6,55 KG

ZUTATEN	MENGE	ANTEIL IN %
Schokoladen-Shortbread (S. 425; siehe Hinweis dort)	454 g	
Weizenmehl (Type 405)	900 g	13,72 %
Kakaopulver	360 g	5,49 %
Salz	27 g	0,41 %
Natron	45 g	0,69 %
Backpulver	36 g	0,55 %
Zucker	1,8 kg	27,45 %
Eier	750 g	11,44 %
Buttermilch	1,11 kg	16,93 %
Kaffee, frisch gekocht und abgekühlt	1,02 kg	15,55 %
Butter, zerlassen und leicht abgekühlt	510 g	7,78 %

1 Den Konvektomaten auf 160 °C vorheizen.

2 Die Innenseiten von 4 je 5 cm tiefen quadratischen Tortenringen mit 20 cm Seitenlänge leicht mit Sprühfett fetten und mit Mehl bestäuben. Auf 2 mit Silikonmatten ausgelegte Backbleche jeweils 2 Rahmen stellen.

3 Die Schokoladen-Shortbread-Masse mit den Händen zu 4 jeweils etwa 1,25 cm dicken Rollen formen, die einmal um die Tortenrahmen passen. Jeweils um den Boden legen, dort wo der untere Rand und die Silikonmatte aufeinandertreffen, und festdrücken. So wird verhindert, dass die vergleichsweise flüssige Masse für den Schokoladen-Biskuit unter dem Rand durchläuft.

4 Mehl, Kakaopulver, Salz, Natron und Backpulver zusammen in die Schüssel der Standküchenmaschine sieben.

5 In einer separaten Schüssel die Eier mit der Buttermilch und dem Kaffee zu einer glatten Masse verschlagen.

6 Die trockenen Zutaten mit dem Rührelement auf niedriger Stufe verrühren und dabei allmählich die Eier-Mischung hinzugießen.

7 Sobald die Eier-Mischung vollständig untergemischt wurde, die zerlassene Butter hinzufügen und vermischen, bis eine gleichmäßige Masse entstanden ist.

8 Die Masse gleichmäßig auf die 4 vorbereiteten Tortenringe verteilen (etwa 1,6 kg pro Tortenring) und im vorgeheizten Ofen 25 – 35 Minuten backen. Die Biskuitböden sind soweit, sobald die Oberfläche zurückfedert, wenn man sanft mit den Fingerspitzen darauf drückt bzw. wenn an einem in die Mitte gestochenen Messer beim Herausziehen keine feuchten Krümel mehr haften.

9 Auf Raumtemperatur abkühlen lassen, dann gut in Frischhaltefolie wickeln und im Kühlschrank aufbewahren oder einfrieren. Im Kühlschrank bleiben die Biskuitböden 3 – 4 Tage frisch, gefroren können sie bis zu 1 Monat aufbewahrt werden.

CRÈME-FRAÎCHE-CREME

ERGIBT 2,98 KG

ZUTATEN	MENGE	ANTEIL IN %
Crème fraîche	2 kg	67,11 %
Schlagsahne	750 g	25,17 %
Zucker	200 g	6,71 %
flüssiger Sahnestabilisator	30 g	1,01 %

1 Die Zutaten zusammen in die Schüssel der Standküchenmaschine geben und mit dem Schneebesen-Element steif schlagen.

2 Zur Fertigstellung der Torte verwenden, wie in der Anleitung beschrieben.

HINWEIS Diese Creme sollte erst direkt vor der Verwendung zubereitet werden.

SCHOKOLADEN-SHORTBREAD

ERGIBT 1,25

ZUTATEN	MENGE	ANTEIL IN %
Butter	385 g	30,8 %
Zucker	230 g	18,4 %
Weizenmehl (Type 405)	380 g	30,4 %
Kakaopulver	140 g	11,2 %
Backpulver	4 g	0,32 %
Salz	1 g	0,08 %
Butter, zerlassen und leicht abgekühlt	110 g	8,8 %

1 Den Teig ebenso zubereiten, wie den für das Flexible Shortbread auf S. 421. Mindestens eine Stunde im Kühlschrank ruhen lassen

2 Den Teig 3 mm dünn ausrollen. Erneut im Kühlschrank ruhen lassen. Dann mit einem Stipproller über die gesamte Oberfläche kleine Löcher hineinstechen.

3 Den Konvektomaten auf 160 °C vorheizen.

4 Das Shortbread im vorgeheizten Ofen etwa 10 Minuten backen. Bei Raumtemperatur abkühlen lassen.

5 In Stückchen brechen und im Robot Coupe zu gleichmäßigen, feinen Streuseln verarbeiten.

6 Die zerlassene Butter hinzufügen und den Robot Coupe erneut laufen lassen, bis eine gleichmäßige Masse entstanden ist.

7 Diesen Teig 3 mm dünn ausrollen und dann einfrieren, bis er fest ist. Den gefrorenen Teig in 4 Quadrate mit 17,5 cm Seitenlänge schneiden.

8 Bis zur Fertigstellung der Torte im Gefrierschrank aufbewahren. 1 Monat haltbar.

HINWEIS Bevor in Schritt 6 die zerlassene Butter hinzugefügt wird, 454 g der feinen Streusel entnehmen und für die Zubereitung der Schokoladen-Biskuitböden auf S. 424 aufbewahren.

KARAMELL-MOUSSE

ERGIBT 2,43 KG

ZUTATEN	MENGE	ANTEIL IN %
Schlagsahne 1	350 g	14,39 %
Zucker	450 g	18,5 %
Butter	150 g	6,17 %
Eier	300 g	12,33 %
Blattgelatine (Silber), eingeweicht in kaltem Wasser, gut ausgedrückt	21 g	0,86 %
Schlagsahne 2	1,15 kg	47,27 %
flüssiger Sahnestabilisator	12 g	0,49 %

1 Ein tiefes Backblech mit einer Silikonmatte auslegen und darauf aus 2,5 cm hohen Metallstangen einen quadratischen Rahmen mit 30 cm Seitenlänge herstellen. Das Ganze einfrieren.

2 Die erste Menge Schlagsahne in einem Topf auf dem Herd aufwärmen.

3 In einem separaten Topf mit 4 l Fassungsvermögen den Zucker bei starker Hitze schmelzen und unter ständigem Rühren auf 170 °C erhitzen, bis ein bernsteinfarbener Karamell entstanden ist. Die Butter hinzufügen und vollständig untermischen. Dann die warme Sahne unterrühren. Vom Herd nehmen.

4 Die Eier unter ständigem Rühren in einer Schüssel über einem heißen Wasserbad auf 60 °C erhitzen. Dann in die Schüssel der Standküchenmaschine füllen und aufschlagen, bis die Masse auf Raumtemperatur abgekühlt ist. Während die Eier aufgeschlagen werden, den Karamell allmählich hinzulaufen lassen. Die eingeweichte Gelatine hinzufügen und weiter aufschlagen, bis die Gelatine sich vollständig aufgelöst hat und die Mischung auf 21 °C abgekühlt ist.

5 In einer großen, separaten Schüssel die zweite Menge der Schlagsahne mit dem Sahnestabilisator zu lockerem Schnee aufschlagen. In zwei Etappen unter die Karamell-Mischung heben.

6 Die Mousse in den vorbereiteten, gefrorenen Rahmen gießen und mit der Winkelpalette gleichmäßig verteilen. Einfrieren.

7 Wenn die Mousse vollständig gefroren ist, kann der Rahmen entfernt werden. Umgekehrt auf ein mit Backpapier abgedecktes Schneidebrett legen, und die Silikonmatte von der Oberfläche entfernen. Die Mousse mit einem langen, warmen Messer in vier gleichmäßige Quadrate mit 15 cm Seitenlänge schneiden. Die Messerklinge vor jedem Schnitt in heißes Wasser tauchen und sorgfältig abtrocknen.

8 Die Mousse-Quadrate bis zur Fertigstellung der Torten im Gefrierschrank aufbewahren.

GLÄNZENDE KUPFER-PASTE

ERGIBT 102 G

ZUTATEN	MENGE	ANTEIL IN %
Kupfer-Metallic-Lebensmittelfarbe (Pulver)	2 g	1,96 %
Nappage	100 g	98,04 %

1 Die beiden Zutaten in einer kleinen Schüssel vermischen.

2 Gleichmäßig verrühren und abgedeckt bei Raumtemperatur bis zur Fertigstellung der Torten aufbewahren. Diese Paste kann gut im Voraus zubereitet werden und ist bei Raumtemperatur 1 Monat haltbar.

SCHOKOLADENDEKOR

ERGIBT 300 G

ZUTATEN	MENGE	ANTEIL IN %
Zartbitterschokolade, temperiert	300 g	100 %

1 Aus Acetatfolie ein Quadrat mit 17,5 cm Seitenlänge zurechtschneiden.

2 Die temperierte Schokolade gleichmäßig auf der Acetatfolie verteilen.

3 Wenn die Schokolade fast erstarrt ist, 12 gleichschenklige Dreiecke mit je 1,25 cm breitem „Boden" und 15 cm Seitenlänge mit einem Messer darin markieren.

4 Ein PVC-Rohr mit 10 cm Durchmesser mit Backpapier umwickeln, damit die Schokolade nicht daran kleben bleibt. Die Acetatfolie um das vorbereitete Rohr legen. Eine weitere Lage Backpapier um das Ganze wickeln und mit Klebeband befestigen, damit sich die Schokolade nicht aufrollt.

5 Die Schokolade so vollständig erstarren lassen. An einem kühlen, trockenen Ort aufbewahren.

GRÜNTEE-BISKUIT

ERGIBT 1,98 KG

ZUTATEN	MENGE	ANTEIL IN %
Eier	880 g	44,35 %
Zucker	500 g	25,2 %
Salz	4 g	0,2 %
Weizenmehl (Type 405)	500 g	25,2 %
Matcha (Grüntee-Pulver)	20 g	1,01 %
Butter, zerlassen und leicht abgekühlt	80 g	4,03 %

1 Eine 45 x 33 cm große Backform leicht mit Sprühfett einsprühen und mit einer passenden Silikonmatte auslegen.

2 Den Kombidämpfer auf 100 °C vorheizen.

3 Den Grüntee-Biskuit zubereiten, wie für den Earl-Grey-Kuchen auf S. 218 beschrieben (Methode siehe Hinweis unter Jasmintee-Küchlein).

4 Den Biskuit 10 – 12 Minuten im Kombidämpfer garen.

5 Abkühlen lassen und dann im Kühlschrank komplett kühlen (da sich der Biskuit dann besser schneiden lässt). Den gekühlten Biskuit in rechteckige Stücke à 7,5 x 15 cm schneiden (2,5 cm hoch).

6 Bis zur Fertigstellung der Torte abgedeckt im Kühlschrank aufbewahren.

MARACUJA CURD

ERGIBT 515 G

ZUTATEN	MENGE	ANTEIL IN %
Maracuja-Püree (siehe Hinweis)	90 g	17,48 %
Zitronensaft	10 g	1,94 %
Zucker	120 g	23,3 %
Eigelb	120 g	23,3 %
Butter, in Würfel geschnitten	165 g	32,04 %
Blattgelatine (Silber), eingeweicht in kaltem Wasser, gut ausgedrückt	10 g	1,94 %

1 Zehn jeweils 20 cm lange PVC-Rohre mit je 1,25 cm Durchmesser mit Acetatfolie auslegen. Die Acetatfolie sollte etwa 2,5 cm länger sein als die Rohre, sodass sie an beiden Enden etwas hinaus ragt. Ein Ende der Folie jeweils mithilfe einer Klammer verschließen, damit das Curd später nicht herausfließt.

2 Das Curd zubereiten, wie im Rezept auf S. 321 beschrieben. Die Gelatine wird am Schluss hinzugefügt, solange die Masse noch heiß ist.

3 Das Curd mit einer Spritztüte in die Rohre füllen und einfrieren.

4 Die aus den Rohren hervorschauenden Enden des gefrorenen Curds mit einem Messer abschneiden. Das Curd aus dem Rohr drücken und die Acetatfolie entfernen. Bis zur Fertigstellung der Torte im Gefrierschrank aufbewahren.

HINWEIS Wenn es sich um Maracuja-Püree aus Konzentrat handelt, sollte nur die halbe Menge Püree verwendet und mit Orangensaft gestreckt werden.

YUZU-CREME

ERGIBT 2,63 KG

ZUTATEN	MENGE	ANTEIL IN %
Schlagsahne	1 kg	38,02 %
Yuzusaft	320 g	12,17 %
Zucker	480 g	18,25 %
Eier	400 g	15,21 %
Butter	400 g	15,21 %
Blattgelatine (Silber), eingeweicht in kaltem Wasser, gut ausgedrückt	30 g	1,14 %

1 Die entsprechenden Tortenringe müssen vorbereitet werden und bereitstehen, bevor mit der Zubereitung der Creme begonnen wird.

2 Die Schlagsahne locker aufschlagen und in den Kühlschrank stellen.

3 Yuzusaft, Zucker und Eier in einer Schüssel vermischen und unter gelegentlichem Rühren über einem heißen Wasserbad erhitzen, bis die Masse angedickt ist.

4 Vom Wasserbad nehmen und die gewürfelte Butter unterrühren, bis sie sich vollständig aufgelöst hat.

5 Die eingeweichte Gelatine unter diese Mischung rühren, solange sie noch warm ist, damit sie sich ebenfalls vollständig auflöst.

6 Ein Viertel der geschlagenen Sahne unterheben. Den Rest der Sahne in zwei Etappen vorsichtig unterheben. In eine Spritztüte füllen und damit in die vorbereiteten Tortenringe spritzen.

7 Die Oberfläche mit der Winkelpalette glatt streichen.

8 Die mit der Creme gefüllten Tortenringe einfrieren und die restliche Yuzu-Creme gekühlt beiseite stellen. Die Creme in den Tortenringen wird in der Mitte ein wenig einfallen. Sobald die Creme im Tortenring gefroren ist, kann die eingesunkene Stelle mit ein wenig der übrigen Creme aufgefüllt und die Oberfläche erneut glatt gestrichen werden.

9 Dann erneut bis zur Fertigstellung der Torte einfrieren.

HIBISKUS-SCHLEIER

ERGIBT 203 G

ZUTATEN	MENGE	ANTEIL IN %
HIBISKUS-SUD		
getrocknete Hibiskusblätter	50 g	11,11 %
Wasser	400 g	88,89 %
HIBISKUS-SCHLEIER		
Hibiskus-Sud	75 g	36,82 %
Wasser	75 g	36,82 %
Läuterzucker (50 °Brix)	50 g	24,55 %
Agar-Agar	3 g	1,47 %
Gellan (hoher Acylanteil)	1 g	0,34 %

1 Das Wasser für den Sud aufkochen, vom Herd nehmen und die Hibiskusblätter untermischen. 5 Minuten ziehen lassen.

2 Abseihen, um die Blätter aus dem Sud zu entfernen, und auf Raumtemperatur abkühlen lassen. Der Sud kann im Kühlschrank bis zu 1 Woche aufbewahrt werden.

3 Die Zutaten für den Schleier in einem kleinen Topf vermischen und unter Rühren mit dem Schneebesen aufkochen.

4 In ein flaches Tablett gießen und gelieren lassen.

5 Die gelierte Masse mithilfe eines Lineals in rechteckige Stücke à 5 x 20 cm schneiden.

6 Auf dem Tablett, eingewickelt in Frischhaltefolie, bis zur Fertigstellung der Torte im Kühlschrank aufbewahren.

WEISSES SAMTSPRAY

ERGIBT 670 G

ZUTATEN	MENGE	ANTEIL IN %
Weiße Schokolade	300 g	44,78 %
Kakaobutter	300 g	44,78 %
Weiße Kakaobutter (Titanweiß)	70 g	10,45 %

1 Die weiße Schokolade mit den beiden Sorten Kakaobutter in eine Schüssel geben und über einem heißen Wasserbad schmelzen. Gut verrühren.

2 In einem luftdicht verschlossenen Behälter ist das Samtspray bei Raumtemperatur bis zu 1 Jahr haltbar.

BROWNIE

ERGIBT 2,08 KG

ZUTATEN	MENGE	ANTEIL IN %
Weizenmehl (Type 405)	220 g	10,96 %
Salz	3 g	0,15 %
Zartbitterschokolade	280 g	13,94 %
Butter	340 g	16,93 %
Eier	300 g	14,94 %
Zucker	400 g	19,92 %
brauner Zucker	145 g	7,22 %
Walnusskerne, gehackt und geröstet	160 g	7,97 %
Zartbitterschokolade, Pellets oder grob gehackt	160 g	7,97 %

1 Die Innenseiten einer 45 x 33 cm großen Backform leicht mit Sprühfett einsprühen und mit einer Silikonmatte auslegen.

2 Den Konvektomaten auf 160 °C vorheizen. Mehl und Salz zusammen in eine Schüssel sieben.

3 Die erste Menge Zartbitterschokolade zusammen mit der Butter in eine separate Schüssel geben und über einem heißen Wasserbad schmelzen.

4 Eier und Zucker zusammen in die Schüssel der Standküchenmaschine geben und bei hoher Geschwindigkeit schaumig schlagen, bis die Masse ihr eigenes Gewicht hält.

5 Die Mischung aus geschmolzener Schokolade und Butter unter die Eiermasse rühren. Dann die trockenen Zutaten untermischen, gefolgt von den gehackten Walnüssen und den Zartbitterschokoladen-Pellets.

6 Die Masse gleichmäßig in der vorbereiteten Form verteilen und im vorgeheizten Ofen 12 – 18 Minuten backen, bis die Masse nicht mehr wackelt, wenn man leicht an der Form rüttelt.

7 Bei Raumtemperatur abkühlen lassen und den Brownie dann in den Kühlschrank stellen (da er sich gekühlt besser schneiden lässt). Den gekühlten Brownie in 4 rechteckige Stücke schneiden, je 7,5 x 17,5 cm groß. Bis zur Fertigstellung der Torte gekühlt aufbewahren.

SERVICE

Ein gutes Verhältnis zu den Mitarbeitern, deren Aufgabe es ist, Ihre Desserts zu beschreiben und zu servieren, ist absolut notwendig, wenn Sie als Patissier erfolgreich sein wollen. Wenn es darum geht Service zu beurteilen, gibt es unzählige Abstufungen. Sie reichen von grottenschlecht bis exzellent. In den meisten Fällen ist der Service aber durchschnittlich. Und das aus einfachem Grund: Die meisten Servicekräfte sind Studenten, die sich ihr Studium finanzieren müssen oder sich etwas dazu verdienen wollen, bevor ihre Karriere in einem anderen Job beginnt. Natürlich gibt es darunter auch hervorragende Servicekräfte und Restaurantmanager, doch leider ist ein Großteil dieser Menschen nicht wirklich für den Job qualifiziert. Gute Servicekräfte sind schwer zu finden. Wenn Sie also einmal gute Mitarbeiter eingestellt haben, sollten Sie alles tun, sie auch zu halten. Ich meine Mitarbeiter, die sich dafür interessieren, ob Crème fraîche oder Sour Cream verwendet wurde – und warum; die gerne wissen möchten, ob die verwendete Crème fraîche von einem Produzenten aus der Region stammt und die nachfragen, warum Sie sich für Änderungen bei bestimmten Rezepten entschieden haben.

LEMON CURD

ERGIBT 1,2 KG

ZUTATEN

Zutaten und Zubereitung siehe S. 223.
Es werden insgesamt 1,3 kg benötigt.

1   Eine 45 x 33 cm große Backform mit einer Silikonmatte auslegen und darauf einen passenden, 1,25 cm großen Rahmen stellen.

2   Das warme Curd in den Rahmen gießen.

3   Im Gefrierschrank gelieren.

4   Den Rahmen vom gelierten und vollständig gefrorenen Lemon Curd entfernen und es umgekehrt auf ein Backpapier legen, um die Silikonmatte zu entfernen.

5   Das gefrorene Curd in vier 7,5 x 17,5 cm große, rechteckige Stücke schneiden.

6   Die gefrorenen Rechtecke bis zur Fertigstellung der Torten im Gefrierschrank aufbewahren.

LITSCHI-GELEE

ERGIBT 840 G

ZUTATEN	MENGE	ANTEIL IN %
Litschi-Püree	800 g	95,24 %
Blattgelatine (Silber), eingeweicht in kaltem Wasser, gut ausgedrückt	40 g	4,76 %

1   Das Litschi-Püree in einer Schüssel über einem heißen Wasserbad auf 40 °C erhitzen. Die eingeweichte Gelatine hinzufügen und umrühren, bis sie sich vollständig aufgelöst hat.

2   Die Masse auf ein Blech gießen und im Kühlschrank gelieren lassen.

3   Das fertige Gelee auf ein Schneidebrett stürzen (das Blech umgekehrt auf das Brett stellen und den Boden mit einem Fön leicht erhitzen – so wird sich das Gelee lösen und auf das Schneidebrett gleiten). Mit einem Messer in mittelgroße Würfel schneiden (sie müssen nicht perfekt sein).

4   Bis zur Fertigstellung der Torte im Kühlschrank aufbewahren.

Persönlich habe ich mich im Laufe meiner Karriere den Servicemitarbeitern gegenüber oft machtlos gefühlt: Sobald das Dessert meine Küche verlässt, habe ich keinen Einfluss mehr darauf, was mit dem Essen geschieht und wie genau es serviert wird. Auch darauf, wie die Gäste behandelt werden, habe ich keinen Einfluss. Und genau aus diesem Grund ist es so wichtig, ein gutes Verhältnis zu den Servicemitarbeitern zu haben – mit ihnen zusammenzuarbeiten und nicht gegen sie. Das heißt nicht, dass man eng befreundet sein muss. Doch das Verhältnis muss gut genug sein, dass man sich nicht nur auf die Kompetenz der Servicekräfte verlassen kann, sondern auch darauf, dass sie bereitwillig ausführen, wozu man sie in Bezug auf die zubereiteten Speisen und das Servieren bittet. Es ist auch gar nicht schwer, für eine positive Stimmung im Team und eine gute Arbeitseinstellung zu sorgen. Eine tolle Möglichkeit ist zum Beispiel, öfter mal Verkostungen für die Servicemitarbeiter zu veranstalten. Auch gemeinsame Teambesprechungen vor dem Service sind keine schlechte Idee. Wenn Sie von Ihren Speisen begeistert sind und eine positive Einstellung haben, kann das durch aus ansteckend wirken.

SCHOKOLADENSTREUSEL

ERGIBT 760 G

ZUTATEN	MENGE	ANTEIL IN %
Zucker	200 g	26,32 %
Mandelmehl	200 g	26,32 %
Weizenmehl (Type 405)	120 g	15,79 %
Kakaopulver	88 g	11,58 %
Butter, zerlassen und leicht abgekühlt	140 g	18,42 %
Salz	12 g	1,58 %

1 Den Konvektomaten auf 160 °C vorheizen.

2 Alle Zutaten in der Standküchenmaschine mit dem Rührelement zu einer homogenen Masse vermengen. Die Masse auf einem mit einer Silikonmatte ausgelegten Backblech gleichmäßig verteilen.

3 Im vorgeheizten Ofen 15 Minuten backen, bis die Masse einen aromatischen Duft verströmt (da sie schon braun ist, kann man nicht über die Farbe beurteilen, ob sie schon ausreichend gebacken wurde). Abgekühlt sollten die Streusel schmecken wie Mandelkekse.

4 Auf Raumtemperatur abkühlen lassen. In einem luftdicht verschlossenen Behälter bis zu 1 Woche im Kühlschrank aufbewahren. Alternativ können die Streusel bis zu 1 Monat eingefroren werden.

ZARTBITTERSCHOKOLADEN-GANACHE

ERGIBT 1,2 KG

ZUTATEN	MENGE	ANTEIL IN %
Schlagsahne	600 g	50 %
Zartbitterschokolade	500 g	41,67 %
Butter, in Würfel geschnitten, bei Raumtemperatur	100 g	8,33 %

1 Die Schlagsahne aufkochen und in eine Schüssel über die Zartbitterschokolade gießen.

2 Etwa 10 Sekunden warten und dann umrühren, bis eine glatte Masse entstanden ist.

3 Sobald die Mischung auf 30 °C abgekühlt ist, kann die Butter untergemischt werden. Am besten geht das mit einem Kunststoffteigschaber, mit dem die Butterwürfel gegen die Innenwände der Schüssel gedrückt werden, denn bei diesen Temperaturen löst sich die Butter nicht auf und schmilzt nicht, sie muss untergemischt werden wie andere Zutaten auch.

4 Sobald keine Butterstückchen mehr zu sehen sind, kann die Ganache verwendet werden.

ZITRONEN-„TAUTROPFEN"

ERGIBT 120 G

ZUTATEN	MENGE	ANTEIL IN %
Zitronensaft	20 g	16,67 %
Nappage	100 g	83,33 %

1 Die beiden Zutaten gut verrühren, bis eine glatte Masse entstanden ist. Bis zur Verwendung im Kühlschrank aufbewahren.

LUFTSCHOKOLADE

ERGIBT 2,4 KG

ZUTATEN	MENGE	ANTEIL IN %
Zartbitterschokolade (Pellets)	2 kg	83,33 %
Rapsöl	400 g	16,67 %

1. Zwei Sahnesiphons mit je 1 l Fassungsvermögen und 4 CO_2-Kapseln bereitstellen. Wenn nur 1 Sahnesiphon vorhanden ist, muss die Zutatenmenge halbiert und das Rezept zweimal zubereitet werden.

2. Mit 2,5 cm hohen Metallstäben einen quadratischen Rahmen mit 25 cm Seitenlänge auf einer Silikonmatte bereitstellen.

3. Schokolade und Öl zusammen in eine Schüssel geben und über einem heißen Wasserbad schmelzen. Gut vermischen und auf die beiden Sahnesiphons verteilen.

4. Die Masse dann sofort in den vorbereiteten Rahmen spritzen. Der Inhalt der beiden Siphons wird ausreichen, um den gesamten Rahmen auszufüllen und ein kleiner Rest wird übrig bleiben. Diesen Rest separat auf ein mit einer Silikonmatte ausgelegtes Blech spritzen und im Kühlschrank fest werden lassen. Dieses Stück Luftschokolade wird später in 4 kleinere Portionen mit jeweils etwa 5 cm Länge geschnitten, die zur Dekoration der Torte verwendet werden.

5. Die Luftschokolade im Rahmen bei Raumtemperatur fest werden lassen und dann in vier Quadrate à 10 cm schneiden.

6. Bis zur Fertigstellung der Torte im Kühlschrank aufbewahren.

SCHOKOLADENKUCHEN OHNE MEHL

ERGIBT 2 KG

ZUTATEN	MENGE	ANTEIL IN %
Zartbitterschokolade (64 %), Pellets	680 g	34 %
Butter, in Würfel geschnitten	340 g	17 %
Eigelb	300 g	15 %
Zucker 1	180 g	9 %
Eiweiß	450 g	22,5 %
Zucker 2	50 g	2,5 %

1. Die Innenseiten einer 45 x 33 cm großen Backform leicht mit Sprühfett einsprühen. Den Boden der Form mit einer passenden Silikonmatte auslegen.

2. Den Konvektomaten auf 160 °C vorheizen.

3. Die Schokolade mit der Butter in eine Schüssel geben und über einem heißen Wasserbad oder in der Mikrowelle schmelzen.

4. Das Eigelb mit der ersten Menge Zucker hell und schaumig schlagen. In einer separaten Schüssel mit der auf S. 21 beschriebenen Methode eine französische Baisermasse aus dem Eiweiß und der zweiten Menge Zucker zubereiten.

5. Die schaumige Eigelb-Mischung mit dem Schneebesen unter die Schokoladen-Butter-Mischung rühren.

6. Die Baisermasse in zwei Etappen unterheben.

7. Die Masse in der vorbereiteten Backform verteilen und im vorgeheizten Ofen 12–16 Minuten backen, bis sich die Oberfläche des Kuchens fest anfühlt (fühlt sie sich noch feucht an, ist der Kuchen noch nicht gar).

8. Bei Raumtemperatur abkühlen lassen und dann in den Kühlschrank stellen.

9. Den gekühlten Kuchen in vier quadratische Stücke mit je 12,5 cm Seitenlänge schneiden. Einfrieren. Wenn die Stücke fest gefroren sind, können sie zum Zusammensetzen der Torten verwendet werden. Im Gefrierschrank ist der Kuchen bis zu 1 Monat haltbar.

GERÖSTETE MILCHCREME

ERGIBT 6,84 KG

ZUTATEN	MENGE	ANTEIL IN %
Trockenmilch	420 g	6,14 %
Schlagsahne	4,2 kg	61,38 %
Zucker	1,05 kg	15,35 %
Eigelb	1,05 kg	15,35 %
Blattgelatine (Silber), eingeweicht in kaltem Wasser, gut ausgedrückt	123 g	1,79 %

1 Die Tortenringe und anderen Komponenten für diese Torte vorbereiten und griffbereit haben, da diese Creme wenn sie fertig ist, sofort verarbeitet werden muss.

2 Die Trockenmilch in einem mittelgroßen Topf bei mäßig starker Hitze unter Rühren mit dem Holzkochlöffel anrösten.

3 Sobald das Pulver gleichmäßig goldbraun angeröstet ist, die Schlagsahne und die Hälfte des Zuckers hinzufügen. Die Milchcreme mit der auf S. 27 vorgestellten Methode für gerührte Eiercremes fertigstellen.

4 Sobald die Creme vollständig abgekühlt ist, ein Fünftel der Masse zusammen mit der eingeweichten Gelatine in eine kleine Schüssel geben und über einem heißen Wasserbad aufwärmen. Gut umrühren, bis sich die Gelatine vollständig aufgelöst hat.

5 Inzwischen den Rest der Milchcreme in der Standküchenmaschine mit dem Schneebesen bei hoher Geschwindigkeit aufschlagen, bis sich das Volumen der Masse vervierfacht hat.

6 Ein Viertel der aufgeschlagenen Milchcreme mit dem Schneebesen unter die warme Milchcreme-Gelatinemischung rühren.

7 Den Rest der aufgeschlagenen Milchcreme in 2 Etappen vorsichtig unter diese Mischung heben.

8 Die Torten zusammensetzen.

HINWEIS Hier wird eine sehr interessante Zubereitungsmethode vewendet, die ich allerdings nicht als meine eigene Idee bezeichnen kann. Diese Methode stellt die traditionelle Vorgehensweise bei der Zubereitung von Bayrischer Creme und sonstigen Mousses in Frage, für die Gelatine unter eine Grundmasse (Crème anglaise, Fruchtpürees, Crème pâtissière) gemischt und dann geschlagene Sahne unter das Ganze gehoben wird. Es gibt zwei grundsätzliche Probleme mit der klassischen Zubereitungsmethode. Einmal dauert es relativ lange, bis ein hochwertiges Produkt zustande kommt. Außerdem – und das ist das größere Problem – wird der Geschmack der Grundmasse durch die Zugabe der geschlagenen Sahne verwässert. Bei der hier beschriebenen Zubereitung wird die Crème anglaise, also die Grundmasse der gerösteten Milchcreme, nur mit Schlagsahne (anstelle einer Mischung von Milch und Schlagsahne) zubereitet und lediglich Gelatine untergemischt. Die Schlagsahne in der Grundmasse reicht aus, um die beim Aufschlagen entstehenden Luftbläschen aufnehmen zu können, sodass die typische lockere, luftige und leichte Konsistenz einer Bayrischen Creme entsteht.

ZARTBITTERSCHOKOLADEN-PLÄTTCHEN UND SCHOKOLADEN-GINKOBLATT

ERGIBT JEWEILS ETWA 4 STÜCK

ZUTATEN	MENGE
Zartbitterschokolade, temperiert	400 g
Gold-Metallic-Pulver (Lebensmittelfarbe)	nach Bedarf

1 Eine Acetatfolie und vier Silikonformen für Ginkoblätter bereitstellen.

2 Die Ginko-Silikonformen mit einem feinen Pinsel mit temperierter Schokolade ausstreichen, damit später keine Luftbläschen entstehen. Die Formen dann bis zum Rand mit temperierter Schokolade füllen. Bei Raumtemperatur fest werden lassen.

3 Inzwischen eine gleichmäßige, dünne Schicht temperierter Schokolade mit der Winkelpalette auf der Acetatfolie verstreichen.

4 Wenn die Schokolade auf der Acetatfolie beginnt, fest zu werden, mit dem Rücken der Klinge eines kleinen Messers und mithilfe eines Lineals rechteckige Plättchen à 7,5 x 10 cm darin markieren.

5 Die Folie umgekehrt auf eine saubere, ebene Fläche legen und mit einem flachen Gegenstand (z. B. einem Schneidbrett) beschweren. Die Schokolade so bei Raumtemperatur vollständig erstarren lassen.

6 Sobald die Schokolade in den Silikonformen und die auf der Acetatfolie vollständig fest geworden ist, können die Ginkoblätter aus den Formen bzw. die Plättchen vom Acetat gelöst werden.

7 Mit einem feinen, sauberen Pinsel Goldpulver auf eine Seite der Plättchen streichen.

8 Die Schokoladen-Ginkoblätter rundherum gleichmäßig mit dem Goldpulver einpinseln. Überschüssiges Pulver mit einem sauberen Pinsel entfernen.

9 An einem kühlen, trockenen Ort aufbewahren – am besten luftdicht verpackt. So sind diese Dekor-Elemente bis zu 1 Jahr haltbar.

> **HINWEIS** Um Zeit zu sparen werden Schokoladen-Ginkoblätter und Schokoladen-Plättchen hier parallel zubereitet, da für beide Arbeiten temperierte Schokolade benötigt wird.

HIMBEER-BISKUIT

ERGIBT 1,51 KG

ZUTATEN	MENGE	ANTEIL IN %
Weizenmehl (Type 405)	330 g	21,78 %
Rote-Bete-Pulver	45 g	2,97 %
Zucker	360 g	23,76 %
Backpulver	15 g	0,99 %
Eier, bei Raumtemperatur	150 g	9,9 %
Butter, zerlassen und leicht abgekühlt	165 g	10,89 %
Himbeer-Püree, bei Raumtemperatur	330 g	21,78 %
saure Sahne, bei Raumtemperatur	45 g	2,97 %
Chambord (französischer Himbeerlikör)	75 g	4,95 %

1 Die Innenseiten einer 45 x 33 cm großen Backform mit Sprühfett einsprühen. Den Boden mit einer passenden Silikonmatte auslegen.

2 Den Konvektomaten auf 160 °C vorheizen.

3 Mehl, Rote-Bete-Pulver, Zucker und Backpulver vermischen und zusammen in eine Schüssel sieben.

4 Die Eier in einer separaten Schüssel verquirlen. Die zerlassene Butter unter ständigem Rühren mit dem Schneebesen allmählich hinzugießen, damit eine Emulsion entsteht. Nacheinander Himbeer-Püree, saure Sahne und Chambord ebenfalls allmählich unter Rühren untermischen.

5 Die trockenen Zutaten untermischen, bis alles gerade eben zu einer Masse zusammengekommen ist.

6 Die Masse in der vorbereiteten Backform verteilen.

7 Im vorgeheizten Ofen 10 – 15 Minuten backen, bis die Oberfläche des Biskuits leicht zurückfedert, wenn man sanft mit den Fingerspitzen darauf drückt.

8 Auf Raumtemperatur abkühlen lassen und dann in den Kühlschrank stellen.

9 Den gekühlten Biskuit in 1,25 cm dicke Stücke mit je 7,5 cm Seitenlänge schneiden.

10 Bis zur Fertigstellung der Torte gut verpackt im Kühlschrank aufbewahren.

LUFTIGE VANILLECREME

ERGIBT 750 G

ZUTATEN	MENGE	ANTEIL IN %
Crème pâtissière (S. 23)	1,1 kg	59,46 %
Lezithin-Pulver	8 g	0,43 %
Trockeneiweiß	11 g	0,59 %
fettarme Milch	580 g	31,35 %
Blattgelatine (Silber), eingeweicht in kaltem Wasser, gut ausgedrückt	20 g	1,08 %
Zucker	125 g	6,76 %
Vanillepaste	6 g	0,32 %

1 Die Crème pâtissière mit dem Schneebesen leicht aufschlagen, um sie aufzulockern. Sichergehen, dass die Formen für die Torte bereits mit Oblaten und Biskuit ausgelegt sind.

2 Lezithin-Pulver und Trockeneiweiß mit dem Pürierstab unter 60 % der Milch mischen. Diese Mischung in die Schüssel der Standküchenmaschine füllen.

3 In einer separaten Schüssel die übrige Milch mit Gelatine und Zucker über einem heißen Wasserbad vorsichtig soweit aufwärmen, bis die Gelatine schmilzt. Gut umrühren.

4 Diese Mischung ebenfalls in die Schüssel der Standküchenmaschine geben und bei hoher Geschwindigkeit aufschlagen. Die Schüssel dabei mit Frischhaltefolie oder einem Küchentuch abdecken, da die Mischung beim Aufschlagen stark spritzt.

5 Beim Aufschlagen sollte die Schüssel mit der Mischung außerdem in einem Eiswasserbad stehen, damit die Gelatine möglichst zügig abkühlt und die Masse besser aufschäumt. Das Aufschlagen dauert sehr lange, man muss also Geduld haben. Die Masse ist soweit, wenn sie aussieht wie steifer Eischnee. Nur noch die Vanillepaste untermischen. Diese schaumige Masse in 2 Etappen unter die aufgelockerte Crème pâtissière heben. In eine Spritztüte füllen.

6 Die Plexiglas-Formen bis zum Rand mit der luftigen Vanillecreme füllen. Die Oberfläche mit der Winkelpalette glätten und im Kühlschrank fest werden lassen.

HINWEIS Dieses Rezept basiert auf der Idee, ein Glas Kuchen zusammen mit einem Stück Milch zu genießen. Aber kann man Milch im Stück portionieren? Natürlich könnte man die Milch mit Gelatine gelieren und sich einreden, das wäre gut. Doch ich wollte unbedingt ein Produkt, das einem Kuchen bzw. einer Torte wirklich ähnelt. Es sollte eine lockere und luftige Konsistenz haben – und ein Stück gelierter Milch kann diese Konsistenz niemals besitzen. Dadurch, dass der Milchschaum hier unter die Crème pâtissière gehoben wird, lässt sich eine Konsistenz erzielen, die leichter zu sein scheint als Luft und trotzdem schön cremig und voll von Geschmack ist. Die hier verwendete Methode wurde insofern von der klassischen Zubereitungsmethode für Bayrische Creme inspiriert, als dass zwei separate Komponenten durch das Unterheben einer der Komponenten kombiniert werden.

HIMBEER-SCHOKOLADEN-ZAPFEN

Für die Zubereitung der Himbeer-Schokoladen-Zapfen siehe die Zubereitungsmethode für Rote-Bete-Kuvertüre auf S. 510. Die dort angegebene Menge Rote-Bete-Pulver muss lediglich durch Pulver aus gefriergetrockneten Himbeeren ersetzt werden. Außerdem werden Pinienzapfenformen aus Polycarbonat benötigt. Diese werden ausgekleidet wie bei der Zubereitung von selbstgefüllten Pralinen, d. h. die Himbeer-Schokoladen-Zapfen sollen nicht solide sein, sondern innen hohl. Obwohl für die Zubereitung der Himbeer-Schokoladen-Zapfen nur 600 g der Kuvertüre benötigt werden, müssen mindestens 2 kg zubereitet werden, damit sich die Zutaten im Mélangeur richtig verbinden.

GRÜNTEE-GELEE

ERGIBT 251 G

ZUTATEN	MENGE	ANTEIL IN %
Matcha (Grüntee-Pulver)	40 g	15,9 %
Wasser	160 g	63,59 %
Zucker	50 g	19,87 %
Gellan (geringer Acylanteil)	2 g	0,64 %

1 Alle Zutaten in einem kleinen Topf mit dem Schneebesen gut verrühren, damit sich Zucker und Matcha auflösen und um das Gellan einzuweichen.

2 Sprudelnd aufkochen und dann in eine quadratische Form mit 30 cm Seitenlänge gießen.

3 Gelieren lassen, ohne die Form zu bewegen. Dann in den Kühlschrank stellen.

4 Das gekühlte Gelee in rechteckige Stücke à 5 x 12,5 cm schneiden. Sie sollen groß genug sein, um die Plexiglas-Formen abzudecken.

5 Bis zur Verwendung gut abgedeckt im Kühlschrank aufbewahren. Das Gelee ist 2 Tage haltbar.

CASSIS-BISKUIT

ERGIBT 3,03 KG

ZUTATEN	MENGE	ANTEIL IN %
Weizenmehl (Type 405)	660 g	21,78 %
Cassispulver (aus gefriergetrockneten Schwarzen Johannisbeeren)	90 g	2,97 %
Backpulver	30 g	0,99 %
Eier, bei Raumtemperatur	300 g	9,9 %
Butter, zerlassen und leicht abgekühlt	330 g	10,89 %
Cassis-Püree	660 g	21,78 %
Crème fraîche, bei Raumtemperatur	90 g	2,97 %
Crème de Cassis	150 g	4,95 %
Zucker	720 g	23,76 %

1 Die Innenseiten einer 66 x 45 cm großen Backform leicht mit Sprühfett einsprühen und den Boden mit einer passenden Silikonmatte auslegen.

2 Den Cassis-Biskuit zubereiten, wie für den Himbeer-Biskuit auf S. 435 beschrieben. Statt des Himbeer-Pürees lediglich Cassis-Püree verwenden.

3 Aus dem gekühlten Biskuit mit einer runden Ausstechform mit 7,5 cm Durchmesser Scheiben ausstechen. Insgesamt ergibt der Biskuit 24 – 28 Scheiben. Pro Torte werden 6 Stück benötigt. Reste können für später eingefroren werden.

4 Werden die Torten bald fertiggestellt, die Biskuit-Scheiben bei Raumtemperatur aufbewahren. Ansonsten können sie bis zu 1 Monat eingefroren werden. Am besten schmecken die Torten, wenn der Biskuit beim Servieren Raumtemperatur hat.

MANDELSAHNE

ERGIBT 4,25 KG

ZUTATEN	MENGE	ANTEIL IN %
Schlagsahne	3,2 kg	75,29 %
Mandelblättchen	750 g	17,65 %
Zucker	270 g	6,35 %
Sahnesteif	30 g	0,71 %

1 Die Sahne zum Sieden bringen.

2 Inzwischen die Mandelblättchen bei 160 °C im Ofen dunkelbraun rösten. Sie dürfen dabei auf keinen Fall anbrennen. Die heißen gerösteten Mandeln in die heiße Sahne geben, sodass sie vollständig bedeckt sind. Mit Frischhaltefolie abdecken und mindestens 2 Stunden ziehen lassen.

3 Die Sahne erneut erhitzen. Dann durch ein Sieb in einen sauberen Topf gießen. Das erneute Erhitzen der Sahne mit den Mandeln verhindert, dass beim Abgießen zu viel Sahne an den Mandeln hängen bleibt. Insgesamt sollten nach dem Entfernen der Mandeln etwa 2,8 kg aromatisierte Sahne übrig sein. Den Zucker in die heiße Sahne geben, sodass er sich vollständig darin auflöst. Die aromatisierte Sahne in einem Eiswasserbad abkühlen und dann bis zur Weiterverarbeitung im Kühlschrank aufbewahren.

4 Wenn die Torten fertiggestellt werden sollen, 700 g der aromatisierten Sahne mit dem Sahnesteif steif schlagen. In eine mit Sterntülle Nr. 4 ausgestattete Spritztüte füllen und damit auf die Biskuitlagen spritzen, wie auf S. 405 beschrieben.

SCHOKOLADEN-HÜLLEN

ERGIBT 750 G

ZUTATEN	MENGE	ANTEIL IN %
Zartbitterschokolade, temperiert	750 g	100 %

1 Für die Zubereitung der Schokoladen-Hüllen werden 3 cm tiefe Polycarbonat-Formen in Form von gleichschenkligen Dreiecken benötigt, die auf 2 Seiten 30 cm und auf der kürzesten 6,25 cm lang sind.

2 Die Formen bis zum Rand mit temperierter Schokolade füllen. Weiter mit der auf S. 53 beschriebenen Methode zum Auskleiden von Pralinenformen.

3 Die Schokolade bei Raumtemperatur fest werden lassen. Dann können die Torten zusammengesetzt werden. Zur Fertigstellung der Torten müssen die Schokoladen-Hüllen noch in der Form sein.

PÂTE DE FRUIT VON DER MEYER-ZITRONE

ERGIBT 790 G

ZUTATEN	MENGE	ANTEIL IN %
Wasser	88 g	11,08 %
Glukosesirup 1	80 g	10,13 %
Zucker 1	40 g	5,06 %
Pektin	10 g	1,27 %
Glukosesirup 2	155 g	19,62 %
Zucker 2	330 g	41,77 %
Meyer-Zitronen-Saft	88 g	11,08 %
extra feiner Zucker	nach Bedarf	

1   Auf einer Silikonmatte aus Metallstäben einen 5 mm tiefen Rahmen à 20 x 27,5 cm bereitstellen.

2   Etwas extra feinen Zucker auf die Silikonmatte auf dem Boden des Rahmens streuen.

3   Das Wasser mit der ersten Menge Glukosesirup in einem Topf erhitzen, bis sich der Sirup vollständig im Wasser aufgelöst hat.

4   Die erste Menge Zucker mit dem Pektin vermischen und dann unter ständigem Rühren mit dem Schneebesen langsam in die Glukose-Mischung rieseln lassen.

5   Die Mischung aufkochen. Dann die zweite Menge Glukosesirup hinzufügen, gefolgt von der zweiten Menge Zucker.

6   Köcheln lassen, bis die Flüssigkeit eine Temperatur von 107 °C erreicht. Dann den Topf vom Herd nehmen und den Meyer-Zitronen-Saft mit dem Schneebesen unterrühren, bis eine homogene Masse entstanden ist.

7   Die Masse in den vorbereiteten Rahmen gießen. Einige Minuten warten, dann die Oberfläche mit einer feinen Schicht Zucker bestreuen.

8   Die gelierte Pâte de fruit in dreieckige Stücke schneiden (5 cm breit, 27,5 cm lang). Sie kann einen Monat aufbewahrt werden, bzw. bis die Ränder beginnen auszutrocknen.

NUSSNOUGAT-CREME

ERGIBT 800 G

ZUTATEN	MENGE	ANTEIL IN %
Butter, bei Raumtemperatur	200 g	25 %
Pralinépaste	200 g	25 %
Milchschokolade, temperiert	400 g	50 %

1   Die weiche Butter und die Pralinépaste in einer Schüssel mit dem Kunststoffteigschaber gut vermischen.

2   Die temperierte Schokolade unterrühren, bis eine glatte Masse entstanden ist.

3   In eine Spritztüte füllen und in die Schokoladen-Hülle auf die Luftschokolade spritzen.

HINWEIS   Diese Komponente sollte erst kurz bevor sie gebraucht wird vorbereitet werden. Die Schokolade erstarrt mit der Zeit, d. h. dass auch die Masse nach einiger Zeit fester wird, was die Verarbeitung erschweren würde.

ANGEL FOOD CAKE

ERGIBT 1 KG

ZUTATEN	MENGE	ANTEIL IN %
Weizenmehl (Type 405)	160 g	15,94 %
Zucker	210 g	20,93 %
Eiweiß	420 g	41,85 %
extra feiner Zucker	210 g	20,93 %
Weinsteinpulver	1 g	0,1 %
Salz	3 g	0,25 %

1 Eine 45 x 33 cm große Backform mit einer passenden Silikonmatte auslegen. Die Innenseiten dürfen nicht gefettet werden, damit die Kuchenmasse sich daran „festhalten" kann. Der Kuchen würde in sich zusammenfallen nachdem er aus dem Ofen kommt, wenn die Seiten gefettet wären.

2 Den Konvektomaten auf 160 °C vorheizen. Mehl und Zucker zusammen in eine Schüssel sieben.

3 Das Eiweiß mit extra feinem Zucker, Weinsteinpulver und Salz in der Standküchenmaschine mit dem Schneebesen bei hoher Stufe aufschlagen.

4 Die trockenen Zutaten per Hand unter die Baisermasse heben. Die fertige Masse gleichmäßig in der vorbereiteten Kuchenform verteilen.

5 Im vorgeheizten Ofen 12 – 15 Minuten backen.

6 Bei Raumtemperatur abkühlen lassen.

7 Den abgekühlten Kuchen einfrieren, da er sich in gefrorenem Zustand besser schneiden lässt.

8 Den gefrorenen Angel Food Cake in 4 dreieckige Stücke (27,5 cm lang, 5 cm breit) schneiden und bis zur Verwendung im Gefrierschrank aufbewahren.

EIWEISS-SPRITZGLASUR

ERGIBT 323 G

ZUTATEN	MENGE	ANTEIL IN %
Puderzucker	270 g	83,59 %
Eiweiß	51 g	15,79 %
Weinsteinpulver	2 g	0,62 %

1 Die Zutaten vermischen und zu einer lockeren, leichten Masse aufschlagen.

2 Gleich verwenden oder in einem luftdicht verschlossenen Behälter im Kühlschrank bis zu 1 Monat aufbewahren.

CRÈME BRÛLÉE

ERGIBT 794 G

ZUTATEN	MENGE	ANTEIL IN %
Schlagsahne, bei Raumtemperatur	690 g	86,86 %
Vanillepaste	20 g	2,52 %
Zucker	80 g	10,07 %
Agar-Agar	3 g	0,35 %
Johannisbrotkernmehl	2 g	0,21 %

1 Vier ovale Röhren (5 cm breit und 25 cm lang) nebeneinander auf ein mit einer 3 mm dicken Schicht Rollfondant ausgelegtes Backblech stellen und leicht hinein drücken, sodass die flüssige Masse unten später nicht hinauslaufen kann. Die Röhren mit Klebeband aneinander fixieren, damit sie nicht umfallen. Die Röhren müssen nicht mit Acetatfolie ausgelegt werden, da sich die gelierte Masse später auch so ohne Probleme daraus lösen lässt.

2 Schlagsahne und Vanillepaste zusammen in einen kleinen Topf geben. Zucker, Agar-Agar und Johannisbrotkernmehl in einer kleinen Schüssel mit dem Schneebesen gut vermengen und dann allmählich mithilfe des Pürierstabs unter die Sahne mischen. Da es sich um Schlagsahne handelt, darf diese nicht kalt sein, sondern muss Raumtemperatur haben, da sie sonst aufgeschlagen wird.

3 Die Flüssigkeit während des Rührens mit dem Pürierstab erhitzen und aufkochen. 5 Sekunden köcheln lassen und dann vom Herd nehmen.

4 Die Masse in die vorbereiteten Röhren füllen und das Ganze in den Kühlschrank stellen.

5 Sobald die Masse geliert ist, kann sie vorsichtig aus den Röhren gedrückt werden. Im Kühlschrank ist sie 3 Tage haltbar.

HINWEIS Streng genommen handelt es sich bei dieser Komponente nicht um eine Crème brûlée, da sie keine Eier enthält und stattdessen mit Agar-Agar und Johannisbrotkernmehl geliert wird. Außerdem wird sie nicht gebacken (im Ofen gestockt), sondern auf dem Herd gegart und dann zum Gelieren in die entsprechenden Formen gegossen. Von der Konsistenz her ist sie der klassischen Crème brûlée aber sehr ähnlich. Dieses Rezept ist die Adaption eines Rezeptes von Michael Laiskonis, dem Chef Patissier des Le Bernadin in New York City.

KNUSPRIGE AHORNSIRUP-BRICKTEIG-BLÄTTCHEN

ERGIBT 200 G

ZUTATEN	MENGE	ANTEIL IN %
geklärte Butter, zerlassen	100 g	50 %
Ahornsirup	100 g	50 %
Brickteig	6 Blätter	

1 Die zerlassene Butter und den Ahornsirup in einem kleinen Topf vermischen und bei schwacher Hitze auf dem Herd warm halten.

2 Die Brickteig-Blätter mit einem sehr scharfen Messer und mithilfe eines Lineals in rechteckige Stücke à 7,5 x 27,5 cm schneiden (insgesamt 12 Stück). Mit Frischhaltefolie abdecken, damit sie nicht austrocknen.

3 Den Konvektomaten auf 160 °C vorheizen.

4 Ein Backblech mit einer Silikonmatte auslegen.

5 Vier Brickteig-Rechtecke mit gleichmäßigem Abstand nebeneinander auf die Silikonmatte legen.

6 Dünn mit der Butter-Ahornsirup-Mischung bepinseln.

7 Auf jede Portion ein weiteres Brickteig-Rechteck legen. Sie müssen sehr ordentlich gestapelt werden. Dünn mit der Butter-Ahornsirup-Mischung bepinseln. Mit den letzten Brickteig-Rechtecken wiederholen.

8 Eine weitere Silikonmatte auf die Brickteig-Stapel legen und das Ganze in den Ofen schieben.

9 Etwa 7 Minuten goldbraun backen.

10 Die obere Silikonmatte von den gebackenen Brickteig-Stapeln entfernen und sie auf Raumtemperatur abkühlen lassen. Bis zur Verwendung in einem luftdicht verschlossenen Behälter aufbewahren. Wenn die Brickteig-Blättchen älter sind als 24 Stunden, müssen sie vor der Verwendung 2 Minuten im warmen Ofen aufgebacken werden. 1 Woche haltbar.

PRALINÉ-MANDELKUCHEN

ERGIBT 1,28 KG

ZUTATEN	MENGE	ANTEIL IN %
Mandelpaste	480 g	37,3 %
Praliné-Masse	120 g	9,32 %
Eier	375 g	29,14 %
Invertzucker	53 g	4,08 %
Salz	5 g	0,35 %
Weizenmehl (Type 405)	90 g	6,99 %
Butter, zerlassen und leicht abgekühlt	165 g	12,82 %

1   Den Kuchen zubereiten wie den Schwarzer-Sesam-Mandelkuchen auf S. 243. Dabei Praliné statt der Schwarzen Sesampaste verwenden.

2   Den abgekühlten Kuchen in 1,25 cm hohe, rechteckige Stücke à 5 x 25 cm schneiden.

3   In einem luftdicht verschlossenen Behälter im Kühlschrank aufbewahren. 3 Tage haltbar.

VANILLEKUCHEN

ERGIBT 1,5 KG

ZUTATEN	MENGE	ANTEIL IN %
Weizenmehl (Type 405)	370 g	24,67 %
Zucker 1	320 g	21,33 %
Backpulver	15 g	1 %
Salz	5 g	0,33 %
Vanillepaste	10 g	0,67 %
Eigelb	230 g	15,33 %
Rapsöl	35 g	2,33 %
Wasser	180 g	12 %
Eiweiß	230 g	15,33 %
Zucker 2	90 g	6 %
Zitronensaft	15 g	1 %
Weiße Schokolade, geschmolzen	150 g	

1   Den Kuchen zubereiten wie für den Vanillekuchen auf S. 310 beschrieben.

2   Den abgekühlten Kuchen etwa 1 Stunde einfrieren, damit er sich besser schneiden lässt.

3   Den gefrorenen Kuchen auf ein Schneidebrett stürzen und die Silikonmatte entfernen. Mit einem Farbroller eine dünne Schicht geschmolzener Schokolade auf dem Boden verteilen.

4   Sobald die Schokolade erstarrt ist, kann der Kuchen gewendet werden. 10 cm breite und 17,5 cm lange ovale Stücke ausstechen.

5   Den Vanillekuchen bis zum Zusammensetzen der Torte im Gefrierschrank aufbewahren. 1 Monat haltbar.

CRÈME DIPLOMAT MIT VANILLE

ERGIBT 5,1 KG

ZUTATEN	MENGE	ANTEIL IN %
Crème pâtissiére mit Vanille (S. 436)	3 kg	58,82 %
Schlagsahne	2 kg	39,22 %
flüssiger Sahnestabilisator	40 g	0,78 %
Blattgelatine (Silber), eingeweicht in kaltem Wasser, gut ausgedrückt	80 g	1,18 %

1   Vor der Zubereitung der Crème Diplomat müssen Vanillekuchen und Erdbeeren bereits in den Formen angerichtet sein.

2   Die Crème pâtissière mit dem Schneebesen aufschlagen, um sie aufzulockern.

3   Schlagsahne und Sahnestabilisator zusammen in die Schüssel der Standküchenmaschine geben und bei mäßiger Geschwindigkeit locker aufschlagen. Bis zur Weiterverarbeitung im Kühlschrank aufbewahren.

4   Ein Fünftel der Crème pâtissière mit der eingeweichten Gelatine in einer Schüssel über einem heißen Wasserbad vorsichtig erhitzen, damit die Gelatine sich auflöst.

5   Sobald die Gelatine vollständig geschmolzen ist, kann der Rest der Crème pâtissière mit dem Schneebesen unter diese Mischung gerührt werden.

6   Zügig ein Viertel der geschlagenen Sahne unter diese Mischung rühren. Dann die restliche Sahne in 2 Etappen unterheben.

7   In die vorbereiteten Formen füllen.

SCHRIFTZUG AUS GELIERTER SAHNE

ERGIBT 559 G

ZUTATEN	MENGE	ANTEIL IN %
Schlagsahne, bei Raumtemperatur	500 g	89,38 %
Zucker	50 g	8,94 %
Agar-Agar	8 g	1,43 %
Gellan (geringer Acylanteil)	2 g	0,25 %

1   Schlagsahne und Zucker in einen Topf geben. Agar-Agar und Gellan hineinrieseln lassen, während die Mischung mit dem Pürierstab vermischt wird.

2   Unter ständigem Rühren mit dem Schneebesen aufkochen. 5 Sekunden köcheln lassen und dann vom Herd nehmen. 1 Minute warten, bis die Sahne weniger Blasen wirft. In die Buchstaben-Formen füllen und im Kühlschrank gelieren lassen. Bis zur Fertigstellung der Torte in den Formen lassen. Die Buchstaben aus gelierter Sahne sind im Kühlschrank 3 Tage haltbar.

HIMBEEREN IN HIMBEER-GELEE

ERGIBT 821 G

ZUTATEN	MENGE	ANTEIL IN %
eingemachte, ganze Himbeeren	400 g	48,72 %
Zucker	65 g	7,92 %
Universal-Pektin (Pektin NH 95)	4 g	0,49 %
Himbeer-Püree	350 g	42,63 %
Kalzium-Laktat	2 g	0,24 %

1 Je 100 g der eingemachten Himbeeren in 4 runde Silikonformen mit 7,5 cm Durchmesser (je 2,5 cm tief) füllen.

2 Zucker und Universal-Pektin in einer kleinen Schüssel vermischen.

3 Das Himbeer-Püree mit dem Kalzium-Laktat in einem kleinen Topf vermischen und aufkochen.

4 Die Zucker-Pektinmischung in das kochende Püree geben und 1 Minute unter ständigem Rühren köcheln lassen.

5 Die Silikonformen bis zum Rand damit auffüllen.

6 Im Kühlschrank gelieren lassen und dann einfrieren, damit sich das Ganze besser aus den Formen lösen lässt. Bis zum Zusammensetzen der Torten gefroren aufbewahren. 2 Monate haltbar.

ZARTBITTER-SCHOKOLADEN-MOUSSE

ERGIBT 2,1 KG

ZUTATEN	MENGE	ANTEIL IN %
Eier	425 g	20,14 %
Zucker	180 g	8,53 %
Zartbitterschokolade (64 %)	565 g	26,78 %
Schlagsahne	940 g	44,55 %

1 Zubereitung siehe Zartbitterschokoladen-Mousse auf S. 304.

HINWEIS Bei der Zubereitung der Zartbitterschokoladen-Mousse für die „Erde"-Torten werden 100 g lösliches Instant-Kaffeepulver unter Eigelb und Zucker gemischt, bevor sie über einem heißen Wasserbad schaumig geschlagen werden.

SAVARIN

ERGIBT 648 G

ZUTATEN	MENGE	ANTEIL IN %
Weizenmehl (Type 405)	250 g	38,58 %
Salz	5 g	0,77 %
Trockenhefe	3 g	0,46 %
Zucker	25 g	3,86 %
Milch, bei Raumtemperatur	125 g	19,29 %
Butter, zerlassen und leicht abgekühlt	90 g	13,89 %
Eier	150 g	23,15 %
Chambord-Sirup (Rezept s. u.)	400 g	

1 Vier Savarin-Formen aus Silikon auf einem Backblech bereitstellen.

2 Mehl, Salz, Hefe und Zucker in einer Schüssel vermischen.

3 Die Milch in die Schüssel der Standküchenmaschine (ausgestattet mit Rührelement) geben. Die Maschine langsam laufen lassen und die zerlassene Butter dabei allmählich hinzufügen, gefolgt von den trockenen Zutaten.

4 Auf mäßige Geschwindigkeit erhöhen und die Eier nacheinander untermischen. Weiter rühren, bis ein glatter, elastischer Teig entstanden ist.

5 Den Teig in der Schüssel der Standküchenmaschine 30 Minuten abgedeckt mit einem feuchten Küchentuch gehen lassen.

6 Kräftig durchkneten.

7 Den Konvektomaten auf 160 °C vorheizen.

8 Den Teig in eine Spritztüte füllen und damit in die bereitgestellten Savarin-Formen spritzen, sodass sie jeweils zu zwei Dritteln gefüllt sind. Gehen lassen, bis der Teig den oberen Rand der Formen erreicht, etwa 30 Minuten.

9 Im vorgeheizten Ofen 12 – 15 Minuten backen, bis die Oberfläche der Savarins eine hellgoldene Farbe annehmen.

10 Abkühlen lassen. Dann aus den Formen lösen und bevor die Torten fertiggestellt werden, mindestens 1 Stunde im Chambord-Sirup ziehen lassen.

CHAMBORD-SIRUP

ERGIBT 400 G

ZUTATEN	MENGE	ANTEIL IN %
Läuterzucker	250 g	38,58 %
Chambord	100 g	25 %

1 Die beiden Zutaten in einer Schüssel verrühren. In einem luftdicht verschlossenen Behälter im Kühlschrank bis zu 6 Monate haltbar.

HIMBEER-SCHOKOLADEN-LIPPEN

1 Himbeer-Schokolade zubereiten wie auf S. 436 beschrieben.

2 Lippen-Formen mit der temperierten Himbeer-Schokolade auskleiden, wie auf S. 53 beschrieben.

3 An einem kühlen, trockenen Ort aufbewahren, am besten gut verpackt.

HASELNUSS-BISKUIT

ERGIBT 1,2 KG

ZUTATEN	MENGE	ANTEIL IN %
Puderzucker	370 g	30,83 %
Haselnussmehl	335 g	27,92 %
Eiweiß	370 g	30,83 %
Zucker	125 g	10,42 %

Gianduja-Haselnusspaste, geschmolzen	100 g	

1   Den Konvektomaten auf 160 °C vorheizen.

2   Die Innenseiten einer 45 x 33 cm großen Backform leicht mit Sprühfett einsprühen und den Boden mit einer passenden Silikonmatte auslegen.

3   Puderzucker und Haselnussmehl zusammen in eine Schüssel sieben. Mit Eiweiß und Zucker eine französische Baisermasse zubereiten (siehe S. 21).

4   Die gesiebten, trockenen Zutaten unter die Baisermasse heben. Die Masse in der vorbereiteten Backform verteilen.

5   Im vorgeheizten Ofen 9 – 12 Minuten backen, bis die Oberfläche eine helle, goldbraune Farbe hat.

6   Abkühlen lassen und dann einfrieren. Den gefrorenen Biskuit auf ein Schneidebrett stürzen.

7   Die Silikonmatte vom Boden entfernen und mit einem Farbroller eine dünne Schicht geschmolzener Gianduja auf dem Boden auftragen. Es muss zügig gearbeitet werden, da die Gianduja schnell fest wird.

8   Den Biskuit wenden und mit einer entsprechenden Ausstechform 4 Kreise mit jeweils 17,5 cm ausstechen.

9   Vier Tortenringe mit jeweils 17,5 cm Durchmesser auf ein mit einer Silikonmatte ausgelegtes Backblech legen und auf den Boden jedes Tortenringes eine der Biskuit-Scheiben legen. Im Kühlschrank können sie so bis zu 1 Woche aufbewahrt werden.

GIANDUJA-FEUILLETINE

ERGIBT 1,26 KG

ZUTATEN	MENGE	ANTEIL IN %
Gianduja, gehackt	1 kg	79,37 %
Zucker	200 g	15,87 %
Wasser	50 g	3,97 %
Rapsöl	10 g	0,79 %

1   Die gehackte Gianduja in die Schüssel der Standküchenmaschine geben.

2   Zucker und Wasser in einem kleinen Topf stark erhitzen, bis ein mäßig dunkler Karamell entstanden ist. Da die Menge so gering ist, kann die Temperatur nicht mit dem Zuckerthermometer überprüft werden.

3   Den Karamell an der Seite der Schüssel allmählich zur Gianduja laufen lassen, während die Standküchenmaschine mit dem Rührelement bei mäßiger Geschwindigkeit läuft. Sobald der Karamell vollständig hinzugefügt wurde, das Öl zugeben und gut untermischen.

4   Die Masse gleichmäßig auf die Haselnuss-Biskuit-Böden in den Tortenringen verteilen, etwa 300 g pro Portion. Die Oberfläche gegebenenfalls mit der Winkelpalette glatt streichen.

5   Wenn die Gianduja-Feuilletine fest geworden ist, können die Tortenringe entfernt werden. Die mit Feuilletine bedeckten Biskuit-Scheiben bis zur Fertigstellung der Torten im Gefrierschrank aufbewahren.

HASELNUSS-PRALINÉ

ERGIBT 1,07 KG

ZUTATEN	MENGE	ANTEIL IN %
Haselnüsse, blanchiert	500 g	46,73 %
Zucker	450 g	42,06 %
Kakaobutter, geschmolzen	120 g	11,21 %

1   Vier Tortenringe mit je 17,5 cm Durchmesser (mindestens 1,25 cm tief) auf einem mit einer Silikonmatte ausgelegten Backblech bereitstellen.

2   Die Praliné-Masse zubereiten, wie für die Erdnuss-Knusperschicht auf S. 306 beschrieben.

3   Die Praliné-Masse, solange sie noch flüssig ist, gleichmäßig auf die vorbereiteten Tortenringe verteilen.

4   Im Kühlschrank fest werden lassen. Die Ringe entfernen und die Praliné-Scheiben bis zur Fertigstellung der Torten im Gefrierschrank aufbewahren. Nach 1 Monat entsorgen.

GIANDUJA-MOUSSE

ERGIBT 4,56 KG

ZUTATEN	MENGE	ANTEIL IN %
Eier	800 g	17,54 %
Zucker	320 g	7,02 %
Gianduja	1,6 kg	35,09 %
Blattgelatine (Silber), eingeweicht in kaltem Wasser, gut ausgedrückt	40 g	0,88 %

1   Sicherstellen, dass die Inklusionen und der Boden für die Torte fertig im Gefrierschrank bereitstehen.

2   Die Mousse mit der auf S. 317 beschriebenen Methode für die Zubereitung der Mousse von karamellisierter weißer Schokolade zubereiten und sofort zur Fertigstellung der Torte verwenden.

GIANDUJA-DEKOR

ERGIBT 250 G

ZUTATEN	MENGE	ANTEIL IN %
Gianduja, temperiert	250 g	100 %

1   Die temperierte Gianduja in die „G"-Formen füllen.

2   In den Formen erstarren lassen. An einem kühlen, trockenen Ort aufbewahren, am besten gut verpackt. So ist das Dekor über 1 Jahr haltbar.

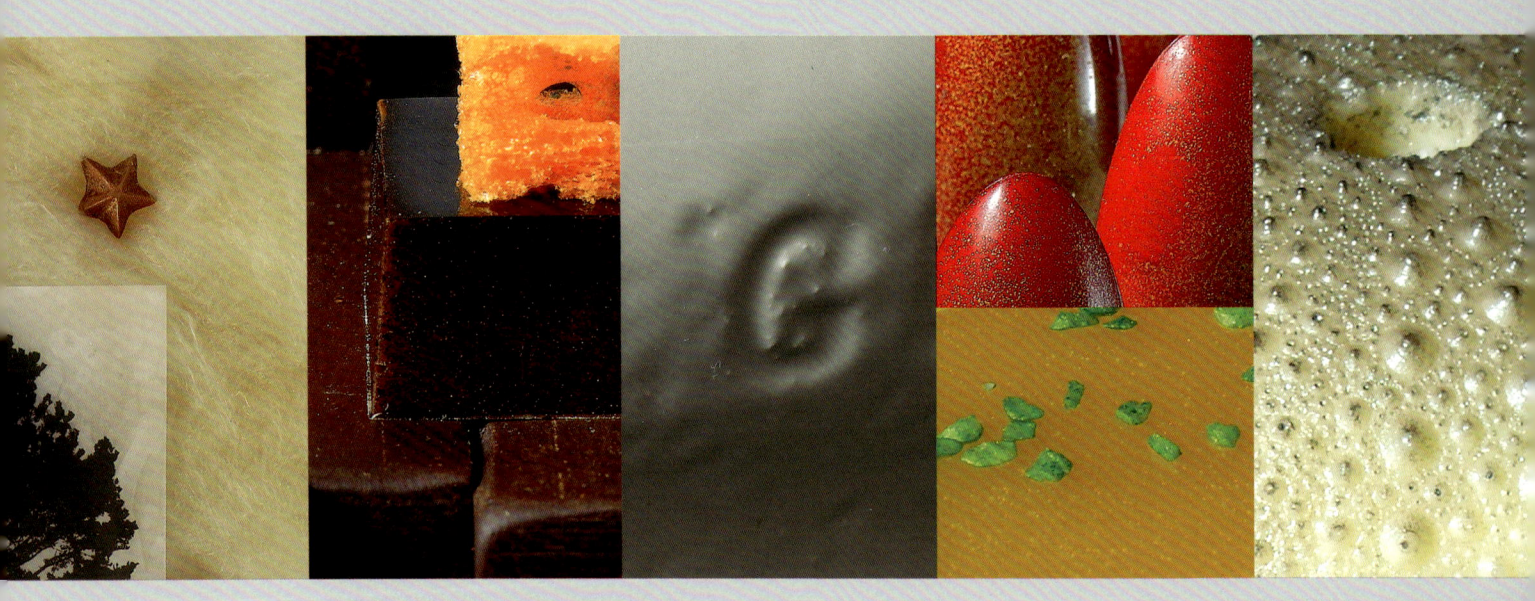

7 PETITS FOURS (MIGNARDISES)

m Allgemeinen werden Petits Fours als kleine, süße Happen definiert, die am Ende einer mehrgängigen Mahlzeit gereicht werden – also noch nach dem Dessert. Wörtlich übersetzt ins Deutsche bedeutet dieser französische Begriff „kleine Ofen". Gemeint ist dabei ein Ofen mit niedriger Temperatur. Der Begriff stammt aus dem 18. Jahrhundert und es heißt, Marie-Antoine Carême (1784 – 1833) war die Erste, die diese süßen Häppchen erwähnte. Die Petits Fours wurden traditionell nach den größeren Kuchen und Tortenböden gebacken, als die Hitze des mit Kohle beheizten Ofens langsam nachließ. Damals waren die Kohlen so teuer, dass die Köche nicht das kleinste bisschen der wertvollen Hitze verschwenden wollten.

Die klassischen Petits Fours werden in zwei Hauptkategorien unterteilt: Petits Fours Secs (sec bedeutet „trocken" – Beispiele hierfür sind Kekse, Makronen und Hippen), die keine „feuchten" Komponenten wie Sahne oder Konfitüre enthalten dürfen, und Petits Fours Frais (frais bedeutet „frisch"), also Petits Fours, die eine temperaturempfindliche Komponente wie Crème pâtissière, Konfitüre oder geschlagene Sahne enthalten. Innerhalb dieser Kategorie werden noch Petits Fours hervorgehoben, die mit einer Glasur, Fondant etc. überzogen und manchmal mit Sahne oder einer Creme gefüllt sind. Sie bilden die Unterkategorie der Petits Fours Glacés. Theoretisch gehören Eclairs in diese Unterkategorie, werden trotzdem aber meistens einfach als Petits Fours Frais bezeichnet. Dann gibt es noch eine vierte Kategorie von Petits Fours, die Petits Fours Salés, also salzige bzw. herzhafte Häppchen, die zum Aperitif bei Cocktailpartys und Büfetts serviert werden. Sie haben aber nur den Namen und die Tatsache, dass es sich um kleine Häppchen handelt, die man von der Hand isst, mit den süßen Petits Fours gemeinsam.

Es gibt sogar ein Petit Four, das „Petit Four" heißt! Wegen des Namens wird häufig angenommen, dass es sich dabei um das ursprünglich Petit Four handelt. Diese Häppchen bestehen aus mehreren Lagen: Mandelcreme (Frangipane), Aprikosenkonfitüre, Mandelcreme, Himbeerkonfitüre und Marzipan werden dicht und fest übereinander geschichtet. Das Ganze wird eingefroren und dann kleine Portionen daraus geschnitten (in Form von Kreisen, Quadraten, Rauten oder Dreiecken). Diese werden mit nach Belieben gefärbtem Fondant überzogen und abschließend mit geschmolzener Schokolade dekoriert.

Petits Fours ist dennoch ein Begriff, der sich auf eine große Bandbreite verschiedener Produkte bezieht. Diesen ist lediglich gemeinsam, dass sie:

- am Ende einer Mahlzeit (nach dem Dessert) gegessen werden.
- ohne Besteck und Geschirr genossen werden können (man sollte nur eine Hand benötigen, um sie zu essen).
- in der Regel zu Kaffee, Tee oder Digestif serviert werden.

Mignardises und Petits Fours werden häufig gleichgesetzt. Allerdings kann man, wenn auf einem Tablett nur Petits Fours einer einzigen Sorte serviert werden, nicht von Mignardises sprechen. Ein Tablett mit verschiedenen Petits Fours ist eine Mignardise. Der französische Begriff mignard kann als Adjektiv genutzt werden und beschreibt dann etwas kostbares, hübsches und zartes. Als Substantiv ist es die Bezeichnung für ein kleines Kind. Mignardises werden mitunter auch Friandises genannt.

Um zu entscheiden, ob sie Mignardises servieren sollten oder nicht, sollten Sie sich zunächst Gedanken über die Atmosphäre und den Stil des Service in ihrem Restaurant machen. Würde es Sinn ergeben? Ist es nötig? Denken Sie daran, dass Sie Zeit und Geld in die Produktion der kleinen Häppchen investieren werden, die sie den Kunden aber nicht in Rechnung stellen können. Die Kosten für die Mignardises sollten also schon im Preis für das Dessert oder das Menü mit eingerechnet sein. Denken Sie auch daran, dass jeder Tisch ein Tablett mit Mignardises erhalten sollte. Wie groß die Auswahl an Petits Fours ist und welche genau Sie anbieten, liegt ganz bei Ihnen. Vergessen Sie niemals, dass zu dem Zeitpunkt, an dem die Mignardises serviert werden, die meisten Ihrer Gäste kaum noch Platz im Magen haben werden. Das heißt, die Petits Fours müssen wirklich klein sein oder die Gäste müssen sie ohne Probleme miteinander teilen können (siehe z. B. die Schokoladenriegel auf S. 477). Es soll sich wirklich um kleine Häppchen handeln, die zu einem Espresso oder einem Glas Portwein genossen werden können.

Petits Fours, die dafür bestimmt sind, von den Gästen geteilt zu werden, sehen neben Petits Fours für individuelle Portionen recht groß aus. Aber sie haben eine besondere Aufgabe. Natürlich widerspricht es dem Grundkonzept eines Petit Four, wenn das „Petit" übersehen wird, aber als Angebot für eine größere Gruppe, kann gerade das Teilen ein besonderes Erlebnis werden. Allerdings eignen sich solche „großen" Petits Fours nicht für alle Gäste. Für Gruppen, die sich untereinander kennen, ergibt es durchaus Sinn. Die einzelnen Personen schneiden sich ihre Portion ab und reichen das Petit Four dann weiter. Das kann das Gemeinschaftsgefühl noch stärken. Die Idee, Schokoladenriegel in einem feinen Restaurant zu servieren – egal zu welchen Anlass – mag befremdlich klingen, aber bei dem hier vorgestellten Rezept handelt es sich um ein sehr spezielles Produkt, das optisch eine Menge Eindruck macht.

Viele der in diesem Kapitel vorgestellten Produkte enthalten Schokolade, einfach aus dem Grund, dass Schokolade hervorragend zum Abschluss einer Mahlzeit passt. Natürlich gibt es auch ein paar Mini-Tartes und andere süße Häppchen.

PRALINEN ALS PETITS FOURS

Bevor Sie sich daran machen, die Rezepte aus diesem Abschnitt umzusetzen, sollten Sie sich erneut die Informationen zum Temperieren von Schokolade auf den Seiten 37–38 und die Methoden zur Zubereitung und zum Überziehen von Pralinen auf den Seiten 52–58 ansehen. Hier werden vor allem selbst in Formen gegossene Pralinen vorgestellt, da es, wenn man keine Überzugsmaschine hat, leichter ist, diese in gleichbleibender Qualität zuzubereiten als Pralinen, die überzogen werden müssen. Überzugsmaschinen sind eine tolle Sache, mit denen sich in kurzer Zeit viele Pralinen gleichmäßig überziehen lassen. Aber nicht jeder, der sich dieses Buch gekauft hat, wird über so eine Maschine verfügen. Also konzentrieren wir uns in diesem Abschnitt vor allem auf selbst in Formen gegossene Pralinen, da sie auch in einer herkömmlichen Küche ohne Probleme vorbereitet werden können. Ein weiterer Vorteil dieser Pralinen ist, dass die Oberfläche einen unvergleichlichen Glanz hat, der bei überzogenen Pralinen nur in Verbindung mit der Verwendung von Transferfolie erreicht werden kann. Außerdem sind die Möglichkeiten, was die Form der Pralinen betrifft, deutlich vielfältiger.

In diesem Abschnitt werden die Pralinen wie folgt vorgestellt:

- **NAME** Hierbei handelt es sich um den Namen der Füllung, d.h. der Name gibt das Aroma bzw. die Aromen an, nach dem/denen die Praline schmeckt.

- **UMHÜLLUNG** Bezieht sich auf die Schokoladensorte, mit der die Pralinen-Formen ausgekleidet werden (z.B. weiße, Zartbitter- oder Milchschokolade, karamellisierte weiße Schokolade, Earl-Grey-Kuvertüre, usw.)

- **DEKORATION** Was kommt als i-Tüpfelchen auf die Praline? Welche dekorativen Elemente werden hinzugefügt? Denken Sie daran, dass das Aussehen einer Praline in gewissem Grad über ihr Innenleben informieren kann. In anderen Worten: Die Dekoration sollte die Füllung widerspiegeln. Wenn die Praline z.B. mit roter Miso-Ganache gefüllt ist, sollte sie ein rotes Element auf der Oberfläche haben. Manchmal kann auch ein Bestandteil der Ganache auf der Oberfläche verwendet werden. Pralinen mit Lavendel-Ganache-Füllung können z.B. mit Lavendelblüten dekoriert werden. Natürlich haben Sie immer die Möglichkeit, die Pralinen ganz nach Belieben zu dekorieren. Ihrer Kreativität sind keine Grenzen gesetzt.

- **HALTBARKEIT** Gibt an, wie lange die entsprechende Füllung in etwa haltbar ist. Wenn die Pralinen unter ungünstigen Umständen gelagert werden, z.B. bei hohen Temperaturen oder hoher Luftfeuchtigkeit, verringert sich die Haltbarkeit. Die ideale Temperatur zur Aufbewahrung von Pralinen liegt zwischen 15 °C und 22 °C mit höchstens 60 % Luftfeuchtigkeit. Um die 20 °C lässt sich außerdem gut mit Schokolade arbeiten. Ist es in dem Raum, in dem gearbeitet wird, viel kühler, wird temperierte Schokolade sehr schnell fest, sodass man weniger Zeit hat, sie zu verarbeiten. Natürlich kann sie dann über einem heißen Wasserbad oder in der Mikrowelle immer wieder aufgewärmt werden. Dafür muss man in kühleren Arbeitsräumen allerdings häufig die Arbeit unterbrechen.

- **REZEPT** Hierbei handelt es sich um das Rezept für die Füllung. Die Mengen sind ausreichend für eine Polycarbonat-Form (in der Regel 24 Vertiefungen). Die Füllung reicht in der Regel also für 24 Pralinen.

POPCORN

ERGIBT	etwa 24 Pralinen

KOMPONENTEN	**DEKORATION** Weiße Kakaobutter
	UMHÜLLUNG Temperierte Zartbitterschokolade
	FÜLLUNG Popcorn-Masse (S. 504)

FERTIGSTELLEN

1. Mit der Airbrush-Technik eine feine Schicht weißer Kakaobutter in die Vertiefungen der Polycarbonat-Formen auftragen.

2. Die Formen mit der auf S. 53 beschriebenen Methode mit temperierter Zartbitterschokolade auskleiden.

3. Die fertig ausgekleideten Formen bis kurz unter den Rand mit der Popcorn-Masse füllen und anschließend mit temperierter Schokolade versiegeln. Diese Pralinen sind über 2 Monate haltbar.

ARMER RITTER | ANANAS-KONFITÜRE

ERGIBT   etwa 24 Pralinen

KOMPONENTEN
UMHÜLLUNG Temperierte Milchschokolade
FÜLLUNG Ananas-Konfitüre (S. 504), Armer-Ritter-Scheiben (S. 505)
DEKORATION Temperierte weiße Schokolade, gelbe Kakaobutter, braune Kakaobutter

FERTIGSTELLEN

1   Die Formen mit der auf S. 53 beschriebenen Methode mit temperierter Milchschokolade auskleiden.

2   Die fertig ausgekleideten Formen bis zur Hälfte mit Ananas-Konfitüre füllen.

3   In jede der Formen eine Scheibe Armer Ritter legen und sanft andrücken. Dann versiegeln. Die fertig versiegelten Pralinen aus den Formen lösen.

4   Aus Frischhaltefolie 24 quadratische Stücke mit 7,5 cm Seitenlänge ausschneiden und nebeneinander auf der Arbeitsfläche ausbreiten.

5   Etwa 10 g temperierte weiße Schokolade in die Mitte der Folien-Quadrate gießen und jeweils 1 Praline daraufsetzen. Leicht andrücken, sodass der Boden der Praline mit der Frischhaltefolie in Kontakt kommt und die flüssige weiße Schokolade am Rand hervorquillt.

6   Die Ecken der Frischhaltefolie jeweils über der Praline zusammenbringen und verdrehen, sodass die Folie eine Art Verpackung um die Praline bildet.

7   Sobald die weiße Schokolade erstarrt ist, die Frischhaltefolie entfernen. Die Pralinen dann mit der Airbrush-Technik erst komplett mit gelber Kakaobutter einsprühen, dann auf einer Seite noch eine feine Schicht brauner Kakaobutter darüber sprühen. Die Pralinen sind bis zu 1 Monat haltbar.

DONUT

ERGIBT	etwa 24 Pralinen

KOMPONENTEN	**UMHÜLLUNG** Temperierte Zartbitterschokolade
	FÜLLUNG Donut-Ganache (S. 505)
	DEKORATION Weiße Kakaobutter

FERTIGSTELLEN	**1**	Die Formen mit der auf S. 53 beschriebenen Methode mit temperierter Zartbitterschokolade auskleiden.
	2	Sobald die Ganache auf 30 °C abgekühlt ist, kann sie bis kurz unter den Rand der fertig ausgekleideten Formen gespritzt werden. Dann versiegeln.
	3	Die Pralinen aus den Formen lösen und jeweils 2 Stück am Boden mit temperierter Zartbitterschokolade verbinden.
	4	Die fertig zusammengesetzten Pralinen rundherum mit einer feinen Schicht weißer Kakaobutter besprühen. Die Pralinen sind bis zu 2 Monate haltbar.

KANDIERTE ÄPFEL | SAFRAN-KUVERTÜRE

ERGIBT   etwa 24 Pralinen

KOMPONENTEN   **UMHÜLLUNG** Safran-Kuvertüre (S. 511)
FÜLLUNG Masse aus kandierten Äpfeln (S. 512)

FERTIGSTELLEN   **1**   Die Formen mit der auf S. 53 beschriebenen Methode mit temperierter Safran-Kuvertüre auskleiden.

2   Die fertig ausgekleideten Formen bis kurz unter den Rand mit der Masse aus kandierten Äpfeln füllen. Versiegeln.

3   Die Pralinen sind etwa 2 Monate haltbar.

HINWEIS   Für die Safran-Kuvertüre die Rezeptur der Safran-Riegel verwenden und alle Schritte bis zum Temperieren der Kuvertüre wie unter dem Rezept für „Schwarze-Oliven-Riegel" (S. 510) angegeben befolgen.

LUFTSCHOKOLADE MIT SCHWARZEM TRÜFFEL

| ERGIBT | etwa 24 Pralinen |

| KOMPONENTEN | **DEKORATION** Schwarze Kakaobutter
UMHÜLLUNG Temperierte Zartbitterschokolade
FÜLLUNG Luftschokolade mit schwarzem Trüffel (S. 506) |

FERTIGSTELLEN

1   Die Vertiefungen in der entsprechenden Polycarbonat-Form mithilfe der Airbrush-Technik mit schwarzer Kakaobutter auskleiden.

2   Die Formen mit der auf S. 53 beschriebenen Methode mit temperierter Zartbitterschokolade auskleiden.

3   Die fertig ausgekleideten Formen bis zum Rand mit der Luftschokolade füllen. Überschüssige Schokolade mit einem breiten Spachtel vom Rand der Form entfernen. Diese Pralinen werden nicht versiegelt.

4   Die Pralinen sind etwa 6 Monate haltbar, da die Füllung nur aus mit etwas Öl und Luft versetzter Schokolade besteht.

JOGHURT | HIMBEEREN

ERGIBT	etwa 24 Pralinen

KOMPONENTEN	**DEKORATION** Rote Kakaobutter
	UMHÜLLUNG Temperierte weiße Schokolade
	FÜLLUNG Joghurt-Pulver (gefriergetrocknet); ganze, gefriergetrocknete Himbeeren

FERTIGSTELLEN

1 Mit der Airbrush-Technik eine feine Schicht rote Kakaobutter in die Vertiefungen der entsprechenden Polycarbonat-Form auftragen.

2 Die Formen mit der auf S. 53 beschriebenen Methode mit temperierter weißer Schokolade auskleiden.

3 In jede der fertig ausgekleideten Formen etwa 5 g des Joghurt-Pulvers füllen.

4 In jede Form eine gefriergetrocknete Himbeere setzen.

5 Über jede Himbeere nochmals 5 g des Joghurt-Pulvers geben.

6 Die Pralinen versiegeln. Sie sind etwa 6 Monate haltbar.

FEIGE | MARACUJA | BUTTERKARAMELL

ERGIBT	etwa 24 Pralinen

KOMPONENTEN

UMHÜLLUNG Temperierte Zartbitterschokolade
FÜLLUNG Feigen-Maracuja-Butterkaramell-Masse (S. 506)
DEKORATION Gold-Metallic-Pulver (Lebensmittelfarbe)

FERTIGSTELLEN

1 Die Formen mit der auf S. 53 beschriebenen Methode mit temperierter Zartbitterschokolade auskleiden. Diese kissenförmigen Schokoladen-Umhüllungen müssen aus den Formen gelöst werden, bevor man sie füllt, da sie sich so besser zusammensetzen lassen.

2 Jeweils beide Hälften der Kissen mit der Masse füllen. Die Füllung sollte dabei ein kleines bisschen höher sein, als der Rand, damit die Hälften durch die Masse zusammenhalten, nachdem sie zusammengesetzt wurden.

3 Die beiden Hälften der Kissen jeweils zusammensetzen, bevor die Füllung fest geworden ist.

4 Sobald die beiden Hälften stabil aneinander haften, mit einem feinen Pinsel etwas Gold-Metallic-Pulver rundherum auf die Oberfläche auftragen. Mit essbarem Lack einsprühen.

5 Die Pralinen sind über 2 Monate haltbar.

APRIKOSEN | MILCHREIS

ERGIBT	etwa 24 Pralinen

KOMPONENTEN

UMHÜLLUNG Temperierte Zartbitterschokolade
FÜLLUNG Milchreis-Ganache (S. 507)
DEKORATION Temperierte Milchschokolade, Aprikosen-Schaum (S. 507)

FERTIGSTELLEN

1. Die Formen mit der auf S. 53 beschriebenen Methode mit temperierter Zartbitterschokolade auskleiden.

2. Wenn die Ganache auf 30 °C abgekühlt ist, können die fertig ausgekleideten Formen bis kurz unter den Rand damit gefüllt werden. Mit temperierter Zartbitterschokolade versiegeln.

3. Jede Praline mit einem kleinen Stück des Aprikosen-Schaums dekorieren. Dieser wird jeweils mit einem kleinen Tropfen temperierter Milchschokolade angebracht. Diese Pralinen sind 2 Wochen haltbar.

KORIANDER | TANGERINE | LITSCHI

ERGIBT etwa 24 Pralinen

KOMPONENTEN **UMHÜLLUNG** Temperierte weiße Schokolade
FÜLLUNG Koriander-Tangerinen-Ganache (S. 508), Litschi-Gelee (S. 140)
DEKORATION Grünes Metallic-Pulver (Lebensmittelfarbe)

FERTIGSTELLEN **1** Die Formen mit der auf S. 53 beschriebenen Methode mit temperierter weißer Schokolade auskleiden.

2 Wenn die Koriander-Tangerinen-Ganache auf 30 °C abgekühlt ist, die fertig ausgekleideten Formen bis zur Hälfte damit füllen.

3 Jeweils 1 Scheibe Litschi-Gelee auf die Ganache in den Formen legen und leicht andrücken. Die Formen bis kurz unter den Rand mit der restlichen Ganache füllen.

4 Die Pralinen mit weißer Schokolade versiegeln und aus den Formen lösen, sobald die Schokolade erstarrt ist.

5 Mit einem Pinsel eine sehr feine Schicht grünes Metallic-Pulver auf die Oberfläche der Pralinen auftragen und mit einer ebenso feinen Schicht essbarem Sprühlack fixieren. Die Pralinen sind 2 Wochen haltbar.

MISO | SHISO

ERGIBT	etwa 24 Pralinen

KOMPONENTEN

DEKORATION Smaragdgrüne Kakaobutter
UMHÜLLUNG Temperierte weiße Schokolade, gefärbt mit roter Kakaobutter
FÜLLUNG Shiso-Pulver (S. 508), Rote Miso-Ganache (S. 508)

FERTIGSTELLEN

1 Mit der Airbrush-Technik eine dünne Schicht grüner Kakaobutter in die Vertiefungen der Polycarbonat-Formen auftragen.

2 Die Formen mit der auf S. 53 beschriebenen Methode mit temperierter, rot eingefärbter weißer Schokolade auskleiden.

3 In die fertig ausgekleideten Formen jeweils 1 g des Shiso-Pulvers füllen.

4 Sobald die Rote Miso-Ganache auf 30 °C abgekühlt ist, können die Formen bis kurz unter den Rand damit gefüllt werden.

5 Die Pralinen mit der rot eingefärbten, temperierten weißen Schokolade versiegeln. Sie sind bis zu 2 Monate haltbar.

FOIE-GRAS-WÜRFEL

ERGIBT	etwa 35 Pralinen

KOMPONENTEN	**UMHÜLLUNG** Zartbitterschokolade
	FÜLLUNG Foie-gras-Quadrate (S. 509)
	DEKORATION Blattgold

FERTIGSTELLEN

1 Die Zartbitterschokolade temperieren und die Foie-gras-Quadrate damit überziehen.

2 Sobald alle Pralinen überzogen sind und die Schokolade fest geworden ist, müssen sie einzeln mit essbarem Sprühlack eingesprüht und dann vorsichtig mit einem Stück Blattgold umwickelt werden. Der Sprühlack ist die einzige Möglichkeit, das Blattgold an der Oberfläche der Pralinen zu befestigen.

3 Diese Pralinen müssen im Kühlschrank aufbewahrt werden, da die Foie gras leicht verderblich ist. Sie sind höchstens 4 Tage haltbar.

SCHOKOLADENRIEGEL:
ROTE BETE | SCHWARZE OLIVE | SAFRAN | EARL GREY | MATCHA

ERGIBT	etwa 40 Riegel
KOMPONENTEN	Individuelle Schokoladenriegel in verschiedenen Geschmacksrichtungen (S. 510 – 511)
ANMERKUNGEN	Die Schokoladenriegel sind an einem kühlen, trockenen Ort, am besten luftdicht verpackt, bis zu 1 Jahr haltbar. Sie sollten bei Raumtemperatur serviert werden.

ARMER RITTER | BACON-PRALINÉ | ZIMT

ERGIBT	etwa 9 Riegel

KOMPONENTEN	**UMHÜLLUNG** Temperierte Zartbitterschokolade
	FÜLLUNG Armer-Ritter-Ganache (S. 512), Bacon-Praliné (S. 511), Fleur de Sel
	DEKORATION Zimt

FERTIGSTELLEN

1 Die Formen mit der auf S. 53 beschriebenen Methode mit temperierter Zartbitterschokolade auskleiden.

2 Die abgekühlte Armer-Ritter-Ganache in quadratische Stücke à 6,5 cm schneiden. Die Ganache-Quadrate jeweils in eine Riegel-Form legen.

3 Das Bacon-Praliné bereitstellen. Temperierte Zartbitterschokolade über die Ganache-Quadrate in die Formen gießen, sodass sie bis zum Rand gefüllt sind. Überschüssige Schokolade mit einem breiten Spachtel vom Rand der Form entfernen.

4 Die versiegelten Riegel sofort mit einer gleichmäßigen Schicht Bacon-Praliné bestreuen (bevor die Schokolade fest wird), sodass sie möglichst vollständig bedeckt sind. Leicht andrücken, damit sich das Praliné möglichst gut mit der Schokolade verbindet. Etwas Fleur de Sel auf die Praliné-Schicht streuen.

5 Die Riegel aus den Formen lösen, wenn die Schokolade vollständig erstarrt ist. Die individuellen Riegel in Plastiktüten mit Zip-Verschluss verpacken.

6 Die Tüten mithilfe des Volcano Vaporizers mit Zimt-Aroma füllen: Die in diesem Rezept ange-gebenen Mengen reichen für 9 Riegel (die typische Anzahl an Vertiefungen in Riegel-Formen). Für diese Mengen muss 10 g gemahlener Zimt in den Volcano Vaporizer gefüllt werden. Die Maschine anstellen und aufheizen lassen.

7 Den Schlauch in eine der Tüten stecken und herausziehen, wenn sie sich aufgebläht hat. Die Tüte möglichst schnell gut verschließen und mit den anderen Tüten ebenso verfahren.

8 Abschließend die Plastiktüten mit einem Schweißgerät versiegeln, um das Zimt-Aroma darin möglichst lange zu konservieren. Die Riegel sind so etwa 1 Monat haltbar.

EKTE GJETOST | BUTTERKARAMELL | KANDIERTE ÄPFEL

etwa 10 Riegel

KOMPONENTEN   **DEKORATION** Schwarze Kakaobutter
UMHÜLLUNG Temperierte, karamellisierte weiße Schokolade (S. 316)
FÜLLUNG Ekte Gjetost, Butterkaramell (S. 512), kandierte Äpfel (S. 512)

FERTIGSTELLEN   **1** Mit der Airbrush-Technik eine gleichmäßige, feine Schicht schwarze Kakaobutter in die Riegel-Formen geben.

2 Die Formen mit der auf S. 53 beschriebenen Methode mit temperierter, karamellisierter weißer Schokolade auskleiden.

3 In der Standküchenmaschine etwa 150 g Ekte Gjetost mit dem Rührelement langsam vermengen, bis der Käse weich genug ist, um mit der Spritztüte portioniert werden zu können.

4 Den weichen Käse in eine Spritztüte füllen und die je 5 Vertiefungen in jeder Riegel-Form zur Hälfte damit füllen.

5 In jede Vertiefung ein Stück Butterkaramell und ein Stück kandierter Apfel legen und soweit wie möglich in den Käse drücken.

6 Die Riegel mit temperierter, karamellisierter weißer Schokolade versiegeln. Diese Riegel sind wegen des karamellisierten Ziegenkäses höchstens 1 Woche haltbar.

HINWEIS   Der Geschmack von Ekte Gjetost, einem dänischen Ziegenkäse, ist dem von Dulce de leche ähnlich, hat aber auch ein deutliches Ziegenaroma und leicht salzige Noten. Von der Konsistenz her erinnert er ein wenig an sehr feste Erdnussbutter. In der Regel polarisiert dieser Käse – entweder man mag ihn oder man findet ihn ganz schrecklich.

BAGUETTE-GANACHE

ERGIBT	2 große Riegel

KOMPONENTEN

UMHÜLLUNG Temperierte Sauerteig-Kuvertüre (S. 513)
FÜLLUNG Baguette-Ganache (S. 513)
DEKORATION Zartbitterschokoladen-Samtspray (S. 223)

FERTIGSTELLEN

1 Die Formen mit der auf S. 53 beschriebenen Methode mit temperierter Sauerteig-Kuvertüre auskleiden.

2 Die fertig ausgekleideten Formen bis kurz unter den Rand mit Baguette-Ganache füllen. Versiegeln und aus den Formen lösen, sobald die Schokolade vollständig fest geworden ist.

3 Mit Airbrush-Technik eine sehr dünne Schicht Zartbitterschokoladen-Spray auf die Oberfläche der Riegel sprühen. Dabei sollen sie nicht vollständig bedeckt werden. Die Riegel sind bis zu 2 Monate haltbar.

OLIVENÖL-KARAMELL UND GERÖSTETE PINIENKERNE

ERGIBT etwa 24 Pralinen

KOMPONENTEN **DEKORATION** Olivgrüne Kakaobutter
UMHÜLLUNG Temperierte Zartbitterschokolade
FÜLLUNG Olivenöl-Karamell mit gerösteten Pinienkernen (S. 513)

FERTIGSTELLEN **1** Mit Airbrush-Technik eine gleichmäßige Schicht olivgrüner Kakaobutter in die Vertiefungen der Polycarbonat-Formen auftragen.

2 Die Formen mit der auf S. 53 beschriebenen Methode mit temperierter Zartbitterschokolade auskleiden.

3 Die fertig ausgekleideten Formen bis kurz unter den Rand mit Olivenöl-Karamell füllen. Mit temperierter Zartbitterschokolade versiegeln.

4 Diese Pralinen sind nur 1 Monat haltbar, da die Pinienkerne schnell ranzig werden.

RINGELBLUMEN-TARTES

ERGIBT	etwa 40 Mini-Tartes

KOMPONENTEN

Ringelblumen-Karamell (S. 515)
Feine Mürbeteigböden (S. 514)
Kandierte grüne Ringelblumenblüten, zerstoßen
Silberfarbige, ovale Dragées

FERTIGSTELLEN

1   Den Ringelblumen-Karamell direkt nach der Zubereitung in die fertigen Mürbeteigböden gießen. Bei Raumtemperatur abkühlen und fest werden lassen.

2   Jeweils eine Prise der zerstoßenen, kandierten Ringelblumenblüten auf den Karamell streuen. Insgesamt werden für alle 40 Mini-Tartes etwa 45 g benötigt.

3   Auf eine Seite der Tartes jeweils ein ovales Dragée legen.

4   Die Mini-Tartes müssen innerhalb von 24 Stunden serviert werden.

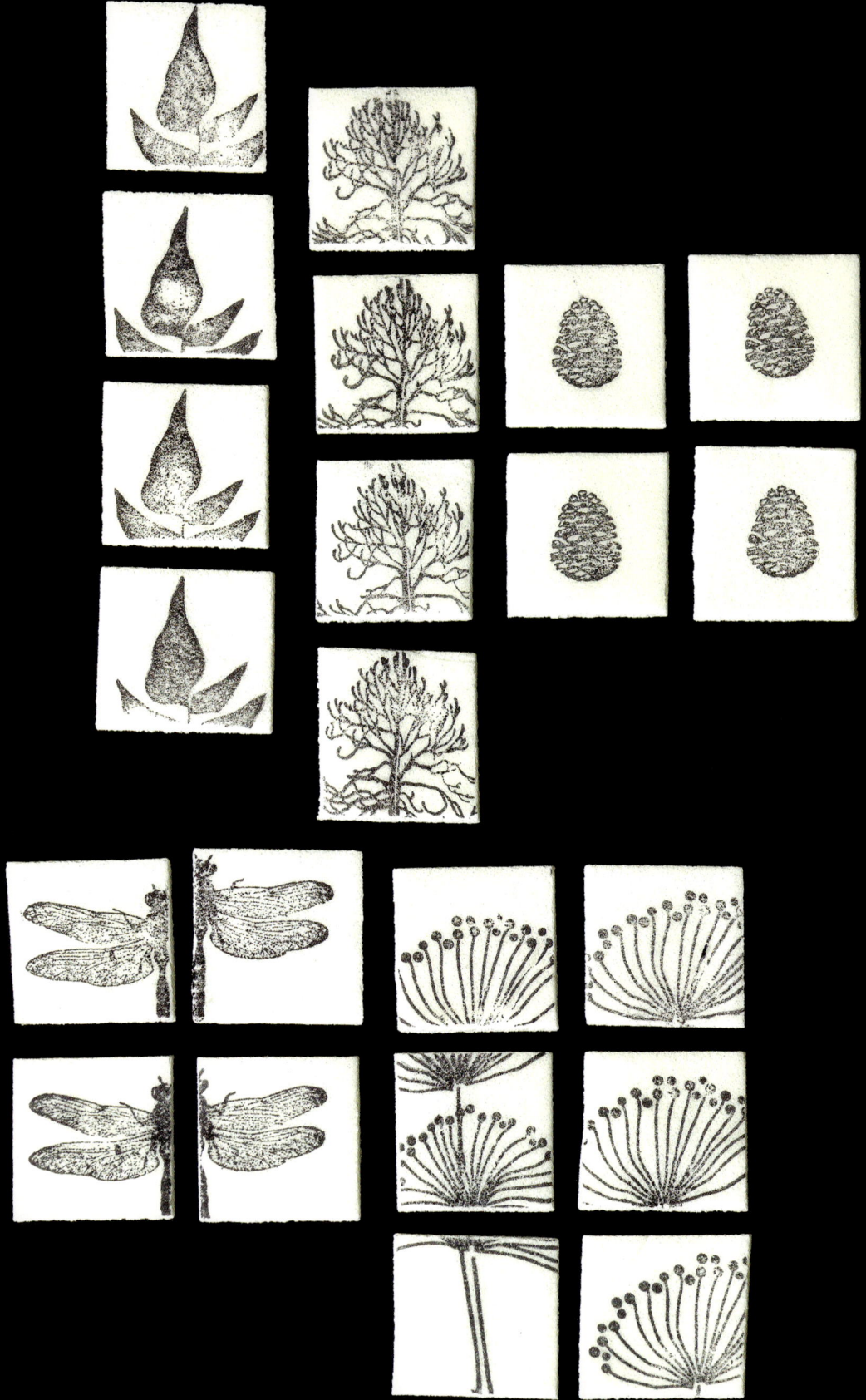

PFEFFERMINZ-PLÄTTCHEN

ERGIBT   334 g

ZUTATEN	MENGE	ANTEIL IN %
Gelatinepulver	5 g	1,5 %
Wasser	28 g	8,38 %
Puderzucker	300 g	89,82 %
Pfefferminzextrakt	1 g	0,3 %

1 Die Gelatine im Wasser einweichen und dann über einem warmen – nicht heißen – Wasserbad erhitzen. Die Gelatine darf auf keinen Fall zu heiß werden, sie soll lediglich schmelzen.

2 Das Wasser und die aufgelöste Gelatine mit Puderzucker und Pfefferminzextrakt zu einer glatten, teigähnlichen Masse verarbeiten. Nach Belieben etwas mehr Pfefferminzextrakt untermischen, da das Aroma schwächer wird, wenn die Masse trocknet. Das Pfefferminzextrakt kann auch durch andere Aromen ersetzt werden, allerdings muss man aufpassen, dass diese nicht zu künstlich schmecken. Bei Pfefferminze sind die meisten Menschen dagegen an die künstliche Form des Aromas gewöhnt.

3 Den Teig mit der Nudelmaschine so dünn wie möglich ausrollen.

4 Den ausgerollten Teig in quadratische Stücke mit je 2,5 cm Seitenlänge schneiden.

5 Die Pfefferminz-Plättchen mindestens 24 Stunden an der Luft, oder im auf 50 °C eingestellten Dörrgerät für 2 Stunden trocknen lassen.

6 Auf die trockenen Pfefferminz-Plättchen können nach Belieben mit lebensmittelechter Farbe Motive gestempelt werden.

YUZU-GELEE-BONBONS

ERGIBT   etwa 144 Stück

ZUTATEN	MENGE	ANTEIL IN %
KALZIUM-LÖSUNG		
Monokalzium-Chlorid	2 g	1,8 %
Wasser	120 g	98,2 %
GELEE-BONBONS		
Yuzu-Püree	900 g	71,77 %
Zucker 1	300 g	23,92 %
Kalzium-Lösung	12 g	0,96 %
Universal-Pektin (Pektin NH 95)	12 g	0,96 %
Blattgelatine (Silber), eingeweicht in kaltem Wasser, gut ausgedrückt	30 g	2,39 %
Zucker 2	1 kg	

1   Die beiden Zutaten für die Kalzium-Lösung gut vermischen. Bis zur Verwendung im Kühlschrank aufbewahren.

2   Ein Backblech mit einer Silikonmatte auslegen und darauf Metallstäben arrangieren, sodass ein 1,25 cm tiefer Rahmen à 30 x 45 cm entsteht.

3   Für die Gelee-Bonbons das Pektin mit der ersten Menge Zucker in einer kleinen Schüssel vermischen. Das Yuzu-Püree mit dem restlichen Zucker und der Kalzium-Lösung in einen Topf mit 4 l Fassungsvermögen geben und unter Rühren mit dem Schneebesen bei starker Hitze aufkochen. Vom Herd nehmen und die Pektin-Zuckermischung kräftig mit dem Schneebesen unterrühren. Zurück auf den Herd geben und 1 Minute köcheln lassen, um das Pektin vollständig zu hydrieren.

4   Vom Herd nehmen. Dann die eingeweichte Gelatine hinzufügen und umrühren, bis sie sich vollständig aufgelöst hat.

5   Die Gelee-Masse in den vorbereiteten Rahmen gießen und bei Raumtemperatur gelieren lassen. Das Blech mit dem Rahmen dabei nicht bewegen. Die abgekühlte Masse in den Kühlschrank stellen.

6   Sobald die Masse vollständig geliert und das Gelee komplett gekühlt ist, eine dünne, gleichmäßige Schicht Zucker auf die Oberfläche streuen. Die Metallstäbe entfernen. (Eventuell muss man mit der Winkelpalette vorsichtig zwischen Gelee und Metallstab entlangfahren, um das Gelee zu lösen). Eine Silikonmatte auf die Oberfläche des Gelees legen und es vorsichtig wenden. Die nun oben liegende Seite mit einer dünnen, gleichmäßigen Schicht Zucker bestreuen.

7   Das Gelee mit dem Pralinenschneider (oder mit Messer und Lineal) in 2,5 cm große, quadratische Stücke schneiden und sie in Zucker wenden. Die Gelee-Portionen zum Entfernen überschüssigen Zuckers in ein Rundsieb legen und vorsichtig darin rütteln. Die einzelnen Portionen nebeneinander auf ein mit Backpapier ausgelegtes Blech geben und bei Raumtemperatur 4–6 Stunden trocknen lassen. Nach der Hälfte der Zeit wenden, damit die Gelee-Portionen auch von der anderen Seite gut trocknen. Gut verpackt an einem kühlen, trockenen Ort aufbewahren. 1 Woche haltbar.

MARSHMALLOWS:
LILLET BLANC (GELB) | PORTWEIN (FLIEDERFARBEN) |
ROSÉ-CHAMPAGNER (HELLROSA) | STARKBIER (HELLBRAUN)

ERGIBT   20 Marshmallow-Schlangen

ZUTATEN	MENGE	ANTEIL IN %
Klebreismehl	nach Bedarf	
Gelatinepulver	32 g	2,36 %
Alkohol 1	188 g	14,03 %
Alkohol 2	98 g	7,3 %
Zucker	450 g	33,67 %
Maissirup	480 g	35,91 %
Wasser	90 g	6,73 %
natürliche Lebensmittelfarbe	nach Bedarf	

1   Zwei Backbleche mit Silikonmatten auslegen. Das Klebreismehl durch ein feines Sieb in einer dünnen, gleichmäßigen Schicht darauf sieben. Eine Spritztüte mit Lochtülle Nr. 6 bereitlegen.

2   Die Gelatine mit der ersten Menge Alkohol in einer kleinen Schüssel verrühren und stehen lassen, bis die Gelatine vollständig eingeweicht ist. Dann in die Schüssel der Standküchenmaschine geben und mit dem Schneebesen-Element langsam verrühren.

3   Inzwischen die zweite Menge Alkohol mit Zucker, Maissirup und Wasser in einem Topf vermischen und bei mäßiger Hitze köcheln lassen, bis die Mischung eine Temperatur von 114 – 115 °C hat.

4   Diese Mischung zu der Gelatine-Mischung in der Standküchenmaschine gießen, während diese langsam weiter läuft. Wenn sie vollständig hinzugefügt wurde, kann die Geschwindigkeit ein klein wenig erhöht werden. Die Maschine darf aber nicht zu schnell laufen, da die Masse sonst spritzt.

5   Wenn die Mischung abgekühlt ist, kann die Geschwindigkeit der Maschine erhöht werden, denn dann ist die Gefahr, dass sie spritzt deutlich geringer. Sollte die Mischung trotzdem spritzen ist das ein Hinweis darauf, dass sie nicht genug abgekühlt ist.

6   Bei hoher Geschwindigkeit 8 – 10 Minuten aufschlagen, bis die Masse deutlich angedickt ist. Dann kann die Lebensmittelfarbe hinzugefügt und vollständig untergemischt werden. Die gleichmäßig eingefärbte Masse in die vorbereitete Spritztüte füllen und in Streifen der Länge nach auf die mit Reismehl bestreuten Bleche spritzen. Über die Marshmallow-Schlangen eine dünne Schicht des Klebreismehls sieben.

7 Über Nacht trocknen lassen. Die Marshmallow-Schlangen dann vollständig mit Klebreismehl bedecken. Überschüssiges Reismehl vorsichtig abschütteln. Die fertigen Marshmallow-Schlangen in Glasbehältern oder anderen luftdicht verschlossenen Behältern aufbewahren.

8 Die Marshmallow-Schlangen den Gästen komplett präsentieren und auf Wunsch portionieren, indem mit einer scharfen Schere ein entsprechend langes Stück abgeschnitten wird (die Servicemitarbeiter müssen dafür Handschuhe tragen). In luftdicht verschlossenen Behältern sind die Marshmallows 1 Woche haltbar.

HINWEIS Dieses Rezept gilt für alle der oben genannten Marshmallow-Sorten. Die genannte Alkohol-Menge wird einfach durch die entsprechende Sorte Alkohol (Lillet Blanc, Portwein, Rosé-Champagner, Starkbier) ersetzt und die Masse, kurz bevor sie fertig aufgeschlagen ist, mit ein paar Tropfen der

MINI-TARTES MIT ZARTBITTERSCHOKOLADE UND KARAMELL

ERGIBT Für etwa 40 Stück

KOMPONENTEN Tarteböden aus Mürbeteig (siehe Hinweis)
Karamell (S. 515)
Ganache (S. 515)
Blattgold

FERTIGSTELLEN **1** In jeden Tarteboden etwa 10 g des Karamells gießen.

2 Die Ganache zubereiten und auf 27 °C abkühlen lassen. In eine Spritztüte füllen und damit in den Tarteböden verteilen, sodass die Ganache ein klein wenig über den Rand hervorsteht.

3 Bei Raumtemperatur vollständig fest werden lassen. Jede Mini-Tarte mit einem kleinen Stückchen Blattgold dekorieren. Für alle Mini-Tartes reichen 2 Blätter Blattgold.

4 Die Mini-Tartes müssen innerhalb von 24 Stunden serviert und sollten nicht gekühlt werden, da die Ganache bei Raumtemperatur am besten schmeckt.

HINWEIS Für die Tarteböden 40 ovale Ringformen (7 cm lang, 5 mm tief) mit Mürbeteig auslegen, wie auf S. 514 beschrieben. Den Mürbeteig dafür 2 mm dünn ausrollen und Kreise mit 7,5 cm Durchmesser ausstechen.

AÇAI-LOLLIS

ERGIBT   etwa 50 Stück

ZUTATEN	MENGE	ANTEIL IN %
Zucker	1,15 kg	65,49 %
Glukose	360 g	20,5 %
Wasser	240 g	13,67 %
Weinsteinpulver	6 g	0,34 %
Açai-Beeren-Extrakt (ölbasiert)	2 – 3 Tropfen (oder nach Bedarf)	
natürliche Lebensmittelfarbe (alkohol- oder wasserbasiert)	2 – 3 Tropfen (oder nach Bedarf)	
Goldspray (S. 466)	optional – nach Belieben	

1   Die Formen für die Lollis bereitlegen. Sie können aus einer Neopren-Matte selbst hergestellt werden, indem man mit einem scharfen Messer oder Skalpell und mithilfe eines Lineals lange, rechteckige Stücke à 1 x 12,5 cm daraus ausschneidet. Es können auch spezielle Lolli-Formen gekauft werden, der Vorteil der aus Neopren-Matten selbst hergestellten Schablonen ist, dass Form und Größe ganz nach Belieben gewählt werden können.

2   Die Lolli-Stiele jeweils in die Mitte einer der kurzen Seiten der Schablonen legen und mit Klebeband fixieren, damit sie nicht verrutschen, wenn der gekochte Zucker hineingegossen wird.

3   Für das Portionieren des gekochten Zuckers wird ein Dosiertrichter aus Metall benötigt. Damit der gekochte Zucker nicht abkühlt und kristallisiert, wenn er in den Dosiertrichter gefüllt wird, muss der Trichter vorher aufgewärmt werden, indem man ihn mit sehr heißem Wasser füllt.

4   Zucker, Glukose, Wasser und Weinsteinpulver zusammen in einen Topf geben und gut vermischen. Die Innenseiten des Topfs mit einem sauberen Pinsel und Wasser säubern. Der Pinsel darf nur für diesen Zweck genutzt werden.

5   Bei starker Hitze unter Rühren zum Kochen bringen, am besten auf einer Induktionsplatte. Sobald die Mischung kocht, aufhören zu rühren und weiter kochen lassen, bis der Sirup eine Temperatur von 156 °C erreicht.

6   Den Topf vom Herd nehmen, Aroma und Farbe nach Bedarf hinzufügen und gleichmäßig unter-mischen, indem man den Topf vorsichtig hin und her schwenkt.

7   Das heiße Wasser aus dem Dosiertrichter gießen und ihn sorgfältig abtrocknen. Den gekochten Zucker hinein gießen, sobald er keine Blasen mehr wirft.

8   Den Zucker mit dem Dosiertrichter in die vorbereiteten Formen füllen. Bei Raumtemperatur fest werden lassen.

9   Die Lollis nach Belieben mit ein wenig Goldspray dekorieren. Bei Raumtemperatur in einem luftdicht verschlossenen Behälter zusammen mit Silikagel aufbewahren. Bei korrekter Lagerung in kühler, trockener Umgebung sind die Lollis fast unbegrenzt haltbar.

AHORNZUCKERWATTE

ERGIBT etwa 20 Kästchen

ZUTATEN	MENGE	ANTEIL IN %
extra feiner Zucker	400 g	50 %
Ahornzucker	400 g	50 %
Blattgold	20 Blätter	
Schokoladen-Sternchen (S. 329)	100 Stück	

1   Für diese Zubereitung wird eine professionelle Zuckerwatten-Maschine benötigt (diese Maschinen können auch gemietet werden).

2   Die beiden Sorten Zucker im Robot Coupe gut vermischen und durch ein Rundsieb sieben.

3   Die Zuckerwatte nach Herstellerangaben zubereiten. Die entstehende Zuckerwatte vorsichtig aufnehmen und in die Kästchen füllen (siehe Hinweis). Vor dem Verschließen der Kästchen jeweils ein Stück Blattgold und 5 – 7 Schokoladen-Sternchen hineingeben, sodass sie auf der Oberfläche der Zuckerwatte liegen. Die Zuckerwatte bleibt etwa 1 Tag schön bauschig. Danach fällt sie in sich zusammen.

HINWEIS   Es werden durchsichtige Kästchen à 10 x 25 x 2,5 cm benötigt. Eine genaue Gewichtsangabe, wie viel Zuckerwatte in jedes Kästchen gepackt werden muss, ist nur schwer möglich. Wichtig ist, dass die Zuckerwatte nicht zu sehr hineingedrückt wird, denn sie wird sowieso schon komprimiert, wenn das Kästchen verschlossen wird. Die Zuckerwatte sollte das Kästchen also füllen, aber nicht ganz bis zum Rand, damit es ohne Probleme verschlossen werden kann. Dieses Petits Fours sollte nicht in feuchter Umgebung zubereitet werden.

TANGERINEN-MOCHI

ERGIBT   etwa 100 Stück

ZUTATEN	MENGE	ANTEIL IN %
Klebreismehl	400 g	30,3 %
extra feiner Zucker	440 g	33,33 %
Tangerinensaft, heiß	480 g	36,36 %

1 Die Zutaten in einer Schüssel gut vermischen und dann durch ein feines Sieb in einen Plastikbehälter mit ausreichend Fassungsvermögen streichen.

2 In der Mikrowelle auf mittlerer Stufe in 2-Minuten-Intervallen 4 – 5-Mal erhitzen und zwischendurch jedes Mal mit einem Holzlöffel umrühren. Anfangs ist die Mischung sehr klumpig und an einigen Stellen flüssig, während sie an anderen Stellen schon gegart ist. Das ist normal. Weiter in der Mikrowelle erhitzen und umrühren, bis ein glatter, elastischer Teig entstanden ist.

3 Den Teig auf eine mit Reismehl bestäubte Arbeitsfläche geben, etwas mehr Reismehl darauf streuen und den Teig 1,25 cm dünn ausrollen. Dabei regelmäßig wenden und immer wieder mit Reismehl bestäuben.

4 Mit Frischhaltefolie abdecken, abkühlen und ruhen lassen.

5 Aus dem gekühlten, geruhten Teig mit einer runden Ausstechform mit 2,5 cm Durchmesser Scheiben ausstechen. Am besten mit der weniger scharfen Seite, da die Mochi dann schöner aussehen. Die Form zwischendurch immer wieder in Reismehl tunken, damit sie nicht verklebt.

HINWEIS   Bei der traditionellen Mochi-Herstellung wird der Teig etwa 2 Stunden lang per Hand bearbeitet, bis er die angenehm zähe Konsistenz hat, für die Mochi bekannt sind. Diese Zubereitungsmethode ist deutlich zeitsparender.

SCHOKOLADEN-MALZ-LOLLIS

ERGIBT   900 g (etwa 40 Lollis)

ZUTATEN	MENGE	ANTEIL IN %
temperierte Zartbitterschokolade	750 g	83,33 %
Malzpulver	150 g	16,67 %

1   Ein Viertel der temperierten Schokolade in Knopf-Formen füllen. Siehe dazu die Methode auf S. 53.

2   In jede der Formen einen Lolli-Stiel legen.

3   Das Malzpulver unter die restliche temperierte Schokolade rühren und die Formen bis unter den Rand damit füllen.

4   Bei Raumtemperatur vollständig fest werden lassen, bevor die Lollis aus den Formen gelöst werden.

5   An einem kühlen, trockenen Ort aufbewahren, am besten gut verpackt. 6 Monate haltbar.

POPCORN-MASSE

ERGIBT 280 G

ZUTATEN	MENGE	ANTEIL IN %
Puffmais	200 g	71,43 %
Rapsöl	5 g	1,79 %
gesalzene Butter, gefriergetrocknet (Pulver)	30 g	10,71 %
anhydrierte Butter, zerlassen	45 g	16,07 %

1   Puffmais und Rapsöl zusammen in einen hohen Topf geben und gut durchmischen.

2   Bei mäßig starker Hitze und unter häufigem Rühren den Mais aufplatzen lassen, bis aus allen Körnern Popcorn geworden ist.

3   Das Popcorn aus dem Topf entfernen und vollständig abkühlen lassen. Dann im Robot Coupe möglichst fein mahlen und anschließend durch ein feines Sieb streichen.

4   Das Popcorn-Pulver mit dem Butter-Pulver vermischen.

5   Allmählich die zerlassene anhydrierte Butter vorsichtig unterrühren. Immer nur eine kleine Menge hinzufügen, da vielleicht nicht die gesamte Butter benötigt wird. Die Popcorn-Masse sollte locker bleiben und nur dann zusammenhalten, wenn sie zusammengedrückt wird.

HINWEIS   Anhydrierte Butter ist wasserfreie Butter, die den typischen Buttergeschmack hat, aber keine Feuchtigkeit enthält, sodass die mit ihr hergestellten Produkte länger haltbar sind. Sie darf nicht mit geklärter Butter verwechselt werden.

ANANAS-KONFITÜRE

ERGIBT 500 G

ZUTATEN	MENGE	ANTEIL IN %
Ananas, geschält, harter Strunk entfernt und in kleine Würfel geschnitten	350 g	62,5 %
Zucker	200 g	35,71 %
Zitronensaft	10 g	1,79 %

1   Alle Zutaten zusammen in einen kleinen Topf geben und bei mäßig starker Hitze köcheln lassen, bis die Mischung einen Brix-Wert von 68 Grad hat.

2   Auf Raumtemperatur abkühlen lassen.

ARMER-RITTER-SCHEIBEN

ERGIBT 453 G

ZUTATEN	MENGE	ANTEIL IN %
30 cm lange, 1,25 cm dicke Scheibe Brioche aus der Kastenform, Rinde entfernt	1 Stück	
Schlagsahne	200 g	44,15 %
Wodka	50 g	11,04 %
Zimtpulver	1 g	0,22 %
Vanillepaste	2 g	0,44 %
Weiße Schokolade (Pellets)	200 g	44,15 %

1   Die Brioche-Scheibe auf ein mit Frischhaltefolie ausgelegtes, tiefes Backblech legen.

2   Schlagsahne, Wodka, Zimt und Vanillepaste zusammen in einen Topf geben und aufkochen. Die kochende Flüssigkeit über die Schokoladen-Pellets in einer Schüssel gießen. Umrühren, bis die Schokolade vollständig geschmolzen ist.

3   Die warme Masse über die Brioche-Scheibe gießen.

4   Die Frischhaltefolie, auf der die Brioche-Scheibe liegt, fest darum wickeln und das Paket in den Kühlschrank legen.

5   Sobald die Ganache fest geworden ist, mit einer Ausstechform (deren Durchmesser etwas geringer ist als der Durchmesser der Pralinen-Formen) Scheiben ausstechen.

   HINWEIS Dieses Rezept enthält Wodka, um die Wasseraktivität (den AW-Wert) der Ganache zu reduzieren, damit sie länger haltbar ist. Zum Geschmack trägt er nicht bei. Die Ganache ist sehr leicht und flüssig, damit die Brioche-Scheibe eine ähnliche Konsistenz bekommt, als wäre sie in einer Eiermasse eingeweicht worden (wie bei der traditionellen Zubereitung von Armer Ritter).

DONUT-GANACHE

ERGIBT 635 G

ZUTATEN	MENGE	ANTEIL IN %
Donuts (aus Rührteig, ohne Hefe)	50 g	7,87 %
Schlagsahne	115 g	18,11 %
Zucker	25 g	3,94 %
Glukosesirup	45 g	7,09 %
Weiße Schokolade (Pellets)	325 g	51,18 %
Butter, weich	40 g	6,3 %
Schokoladenlikör	35 g	5,51 %

1   Die Donuts mit Schlagsahne und Zucker zu einer glatten Masse pürieren.

2   Das Donut-Püree zusammen mit dem Glukosesirup in einen Topf geben und aufkochen. Über die weiße Schokolade in eine Schüssel gießen.

3   Umrühren, bis sich die Schokolade aufgelöst hat und eine glatte Masse entstanden ist. Dann die Butter untermischen, gefolgt vom Schokoladenlikör.

4   Mit Frischhaltefolie abdecken und auf 30 °C abkühlen lassen. Dann kann die Ganache in die Pralinen gefüllt werden.

LUFTSCHOKOLADE
MIT SCHWARZEM TRÜFFEL

ERGIBT 550 G

ZUTATEN	MENGE	ANTEIL IN %
Zartbitterschokolade, gehackt	500 g	90,91 %
schwarzes Trüffelöl	15 g	2,73 %
Rapsöl	35 g	6,36 %

1 Sicherstellen, dass die Pralinenformen fertig mit Schokolade ausgekleidet sind, bevor mit der Zubereitung der Luftschokolade begonnen wird.

2 Die Zutaten zusammen in eine Schüssel geben und über einem heißen Wasserbad schmelzen. Zu einer glatten Masse verrühren.

3 Die Masse in einen Sahnesiphon mit 1 l Fassungsvermögen füllen und diesen mit 2 CO_2-Kapseln aufladen. Nach jeder Ladung den Sahnesiphon kräftig schütteln.

FEIGEN-MARACUJA-
BUTTERKARAMELL-MASSE

ERGIBT 490 G

ZUTATEN	MENGE	ANTEIL IN %
Maracuja-Püree (Konzentrat)	100 g	20,41 %
Weiße Schokolade (Pellets)	300 g	61,22 %
getrocknete Feigen, fein gehackt	45 g	9,18 %
Butterkaramell (S. 512), fein gehackt	45 g	9,18 %

1 Maracuja-Püree und Schokolade zusammen in eine Schüssel geben und über einem heißen Wasserbad unter Rühren erhitzen, bis die Schokolade geschmolzen und eine glatte Masse entstanden ist.

2 Aus dem Wasserbad nehmen und auf 30 °C abkühlen lassen. Die Feigen- und Butterkaramellstückchen unterheben.

APRIKOSEN-SCHAUM

ERGIBT 412 G

ZUTATEN	MENGE	ANTEIL IN %
Xanthan	2 g	0,5 %
Methocel F50	4 g	0,85 %
Zucker	40 g	9,49 %
Zitronensaft	6 g	1,42 %
Wasser	95 g	22,53 %
Aprikosen-Püree	275 g	65,21 %

1   Das Dörrgerät auf 60 °C einstellen.

2   Aus einem mit Silikon beschichteten Backpapier ein quadratisches Stück ausschneiden, das in das Dörrgerät passt. Mit einer Nadel über die gesamte Oberfläche feine Löcher hinein stechen. (Das Methocel F50 muss rundherum mit der Hitze in Kontakt kommen, um zu gelieren).

3   Xanthan, Methocel F50 und Zucker gut vermischen. Zitronensaft, Wasser und Aprikosen-Püree im Standmixer zu einer glatten Masse verarbeiten. Die Zucker-Geliermittelmischung hinzufügen, während der Mixer langsam läuft. Noch 1 Minute pürieren.

4   Die Masse in die Schüssel der Standküchenmaschine geben und bei hoher Geschwindigkeit mit dem Schneebesen-Element aufschlagen, bis ihr Ausgangsvolumen um das 7- oder 8-fache angestiegen ist.

5   Den Schaum gleichmäßig auf dem vorbereiteten Backpapier verteilen und mindestens 3 Stunden trocknen lassen, bis der Schaum kross ist. In warmem Zustand fühlt sich der Schaum noch nicht kross an, er wird erst beim Abkühlen hart.

6   Bis zur Verwendung im Dörrgerät aufbewahren.

HINWEIS   Selbst in trockener Umgebung behält der Schaum seine krosse Konsistenz nur für begrenzte Zeit. Sobald er mit einem Tröpfchen temperierter Milchschokolade an den fertigen Pralinen befestigt wird, weicht er auf. Er sieht dann aus wie Schaum und fühlt sich auch so an, fällt aber nicht in sich zusammen.

MILCHREIS-GANACHE

ERGIBT 495 G

ZUTATEN	MENGE	ANTEIL IN %
REISMILCH		
Milch	500 g	
Arborio-Reis	75 g	
GANACHE		
Reismilch	140 g	28,28 %
Schlagsahne	40 g	8,08 %
Glukose	50 g	10,1 %
Weiße Schokolade (Pellets)	240 g	48,48 %
Butter	25 g	5,05 %

1   Milch und Reis zusammen in einen Topf geben und bei mäßiger Hitze köcheln lassen, bis der Reis so weich ist, dass er fast zerfällt.

2   Sehr fein pürieren.

3   In einem Eiswasserbad abkühlen.

4   Die abgekühlte Reismilch zusammen mit Sahne und Glukose in einen Topf geben und aufkochen.

5   Über die weiße Schokolade in eine Schüssel gießen und umrühren, bis eine glatte Masse entstanden ist. Abschließend die Butter untermischen.

6   Die Ganache auf 30 °C abkühlen lassen, bevor sie in die Pralinenhohlkörper gefüllt wird.

KORIANDER-TANGERINEN-GANACHE

ERGIBT 439 G

ZUTATEN	MENGE	ANTEIL IN %
KORIANDER-SAHNE		
Schlagsahne	150 g	90,91 %
Korianderblätter	15 g	9,09 %
GANACHE		
Tangerinen-Zesten	1 g	0,26 %
Koriander-Sahne	115 g	29,41 %
Glukosesirup	15 g	3,84 %
Weiße Schokolade (Pellets)	250 g	63,94 %
Butter, bei Raumtemperatur	10 g	2,56 %

1 Für die Koriandersahne Sahne und Korianderblätter zusammen in einen Topf geben und bei starker Hitze aufkochen. Vom Herd nehmen und den Topf mit Frischhaltefolie abdecken. 10 Minuten ziehen lassen.

2 Abseihen und die Sahne abkühlen lassen.

3 Für die Ganache die Zesten der Tangerine direkt in einen Topf reiben.

4 Koriander-Sahne und Glukosesirup hinzufügen. Aufkochen.

5 Die weiße Schokolade darüber gießen und 1 Minute abwarten, dann gut emulgieren. Die Butter untermischen.

SHISO-PULVER

ERGIBT 300 G

ZUTATEN	MENGE	ANTEIL IN %
Shisoblätter (Perillablätter)	300 g	100 %

1 Das Dörrgerät auf 45 °C einstellen und die Blätter darin in etwa 12 Stunden vollständig trocknen.

2 Die getrockneten Blätter in der Kaffeemühle fein mahlen.

3 Das Pulver in einem luftdicht verschlossenen Behälter an einem kühlen, trockenen Ort aufbewahren. 1 Jahr haltbar.

ROTE MISO-GANACHE

ERGIBT 420 G

ZUTATEN	MENGE	ANTEIL IN %
Schlagsahne	100 g	23,81 %
Rote Misopaste	20 g	4,76 %
Glukose	25 g	5,95 %
Butter	50 g	11,9 %
Milchschokolade (Pellets)	200 g	47,62 %
Trimoline	25 g	5,95 %

1 Sahne, Misopaste, Glukose und Butter in einen kleinen Topf geben und aufkochen.

2 In eine Schüssel über die Milchschokolade gießen. 30 Sekunden warten, dann umrühren, bis die Schokolade vollständig geschmolzen ist.

3 Die Trimoline gleichmäßig untermischen.

FOIE-GRAS-QUADRATE

ERGIBT 707 G

ZUTATEN	MENGE	ANTEIL IN %
Foie gras	660 g	93,35%
Armagnac	40 g	5,66%
Salz	7 g	0,99%
Zartbitterschokolade, geschmolzen	100 g	

1   Die Foie gras putzen und über Nacht in Milch ziehen lassen.

2   Die Foie gras aus der Milch nehmen und mit einem sauberen Küchentuch trocken tupfen. Etwa 2 Stunden bei Raumtemperatur stehen lassen, bevor mit der Zubereitung der Mousse begonnen wird. Das verkürzt die Garzeit. Damit die Foie gras auf der Oberfläche nicht oxidiert, muss sie gut mit Frischhaltefolie abgedeckt werden. Ein Eiswasserbad vorbereiten.

3   Auf einem mit einer Silikonmatte ausgelegten Backblech einen 1,25 cm tiefen, quadratischen Rahmen mit 30 cm Seitenlänge aufstellen.

4   Den Thermomix auf 80 °C einstellen und 5 Minuten laufen lassen. Die Zutaten aber erst hinzufügen, sobald die richtige Temperatur erreicht ist. Das dauert etwa 2 Minuten. Wird die Foie gras zu früh in den Thermomix gegeben, wird sie zu heiß und dann kann es vorkommen, dass das Fett sich von den Feststoffen trennt.

5   Sobald der Thermomix die Temperatur von 80 °C erreicht hat, muss das Gerät angehalten werden. Erst dann alle Zutaten zusammen in die Schüssel des Gerätes geben und es 2 Minuten auf Stufe 3 laufen lassen.

6   Die Masse in eine Schüssel umfüllen, die in das Eiswasserbad passt. Das Eis aus dem Wasser entfernen und die Schüssel mit der Foie-gras-Masse in das eiskalte Wasser stellen. Unter ständigem Rühren mit dem Kunststoffteigschaber abkühlen, bis die Masse die Konsistenz einer weichen Ganache hat.

7   Die Mischung gleichmäßig im vorbereiteten Rahmen verteilen. Die Oberfläche glatt streichen und dann mit Frischhaltefolie abdecken. Im Kühlschrank fest werden lassen.

8   Mit einem Farbroller eine feine Schicht geschmolzener Zartbitterschokolade auf der gekühlten Foie-gras-Masse im Rahmen verteilen. Fest werden lassen und die Masse dann mit dem Pralinenschneider in 2,5 cm große Quadrate schneiden.

9   Die Foie-gras-Quadrate bis zur Fertigstellung im Kühlschrank aufbewahren.

ROTE-BETE-RIEGEL

ERGIBT 600 G

ZUTATEN	MENGE	ANTEIL IN %
Zucker	232 g	38, 67 %
Kakaobutter (Pellets)	245 g	40,83 %
Rote-Bete-Pulver	120 g	20 %
Lezithin-Pulver	3 g	0,5 %

1   Den Zucker in der Kaffeemühle möglichst fein mahlen.

2   Die Kakaobutter schmelzen und auf 45 °C erhitzen. In den Mélangeur füllen und das Gerät anstellen.

3   Sobald der Mélangeur läuft, den Zucker in 4 Etappen hinzufügen, gefolgt von dem Rote-Bete-Pulver (ebenfalls in 4 Etappen).

4   Den Mélangeur 12 – 18 Stunden laufen lassen.

5   Gegen Ende der Zubereitungszeit das Lezithin-Pulver hinzufügen und mindestens noch 2 Stunden laufen lassen.

6   Die Kuvertüre auf ein mit Backpapier ausgelegtes Backblech gießen und abkühlen lassen.

7   Die fertige Kuvertüre temperieren wie herkömmliche weiße Schokolade und die Formen für die Riegel dann füllen, wie auf S. 53 für das Ausleiden von Pralinenformen beschrieben. Die gefüllten Formen aber nicht wenden, sondern lediglich überschüssige Schokolade vom Rand mit dem Spachtel entfernen und die Schokolade in den gefüllten Formen erstarren lassen.

8   Bei Raumtemperatur fest werden lassen und die Schokoladenriegel erst dann aus den Formen stürzen.

SCHWARZE-OLIVEN-RIEGEL

ERGIBT 620 G

ZUTATEN	MENGE	ANTEIL IN %
Weiße Schokolade (Pellets)	550 g	88,7 1%
schwarze Oliven, gefriergetrocknet	35 g	5,65 %
Kakaobutter	35 g	5,65 %

1   Die weiße Schokolade schmelzen und auf 45 °C erhitzen. Dann in den Mélangeur füllen.

2   Die gefriergetrockneten schwarzen Oliven in der Kaffeemühle fein mahlen und zur weißen Schokolade in den Mélangeur geben.

3   Den Mélangeur 12 – 18 Stunden laufen lassen.

4   Die Kakaobutter schmelzen, auf 45 °C erhitzen, zur Schokoladenmasse in den Mélangeur geben und vollständig untermischen.

5   Sobald die Kakaobutter vollständig untergemischt ist, die Kuvertüre zum Abkühlen auf ein mit Backpapier ausgelegtes Blech geben.

6   Die fertige Kuvertüre temperieren wie herkömmliche weiße Schokolade und die Formen für die Riegel dann füllen, wie auf S. 53 für das Ausleiden von Pralinenformen beschrieben. Die gefüllten Formen aber nicht wenden, sondern lediglich überschüssige Schokolade vom Rand mit dem Spachtel entfernen und die Schokolade in den Formen erstarren lassen.

7   Bei Raumtemperatur fest werden lassen und die Schokoladenriegel erst dann aus den Formen stürzen.

SAFRAN-RIEGEL

ERGIBT 616 G

ZUTATEN	MENGE	ANTEIL IN %
Weiße Schokolade	600 g	97,4 %
Safran	6 g	0,97 %
Kakaobutter	10 g	1,62 %

Zubereitung siehe Schwarze-Oliven-Riegel (links). Statt der gefriergetrockneten schwarzen Oliven Safran verwenden.

EARL-GREY-RIEGEL

ERGIBT 605 G

ZUTATEN	MENGE	ANTEIL IN %
Weiße Schokolade	575 g	95,04 %
Earl-Grey-Tee	15 g	2,48 %
Kakaobutter	15 g	2,48 %

Zubereitung siehe Schwarze-Oliven-Riegel (links). Statt der gefriergetrockneten schwarzen Oliven Earl-Grey-Tee verwenden.

MATCHA-RIEGEL

ERGIBT 600 G

ZUTATEN	MENGE	ANTEIL IN %
Weiße Schokolade	570 g	95 %
Matcha (Grüntee-Pulver)	15 g	2,5 %
Kakaobutter	15 g	2,5 %

Zubereitung siehe Schwarze-Oliven-Riegel (links). Statt der gefriergetrockneten schwarzen Oliven Matcha-Pulver verwenden.

BACON-PRALINÉ

ERGIBT 200 G

ZUTATEN	MENGE	ANTEIL IN %
Hochwertiger Frühstücksspeck (Scheiben), ausgelassen	100 g	50 %
Zucker	75 g	37,5 %
Ahornzucker	25 g	12,5 %

1. Den ausgelassenen Speck auf einem Gitterrost (über einem Backblech) im auf 60 °C eingestellten Dörrgerät mindestens 6 Stunden trocknen. Auf diese Weise wird noch mehr Fett aus dem Speck ausgelassen, er verliert viel Feuchtigkeit, wird schön kross und ist länger haltbar.

2. Den getrockneten Speck fein hacken und die Stückchen im Dörrgerät aufbewahren.

3. Zucker und Ahornzucker in einem kleinen Topf unter ständigem Rühren bei starker Hitze karamellisieren.

4. Den Topf vom Herd nehmen, sobald der Karamell eine goldbraune Farbe hat und die Speckstückchen kräftig untermischen.

5. Die karamellisierten Speckstückchen auf eine Silikonmatte geben und vollständig abkühlen lassen.

6. Mit dem Messer fein hacken und bis zur Verwendung an einem kühlen, trockenen Ort aufbewahren. 1 Monat haltbar.

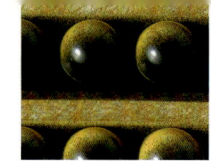

ARMER-RITTER-GANACHE

ERGIBT 453 G

ZUTATEN	MENGE	ANTEIL IN %
30 cm lange, 1,25 cm dicke Scheiben Brioche aus der Kastenform, Rinde entfernt	2 Stück	
Schlagsahne	200 g	36,17 %
Rum	50 g	9,04 %
Zimtpulver	3 g	0,54 %
Ahornsirup	50 g	9,04 %
Weiße Schokolade (Pellets)	250 g	45,21 %
Fleur de Sel	10 g	

1   Die Brioche-Scheiben nebeneinander auf ein mit Frischhaltefolie ausgelegtes, tiefes Backblech legen.

2   Schlagsahne, Rum, Zimt und Ahornsirup zusammen in einen Topf geben und aufkochen. Die kochende Flüssigkeit über die Schokoladen-Pellets in einer Schüssel gießen. Eine Minute warten, dann umrühren, bis die Schokolade vollständig geschmolzen ist. Die warme Masse über die Brioche-Scheiben gießen, sodass sie vollständig bedeckt sind. Die Frischhaltefolie, auf der die Brioche-Scheiben liegen, darüber verschließen, sodass ein Paket entsteht und sie so 2 Stunden in den Kühlschrank legen, bis die Ganache fest geworden ist.

3   Die gekühlten Brioche-Scheiben in 6,5 cm große Quadrate schneiden und diese in die Formen für die Riegel legen.

BUTTERKARAMELL

Siehe das Butterkaramell-Rezept auf S. 416. Für die 10 Riegel werden insgesamt 150 g Butterkaramell benötigt.

KANDIERTE ÄPFEL

ERGIBT 251 G

ZUTATEN	MENGE	ANTEIL IN %
Granny-Smith-Apfel	1 Stück	
Zucker	200 g	79,68 %
Wasser	50 g	19,92 %
Zitronensaft	1 g	0,4 %

1   Den Apfel schälen und in kleine Würfel schneiden.

2   Zucker, Wasser und Zitronensaft zusammen in einen kleinen Topf geben und bei starker Hitze köcheln lassen, bis ein goldbrauner Karamell entstanden ist. Die Äpfel hinzufügen und unterrühren. Erneut aufkochen, dann die Hitze reduzieren.

3   Die Apfelwürfel bei schwacher Hitze im Karamell garen, bis sie goldbraun karamellisiert und gleichzeitig durchscheinend sind. Das dauert etwa 30 Minuten.

4   Abgießen und die Apfelwürfel auf einem Blech ausbreiten und auf Raumtemperatur abkühlen lassen. Sobald sie abgekühlt sind, können sie in die Riegel gefüllt werden.

HINWEIS Das Garen von Äpfeln ist eine Möglichkeit sie zu konservieren, da während des Garprozesses ein Großteil der Feuchtigkeit (Wassergehalt) verdampft und der Zucker absorbiert wird. Durch den Zitronensaft wird das natürliche Pektin der Äpfel aktiviert, sodass die Apfelwürfel eine beinahe geleeartige Konsistenz bekommen und ihre Form behalten. Alte Äpfel oder Äpfel mit niedrigem Pektin-Anteil neigen dazu, auseinanderzufallen, daher sollten für dieses Rezept am besten Äpfel der Sorten Granny Smith, McIntosh oder Ginger Gold verwendet werden.

SAUERTEIG-KUVERTÜRE

ERGIBT 2,01 KG

ZUTATEN	MENGE	ANTEIL IN %
Sauerteigbrot vom Vortag	500 g	19,9 %
Kakaobutter, geschmolzen und auf 45 °C erhitzt	820 g	40,8 %
extra feiner Zucker	780 g	38,81 %
Lezithin-Pulver	10 g	0,5 %

1   Das Sauerteigbrot in kleine Würfel schneiden und bei schwacher Temperatur im Ofen trocknen, bis keinerlei Feuchtigkeit mehr darin enthalten ist.

2   Die getrockneten Brotwürfel im Robot Coupe zu feinen Streuseln vermahlen. Die Streusel in der Kaffeemühle noch feiner vermahlen.

3   Die Kuvertüre zubereiten, wie für die Herstellung weißer Schokolade auf S. 48 beschrieben.

BAGUETTE-GANACHE

ERGIBT 635 G

ZUTATEN	MENGE	ANTEIL IN %
Baguette, goldbraun geröstet	50 g	7,87 %
Schlagsahne	115 g	18,11 %
Zucker	25 g	3,94 %
Glukosesirup	45 g	7,09 %
Weiße Schokolade	325 g	51,18 %
Butter, bei Raumtemperatur	40 g	6,3 %
Wodka	35 g	5,51 %

1   Die Baguette-Ganache zubereiten, wie für die Donut-Ganache auf S. 505 beschrieben. Anstelle der Donuts das geröstete Baguette und anstelle des Schokoladenlikörs den Wodka verwenden.

OLIVENÖL-KARAMELL
MIT GERÖSTETEN PINIENKERNEN

ERGIBT 952 G

ZUTATEN	MENGE	ANTEIL IN %
Zucker	260 g	27,31 %
Glukose	130 g	13,66 %
Zitronensaft	2 g	0,21 %
Wasser	100 g	10,5 %
Schlagsahne	220 g	23,11 %
natives Olivenöl extra	40 g	4,2 %
Pinienkerne, geröstet und grob gehackt	200 g	21,01 %

1   Zucker, Glukose, Zitronensaft und Wasser in einem kleinen Topf bei starker Hitze karamellisieren.

2   Sahne und Olivenöl in der Mikrowelle vorsichtig auf etwa 65 °C aufwärmen.

3   Sobald die Zucker-Mischung goldbraun karamellisiert ist (bei einer so kleinen Menge ist das Messen der Temperatur schwer, daher geht man nach der Farbe), den Topf vom Herd nehmen und die warme Sahne-Olivenölmischung vorsichtig mit dem Schneebesen unterrühren. Der Karamell muss dabei unbedingt gut gerührt werden, damit sich die Sahne- und die Karamell-Phase beim Abkühlen nicht wieder trennen.

4   Die Mischung zum Abkühlen in eine Schüssel füllen.

5   Die gehackten Pinienkerne unter die abgekühlte Masse heben.

MÜRBETEIGBODEN
FÜR DIE MINI-TARTES
ERGIBT 2,1 KG

ZUTATEN	MENGE	ANTEIL IN %
Weizenmehl (Type 550)	290 g	13,76 %
Weizenmehl (Type 405)	700 g	33,22 %
Butter, bei Raumtemperatur	480 g	22,78 %
Salz	7 g	0,33 %
Puderzucker	360 g	17,09 %
Mandelmehl	70 g	3,32 %
Eier	200 g	9,49 %

1 Die beiden Mehlsorten vermischen und zusammen in eine Schüssel sieben.

2 Butter, Salz, Puderzucker und Mandelmehl in die Schüssel der Standküchenmaschine geben und mit dem Rührelement bei mäßiger Geschwindigkeit zu einer glatten Masse aufschlagen. Das dauert etwa 2 Minuten.

3 Die Maschine anhalten, die Eier hinzufügen und dann bei langsamer Geschwindigkeit vollständig unterrühren.

4 Die Maschine erneut anhalten, die gesiebte Mehl-Mischung hinzufügen und langsam unterrühren, bis sich die Zutaten gerade eben zu einem glatten Teig verbunden haben. Nicht zu stark verkneten.

5 Den Teig zu einem flachen, quadratischen Stück formen und gut mit Frischhaltefolie einwickeln. Etwa 1 Stunde im Kühlschrank ruhen lassen.

6 40 kleine, ovale Tarte-Förmchen (3,75 cm breit, 7,5 cm lang und 5 mm tief) leicht mit Butter fetten und sie auf einem mit einer Silikonmatte ausgelegten Backblech bereitstellen.

7 Den Konvektomaten auf 160 °C vorheizen.

8 Den Mürbeteig 2 mm dünn ausrollen und mit einer entsprechenden Ausstechform 6,5 cm breite, 9 cm lange, ovale Stücke ausstechen.

9 Die Teig-Ovale kurz im Gefrierschrank herunterkühlen, damit sie beim Auslegen der Tarte-Förmchen etwas stabiler sind.

10 Zum Auslegen der Tarte-Förmchen jeweils ein Teig-Oval mittig auf ein gefettetes Förmchen legen und mit den Fingerspitzen sanft hineindrücken, bis der Teig das Förmchen gleichmäßig ausfüllt. Am Rand überstehenden Teig noch nicht abschneiden. Die ausgelegten Tarte-Förmchen einfrieren, bis der Teig fest ist.

11 Sobald der Teig fast gefroren und fest ist, kann am Rand überstehender Teig mit einem kleinen scharfen Messer abgeschnitten werden.

12 Den Teigboden mit einer Gabel mehrmals einstechen. Wenn er noch gefroren ist, kann er gleich gebacken werden. Sonst muss er nochmals in den Gefrierschrank. Den gefrorenen Teig in den Tarte-Förmchen im vorgeheizten Ofen etwa 7 Minuten goldbraun backen.

RINGELBLUMEN-KARAMELL

ERGIBT 1,33 KG

ZUTATEN	MENGE	ANTEIL IN %
RINGELBLUMEN-SIRUP		
Kristallisierte Ringelblumenblüten	600 g	49,88 %
Wasser	600 g	49,88 %
Apfelsäure	3 g	0,25 %
RINGELBLUMEN-KARAMELL		
Ringelblumen-Sirup	1,05 kg	78,95 %
Butter	105 g	7,89 %
Schlagsahne	105 g	7,89 %
Invertzucker	70 g	5,26 %

1 Die Zutaten für den Ringelblumen-Sirup fein pürieren.

2 In einem luftdicht verschlossenen Behälter über Nacht im Kühlschrank ziehen lassen.

3 Durch ein feinmaschiges Sieb streichen, bevor der Sirup für die Zubereitung des Ringelblumen-Karamells verwendet wird.

4 Die Zutaten für den Ringelblumen-Karamell zusammen in einen Topf mit 1 l Fassungsvermögen geben und aufkochen. Dann die Temperatur reduzieren.

5 Die Mischung sanft köcheln lassen, bis sie eine Temperatur von 112 °C erreicht. Vom Herd nehmen und mit dem Pürierstab in etwa 2 Minuten gut vermischen. Dabei muss der Kopf des Pürierstabs die ganze Zeit unter der Oberfläche der Mischung bleiben, damit der Karamell keine Blasen wirft.

6 Den Karamell in die blindgebackenen Mürbeteigböden füllen (siehe S. 486). Reste können aufbewahrt und zu einem späteren Zeitpunkt für neue Tartes verwendet werden. Der Karamell ist bis zu 2 Monate haltbar.

HINWEIS Dieses Ringelblumen-Karamell-Rezept ist eine Adaption des Rezeptes für Veilchen-Karamell aus dem The Big Fat Duck Cookbook von Heston Blumenthal.

KARAMELL

ERGIBT 1,1 KG

ZUTATEN	MENGE	ANTEIL IN %
Zucker	400 g	36,36 %
Glukose	200 g	18,18 %
Wasser	100 g	9,09 %
Schlagsahne	250 g	22,73 %
Butter	135 g	12,27 %
Fleur de Sel	15 g	1,36 %

1 Zucker, Glukose und Wasser zusammen in einem Topf mit 1 l Fassungsvermögen stark erhitzen.

2 Sahne, Butter und Fleur de Sel zusammen in der Mikrowelle vorsichtig auf 65 °C erhitzen.

3 Den Topf vom Herd nehmen, wenn ein goldbrauner Karamell entstanden ist (178 °C – 180 °C), und die warme Sahne-Mischung allmählich hinzufügen. Dabei mit dem Schneebesen vorsichtig aber sorgfältig umrühren, damit sich der Karamell beim Abkühlen nicht in die zwei Phasen trennt.

4 Den abgekühlten Karamell in die blindgebackenen Mürbeteigböden füllen. Reste können später für weitere Tartes verwendet werden. Der Karamell ist bis zu 6 Monate haltbar.

GANACHE

ERGIBT 1,05 KG

ZUTATEN	MENGE	ANTEIL IN %
Schlagsahne	500 g	47,62 %
Zartbitterschokolade (64 %, Pellets)	450 g	42,86 %
Butter, weich	100 g	9,52 %

1 Die Schlagsahne aufkochen und über die Schokolade gießen.

2 Etwa 30 Sekunden warten, dann mit dem Kunststoffteigschaber umrühren. Sobald eine glatte Masse entstanden ist, die Butter vollständig untermischen.

3 Auf 27 °C abkühlen lassen und dann in die Tartes füllen. Die Ganache ist 1 Woche haltbar.

ZUM MITNEHMEN FÜR DIE GÄSTE

Um den Besuch der Gäste in einem Restaurant zu einem wirklich außergewöhnlichen Erlebnis werden zu lassen, kann ich mir nichts Besseres vorstellen, als ihnen zum Abschied ein kleines, essbares Geschenk mitzugeben. Denn das kommt nur in ganz besonderen Restaurants vor. Als ich das erste Mal in einem Restaurant war, in dem das praktiziert wurde, fühlte ich mich so, als wäre ich der wichtigste Kunde der Welt. Und ich übertreibe nur ein ganz klein wenig, wenn ich das sage. Als mir der Maitre damals eine schöne Papiertüte mit einem Laib Walnussbrot mitgab, war ich außer mir vor Freude über dieses geschenkte Brot. Immer wenn ich an den folgenden Tagen eine Scheibe dieses Brotes genoss, dachte ich wieder daran, was für ein wunderbares Erlebnis es gewesen war, in diesem Restaurant zu essen. Auch heute noch – Jahre später – denke ich gerne an diese Mahlzeit und an diesen Laib Brot zurück. Das Restaurant selbst hat sich über die Jahre verändert, mein Erlebnis kann mir aber keiner mehr nehmen. Mag sein, dass ich das ein wenig romantisch verklärt darstelle, aber ich bin mir sicher, dass dieser Laib Brot einen großen Unterschied gemacht und das Erlebnis des Speisens in diesem Restaurant in eine ganz eigene Kategorie katapultiert hat.

Seit damals wollte ich diese Erfahrung auch in den Restaurants, in denen ich gearbeitet habe, umsetzen. Aber ich tat es nicht. Nur bei einer meiner ehemaligen Arbeitsstellen gab es den Brauch, ganz besonderen Gästen – VIPs – zum Abschied ein kleines Geschenk zu machen. Rückblickend bin ich ehrlich gesagt auch froh, dass das so gelaufen ist. Denn allein schon der logistische Aufwand, für alle Gäste ein solches essbares Geschenk vorzubereiten, kann abschreckend wirken. Wer jedoch über ausreichend Arbeitskräfte, den Platz und die finanziellen Möglichkeiten verfügt, dem rate ich, es zu tun. Denn damit kann man sich wirklich von der Konkurrenz absetzen. Dieses kleine Extra gibt den Gästen das Gefühl, etwas ganz Besonderes zu sein. Ein Gefühl, dass sicherlich viele Tage anhält – in meinem Fall sogar Jahre. Natürlich muss man dabei aber dafür sorgen, dass dieses kleine Geschenk auch wirklich köstlich ist, denn sonst kann es auch den absolut gegenteiligen Effekt haben.

Als Gaben aus der Patisserie sind z. B. Bonbons und Lollis, Schokolade, Plätzchen, Cannelés, oder Mischungen für heiße Schokolade besonders gut geeignet – also Produkte, die recht lange haltbar sind. Zuckerwatte, Brot, Brioche und andere Backwaren machen sich auch gut, sind allerdings nicht so lange haltbar. Brioches sind aber ein tolles Geschenk, vor allem in Verbindung mit einem kleinen Glas selbstgemachter Konfitüre, denn dann können sie am nächsten Tag zum Frühstück genossen werden. Denken Sie aber daran, dass sie dabeibleiben müssen, wenn sie einmal damit angefangen haben, denn Ihre Gäste werden eine solche Gabe wieder erwarten, wenn sie das nächste Mal kommen. Und wenn Sie dann damit aufgehört haben, werden sich Ihre Gäste fragen, warum – ganz egal, wie gut sie gerade gegessen haben.

DANK

Bedanken möchte ich mich bei folgenden Menschen (sie sind in keiner bestimmten Reihenfolge aufgelistet; mit Ausnahme meiner Frau – sie kommt für mich immer an erster Stelle):

Meiner Frau Kris, für ihre Geduld, ihr Verständnis und ihre Unterstützung. Und meiner wunderschönen Tochter Isabel, deren Existenz dies alles in das richtige Licht rückt.

Tom Vaccaro, Senior Director for Baking and Pastry Education, dem Dienstältesten und Leiter der Abteilung Bäcker- und Konditoren-Ausbildung, für sein unerschütterliches Engagement.

Dr. Tim Ryan, Präsident des Culinary Institute of America, und Mark Ericson, dem Leiter, dass sie mir die Mittel und Gelegenheiten zur Produktion dieses Buches zur Verfügung gestellt haben.

Maggie Wheeler, für ihre Aufmerksamkeit und Genauigkeit. Wie wäre es mit einem dritten gemeinsamen Buchprojekt?

Nathalie Fischer, dafür, dass sie alles so nahtlos zusammengestellt hat.

Pam Chris von John Whiley & Sons, für ihren Glauben an dieses Projekt.

Bruce Ostwald, für die fabelhaften Porzellan-Figuren (zu bewundern auf den Seiten 467, 470 und 474), die er eigens für dieses Buch hergestellt hat.

Meinen Eltern, für alles was sie getan haben, um mir zu helfen, es so weit zu bringen.

Meinen Mitarbeitern, besonders Robert Howay, Raewyn Horton und Justen Nickel, die mir mit dem Inhalt dieses Buches halfen.

Den Studenten des CIA, die eine einzigartige Inspirationsquelle sind.

Erin McDowell, für ihren Beitrag zur Produktion und zum Lektorat dieses Buches.

Ben Fink, meinem liebsten Fotografen. Es ist immer eine Freude, mit dir zusammenzuarbeiten. Du schaffst es immer, alles gut aussehen zu lassen.

Michael Nothnagel, für seine Hilfe bei der Bestimmung der Formel zur Herstellung von Schokolade.

REZEPTE-REGISTER

Dessert-Kompositionen sind **fett gedruckt**, bei den anderen Rezepten handelt es sich um die Rezepte der einzelnen Komponenten. *Kursiv* gedruckte Seitenzahlen verweisen auf Bilder.

STICHWORTVERZEICHNIS

IMPRESSUM

ISBN 978-3-87515-127-5

Copyright der Originalausgabe © 2012 The Culinary Institute of America. Alle Rechte vorbehalten. Herausgeber der Originalausgabe: John Wiley & Sons, Inc., Hoboken, New Jersey

Herausgeber der deutschen Ausgabe: 2014 Matthaes Verlag GmbH, Stuttgart

Fotos © 2008 Ben Fink
Design: Vertigo Design, NYC
Übersetzung aus dem Englischen: Carla Gröppel-Wegener, Berlin
Redaktion der deutschen Ausgabe: Julia Bauer, Berlin
Satz und Gestaltung der deutschen Ausgabe: Atelier Krohmer, Dettingen/Erms
Bildbearbeitung der deutschen Ausgabe: Schwabenrepro, Stuttgart